2026 특수교사임용시험 대비

Vol. 2

지적장애
통합교육
학습장애
전환교육

김은진 편저

김은진
스페듀
기본이론서

미국의 심리학자인 안데르스 에릭슨에 의하면 한 분야의 전문가가 되려면 일만 시간의 훈련이 필요한데, 이를 '일만 시간의 법칙'이라고 합니다. 가령 세계적인 바이올린 연주자와 아마추어 연주자의 실력 차이는 오로지 연주 시간에 의해 결정되는 것으로, 최고의 실력자가 되기 위해서는 적어도 일만 시간 이상의 노력을 해야 한다는 것입니다.

그러나 '일만 시간의 재발견'에서는 무작정 시간을 채우는 것은 의미가 없으며, '올바른 방법'으로 '충분한 시간'에 걸쳐서 노력해야 실력을 쌓을 수 있다고 합니다. 2007년 체스 선수의 실력에 대한 한 연구에 따르면, 최상급의 실력을 갖추는 데 어떤 경우는 2년의 시간이 걸린 반면, 평생을 해도 실력이 늘지 않는 경우도 있었습니다.

특수교사로서 전문가가 되기 위한 일만 시간 중 지금 여러분이 공부하는 시간은 짧기도, 길기도 한 시간일 것입니다. 제 임용시험 경험을 바탕으로 무작정 시간을 채우는 공부가 아닌 '의식적인 연습'을 통한 효율적인 방법과 구조화로 합격을 위한 공부를 돕겠습니다.

무엇보다 중요한 것은, 일만 시간을 쌓아가는 노력의 시작을 '바로 지금' 하는 것입니다. 학문을 공부하고, 학생을 이해하며, 현장에서 역량을 펼치기 위해 고민하는, 그 모든 과정 하나하나가 의미 있는 시간이 되길 바랍니다.

이를 바탕으로 구성한 본서의 특징은 다음과 같습니다.

첫째, 체계적인 구조화

많은 양의 학습을 위해서는 무엇보다 '반복학습'이 매우 중요합니다. 논리적·체계적인 구조화와 시각적인 페이지 구성을 통해 반복학습 시 이해와 암기가 자연스럽게 이루어질 수 있도록 교재를 구성하고자 노력하였습니다.

둘째, 기출문제와 근거 각론의 동시 학습

문제가 출제된 최신의 근거 각론들을 구조화된 내용 속에 포함시키고, 해당 기출문제를 표시함으로써 이론과 기출문제를 동시에 학습할 수 있도록 하였습니다. 기출문제가 어떻게 출제되는지, 답을 어떻게 이끌어 내는지에 대하여 사고를 확장할 수 있도록 구성하였습니다.

셋째, 단권화 자료로 활용

이론과 개념을 지나치게 축약한 서브노트와, 광범위한 내용이 나열된 각론 사이에서 이 교재가 단권화의 역할을 할 수 있도록 구성하였습니다. 기출의 근거가 된 각론의 내용을 빠짐없이 담았으며, 향후 확장 가능성이 있는 내용을 포함해 이 책만으로도 충분한 학습이 가능하도록 정리하였습니다.

본서와 함께하는 여러분의 시작을 진심으로 응원합니다.

저자 김은진

Contents

차례

PART

01

지적장애

Chapter 01. 지적장애의 이해 ·· 10
Chapter 02. 지적장애의 원인 및 예방 ·· 44
Chapter 03. 지적장애의 특성 ·· 57
Chapter 04. 지적장애 학생을 위한 교육과정의 기본 이해 ·· 74
Chapter 05. 기능적 생활중심 교육과정 ·· 86
Chapter 06. 자기결정 ·· 102
Chapter 07. 교과지도 및 기타 교육적 접근 ·· 114
Chapter 08. 사회적 능력 지도의 실제 ·· 124

PART

02

통합교육

Chapter 01. 통합교육의 이해 ·· 130
Chapter 02. 통합교육의 역사적 배경 ·· 132
Chapter 03. 통합교육을 위한 협력적 접근 ·· 134
Chapter 04. 통합학급 교수전략 ·· 154
Chapter 05. 협동학습 | 보충자료 ① | ·· 176
Chapter 06. 또래교수 | 보충자료 ② | ·· 188

Chapter 01. 학습장애의 개념 ·· 198
Chapter 02. 학습장애 진단 모델 ·· 203
Chapter 03. 학습장애 학생을 위한 읽기 교수 ·· 217
Chapter 04. 학습장애 학생을 위한 쓰기 교수 ·· 268
Chapter 05. 학습장애 학생을 위한 수학 교수 ·· 288
Chapter 06. 학습장애 학생을 위한 내용교과 교수 ·· 323
Chapter 07. 효과적인 교수방법 ·· 335
Chapter 08. 효과적인 학습전략 프로그램 ·· 340
Chapter 09. 학습장애 학생을 위한 효과적인 사회성 및 행동 지원 ·· 348

PART
03

학습장애

Chapter 01. 전환교육의 이해 ·· 358
Chapter 02. 전환교육 모형 ·· 370
Chapter 03. 전환평가 ·· 381
Chapter 04. 전환의 결과 : 고용 ·· 396
Chapter 05. 전환의 결과 : 주거 ·· 405

PART
04

전환교육

김은진
스페듀
기본이론서

Vol. 2

Chapter 01. 지적장애의 이해

Chapter 02. 지적장애의 원인 및 예방

Chapter 03. 지적장애의 특성

Chapter 04. 지적장애 학생을 위한 교육과정의 기본 이해

Chapter 05. 기능적 생활중심 교육과정

Chapter 06. 자기결정

Chapter 07. 교과지도 및 기타 교육적 접근

Chapter 08. 사회적 능력 지도의 실제

Special Education

지적장애

지적장애의 이해

01 증거기반의 통합적 모델
- 정의
- 임상적 기능들

02 지적장애에 대한 정의
- 「장애인 등에 대한 특수교육법」 정의
- AAIDD 지적장애 정의 ─ 정의
  - 정의를 위한 전제

03 지적장애 조작적 정의의 핵심 구성요인
- 지적 기능성에서의 제한성 ─ 지적 기능성
  - 평균보다 심각하게 낮은 지적 기능성
- 적응능력에서의 제한성 ─ 적응행동
  - 적응행동의 심각한 제한성
  - 일상생활능력
- 장애의 발생 시기
- 지적장애 용어의 정당성

04 인간 기능성의 다차원적 모델
- 장애를 정의하는 관점 ─ 의료적 모델
  - 사회적 모델
  - 통합적 모델
- 인간 기능성에 대한 다차원적 모델
- AAIDD 다차원적 모델을 구성하는 요인 ─ 차원 1: 지적 기능성
  - 차원 2: 적응행동
  - 차원 3: 건강
  - 차원 4: 참여
  - 차원 5: 맥락

05 지원 모델
- 지원 모델의 이해
- 지원의 평가 및 계획, 실행 과정

06 지적장애 분류에 대한 실제 지침
- 지원요구에 따른 분류
- 적응행동 수준에 따른 분류
- 지적 기능성 수준에 따른 분류

07 지원체계에 대한 이해
- 지원체계의 개념
- 효과적인 지원체계의 특성 ─ 개인 중심성
  - 종합성
  - 협응성
  - 성과 지향성
- 지원의 유형 ─ 자연적 지원
  - 서비스 중심 지원
- 지원 강도에 따른 분류 ─ 간헐적 지원
  - 제한적 지원
  - 확장적 지원
  - 전반적 지원

08 부록
- 개인중심계획(PCP)
- 한국판 아동용 지원정도척도(K-SIS-C)
- 개인지원계획(PSP)

01 증거기반의 통합적 모델(AAIDD, 2021)

1. 증거기반의 통합적 모델의 정의

① 증거기반의 실제는 향상된 인간 기능성으로 이끈다.

② 증거기반의 통합적 모델에 제시된 임상적 기능들(정의, 평가, 진단 등)은 순차적일 뿐만 아니라 지적장애에 대한 통합적 접근에서도 필수적인 역할을 한다.

　㉠ 진단은 지원요구 평가, 선택적 하위집단 분류 및 지원체계의 계획과 제공으로 이어진다.

　㉡ 지원체계는 인간 기능성을 향상시킬 뿐만 아니라 지원요구에 대한 후속적 평가에도 잠재적으로 영향을 미친다.

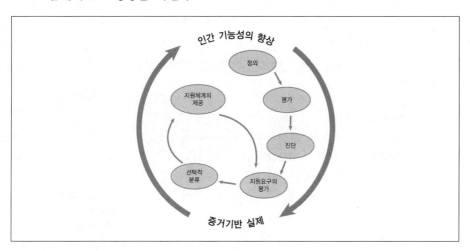

2. 증거기반의 통합적 모델의 임상적 기능들

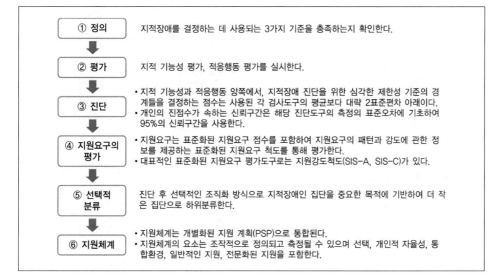

Keyword

증거기반 실제(evidence-based practices)란 데이터를 과학적·체계적으로 수집하여 효과가 충분히 검증된 실천적 방식으로 정의된다.

Keyword

AAIDD(미국 지적 및 발달장애 협회)
American Association on Intellectual and Developmental Disabilities

02 지적장애에 대한 정의

1. 「장애인 등에 대한 특수교육법」 정의

> 지적장애란 지적 기능과 적응행동상의 어려움이 함께 존재하여 교육적 성취에 어려움이 있는 사람
>
> 🖉 **선별검사 및 진단평가 영역**: 지능검사, 사회성숙도검사, 적응행동검사, 기초학습검사, 운동능력검사

2. AAIDD 지적장애 조작적 정의(2021)

지적장애란 지적 기능성과 개념적·사회적·실제적 적응기술로 표현되는 적응행동 양 영역에서 심각한 제한성을 보이는 것이다. 이 장애는 발달기 동안 발생하며, 발달기는 한 개인이 22세가 되기 전이라고 조작적으로 정의한다. 이러한 정의를 적용하기 위해서는 다음과 같은 가정이 반드시 전제되어야 한다. ❶ 13추가중등A5

> ① 현재 기능성에서의 제한성은 한 개인의 동년배 또래들과 문화에 전형적인 지역사회 환경의 맥락 안에서 고려되어야만 한다.
> ② 타당한 평가는 문화적 및 언어적 요소들뿐 아니라 의사소통, 감각적, 운동성 및 행동적 요소들에서의 차이들을 고려한다.
> ③ 한 개인 안에서 제한성은 강점과 자주 공존한다.
> ④ 제한성을 묘사하는 중요한 목적은 필요한 지원의 프로파일을 개발하는 것이다.
> ⑤ 장기간에 걸쳐 적합한 개인화된 지원이 주어지면 지적장애인의 생활 기능성은 일반적으로 향상될 것이다.

03 지적장애 조작적 정의의 핵심 구성요인

1. 지적 기능성에서의 제한성

(1) 지적 기능성

① 지적 기능성이란 자신을 둘러싼 환경과 사건을 이해하고, 무엇을 해야 할지를 판단해 낼 수 있는 보다 광범위한 능력을 의미한다.

② 지적 기능성의 제한성은 일반적으로 사고하기와 학습하기, 추론하기와 계획하기, 경험으로부터 학습하기에서의 어려움을 초래한다.

기능성 영역	심각한 제한성의 예
사고하기와 학습하기	문제해결하기, 추상적으로 사고하기, 복잡한 아이디어 이해하기, 빠르게 학습하기 및 경험으로부터 학습하기에서의 어려움
추론하기와 계획하기	• 계획하기 및 실행하기에서의 어려움 • 대인관계 능력 및 의사결정 능력의 저하 • 사회적 문제해결하기 및 유연한 사고하기에서의 어려움
경험으로부터 학습하기	• 이전 경험과 상황에서 학습한 것을 일반화하는 데 어려움 • 취약성 및 희생화(victimization) 위험 증가 • 장애를 부정하거나 최소화하려는 경향 • 권위 있는 인물을 기쁘게 하려는 바람 • 잠재적인 순진성, 피괴성(잘 속음) 및 피암시성(타인의 암시에 빠지는 성질)

③ AAIDD 매뉴얼에서 사용된 지적 기능성 평가에 대한 접근은 Cattell-Horn-Carroll (CHC) 지능 이론을 포함한다. CHC 이론은 웩슬러 지능검사를 포함한 대부분의 지능 검사의 이론적 토대가 되었고 지능검사의 구조와 해석에도 큰 영향을 미쳤다.

관계	결정지능	유동지능
지능의 정의적 특성	지식의 근원과 습득한 지식과 정보를 인출하고 사용하는 능력	추론하기와 추상적인 문제를 해결하는 능력 ❶ 23중등A12
현재 사용되는 지능검사에서 평가되는 부분점수들	• WISC-Ⅴ : 언어이해 지표 • K-ABC-Ⅱ : 결정성	• WISC-Ⅴ : 유동추론 지표 • K-ABC-Ⅱ : 유동성

🔑 **Keyword**

피괴성(gullibility)

남에게 쉽게 놀림을 당하거나, 속임을 당하거나 혹은 이용을 당하는 경우를 포함하는 지적장애의 특성

기출 POINT 2

❶ 23중등A12
밑줄 친 ⓒ이 측정하고자 하는 지적 능력의 내용을 서술하시오.

교사 B : 지적 능력을 측정하는 검사도구로 최근 개정된 한국 웩슬러 지능검사 5판(K-WISC-Ⅴ)을 사용하려고 합니다. 기존의 한국 웩슬러 지능검사 4판(K-WISC-Ⅳ)과는 어떤 차이가 있나요?
교사 A : K-WISC-Ⅴ는 전체척도, 기본지표척도, 추가지표척도로 구성되어 있습니다. 특히 K-WISC-Ⅳ의 지각추론지표가 (ⓛ)지표와 ⓒ 유동추론지표로 나뉘어져 K-WISC-Ⅴ의 기본지표척도를 구성하고 있습니다.

(2) 평균보다 심각하게 낮은 지적 기능성

① 지능지수란 지적 기능성을 검사하기 위해 표준화된 검사를 실시한 후, 검사 수행 결과를 평가해서 계산한 원점수를 자신이 속한 연령의 평균적인 수행과 비교하여 환산한 점수이다. 최근에는 평균을 100, 표준편차를 15로 하는 편차 지능지수를 사용하고 있다.

② 한 개인의 지적 능력을 완벽하게 측정할 수는 없겠지만, 현재까지는 개별적으로 진단을 실행할 수 있는 신뢰도와 타당도가 입증된 표준화된 지능검사 도구의 '전체 검사로부터 산출된 지능지수 점수'가 지적 기능성의 수준을 가장 잘 나타낸다고 본다.

③ 지적장애로 진단되기 위해서 충족해야 하는 '평균보다 심각하게 낮은 지능 수준'은 검사도구를 통해 산출된 지능지수 점수가 대략 평균으로부터 2표준편차 이하인 것을 의미하며, 그 특정 검사도구의 '측정의 표준오차'에 근거하여 95% 신뢰구간을 고려하면서 개인의 지능지수 점수를 해석한다(AAIDD, 2021). ❶ 23중등B11, ❷ 13중등23

기출 POINT 3

❶ 23중등B11
ⓐ~ⓓ 중 틀린 내용을 1가지 찾아 기호를 쓰고, 그 이유를 서술하시오.
[단, 미국 지적장애 및 발달장애협회 (AAIDD, 2021) 매뉴얼에 근거할 것]

ⓐ 획득한 점수와 진점수가 속한 통계적 범위인 신뢰 구간을 바탕으로 지능검사와 적응행동검사 결과를 해석함

❷ 13중등23
2010년 11차 미국 지적장애 및 발달장애 학회(AAIDD)가 발표한 지적장애의 정의 및 지원체계에 대한 설명으로 옳은 것은?
② 10차 정의와 동일하게 지능지수의 절사점은 평균으로부터 2표준편차 이하이고, 75 이상도 포함하도록 하여 지원 대상의 범위를 넓혔다.

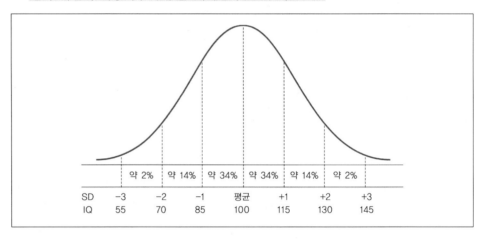

	약 2%	약 14%	약 34%	약 34%	약 14%	약 2%
SD	-3	-2	-1	평균	+1	+2	+3
IQ	55	70	85	100	115	130	145

2. 적응능력에서의 제한성

(1) 적응행동

적응행동은 일상생활 능력뿐만 아니라 삶의 변화 및 환경적 요구에 반응하는 능력에 영향을 미친다. 적응행동은 다음을 의미한다.

① 발달적이고 연령에 따라 복잡성이 증가한다.

한 개인이 자신의 환경에 적응하기 위해 필요한 적응행동은 고정된 것이라기보다는 삶의 다양한 상황에서의 사회적 요구나 환경적 요구에 의해 쉽게 영향을 받을 수 있으며, 삶의 시기별로도 달라질 수 있다.

② 개념적, 사회적 및 실제적 기술들로 구성된다.

AAIDD에서는 이러한 적응행동 기술들을 세 가지 요인군으로 구분하였으며, 개념적 기술, 사회적 기술, 실제적 기술로 제시하였다. 〔기출 POINT 4〕

개념적 기술	• 개념적 기술이란 인지적인 문제해결이나 의사소통과 학업에 사용될 수 있는 기술이다. • 언어와 문해기술, 금전·시간·수 개념, 자기지시 ❶ 25중등A10
사회적 기술	• 사회적 기술이란 사회적 기대와 다른 사람의 행동을 이해하고 사회적 상황에서 적절하게 행동하는 데 필요한 기술이다. • 대인관계 기술, 책임감, 자기존중, 속기 쉬움, 규칙 준수, 법률 준수, 희생되는 것을 피하는 것 등 ❷ 24초등A5
실제적 기술	• 실제적 기술이란 평범한 일상생활에서 독립된 인간으로서 자신을 유지하고 보호하며 도구를 활용할 수 있는 기술이다. • 일상생활 활동(식사, 신변처리, 옷 입기, 이동 등), 작업기술, 금전 사용, 건강과 안전, 여행/대중교통 이용, 일과 계획, 전화 사용 등 ❷ 24초등A5

③ 연령에 따른 기대 및 특정 맥락에서의 요구와 관련된다.

한 개인이 모든 적응행동 능력에서 제한성을 보이는 것이 아니라 특정 영역의 적응능력에서 제한성을 보인다 할지라도 또 다른 영역에서는 강점을 보일 수 있다는 사실도 중요하다.

④ 동년배 또래에게 전형적인 지역사회 환경들을 참조하여 평가된다.

적응능력에서의 제한성과 강점은 그 개인이 속한 동년배 및 지역사회와 문화적인 환경의 맥락 안에서 상세하게 파악되어, 향후 그 개인에게 필요한 개별화된 지원을 계획할 때 적절하게 반영되어야 한다. ❶ 23중등B11

⑤ 개인의 가정, 학교, 직장 및 여가에서의 최대 수행이 아닌 전형적인 수행에 근거하여 평가된다.

기출 POINT 4

❸ 22초등B5

다음은 '미국 지적 및 발달장애협회(AAIDD, 2010)'에서 제시한 적응행동의 3가지 기술 중 어떤 기술에 해당하는지 쓰시오.

• 균형 잡힌 밥상 차리기
  − 접시에 반찬을 골고루 담기
  − 반찬을 담은 접시를 밥상 위에 놓기
  − 숟가락과 젓가락을 밥상 위에 놓기
  − 밥과 국을 밥상 위에 놓기

기출 POINT 4

❶ 25중등A10
밑줄 친 ㉠에 제시된 적응행동의 하위 영역 명칭을 쓰시오. [단, 적응행동 하위 영역의 명칭은 AAIDD의 12차 정의 (2021)에 제시된 용어로 쓸 것]

1. 학생 K의 향후 직장 생활에 필요한 적응행동 목록 확인
   − 상급자의 지시 따르기, 대중교통을 이용한 출퇴근하기, 직장 규칙 지키기, ㉠ 단순화된 작업 지시서 읽기, 업무 순서에 대해 자기 지시하기

❷ 24초등A5
'미국 지적 및 발달장애협회(AAIDD) (2021)'에서 제시한 적응행동의 3가지 요인 중 ㉡과 ㉢에 해당하는 명칭을 순서대로 쓰시오.

박 교사: ㉡ 교통질서 지키기, 규칙 지키기, ㉢ 버스 이용하기, 교통 카드 구입하기 등에 대해 지도하시면 어때요?

기출 POINT 5

❶ 23중등B11
ⓐ~ⓓ 중 틀린 내용을 1가지 찾아 기호를 쓰고, 그 이유를 서술하시오. [단, 미국 지적장애 및 발달장애협회 (AAIDD, 2021) 매뉴얼에 근거할 것]

ⓐ 획득한 점수와 진점수가 속한 통계적 범위인 신뢰 구간을 바탕으로 지능검사와 적응행동검사 결과를 해석함
ⓒ 적응행동 측정 시 또래가 활동하는 전형적인 지역사회 환경을 참조함

🔑 Keyword

전형적인 수행(typical performance)
개인이 무엇을 할 수 없거나 할 수 있는 것이 아닌, 개인이 도움이나 촉진 없이 일상적으로 하는 것으로, 전형적인 수행은 적응행동 척도로 평가되며 지능 측정에서 평가되는 능력(ability) 및 최대한 수행(maximum performance)과는 구별된다.

❹ 21중등B4

학생 F가 어려움을 보이는 적응행동 하위 유형의 명칭을 쓰시오. (단, 적응행동 하위 유형의
명칭은 AAIDD의 11차 정의에 제시된 용어로 쓸 것)

(가) 지도 중점 사항

- 독립적인 자립생활을 위해 적응행동 기술 교수
- 수업 중 소리 지르기 행동에 대해 지원

(나) 수행 점검표

상위 기술	하위 기술	수행 점검
컵라면 구입하기	컵라면 가격 알기	×
	종업원에게 인사하기	○
	종업원에게 질문하기	○
	계산하고 구입하기	×
컵라면 조리하기	컵라면 뚜껑 열기	○
	컵 안쪽에 보이는 선까지 물 붓기	○
	면이 익을 때까지 기다리기	○
정리하기	빈 용기 정리하기	○

❺ 18초등A5

㉣과 ㉤을 통해 향상시키고자 하는 적응기술 유형을 AAIDD에서 제시한 11차 정의에 근거하여
쓰시오.

> ㉣ 자존감을 높이기 위해 학생들이 이미 알고 있는 나뭇잎 이름을 말할 수 있는
>   기회 주기
> ㉤ 책임감을 향상시키기 위해 도화지를 친구들에게 나눠주는 역할 부여하기

❻ 13추가중등A5

2010년 11차 미국 지적장애 및 발달장애협회(AAIDD)의 지적장애 정의 및 지원체계에 근거하여
㉠에 들어갈 말을 쓰시오.

> ■ 관찰 내용
>   간단한 단어를 읽고 쓸 수 있으며 화폐 개념이 있음. 책임감이 낮고 학급 및 도
>   서실에서의 규칙 따르기가 어려움
>
> ■ 분석 의견
>   개념적 적응행동에 비해 (㉠) 적응행동에 어려움이 있다.

❼ 12중등16

㉠~㉤ 중 옳은 내용만을 있는 대로 모두 고르시오.

> 일반교사 : 정신지체는 지적 능력과 적응행동에서의 어려움을 동시에 가지고 있다고
> 하던데, 적응기술이 뭔가요?
> 특수교사 : '미국 지적장애 및 발달장애학회(AAIDD)'에 따르면 ㉠ '실제적 적응기
> 술'은 '손해 보지 않기'와 같은 일상생활 활동에 필요한 기술을 의미해
> 요. 그리고 ㉡ '사회적 적응기술'에는 '자존감'과 '대인관계'와 같은 기술
> 이 포함되어 있어요.

❽ 12초등24

다음은 정신지체 학생들에게 기본 교육과정 사회과 '화장실 사용하기'를 지도하기 위한 학습활동의 예이다. 이에 대한 지도 방법 중 옳은 것을 모두 고르시오.

> ㉣ 용변처리 바르게 하기 기술은 정신지체 학생들에게 반드시 지도해야 하는 사회
> 적 적응행동 기술이다.

❾ 11중등16

학생 A에게 적합한 교수적 지원을 제공하고자 특수교사가 취한 행동 중 적절한 것만을 모두
고르시오.

> • 한국인 아버지와 베트남인 어머니 사이에서 태어남
> • 베트남에서 초등학교를 다니다가 중학교 입학을 앞두고 한국으로 옴
> • IQ는 65이며, 적응행동기술 영역에서 개념적 기술 점수가 사회적·실제적 기술
> 점수에 비해 매우 낮음

> ㉣ 학생 A의 개념적 기술 향상을 위해 책임감 및 자존감을 증진시킬 수 있는 교육
> 계획을 수립하였다.

❿ 10중등13

개념적 기술 지도 내용으로 적절한 것을 모두 고르시오.

> ㉠ 구인광고 읽기
> ㉡ 식사도구 사용하기
> ㉢ 과제를 선택하고 해결하기
> ㉣ 다른 사람과 공동 작업하기
> ㉤ 화폐의 액면가와 단위 알기
> ㉥ 학급의 급훈 및 규칙 지키기

기출 POINT 6

❶ 14중등B 논술형
상황평가 결과에 나타난 학생 A의 행동특성을 적응행동 유형(AAIDD, 11차)과 관련지어 설명하시오.

〈상황평가 결과〉
• 출근 시간을 잘 지킨다.
• 맡은 일은 끝까지 마무리한다.
• 메뉴판의 음식명을 읽을 수 있다.
• 손님과 다른 직원들에게 인사를 잘하고 친절하다.
• 다른 사람의 도움 없이는 화장실 청소를 하지 못한다.
• 음식 주문 번호와 일치하는 번호의 테이블에 음식을 가져간다.
• 화폐의 종류는 구분하나, 음식 값을 계산하는 데는 어려움이 있다.

더알아보기 AAIDD(12차) 적응행동에서 심각한 제한성의 예 ❶ 14중등B 논술형

영역	심각한 제한성의 예
개념적 기술	• 독립적으로 계획하기, 문제해결하기, 추상적으로 사고하기에서 손상 • 문제나 상황에 직면했을 때 좋은 해결책을 선택하는 데 어려움 • 시간과 수학 함수와 같은 아이디어나 기호를 효과적으로 사용하는 데 어려움 • 사고나 아이디어를 효과적으로 의사소통하는 데 어려움 • 자기 지시 및/또는 미래 생활 활동들을 조정하거나 계획하는 데 어려움 • 자신의 행동의 결과를 예상하는 데 어려움 • 학업에서 어려움(**예** 읽기, 쓰기, 수학) • 돈/재정적 개념에서 어려움
사회적 기술	• 사회적/대인관계 기술과 경험으로부터 학습하기에서 손상 • 집단 문제해결을 위해 다른 사람들과 효과적으로 일하는 데 어려움 • 복잡한 사회적 상황 동안에 융통성 없고 구체적인 사고와 행동에 어려움 • 자신의 손상에 대한 장애를 부정하거나 최소화하려는 경향 • 상황에 대한 제한된 이해를 기초로 권위 있는 인물을 기쁘게 하고 싶은 강한 바람 • 다른 사람들과의 상호작용에서의 피괴성, 순진성 및 피암시성
실제적 기술	• 자기돌봄과 가정생활 기술에서 제한성 • 지출을 감당하는 안정된 직업을 획득하기, 업무 능력 충족하기, 동료근로자 및 매니저와 잘 지내기, 직무 갈등을 적절하게 처리하기, 부담 속에서 양질의 업무 유지하기와 같은 직무 기술에서 제한성 • 돈의 사용에서 제한성(**예** 거스름돈 처리, 화폐가치, 청구서 지불)과 재산의 사용에서의 제한성(**예** 자신의 예산에 맞지 않는 구매 등) • 자신과 자신의 자녀와 관련된 안전한 환경을 유지하는 데에서의 제한성(**예** 가정 청소 용품, 음식 보관, 의약품, 전기, 자동차 및 기계로부터 다른 사람을 보호하거나 주의를 기울이는 데 제한성)

(2) 적응행동의 심각한 제한성

① 모든 적응행동을 완벽하게 평가할 수는 없지만, 적응행동을 측정하는 대부분의 표준화된 검사도구는 앞서 설명한 적응행동의 세 가지 요인군이라고 보는 개념적 기술, 사회적 기술, 실제적 기술에 대한 점수를 제공한다. 그러나 적응행동에 대한 종합적인 평가는 표준화된 검사도구로 측정하여 나온 검사 결과뿐만 아니라 당사자나 그 개인을 잘 아는 사람들과의 면담이나 관련된 기록 등을 통해 파악되는 개인의 가족사, 의료사, 학교기록, 고용기록 등에 대한 체계적인 검토 후에 이루어져야 한다.

② 개인이 심각한 적응행동상의 제한성이 있다고 진단되기 위해서는 개념적·사회적·실제적 적응행동 기술에 대해 검사하는 개별적으로 시행된 표준화된 적응행동검사에서 세 가지 적응행동 유형 중 최소한 하나의 영역 점수가 평균보다 대략 2표준편차 이하의 점수를 보여야 한다. 또한 이 점수를 해석하기 위해서는 진단 시 사용한 특정 검사도구의 '측정의 표준오차'에 근거한 95% 신뢰구간을 고려하여 개인의 적응행동 점수를 해석한다(AAIDD, 2021). **23중등B11**

(3) 일상생활능력

① 일상생활능력이란 개인이 독립적으로 살아가는 데 필수적으로 요구되는 활동을 할 수 있는 능력으로, 신체적 기능 정도 능력과 생활 수단을 독립적으로 이용할 수 있는 가에 대한 활용능력이다.

② 일상생활기술을 독립적으로 수행하면 자기관리능력이 유지되면서 자존감을 향상시키고 동기를 부여하며 신체적·심리적 요인에 긍정적 영향을 미치지만, 일상생활 활동에서 독립성을 상실하게 되면 개인은 타인의 도움을 통해서라도 이러한 활동에 참여해야 하고, 그 결과 주변인들에게도 영향을 미치게 된다. 따라서 일상생활 활동에서 최대한 독립성을 유지하는 것이 중요하다.

③ 일상생활능력을 측정할 수 있는 일상생활 수행능력은 기본적 일상생활 수행능력(ADL)과 수단적 일상생활 수행능력(IADL)으로 구성되며, 두 가지 영역을 평가하는 것을 의미한다.

　　㉠ 기본적 일상생활 수행능력: 인간이 다른 사람의 도움을 받지 않고 독립적으로 살아가기 위하여 필요한 신체적인 활동으로서, 착·탈의나 식사생활 등과 같은 기초적인 생존능력과 정신적 기초기능의 수행을 포함하는 일상생활에서 반복되는 동작을 말한다.

　　㉡ 수단적 일상생활 수행능력: 신체적 자립 정도에 해당되는 ADL보다 상위 수준의 활동능력으로 전화 사용, 물건 사기, 금전 관리, 교통수단 이용, 식사준비, 빨래 및 옷 관리, 가정용품 사용과 같은 일상의 기구나 장비의 사용능력 등에 해당하는 것이다. ❶ 23초등B2, ❷ 17초등A2

기본적 일상생활 활동(ADL)		수단적 일상생활 활동(IADL)	
• 목욕, 샤워하기	• 대소변 관리	• 다른 사람 돌보기	• 애완동물 돌보기
• 옷 입고 벗기	• 먹기	• 아이 돌보기	• 의사소통 관리
• 식사하기	• 기능적 이동	• 지역사회 이동	• 재정관리
• 개인용품 관리	• 개인위생과 몸단장	• 건강관리와 유지	• 가정관리
• 성생활	• 화장실 위생	• 식사 준비, 설거지	• 종교행사
		• 안전, 응급상황 관리	• 쇼핑하기

기출 POINT 7

❶ 23초등B2
[A]에 해당하는 일상생활 활동의 유형을 쓰시오.

> • 본인의 방을 스스로 청소하고 간단한 식사 준비하기 ⎫
> • 스마트폰을 활용하여 혼자 지 ⎬ [A]
>   하철 타기 ⎭

❷ 17초등A2
㉡에 해당하는 일상생활 활동의 유형을 쓰시오.

> 특수교사: 희수는 스스로 화장실 이용하기, 옷 입기 등의 일상생활 활동은 잘하는데, ㉡ <u>휴대전화 사용하기, 물건 사기 등과 같이 조금 더 복잡한 환경적 상호작용을 요구하는 일상생활 활동을 하는 데에는 어려움이 있어요.</u>
> 일반교사: 선생님, 희수에게 물건 사기와 같은 일상생활 활동은 어떻게 지도하면 좋을까요?
> 특수교사: 직접 가게에 가서 물건을 사는 활동을 하는 것이 좋아요.

3. 장애의 발생 시기

① 발생 시기란 장애가 시작되는 연령을 말한다. 발생 시기는 지적장애로 진단받음으로써 서비스나 지원, 혜택, 보호를 받을 자격을 갖게 된다는 측면에서 중요한 의미를 갖는다.

② AAIDD에서는 2021년 12차 개정을 통해 지적장애는 발달기 동안 발생할 수 있으며, 지적장애 발생 시기로서의 발달기는 '22세가 되기 전'이라고 조작적으로 정의한다.

③ 미국 AAIDD의 11차 정의에서 제시하였던 18세 기준을 12차 정의에서 '22세 이전'으로 변경한 이유는 발달기가 행정적 관점에서는 서비스와 지원을 위한 적격성과 관련된 연령이므로 「발달장애 지원 및 권리장전법 수정안」과 사회보장국의 지적장애 진단 연령 기준인 22세와 일관성을 갖기 위해서라고 밝히고 있다.

> **더 알아보기 2021년 12차 정의체계**
>
> 2021년 12차 개정 정의체계는 11차 개정 정의체계와 비교해 보았을 때 장애가 발생하는 시기에 대한 변화를 보인다. 이전 정의에서 장애는 18세 이전에 시작한다고 하였으나 12차 정의에서는 이 장애는 발달기 동안 발생하고, 발달란 한 개인이 22세가 되기 전까지라고 조작적으로 정의한다고 명시하고 있다. 이는 서비스나 지원, 혜택, 보호를 받을 자격을 갖게 되는 연령이 확장되었다는 측면에서 중요한 의미를 갖는다.
>
> AAIDD(2021)는 지적장애 정의에 대한 1차 개정을 하면서 몇 가지 점을 강조했는데, 그중에서도 지적 기능성과 적응행동이 서로 상관을 보이나 명확하게 구분되는 요인이라는 점을 강조했다는 사실을 주목할 필요가 있다. 역사적으로 볼 때 지적장애를 정의하기 위해서 지적 기능이라는 용어가 먼저 사용되었기에 사람들은 지적 기능이 적응행동보다 더 중요하다고 생각하는 경향이 있다. 또한 지적장애를 진단하는 데 있어서 지적 기능을 먼저 살피고, 적응행동을 평가해야 한다고 보는 경향도 있다. 이러한 경향으로 인해 지적 기능상의 제한성이 적응행동에서의 어려움을 유발한다고 오해하거나 지적장애 진단의 우선 조건이라고 보는 오류를 범하기 쉽다. 그러나 지적 기능과 적응행동 간의 관계는 일관성 있게 인과관계가 아닌 상관관계로 이해되어 왔다.
>
> 지능지수와 적응행동 점수 간에는 낮거나 중간 정도의 통계적 상관을 보이고 있으나 지적 기능과 적응행동의 관계를 인과론으로 설명할 만한 실험적 증거는 없다. 다만 지능검사가 적응행동검사보다 표준화된 검사도구로서 더 먼저 개발되어 발전해 왔고, 적응행동보다 개념에 대한 이해가 높았던 것은 사실이다. 그러나 지적장애를 진단하는 데 있어 적응행동은 지적 능력과 동일한 비중을 가지고 함께 고려되어야 한다(AAIDD, 2021). **❶ 23중등B11**

기출 POINT 8

❶ 23중등B11
ⓐ~ⓓ 중 틀린 내용을 1가지 찾아 기호를 쓰고, 그 이유를 서술하시오.
[단, 미국 지적장애 및 발달장애협회(AAIDD, 2021) 매뉴얼에 근거할 것]

ⓑ 지적장애를 진단할 때 적응행동을 지적 기능성과 동일한 비중으로 고려할 것을 강조함

> **🚩 11차 · 12차 정의체계의 주요 내용 비교**
>
> | 회차
(연도) | 주요 내용 | | | |
> |---|---|---|---|---|
> | | 지능지수 절사점 | 적응행동 | 발생 시기 | 의의 |
> | 11차
(2010) | 평균에서
2표준편차 이하 | 일상생활에서 기능하기 위해 배워야 하는 개념적 · 사회적 · 실제적 적응기술의 집합체 | 임신~18세 이전 | • 정신지체에서 지적장애로 용어 변경
• 이론적 모델 정교화 |
> | 12차
(2021) | | | 발달기
(임신~22세 이전) | • 장애 발생 시기 변경
• 발달기를 조작적으로 정의
• 적응행동을 지적 능력과 동일한 비중으로 고려할 것을 강조 |

4. 지적장애 용어의 정당성

① '정신지체'라는 용어에는 개인의 내적 조건에 의해 기능이 제한된 상태가 장애라는 관점이 내포되어 있지만, '지적장애'라는 용어에는 그 개인이 갖고 있는 잠재력과 맥락이 잘 맞지 않아 생기는 제한된 기능 상태가 '장애'라는 관점이 내포되어 있다. ❶ 13중등23

② WHO의 ICF 모델에서도 제한된 기능 상태란 신체 기능 및 구조와 개인 활동상에서의 문제로부터 기인하는 '장애'라고 보았으며, 더 나아가 이 모델에서 제시한 신체 기능(손상된 지적 기능성)과 활동(적응행동에서의 제한성) 영역은 지적장애에 대한 조작적 정의에서 구체화된 진단기준과 일맥상통한다. 지적장애라는 용어의 채택은 이러한 AAIDD와 WHO의 장애에 대한 변화된 관점을 반영한 결과이다.

③ '정신지체'라는 용어조차 그 개인을 가치절하하고 낙인찍는 효과를 갖게 되어, 그들을 명명할 수 있는 새로운 용어가 필요하게 되었다.

④ 이외에도 '지적장애'라는 용어가 기능적 행동과 맥락적 요소에 중점을 둔 실제에 더 적합한 표현이며, 사회적·생태학적 틀에 기반하고 있기 때문에 개별화된 지원을 위한 논리적 기반을 제공한다.

⑤ 현재 국제적으로 사용되는 용어들과 비교해 더 일관성 있는 표현이다.

---

04 인간 기능성의 다차원적 모델

1. 장애를 정의하는 관점 ❷ 17중등B8

의료적 모델	장애의 원인을 개인의 신체 내 손상으로 본다. 따라서 장애를 치료의 대상, 교정의 대상으로 간주한다.
사회적 모델	장애의 원인을 사회적 제약 또는 개인에 대한 지원의 부족으로 본다. 따라서 결함에 초점을 두기보다는 장애에 대한 사회적 장벽을 해결하는 것에 초점을 둔다.
통합적 모델	손상을 가진 개인과 환경과의 부적응 상태를 장애로 본다. 따라서 개인과 환경의 변화를 위한 지원에 초점을 둔다.

더 알아보기 장애의 사회-생태학적 모델(AAIDD, 2021) ❶ 23중등B11

1. 장애의 사회-생태학적 모델은 사람에게 영향을 미치는 생태학적 요인에 대한 인식으로 나아가는 틀을 제공하는 지적장애에 대한 기능성 접근법을 촉진한다.

2. 개인-맥락적 상호작용과 그것의 인간 기능성에 미치는 영향에 대해 초점을 두는 모델이다.

3. 인간 기능성은 개인적 능력과 맥락적 요구 사이의 적합성과 지원체계의 제공에 의해 촉진된다.

PART 01

기출 POINT 9

❶ 13중등23
2010년 11차 미국 지적장애 및 발달장애학회(AAIDD)가 발표한 지적장애의 정의 및 지원체계에 대한 설명으로 옳은 것은?
① 정신지체에서 지적장애로 용어가 변경되었다. 정신지체라는 용어는 장애를 한 개인이 지닌 '결함'의 의미로 본다면, 지적장애라는 용어는 장애를 한 개인이 지닌 개인내 차에 초점을 둔 '능력의 불일치'라는 의미로 본다.

기출 POINT 10

❶ 23중등B11
㉠에 해당하는 내용을 쓰시오.

• 장애의 (㉠) 모델에 대한 이해
– 장애를 개인으로부터 발생하는 결함이 아니라, 개인과 그 개인이 기능하는 맥락 사이의 상호작용으로 이해함
– 지적장애인의 인간 기능성을 높이기 위한 지원을 강조함

❷ 17중등B8
아래 대화 내용을 참고하여 장애 개념에 대한 의료적 모델, 사회적 모델, ICF 체계의 모델을 비교·설명하시오.
(단, 장애를 바라보는 관점으로서 의료적 모델과 사회적 모델을 장애의 원인론적 측면에서 비교하여 설명하고, ICF 모델을 설명할 때 장애를 바라보는 관점과 장애의 제한을 최소화하는 방법을 제시할 것)

김 교사: 학생 A는 중도장애로 인해 적응행동에 어려움이 있고 휠체어를 타고 가기에 힘든 곳이 많아 수학여행에 참여하는 것은 무리라고 생각됩니다. 때에 맞춰 약을 먹어야 하는 개인적인 문제도 있고요.
이 교사: 글쎄요, 인식의 차이라고 생각합니다. 학생이 아무리 행동에 어려움이 있고 휠체어를 타고 있더라도 어디나 갈 수 있어야죠. 그런 사회적 환경을 만들어야 한다고 생각해요.
김 교사: 그래도 외부로 나가면 일이 생겼을 때 혼자 해결하기도 어렵고, 스스로 할 수 없으면 자칫 다른 사람에게 피해도 주게 되어서요. 게다가 장애가 있으니 매사 어려움이 많고, 아무래도 친구들과 어울리기도 힘들더라고요.
최 교사: 그렇게 생각하실 수도 있지만, 국제적으로 장애에 대한 인식이 변해가는 것 같아요. 얼마 전 교사 연수에서 WHO의 ICF 모델에 대해 알게 되었는데, 환경적 요인이 장애인의 신체 기능과 구조, 활동, 참여와 상호작용한다고 하네요.

더알아보기 ICF(국제기능장애 건강분류) 모델

이전의 건강 관련 분류 체계(ICD)가 주로 질병과 장애에 중점을 두었다면, ICF 모델은 건강을 질병과 장애 외에도 기능, 참여, 환경과의 상호작용과 같은 다양한 측면에서 종합적으로 이해하고자 한다.

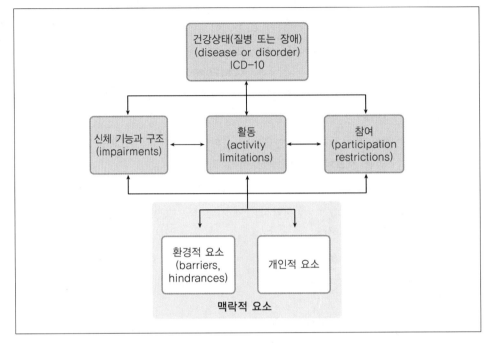

🚩 **ICF 모델**

2. 인간 기능성에 대한 다차원적 모델

① 인간 기능성의 다차원성과 지적장애에 대한 기능적 접근에 대한 강조는 9차 정의에서 처음 제안되었고, 후속하는 매뉴얼들에서 진전되어 왔다.

　㉠ **인간 기능성 차원**: 인간 기능성의 다차원적 모델의 5가지 차원을 의미하며, 지적 기능성, 적응행동, 건강, 참여, 맥락을 포함한다.

　㉡ **지적장애에 대한 기능적 접근**: 인간 기능성의 이해를 향한 체계 관점으로, 인간 기능성의 차원들, 지원의 상호작용적 체계들, 인간 기능성의 성과들을 포함한다.

② 인간 기능성의 다차원적 모델은 인간 기능성의 차원들, 지원체계 및 인간 기능성 성과들을 통합하기 위해 AAIDD 9차 정의부터 12차 정의에 이르기까지 조금씩 수정·보완되었다.

③ 2021년 AAIDD의 인간 기능성에 대한 다차원적 모델은 지적장애 상태를 이해하기 위해서 생태학적인 접근을 하고 있으며, 인간 기능성 성과에 대한 다섯 가지 차원(지적 능력, 적응행동, 건강, 참여, 맥락)의 요인들과의 관계와 중개적 역할을 하는 지원체계로 구성되어 있다. ❶ 16중등A3

㉠ 11차 정의에서 사용하였던 '지원'이라는 용어가 12차 정의에서는 '지원체계'라는 용어로 변경되었다.

㉡ 11차 정의에서 '인간 기능성'이라는 용어가 12차 정의에서는 '인간 기능성의 성과'라는 용어로 변경되었다.

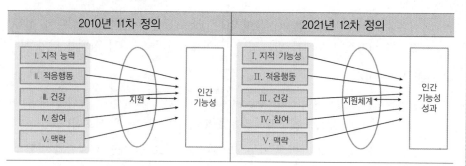

④ 인간 기능성에 대한 다차원적 모델은 인간의 기능성과 장애에 대한 ICF 모델과 일관성을 갖는다. ICF 모델은 장애가 단순히 주요한 손상만으로는 설명될 수 없음을 나타낸다. ❶ 13중등23

3. AAIDD의 다차원적 모델을 구성하는 요인 ❶ 22중등A2

(1) 차원 1 : 지적 기능성

① 지능은 단순히 학업기술을 배우거나 시험을 치르는 데 필요한 능력만을 의미하는 것이 아닌 우리 주변을 이해하는 데 필요한 보다 광범위한 능력을 의미한다.

② 지능은 일반적인 정신적 능력으로 추론하기, 계획하기, 문제 해결하기, 추상적으로 사고하기, 복잡한 생각 이해하기, 신속하게 배우기, 경험으로부터 배우기 등을 포함한다.

③ 지능은 모든 인지적 기능성을 포함하는 다양한 정신적 기능을 포괄하는 개념으로 이해되는 지적 기능성에 대한 ICF의 정의와도 일치한다.

(2) 차원 2 : 적응행동

① 적응행동은 일상생활에서 사람들이 학습하고 수행하는 개념적 · 사회적 · 실제적 기술의 총합이다.

② 적응행동에 대한 평가는 개인이 가지고 있는 최대 수행능력이 아닌 개인이 일상적인 일과와 변화하는 상황에서 보일 수 있는 전형적인 수행능력을 알아보기 위한 것이다.

③ 또한 특정한 적응행동 기술에서 보이는 제한성은 다른 적응행동 기술에서의 강점과 동시에 존재한다. 이러한 적응행동 기술에서의 개인의 강점과 제한성은 개인이 속하는 연령대의 전형적이고 평범한 지역사회 환경의 맥락 내에서 기록되어야 하고, 지원에 대한 개인의 요구를 파악하는 데 기반이 되어야 한다.

기출 POINT 12

❶ 13중등23
2010년 11차 미국 지적장애 및 발달장애학회(AAIDD)가 발표한 지적장애의 정의 및 지원체계에 대한 설명으로 옳은 것은?
③ 인간 기능성에 대한 개념적 틀은 '기능성, 장애 및 건강의 국제분류(ICF)' 모델과는 차원을 달리하는데, 개인에 대한 적절한 지원은 유동적인 것으로 삶의 상황이나 단계에 따라 변화 가능한 것으로 본다.

기출 POINT 13

❶ 22중등A2
'인간 기능성의 개념적 틀'의 괄호 안의 ㉠에 공통으로 들어갈 용어를 쓰고, 밑줄 친 ㉡~㉤ 중 틀린 것 1가지를 찾아 기호와 함께 바르게 고쳐 쓰시오.

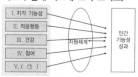

• 지적 능력은 추론하기, 계획하기, 문제 해결하기, 추상적 사고하기, 복잡한 아이디어 이해하기, 빨리 학습하기, 경험을 통한 학습하기를 포함하는 ㉡ 일반적인 정신능력이다.
• 적응행동의 평가는 매일의 일과에 따라 변화하는 상황에서 한 개인의 ㉢ 최대한의 수행에 기초한다.
• 건강은 ㉣ 신체적, 정신적, 사회적 안녕의 완전한 상태로 정의한다.
• 개인의 참여 수준에 대해서는 ㉤ 직접 관찰을 통해 평가한다.
• (㉠)은/는 사람들의 일상적 삶과 상호 관련된 조건을 의미하는데, 환경적 요소와 개인적 요소를 포함한다.

(3) **차원 3 : 건강**

① 건강은 신체적·정신적·사회적 안녕의 완전한 상태를 의미한다.

② 건강은 다른 차원의 요인에 직간접적으로 영향을 주어 인간 기능성에 영향을 줄 수 있다.

③ 지적장애인은 건강상 별 어려움이 없는 경우에서부터 뇌전증, 뇌성마비, 심장장애 등 건강에 심각하게 문제가 있는 경우에 이르기까지 그 건강 상태가 다양하다.

(4) **차원 4 : 참여**

① 참여는 의미 있는 관여(engagement), 선택과 통제, 개인적 및 사회적 책임, 여가·가정생활·직업·교육·영성적·문화 활동에서의 접근성과 기회이다.

② 참여는 사회에서 그 개인의 기능성과 관련이 있고, 한 개인의 학습과 발달과정에 있어 주요한 역할을 한다.

③ 참여는 사회생활에서 실제 활동을 수행하는 것을 직접 관찰을 통해 평가한다. ❶ 22중등A2

(5) **차원 5 : 맥락**

① AAIDD 매뉴얼의 10판과 11판에서는 맥락을 사람들이 일상생활을 하는 상호 관련된 조건들로 구성되는 것으로 보았다. 이후 지적장애에 대한 통합적 접근에서 맥락이 수행하는 역할에 대한 이해를 확장하였다.

② 맥락은 환경을 넘어서 인간의 삶과 인간 기능성의 환경을 구성하는 상황의 전체성을 통합하는 개념이다.

독립변인	맥락은 연령, 언어, 문화와 인종, 가족과 같이 보통 조정되지 않는 개인적 및 환경적 특성들을 포함한다.		
매개변인	맥락은 인간 기능성과 개인적 성과를 향상시키기 위해 조정될 수 있는 조직, 체계, 사회차원적 정책과 실제를 포함한다.		
통합적 틀	다수준적	다중의 생태계가 인간 기능성에 미치는 영향을 인정한다. •**미시체계(개인 수준)** : 개인, 가족, 친구, 옹호자를 포함하는 아주 가까운 사회적 환경 •**중간체계(조직 수준)** : 이웃, 지역사회, 지원을 제공하는 조직 •**거시체계(체계 수준)** : 문화, 사회, 국가, 더 큰 서비스/지원 전달체계, 사회정치적 영향력	
	다요소적	인간 기능성과 개인적 안녕을 향상하기 위해 조정될 수 있는 맥락적 요소들에 초점을 둔다. 주로 개인, 조직, 체계 수준에서 작용하는지에 따라 여러 가지 중요한 요소들을 목록화한다.	
	상호작용적	다른 수준에서의 요소들이 인간 기능성과 개인적 안녕에 영향을 주기 위해 다른 방식들로 상호작용한다. 생태적 시스템과 다요소의 맥락적 요소 사이에서 발생하는 상호작용 혹은 영향이다. **예** 개인적 특성(지적 기능성 및 적응행동)과 고용과의 상호작용, 표현언어가 제한된 사람에게 AAC를 사용하는 것의 효과 등	

더알아보기

AAIDD 11차 정의 : 맥락 ❶ 22중등A2

맥락은 한 개인의 삶의 전반적인 배경으로서 환경적 요소와 개인적 요소를 포함한다.

• 환경적 요소는 물리적·사회적·태도적 환경으로 구성되어 있으며, 개인적 요소와 상호작용하여 적응행동을 촉진하기도 한다.

• 개인적 요소는 그 개인의 성, 인종, 연령, 동기, 생활양식, 습관, 양육, 문제해결 양식, 개인적인 심리적 상태 등의 특성을 말한다.

③ 맥락 분석(contextual analysis)은 맥락이 지원체계에서 수행하는 역할을 이해하는 데 점점 많이 사용되는 방법이다.

   ⊙ 분석은 변화를 방해하는 맥락적 요인들, 한 개인이 현재 있는 장소와 그가 있길 원하는 곳 사이의 격차, 탄력성과 수용성을 증가시킬 변화의 힘, 채택과 적용을 촉진할 방법, 그리고 이해관계자의 참여를 높이는 방법들을 판별하는 것을 포함한다.

   ⊙ 맥락 분석은 지적장애를 포함하여 아는 것이 많은 응답자에 의해 완료되며, 지원체계에 대한 지식과 지원 계획에 대한 경험이 있는 사람에 의해 협응된다.

   ⊙ 맥락 분석을 수행하는 것은 변화를 촉진하거나 방해하는 맥락적 요인들에 대해 보다 폭넓고 깊은 이해를 제공할 뿐만 아니라, 분석은 참가들 사이에서 학습을 촉진하고, 판별된 개인적 목표들과 지원요구와 채택된 지원 전략들이 개인의 기능성과 개인적 안녕에 긍정적 영향을 미친다.

05 지원 모델

1. 지원 모델의 이해

① 지적장애인들이 경험하는 자신의 능력과 환경적 요구 간의 불일치로 인해 지원에 대한 요구가 생기게 되고,

② 이러한 지원요구를 바탕으로 개별화된 지원계획을 개발하고 적용하여, ❸ 13중등23

③ 그 개인이 좀 더 독립적이고, 더 나은 관계를 갖고 사회에 기여하며, 학교나 지역사회에서의 활동 참여가 증대되고, 더 높은 삶의 만족도를 느끼는 성과를 얻게 된다.

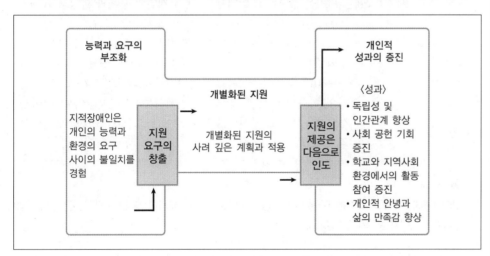

🚩 지원 모델 ❶ 20중등A4, ❷ 20초등B4

기출 POINT 14

❸ 13중등23
2010년 11차 AAIDD가 발표한 지적장애의 정의 및 지원체계에 대한 설명으로 옳은 것은?
④ 지원 모델은 개인의 지원요구에 대한 일상적이고 보편적인 지원을 하게 함으로써, 개인의 안녕과 삶의 만족감이 상당히 향상될 것으로 본다.
⑤ 지원 유형에는 주어진 환경 내에서 자연스럽게 제공되는 인적·물적 지원과 개인의 필요와 요구에 따라 제공되는 서비스 중심 지원이 있다.

기출 POINT 14

❶ 20중등A4

괄호 안의 ㉠, ㉡에 해당하는 용어를 순서대로 쓰시오.

(가) 기록 내용

■ 지원 모델(미국 지적장애 및 발달장애협회, AAIDD, 2010)

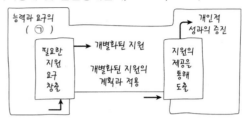

■ 중도 장애인(미국 중도장애인협회, TASH, 2000)
  • 통합된 사회에 참여하여 다른 사람과 비슷한 삶의 질을 향유할 수 있도록 삶의 영역에서 지속적 지원이 필요함
  • 이동, 의사소통, (㉡)와/과 같은 생활 영역에서 지원이 필요함
  • 지역사회에서의 주거, 고용, 자족에 필요한 학습을 위해 지원이 필요함

(나) 대화

일반교사 : 선생님, 어제 특수교육 연수를 받고 왔는데, 우리 반 장애학생 C를 이해하는 데 도움이 되었어요. 지원 모델에 대해 조금 더 자세히 설명해 주세요.

특수교사 : 네, 장애를 이해하는 데 예전에는 장애학생의 결함에 초점을 맞추었지만, 요즘에는 지원을 강조하고 있어요. 그래서 개인의 능력과 환경적 요구의 (㉠)(으)로 인해 지원 요구가 생긴다고 보고 있어요.

특수교사 : 미국 중도장애인협회에서도 개인의 결함보다는 통합환경에서 성공할 수 있도록 도와주는 생활 영역에서의 지원을 강조해요. 생활 영역 중에서 (㉡)은/는 2015 개정 특수교육 교육과정에서 중점적으로 기르고자 하는 핵심 역량의 하나인 (㉡) 역량과도 일맥상통하는 것 같아요. 자아정체성과 자신감을 가지고 자신의 삶과 진로에 필요한 기초 능력과 자질을 갖추어 갈 수 있는 것이지요.

❷ 20초등B4

2010년에 '미국 지적장애 및 발달장애협회(AAIDD)'에서 제시한 '지원 모델'에 근거하여 ㉢에 해당하는 내용을 1가지 쓰시오.

최 교사 : 네, 그렇게 된다면 지호에게 학교뿐 아니라 지역사회 환경에서의 활동 기회 증진이라는 개인적 성과를 가져올 수 있겠어요.

강 교사 : 그렇죠. 개별화된 지원을 신중하게 계획하고 적용한다면 ㉢ 다른 개인적 성과도 기대할 수 있을 거예요.

2. 지원의 평가 및 계획, 실행 과정(AAIDD)

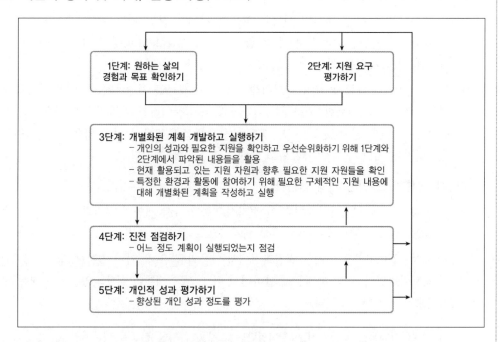

(1) 1단계 : 원하는 삶의 경험과 목표 확인하기

① 첫 단계에서는 그 개인의 꿈과 선호도와 관심에 초점을 둔 '개인중심계획(person centered planning ; PCP)'을 사용한다. ❶ 21중등A1

② 개인중심계획의 핵심은 당사자가 자신에게 중요하다고 생각하는 것이 무엇인지를 파악하고, 그 과정에서 현재 제공되는 서비스나 재정 상태 혹은 그 개인의 능력 등에 국한하지 않고 논의한다. 이러한 계획과정에 장애 당사자뿐만 아니라 주요 주변인들도 함께 참여해야 하며, 현재의 삶뿐만 아니라 미래의 삶에 대해서도 다루어야 한다.

❷ 16중등B7

(2) 2단계 : 지원요구 평가하기

① 두 번째 단계에서는 표준화된 평가도구인 지원정도척도(SIS)를 통한 평가나 관찰 혹은 심층 면담 등을 통해 다양한 삶의 영역에서 필요한 지원요구를 평가한다. ❶ 21중등A1

② 이러한 평가를 통하여 앞서 '개인중심계획' 단계에서 밝혀진 그 개인이 원하는 활동에 성공적으로 참여하기 위해 어떠한 지원이 필요한지에 대한 주요 정보가 수집된다.

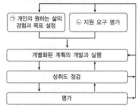

⑶ 3단계 : 개별화된 계획을 개발하고 실행하기

① 세 번째 단계에서는 개인의 성과와 필요한 지원을 확인하고 우선순위화하기 위해 1단계와 2단계에서 파악된 내용들을 활용한다. 현재 활용되고 있는 지원 자원과 향후 필요한 지원 자원을 확인한다.

② 특정한 환경과 활동에 참여하기 위해 필요한 구체적인 지원 내용에 대한 개별화된 계획을 작성하고 실행한다. 특정한 환경과 활동에 참여하기 위해 필요한 구체적인 지원 내용, 즉 일주일에 몇 번, 어느 정도의 시간을 소요해서, 누구에 의해, 어떤 지원이 필요할지에 대한 구체적인 계획을 작성하고 실행에 옮긴다.

⑷ 4단계 : 실행되고 있는 계획 점검하기

① 네 번째 단계에서는 지원계획 팀이 정기적으로 만나서 개인의 개별화된 계획이 실제로 어느 정도 실행되었는지에 대해 체계적으로 점검해 나가는 과정이 필요하다.

② Schalock 등(2018)은 이러한 점검과정에서 다음과 같은 세 가지 질문에 대해 답을 할 것을 제안하였다. 이러한 질문에 답하면서 어느 정도 계획이 실행되었는지에 대해 체계적으로 점검할 수 있다.

> 1. 어떤 지원목표가 완전히 실행되었다면 그것을 유지할 필요가 있는가?
> 2. 지원목표가 부분적으로 실행되었다면 부분적 실행의 이유는 무엇인가?
> 3. 그 목표가 실행되지 않았다면 그 이유는 무엇인가?

⑸ 5단계 : 개인적 성과 평가하기

① 다섯 번째 단계에서는 계획했던 지원을 실행함으로써 개인이 원하던 삶의 경험과 목표들이 어느 정도 성취되었는지에 대해 평가한다.

② 이 단계에서는 개인목표 달성, 즉 개인적 성과를 평가하는 것에 초점을 둔다. 또한 이러한 개인의 성과가 과연 그동안 제공되었던 지원에 의해 얻어진 것인지에 대해서도 평가한다. 이러한 평가를 통해 개인적 성과를 도출하는 데 효과적이었던 전략들을 판별할 수 있다. 더 나아가 지원체계의 효능을 평가하는 기초를 제공할 수 있다.

06 지적장애 분류에 대한 실제 지침(AAIDD 12차 매뉴얼)

• 지적장애 분야에서 분류는 지적장애인들의 집단을 더 작은 집단들로 나누기 위한 명시적 틀과 체계적인 과정을 사용하는 진단 후 선택적인 조직화 방식이다.

• 하위집단 분류는 중요한 목적이 있어야 하며, 개인에게 혜택이 되어야 하고, 적절한 정보에 기초해야 하며, 개인 요구의 더 나은 이해를 제공해야 한다.

• 가장 선호되는 하위집단 분류체계는 지원요구 강도에 기초하고, 다음으로 개념적·사회적·실제적 적응행동 제한성의 정도나 지적 기능성 제한성의 정도를 묘사하는 것이다.

❶ 23중등B11

• 백분위점수는 지원요구의 강도를 분류하기 위해 사용되며, 표준점수는 개념적·사회적·실제적 적응기술에서의 제한성의 정도, 지적 기능성에서의 제한성의 정도를 분류하기 위해 사용된다.

기출 POINT 16

❶ 23중등B11
@~@ 중 틀린 내용을 1가지 찾아 기호를 쓰고, 그 이유를 서술하시오.
[단, 미국 지적장애 및 발달장애협회 (AAIDD, 2021) 매뉴얼에 근거할 것]

> ⓓ 지적장애 하위 집단은 목적에 따라 선택적으로 분류되고 분류가 되어야 한다면 지적 기능성의 수준에 따른 분류가 가장 적절함

1. 지원요구 하위집단 분류에 적용된 명시적 틀과 체계적인 과정

하위집단 분류 목적	목적을 다루기 위한 적절한 데이터 세트	하위집단 분류범주 수립에 사용된 데이터 기반 절차	하위집단 분류 범주와 하위집단 분류 밴드
지원요구 강도 묘사	• 평가된 지원요구 강도	• 표준화된 지원요구 평가 도구들	• 지원요구 강도 수준들 － 간헐적(지원요구 백분위점수 대략 0~25) － 제한적 (대략 26~50) － 확장적 (대략 51-75) － 전반적 (대략 76+)
	• 지원요구 군집들	• 신뢰롭고 타당한 지원요구 평가 도구로부터 얻어진 데이터를 포함하는 군집 분석(cluster analysis)	• 지원요구 군집들 － 하위집단 분류밴드의 수와 묘사는 사용된 통계 기법에 기초한다. － 일반적으로 군집들 된다.

2. 적응행동 수준의 하위집단 분류에 적용된 명시적 틀과 체계적인 과정

하위집단 분류 목적	목적을 다루기 위한 적절한 데이터 세트	하위집단 분류범주 수립에 사용된 데이터 기반 절차	하위집단 분류 범주와 하위집단 분류 밴드
개념적·사회적·실제적 기술에서 적응행동 제한성의 정도를 묘사	적응행동 점수들	다음의 각 3가지 적응행동 영역(개념적·실제적·사회적 기술)의 각각에서 표준화된 적응행동 점수를 산출하는 신뢰롭고, 타당하고, 개인적으로 실시되고, 종합적인, 표준화된 검사에 기반을 둔 적응행동 점수	개념적·사회적·실제적 기술에서 제한성의 정도 • 경도(적응행동 점수 대략 50~55에서 70~75) • 중등도(대략 40~45에서 50~55) • *중도(대략 25~30에서 40~45) • *최중도 (대략 < 20~25)

* 표준화된 검사는 산출할 수 있는 표준점수에 하한이 있다. 낮은 점수들은 종종 외삽되고(extrapolated) 제한된 신뢰도를 가질 수 있다.

3. 지적 기능성 수준의 하위집단 분류에 적용된 명시적 틀과 체계적인 과정

하위집단 분류 목적	목적을 다루기 위한 적절한 데이터 세트	하위집단 분류범주 수립에 사용된 데이터 기반 절차	하위집단 분류 범주와 하위집단 분류 밴드
지적 기능성에서 제한성 정도 묘사	전체 지능지수 표준점수	전체 지능지수 점수를 산출하는 신뢰롭고, 타당하며, 개인적으로 실시된 종합적인, 표준화된 검사에 기초한 지능지수 표준점수	지적 기능성에서 제한성의 정도 • 경도(전체 IQ 표준점수 대략 50~55에서 70~75) • 중등도(대략 40~45에서 50~55) • *중도(대략 25~30에서 40~45) • *최중도 (대략 < 20~25)

* 표준화된 검사는 산출할 수 있는 표준점수에 하한이 있다. 낮은 점수들은 종종 외삽되고(extrapolated) 제한된 신뢰도를 가질 수 있다.

07 지원체계에 대한 이해

1. 지원체계의 개념

① 지원체계는 한 개인의 발달과 권익을 증진시키고, 그 개인의 기능성과 삶의 질을 향상시키는 상호 연결된 자원 및 전략 네트워크이다(AAIDD, 2021). ❶ 23중등B1

② 지원체계는 한 개인의 목표들과 지원요구와 제휴되고, 개인지원계획(PSP)으로 통합된다.

③ 지원체계를 위한 효과적인 틀은 개인의 지원요구를 다루고 개인적 목표를 향상시키기 위해 실행될 수 있는 자원과 전략의 판별을 용이하게 한다.

2. 효과적인 지원체계의 특성

(1) 개인 중심성: 개인적 지원요구의 평가

① 지원요구는 '한 개인이 전형적인 인간 기능성과 연관된 활동에 참여하기 위해 요구하는 지원의 패턴과 강도'이다.

② 한 개인의 지원요구는 개인의 능력과, 개인이 생활하고 일하고 배우고 상호작용하고 삶을 즐기는 맥락적 요구 사이의 현재의 부조화를 반영한다. 지원체계의 목적은 개인의 기능적인 제한성과 맥락적 요구 사이의 차이를 줄이고, 그에 따라 인간 기능성과 개인적 안녕을 향상시키는 것이다.

③ 개인의 지원요구 평가는 지원강도척도(SIS)를 사용하여 지원요구 백분위점수를 산출하는 표준화된 지원요구 척도를 기반으로 한다.

④ 지원요구에 대한 표준화된 평가는 지원 계획, 지원 제공, 자원 할당, 진단 후 선택적 하위집단 분류 및 성과 평가를 포함하여 다양한 목적을 위해 사용될 수 있는 정보를 제공한다.

(2) 종합성: 지원체계의 요소 ❶ 23중등B1

선택 및 개인적 자율성	• 선택하기와 자기결정을 발휘할 기회 • 법 앞에서 한 개인으로 인정받고 비장애인과 동등한 기초에서 법적 능력을 누림 • 의사결정 지원을 통해 촉진됨
통합 환경	• 자연적 환경에서 있는 모든 사람을 포함하는 곳 • 지역사회 중심의 자원들, 정보 및 관계들에 대한 접근성을 제공하는 곳 • 성장과 발달을 장려하고 사람들을 지원하는 곳 • 자율성, 능력 및 관계성과 연관된 심리적 요구를 충족하는 곳

기출 POINT 17

❶ 23중등B1
괄호 안의 ㉠에 해당하는 내용을 쓰시오.

교사 A: 선생님, 이번에 연수를 들어보니 지난 30년간 지적장애의 정의 및 모델에서 많은 변화가 있었다는 것을 알 수 있었습니다. 무엇보다 1992년 모델에 소개되었던 '지원'의 개념이 지속적으로 이어져 오다가 2021년에는 '지원체계'로 변경되었다는 점이 인상 깊었어요.
교사 B: 네, 지원체계는 개인의 발달과 유익을 촉진하고 개인의 기능성과 (㉠)을/를 향상시키는 상호 연결된 자원 및 전략 네트워크입니다. 보다 체계적으로 지원체계를 구축하고자 한 점을 저도 주의 깊게 살펴보았어요.

기출 POINT 18

❶ 23중등B1
괄호 안의 ㉡에 해당하는 내용을 쓰시오.

교사 A: 효과적인 지원체계의 요소는 무엇이 있을까요?
교사 B: 미국 지적장애 및 발달장애 협회(AAIDD)에서는 2021년에 효과적인 지원체계의 특징으로 개인 중심성, 포괄성(종합성), 협응성, 성과 지향성을 설명하였어요. 그중 포괄성(종합성)은 효과적인 지원체계의 요소로 선택 및 개인 자율성, 통합적인 환경, (㉡), 전문화된 지원을 제시하였습니다.

일반적인 지원은 장애가 있거나 없는 사람, 그 어떤 사람에게도 유용한 일반적인 지원 전략을 포함하며, 다양한 공공 및 민간단체에 의해 제공될 수 있다. 국제적인 합의를 이룬 7가지 일반적 지원의 구성요소는 다음과 같다.

	구성요소	정의 및 예시
일반적 지원	자연적 지원	지원 네트워크(**예** 가족·친구·또래·동료)를 구축하고 유지하기, 자기 옹호·우정·지역사회 관여 및 사회적 참여를 육성하기
	테크놀로지	개인의 의사소통 능력을 향상시키고, 건강과 안녕을 유지하고, 자신의 환경 내에서 성공적으로 기능하기 위한 보조 및 정보 장치를 사용하기 **예** 의사소통 보조기, 스마트폰, 전자 태블릿/장치, 약물 투여 장치, 의료 경보 모니터, 그리고 음성 인식 장치를 포함
	보철	신체가 할 수 없는 기능을 수행하도록 지원하는 감각 보조 및 운동 관련 보조 장치를 제공하기 **예** 휠체어, 로봇 팔과 다리, 특수 안경/시각 보조, 보청기, 교정 장치 포함
	전 생애에 걸친 교육	행동 기법들, 개인화된 교육과 훈련 전략, 평생학습 기회를 통한 새로운 기술과 행동 개발하기
	정당한 편의	건물·교통 및 작업 공간들의 물리적인 접근성을 보장하기, 안전하고 예측 가능한 환경을 창출하기, 개인이 자신의 환경과 협상하게 하기, 보편적 설계 환경 특성을 통해 일상의 과제를 수행하게 하는 물리적 및 다른 조정을 제공하기
	존엄성과 존중	지역사회 관여, 동등한 기회, 인정, 감사, 재정적인 안정, 명예, 개인적 목표 설정, 권한 부여, 자신의 개인적 지원 계획 통제, 그리고 의사결정 지원을 통한 사회적 역할 지위 향상하기
	개인적 강점/자산	개인의 선호, 개인적 목표 및 흥미, 선택과 의사결정, 동기, 기술 및 지식, 긍정적인 태도 및 기대, 자기관리 전략, 자기 옹호 기술 촉진하기

전문화된 지원	• 전문화된 지원은 전문적 기반을 둔 중재들과 치료로, 다른 전문 분야의 구성원이 지적장애인에게 전문화된 지원을 제공하는 것이 포함된다. • 전문화된 지원에 대한 통합적 접근은 지적장애에 대한 다중 관점을 포함한다.	
	생의학적 관점	지적장애를 초래하는 유전적 및 생리적 요인들을 강조함 **예** 식이요법, 유전자 변형, 약리학 중재 등
	심리교육적 관점	지적장애와 관련된 지적·심리적·행동적 학습 제한성들을 강조함 **예** 양육기술, 상담, 특수교육, 의사결정 지원, 정보 및 보조공학 등
	사회문화적 관점	지적장애인을 둘러싼 사회의 공통적인 믿음, 행동, 언어 및 사건으로부터 지적장애의 사회적 의미가 개발된 것을 통해 사람들과 그들의 맥락 사이의 상호작용, 그리고 그 상호작용에 대한 개인들의 반응을 강조함 **예** 환경적 강화/조정, 자연적 지원, 일반대중의 태도/인식의 변화
	사법적 관점	지적장애 진단을 받은 사람들을 포함한 모든 개인들이 동일한 인권과 법적 권리를 가지고 있음을 강조함 **예** 법령·규정 및 사법적 결정

(3) 협응성 : 개인지원계획(PSP)

① 개인지원계획(PSP)은 개인의 발달과 유익을 촉진하고 개인의 기능성과 안녕을 증진하는 지원체계 제공에 대한 체계적·통합적 접근이다.

② 지원 협응 요소는 개인과 그들의 권리에 대한 초점, 시스템 사고와 논리 모델, 지원계획 및 전달에 강점 중심 접근, 요구에 대한 지식을 촉진하는 정보공학, 지적장애인이 환경과 활동들에 참여 가능하도록 하는 보조공학, 수평적으로 구조화된 교육과 지원팀, 증거기반 실제, 그리고 성과 평가를 포함한다.

(4) 성과 지향성 : 인간 기능성 성과 틀

① 개인지원계획(PSP) 개발과 성과 평가는 인간 기능성의 구체적이고 측정 가능한 지표들을 판별하는 성과 틀을 요구한다.

② AAIDD(2021)에서는 성과 지향성을 설명하기 위해 인간 기능성 모델의 다섯 가지 차원(지적 능력, 적응행동, 건강, 참여, 맥락)에서 주요 성과 및 구체적이고 측정 가능한 성과지표를 제시하였다.

🏳 인간 기능성 성과 틀

인간 기능성 차원	주요 성과 평가의 초점	성과 지표의 예
지적 기능성	실행 기능	• 행동을 시작하고 유지함 • 문제행동이나 자극을 억제함 • 적절한 과제 목표를 선택함 • 문제해결 전략을 제시함 • 필요할 때 주의력과 문제해결 전략을 바꿈 • 자신의 행동을 점검하고 평가함
적응행동	적응행동 기술	• **개념적**: 언어 사용, 읽기, 쓰기, 돈 사용, 시간 알기 • **사회적**: 대인관계 기술 보이기, 사회적 책임감 보이기, 자존감 표현하기, 최소한의 피괴성과 순진성 나타내기, 사회적 문제 해결하기 • **실제적**: 일상생활 활동 수행하기, 작업 기술 보이기, 잠재적으로 안전하지 않거나 위험한 상황에서 주의 기울이기, 여행하기와 교통 이용하기, 일정 및 일과 따르기
건강	신체적·정서적 상태	• **신체적 상태**: 의료적 또는 병리적 증상의 정도 및 심각도, 영양 상태 • **정서적 상태**: 정신적·행동적 증상의 정도 및 심각도, 학대 및 유기로부터의 자유, 안전감 및 안정감 느끼기
참여	포함 및 관여	• **포함**: 가정생활, 지역사회생활, 평생학습, 고용, 사회적 활동과 같은 생활 활동 영역에 포함 • **관여**: 가족 구성원, 친구, 동료, 지역사회 구성원들과 함께 관여
맥락	기회	• 선택하기와 자기결정을 실행하기 • 법 앞에서 인권과 시민권을 가진 사람으로 인정받기 • 인권과 법적 권리를 경험하기 • 최소제한환경 내에서 살기 • 일반적인 지원과 연결하기 • 평생학습에 대한 접근성 가지기 • 통합학교에서 교육

더알아보기 지원체계에서 임상적 판단의 역할

임상가들은 지원요구의 평가, 개인적 목표와 지원요구를 전문자의 권고와 통합, 구체적인 지원 전략의 선정, 그리고 개인지원계획(PSP)의 개발을 포함하는 다중의 결정과 권고를 하는 데 관여한다.

1. 지원요구 평가는 표준화된 지원요구 평가 척도를 사용하는 것을 확실히 한다.
2. 상당한 지원 평가 정보를 교육 혹은 지원팀에서 사용할 수 있도록 협응된 사용자에게 친절한 방식으로 종합한다.
3. 인간 기능성 차원들과 개인적 안녕 영역들을 판별하는 성과 틀을 사용하여 평가된 지원요구와 전문적인 권고 사항을 통합한다.
4. 교육 및 지원팀이 지적장애인의 개인적 목표, 지원요구 및 바라는 성과들을 우선순위화하는 것을 도와준다.
5. 개인지원계획(PSP) 목표들을 우선순위화하고 특정 지원 전략들을 선택하고 그 계획을 실행하는 데 맥락적 요소들의 영향을 분석한 정보를 사용한다.
6. 개인지원계획(PSP)들을 개발하고 실행하는 데 시스템 사고(즉, 미시·중간·거시 체계)에 관여한다.
7. 개인지원계획(PSP)이 개발된 대로 실행되고(실행충실도), 지원 제공에 연속성과 일관성이 있는지(지속가능성)를 확실히 한다.
8. 개인의 지원요구에서 시간에 따른 변화를 모니터한다. 현재 문헌은 지원요구가 1~3년에 걸쳐서 안정적이라고 제안하지만, 생애 사건이나 개인 조건의 변화는 개인의 지원요구에 대해 더 빈번한 검토를 요구할 수 있다.

더알아보기 지원체계에 관한 실행 지침

1. 개인의 지원요구의 패턴 및 강도에 대한 평가는 개인적으로 실시되는, 표준화된 지원요구 척도의 사용을 포함하여 전문적인 평가에 기초해야 한다.
2. 지원체계는 가치, 촉진 조건들 및 지원 관계들에 기초해야 한다.
3. 지원체계는 선택과 개인적 자율성, 통합 환경, 일반적인 지원 그리고 전문화된 지원을 포함해야 한다.
4. 지원체계는 개인적 목표들, 지원요구 그리고 가치 있는 성과를 통합하고 제휴해야 한다.
5. 지원체계는 개인 중심적, 종합적, 협응적 및 성과 지향적이어야 한다.
6. 지원 제공은 지적장애인이 속한 지원팀에 의해 개발되고, 실행되고, 검토되고, 평가되는 개인지원계획(PSP)을 통하여 협응되어야 한다.
7. 개인지원계획(PSP)은 개인적 목표와 지원요구를 특정한 지원 전략들과 원하는 가치 있는 성과와 제휴해야 한다.

3. 지원의 유형

지원은 자연적 지원과 서비스 중심 지원으로 구분할 수 있다.

① **자연적 지원**: 주어진 환경 내에서 자연스럽게 제공될 수 있는 인적·물적 자원을 통해 지원되는 것을 말한다. 예를 들어, 가족이나 직장동료, 친구, 이웃들로부터 자연스러운 일과 내에서 지원이 제공되는 것이다. **❶ 23초등B2, ❷ 19중등A5, ❸ 17초등A2**

② **서비스 중심 지원**: 한 개인의 자연스러운 환경의 일부가 아닌 사람들이나 장비 등에 의해 제공되는 지원을 말한다. 예를 들어, 교사 또는 치료와 상담, 법률 등의 서비스 전문가들로부터 지원이 제공되는 경우이다.

4. 지원 강도에 따른 분류 ❶ 13추가중등A5, ❷ 11중등16, ❸ 10초등7

간헐적 지원	필요할 때나 위기 상황에서 일시적으로 제공
제한적 지원	제한된 일정 시간 동안 일관성 있게 제공
확장적 지원	몇몇 환경에서 정기적으로 제공
전반적 지원	항구성을 가지는 고강도의 지원을 지속적으로 거의 모든 환경에 걸쳐 제공

08　부록

1. 개인중심계획(person-centered plan ; PCP)

개념	전환 계획 과정을 촉진하는 한 방법으로, 한 개인이 희망하는 삶에 대해 팀 중심으로 탐색하고 그 삶을 살기 위해 필요한 지원을 찾아가는 일련의 과정이다.
특징	• 개인중심계획은 학생이 희망하는 삶에 대해서 알아보는 과정과 학생을 위한 계획을 수립하기 위해 자원하는 주변인들의 팀으로 이루어진다. ⑩ 본인, 가족, 친구, 지역사회 구성원, 관련 기관 사람들 등 • 개인중심계획은 장애학생이 희망하는 삶에 필요한 지원들을 탐색하고 판별하기 위해 학생에 대해 같이 생각해 보고, 학생과 함께 의사소통하고, 학생의 가치를 검토하고, 학생을 위한 계획을 수립하여 지원하는 가치중심 접근이다.

<table>
<tr><td rowspan="10">단계와
핵심 요소</td><td colspan="2">

1단계 : 문제 판별
- 학생의 미래에 대한 계획에 초점을 두어 시작한다.
- 학생의 선호, 흥미, 욕구에 기초를 두어 판별된 학생의 사회, 여가, 교육, 직업 및 독립생활 목표들을 포괄하여 하나의 큰 그림으로 산출한다.
- 학생과 가족의 요구를 중심으로 미래에 대한 비전을 공유하는 것을 목표로 한다.

2단계 : 문제 분석
팀 구성원들의 브레인스토밍을 통해 학생과 관련한 정보들을 명료화하고, 예측되거나 잠재적인 문제점을 다루고 필요한 전략과 자원을 개발한다.

3단계 : 협력적 문제해결
중재 계획을 실행하는 단계로, 개인중심계획의 핵심 요소로서 중재충실도와 직결된다.

4단계 : 행동 계획 설계와 후속조치 개발
중재과정의 충실도를 유지하기 위한 것으로 중재 전략을 평가하고 그 결과에 근거하여 이를 지속할 것인지, 재설계 혹은 중단할 것인지를 결정한다.

</td></tr>
</table>

단계	핵심 요소
1단계 : 문제 판별	요소 1 : 학생과 가족 중심 요소 2 : 미래를 위한 공유된 비전 창출
2단계 : 문제 분석	요소 3 : 대상 학생의 강점과 지원 욕구 판별 요소 4 : 관계와 지역사회 인맥 수립
3단계 : 협력적 문제해결	요소 5 : 행동 계획 개발
4단계 : 행동 계획 설계와 후속조치 개발	요소 6 : 책임자와 후속조치 수립

PCP 모델

개인미래계획, MAPS, COACH, PATH 등의 개인중심계획 모델들이 갖는 공통적인 특성은 다음과 같다.
① 모든 계획 과정은 학생을 중심으로 논의된다. 학생의 강점, 흥미와 꿈에 대한 고려가 계획 과정에서 중심이 되고, 학생에 대한 이해가 그의 교육적 요구를 결정하는 토대가 된다.
② 계획 과정에서 학생과 가족의 적극적인 참여를 전제로 한다.
③ 모든 구성원은 학생이 가진 장애보다는 강점과 능력에 초점을 두고 학생에 대해 긍정적이고 적극적인 견해를 갖는다. 이러한 특성으로 인해 PCP는 학교를 졸업하고 성인기로의 전환을 앞둔 장애학생에게 자기결정과 삶의 질의 성과를 촉진하는 전환의 최선의 실제로서 광범위하게 지지받고 있으며, 장애정도가 심한 학생과 가족에게도 도움이 된다.

❸ 10초등7
영호의 건강, 문제행동, 전환 영역은 AAMR 1992년에 지시한 지원유형 중 어디에 속하는지 쓰시오.
■ 영호의 지원에 대한 요구
- 건강: 만성적인 소아당뇨로 인하여 인슐린 주사를 장기적으로 매일 맞아야 한다.
- 문제행동: 갑자기 생긴 주의산만한 행동에 대한 단기적인 행동중재를 받을 필요가 있다.
- 전환: 초등학교로의 전환을 위해 필요한 기술들(⬛ 학습준비 기술, 사회성 기술 등)을 올 한 해 동안 배울 필요가 있다.

2. 한국판 아동용 지원정도척도(supports intensity scale ; K-SIS-C)

개념	지적장애로 진단된 개인의 지원요구에 대한 평가 시 사용할 수 있는 표준화된 도구이다.
특징	지원요구에 대한 객관적인 평가를 통해 어느 지원 영역에서 어떤 유형의 지원이 얼마나 빈번하게 제공되어야 하는지 등을 분석한 후 개별화된 지원계획을 수립할 수 있도록 한다.
강점	• 전통적인 평가와 다르게 사람들이 부족한 것을 보지 않고 사회에서 성공적으로 살아가기 위해 개인이 필요로 하는 일상의 지원이 무엇인지를 본다. • 직접적이고 타당한 결과를 제공해 준다. • 직접 의사소통을 하면서 각 장면마다 개인의 참여를 요구하여 지원의 유형, 빈도, 강도를 측정한다. • 가족, 장애인 친구, 사례관리자와의 면담을 통해 어떻게 개인이 성장하고 있는지를 고려한다. • SIS점수는 장애인의 개별화지원계획을 수립하는 데 도움을 줄 뿐만 아니라, 개인의 요구 순위 및 필요한 지원 영역을 시각적으로 제공해 줌으로써 서비스 결정을 하는 데 실질적인 정보를 제공해 준다.

구성 23중등B11	• 연령: 만 5~16세 • 영역: 지원요구(지표) 척도(7영역)와 예외적인 의료/행동 지원요구 영역

영역	성인용 버전(SIS-A)	아동용 버전(SIS-C)	점수 측정
영역1	특별한 의료적·행동적 지원요구	특별한 의료적·행동적 지원요구	• 0점: 지원이 필요하지 않음 • 1점: 약간의 지원이 필요함 • 2점: 폭넓은 지원이 필요함
영역2	지원요구척도 1. 가정생활 활동 2. 지역사회생활 활동 3. 평생학습 활동 4. 직업 활동 5. 건강과 안전 활동 6. 사회 활동	지원요구척도 1. 가정생활 활동 2. 지역사회와 이웃 활동 3. 학교 참여 활동 4. 학교 학습 활동 5. 건강과 안전 활동 6. 사회 활동 7. 옹호 활동	아래의 3가지 측면에서 각 문항을 5점 척도(0점~4점)로 측정 1. 지원의 종류 2. 지원의 빈도 3. 일일 지원 시간
영역3	보충용 보호·옹호 척도	없음	

🖉 영역2 점수만 표준점수 변환에 활용됨

실행	K-SIS-C는 구조화 면접도구로 개발된 표준화된 면접도구로서 검사설명서에 면접자와 응답자에 대한 지침이 제시되어 있다. • **면접자**: 면접자의 자격은 최소한 학사 학위를 취득하고 지적장애 아동을 위한 분야에서 서비스를 제공한 경력이 있는 사람(**예** 특수교사, 심리학자, 사회복지사 등)이다. 면접자는 최소한 두 명 이상의 피면접자로부터 정보를 수집해야 하는데, 피면접자들을 개별적으로 면접하거나 동시에 면접할 수도 있다. 피면접자들 간에 정보가 일치하지 않을 경우에는 면접자가 피면접자들에게서 얻은 정보를 통합적으로 판단하여 기록한다. • **응답자**: 응답자(피면접자)의 자격은 최소 3개월 동안 해당 아동을 잘 알고 지냈고 한 가지 이상의 환경에서 적어도 몇 시간 동안 아동을 관찰할 기회가 있었던 사람(**예** 부모, 교사, 친척, 특수교육 실무원, 작업 감독자 등)이다. 또한 연령을 포함한 여러 가지 요인을 고려하여 해당 아동을 피면접자로 선정할 수도 있다.

평가	지원 유형, 지원 빈도, 일일 지원 시간에 대해 0~4점 척도로 평정하고, 점수가 높을수록 지원요구가 큰 것이다. ❶ 18중등A3 • **지원 빈도**: 대다수의 비장애인에게 일반적으로 필요한 빈도 이상의 지원이 표적활동 각각에 대해 얼마나 '자주' 필요한지와 연계된다. • **일일 지원 시간**: 지원이 필요한 보통 날에 얼마나 '많은 시간' 동안 지원해야 하는지와 연계된다. • **지원 유형**: 참여해야 하는 활동을 할 때 필요할 수 있는 지원의 '성격'이다.

평정기호		
지원 빈도 이 활동을 위한 지원이 얼마나 자주 필요한가?	**일일 지원 시간** 이 영역의 지원이 필요한 보통 날에 얼마나 많은 시간 동안 지원해야 하는가?	**지원 유형** 어떤 유형의 지원을 제공해야 하는가?
0: 필요 없거나 1개월에 1회 미만 1: 1개월에 1회 이상 (1주에 1회는 아님) 2: 1주에 1회 이상 (1일 1회는 아님) 3: 1일 1회 이상 (1시간에 1회는 아님) 4: 1시간에 1회 이상	0: 없음 1: 30분 미만 2: 30분~2시간 미만 3: 2~4시간 미만 4: 4시간 이상	0: 없음 1: 점검 2: 언어/몸짓 촉구 3: 부분 신체 지원 4: 전체 신체 지원

기출 POINT 21

❶ 18중등A3
다음은 지적장애 고등학생 A를 위한 전환교육계획을 수립하기 위해 특수교사와 어머니가 나눈 대화의 일부이다. ㉠과 ㉡에 들어갈 내용을 쓰시오.

특수교사: 어머니, 학생 A에게 적절한 전환교육계획을 수립하기 위해 몇 가지 평가를 하려고 합니다.
어머니: 어떤 평가를 하나요?
특수교사: 먼저, 지원정도척도(SIS)를 활용하여 학생 A에게 필요한 지원요구를 파악하고자 합니다.
어머니: 그런데 지원정도척도는 처음 듣는 거라서 잘 모르겠어요. 그게 무엇인가요?
특수교사: 예, 지원정도척도는 개인이 사회에서 성공적으로 살아가기 위해 필요한 지원요구를 (㉠), 일일 지원 시간, (㉡)의 3가지 차원에서 파악하는 것입니다.

기출 POINT 22

❶ 23중등B11
ⓒ에 해당하는 내용을 쓰고, 괄호 안의
ⓒ에 공통으로 해당하는 내용을 쓰시오.

■ 지원강도척도(SIS)에 대한 이해

- 평가 방법: (ⓛ)을/를 통해 지원요구를 평가함
- 결과 활용: 개별화된 지원의 계획 수립 및 운영에 활용
  - 삶의 경험과 목표를 확인하고 지원요구를 평가한 결과는 개인에게 지원할 영역의 (ⓒ)을/를 결정하는 데 도움이 됨
  - 모든 생활 활동 영역을 한 번에 효과적으로 지도하는 것은 어려움이 있으므로, 학생에게 중요한 지원 영역의 (ⓒ)을/를 판별함

결과 활용

- 영역 1(특별한 의료적·행동적 지원요구): 2개의 하위영역별로 원점수만 제공하는데, 2개의 하위영역에서 2점으로 채점된 문항이 있거나 총점이 5점 이상인 경우 해당 아동은 영역 2에서 산출된 'SIS-C 지원요구지표'에서 비슷한 점수를 받은 아동보다 더 강한 지원요구를 가지고 있을 가능성이 높은 것으로 해석한다.
- 영역 2(지원요구지표 척도): 7개의 하위영역별 표준점수(평균 10, 표준편차 3)와 백분위점수를 제공하고 하위 영역들 평균의 합에 대한 'SIS-C 지원요구지표'(평균 100, 표준편차 15)와 백분위점수를 제공한다. 표준점수와 백분위 점수는 상대적 위치점수이므로 동일 연령대의 지적장애 그리고 자폐성장애 아동들과 비교하여 해당 아동의 상대적인 지원요구의 수준과 정도에 대한 해석이 가능하다. ❶ 23중등B11

1) 가정생활 하위 척도에 대한 원점수 계산

제A부: 가정생활 활동	지원빈도					일일 지원시간					지원유형					원점수
1. 화장실 사용하기	⓪	1	2	3	4	⓪	1	2	3	4	⓪	1	2	3	4	0
2. 의복 관리하기(세탁하기 포함)	0	1	②	3	4	0	1	②	3	4	0	1	2	③	4	7
3. 음식 준비하기	0	1	②	3	✕	0	1	②	3	4	0	1	2	③	4	7
4. 식사하기	⓪	1	2	3	4	⓪	1	2	3	4	⓪	1	2	3	4	0
5. 집 안 관리하고 청소하기	0	1	②	3	4	0	1	②	✕	✕	0	1	2	③	4	7
6. 옷 입고 벗기	⓪	1	2	3	4	⓪	1	2	3	4	⓪	1	2	3	4	0
7. 목욕하기와 개인 위생·몸단장 관리하기	⓪	1	2	3	✕	⓪	1	2	3	4	⓪	1	2	3	4	0
8. 가전제품 조작하기	0	1	②	3	4	0	①	2	3	4	0	1	②	3	4	5
													원점수 총점(가정생활 활동)			26

원점수(최고점 = 92)를 8쪽(SIS 프로파일)의 제1A부(A. 가정생활)에 기입한다.

2) SIS 지원요구지수 계산

제1A부: 지원요구 평정치

1. 2~5쪽에 있는 제A~F부의 원점수를 기입한다.
2. 부록 6.2를 사용하여 표준점수와 백분위를 기입한다.
3. 부록 6.3을 사용하여 SIS 지원요구지수를 기입한다.

활동 하위 척도	원점수 총점 (2~5쪽에서 기입)	표준점수 (부록 6.2 참조)	하위 척도별 백분위점수 (부록 6.2 참조)
A. 가정생활	26	7	16
B. 지역사회생활	23	5	5
C. 평생학습	28	7	16
D. 고용	15	6	9
E. 보건·안전	6	3	1
F. 사회	27	7	16
표준점수 총점(합계)		35	
SIS 지원요구지수(복합 표준점수) (부록 6.3 참조)		71	
지원요구지수의 백분위(부록 6.3 참조)			3

3) 지원요구 프로파일

제1B부 : 지원요구 프로파일

각 활동 하위 척도별 표준점수와 SIS 지원요구지수에 ○표 한다. 그다음에 하위 척도의 ○를 연결하여 그래프를 그린다.

백분위	A. 가정생활	B. 지역사회 생활	C. 평생학습	D. 고용	E. 보건· 안전	F. 사회	SIS 지원요구 지수	백분위
99	17~20	17~20	17~20	17~20	17~20	17~20	> 131	99
	15~16	15~16	15~16	15~16	15~16	15~16	124~131	
90	14	14	14	14	14	14	120~123	90
	13	13	13	13	13	13	116~119	
80							113~115	80
	12	12	12	12	12	12	110~112	
70							108~109	70
							106~107	
60	11	11	11	11	11	11	105	60
							102~104	
50	10	10	10	10	10	10	100~101	50
							98~99	
40	9	9	9	9	9	9	97	40
							94~96	
30							92~93	30
	8	8	8	8	8	8	90~91	
20							88~89	20
	⑦	7	⑦	7	7	⑦	85~87	
10	6	6	6	⑥	6	6	82~84	10
	5	⑤	5	5	5	5	75~81	
1	1~4	1~4	1~4	1~4	①~4	1~4	<74	1

[출처] Supports Intensity Scale User'S Manual

- 생활 활동 영역과 삶의 질 평가의 영역으로 구분하고, 선택된 성과체계와 범주 내 개인 목표의 우선순위를 결정한다. ❶ 23중등B11

성과체계	성과범주	
	아동	성인
생활 활동 영역	• 의료 • 행동 • 가정생활 • 지역사회 및 이웃 • 학교 참여 • 학교 학습 • 건강과 안전 • 사회성 • 자기옹호	• 의료 • 행동 • 가정생활 • 지역사회 생활 • 평생학습 • 고용 • 건강과 안전 • 사회성 • 옹호

삶의 질 영역	• 개인의 성장 • 자기결정 • 대인관계 • 사회적 통합

- 지능검사는 개인이 개념지능과 관련된 과제에서 나타내는 최대의 수행에 초점을 두고 있고, 적응행동검사는 어떤 사람이 자신의 환경에서 여러 과제를 수행할 때 보이는 전형적인 기술 수준에 초점을 두고 있다. 반면에 지원정도척도(SIS)는 어떤 사람이 가치 있다고 평가되는 상황과 활동에 참여하는 데 필요한 지원의 유형과 정도에 초점을 두고 있다.
- 지능검사와 적응행동검사가 다방면의 개인 능력을 직접적으로 측정하는 반면, 지원정도척도는 지원요구를 직접 측정한다. 따라서 지원정도척도와 적응행동검사는 상호 관련성이 있지만 측정하는 구성개념이 다르기 때문에 이들 검사를 사용하는 목적도 달라야 한다.

⚑ **적응행동검사와의 비교**

특징	지원정도척도(SIS)	적응행동검사
측정하는 구성 개념	어떤 사람이 일상생활 활동에 참여하는 데 필요한 특별 지원	어떤 사람이 학습한 적응기술(이는 성취 또는 수행의 측정치임)
초점	가정생활과 지역사회생활 참여를 증진시키는 데 필요한 지원의 패턴과 정도	개인의 적응행동 패턴
사용 목적	생활의 다른 영역에서 개인이 지닌 요구, 발달 장애인과의 비교에서 나타나는 상대적인 지원요구의 결정 및 개별화지원계획의 개발	지적장애의 진단과 개별화 교육/훈련계획에 나열할 수 있는 적합한 교육목적과 훈련목적의 확인
문항 계통	사회에 참여할 때 관계되는 일련의 생활 활동	성공적인 사회적 기능에 필요한 일련의 적응행동 또는 적응기술
문항 반응	특정 생활 활동에 참여하는 데 필요한 특별한 지원의 정도와 패턴	개인의 적응기술 관련 숙달도 또는 능숙함의 수준
추가 문항	• 특별 지원 요구에 영향을 미치는 문제행동과 특별한 의료 조건 • 지원이 필요한 보호/권리주장 활동	일부 척도에 문제행동 지표가 포함되어 있음

(좌측 세로) 비교

3. 개인지원계획(personal support plans ; PSP)

▶ 개인지원계획에 대한 체계적 접근의 구성요소 및 실행단계

구성요소	실행 단계
1. 개인을 이해한다.	• 개인지원계획의 대상자와 대화한다. • 개인의 목표를 확인한다. • 개인의 장점과 자산을 확인한다. • 개인중심계획(PCP) 절차를 활용한다.
2. 개인의 지원요구를 이해한다.	• 표준화된 지원요구 평가를 완료한다. • 사용자 친화적인 형식으로 평가 데이터를 요약한다. • 전문가의 권고사항과 지원요구 평가 정보를 통합한다.
3. 개인지원계획을 개발한다.	• 성과체계와 성과범주를 선택한다. • 선택된 성과체계/범주 내에서 개인 목표들의 우선순위를 정한다. • 개인의 목표와 관련한 필요한 지원들을 확인하기 위해 지원정도척도(SIS) 평가 결과를 사용한다. • 지원체계의 요소들을 목표 관련 지원요구에 맞춘다. • 계획된 각 지원을 통해 지원 목표를 명시한다.
4. 개인지원계획을 실행한다.	개인지원계획에 대한 실행이 세 가지의 실행 충실도 조건을 만족하는지 확인한다. • **준수(adherence)**: 계획이 개발된 대로 실행되는 정도를 의미한다. 계획이 사용자 친화적이고, 협력적으로 개발되고, 널리 배포될수록, 준수를 보장하기 쉽다. • **능숙함(competence)**: 지원 전달의 질적 수준을 의미한다. 지원 코디네이터(사례 관리자)는 계획을 실행하는 사람들이 그들이 제공하기로 한 지원의 실행방법을 이해하고 있는지 확인할 필요가 있다. • **차별성(differentiation)**: 제공된 지원이 분명하게 기술된 정도와 지원체계의 특별한 요소를 의미한다. 이러한 차별성과 특수성은 성과를 평가하고, 증거 기반 실제들을 구축하며, 실행된 특정 지원 전략과 획득한 성과들과의 경험적 관계를 증명하기 위해 필수적이다.
5. 개인지원계획을 검토한다.	• 실행 충실도를 평가한다. • 지원 목표의 상태를 평가한다. • 개인 목표와 지원 목표, 제공된 지원에 대한 지속적인 관련성에 대해 논의한다.
6. 결과를 평가한다.	• 개인 목표 달성을 평가한다. • 목표 달성과 지원 제공 간의 관계를 결정한다.

🔒 **Keyword**

지원 목표(support objective)는 개인 목표를 달성하기 위한 방법으로, 지원 목표들을 기술하기 위해 일반적으로 사용되는 최선의 실제는 SMART이다.
• Specific(구체적인)
• Measurable(측정 가능한)
• Attainable(달성 가능한)
• Relevant(관련성 있는)
• Time-bound(시간 제한적인)

지원 목표들은 다음의 장점이 있다.
1. 개인지원계획을 개발, 실행, 검토하는 사람들 사이에서 협력, 지속성, 책임감을 보장함
2. 계획 개발-실행-검토-평가 간 연결고리를 제공함
3. 모든 팀 구성원이 계획의 실행, 검토, 평가에 참여하게 하여 조직의 역량을 구축함
4. 개인 목표에 대한 진행상황을 검토하고 점검할 수 있게 함

지적장애의 원인 및 예방

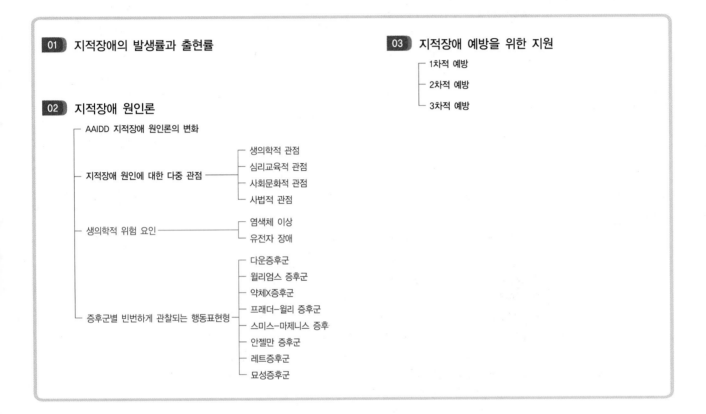

01 지적장애의 발생률과 출현률

02 지적장애 원인론
┌ AAIDD 지적장애 원인론의 변화
│
│ 지적장애 원인에 대한 다중 관점 ┬ 생의학적 관점
│   ├ 심리교육적 관점
│   ├ 사회문화적 관점
│   └ 사법적 관점
│
│ 생의학적 위험 요인 ┬ 염색체 이상
│   └ 유전자 장애
│
│   ┌ 다운증후군
│   ├ 윌리엄스 증후군
│   ├ 약체X증후군
│ 증후군별 빈번하게 관찰되는 행동표현형 ┼ 프래더-윌리 증후군
│   ├ 스미스-마제니스 증후
│   ├ 안젤만 증후군
│   ├ 레트증후군
│   └ 묘성증후군

03 지적장애 예방을 위한 지원
┌ 1차적 예방
├ 2차적 예방
└ 3차적 예방

기출 POINT 1

❶ 09중등1
장애인 출현율에 대해 적절히 설명한 것을 〈보기〉에서 모두 고르시오.

〈보기〉
㉠ 출현율과 동일한 의미로서 발생률이라는 용어가 있다.
㉡ 전체 인구 중 장애라는 특정 조건을 가진 장애인 수를 말한다.
㉢ 특정 기간 동안에 전체 인구 중 새롭게 판별된 장애인 수를 말한다.
㉣ 장애의 원인을 연구하고 예방 프로그램을 개발하는 데 의의가 있다.
㉤ 교육이나 재활 서비스 등에 대한 요구를 파악하는 데 활용하기 용이하다.

01 지적장애의 발생률과 출현율 ❶ 09중등1

1. 발생률

① 발생률은 특정 기간(보통 1년) 동안 모집단에서 발생한 새로운 사례 수를 뜻한다. 즉, 발생률 통계는 새로 태어난 아동, 학교에서 진단된 아동 등 이 기간 동안 장애를 가진 것으로 새롭게 판별된 모든 대상자를 포함한다.

② 발생률은 주로 장애의 원인을 조사하고 예방 프로그램을 개발하는 데 사용된다.

2. 출현율

① 출현율은 특정 지역 혹은 특정 시기에 한 모집단 내에 존재하는 어떤 상태의 총 사례 수를 뜻한다.

② 출현율은 발생률과 달리 새로운 사례 수에 대한 것이 아니므로 원인 관계를 밝히는 데는 유용하지 않지만, 서비스에 대한 요구를 파악하는 데 유용하다.

02 지적장애 원인론

1. AAIDD 지적장애 원인론의 변화

9차 이전	생물학적 및 문화-가족적 접근
9~11차	원인론에 대한 다요소 접근(위험요인의 유형과 위험요인의 시기) • 위험요인의 유형: 생의학적 요인, 사회적 요인, 행동적 요인, 교육적 요인 • 위험요인의 시기: 출생 전, 주산기(출생 전후), 출생 후
12차	지적장애에 대한 생의학적·심리교육적·사회문화적·사법적 관점과 연관된 다중 관점

2. 지적장애 원인에 대한 다중 관점(AAIDD 12차)

장애에 대한 관점	사용된 주요 개념	추정된 장애의 위치	판별된 위험요인	관련된 중재 및 지원
생의학적	• 원인론 • 유전학 • 병리생리학	• 유전자-환경 상호작용 • 건강 • 두뇌 발달	• 유전자 이상 • 염색체 이상 • 대사 이상 • 생물학적 이상 • 뇌손상 • 기형 유발 물질	• 특이한 식이요법 • 유전자 변형 • 수술 절차 • 약리학 중재 • 정신건강 중재
심리교육적	• 학습 • 적응행동 • 지적 기능성	• 지적 기능성, 적응행동, 참여 간의 역동적이고 상호적인 관여	• 양육 • 조기 개입 결여 • 개인적 성장과 발달을 위한 기회 부족 • 외상 및 불안정한 아동기	• 양육 기술 • 개인적 발달 전략 • 상담 • 특수교육 • 의사결정 지원 • 정보 및 보조공학
사회문화적	• 인간-환경 상호작용 • 사회적 맥락 • 사회차원적 태도 • 사회적 상호작용	• 기능적 제한성 • 개인적 능력과 환경적 요구 사이의 차이	• 사회차원적 태도 • 빈곤한 환경 • 분리된 환경	• 자연적 지원 • 일반 대중의 태도/인식의 변화 • 환경적 강화 • 환경적 조정
사법적	• 차별 • 법적 권리 • 인권	• 사회차원적 조치 • 정부 체제들	• 사회적 불평등 • 불의(injustice) • 차별 • 권리의 거부	• 권리 확인 • 개인중심계획 • 법령, 규정 및 사법적 결정

❶ 16초등A4

ⓒ의 예를 1가지 쓰시오.

> 강 교사: 저도 생의학적 위험요인뿐만 아니라 ⓒ <u>행동적 위험요인</u> 등과 같은 다양한 위험요인들이 정신지체의 원인이 될 수 있다는 점에 대해 다시 한 번 생각하게 되었어요.

❷ 16유아B7

㉠, ㉣에 해당하는 장애위험 조건을 각각 쓰시오.

> 박 교사: 승철이가 또래에 비해 발달이 늦은 것 같아요. 알고 보니 어렸을 때 ㉠ <u>집안이 경제적으로 어려워서 2년간 부모님과 함께 생활하지 못했대요.</u>
> …(생략)…
> 최 교사: 그런데 승철이 동생 민화는 ㉣ <u>출생 시 1.8kg의 저체중으로 태어났다고 알고 있어요.</u> 나중에 발생할 수 있는 문제를 사전에 방지한다는 차원에서 승철이와 함께 검사해 보도록 부모님께 안내해 드리는 것은 어떨까요?

❸ 11중등15

연수의 내용 중 옳은 것만을 고르시오.

> ⓜ 정신지체는 염색체 이상, 외상성 뇌손상, 조산과 같이 출생 전에 나타나는 생의학적 원인 외에도 출생 후에 사회적, 행동적 요인의 영향을 받을 수 있으므로 아동학대 및 폭력, 가정 형편에 문제가 없는지 확인해 주시기 바랍니다.

❹ 10중등15

정신지체에 대한 설명으로 옳은 것을 모두 고르시오.

> ⓒ 저체중 출산, 조산 등의 생의학적 요인이 지적 기능과 적응행동상의 결함을 야기할 때 정신지체의 원인이 된다.

🏴 **지적장애의 원인이 되는 위험요인(AAIDD 11차)** ❶ 16초등A4, ❷ 16유아B7, ❸ 11중등15, ❹ 10중등15

발생 시기 \ 위험 요인	생의학적 요인	사회적 요인	행동적 요인	교육적 요인
출생 전	• 염색체 이상 • 단일유전자 장애 • 증후군 • 대사이상 • 뇌발육 부전 • 산모 질병 • 부모 연령	• 빈곤 • 산모의 영양실조 • 가정폭력 • 산전 관리 부족	• 부모의 약물 복용 • 부모의 음주 • 부모의 흡연 • 부모의 미성숙	• 지적장애를 보이는 부모에 대한 지원 결여 • 부모 역할에 대한 준비 부족
주산기 (출생 전후)	• 조산 • 출생 시 손상 • 신생아 질환	출산 관리를 받지 못함	• 부모의 양육 거부 • 부모의 아동 유기	퇴원 시 중재서비스에 대한 의료적 의뢰 부족
출생 후	• 외상성 뇌손상 • 영양실조 • 뇌막염 • 경련성 장애 • 퇴행성 질환	• 아동-양육자 간의 상호작용 문제 • 적절한 자극 부족 • 가정 빈곤 • 가족의 만성질환 • 시설 수용	• 아동학대 및 방치 • 가정폭력 • 부적절한 안전 조치 • 사회적 박탈 • 다루기 힘든 아동 행동	• 부적절한 양육 • 지체된 진단 • 부적절한 조기 중재 서비스 • 부적절한 특수 교육 서비스 • 부적절한 가족 지원

3. 생의학적 위험요인

원인			사례
염색체 이상	상염색체	염색체 수 이상	다운증후군
		염색체 구조 이상	프래더-윌리 증후군, 안젤만 증후군, 묘성증후군, 윌리엄스 증후군, 스미스-마제니스 증후군
	성염색체	염색체 수 이상	클라인펠터 증후군, 터너증후군
유전 및 유전자 돌연변이	상염색체	우성유전	신경섬유종증, 아퍼트 증후군
		열성유전	페닐케톤뇨증, 선천성 갑상선기능저하증, 갈락토스혈증, 호모시스틴뇨증, 단풍당뇨증
	성염색체	유전(표현촉진)	약체X증후군
		유전자 돌연변이	레트증후군
		열성유전, 유전자 돌연변이	레쉬-니한 증후군

(1) 염색체 이상

염색체 이상은 세포가 분열되는 과정에서 나타날 수 있는 문제로서, 염색체 수의 이상과 구조의 이상으로 나누어 살펴볼 수 있다.

① 염색체 수의 이상

㉠ 염색체 수의 이상은 생식세포가 감수분열되는 과정에서 염색체쌍이 비분리되는 현상이 일어나는 경우에 발생한다. 감수분열 중 염색체가 분리되지 않아서 자세포에 한 쌍의 염색체가 한꺼번에 전달되면, 수정란에서 3개의 염색체가 한 그룹으로 나타나는 삼염색체가 생기게 되어 47개의 염색체를 갖게 된다. 이러한 현상으로 인해 지적장애가 나타나는 대표적인 경우로 다운증후군을 들 수 있다.

㉡ 섞임증(모자이키즘)이란 정상적인 수정란이 유사분열을 계속해 나가는 과정 중에 어느 단계에서 염색체 절단이나 비분리현상으로 인해 세포분열에 이상이 생겨 정상 세포계열과 이상 세포계열이 함께 나타나는 경우이다. 즉, 어떤 세포는 46개의 염색체를 정상적으로 가진 세포로 분열되고, 어떤 세포는 삼염색체를 포함하여 47개의 염색체를 갖는 세포로 분열된다. 이런 경우 정상 세포계열이 함께 존재하기 때문에 장애의 정도가 심각하게 나타나지 않는다. 성염색체 섞임증의 대표적인 경우는 클라인펠터 증후군과 터너증후군이 있다.

다운증후군	• 다운증후군은 주로 정상적으로 2개 존재해야 하는 21번째 상염색체가 3개가 되는 삼염색체 현상으로 인해 나타난다. 그 형태에 따라서 전형적인 삼염색체성 다운증후군(감수분열성 비분리), 전위형 다운증후군, 섞임증 다운증후군의 세 가지로 분류할 수 있다. 22중등A7, 10중등15 • 일반적으로 낮은 지능을 보이며, 전형적인 얼굴 모양을 가지고 있다. 안과적인 문제(사시, 눈떨림, 굴절 이상)와 청력 문제도 종종 발견된다. 이외에 소화기계 기형이나 심장의 기형이 동반되는 경우가 많다.
클라인펠터 증후군 ❶ 19중등A6	• 클라인펠터 증후군은 가장 흔한 성염색체 이상 증후군으로 정상적인 남성 염색체 XY에 X염색체가 추가되어 발생한다. • 부모의 생식세포 감수분열 시 성염색체의 비분리현상으로 인해 발생하거나 수정 후 유사분열 단계에서의 성염색체 비분리현상으로 발생하기도 한다(섞임증). • 주요 증상으로는 운동발달 지연, 언어 지연, 읽기장애 등이 있고, 청소년기 중·후반기에는 대부분 생식샘 자극 호르몬 과다와 함께 남성 호르몬 수치가 정상이거나 감소하며, 치료받지 않으면 80%는 남성 호르몬 결핍증을 보인다. 이차 성징의 발현은 남성 호르몬이 결여되어 빈약한 체모와 고음, 여성형 지방분포를 보일 수 있다.

기출 POINT 3

❶ 19중등A6

㉡에 나타난 학생 E의 증후군 명칭을 쓰시오.

㉡ 학생 E는 XXY형 염색체를 가진 성염색체 이상 증후군이라고 해요. 남성호르몬 감소로 인해 여성형 체형으로 변해가고 있어 부모님께서 고민하더군요. 이 학생은 의사소통에 어려움이 있고, 사회성도 부족한 것 같아요. 활동량이 부족해서 운동 발달에도 영향을 주는 듯합니다.

| 터너증후군 | • 터너증후군은 여성의 성염색체 이상으로 인해 발생한다. 터너증후군이 있는 여성의 50%에서 모든 세포에 X염색체가 하나 없으며, 약 30~40%에서는 X염색체가 1개 있는 세포와 2개 있는 세포가 섞여 있다.
• 이 증후군은 이차 성징 발달이 되지 않거나 미약한 것이 특징이다. 이러한 특징이 나타나는 이유는 난소가 제대로 발달하지 않아서 여성 호르몬인 에스트로겐을 분비하지 못하기 때문이다. 또한 목이 두껍고 짧으며, 머리카락 선이 목덜미의 아랫부분까지 내려와 있다. 주로 학습장애를 보이며 지적장애가 있을 수 있다. 언어성 지능지수는 평균이거나 높을 수 있지만 시공간 지각력, 수학능력, 기억능력 등에서 문제가 있다. |

② 염색체 구조의 이상

   ⊙ 염색체를 구성하는 일부가 떨어져 나가 자신의 쌍이 아닌 다른 염색체와 결합하거나, 2개의 서로 다른 염색체 일부가 바뀌어 결합하는 등의 전위현상이 일어나거나, 일부가 결손이 되는 등 염색체 구조상의 문제로 인해 발생한다.

   ⓒ 염색체 구조 이상의 예로는 프래더-윌리 증후군, 안젤만 증후군, 묘성 증후군, 윌리엄스 증후군, 스미스-마제니스 증후군 등을 들 수 있다.

프래더-윌리 증후군	• 프래더-윌리 증후군의 약 70%에서는 아버지로부터 전달받은 15번째 염색체의 장완 부분에 미세한 결손이 있다. • 신생아와 영아기에 근긴장 저하와 수유 곤란, 발달지연이 나타나다가 유아기부터 심각하게 비만해진다. 그리고 특이한 얼굴 모양과 저색소증을 보일 수 있으며, 작은 손발, 저신장, 성선기능저하증 등도 특징이다. • 프래더-윌리 증후군이 보이는 가장 심각한 증상은 비만이다. 비만이 심장병, 당뇨병, 고혈압, 뇌혈관 질환, 수면장애 등의 합병증을 초래할 수 있기 때문이다.
안젤만 증후군 ❶ 19중등A11	• 안젤만 증후군의 약 70%는 어머니로부터 전달받은 15번째 염색체의 장완 부분에 결손이 있다. • 안젤만 증후군이 있는 아동은 생후 6~12개월에 발달지연이 나타나기 시작한다. 수용언어 기술과 비언어적인 의사소통 기술은 표현언어 기술보다는 상대적으로 좋은 편이다. 움직임과 균형감각에 이상이 생겨 걸음에 장애가 생기며, 자주 웃고, 쉽게 흥분하는 경향을 보이며, 집중시간이 짧다.
묘성증후군	• 묘성증후군은 5번 염색체 단완의 부분 결실이 원인이다. • 특징적인 고양이 울음소리는 후두의 결함이 원인이며, 영아기 후반부터 사라진다. 소두증, 둥근 얼굴, 양안격리증, 넓은 콧등, 사시 등의 외양적 특성을 보이며, 근긴장 저하, 심장기형, 발달지연을 나타낸다. 평균 IQ 20 이하의 지능을 보이며, 대부분 성인까지 생존한다.

기출 POINT 4

❶ 19중등A11
다음은 중도 지적장애 학생 M의 특성이다. 증후군의 명칭을 쓰시오.

• 15번 염색체 쌍 가운데 어머니로부터 물려받은 염색체에 결손이 있음
• 발달지연이 있으며, 경미한 운동장애를 보임
• 부적절한 웃음, 행복해하는 행동, 손을 흔드는 것 같은 독특한 행동을 종종 보임
• 수용언어 능력이 표현언어 능력보다 비교적 좋음
• 표현언어는 두 단어 연결의 초기 단계임

윌리엄스 증후군	• 윌리엄스 증후군은 7번 염색체 장완의 미세 결실이 원인이다. • 윌리엄스 증후군을 보이는 아동들은 위로 솟은 작은 코끝, 긴 인중, 큰 입, 두툼한 입술, 작은 볼, 부은 듯한 눈두덩이, 손톱의 형성부전, 엄지발가락의 외반증 등의 외양적 특성을 보인다. 소리에 대단히 민감하게 반응하고, 종종 근력이 저하되거나 관절의 이완성을 보인다. • 매우 사교적이고 친숙한 성격을 나타내며 지나칠 정도의 정중함과 친밀감을 표시하기도 한다. 낯선 사람을 두려워하지 않고 자신의 또래보다는 어른들과 더 가까이하려고 하는 성향이 있다. • 학습능력에 있어서는 미세한 운동능력과 시공간적인 사고를 필요로 하는 과제에서는 어려움을 보이지만 상대적으로 기억력과 언어능력은 강한 편이다.
스미스-마제니스 증후군	• 스미스-마제니스 증후군은 17번 염색체 단완의 일부가 결실되어 나타난다. • 스미스-마제니스 증후군을 보이는 아동들은 튀어나온 턱, 넓은 사각형 얼굴, 납작한 후두골 등의 특징적인 얼굴 형태를 가지고 있다. • 낮은 지능과 전반적인 발달지연을 보이는데, 특히 언어 지연이 심각하고 연속적인 인지처리과정이 필요한 과제나 수학적 학습에 어려움을 보인다. 머리를 흔들거나 특정 행동을 반복하는 상동행동, 상대적으로 통증에 민감하지 않아 팔목이나 손톱, 발톱 등을 물어뜯는 자해행동 등의 행동문제도 관찰된다.

(2) 유전자 장애 : 유전자 돌연변이 및 유전

① 상염색체 우성유전 장애

신경섬유종증	• 말초신경계와 중추신경계 등 신경계에 영향을 주는 가장 흔한 단일 유전자 질환 중 하나이다. • 흔하게 나타나는 증상으로는 밀크커피색 반점, 겨드랑이 부위의 주근깨 양상, 피하의 신경섬유종 및 리쉬결절 등이 있으며 그 외 다양한 증상들을 동반할 수 있다.
아퍼트 증후군	• 10번 염색체에 위치한 유전자 돌연변이나 우성유전을 통해 발생하며, 얼굴의 기형과 두정부의 첨형과 사지의 합지증을 특징으로 한다. • 많은 경우 경도에서 중도의 지적장애를 보이나, 정상 지능을 보이는 경우도 있다.

② 상염색체 열성유전 장애

㉠ 상염색체의 열성유전으로 생기는 장애의 대표적인 경우는 대사장애로, 인체의 특정 물질을 분해하는 효소의 결핍으로 인해 발생한다. 대사장애는 효소 결핍으로 인해 대사되어야 할 물질이 그대로 신체에 축적될 뿐만 아니라 최종 산물의 생성에도 문제가 생겨 여러 가지 장애를 초래한다. 따라서 대사장애 아동들은 특정 물질의 섭취를 피하는 식이요법이 필요하다.

㉡ 대부분 신생아 시기에 간단한 혈액검사를 통해 선별할 수 있으므로 식이요법 등을 통한 치료를 통해 지적장애를 최소화하거나 예방할 수 있다.

기출 POINT 5

❶ 22초등B5
㉠과 관련하여 페닐케톤뇨증(PKU)을 가진 학생이 자신의 식단을 점검할 때 유의해야 할 사항을 쓰시오.

  ㉠ 학생의 건강상 특이사항

❷ 10중등15
정신지체에 대한 설명으로 옳은 것을 모두 고르시오.

  ㉠ 페닐케톤뇨증은 출생 후 조기 선별이 어려우나 진단을 받은 후에는 식이요법을 통해 치료가 가능하다.

페닐케톤뇨증 (PKU) ❶ 22초등B5, ❷ 10중등15	• 페닐케톤뇨증은 필수아미노산인 페닐알라닌 대사에 필요한 효소가 없거나 부족해서 생기는 질환이다. 대사되지 못한 페닐알라닌은 신체 내에 쌓이게 되고, 치료하지 않으면 심한 지적장애, 발작, 과다행동, 공격적인 행동 등 여러 가지 신경학적 이상이 나타난다. • 치료는 페닐알라닌이 적은 특수분유를 먹는 식이요법으로 시작한다. 출생 직후부터 꾸준하게 유지하는 식이요법을 통해 지적장애와 신경학적 증상, 행동 문제, 피부에 생기는 문제 등을 예방할 수 있다.
갈락토스혈증	• 갈락토스혈증은 갈락토스(모유와 일반 우유에 포함된 당분)를 포도당으로 전환하는 능력이 손상되어 체내에 갈락토스가 축적되는 질환이다. • 출생 후 즉시 식욕부진과 심한 구토를 보인다. 조기에 치료받지 못하면 신체발달과 지적 발달이 지체될 수 있으며, 유아기나 아동기 때 백내장에 걸릴 확률이 높다. • 진단되면 즉시 갈락토스가 함유되지 않은 분유와 우유 대체식품을 섭취해야 한다. 이후 우유, 치즈, 버터, 유청분말과 카제인 함유 식품은 엄격하게 제한해야 한다. 유제품 제한으로 인해 비타민 D와 칼슘의 보충이 필요하기도 한다.
호모시스틴뇨증	• 호모시스틴뇨증은 메치오닌이라는 아미노산의 대사과정 중 시스타치오닌 합성효소의 장애로 인해 발생한다. • 이 질환의 영향으로 지적장애, 골격계 이상, 혈관장애, 안과적 질환 등을 보이게 된다. 진단되면 즉시 저 메치오닌 고 시스틴 식사요법을 해야 한다.
단풍당뇨증	• 단풍당뇨증(단풍시럽뇨병)은 필수아미노산인 류신, 이소류신, 발린의 대사장애로 나타나는 질환으로 땀과 소변, 귀지 등에서 특유의 단내가 나는 것이 특징이다. • 심각한 경우에는 치료하지 않으면 생후 몇 달 이내로 지적장애가 나타난다. 지속적이고 세심한 관리와 단백질 제한 식이요법이 필요하다. 특히 류신, 이소류신, 발린을 인공적으로 제거하고 성장과 발달에 필요한 비타민, 무기질 등이 들어 있는 반합성 음식이 필요하다.

③ 성염색체 유전자 장애

약체X증후군	• 약체X증후군은 X염색체 장완의 끝부분이 끊어져 유전된다. 남아의 경우 10만 명당 16~25명의 발생 빈도를 보이고, 여아의 경우는 남아 발생 빈도의 절반 정도이다. • 약체X증후군의 특징으로 남아의 경우 행동장애와 지능 저하를 보이며, 긴 얼굴, 튀어나온 턱, 크고 뚜렷한 귀 등의 특징적인 얼굴 형태를 보인다. 그러나 여아의 경우는 대개 다양한 정도의 지능 저하만을 보인다. • 행동 특성으로는 과잉행동, 부주의, 충동성, 불안 그리고 자폐증과 유사하게 손 흔들기나 손 물어뜯기, 눈맞춤의 어려움, 반향어 등이 있다.
레트증후군	• 레트증후군은 주로 X염색체의 특정한 단백질 생산을 조절하는 유전자의 자연적 돌연변이로 인해 발생한다. • 생후 6~18개월까지는 비교적 정상 발달을 하지만 이후 머리둘레의 성장과 발달이 둔화되고, 습득했던 인지 및 운동능력과 언어기능이 급격하게 상실되며, 특징적인 손의 상동행동이 나타난다. • 레트증후군의 주된 증상 중 하나인 손의 상동행동은 손의 기능적인 사용이 퇴행하면서 나타나게 된다. 손의 상동행동은 두 손 모두를 사용하여 몸의 상체 부분에서 손을 모아 비틀고 씻는 듯한 동작을 하거나, 입 속에 손을 넣어 침을 묻히거나, 자신의 몸을 지속적으로 치는 등 다양하고 복합적으로 나타난다.
레쉬-니한 증후군	• 레쉬-니한 증후군은 X염색체의 퓨린 대사에 관여하는 HPRT 효소의 완전한 결핍으로 인해 몸에 요산이 축적되어 나타난다. • HPRT 효소는 체내의 모든 세포 내에 있으나 뇌에, 특히 기저핵 세포에 가장 농도가 높게 존재한다. 이 효소가 완전히 결핍된 상태인 레쉬-니한 증후군을 가지고 있는 아동은 지적장애, 충동적 자해행동, 경련, 발달장애, 뇌성마비로 인한 불수의적 운동, 고요산혈증, 요산뇨, 요로결석, 통풍성 관절염 등을 보인다.

4. 증후군별 빈번하게 관찰되는 행동표현형

① 행동표현형이란 특정 유전 증후군이 없는 개체보다 특정 유전 증후군이 있는 개체에서 더 자주 발생하는 관찰 가능한 특성을 말한다.

② 그러나 동일한 증후군을 갖고 있는 학생이더라도 모두 동일한 행동표현형을 갖고 있지는 않다. 유전적 장애의 행동표현형은 그 학생의 성장 환경이나 발달 여건 등의 영향을 받기 때문에 과잉 일반화되어서는 안 된다.

③ 교사나 서비스 전문가들은 장애 원인으로 인해 나타날 수 있는 강점과 약점 및 임상적인 쟁점들이 무엇인지에 대해 정확하게 파악하여 교육과 지원을 계획해야 한다.

더 알아보기

세대 간 효과란 부모에게 직접적인 영향을 끼치는 요인이 있다면, 그 영향이 다음 세대인 자녀에게서 결과로 나타날 수 있다는 것이다. 따라서 아동의 장애를 예방하기 위한 다양한 지원을 아동뿐만 아니라 부모 그리고 가족 모두에게 제공해야 한다.

증후군별 빈번하게 관찰되는 행동표현형

증후군	종종 발견되는 인지·언어·행동 특성
다운증후군 기출 POINT 6	• 언어나 청각적 과제보다 시공간적 과제 수행이 더 우수함 • 장기기억 능력이 요구되는 과제에서의 수행능력이 동일한 정신연령 아동에 비해 지체됨 • 수용언어 능력이 표현언어 능력보다 상대적으로 우수함 • 지능에 비해 상대적으로 적응행동에서 강점을 보임 • 명랑하고 사회적인 성격을 보임 • 성인기에 우울증과 치매 성향이 나타남
윌리엄스 증후군 기출 POINT 7	• 언어 및 청각적 기억, 얼굴 인지에서 강점을 보임 • 시공간적 기능, 지각-운동 계획과 소근육 기술에서 제한을 보임 • 마음이론 측면에서 강점을 보임(대인지능) • 사회적 지능은 낮으나 사람들에게 친밀하게 대함 • 모든 연령에서 불안장애가 나타남
약체X증후군 기출 POINT 8	• 수용 및 표현언어 능력이 단기기억 능력이나 시공간적 기술보다 우수함 • 순차적인 처리보다는 동시적인 처리가 요구되는 과제에서 강점을 보임 • 일상생활 기술과 자조기술에서 상대적 강점을 보임 • 부주의, 과잉행동, 자폐증과 유사한 행동 등을 보임 • 모든 연령에서 불안장애를 보임
프래더-윌리 증후군 기출 POINT 9	• 이상식욕과 비만 증상을 보임 • 순차적인 처리보다는 동시적인 처리가 요구되는 과제에서 강점을 보임 • 단기기억 능력보다 장기기억 능력이 우수함 • 시공간적 처리능력이 요구되는 과제와 직소 퍼즐에서 강점을 보임 • 타인을 꼬집는 행동 및 심한 짜증을 보임 • 모든 연령에서 강박장애와 충동조절장애가 나타남
스미스-마제니스 증후군	• 언어 습득이 지체됨 • 순차적 처리과정이 요구되는 과제에서 상대적으로 약점을 보임 • 일반적으로 수면장애를 보임 • 상동행동과 자기상해행동을 빈번하게 보임 • 아동기에 일반적으로 충동조절장애를 보임
안젤만 증후군 19중등A11	• 아동기와 청소년기에 종종 부적절한 웃음발작을 보임 • 모든 연령에서 일반적으로 행복해하는 기질을 보임 • 젊은층에서 과잉행동 및 수면장애가 보임
레트증후군	• 손을 씻거나 비트는 듯한 비정상적인 손의 상동행동을 보임 • 수면장애를 보임 • 자폐증과 유사한 행동들이 나타남
묘성증후군	• 과잉행동을 보임 • 자기자극행동 및 자해행동을 나타냄 • 고양이 울음소리와 같은 소리를 냄

기출 POINT 7

❶ 14중등A8

괄호 안의 ㉠에 해당하는 말을 쓰시오.

> 윌리엄스 증후군을 지닌 학생들의 과제 수행 특성을 보면 다른 과제에 비해 (㉠)
> 과제를 잘하는 편이므로 말 이어 전달하기, 지시 듣고 미션 수행하기 등의 활동을
> 준비하면 좋을 것 같습니다.

❷ 11중등15

㉠~㉤ 중 옳은 내용만을 있는 대로 고르시오.

> ㉣ 윌리엄스 증후군을 지닌 학생은 시공간적 기술에 비해 언어에 심각한 문제가
> 있으므로 자연스러운 상황에서 바람직한 의사소통 모델을 모방할 수 있는 기회
> 를 제공해 주시기 바랍니다.

기출 POINT 8

❶ 17중등A3

다음에 나타난 증후군의 명칭을 쓰시오.

> ■ AAIDD(2010)에서 제시한 지적장애를 초래하는 증후군 및 행동표현형
> • 시공간적 기술에 비해 더 나은 음성언어 기술을 가지고 있음
> • 일상생활 기술과 자조기술에서 상대적 강점을 보임
> • 무관심, 과잉행동, 자폐성 행동과 빈번히 연관됨

❷ 12중등16

㉠~㉤ 중 옳은 내용만을 있는 대로 고르시오.

> ㉢ 약체엑스증후군을 지닌 사람은 일반적으로 음성언어 기술보다는 시·공간적
> 기술에 강점이 있구요.

기출 POINT 9

❶ 25초등B3

[B]를 고려하여 ©에 들어갈 내용을 1가지 쓰시오.

> • 장애 : 지적장애(프래더-윌리 증후군)
>   …(중략)…
>
> • 관찰 결과 4
>   – 현장체험학습에서 선우가 자신의 간식을 다 먹은 후 친구들의 간식까지
>   뺏어 먹음   ⎤
>   ➜ 과도한 식욕을 가지고 있으므로 특별한 주의와 지도가 필요하다고 했   ⎬ [B]
>   는데 그 부분을 놓친 것 같음   ⎦

단원명	5. 용액 만들기	
실험	◦물이 담긴 비커 2개에 각각 소금 과 모래를 넣고 섞어 보기	◦(ⓒ)

❷ 20중등B6

㉠을 참고하여 학생 G의 증후군 명칭을 쓰시오.

> 학부모 : ㉠ 우리 아이와 같은 증후군의 아이들은 15번 염색체 이상이 원인인데, 가
>   장 큰 특징은 과도한 식욕으로 인한 비만이라고 해요. 그래서 저는 늘 우
>   리 아이의 비만과 합병증이 염려됩니다.

❸ 17중등A3

다음에 나타난 증후군의 명칭을 쓰시오.

> ■ AAIDD(2010)에서 제시한 지적장애를 초래하는 증후군 및 행동표현형
>   • 시각적 처리와 퍼즐을 해결하는 데 강점을 가짐
>   • 손상된 포만감, 탐식행동, 비만 등이 있음
>   • 모든 연령대에 걸쳐 강박장애와 충동조절장애가 흔히 있음

❹ 14중등A8

괄호 안의 ©에 해당하는 말을 쓰시오.

> 프래더-윌리 증후군을 지닌 학생들의 경우는 다른 과제에 비해 (ⓒ) 과제를 잘
> 하는 편이므로 퍼즐 조각 맞추기, 그림 모자이크 완성하기 등과 같은 활동을 준비
> 하면 좋을 것 같습니다.

⑤ 12중등16

㉠~㉤ 중 옳은 내용만을 있는 대로 고르시오.

> ㉣ 프래더-윌리 증후군이 있는 사람은 대체적으로 시각적 처리와 퍼즐 해결에 강
> 점이 있어요.

⑥ 12유아22

다음은 인호의 음식 섭취 특성과 그에 따른 박 교사의 지도 방법을 제시한 것이다. 인호의 장애
유형을 쓰시오.

> ■ 음식 섭취 특성
>   • 과도한 식욕을 보이므로 음식을 조절해 주지 않으면 생명을 위협하는 비만이
>   발생할 수 있음
>   • 일반적으로 계속 음식을 요구하고, 충동적이고 고집이 센 편임
>
> ■ 지도 방법
>   과도한 섭식으로 인한 행동장애가 문제이므로 의사와 영양사의 자문을 받게 함

⑦ 11중등15

정신지체에 대한 설명으로 옳은 것을 모두 고르시오.

> ㉡ 프래더-윌리 증후군을 지닌 학생은 과도한 식욕으로 비만이 될 수 있으므로
> 운동과 식사조절에 관심을 가져주시기 바랍니다.

더알아보기

약체X증후군과 프래더-윌리 증후군의 교수적 중재 방안

약체X증후군과 프래더-윌리 증후군의 인지적 특성인 동시적 처리과제의 우수한 수행능력을 활용해서
과제를 잘게 분석하는 대신에 일단 과제를 완수하는 것을 가르친다. 교사는 완성된 과제를 가르쳐야 하고,
아동에게 가르칠 때마다 전체 과정을 제시하고, 학습할 기술이나 전체 개념을 아동이 학습할 때까지 반
복해서 가르쳐야 한다. 단지 아주 작은 단계의 기술을 가르친다면 작은 부분이 전체 기능을 구성한다고
추정하고 그러한 부분만 되풀이하는 경향이 있다. 따라서 전체 기능을 매 학습 단위에서 보여주거나 교
수한다면 아동은 주어진 시간에 그것을 더 많이 익힐 것이다.

약체X증후군과 윌리엄스 증후군의 교수적 중재 방안

약체X증후군과 윌리엄스 증후군은 새로운 환경에 불안하고 산만한 경향이 있으므로 조용하고 질서 있는
학급을 구성하고, 명확하고 일관적인 일정을 제시해야 하며, 유연성이 있는 교실환경을 구성해야 한다.
또한 사회적 상호작용이 부족하므로 또래집단을 활용하는 것이 바람직하다. 이들이 보이는 자폐적 성향을
활용하여 이들의 특별한 관심영역을 활용할 수 있다.

기출 POINT 10

❶ 16초등A4
① 2차적 예방의 예를 1가지 쓰고, ②
ⓒ~ⓜ에서 잘못된 것을 골라 기호를
쓰고, 그렇게 판단한 이유를 쓰시오.

오 교사: ⓒ 주거 환경 속에서 납
성분에 지속적으로 노출되는 것
은 정신지체의 원인이 될 수도 있
으니, 주거 환경을 정비·규제하
는 것은 1차적 예방이 될 수 있겠
네요.
강 교사: ② 아이들이 자전거를 탈 때
사고로 인해 뇌 손상을 입지 않도
록 안전모를 쓰게 하는 것은 3차적
예방이 되겠네요. 그리고 ⓜ 장애
학생의 건강상의 문제를 최소화
하기 위해 의학적 접근을 하는 것
도 3차적 예방이 되겠지요.

03 **지적장애 예방을 위한 지원** ❶ 16초등A4

1. 1차적 예방

① 1차적 예방이란 질병이나 장애 자체의 출현을 예방하기 위한 지원을 말한다.

② 예방접종을 통해 아동들이 심각한 질병에 노출되지 않게 하거나, 임산부에게 술이나 약물과 같은 기형 유발물질에 접근하지 못하도록 하거나, 낙상의 위험이 있는 장소에는 아동이 접근하지 못하게 하는 등의 사전 예방 프로그램을 포함한다.

③ '적당한 의학적 관리 및 치료'는 장애를 유발하는 상태가 되거나 질환이 나타나는 것을 예방하는 1차적 예방의 예이다.

2. 2차적 예방

① 2차적 예방이란 이미 어떤 상태나 질병의 영향을 받는 개인에게서 장애나 증상이 나타나는 것을 예방하는 지원을 말한다. 즉, 장애를 초래할 위험이 현재 있음을 파악하고, 즉시적으로 조치를 취하여 장애로 진척되지 않도록 하는 노력이다.

② 극도의 저체중아로 태어난 아동은 여러 가지 질병에 노출되거나 발달이 지체될 위험을 안고 있지만 적절한 의학적 관리와 치료를 제공하고, 적절한 조기중재 프로그램을 제공한다면 저체중이라는 상태를 없앨 수는 없으나 그로 인해 초래될 수 있는 문제는 발생하지 않게 할 수 있다.

③ 페닐케톤뇨증과 같은 대사장애가 있는 신생아를 위해 선별검사를 해서, 페닐케톤뇨증 자체는 없앨 수 없지만 페닐케톤뇨증이 있는 영아에게 식이요법을 통해 질환의 영향을 최소화하여 정상적으로 건강한 상태를 유지할 수 있게 할 수 있다.

3. 3차적 예방

기출 POINT 11

❶ 22중등A7
밑줄 친 ⓒ을 고려하여 미국 지적장애
및 발달장애협회(AAIDD, 2010)의 매뉴
얼에서 제시한 3차 예방의 목적을 1가지
서술하시오.

ⓒ 장애 특성상 갑상선 질병에 걸리
기 쉽기 때문에 정기적인 검진을
받고 있음

① 3차적 예방은 장애로 인해 나타날 수 있는 기능상의 어려움을 최소화하기 위한 지원으로, 개인의 전반적인 기능을 향상시키는 것을 목표로 한다. ❶ 22중등A7

② 중도 지적장애가 있는 아동에게 통합된 지역사회에서 독립적인 삶을 살 수 있도록 기능적인 교육과정으로 교수하고, 적절한 전환교육을 통해 직업 기술과 태도를 갖추게 하여 취업이 가능하도록 지원하는 것이다.

③ 이미 장애가 있는 아동의 가정에서 빈곤으로 인해 겪는 여러 어려움을 최소화하기 위해 부모에게 직업교육을 하여 취업 기회를 제공하고, 위험하지 않은 주거지역에 정착하여 살 수 있도록 지원하며, 자녀가 꾸준히 특수교육을 받을 수 있도록 안정된 삶의 기반을 마련해 주는 것도 3차적 예방에 해당한다.

④ 예를 들어, 만성적인 심장 결함이 있는 다운증후군 아동의 경우 꾸준한 관리와 진료를 통해 신체적 기능이 저하되지 않도록 예방할 수 있다.

CHAPTER
03

지적장애의 특성

01 인지발달 특성
- 발달론
- 차이론

02 동기 특성
- 학습된 무기력
- 외부지향성
- 외적 통제소

03 학습 특성
- 주의
  - 주의의 유형
    - 선택적 주의집중
    - 주의 유지
  - 주의를 위한 교수방법
- 기억
  - 정보처리 모형
    - 감각기억
    - 단기기억과 작동기억
    - 장기기억
    - 초인지
  - 기억증진 전략
- 관찰과 모방
  - 관찰과 모방의 어려움
  - 모델링의 개념
  - 관찰학습의 하위 과정
- 일반화
  - 지적장애 학생의 일반화 특성
  - 자극일반화(훈련 전이)
    - 개념
    - 유형
    - 영향을 주는 요인
    - 과잉자극일반화
    - 교수전략
  - 반응일반화
    - 개념
    - 영향을 주는 요인
    - 교수전략
  - 유지(시간에 따른 일반화)
    - 개념
    - 교수전략

04 학습 단계
- 습득
- 숙달
- 일반화
- 유지

기출 POINT 1

❶ 10중등15
정신지체에 대한 설명으로 옳은 것을 〈보기〉에서 모두 고르시오.

───〈보기〉───
ⓔ 정신지체 학생은 일반학생과 동일한 인지발달 단계를 거치나, 발달 속도가 느려 최상위 발달단계에 이르는 데 어려움이 있을 수 있다.

기출 POINT 2

❶ 23중등A7
㉠과 관련된 특성을 쓰시오.
(가) 학생 B의 특성

• 지적장애 학생임
• 역량이 충분히 있음에도 불구하고 ㉠ 반복된 실패의 경험이 누적되어 학습 동기가 낮음

(나) 학생 B의 지도

• 학생이 성공하는 경험을 할 수 있도록 지도함

❷ 23유아A7
'학습된 무기력'에 해당하는 문장을 찾아 쓰시오.

지은: 난 또 못 넘어뜨릴 거야.

❸ 20유아B3
㉡에 해당하는 심리상태를 쓰시오.

박 교사: 민지가 전에는 ㉡ 실패의 경험들이 누적되어 활동에 참여하는 것을 두려워하고, 끈기 있게 노력하거나 도전하려고 하지 않았어요. "나는 잘 걸을 수 없으니까 못해요. 못 할 거예요."라고 자주 말했어요. 그런데 지금은 민지가 시간이 걸리고 힘들어도 스스로 하려고 노력하고, 성공하는 기쁨을 가끔 맛보기도 해요.

❹ 13추가초등B7
학생 특성을 고려하여 ㉡과 같이 지도해야 하는 이유를 쓰시오.
(가) 학생 특성

수업 중에 "하기 싫어요", "어려워요", "해도 잘 안돼요." "잘 할 수 없어요", "그만 할래요"라는 말을 자주 한다.

(나) 지도 계획

┌〈단계적인 종이 접기 연습 지원하기〉─
• 접는 선을 긋거나 미리 접은 자국을 내 준다.
• 학생이 종이 접기의 각 단계를 완성하면 칭찬한다. ┐㉡
• 학생의 수행 정도에 따라 과제를 수정하거나 재지도한다.

01 인지발달 특성

1. 발달론

① 발달론의 관점에서 지적장애 학생은 비록 발달속도는 느리지만 정상과 같은 순서로 같은 단계를 거쳐서 발달한다. ❶ 10중등15

② 발달론적 관점에서 지적장애 학생은 현재 수준 이상의 과제를 수행할 때 실패할 수 있으므로 개인의 정신연령에 맞는 과제를 제시할 것을 권장한다.

③ 발달적 지체와 관련하여 Piaget의 이론은 지적장애를 이해하는 데 도움을 준다. 환경과의 상호작용을 강조한 Piaget 이론에 따르면 각 지적장애 아동의 예상되는 느린 발달 속도에 적절한 교육적 지원을 통해 최적의 기능 수준을 발달시킬 기회를 제공해야 함을 강조한다.

2. 차이론

① 차이론은 지적장애의 인지발달이 일반아동과는 다르며 인지과정과 정보처리 방식 등에서 질적으로 차이가 있다는 관점이다.

② 발달적 차이의 관점에서는 교육적으로 지적장애인이 가지고 있는 결함을 없애거나 감소하는 데 중점을 둔다.

02 동기 특성

1. 학습된 무기력 〔기출 POINT 2〕

① 학습된 무기력은 아무리 노력해도 성공할 수 없다고 믿는 것이다.

② 지적장애 학생은 실패에 대해 높은 예상을 한다. 즉, 그들은 잦은 실패로 인해 환경이나 사건 내에서 스스로 행동을 조절할 수 없다고 느낄 때 자신에 대해서 매우 낮은 기대를 하고, 과제를 열심히 하지도 않고 과제를 빨리 포기하는 등의 학습된 무기력을 보이게 된다. 그 결과 자신의 능력보다 낮은 과제 수행을 보이므로 예상된 실패가 현실로 나타나게 된다.

③ 낮은 성공 기대감과 학습된 무기력을 가진 경우, 감당할 수 있는 과제나 상황을 제시하여 스스로 성취감과 만족감을 얻을 수 있도록 하는 것이 중요하다. 또한 실패를 감당할 수 있는 마음을 갖게 하는 것을 지도해야 한다.

기출 POINT 2

⑤ 13유아B3

학습동기이론에 근거하여 철희와 같이 실패 경험을 반복적으로 경험한 유아가 나타낼 수 있는 특성 1가지를 쓰고, 이러한 철희를 위해 교사가 해야 할 동기 유발 전략 1가지를 쓰시오.

> 철희는 손 힘이 약해서 그리기 활동에 많은 어려움을 겪었다. 그 결과 자신은 그리기 활동을 잘할 수 없다고 생각하여 색칠하기를 거부하였다. 교사는 여러 가지 방법으로 지원하면서 "철희야, 너도 잘할 수 있을 거야."라고 하였다. 그러나 철희는 여전히 "난 잘할 수 없어요."라고 말하며 그리기를 주저하였다.

⑥ 11중등15

연수 내용 중 옳은 것만을 모두 고른 것은?

> ㉢ 학습된 무기력으로 과제를 쉽게 포기하는 경도 정신지체 학생을 위해 가능한 한 성공 경험을 많이 할 수 있도록 과제 난이도를 조절하고 학생을 격려해 주시기 바랍니다.

⑦ 09초등8

㉣을 통해 알 수 있는 민성이의 특성을 쓰시오.

> ㉣ 과제를 주어도 하려고 하는 의욕이 전혀 없다. 성취감을 맛본 경험이 거의 없었던 것으로 보인다.

2. 외부지향성

① 외부지향성은 문제를 해결할 때 자신의 내적 인지능력을 활용하기 전에 외부에서 단서를 찾으려고 하는 것이다. 즉, 독립적으로 문제를 해결하는 대신, 외부지향적 아동은 외적 촉진이나 상황적 단서를 안내자로 의존한다.

② 지적장애 아동에게 외부지향성이 흔히 나타나는 이유는 지적장애 아동은 보통 자신의 능력을 신뢰하지 않거나 과거에 실패를 자주 경험하였기 때문이다. ❶ 25유아B2

③ 외적 단서에 지나치게 의존하는 것은 자기결정(self-determination)에 어려움을 갖게 한다. 자기결정이란 자신의 환경에 어떻게 반응할 것인가를 결정하는 과정으로 스스로 행동하는 능력과 관계되고 삶의 전 영역에서 필요로 한다.

3. 외적 통제소

① 통제소는 개인이 성과의 원인관계를 어디에 두느냐의 문제로, 자신의 긍정적 혹은 부정적 행동 결과를 어떻게 지각하는가를 뜻한다. 내적 통제소는 긍정적이거나 부정적인 행동 결과를 자신의 것으로 간주하는 반면, 외적 통제소는 행동의 결과를 운명, 요행, 다른 사람의 힘과 같은 외적인 요인으로 돌린다. ❶ 23초등A5, ❸ 10중등15

② 일반적으로 외적 통제소를 지닐 경우 자신의 성공과 실패에 대한 책임을 받아들이지 못하고 자립심을 가지기 어렵게 만들며 자기결정 및 자기지시 등의 자기조정적 행동을 발달시키기 어렵다. ❷ 17유아A4

③ 자기지시는 목표를 세우고 그 목표에 도달할 수 있는 방법을 찾고 진전 사항을 점검하고 그에 따라 계획을 세우는 것과 관계된다. 지적장애 학생의 경우 외적 통제소로 인해 자기지시와 자기결정에 어려움을 겪기도 한다.

03 학습 특성

1. 주의(attention)

(1) 주의의 유형

① 선택적 주의집중이란 과제에 필요한 자극에는 주의를 기울이고 관련 없는 자극은 무시하는 것이다. 지적장애 아동은 선택적 주의집중이 어렵고, 또한 관련 단서보다는 무관련 단서에 더 주의를 기울이는 경향이 있다. ❶ 19유아B2, ❸ 15초등A4, ❹ 13추가중등A5

② 주의 유지는 시간의 흐름에 따라 일정 시간 동안 환경에서 방해하는 자극을 억제하면서 주의를 지속하는 것이다.

③ 선택적 주의의 각 구성요소는 성공적 과제의 실행을 위해 중요한 역할을 수행하며, 주의 유지는 과제의 완성과 관련이 있다.

(2) 선택적 주의를 위한 교수방법 ❺ 11중등17

① 관련 자극 규명하기

㉠ 회상하거나 기억하기 위해 어떤 정보가 중요한지 학생에게 말하기

㉡ 목소리 억양이나 강약으로 관련 정보를 강조하기

㉢ 관련 정보에 대해 말이나 글로 요약한 것을 학생에게 제공하기

예 칠판에 중요한 정보를 쓰거나 강의 노트를 제공해 주기

㉣ 관련 정보 밝히기 **예** 밑줄이나 색연필 등으로 강조하기

② 주의집중 전략

㉠ 주의산만하게 하는 무관련 자극 없애기 **예** 개인용 열람석 활용

㉡ 학업과 관련 없는 정보를 제거하기

예 학습지를 구조화하거나 다른 쓰기 교재를 사용하도록 하기

㉢ 정기적으로 참여해야 하는 것에 대해 학생에게 질문하기

㉣ 유의미한 내용과 약간 빠른 진도로 학생이 능동적으로 참여하게 하기

③ 관련 자극을 규명하기 위해 학생을 지도하기

㉠ 교재 내에서 주어진 전략을 사용하도록 가르치기 **예** 굵은 글씨나 이탤릭체 등

㉡ 구두로 제시된 교재의 단서를 알아내도록 가르치기

㉢ 학업과 관련 없는 요소를 알아내도록 가르치기

(3) 주의 유지를 위한 교수방법 ❷ 18초등A5, ❺ 11중등17

① 타이머 사용

② 과제 수행 시간의 점진적 증대

③ 주의집중 시간의 점진적 증대

④ 활동 중단 빈도 조절

기출 POINT 5

❶ 19유아B2
'선택적 주의집중'의 의미를 쓰시오.

❷ 18초등A5
(가)는 지적장애 학생 A의 특성이고, (나)는 교사가 작성한 아이디어 노트이다. 세호의 주의집중 특성과 관련하여 ㉢의 효과를 쓰시오.

(가) 세호의 특성

• 과잉행동과 공격성이 강함
• 주의집중이 어려움

(나) 교사의 노트

• 여러 가지 나뭇잎을 찍어 작품 만들기
  – 다양한 찍기 활동을 할 수 있도록 기회 제공하기
  – ㉢ 찍기 재료별로 점차 활동 시간을 늘려 나가고 각 활동을 마칠 때마다 칭찬 스티커로 강화하기

❸ 15초등A4
㉠에 들어갈 용어를 쓰시오.

• (㉠) 능력이 부족하여, 관련 없는 정보나 자극을 무시하고 중요한 정보에 주의를 기울이는 데 어려움이 있음

❹ 13추가중등A5
㉢에 들어갈 말을 쓰시오.

관찰내용	분석의견	지원방안
관련 있는 중요한 자극에 집중하기 어려움. 단기간 내 사용할 수 있는 정보를 기억하는 데 어려움이 있다.	(㉢)와(과) 단기기억에 어려움이 있다.	집중해야 할 중요한 단서를 강조하고, 정보를 조직화해 주거나 시연 전략을 지도한다.

❺ 11중등17
다음은 정신지체 학생 A에 대한 관찰내용이다. 학생 A를 위한 특수교사의 교수적 고려로 적절하지 않은 것은?

• 과제 수행 시 집중하는 시간이 짧고, 선택적 주의집중이 어려움

② 과제와 관련된 적절한 자극과 부적절한 자극을 구별할 수 있도록 지도한다.

⑤ 과제를 단계별로 나누어 쉬운 내용을 먼저 지도하고, 과제의 난이도를 서서히 높인다.

2. 기억(memory)

(1) 정보처리 모형

기억은 정보처리 모형을 통해 설명할 수 있다. 지적장애 학생의 문제 영역은 특히 단기기억 (또는 작동기억)과 초인지에서의 어려움이다.

① 감각기억

　㉠ 오감을 통해 들어오는 환경의 자극을 최초로 처리하여 어떤 정보를 단기기억으로 보낼 것인지 지각(perception)과 주의(attention)를 통해 결정한다.

　㉡ 지각은 자극을 탐지하고 그에 의미를 부여하는 과정으로 감각정보를 해석하는 것이다.

　㉢ 주의는 지각을 통해 들어온 감각정보 중에서 어떤 자극에 마음을 기울이는 것이다.

② 단기기억과 작동기억

　㉠ 단기기억은 단기간의 사용을 위해 정보를 보유하는 것으로, 몇 초나 몇 분에 걸쳐 내용을 회상할 수 있도록 투입된 정보를 조작하는 것이다.

　㉡ 작동기억은 동일한 다른 정보를 처리하면서 동시에 그 정보를 보존하는 한정된 용량의 처리 자원이다.

　㉢ 지적장애 아동은 단기기억이나 작동기억 속에 정보를 유지하는 시연활동과 정보를 범주화하는 데 문제가 있고 정보조작 속도가 느리다. 또한 기억의 용량에도 제한이 있다.

③ 장기기억

　㉠ 장기기억은 기억된 정보가 시간이 경과한 후에도 회상되는 것이다.

　㉡ 지적장애 학생의 장기기억은 단기기억에 비해 덜 손상되어 일반학생과 거의 차이가 없지만, 자료의 조직화에 어려움이 있어 장기기억에서 필요한 인출을 사용하는 데 어려움이 있다.

④ 초인지(metacognition) ❶ 15초등A4

　㉠ 초인지는 주어진 일이나 문제를 해결하고 수행하기 위해 어떠한 전략을 사용해야 할지, 그리고 어떤 전략이 가장 효율적인지를 평가하고 노력의 결과를 점검하는 능력이다.

　㉡ 지적장애 학생은 일반학생에 비해 낮은 초인지를 지녀 새로운 상황에서 어떤 전략이 필요한지 잘 모르고 좋은 기억전략을 자발적으로 사용하지 못한다. 또한 자신이 하는 일에 대해 지속적으로 검토하며 결과의 효과성에 대해 점검하는 데 어려움이 있다.

　㉢ 초인지 결함은 자기조절 능력의 어려움을 초래한다. 자기조절이란 건설적으로 정서를 관리하고 초점을 잃지 않는 주의의 유지를 통해 자신의 행동을 조절하는 것이다.

기출 POINT 6

❶ 15초등A4
① ㉡에 들어갈 용어를 쓰고, ② 은수의 ㉡ 능력을 고려하여 다음과 같은 ㉢을 제공하였다. 이는 은수에게 어떤 전략을 가르치기 위한 것인지 쓰시오.

(가) 은수의 인지적 특성

• (㉡) 능력이 부족하여, 과제 해결을 위해 어떤 전략이 필요한지 잘 모르고, 하는 일에 대해 지속적으로 검토하지 못함

㉢ 선인장 관찰하기

이름 : 채은수

나는……	○	×
1. 색을 관찰하여 적었다.		
2. 모양을 관찰하여 그렸다.		
3. 가로로 잘랐다.		
4. 가로로 자른 단면을 그렸다.		
5. 세로로 잘랐다.		
6. 세로로 자른 단면을 그렸다.		

(2) 기억증진 전략

전략	교수방법
심상화	정보에 대한 이미지를 마음속으로 이미지화하여 기억하는 전략이다.
정교화	기억해야 할 정보에 무엇인가를 덧붙이거나 다른 정보와 서로 관련시켜 기억하는 전략이다.
언어적 정교화	주어진 자료를 의미 있는 단위로 만들어서 기억하는 전략이다. 예 '표지판'이라는 대상어를 기억하기 위해 '뚱뚱한 사람이 얼음이 얇음을 경고하는 표지판을 읽고 있다.'는 문장을 만들어 대상어를 기억한다.
범주화	주어진 정보를 공통된 속성에 따라 분류하여 기억하는 전략이다. cf. 군화는 의미 없이 분류하지만, 군집화는 의미 범주에 따라 분류한다.
시연 ❷ 11중등17	• 나중에 회상해 낼 것을 생각하고 미리 기억해야 할 대상, 정보를 눈으로 여러 번 보거나 말로 되풀이하는 전략이다. • 시연 횟수가 많을수록, 능동적으로 사용할수록 기억력이 증진된다.
약호화	정보의 부호화를 통한 표상으로 두문자 전략과 어구만들기 전략을 포함한다.
리듬기억술	리듬을 이용하여 표상하는 전략이다. 예 원숭이 엉덩이는 빨개
핵심어법	청각적으로 유사한 친숙한 단어와 그림을 이용하는 전략이다.
말뚝어법	숫자와 운율을 이용하여 순서가 있는 정보를 기억하는 전략이다.
매개단어법 (쌍연합학습전략) ❶ 16초등A4	• 정보의 조직화에 도움을 주는 매개전략은 자극과 반응을 연결시키는 과정으로 자극제시에 사용되는 언어적 매개 또는 관계에 초점을 둔다. • 두 개의 자극을 함께 제시하고 그다음에는 자극을 하나만 제시하여 마지막으로 두 자극 사이의 관계를 말하며 회상을 돕는 전략이다. • 과제가 학습자에게 의미 있고 친숙할수록 학습 효과가 증가된다. 예 '사과', '소년' 두 개의 어휘를 단어카드로 제시하고, 교사는 '소년이 사과를 먹고 있다.'라고 말을 하며, 두 개의 어휘를 하나의 문장으로 만든다. 이후 학생들에게 '소년이 먹고 있는 것은 무엇이지?'라고 물으면서 '사과'의 단어카드를 보이면, 학생들이 '소년이 사과를 먹고 있다.'라는 문장을 상기하면서 '사과'라는 어휘를 말한다.

3. 관찰과 모방

(1) 관찰과 모방의 어려움

① 지적장애 학생은 모델을 관찰하거나 모방하는 것을 통해서 학습하는 능력이 부족하고, 관찰을 한다고 하더라도 모방에 실패하는 경우가 많다.

② 관찰과 모방을 위해 지적장애 학생의 심리·동기적 특성인 외부지향적 성향을 이용할 수 있다.

기출 POINT 7

❶ 16초등A4

ⓗ을 실천하기 위해 오 교사가 정신지체 학생에게 [A]와 같은 쌍연합학습전략(매개전략)을 사용하여 '꽃'이라는 낱말 읽기를 지도하는 장면이다. ⓐ와 ⓑ에 들어갈 오 교사의 말을 각각 쓰고, 오 교사가 이 전략을 사용하는 이유를 정신지체 학생의 일반적인 인지적 특성과 관련지어 쓰시오.

> 오 교사: 저는 이번 기회를 통해 무엇보다도 ⓗ 정신지체 학생들의 특성을 고려하여 교육을 잘하는 것이 우리 교사들이 할 수 있는 중요한 예방이라고 생각하게 되었어요.

> 준비물 • '나비' 그림과 낱말이 같이 제시된 카드 1장
> • '꽃' 낱말만 적힌 카드 1장
>
> 오 교사 : (두 개의 카드를 동시에 보여주며) ⌐
> "(ⓐ)"
> (두 개의 카드를 뒤집어 놓았 [A]
> 다가 다시 그중 '꽃'이라는 낱
> 말카드만 보여주며)
> "(ⓑ)" ⌐

오 교사는 ⓑ의 말을 몇 번 더 반복하여 학생의 대답을 이끌어 낸 후, 학생이 '꽃'이라는 낱말을 읽을 수 있는지 확인하는 질문을 한다.

❷ 11중등17

다음은 정신지체 학생 A에 대한 관찰 내용이다. 학생 A를 위한 특수교사의 교수적 고려로 적절하지 않은 것은?

> • 학습 의지가 부족하고 수동적이며, 학습한 내용을 잘 기억하지 못함

① 기억에 어려움이 있는 것을 고려하여 시연전략을 사용한다.

③ 과제 수행에 대한 자기점검과 자기강화를 통해 과제 참여도와 학습동기를 높인다.

---

(2) **모델링의 개념**

① 모델링은 다른 사람의 행동을 관찰함으로써 새로운 행동을 학습하도록 하는 학습방법으로, 시연을 보이는 교사의 행동을 모방하거나 순응하여 행동으로 나타내도록 하는 것이다.

② 모델링은 교사가 새로운 과제를 제시할 때 유용한 학습전략으로 지적장애 학생들은 교사 또는 또래의 시연을 직접 관찰함으로써 모방하게 되고 이를 통해 학습한다.

(3) **관찰학습의 하위 과정**

하위 과정	활동
주의집중	학생들의 주의집중은 신체적으로 강조된 관련 과제, 부분이 복잡한 활동으로 다시 나뉘는 것, 유능한 모델을 사용하는 것, 모델 행동의 유용성을 보이는 것을 통해 이루어질 수 있다.
파지	학습된 정보를 시각적·상징적 형태로 코딩하며 시연함으로써 증진되고, 이전에 기억 속에 저장된 정보에 새로운 자료를 관련짓는다.
재생	개인의 개념적(정신적) 표현으로 피드백을 통해 결함을 교정한다.
동기화	모델 행동의 결과는 관찰자들에게 기능적 가치와 적합성을 알리며, 이는 창의적인 성과기대와 자기효능성의 증진에 의해 동기화된다.

4. **일반화**

(1) **지적장애 학생의 일반화 특성**

① 지적장애 학생은 일반화와 학습의 전이에 어려움을 보인다. 한 가지를 배우면 다른 것에 지나치게 적용하는 과잉일반화의 문제를 나타내며, 한 교과에서 배운 단어를 다른 교과에서는 읽지 못하거나 교실에서 배운 것을 다른 곳에서는 적용하지 못하기도 한다. ❶ 24유아A4

② 다른 기능이나 개념 혹은 다른 상황으로 전이하거나 일반화하는 것과 관련 있는 우발학습(우연학습, incidental learning)에도 어려움을 초래한다.

③ 지적장애 학생은 일반화(자극일반화, 반응일반화, 유지)에 어려움이 있다.

🔒 **Keyword**

과잉일반화(overgeneraliaztion)
어떤 결과를 그와 유사한 상황에 적용함에 있어서 먼저 습득한 일반화의 원리나 법칙을 지나치게 고집스럽게 적용하려는 현상이다. 📋 언어발달의 경우 아동이 문법규칙을 지나치게 적용하여 생겨나는 실수를 말한다. 주격조사를 과잉일반화하여 "선생님이가", "말이가"로 사용하는 것이 그 예이다. 영어의 경우 went라고 말해야 하는데 goed 혹은 wented로 말하여 과거시제를 나타내는 문법형태소 ed를 과잉적용하는 것이 그 대표적 예이다.

기출 POINT 8

❶ 24유아A4
① ⓓ에 해당하는 언어 발달 과정에서의 특성이 무엇인지 쓰고, ② ⓔ의 예를 1가지 쓰시오.

박 교사: 진우가 ⓓ 어른에게 '안녕하세요'라고 인사를 해야 한다고 배웠잖아요. 그런데 또래나 어린 동생에게도 '안녕하세요'라고 인사를 하더라고요.
최 교사: 그럼 ⓔ 또래나 어린 동생에게 적절히 인사를 할 수 있도록 변별훈련을 하면 되겠어요.

(2) 자극일반화(훈련 전이, stimulus generalization) ❻ 13중등2

① 자극일반화는 특정 자극에 대한 반응이 일관성 있게 강화되면, 그 자극뿐만 아니라 유사한 다른 자극에서도 같은 반응이 나타나는 것을 말한다.

② 자극일반화의 유형 ❶ 24중등B5, ❸ 22초등A3, ❹ 20유아B1

유형	설명 및 예시
장소에 대한 일반화	학생이 처음 배운 환경이나 상황이 아닌 조건에서 그 기술을 수행할 수 있음을 뜻한다. 예 자기 집에서 전화기 사용법을 습득한 경우 친구 집에서도 전화기를 사용할 수 있다.
사람에 대한 일반화	학생에게 새로운 기술을 지도해 준 사람 이외에 다른 사람에게도 그 기술을 사용할 수 있게 된다. ❷ 24유아A1, ❺ 16초등A3 예 선생님께 인사하기를 배운 경우 다른 사람에게도 그 기술을 사용할 수 있다.
자료에 대한 일반화	학생이 처음 배울 때 사용했던 자료가 아닌 다른 자료를 가지고도 배운 기술을 수행할 수 있는 것을 말한다. 예 한 종류의 휴대폰 사용법을 배운 후 다른 종류의 휴대폰도 사용할 수 있다.

기출 POINT 9

❶ 24중등B5

밑줄 친 ⓒ의 이유를 밑줄 친 ㉠에서 2가지 찾고, 그에 대한 일반화 촉진 방안을 각각 서술하시오. (단, '이유-방안' 형식으로 쓸 것)

> 담임교사 : ㉠ <u>우선 제가 모델이 되어 우리 교실에서 교실에 있는 진공청소기로 청소하는 과정을 동영상으로 제작했습니다. 그리고 학생에게 그것을 시청하게 한 후 우리 교실에서 그 진공청소기로 청소를 하도록 연습시켰습니다.</u>
> 교 감 : 학생의 행동에 변화가 있었나요?
> 담임교사 : 교실에서는 진공청소기로 청소합니다. 얼마 전 학생 A의 학부모와 상담을 해 보니 ⓒ <u>집에서는 진공청소기를 사용하여 청소하지 못한다고 하시더라고요. 왜 일반화가 일어나지 않는 걸까요?</u>
> 교 감 : 학생 A의 '진공청소기로 청소하기' 행동의 일반화를 촉진하기 위해서는 여러 요소를 고려해 봐야 합니다.

❷ 24유아A1

(나)에서 두 교사가 서로 역할을 바꿔 지도함으로써 얻을 수 있는 효과를 유아 측면에서 쓰시오.

> 동주의 손을 잡아 곤충을 보여 주도록 지도한 날로부터 2주가 지났다. 촉구가 성공적으로 용암되고 있다. 오늘 내가 팔꿈치를 살짝 밀어 주며 "보여 드리자."라고 말해 주는 단계까지 진행했을 때 동주가 배 선생님에게 곤충을 보여 주었다. 마지막 단계가 용암되어 기뻤다. 나와 배 선생님이 일과 중 자연스럽게 대화 상대자와 촉구 제공자의 역할을 바꾸어 가며 지도해 온 결과이다.

기출 POINT 9

❸ 22초등A3

ⓓ에 해당하는 일반화의 유형을 쓰시오.

> 내일은 다양한 규칙에 대해 배우게 되는데 학생들의 흥미를 높이고 학생들이 다양한 자극에 반응할 수 있도록 여러 가지 자료를 사용해야겠다. 이렇게 하면 우리 학생들이 ⓓ <u>수업 시간에 사용한 상황과 자료가 아닌 다른 상황과 자료에서도 규칙대로 배열할 수 있지 않을까</u> 생각해 본다.

❹ 20유아B1

다음의 ⓐ에 해당하는 개념을 쓰시오.

> 민수는 비디오 모델링으로 난타 놀이를 연습하였으며, 점점 더 잘하게 되었다. ⓐ <u>민수는 통합학급에서 친구들과 함께 다양한 도구로 재미있게 난타 놀이를 할 수 있게 되었다. 뿐만 아니라 집이나 놀이터에서도 동네 친구들과 난타 놀이를 하였다.</u>

❺ 16초등A3

중재를 통해 ⓔ과 같은 효과가 나타나는 것을 무엇이라고 하는지 쓰시오.

> 담임교사 : 저는 은수의 의사소통 샘플을 수집하던 중, 은수의 이름을 부르면 은수가 어쩌다 눈맞춤이 된다는 것을 알게 되었어요. 그래서 눈맞춤 빈도를 증가시키기 위한 중재를 실시했지요. 비록 기능적인 관계를 입증할 수는 없지만 그래프에 나타난 결과를 보면 중재가 효과적이었다는 것을 알 수 있지요.
> 실습생 : 정말 효과가 있었네요.
> 담임교사 : 네, 이제는 ⓔ <u>은수가 학급 친구들과도 눈맞춤을 한답니다.</u>

❻ 13중등2

일반화에 대한 내용으로 옳지 않은 것은?

③ 수업시간에 일과표 작성하기를 배운 후, 집에 와서 가족일과표를 작성할 수 있는 것은 '자극일반화'에 해당한다.

④ 수업시간에 숟가락으로 밥 떠먹기를 배운 후, 숟가락으로 국을 떠먹을 수 있는 것은 '반응일반화'에 해당한다.

⑤ 수업시간에 흰 강아지 그림카드를 보고 '개'를 배운 후, 개가 흰색일 경우에만 '개'라고 말하는 것은 '과소일반화'에 해당한다.

③ 자극일반화에 영향을 주는 요인

영향 요인	설명 및 예시
물리적 유사성	훈련 상황에서 주어진 자극과 물리적으로 더 유사한 자극이 주어질수록 자극일반화가 잘 일어난다. ❶ 24초등A5 예 동네 슈퍼마켓에서 물건 사기를 학습한 아동은 재래시장보다는 대형 마트에서 물건 사는 것이 일반화가 훨씬 쉽게 잘 일어난다. 또한 네발로 걷고 몸에 털이 있으며 두 귀가 있고 '멍멍' 짖는 진돗개를 보고 '강아지'를 배운 학생은 도마뱀보다는 치와나 슈나우저 종류의 개를 보면 더 쉽게 강아지라고 부를 수 있다.
동일한 개념이나 범주	주어진 자극이 훈련 상황의 특정 자극과 동일한 개념이나 범주에 속한 것임을 학습하면 자극일반화가 잘 일어난다. 동일 개념이나 범주에 속한다는 것은 공통된 물리적 특성을 가지고 있음을 의미한다. 예 아동이 존댓말하기를 배우는 경우, 존댓말을 해야 하는 대상들이 자신보다 일정 연령 이상으로 나이가 더 많은 범주에 들어간 사람임을 알게 되면 대상의 성별이나 직업, 옷 입는 것이 달라도 존댓말을 사용하게 되는 자극일반화가 일어날 수 있다.
동일한 결과를 가져오는 기능	주어진 자극이 훈련 상황의 특정 자극과 동일한 결과를 가져오는 기능을 한다는 것을 학습하면 자극일반화가 잘 일어난다. 물리적으로 완전히 다른 자극들이 주어질지라도 그 자극들이 모두 동일한 반응을 통제한다는 것을 배우게 됨을 의미한다. 예 자동판매기를 배울 때, 돈을 넣고 원하는 물건을 선택하여 버튼을 누르는 작동 원리를 학습하면 자동판매기의 모양이 다르더라도 자판기 사용의 자극일반화가 일어난다. 또는 수세식 변기를 사용할 때 버튼을 작동하여 물이 나온다는 원리를 배우면, 변기의 모양이나 물 내리는 버튼의 위치가 다르더라도 수세식 변기 사용의 자극일반화가 일어난다.

④ 과잉자극일반화

⊙ 자극의 일부분만 보고 바람직한 행동을 부적절한 상황에서 하게 되는 경우를 과잉자극일반화라고 한다. ❶ 24초등A5

> 예 안경을 쓴 아빠를 둔 유아가 아빠를 보고 아빠라고 부르는 것이 학습된 후, 다른 안경 쓴 남자들을 보고도 아빠라고 부르는 경우이다. 또한 반가움을 표현하는 것으로 악수하기나 포옹하기를 배운 발달장애 아동이 버스나 지하철 등에서 낯선 사람에게도 가까이 가서 손을 잡거나 포옹하는 것이다.

ⓛ 잘못된 과잉자극일반화가 발생한 경우, 학습한 행동을 실행해도 되는 적절한 상황과 적절하지 않은 상황을 변별하는 것을 가르쳐야 한다. 24유아A4

ⓒ 지적 능력이 낮은 학생들을 지도하는 교사의 고민이 바로 최대한 자극통제를 시켜서 변별자극에만 반응하도록 가르쳐야 할 뿐 아니라 지나친 자극통제를 피해서 비슷한 자극에도 반응하도록 일반화를 지도해야 한다는 점이다.

기출 POINT 10

❶ 24초등A5
ⓔ을 적용할 때 ⓐ에 공통으로 들어갈 용어를 쓰시오.

최 교사: '규칙을 지켜 교통수단을 안전하게 이용하기' 수업에서 버스를 안전하게 이용하는 연습을 교실에서 하려고 해요.
박 교사: 그런데 버스에 타고 내리는 문이 없네요. 이렇게 (ⓐ)이/가 부족하면 배우고 난 후 실제 상황에 적용하기 어려워요. 반면에 (ⓐ)가 지나치면 학습이 복잡해져서 중요한 것이 무엇인지 파악을 못할 수 있어요.

기출 POINT 11

❶ 24초등A5
지적장애 학생의 인지적 특성 중 ⓗ에 해당하는 것을 1가지 쓰시오.

최 교사: 민수가 요즘에도 노란색 차만 보면 타려고 하나요?
박 교사: 네. ⓗ 학교 버스가 노란색이어서 노란색 차만 보면 학교 버스인 줄 알고 무조건 타려고 해요.

더알아보기 **자극일반화와 자극변별**

1. 한 변별자극이 어떤 반응을 일으켰다면, 그 자극과 유사한 물리적 성질을 가진 자극도 그 행동을 일으키는 것을 자극일반화라고 한다. 역으로 다른 자극이 그 반응을 일으키지 않을 때 자극변별이 일어난 것이다.

2. 자극일반화와 자극변별은 상대적 관계로, 자극일반화는 자극통제가 느슨한 정도를 반영하는 반면, 변별은 상대적으로 자극통제가 엄격한 것을 반영한다. 즉, 변별은 특정 행동을 일으키는 자극의 범위를 제한하는 과정이 관련된 반면, 다양한 환경에서 일반화를 촉진하기 위해서는 특정 행동을 일으키는 자극의 범위를 가능한 한 넓혀야 한다.

3. 자극일반화와 변별이 일어나는 정도를 그래픽으로 표현한 것을 자극일반화 점층(stimulus generalization gradient)이라 한다. 점층의 기울기가 가파를수록 확실한 자극통제가 일어난 것을 반영하며, 기울기가 편평할수록 자극통제가 거의 일어나지 않은 것이다.

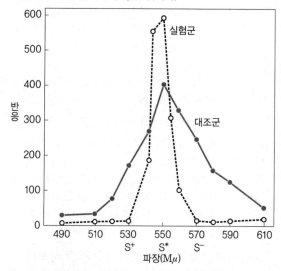

4. 위 실험에서 Hanson(1961)은 실험군과 대조군의 비둘기 두 집단을 먼저 단색파 550Mu로 불이 켜졌을 때 스위치를 부리로 쪼도록 훈련시켰다. 그러고 나서 실험군 비둘기에게는 550Mu를 S+로, 560Mu과 540Mu를 S-로 제시하여 변별훈련을 하였고, 그동안 대조군은 이전처럼 550Mu에 반응하도록 하여 두 집단 모두 같은 반응기회를 갖도록 하였다. 후에 실시된 일반화 실험에서 실험군에게는 545Mu와 555Mu 두 자극이 첨가적으로 제시되었다. 결과에 의하면 변별훈련을 받은 실험군의 점층이 대조군보다 가파르게 나타났다.

⑤ 자극일반화를 위한 교수전략

전략	설명 및 예시
자연스러운 상황에서 가르치기	일반화가 일어날 수 있는 상황과 가장 유사한 훈련장소는 바로 일반화 상황이므로 훈련을 일반화 상황에서 지도하는 지역사회 중심교수를 실시한다. **예** 학생에게 음료수를 고르고 값을 지불하게 하는 행동을 일반화시키고자 한다면 음료수를 파는 가게에 직접 가서 훈련을 하는 것이 가장 일반화가 잘 된다.
하루 일과 속에서 가르치기 ❶ 24초등A4, ❷ 21중등B9	매일 반복되는 일과 속에서 가르치고자 하는 행동기술이 있을 경우에 따로 시간을 내어 그 기술을 가르치기보다는 자연스러운 일과활동 중에 기술을 가르치고 연습할 기회를 주는 것이다. **예** 자연스러운 일과 중에 기술을 가르치고 연습할 기회를 주는 것은 유지를 위한 분산연습이 될 수 있다. 옷을 입고 벗는 기술을 가르칠 때는 실제로 옷을 입고 벗어야 하는 일과 중에 가르치고, 손가락을 이용해서 작은 물건을 잡는 기술을 가르칠 때는 간식시간에 콩이나 작은 과자를 먹게 하거나 미술활동 중에 구슬을 붙이게 하는 등의 상황을 활용한다.
훈련 상황을 일반화가 일어나야 할 상황과 비슷하게 조성하기	훈련 상황과 일반화 상황의 공통 자극을 훈련 상황으로 가져오도록 계획하여 자연적 환경에 있을 가능성이 높은 것을 변별자극으로 사용하는 것이다. **예** 학교에서 횡단보도 건너기 훈련을 할 때 가능하면 실제 크기와 색깔의 횡단보도 건널목 표시선이나 신호등을 가지고 하도록 훈련한다. 또한 학생에게 가스레인지 사용법을 가르칠 때, 가스레인지를 사용할 가능성이 많은 일반 가정의 부엌과 비슷하게 꾸민다.
여러 다양한 상황을 이용하기	다양한 상황을 이용한다는 것은 바로 훈련되지 않은 자극 상황에 대한 일반화를 위해 다양한 장소에서 훈련하도록 체계적으로 계획하는 것이다. **예** 아동에게 음료수를 사는 기술을 일반화할 때, 항상 동일한 가게에 가서만 훈련을 반복하기보다 여러 종류의 다른 가게에 가서 훈련을 한다.
훈련 시 광범위한 관련 자극을 통합하기 ❸ 13중등2	다양한 자극 범위를 포함시키는 많은 예로 훈련시키는 것이 자극일반화를 용이하게 한다. **예** 돈을 넣고 버튼을 눌러 원하는 물건을 살 수 있는 자동판매기 사용을 지도할 때, 돈을 넣는 위치나 물건을 꺼내는 위치 등이 각기 다른 자동판매기를 훈련 시 사용한다면 일반화가 쉬울 것이다.

기출 POINT 12

❶ 24초등A4
① [D]에서 적용하고자 하는 교수 방법의 명칭을 쓰고, ② ⓒ을 고려하여 [D]에 해당하는 교수 방법이 가지는 장점을 1가지 쓰시오.

오늘 '낱말을 말해요' 단원을 마무리했다. 처음에는 수아가 낱말 읽기를 많이 어려워했다. 그래서 국어 시간에 일대일 상황에서 낱말 읽기를 집중적으로 연습했더니 낱말을 술술 읽었다. 그런데 ⓒ 다른 교과의 교과서 지문에 나온 동일한 낱말은 읽지 못했다.
수아의 일과 내에서 낱말을 읽을 기회를 나누어 제시하는 것이 필요할 것 같다. 수아가 국어 시간에만 낱말 읽기를 집중적 [D]으로 연습하기보다 하루 동안 여러 번에 걸쳐 낱말을 읽을 수 있도록 지도해야겠다.

❷ 21중등B9
ⓒ에 해당하는 목표 기술 연습 방법을 1가지 쓰시오.

■ '도움카드' 사용 지도

• '도움카드' 사용 방법을 학습하기 위해 '1:1 집중시도' 연습 지도
• 일반화를 위해 다음과 같이 자연스러운 환경에서 '도움카드' 사용하기 연습 지도
  − 환기가 필요할 때 '도움카드'를 이용하여 도움 요청하기
  − 체육 활동 시 '도움카드'를 이용하여 휴식 시간 요청하기 ⓒ
  − 수업 시간에 갈증을 느낄 때 '도움카드'를 이용하여 물 마시기 요청하기
  − 흡입기 사용 시 '도움카드'를 이용하여 교사에게 도움 요청하기

❸ 13중등2
일반화에 대한 내용으로 옳지 않은 것은?
② 교실에서의 수업은 다양한 예시를 활용하되, 제시되는 자극이나 과제 매체는 단순화하는 것이 일반화에 효과적이다.

(3) 반응일반화(행동의 부수적 변화, response generalization) ❶ 18중등B8

① 반응일반화란 특정 상황이나 자극에서 어떤 반응이 강화된 결과, 동일한 자극이나 상황에서 이와는 다른 반응이 일어날 가능성이 증가되는 것이다. 즉, 목표를 정하고 가르친 것은 아니지만 행동에 부수적인 변화가 나타난 것을 의미한다.

> 예 학교에서 라면 끓이기를 배운 학생이 국수나 칼국수, 메밀국수를 끓일 줄 알게 되는 것, 숟가락으로 밥을 떠먹는 훈련 후 숟가락으로 국을 떠먹는 것, 덧셈을 배워 덧셈문제를 풀 줄 아는 학생이 뺄셈문제를 풀 수 있는 경우이다.

② 반응일반화에 영향을 주는 요인

영향 요인	설명 및 예시
반응의 유사성	두 반응이 유사하면 유사할수록 반응일반화가 잘 일어난다. 예 라면 끓이기를 배운 경우, 라면처럼 국물이 있는 쌀국수 끓이기가 소스를 따로 데워서 끼얹어야 하는 스파게티보다 더 쉽게 일반화가 나타난다.
동일한 반응의 범주	공통된 특징을 공유하는 반응의 범주 내에서 반응일반화가 잘 일어난다. 예 어른에게 존댓말을 가르치기 위해 아이의 말이 끝날 때마다 '~요.'를 힘주어 말하고 따라 하도록 했다. 그랬더니 아이가 '~하자요.', '~먹자요.', '~놀자요' 등으로 말했다면 문법적으로 틀린 반응일반화가 나타난다.
동일한 결과	동일한 결과를 가져오도록 기능하는 반응의 범주 내에서는 반응일반화가 잘 일어난다. 예 비가 올 때 우산이 없을 경우, 비를 피하기 위해 가지고 있던 신문으로 머리를 가리거나, 겉옷을 벗어 머리 위에 뒤집어 쓰는 것과 같은 반응일반화가 일어난다.

③ 반응일반화를 위한 교수전략

전략	설명 및 예시
충분한 반응사례로 훈련하기	• 충분한 예로 훈련하기는 동일한 기능을 하는 여러 다른 행동을 할 수 있도록 가능하면 다양한 방법으로 하는 훈련의 기회를 주는 것이다. 예 덧셈을 가르칠 때 숫자만 가지고 가르치는 것이 아니라 손가락 사용하기, 그림 사용하기, 숫자 사용하기, 물건 사용하기, 계산기 사용하기 등의 다양한 방법으로 가르친다면 아동은 덧셈을 해야 하는 상황에서 어떤 방법으로든 계산을 해내는 반응일반화가 이루어질 것이다. • 자극일반화를 위한 다양한 자극 범위란 주어지는 자극의 다양성에 초점이 맞추어지고, 반응일반화를 위한 충분한 예로 훈련하기란 반응의 다양성에 초점이 맞추어지는 것이다.
다양한 반응 수용하고 강화하기	훈련 상황에서 의도적으로 학생의 다양한 반응을 수용하고 강화한다. 예 몸으로 기쁨을 표현하는 다양한 방법들을 생각하고 표현하게 하거나, 색깔 찰흙으로 다양한 주제의 물건을 만들게 하거나, 색종이로 비행기 만드는 법을 가르친 후 다양한 종류의 종이로 다양한 모양의 종이접기를 하도록 하거나, 같은 음식 재료를 가지고 다양한 종류의 음식을 만들어 보도록 하는 것이다.

기출 POINT 13
❶ 18중등B8
ⓔ, ⓜ의 개념을 서술하시오.

특수교사: 일반화는 크게 ⓔ 자극일반화와 ⓜ 반응일반화로 구분되기도 합니다.

(4) 유지(시간에 따른 일반화, maintenance)

① 유지는 행동 변화를 위한 중재나 프로그램이 끝난 뒤에도 필요할 때마다 변화된 행동을 할 수 있는 것을 말한다. 즉, 중재에서 사용한 조건들이 주어지지 않아도 변화된 행동이 오랜 시간에 걸쳐 지속되는 것이다.

> **예** 양말 신기를 학습한 학생이 1주일 뒤에도 양말을 신을 수 있고, 한 달 후에도 스스로 양말을 신을 수 있으며, 1년 후에도 혼자서 양말을 신을 수 있게 되는 것은 유지의 대표적인 예이다.

② 습득된 행동을 훈련 상황에서 유지하게 하기 위한 교수전략

기출 POINT 14

❶ 18중등B8
유지의 중요성과 자기점검 방법을 연계하여 서술하시오.

❷ 17초등A5
ⓓ에 해당하는 전략을 쓰시오.

> ⓓ '[픽토그램]을 사용한 의사소통하기'를 습득한 후, 습득하기까지 필요했던 회기 수의 50%만큼 연습기회를 추가로 제공하여 [픽토그램]의 사용을 유지할 수 있게 한다.

❸ 13중등2
일반화에 대한 내용으로 옳지 않은 것은?
① 자기통제 기술을 지도하면 실생활에서의 독립기능이 촉진될 수 있으므로 일반화에 도움이 된다.

전략	설명 및 예시
간헐 강화계획	표적행동을 했을 때 가끔씩 강화하는 방법으로, 간헐 강화계획에 의해 유지되어 온 행동은 더 이상 강화가 주어지지 않아도 발생할 가능성이 높다.
과잉학습 ❷ 17초등A5	과잉학습이란 아동이 표적행동을 습득한 후에도 계속해서 연습을 시키는 것이다.
분산연습	분산연습이란 습득된 표적행동을 일정 시간 내에서 분산시켜(**예** 하루 일과 속에 분산시켜) 여러 차례 연습시키는 것이다. 한꺼번에 몰아서 연습하는 것보다, 서로 다른 시간에 나누어 연습하게 되면 초기 학습 후 유지될 가능성이 높아진다. **예** 어제 암기한 구구단을 1시간 동안 집중적으로 연습하는 것보다는 한 시간 간격으로 5분씩 8번 연습하게 하면 더 오래 기억할 수 있다.
학습한 기술을 기초로 새 기술 교수	새로 학습한 기술을 또 다른 새 기술 학습 시 계속 삽입하여 연습기회를 늘려 주는 방법으로, 즉 복습의 기회를 제공하는 것이다. **예** 아동이 구구단 2단을 암기했다면 3단이나 4단을 가르칠 때 2단도 연습할 기회를 주어 잊지 않도록 하는 것이다.
유지 스케줄 사용	주기적으로 연습할 기회를 주는 방법이다. **예** 생리대 사용하기, 화재경보기 사용하기, 간단한 응급조치하기 등은 매우 중요하지만 일상생활에서 자주 요구되지 않기 때문에 주기적으로 연습기회를 따로 준다.
자연적 강화의 이용	자연적인 환경에서 강화받을 가능성이 높은 행동을 선정해서 가르치고, 교수 상황에서 자연적 강화를 사용하는 방법이다. **예** 자주 이용해야 할 버스노선에 있는 정류장 이름 읽기와 세계 여러 나라의 이름 읽기 중 전자가 훨씬 더 일반화와 유지가 잘 된다.
자기관리 방법	자기가 매개변수를 만들어 사용할 수 있도록 가르치는 것도 일반화 증진을 위한 방법이다. 예를 들어, 과제 완성을 스스로 점검하기 위해 점검표를 사용하는 것이다. 학생은 자기관리 기법을 배우면 일반화 상황에서 다른 사람의 강화나 도움이 없더라도 스스로 자신의 행동을 관리하며 유지할 수 있다. ❶ 18중등B8, ❸ 13중등2

04 학습 단계

1. 습득

(1) 교수목표

습득 단계의 교수목표는 오류 없이 정확하게 목표 기술을 수행하는 것을 강조한다.

(2) 습득 단계에 있는 학생의 특성

① 학생의 수준은 과제를 거의 못하거나 절반 정도 수행할 수 있는 정도이다.

② 과제의 시작을 위해 단서 및 촉진이 필요하다.

③ 기술을 더 작은 요소로 세분화해서 가르칠 필요가 있다.

④ 더 지속적인 긍정적 피드백이 필요하다.

(3) 습득 단계 교수의 특성

① 교사 주도의 직접교수를 빈번하게 실시한다.

② 오류에 대한 즉각적 피드백을 제공한다.

③ 무오류 또는 낮은 오류만을 허용하는 촉진방법을 사용한다.

④ 학생의 참여 기회를 많이 제공한다.

2. 숙달

(1) 교수목표

숙달 단계의 교수목표는 학생이 과제를 정확하고 빠르게 완수하도록 하는 것으로, 일반적 수준으로 수행 가능하도록 속도를 증진하고, 학생의 연령에 맞게 기술을 잘 할 수 있게 한다. ❶ 20초등A4, ❷ 16중등B5, ❸ 15유아A2, ❹ 13추가중등A2

(2) 숙달 단계 교수의 특성

① 아동 주도로 연습이 진행되며, 교사의 참여는 줄어든다.

② 시간이 정해진 연습기회를 제공한다.

③ 기술의 정확성뿐만 아니라 속도에 대해 피드백을 제공한다.

④ 완성된 과제에 대해 피드백을 제공한다.

⑤ 개인적 요구와 촉진을 소거한다.

⑥ 강화를 줄여가며, 점차 자연적 강화로 옮겨간다.

기출 POINT 15

❶ 20초등A4

㉠은 학습자의 반응 수행 수준에 따른 학습 단계 중 어느 단계에 해당하는지 쓰시오.

■ 학습단계 2

㉠ 민호가 '지폐 변별하기' 반응을 5분 내에 15번 정확하게 수행할 수 있도록 지도한 다음, 더 짧은 시간 내에 15번 정확하게 수행할 수 있도록 연습하게 함

❷ 16중등B5

밑줄 친 ㉡에서 교사 A가 중점을 두어야 할 사항을 쓰시오.

• 학생이 학습 내용을 습득하고 난 뒤 ㉡ 숙달할 수 있도록 교수·학습 방법을 보다 구체적으로 생각할 것

❸ 15유아A2

㉢에 들어갈 학습 단계에 근거하여 쓰시오.

참여를 해야 비로소 학습이 시작되고, 그래야 학습한 내용을 습득할 수 있겠지요. 그 다음에 (㉢), 유지와 일반화가 이루어지므로 참여가 중요한 것 같아요.

❹ 13추가중등A2

(가)와 (나)에 해당하는 학습단계의 명칭을 쓰시오.

학습 단계	교수활동	지도상 유의점
습득	윤지에게 인터넷에서 직업 검색 방법을 지도한다.	• 직업 검색 과정을 하위 단계로 나누어 순차적으로 지도한다.
(가)	윤지가 직업 검색하기를 빠르고 정확하게 수행하도록 간격시도 교수를 사용하여 지도한다.	• 간격시도 교수 상황에서 윤지와 친구를 짝지은 후, 관찰기록지를 주고 수행결과에 대해 서로 점검하여 피드백을 제공하도록 한다.
유지	윤지가 정기적으로 직업명을 인터넷에서 검색할 수 있도록 한다.	
(나)	학교에서 분산시도 교수를 사용하여 지도한 후, 윤지에게 복지관에서도 자신이 관심 있어 하는 직업명을 검색하도록 한다.	

기출 POINT 16

❶ 09중등10
습득과 일반화를 촉진하는 방법끼리 바
르게 묶으시오.

─────〈보기〉─────
㉠ 다양한 환경에서 제공한다.
㉡ 학습활동 시 교사의 참여를 줄
  인다.
㉢ 과제에 대해 학생의 반응양식을
  다양화한다.
㉣ 정확한 수행을 위해 피드백을
  집중적으로 제공한다.
㉤ 오류를 줄이기 위해 다양한 촉
  진을 제공한다.
㉥ 정해진 시간 내에 과제를 완성
  하도록 연습기회를 늘린다.

3. 일반화

(1) 교수목표

일반화 단계의 목표는 언제 어디서나 필요할 때 기술을 사용할 수 있게 하는 것이다. 즉, 자극의 변화가 있을 때도 잘 수행할 수 있고 필요에 따라 적응하여 수행할 수 있도록 가르치는 것이다. ❶ 09중등10

(2) 일반화 단계 교수의 특성

① 환경, 자료, 사람 등을 다양하게 한다.

② 기술 수행이 기대되는 조건을 다양하게 하고, 문제해결을 교수한다.

③ 개인적 요구와 촉진을 소거한다.

④ 강화를 줄여가며, 점차 자연적 강화로 옮겨간다.

4. 유지

(1) 교수목표

유지 단계의 목표는 높은 수준의 수행을 유지하는 것으로, 규칙적 사용을 통해 잊어버리지 않고 더 완전하게 하도록 한다.

(2) 유지 단계 교수의 특성

① 과제를 수행할 시간계획을 세우고 학생이 수행하도록 한다.

② 보다 기능적 기술이 되도록 추가한다.

③ 개인적 요구와 촉진을 소거한다.

④ 강화를 줄여가며, 점차 자연적 강화로 옮겨간다.

더알아보기 학습 단계의 특성과 교수할 때의 초점

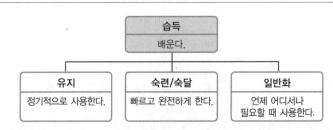

구분	습득 단계	유지 단계	숙련/숙달 단계	일반화 단계
초점	오류를 적게 하면서 핵심 단계를 가르친다.	규칙적 사용을 통해 잊어버리지 않고 더 완전하게 하도록 한다.	• 일반적 수준으로 수행 가능하도록 속도를 올린다. • 학생의 연령에 맞도록 기술을 잘할 수 있게 한다.	• 자극(환경, 자료, 사람)의 변화가 있을 때도 잘 수행할 수 있게 가르친다. • 필요에 따라 적응하여 수행할 수 있게 가르친다.
특성	• 학생이 과제를 거의 못하거나 많아야 절반 정도 수행할 수 있다(0~60%의 정확성, 또는 10단계 중 6단계를 할 수 있음). • 시작하기 위해 단서, 촉진이 필요할 수 있다. • 무오류 또는 낮은 오류만을 허용하는 촉진방법을 사용한다. • 기술을 더 작은 요소로 세분화해서 가르칠 필요가 있다. • 더 지속적인 긍정적 피드백을 필요로 한다.	• 과제의 절반 이상을 수행할 수 있다. • 과제를 수행할 시간 계획을 세우고, 학생이 수행하도록 기대한다. • 보다 기능적 기술이 되도록 추가한다. **예** 시작·준비·종료/정리하기 • 의사소통, 선택, 사회적 행동 등으로 심화한다. • 개입적인 요구들을 하지 않는다. • 개입적인 촉진을 소거한다. • 자연적 단서, 촉진으로 관심을 돌린다. • 강화를 줄여간다. • 자연적 강화로 옮겨간다.	• 과제의 절반 이상을 수행할 수 있다. • 현실적인 속도와 질적 기준을 적용한다. • 보다 기능적 기술이 되도록 추가한다. **예** 속도와 질 • 의사소통, 선택, 사회적 행동 등으로 기술을 심화한다. • 개입적인 요구들을 하지 않는다. • 개입적인 촉진을 소거한다. • 자연적 단서, 촉진으로 관심을 돌리게 한다. • 강화를 줄여간다. • 자연적 강화로 옮겨 간다.	• 과제의 절반 이상을 수행할 수 있다. • 환경을 다양하게 한다. • 교사, 감독자 등을 다양하게 한다. • 자료를 다양하게 한다. • 기술 수행이 기대되는 조건을 다양하게 하고, 문제해결을 가르친다. • 의사소통, 선택, 사회적 행동 등으로 기술을 심화한다. • 개입적인 요구들을 하지 않는다. • 개입적인 촉진을 소거한다. • 자연적 단서, 촉진으로 관심을 돌리게 한다. • 강화를 줄여간다. • 자연적 강화로 옮겨 간다.

[출처] 박은혜 외, 중도장애 학생의 교육(2018)

Keyword

무오류 학습(errorless learning)
학습자의 오류를 최소화할 수 있도록 고안된 교수 절차를 이용하여 특정 변별을 지도하였으면 '무오류 학습'이 일어났다고 볼 수 있다. Green(2001)은 최대최소 촉구 절차나 용암법에 대해, 특히 새로운 능력을 무오류 학습으로 습득할 때 적절한 절차로 들고 있다.

지적장애 학생을 위한 교육과정의 기본 이해

 **01** 지적장애 학생의 교육과정 구성을 위한 접근

┌ 발달론적 접근 ┬ 개념 및 특징
│   ├ 장점
│   └ 단점
└ 생태학적 접근 ┬ 개념 및 특징
               ├ 장점
               └ 단점

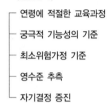 **03** 지적장애 학생의 교육과정 구성 및 운영을 위한 기본전제

┌ 연령에 적절한 교육과정
├ 궁극적 기능성의 기준
├ 최소위험가정 기준
├ 영수준 추측
└ 자기결정 증진

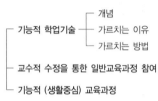 **02** 적절한 교육과정에의 접근

┌ 기능적 학업기술 ┬ 개념
│   ├ 가르치는 이유
│   └ 가르치는 방법
├ 교수적 수정을 통한 일반교육과정 참여
└ 기능적 (생활중심) 교육과정

---

01 지적장애 학생의 교육과정 구성을 위한 접근 ❶ 15중등B1

1. 발달론적 접근

(1) 발달론적 접근의 개념 및 특징

① 발달론적 관점에 따르면 지적장애 학생들은 비록 발달단계를 통과하는 속도가 느리고 도달하는 한계점이 낮아도 일반학생과 동일한 단계를 거친다.

② 지적장애 학생들은 자신의 발달단계에 적합한 과제를 제공받으며, 내용은 단계 간 관련성이 있는 계열적 순서로 이루어진다.

③ 발달론적 교육과정은 교수계획과 우선순위를 제시하는 데 전형적인 발달계열을 이용하여 설계되며, 생활연령에 적절한 기술들보다 발달에 필수적인 기술들을 통해 발달을 촉진하는 상향식 접근법으로 개발한다.

④ 따라서 발달론적 접근에서는 교과의 기초 기능에 중심을 두어 학생들을 지도하기 위한 전략의 개발에 주안점을 둔다.

(2) 발달론적 교육과정의 장점

① 체계적인 교수가 가능하다.

② 수업을 아주 작은 단계로 나누어서 할 수 있다.

③ 학생의 학습을 조작하고 통제할 수 있다.

④ 기능 영역과 순서에 따른 분명한 계획을 수립할 수 있다.

⑤ 개별적인 발달 수준을 검증할 수 있다.

⑥ 학생에게 과도한 요구를 하지 않게 해준다.

⑦ 기초적인 기능을 학습하게 한다.

⑧ 특히 최중도 지적장애아 및 청소년에게 적합하다.

(3) 발달론적 교육과정의 단점

① 발달론적 교육과정에서는 '준비성 함정(readiness trap)'이 생길 수 있는데, 즉 정상발달 순서 및 단계별 필수 선수기술 습득의 강조로 인해 기능적 기술의 교수가 이루어지지 않고, 발달단계 혹은 정신연령을 강조함으로써 장애학생의 실제 생활연령과 차이가 많이 남에도 불구하고 기술 습득을 교수내용으로 선정하는 근거로 사용된다.

② 성인이 되었을 때 실제로 필요한 기술과 관련 없는 선행 기술을 익히는 데 많은 시간을 소비하게 되어 현재와 미래 생활에 필요한 기술과 기타 중요한 능력을 개발하고 적용할 기회를 잃게 하며, 그에 따라 사회 통합에 어려움을 초래할 수 있다.

③ 어린 아동이 학습하는 기술을 교수함으로써 중도장애 학생에 대해 무능력한 부정적 이미지와 낮은 기대감을 형성한다.

2. 생태학적 접근

(1) 생태학적 접근의 개념 및 특징

① 생태학적 접근은 학생과 환경에 대한 상호 관계에 초점을 맞추는 것으로, 이 접근에 토대를 둔 기능적 교육과정은 장애학생이 현재나 미래 환경에 가장 필요한 기능적 기술을 익히도록 하며, 분리된 환경에서 기능적 기술을 배워 다음 환경에서 그것을 일반화하도록 시도하기보다는 실제 생활 장면에서 가르쳐 일반화를 돕는다. ❶ 15중등B1

② 생태학적 접근의 궁극적인 목표는 다양한 지역사회 환경에서 가능한 한 독립적이며, 생산적으로 기능할 수 있도록 하는 것이다.

③ 생태학적 접근법의 특징(강혜경 외)

　㉠ 생태학적 접근법은 발달연령보다는 생활연령에 적합한 기술들을 강조한다.

　㉡ 교육내용의 활용성과 학생의 동기유발을 중요시한다.

　㉢ 교육의 내용에 생활기술과 적응행동 기술을 포함하여 가르친다.

　㉣ 행동의 형태보다는 기능을 중요시한다.

🔑 **Keyword**

준비도 가설(readiness hyphothesis)
학생이 독립적으로 기술을 사용할 능력이 있기 전에는 기술들을 가르치지 않는다는 것

기출 POINT 1

❶ 15중등B1
중도·중복장애 학생의 교육과정으로 기능중심 교육과정과 발달중심 교육과정을 검토하려고 한다. 이 두 가지 교육과정의 차이를 교육과정 구성요소인 교육내용 선정과 교육내용 조직의 원리 측면에서 각각 비교하여 설명하시오.

더알아보기

생태학적 접근이 적용된 교육과정의 용어는 다양하게 사용되고 있다. 그중 기능적 교육과정(기능적 생활중심 교육과정)은 전통적 접근의 발달론적 교육과정과 대응되는 것으로 가장 널리 상용되는 용어이다(강혜경 외).

(2) 생태학적 접근의 장점

① 중도장애 학생의 학습상의 어려움에 부합한다.

② 기능적이고 생활연령에 적합한 기술을 실제 환경에서 교수하기 때문에 일반화 능력을 가정하지 않아도 된다.

③ 교수를 위해 선택된 기술들은 사회적 타당화(social validation)에 의해서 기능적이고 적절하다.

④ 일반학생이 수행하는 활동과 유사하거나 동일한 상황에 참여하는 기술을 교수하기 때문에 중도장애 학생에 대한 다른 사람의 기대감을 증진시킨다.

⑤ 일반학생과 상호작용할 기회를 제공함으로써 일반 지역사회 환경에의 접근을 증진한다.

(3) 생태학적 교육과정의 단점(권요한 외)

① 학업적 측면에 소홀하다고 느낄 수 있다.

② 기능중심 교육과정은 학생을 실생활 장면에서 지도하기 때문에 그들에게 더 오명적일 수 있다.

③ 이동과 안전상의 문제, 교사 대 높은 학생 비율, 비용과 시간의 문제로 인해 실행이 어려울 수 있다.

④ 기능중심 교육과정에 참여하는 만큼 일반 교육환경에 참여할 수 없게 된다는 단점이 있다.

더알아보기 **발달적 기술과 기능적 기술**

기능적 접근이란 큰 목표를 세우고 그를 위해 어떤 하위목표를 세울 것인가를 생각한다고 하여 큰 목표부터 아래로 점차 내려오는 하향식 접근(top-down approach)이라고 한다. 반대로 발달적 접근이란 일반학생들이 흔히 밟게 되는 발달의 순서를 기준으로 하여 하위 기술에서 상위 기술을 차근차근 가르치는 방법으로 학습에 있어서 위계나 준비도의 개념을 강조하는 접근으로, 이를 상향식 접근(bottom-top approach)이라고 한다.

예를 들어, 덧셈을 지도할 때 두 수의 합이 10 미만의 덧셈을 배우고 나서 잘할 수 있어야 두 수의 합이 20 미만의 덧셈을 가르쳐야 한다고 생각하는 것이 일반적이다. 교육내용의 위계상 아래에서 위로, 하위 기술에서 상위 기술로 단계를 밟아 배우는 것이 일반적이지만, 장애학생의 경우 100 이내의 숫자는 몰라도 실제 화폐를 이용한 계산에는 강점을 보일 수도 있으므로 이러한 경우에는 천 원, 만 원 이내의 화폐 계산을 가르치는 것이 더욱 현실적이고 기능적일 수 있다.

⚑ **발달적 기술과 기능적 기술**

발달적 기술	기능적 기술
• 10분 동안 100개의 압정을 보드에 꽂기 • 색깔별로 장난감을 정리하기 • 인형을 이용하여 눈, 코, 입 찾기 • 유아용 프로그램을 보며 율동 따라 하기 • 10, 100, 1000, 10000의 단위 알기 • 알파벳의 대문자와 소문자 읽기 • 구슬 꿰기	• 동전을 이용하여 자동판매기에서 물건 사기 • 세탁을 위해 흰옷과 색깔 옷을 구분하기 • 휴지를 사용하여 코 풀기 • 또래들에게 인기 있는 최신 음악 듣기 • 만 원 이내의 돈 계산하기 • 지역사회 내 표지판(화장실, 멈춤) 읽기 • 신발 끈 묶기

02 적절한 교육과정에의 접근

1. 기능적 학업기술(functional academics)

(1) 기능적 학업기술의 개념

① 기능적 교육과정은 개인의 현재와 미래의 삶에서 중요하다고 여겨지는 영역을 중심으로 교육과정을 구성하므로 장차 독립된 구성원으로서 살아가는 데 필요한 기능을 익힐 수 있다는 장점이 있다. 그러나 비장애학생이 다양하게 경험하는 것을 자칫 놓칠 수 있다는 우려가 있다.

② 이에 대한 대안으로 기능적 교육과정의 장점과 교과 교육과정의 장점을 취합하여 기능적 학업(functional academics) 접근이 제안되었다. 기능적 학업 접근은 기능적 교육과정에서 강조하는 생활연령에 따른 교육 요구의 반영과 실생활을 중시하는 동시에 이를 교과교육의 맥락에서 학습하도록 하는 것이다.

③ 경도 지적장애 아동은 기능적 학업기술을 주로 배우게 된다. 일반아동은 다른 교과 내용을 잘 습득하기 위해서 읽기를 배우지만, 지적장애 아동은 실생활에서 독립적으로 기능하기 위해서 읽기를 배운다. 신문을 본다거나, 전화번호부를 이용한다거나, 지원서를 작성하는 등의 일을 직접 할 수 있기 위해서다(이소현 외). ❶ 25초등A2

(2) 기능적 학업기술을 가르치는 이유

① 지적장애 아동은 학습하는 데 오랜 시간이 걸리므로 제한된 주어진 시간에 미래 생활에 가장 필요하고 또 학습이 가능한 수준의 내용을 가르치고자 하는 것이다.

② 지적장애 아동은 일반화 능력에 제한이 있는 경우가 많기 때문에 교과서만으로 학습하기보다는 실생활에 적용하는 교수방법을 통하여 일반화를 촉진시키고자 하는 것이다.

기출 POINT 2

❶ 25초등A2

[B]를 고려하여 ⓒ에 들어갈 말을 쓰시오.

> 박 교사: 저는 6학년 지적장애 학생 민희의 담임교사입니다. 저번에 선생님께서 (ⓒ) 기술이 중요하다고 하셨는데, 어떻게 지도해야 할지를 잘 모르겠어요.
> 특수교사: 그렇군요. 비장애 학생들은 다른 교과 내용을 잘 습득하기 위해 읽기를 학습하지만, 지적장애 학생들은 실생활에서 독립적인 기능을 배우기 위해 읽기를 배웁니다. 예를 들면, 민희는 안전과 관련된 표지판이나 학급의 시간표와 열차 시간표를 읽기 위해 학습합니다. [B]

(3) 기능적 학업기술을 가르치는 방법

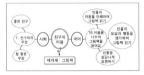

주제별 학습 (주제중심 교육과정) ❶ 22초등A2

- 주제중심 교육과정이란 학생의 전인발달과 효율적 학습을 위하여 주변의 인적, 물적 자원을 통합하여 교과를 재조직하여 가르치는 방법의 하나로, 장애학생의 발달 영역별, 교과 영역별, 흥미 영역별로 통합하여 통합된 전체 경험 속에서 학습하도록 돕는 교육과정이다.

    예 '시간'이라는 큰 주제하에 계절, 명절, 여가, 시계 보기 등의 하위 주제와 관련된 여러 가지 기초기술을 가르칠 수 있다. 그 외에도 교통(하위 주제로는 버스 타기, 운전하기, 지하철 타기 등), 돈 관리(하위 주제로는 용돈 예산 세우기, 은행 이용하기 등) 등의 주제로 아동의 연령, 기술 수준, 흥미에 맞는 융통성 있는 활동을 계획할 수 있다.

- 주제중심 교육과정의 교육목표는 학생들에게 의미 있는 내용을 경험을 통해 성장하게 하는 것이므로, 개별 학생의 특성과 요구에 적절한 목표를 중심으로 구성한다.

- 주제를 중심으로 교육과정을 구성하는 이유는 주제에서 발생하는 활동들을 단편적으로 다루기보다는 교과별 내용들을 상호관련지어 통합하여 접근할 때 장애학생들이 문제를 좀 더 의미 있게 다룰 수 있기 때문이다.

- 주제중심 교육과정에서는 중도·중복장애 학생이 학교교육을 통해 성취해야 하는 기준을 명료화하고, 무엇을 가르쳐야 하는지에 대해 주제를 중심으로 교육과정의 목표와 내용, 성취 기준, 학습 활동을 재구성하는 절차가 필요하다.

교과	교육과정 내용 요소	성취 기준	학습 활동의 예	주제 도출
국어	소리 듣고 구별하기	여러 가지 소리의 의미를 이해하고 구별한다.	• 수업 시작 종소리를 듣고 의자에 앉기 • 이름을 부르면 "네." 하고 소리 내어 대답하기	
사회	학교생활 규칙 살펴보기	학교에서 지켜야 하는 규칙을 살펴보고 이를 지킨다.	• 교실에서 내 자리를 찾아 앉기 • 학교를 둘러보며 학교시설의 이름 알기	새 학년 우리 반
수학	측정을 일상생활과 연결하기	• 주변을 탐색하여 방금 전에 보았던 사물을 찾는다. • 제시한 구체물과 같거나 다른 구체물을 찾는다.	교실 내에 있는 물체에 관심을 갖고 다감각을 활용하여 관찰하기	
과학	소리의 세기와 높낮이	소리가 나는 물체는 떨림이 있음을 알고, 생활 주변의 소리를 듣고 큰 소리와 작은 소리, 높은 소리와 낮은 소리로 구별한다.	여러 가지 소리에 반응하기	

⚑ **주제중심 교육과정의 재구성 사례**

• 주제중심 교육과정 편성·운영 시 유의점(강혜경 외)

> 1. 교육과정에서의 주제는 장애학생들이 생활 주변에서 경험할 수 있는 내용으로 선정한다.
> 2. 교육과정의 내용은 장애학생의 생활 경험과 관련이 깊은 내용으로 생활에 필요한 기능이나 지식을 통합하여 제공하며, 가정·학교·지역사회에서의 생활과 관련된 주제나 행사를 주로 다룬다.
> 3. 교육내용은 실제생활 장면에서 활용할 수 있는 일상생활 기술이나 사회성 기술, 의사소통 기술, 직업적 적응 등의 내용을 강조하며, 생활중심 단원으로 통합하여 활동중심 프로그램으로 구성한다.
> 4. 주제와 소재를 선정할 때에는 학생의 정서·사회적 기술, 인지 능력, 신체 운동 능력 등이 균형 있게 발달할 수 있도록 구성한다.
> 5. 수업 활동을 통해 학교 교육목표를 효과적으로 이끌어 낼 수 있는 주제를 우선순위로 선정하더라도 기본적으로는 개별 학생의 교육적 요구와 특성에 따른 개별화교육을 강조한다.
> 6. 주제중심 교육과정에서 주제의 학습량을 결정할 때 학교 학습의 총 시수 대비 적절량을 고려하며, 학생의 장애 상황 및 발달 수준, 학습 시기를 고려하여 편성한다.

기능적 연습활동

• 읽기, 쓰기, 셈하기 등의 학업기술을 각각 가르친 후 이들을 실생활에 적용시켜 기능적으로 연습할 수 있도록 기회를 제공하는 방법이다.
• 읽기의 경우 어떤 정보를 얻기 위해서 읽어야 하거나 또는 여가활동으로 읽게 할 수도 있다. 또한 실생활에서 기능성이 높은 어휘를 선정하여 가르치는 방법도 사용된다.
• 기능적 연습활동은 가능한 한 실생활과 연관이 높은 활동으로 계획해야 하며, 동시에 아동의 기술 수준과 필요한 지도감독의 정도 등을 고려해야 한다. 또한 이러한 활동 중에는 한 가지 기술만이 아니라 여러 가지 기초기술을 필요로 하는 경우가 많으므로 활동을 계획할 때 이러한 모든 기초기술의 수행능력을 고려해야 한다. **예** 수학능력을 연습하기 위한 활동을 하는 데 읽기 능력의 부족으로 인하여 어려움을 겪는 일이 없도록 해야 한다.
• 기능적 연습활동의 예

학업기술	연습활동
읽기	− 건물이나 지역사회에서 흔히 볼 수 있는 표시판(남, 여, 정지, 진입금지, 위험 등) − 패스트푸드점이나 일반음식점의 메뉴 − 학급 시간표나 TV, 기차, 영화 시간표 − 물건광고나 구인광고 − 완구 조립이나 신청서 작성을 위한 설명문 − 음식, 약, 옷 등의 라벨
쓰기	− 쇼핑 목록, 해야 할 일의 목록 작성하기 − 친구나 가족에게 메모 남기기 − 엽서, 초대장, 친구에게 편지 쓰기

수학	− 물건 구입하기 − 용돈 예산 세우기 − 물건 값 비교하기 − 저금하기(통장 관리하기) − 음식 준비하기 − 측정도구 이용하기(**예** 온도계, 체중계, 키 재기) − 시계 보기, 달력 보기, 시간 계산하기

2. 교수적 수정을 통한 일반교육과정 참여

① **같은 활동 참여** : 장애학생은 어떠한 수정도 하지 않은 같은 학급 활동에 참여한다.

② **중다수준 활동의 참여** : 장애가 있는 학생이 일반학생과 같은 활동에 참여하되 다른 수준의 난이도로 배운다. **예** 일반학생은 세 자리 수 덧셈과 뺄셈을 학습할 때, 장애학생은 같은 수학 과목이지만 구체물을 가지고 한 자리 수의 덧셈과 뺄셈을 학습한다.

③ **교육과정 중복 활동의 참여** : 장애학생이 일반학급의 같은 학습 활동에 참여하되 목표 기술은 일반학생과 다르다. **예** 일반학생은 음악시간에 4/4박자 리듬을 익히는 것이 목표라면 장애학생은 자리를 이탈하지 않고 자신의 순서에 발성을 내는 것이 목표이다.

3. 기능적 (생활중심) 교육과정

① 기능적 교육과정은 전통적인 교과중심 교육과정 또는 지식중심의 교육과정과 상반되는 의미로 사용되어 왔다.

② 일반교육과정이 학습의 위계와 단계를 일정한 순서에 따라 학습해야 한다는 발달론적 접근방식을 취하고 있는 반면, 기능적 교육과정은 특수교육의 목표인 통합된 사회의 구성원으로서 살아가기 위해서 무엇을 배워야 할까를 먼저 생각하는 접근법이다.

㉠ 의사소통교육, 일상생활 지도 중 주요 생활 영역 특성에 근거한 교육을 강조하며, 정신연령이 아닌 생활연령 적합성을 충분히 고려하는 접근방법이다.

㉡ Brown은 '기능적'의 준거를 '궁극적 기능의 기준'에서 사회적 · 직업적 · 가정적으로 통합된 성인사회 환경에서 최대한 생산적이고 독립적으로 활동하기 위해 개인이 꼭 가지고 있어야 할 요소들로 정의하였다.

③ 그러나 중도 · 중복장애 학생을 위한 기능적 교육과정은 교과의 특성을 벗어나 생활 영역만을 강조하는 것이 아니라 일반교육과정 접근과 기능적 교육과정 접근의 균형을 유지하는 것도 매우 중요하다.

더 알아보기 2022 개정 특수교육 교육과정 – 일상생활 활동 ❶ 25초등B6, ❷ 24중등A1

기출 POINT 4

- 2022 개정 특수교육 교육과정에서는 학생 중심의 교육, 실생활에서의 독립성과 사회통합을 위한 교육과 더불어 교육과정의 자율성을 강조하고 있다.
- 일상생활 활동은 이러한 취지에 따라 다양한 생태학적 환경 맥락 속에서 필수적인 생활기능 역량을 함양할 수 있는 학생 맞춤형 교육을 실현하기 위한 목적으로 신설하였다.
- 일상생활 활동은 장애학생에게 필요한 의사소통, 자립생활, 신체활동, 여가활용, 생활적응(시각중복, 청각중복, 지체중복) 등 다섯 개의 생활기능 영역으로 편성되었다.

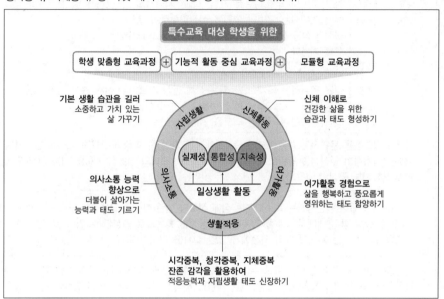

▶ 일상생활 활동 영역의 개요

❶ 25초등B6

① 밑줄 친 ⓒ을 포함하는 일상생활 활동 영역을 쓰고, ② [A]에서 중점이 되는 교육과정의 구성 원리를 쓰시오. (단, 2022 개정 특수교육 기본 교육과정 일상생활 활동에 근거할 것)

초임 교사: 민수에게는 어떤 방법으로 지도하면 좋을까요?
경력 교사: 민수에게는 ⓒ <u>바른 자세를 유지하면서 이동하는 방법과 몸을 바르게 움직이는 활동</u>을 일상생활 활동 시간에 꾸준히 지도하는 건 어떨까요?
초임 교사: 아, '자립생활'이나 '생활적응' 영역에서도 관련 내용을 연계해서 지도 계획을 세우는 것도 좋을 것 같네요.
경력 교사: 맞아요. 저는 일상생활 활동 교육과정을 운영할 때 생태학적 환경 속에서 필수적인 생활기능 역량을 함양함으로써 일상생활 활동의 영역뿐만 아니라 교과, 더 나아가 실제 삶까지 확장되고 전이될 수 있어야 한다고 생각합니다. [A]

❷ 24중등A1

괄호 안의 ㉠과 ㉡에 해당하는 활동 영역의 명칭을 쓰시오. [단, 2022 개정 특수교육 교육과정 총론(교육부 고시 제2022-34호)에 근거할 것]

1. 학교 교육과정 편성의 필요성
   가. 학생들의 장애 정도가 심해짐
   나. 학생의 생활적응 능력 함양에 대한 학부모의 요구가 높아짐
2. 학교 교육과정 편성 및 운영
   가. 편제 기준
      …(중략)…
      2) 일상생활 활동
         – 2022 개정 특수교육 교육과정에 따르면 일상생활 활동은 의사소통, (㉠), (㉡), 여가활동, 생활적응 등 생활기술을 중심으로 편성·운영함

▶ 일상생활 활동 영역과 내용

영역	목표	내용 요소
의사소통	일상생활에 필요한 의사소통 능력을 향상하여 자신의 요구와 의사를 주도적으로 표현하고, 타인과 소통하며 더불어 살아가는 능력과 태도를 기른다.	• 의사소통의 기초 • 보완대체 의사소통의 탐색과 선택 • 의사소통의 활용
자립생활	신변 자립에 필요한 기초 생활 습관을 길러 자신의 건강과 안전을 도모하고, 가정, 학교, 지역사회에서 자립적인 생활 태도를 내면화하여 실천함으로써 소중하고 가치 있는 삶을 가꾼다.	• 신변 자립 • 자기관리 • 안전한 생활 • 자기결정과 상호작용
신체활동	자신의 신체에 대한 이해를 토대로 감각 정보를 활용하여 신체를 움직이고, 다양한 신체활동으로 기초 체력을 길러 건강한 삶을 위한 습관과 태도를 형성한다.	• 신체 인지와 움직임 • 신체 조절과 이동 • 생활 속 체력 증진
여가활동	여가에 대한 이해와 경험으로 여가를 활용하는 방법과 기능을 익히고, 자신의 삶을 행복하고 풍요롭게 영위하는 태도를 기른다.	• 개인 여가활동 • 공동체 여가활동 • 지역사회 여가활동

생활 적응	시각 중복	다양한 자극을 경험하고, 잔존 감각을 활용하여 가정, 학교, 지역사회에 능동적으로 참여하는 데 필요한 기초 적응 능력과 자립적인 생활 태도를 기른다.	• 감각 지각과 활용 • 의사소통 방법의 선택과 적용 • 신체 조절과 이동
	청각 중복	잔존 청력과 청각 정보를 보완하거나 대체하는 감각 정보를 활용하여 자신과 주변 환경을 이해하고, 타인과의 소통으로 가정, 학교, 지역사회에서 기대되는 규범과 역할을 실천함으로써 독립적인 삶을 살아가는 데 필요한 적응 능력과 태도를 기른다.	• 수용과 표현 • 대인관계 형성과 규범 실천 • 공동체 및 지역사회 참여
	지체 중복	가정, 학교, 지역사회의 구성원으로서 주체적인 삶을 영위하는 데 기초가 되는 신체 동작, 기초 운동 기능, 기초 의사소통 능력을 향상하고 신변 자립을 위한 적극적인 태도를 기른다.	• 신체 긴장도 조절 • 신체 동작 기초 기술 • 의사소통 기초 기술

• 기본 교육과정을 운영하는 특수학교에서는 장애 정도가 심한 학생의 교육적 요구를 반영하여 교과 시수를 감축하여 일상생활 활동으로 편성할 수 있으며, 교과의 기초적인 학습 기능 및 태도 향상과 함께 생활기능 중심의 교육과정으로 편성·운영할 수 있다.

> "기본 교육과정을 운영하는 특수학교는 장애 정도가 심한 학생의 교육적 요구를 반영하여 교과 (군)별 50% 범위 내에서 시수를 감축하여 일상생활 활동으로 편성할 수 있다. 이 경우 시·도 교육감이 정하는 지침에 따라 사전에 필요한 절차를 거쳐야 한다."고 명시하였다.

• 일상생활 활동의 운영은 학급, 학교 수준에서 교육과정을 재구성하여 학년군과 상관없이 통합하여 운영할 수 있다. 학생의 생활연령, 발달 수준, 개별 교육적 요구를 고려하여 일상생활 활동의 하위 다섯 개 영역뿐만 아니라 교과, 창의적 체험활동과 유기적으로 연계하고 통합하여 운영할 수 있다.
• 학교에서 학습하고 경험한 지식과 활동을 연결하고 다변화하는 실생활 맥락에 적용함으로써 유연하게 적응할 수 있도록 하였다. **예** 일상생활 활동은 학생의 교육적 요구에 따른 생활 적응 능력 향상을 위해 일상생활 활동의 영역 내 선택형, 영역 간 통합형, 일상생활 활동·교과·창의적 체험활동 연계형, 기타 학교 자체 개발형 등으로 편성·운영할 수 있다.

03 지적장애 학생의 교육과정 구성 및 운영을 위한 기본전제

1. 연령에 적절한 교육과정 ❷ 17초등A2

① 발달론적 접근에서는 학생들이 위계적 기술 단계를 기본으로 전 단계를 습득하여 준비되어야 다음 단계의 내용을 학습할 수 있다고 본다. 학생들이 다른 기술을 배우기 전에 꼭 숙달해야 하는 어떤 필수적인 전제기술이 있다는 것이다. 발달론적 접근은 아동이 독립적으로 특정한 기술을 사용할 능력이 생기기 전에는 그다음 단계의 기술을 가르치지 않아야 한다는 '준비도 가설'에 근거한다.

② 이러한 접근에서는 또래들이 이미 가지고 있는 숙련된 기술을 장애학생이 습득하기 위해서는 계속해서 연습해야 한다는 이유 때문에 중도장애 학생은 또래 학생이 포함된 환경에 참여하지 못할 수 있다. 또한 실제로 사용되는 일상생활을 고려하기보다는 오직 외형적 기술을 가르치는 경향이 있다. 그러나 수정과 조정을 통하여 중도장애 학생도 일반 또래가 포함된 환경에 접근할 수 있어야 한다.

③ 따라서 지적장애 학생의 교육과정은 생활연령에 적합한 내용으로 구성되고 적용되어야 한다. 특히, 중도 지적장애 학생은 일반 또래 학생들을 위한 활동에도 참여할 필요가 있다.

④ 지적장애 학생을 위한 개별화교육 프로그램을 수립하기 위해서는 기능과 연령에 적합한 기술을 고려하는 것이 중요하다. 왜냐하면 지역사회에서도 이러한 기술이 요구되고, 일반학생과 활동하고 상호작용하기 위해서는 기능과 연령에 적합한 기술이 필요하기 때문이다. 이러한 기술은 자연스러운 환경에서 더 쉽게 강화되며, 더 잘 유지될 수 있다. ❶ 23초등B2

2. 궁극적 기능성의 기준 ❷ 17초등A2

① 궁극적 기능성의 기준(criterion of ultimate functioning)이란 중도장애 학생이 성인이 되어 일반인과 함께 자신의 잠재력을 최대한 발휘하여 기능할 수 있고, 사회적·직업적·가정적으로 통합된 성인기 사회환경에 최대한 생산적이고 독립적으로 활동하기 위해서 개개인이 반드시 소유하고 있어야 할 요소들을 의미한다. 즉, 궁극적 기능성의 기준에서 지적장애 학생의 교육목표는 일반인들과 함께하는 최소제한환경에서 최대한 독립적으로 활동하는 성인이 되도록 하는 것이다. ❶ 25중등B9, ❷ 24초등A4

② 이러한 기준은 학생이 성인으로서 또는 다음 해나 5년 후에 궁극적으로 일하게 될 환경에서 학생과 가족의 선호도, 생활연령의 적합성, 문화적 요소를 고려해야 함을 뜻한다. 이를 위해 지적장애 학생의 교육과정은 '생태학적 접근'에서 논의되어야 한다.

③ 예를 들어, 학교는 학생의 장애에 제한을 두기보다는 다양한 기회를 제공할 의무가 있기 때문에 학생들의 장애만 보고 미래 환경을 정하거나 패스트푸드 음식점 직원 또는 수리공 같은 제한된 고용 기회만 고려하지 말고, 정보에 기초한 선택을 할 수 있도록 다양한 환경에서의 다양한 경험을 제공하는 것이다.

기출 POINT 5

❶ 23초등B2
㉠의 이유를 1가지 쓰시오.

㉠ 기능적 생활 중심 교육과정을 계획할 때, 민호의 발달연령보다 생활연령을 고려할 것

❷ 17초등A2
㉤, ㉥이 적절하지 않은 이유를 지적장애 학생을 위한 교육과정 구성 시 고려해야 할 기본원리(전제)에 근거하여 쓰시오.

특수교사: 학교에서는 민기의 읽기 능력 향상을 위해 책 읽기 지도를 꾸준히 하고 있어요.
어머니: 저도 집에서 ㉤ 민기에게 유아용 동화책을 읽게 하고 있어요. 그런데 제가 잘하고 있는지 모르겠어요.
…(중략)…
특수교사: 민기가 곧 중학교에 입학하니까 버스 이용하기를 가르치고 있어요.
어머니: 그런데 선생님, ㉥ 민기가 지금은 학교 통학 버스를 이용하고 있어서 아직은 배울 필요가 없을 것 같아요.

기출 POINT 6

❶ 25중등B9
밑줄 친 ㉢처럼 말한 이유를 브라운 등이 제시한 지적장애 학생의 교육과정 구성 및 운영을 위한 기본 원리(전제)에 근거하여 서술하시오.

특수 교사: 학생 K가 내년에 고등학교에 입학하니까 지역에서의 이동에 필요한 지하철 이용하기 기술도 배울 필요가 있겠어요.
일반 교사: 그런데 현재 학생 K는 혼자서 지하철을 이용할 일이 없기 때문에 지하철 이용 방법을 배울 필요가 없을 것 같아요. 지금은 마을버스만 이용하고 있어요.
특수 교사: ㉢ 아닙니다. 학생 K도 지하철 이용 방법을 배워야 합니다.

❷ 24초등A4
브라운 등(L. Brown et al.)의 교육과정 구성 및 운영을 위한 전제에서 [A]에 해당하는 용어를 쓰시오.

수아가 성인이 되었을 때 스스로 대중교통을 이용하려면 이 낱말을 배우는 것이 꼭 필요해요. 수아가 지역사회 내에서 가 [A] 능한 독립적으로 적응하기 위해 필요한 것을 지도해야 한다고 생각해요.

3. 최소위험가정 기준

① 최소위험가정기준이란 결정적인 자료가 있지 않는 한 교사는 학생에게 최소한의 위험스러운 결과를 가져오는 가정에 기반하여 교육적 결정을 내려야 한다는 것이다.

❶ 25초등B3, ❸ 18초등A5, ❹ 13추가중등B3

② 지적장애 학생이 배우지 못할 것이라는 점이 증명된 것이 없기 때문에, 결정적인 증거가 없는 한 아무리 지적장애의 정도가 심해도 최선의 시도를 통해 교육 가능성의 신념을 실현해야 한다. **❷ 21초등A5**

③ 예를 들어, 한 아동을 교육하기 위해 드는 비용이 향후 보호·관리를 위해 드는 비용보다 더 크지 않으며, 오히려 교육을 통해 독립성이 향상되고 관리가 쉬워지거나 관리할 부분이 줄어들 수 있도록 하는 기술을 배우면 비용 효과적인 측면에서 훨씬 이득이 된다.

기출 POINT 7

❷ 21초등A5

발달장애 학생을 위한 교육과정을 결정하고 운영할 때 고려해야 할 교수원리로 ㉠에 해당하는 가정(가설)을 쓰시오.

> 지도교사 : 교사는 ㉠ 결정적인 자료가 없는 한 학생을 수업활동에 배제하지 않고 교육적 지원을 계속해야 합니다.

❸ 18초등A5

교사의 임의적 판단에 따른 ㉡이 적절하지 않은 이유를 최소위험가정 기준 측면에서 쓰시오.

■ 자신이 좋아하는 나뭇잎을 선택하고 학교 주변에서 찾기

> ㉡ 민지에게는 미리 준비한 나뭇잎을 제공하기

❹ 13추가중등B3

㉠이 의미하는 용어를 쓰시오.

> 중도 정신지체 학생들을 위해 ㉠ 확실한 자료나 근거가 없다면 혹시 잘못된 결정을 하더라도 학생의 미래에 가장 덜 위험한 결과를 가져오는 교수적 결정을 해야 해요. 학생의 잠재력을 전제하여 통합 상황에서 또래와 함께 공부할 수 있는 기회를 제공하는 것이 중요합니다.

기출 POINT 7

❶ 25초등B3

[A]에 해당하는 개념을 지적장애 학생의 교육과정 구성 및 운영을 위한 기본 전제 중에서 쓰시오.

> 학생 수행 수준을 정확하게 파악하기 어려울 때는 학생이 해낼 수 있다고 생각하는 것이 해낼 수 없다고 생각하는 것보다 [A] 덜 위험하다. 즉, 교사는 결정적 증거가 없는 한 교육의 가능성을 찾아내어 최선의 시도를 해야 한다!

4. 영수준 추측

① 영수준 추측(zero degree of inference)이란 학급에서 배운 기술들을 실제 사회생활에서 일반화하지 못할 수도 있다는 전제에 기반을 두고, 배운 기술들을 여러 환경에서 일반화할 수 있는지를 시험해 봐야 한다는 것이다. 만약 일반화가 되지 않을 경우에는 기술이 사용될 실제 환경에서 교수하는 지역사회 중심교수와 기능적 교육과정을 적용할 수 있다. ❶ 24중등A11, ❷ 24유아A3, ❸ 23초등B2, ❹ 20중등B6, ❺ 18중등B8

② 이는 궁극적 기능성의 기준에 도달하기 위한 다양한 전략 중 하나이다.

③ 예를 들어, 글자를 배운 학생이 실제 생활에서는 단어를 읽고 적용하지 못할 수도 있고, 숫자를 배운 학생이 가게에서 물건을 구입하고 적절한 비용을 지불하는 것에는 어려움을 겪을 수 있다.

5. 자기결정 증진

① 자기결정은 개인이 어떤 방식으로 행동하게 하는 원인이 바로 자기 자신(자아)이라는 것을 의미하는데, 지적장애 학생에게 자기결정의 개념이 다소 어려울 수 있으나, 성인이 되기 전 가능한 한 가장 높은 수준의 자립을 얻을 수 있도록 하기 위해 반드시 필요하다.

② 유익한 기술들에는 선택하기, 의사결정, 문제해결 기술, 목표 설정 및 달성, 독립성, 자기평가 및 자기강화, 자기교수, 자기옹호와 리더십, 효능성 및 성과기대에 대한 긍정적 귀인, 자기인식, 자기지식 등의 기술이 포함된다.

기출 POINT 8

❶ 24중등A11
ⓒ에 해당하는 용어를 쓰시오.

초임교사: 바리스타 수업 시간에 카페 관련 직무를 연습하고 나면, 어느 카페에 취업을 하더라도 잘 해낼 수 있겠네요.
수석교사: 꼭 그렇게만 볼 수는 없습니다. 일반화가 쉽게 이루어지는 것은 아니니까요. 지적장애 학생의 교육과정을 구성하고 운영할 때에는 (ⓒ)을/를 전제로 가르쳐야 합니다.

❷ 24유아A3
[A]는 지적장애 유아 교육 시 고려해야 할 기본 전제 중 무엇에 해당하는지 쓰시오.

여러 가지가 고려되어야 하지만 우선 전제되어야 할 것이 있어요. 무엇보다 교사는 유아에 대해 미리 판단하거나 추측하지 말아야겠지요. 예를 들어, 희수 [A]가 실제 도서관에서 책을 빌리고 반납하는 기술을 자연스럽게 습득할 것이라고 미리 단정하지 않아야 해요.
배운 내용이나 기술들을 실제 생활이나 여러 환경에 적용하는 데 어려움이 있을 수도 있다는 점을 유념해야 해요.

❸ 23초등B2
교육과정을 구성하고 운영하기 위한 기본 전제 중에서 ⓒ에 해당하는 개념을 쓰시오.

민호가 수업에서 배운 기능적 기술들을 여러 환경에서 일반화할 수 있도록 지도할 것
• ⓒ 수업에서 배운 기능적 기술을 실생활에 모두 적용할 수 없다는 점을 전제하여, 민호가 배운 내용을 다양한 환경에서 일반화할 수 있는지 확인하고 평가해 볼 필요가 있음

❹ 20중등B6
밑줄 친 ⓒ의 의미를 서술하시오.

학부모: 네, 그리고 교과 공부도 중요하지만 학생 G가 성인기에 지역사회에서 살아가기 위해 필요한 실제적인 기술을 지도해 주시면 좋겠어요.
특수교사: 알겠습니다. 학급에서 배운 기술을 지역사회 환경에 적용할 수 있도록 ⓒ '영수준 추측'과 '최소위험가정 기준'을 바탕으로 지역사회중심교수를 하려고 합니다.

❺ 18중등B8
지적장애 학생 S를 위한 초기 단계부터 일반화를 고려해야 를 쓰시오.

CHAPTER 05

기능적 생활중심 교육과정

01 기능적 생활중심 교육과정의 개념
- 정의 및 특징
- 기능적 교육과정 내용 구성

02 기능적 기술
- 정의 및 특징
- 기능적 기술의 형식과 기능
- 생태학적 목록법
  - 개념
  - 특징
  - 단계
- 기능적 기술의 우선순위 결정 시 고려사항

03 지역사회 중심교수
- 정의 및 효과
- 지역사회 중심교수의 특징
- 지역사회 중심교수의 원칙
  - 생태학적 목록법
  - 과제분석
  - 부분참여의 원리
  - 일반화
- 지역사회 중심교수의 실제
- 지역사회 중심교수의 문제점과 보완방법
- 일반적인 교수 절차
  - 교수 장소와 목표 교수 기술의 결정
  - 교수할 관련 기술 결정
  - 교수계획 작성
  - 기술의 일반화를 위한 계획
  - 교수 실시
  - 교실 내의 수업
- 지역사회 중심교수전략
  - 지역사회 모의수업
  - 지역사회 참조수업
  - 지역사회 중심수업
  - 일반사례교수법

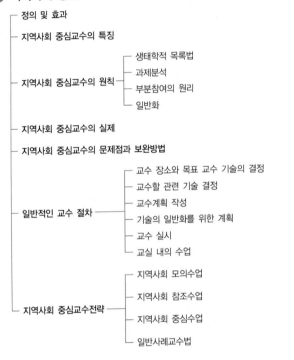

01 기능적 생활중심 교육과정의 개념

1. 기능적 생활중심 교육과정의 정의 및 특징

① 기능적 생활중심 교육과정은 아동의 현재 또는 미래의 삶에서 필수적인 기술을 포함하는 교육과정이다.

② 기능적 생활중심 교육과정은 학생의 생활, 경험, 흥미, 관심, 필요, 활동 등을 중요시하며, 학생의 생활연령을 비롯한 생태학적 환경을 고려하여 현재 생활에 필요한 기술들을, 그 기술이 실제 사용될 장소에서 직접 사용할 수 있도록 가르친다. ❶ 21초등A5

③ 일반학생들의 정상적인 발달과정에서 볼 수 있는 미리 정해진 순서대로 기술을 습득하는 상향식 접근법이나 발달적 접근법과는 달리, 기능적 접근법을 이용한 교육과정의 개발은 아동의 필수 전제기술 습득과는 상관없이 아동의 현재와 미래 환경에서 필요한 기술들을 교사가 조사하고 그 기술을 가르치는 하향식 접근법이다. ❷ 13중등26

기출 POINT 1

❶ 21초등A5
ⓒ에 해당하는 교육과정 유형을 쓰시오.

지도교사 : 학교에서 배운 것이 학습 결과로 바로 나타난다고 생각하기보다 ⓒ <u>학생의 생활, 경험, 흥미 등을 중심으로 현재 필요한 것이면서 미래의 가정과 직업, 지역사회, 여가활동 등에 활용될 수 있는 생활 기술들을 지도해야 합니다.</u>

---

2. 지적장애 학생의 기능적 교육과정 내용 구성

① 교수목표의 우선순위 결정이 중요하며 교육활동은 이를 전제로 해야 한다. 교육 프로그램은 지적장애 학생들에게 나타나는 학습 욕구와 도전적 행동을 동시에 지도할 수 있도록 구성하고 실행해야 한다.

② 교육과정은 기능성을 우선하여 구성되고 적용되어야 한다. 기능적 기술은 학교 내외 환경에서 자주 요구되므로 즉각적으로 유용하며, 다른 사람에 대한 의존심을 줄이게 하여 보다 제한이 적은 환경에 참여할 수 있게 한다. 지적장애 학생을 위한 기능적 기술이란 스스로 옷 입기, 식사하기, 개인위생, 대중교통 이용하기, 간단한 물건 사기, 지역사회 적응하기 등이다.

③ 지적장애 학생 스스로 좋아하는 것을 표현하고 선택할 기회를 가지기 어려우므로 선택하기 기술을 일상생활 또는 학교교육에서 가르쳐야 한다.

④ 의사소통 기술을 가르치는 것은 필수적인 교육활동이다. 효과적인 의사소통이란 자신의 욕구와 선택을 표현하거나 정보를 주고받는 데 가장 중요한 것으로 다른 사람과의 관계를 유지할 수 있게 하는 것을 말한다.

⑤ 여가기술을 가르치는 것은 삶의 질을 향상시키는 것이다. 적절한 여가기술을 가르치는 것은 중도·중복장애 학생이 사회적으로 상호작용할 수 있고 신체적 기술을 유지하는 데 도움을 주며, 지역사회 활동에 보다 적극적으로 참여할 수 있게 해준다. 지적장애 학생들이 여가활동에 참여할 수 있도록 과제분석, 그림촉진, 수정된 게임 자료 등을 이용할 수 있으며, 게임의 규칙을 수정하거나 특별한 지원을 강구함으로써 적극적 참여를 촉진할 수 있다.

> ❷ 13중등26
> 중도 정신지체 학생을 지도하기 위해 교사가 사용한 교육과정적 접근이다. 이 중에서 **기능적 접근**에 대한 설명으로 옳은 것을 모두 고르시오.
>
> ──── 〈보기〉 ────
> ㉠ 기능적 교육과정을 결정하기 위해 생태학적인 목록을 활용한다.
> ㉡ 학생의 생활연령을 고려하여 다양한 환경에서 가르칠 기술들을 선택한다.
> ㉢ 학생의 현재와 미래 환경을 바탕으로 가르치는 상향식 접근 방법이다.
> ㉣ 학생이 일정한 능력 수준을 갖추기 전에는 상위의 독립적 기술을 가르치지 않는다.
> ㉤ 기술을 습득하기 위해서는 좀 더 많은 시간을 필요로 하는데, 학습의 단계와 위계에 따라 영역별로 발달단계에 맞추어 학습해야 한다.

02 기능적 기술

1. 기능적 기술의 정의 및 특징

① 기능적 접근에서 기능적 기술이란 다양한 환경에서 아동의 삶에 의미 있고 즉시 사용 가능한 기술이며, 자연스러운 환경인 가정, 직장, 지역사회 환경에서 요구되는 기술들로, 특히 중도장애 학생들이 활동하도록 기대되는 환경에서 찾아볼 수 있는 기술이다.

② 기능적 기술은 한 학생에게는 유용하고 의미가 있지만 다른 학생에게는 기능적이 아닐 수 있다.

> **예** 빨래를 해야 할 때 세탁기를 사용하는 가정에서는 손빨래보다는 세탁기 사용법을 익히도록 지도해야 한다.

2. 기능적 기술의 형식과 기능

① 생활연령에 적합한 기능적 기술을 선정하여 접근할 때는 기술의 형식과 기능이 있다. 기술의 형식은 기술이 사용되는 모습이고, 기술의 기능은 기술을 통해 얻는 성과물이다.

> **예** 지하철 타기, 버스 타기 등의 기술 형식을 통해 이동하기 기술을 가르칠 수 있기 때문에 다양한 기술 형식을 통해 하나 혹은 유사한 기능을 가르친다.

② 교사는 학생에게 필요한 기술의 기능을 결정하고, 기술의 기능이 연령에 적합한 형식으로 사용될 수 있도록 한다. 또한 학생이 대부분의 또래가 실행하는 것과 같은 기능을 수행할 수 없다면, 교사는 그 학생에게 필요한 무난한 형식을 찾아야 한다.

③ 기술의 기능을 결정할 때는 기능적 기술의 필요와 선호도를 조사해야 한다. 이때 '생태학적 목록'은 학생들이 현재와 미래의 생활에서 기능을 발휘하기 위해 필요한 개별 기술들을 찾을 수 있는 방법을 제공하는 가치 있는 조사표 혹은 관찰지 또는 평가도구이다.

3. 생태학적 목록법

(1) 생태학적 목록법의 개념 ❶ 24초등A5, ❷ 18유아B7, ❸ 14초등B5

① 생태학적 목록법은 학생들이 현재와 미래의 생활에서 기능을 발휘하기 위해 필요한 개별 기술들을 찾는 조사표 혹은 관찰지 또는 평가도구이다.

② 즉, 조사 및 평가를 통해 구체적으로 어떤 기능적 기술을 가르칠 것인지 선정하는 방법이다.

(2) 생태학적 목록법의 특징

① 아동이 기술을 수행해야 할 실제 환경에서 기능적이고 연령에 맞는 기술 지도를 강조함으로써 일반화의 어려움을 극복할 수 있다.

② 지역사회 중심을 강조한다. 즉, 학생이 지역사회와 이웃들과 자주 직면하는 상황에서 기능할 때 요구되는 기술에 초점을 둔다.

③ 장애학생들에게 같은 활동에 더 많이 참여할 기회를 제공한다.

④ 가족의 참여를 높인다.

⑤ 기술을 선정할 때 사회적 타당도와 경험적 타당도를 고려하여 평가의 타당도가 높다.
  ○ **사회적 타당도**: 아동의 주변 사람들이 이 기술을 얼마나 중요하고 필요하다고 생각하는지를 고려한다.
  ○ **경험적 타당도**: 아동 자신의 건강이나 생존, 독립에 얼마나 필요한 기술인지를 고려한다.

기출 POINT 2

❶ 24초등A5
ⓑ에서 설명한 것이 무엇인지 쓰시오.

> 박 교사: 교통수단 중 버스를 선택하신 이유가 있을까요?
> 최 교사: ⓑ 앞으로도 독립적인 생활을 할 수 있도록 가정, 학교, 지역사회 등에서 필요한 기능적 기술이 무엇인가 조사하였더니 버스 타기 기술이더라고요.

❷ 18유아B7
㉠에서 기능적 기술을 교수하기 위해 사용한 진단 방법이 무엇인지 쓰시오.

> 박 교사: 선생님, 우리가 ㉠ 은지가 생활하는 환경과 그 환경 내에서 이루어지는 활동, 필요한 기술들을 조사해서 교육 계획에 반영했잖아요. 이번에는 그중에서 횡단보도 건너기 기술을 가르치려고 해요.

❸ 14초등B5
예비교사가 학생들에게 필요한 기술을 확인하기 위해 언급한 ㉠의 명칭을 쓰시오.

> 저는 (㉠)을(를) 사용해 보려고 해요. 각 학생의 주요 생활 영역에서 현재와 미래의 환경을 파악하고, 그 환경의 하위 환경에서 요구되는 활동을 하는 데 필요한 기술을 확인해 보고 싶어서요. 그런데 그렇게 확인한 다양한 기술 중 어떤 기술을 먼저 가르쳐야 할지는 잘 모르겠어요.

(3) 생태학적 목록을 통한 교육과정 개발 ❶ 16중등B7, ❷ 09중등35

단계	설명 및 예시
1. 교육과정 영역 정하기	구체적인 기술들을 가르치고 삽입해야 할 상황, 맥락으로 사용될 교육과정 영역을 정한다. **예** 주거, 지역사회, 여가생활, 교육적 또는 직업적 환경 등으로 구분하기
2. 각 영역에서 현재 환경과 미래 환경 확인하기	현재의 주거환경은 일반 아파트나 주택일 수 있지만, 미래 환경은 장애지원을 받는 아파트, 그룹홈 또는 시설일 수 있다.
3. 하위 환경으로 나누기	각 학생들에게 필요한 활동을 파악하기 위해 그 활동이 일어날 수 있는 환경을 자세히 구분한다. **예** 학생의 집이라면 거실, 부엌, 침실, 테라스 등으로 구분하기
4. 하위 환경에서 벌어지는 활동을 결정하고 활동 목록 만들기	무엇이 가장 적절한 활동인지 결정하기 전에 다양한 변인을 고려해야 하며, 학생의 생활방식에 대한 정보를 제공한다. **예** 식탁 혹은 조리대 앞 의자에서 식사, 거실 TV 앞에서 식사 등으로 결정하기
5. 각 활동을 하기 위해 필요한 기술 정하기	활동을 가르칠 수 있는 단위 수준이나 과제분석으로 나누는 일이 필요하다. **예** 의사소통, 근육운동, 문제 해결력, 선택하기, 자기관리와 같은 요소의 기술을 익히기

4. 기능적 기술의 우선순위 결정 시 고려사항 ❶ 14초등B5

① 여러 자료 출처들과 영역들에 걸쳐 중요시되면서 나타나는 특정한 기술이 있는가?

② 이 기술이 가족들에게 가치 있게 받아들여지는가?

③ 이 기술이 덜 제한적이고 연령에 적절한 환경에 접근할 수 있는 기회를 바로 제공하는가?

④ 이 기술은 다음 환경으로 전환하기 위해 결정적으로 필요한가?

⑤ 이 기술은 아동의 안전을 위해 결정적으로 필요한가?

03 지역사회 중심교수

1. 지역사회 중심교수의 정의 및 효과 ❷ 13중등24

① 지역사회 중심교수는 지역사회 기능을 증진시키기 위해 사용되는 교수적 접근으로, 기능적 생활중심 교육과정을 실현하기 위한 전략이다.

② 장애학생의 지역사회 통합을 기본 전제로, 장애학생이 지역사회의 다양한 환경에서 일어나는 활동에 참여하는 데 필요한 기술을 그 환경에서 직접적으로 교수하는 것을 의미한다. ❶ 22중등A7

③ 교실에서 습득한 기술을 다른 환경에 적용하는 일반화 기술에 효과적이고, 지역사회 안에서 사람과 자연스럽게 접촉하는 경험을 갖게 되고, 직업적인 측면에서는 다양한 직업훈련을 실습할 기회를 갖게 함으로써 직업 경쟁력과 적절한 근무 자세를 배울 수 있다.

2. 지역사회 중심교수의 특징

① 지역사회 중심교수의 교육과정 영역은 가정생활 영역, 지역사회 기능 영역, 기능적 학업교과 영역, 여가−오락 영역, 직업 영역 등으로 분류된다.

② 지역사회 중심교수는 체계적인 교수계획에 의해 이루어지는 것으로 단순한 현장학습이나 적응훈련과는 구분된다. 지역사회 중심교수는 현장학습과 다르게 교사가 다양한 역할을 하고, 계획을 세우며, 학습 기회를 제공하는 교육과정적 접근이다.

③ 지역사회 중심교수는 중등도 및 중도장애 학생이 성인으로서 최소제한환경으로의 전환에 필요한 기술을 습득할 수 있도록 하는 주요 구성요소이다.

④ 지역사회 중심교수가 정규 교수 시간에 수행되지 못할 경우 학급 모의 상황이 실행 가능한 보조수단이 될 수 있고, 지역사회 중심교수의 실제를 강화하기 위해 관련 서비스와 일반 또래와의 통합활동을 병합할 수 있다.

기출 POINT 5

❶ 22중등A7
ⓒ에 해당하는 교수전략을 쓰시오.

학부모: 선생님, 안녕하세요. 저희 아이가 곧 고등학교를 졸업하는데, 그때가 되면 혼자 시내버스를 타고 다닐 수 있으면 좋겠어요.
특수교사: 예, 마침 사회 시간에 '우리 동네 살펴보기' 학습을 할 예정이어서 시내버스를 이용해 보려고 해요. 지역사회에서 사용할 기술을 지역사회 환경에서 직접 가르치는 방법을 (ⓒ)(이)라고 합니다. 그런데 시간, 비용, 위험성의 문제로 실제 버스를 타러 가기 전에 우선 교실에서 모의 환경을 만들어 미리 연습하는 지역사회 모의교수를 해보려고 합니다.

❷ 13중등24
교사가 중도 정신지체 학생을 지도하기 위해 지역사회중심 교수를 실시하고자 한다. 옳은 것을 모두 고르시오.

─〈보기〉─
㉠ 지역사회라는 의미 있는 자연적 맥락에서 기능적 기술을 가르치는 교수적 실제이다.
ⓒ 학교 안에서는 지역사회중심 교수를 구현하기 위해 지역사회 참조교수와 지역사회 시뮬레이션을 활용할 수 있다.
㉣ 지역사회중심 교수의 효과를 극대화하기 위해서는 장애의 정도와 유형에 상관없이 지역사회에 접근할 수 있어야 하고, 특수학급의 수업 맥락에서 이루어져야 한다.

3. 지역사회 중심교수의 원칙

① 생태학적 목록법 (환경진단)	개인이 살아가는 다양한 자연적 환경을 선정하고 이들 환경에서 또래들의 가능한 활동들을 확인한다. 그 후 활동에서 요구되는 기술들을 선정하고 그 활동을 수행하기 위한 기술을 수행하는 데 있어 목표 행동과 학생의 현행 수준의 차이를 확인한다.
② 과제분석	지역사회에서 필요한 기술들은 대부분 하나의 단편적인 기술보다는 많은 하위 기술로 구성되어 있다. 교사는 교수할 활동과 그 활동을 어떻게 과제분석을 해야 할지 결정하여야 한다.
③ 부분참여의 원리	장애의 정도가 심한 경우에는 활동에 완전한 기술 수행이 어렵기 때문에 부분적으로라도 참여하는 데 의미를 둔다.
④ 일반화	일반화를 위해 지역사회 기술은 다양한 지역사회 환경에서의 수행을 요구하기 때문에 적절한 교수전략이 이루어져야 한다. 특히 장애의 정도가 심한 학생들의 경우, 일반화는 자연적인 결과로 일어나는 것이 아니며 일반화를 위한 체계적인 교수전략이 계획되어야 한다.

4. 지역사회 중심교수의 실제

① 지역사회 중심교수의 실제는 학교에서 배운 기술을 일반화할 것이라고 추측하지 말 것을 요구하는 '영수준 추측'과 일반화가 저절로 된다는 증거가 없는 한 학생들로 하여금 자연스러운 환경에서 기능적 기술을 배울 수 있도록 하는 것이 학생들에게 덜 위험하다는 '최소위험가정'을 토대로 한다. ❶ 20중등B6

② 지역사회 중심교수의 최선의 실제는 다음과 같다.

　㉠ 지역사회 중심교수는 지적장애 중·고등학생이 지역사회에서 최대한 독립적으로 살아갈 수 있도록 지원하는 성과중심 교수를 실시해야 한다.

　㉡ 지역사회 중심교수는 일반학급 교육 맥락 안에서 제공되어야 한다. 13중등24

　㉢ 장애학생이 사는 지역사회, 학교, 가정과 같은 실제 환경에서 다양한 방법의 효과적인 교수전략을 사용해야 한다.

5. 지역사회 중심교수의 문제점과 보완방법

① 지역사회 중심교수가 장애학생들의 통합기회와 일반교육과정 참여를 저해할 수 있다는 문제점이 지적되었다.

② 따라서, 실제 지역사회에서의 교수는 장애학생의 연령 증가에 따라 점차 늘어나는 한편, 학교 내 교육 경험과 모의교수를 통하여 그 효과를 갖고자 하는 흐름이 진행되고 있다.

기출 POINT 6

❶ 20중등B6
밑줄 친 ㉡의 의미를 서술하시오.

특수교사: 학급에서 배운 기술을 지역사회 환경에 적용할 수 있도록 ㉡ '영수준 추측'과 '최소위험 가정 기준'을 바탕으로 지역사회 중심 교수를 하려고 합니다.

6. 지역사회 중심의 일반적인 교수 절차

(1) 교수 장소와 목표 교수 기술의 결정

① 음식점, 가게, 백화점, 은행 등 실제로 기술을 사용할 지역사회의 환경과 그에 필요한 개별적인 목표는 부모를 포함한 교육팀에서 결정해야 한다.

② 지역사회 기술은 각 학생들이 현재 혹은 미래에 필요한 기술이기 때문에 각 학생에게 가장 기능적이고 그들의 생활연령에 맞는 기술들을 선정하는 것이 중요하다.

③ Cipani와 Spooner(1994)는 첫째 궁극적 기능의 기준, 둘째 다음 환경의 기준, 셋째 현재 환경의 기준, 넷째 기능성, 다섯째 생활연령 적합성 등을 교수활동 선정 시 고려사항 이라 하였다. 궁극적 기능의 기준은 장애학생이 최대한 독립적이고 생산적으로 활동 하기 위해 반드시 습득해야 할 요소를 말한다.

(2) 교수할 관련 기술 결정

지역사회에서 특정한 과제를 수행하는 데 필요한 기술 이외에 언어 기술, 사회성 기술, 신체적 기술, 학업 기술 등의 관련된 기술을 교육목표로 정하고 교수활동 속에 접목시켜서 교수한다.

(3) 교수계획 작성

① 선정된 활동과 기술을 습득하고 일반화시킬 수 있도록 교수계획을 수립한다.

② 교수계획을 세우는 첫 단계는 목표 과제의 과제분석을 실시하는 것이다. 세부적인 과 제분석이 이루어진 후에는 환경 내에 존재하는 자연적인 단서를 파악한다. 즉, 과제의 각 단계를 수행하기 위해 학생이 주의를 기울여야 하는 자극이 무엇인지 판별하여 그 자극이 궁극적으로 행동의 통제자극이 되도록 한다. 그러나 대부분의 경우 처음에는 학생이 이러한 자연적인 단서만으로는 목표 행동을 하지 않으므로 교사가 촉진을 제 공하게 된다. 따라서 어떤 촉진을 어떤 체계로 줄 것인가도 교수계획에 포함되어야 한다. 어떤 촉진을 사용하든 궁극적으로는 환경 내의 자연적인 단서에 의해 학생이 행동해야 하며, 교사의 촉진에 의존하지 않도록 하는 것이 중요하다.

③ 또한 환경 분석에 의해 작성된 과제분석 단계 중 중도장애 학생이 학습하기가 어려운 경우에는 적절한 대안적 반응 방법을 고안할 수 있다. 인지적·신체적 장애로 인해 일반인과 똑같이 과제를 수행할 수 없을 때 과제를 어떻게 수행하는가 하는 것보다는 과제를 수행하는 기능 자체에 중점을 두어 여러 가지 수정 방법을 활용하도록 한다. 이러한 경우에 사용하는 수정 방법은 개별화되어야 한다.

(4) 기술의 일반화를 위한 계획 ❶ 21초등B5

① 가능한 한 일반화될 수 있는 지역사회 기술을 배우는 것이 학생에게 바람직하다. 즉, 학습한 기술을 다른 지역사회 환경이나 다양한 상황에 적용할 수 있도록 하는 것이다.

② 중도장애 학생들은 구체적으로 일반화를 위한 계획을 세워 교수하지 않으면 학생에 의한 자발적인 일반화는 잘 일어나지 않는다.

③ 일반화란 학습할 때 있지 않던 자극하에서도 반응을 수행하는 것을 말하며, 자극일반화, 반응일반화, 유지의 세 가지로 나누어 설명되기도 한다. 또한 자극의 종류에 따라 환경일반화, 사람일반화, 과제일반화로 나뉠 수 있다.

④ 일반화를 증진시키는 방법은 자연적인 결과 이용하기, 충분한 사례 지도하기가 있다.

    ㉠ 자연적인 결과 이용하기는 학생이 자연적인 상황에서도 강화를 받을 수 있는 행동을 가르치는 것이다. 학생의 자연적인 환경을 관찰하여 그곳에서 강화를 받을 수 있는 행동을 선정하여 학생이 스스로 강화를 얻을 수 있도록 가르치는 방법이다.

    ㉡ 충분한 사례 지도하기 방법은 학습에 사용할 사례 중 긍정적인 예와 부정적인 예 등 가능한 한 여러 상황을 포함하는 다양한 예를 교수하여 배우지 않은 새로운 자료, 사람, 환경에서도 수행할 수 있도록 하는 것이다.

(5) 교수 실시

지역사회에서의 교수는 교실 내에서의 전통적인 수업과는 다른 주의사항이 요구된다.

① 교사와 학생들 간의 상호작용이 가능한 한 지역사회 환경에서 자연스러운 것에 가까워야 하며, 교사의 교수를 위한 촉진은 가능한 한 빨리 제거하여 지역사회 내의 자연적인 단서에 의해 학생이 행동할 수 있어야 한다.

② 한 지역사회 환경에서 한꺼번에 함께 지도받는 학생의 수이다. 교육목표와 관련하여 보다 자연스러운 모습으로 보이고, 필요 이상의 주의를 끌지 않기 위해서 한 번에 교수받는 학생은 2~3명 정도의 소수 집단이 효과적이다.

③ 얼마나 자주 교수를 실시하는가 하는 문제이다. 기술을 초기에 배우는 단계에서는 적어도 주당 2~3회씩 실시하는 것이 바람직하며, 기술이 습득된 후에는 점차 빈도를 감소시켜서 일반적으로 그 지역사회 환경을 이용하는 빈도에 가깝도록 하되, 기술을 유지시킬 수 있도록 유의한다.

④ 보조기기의 활용이다. 중도의 지체장애 학생이 수행하기에 너무 어렵거나 배우는 데 너무 시간이 오래 걸리는 기술이 있다면 적절한 보조기기를 이용하여 보다 독립적인 수행을 할 수 있도록 해준다. 쇼핑할 목록을 만들어 가는 것은 일반인도 많이 사용하는 보조 방법의 한 예이다. 이 외에도 많은 보조기기를 이용할 수 있다.

기출 POINT 7

❶ 21초등B5
다음의 지역사회중심 교수 절차에서 ㉡이 의미하는 용어 ⓐ를 쓰시오.

이 교사: ㉡ 최대한 지역사회 기술 수행 환경과 유사하도록 학습 환경을 구성해야 해요. 그리고 다양한 사례를 가르쳐 배우지 않은 환경에서도 수행할 수 있도록 계획해야 해요.

교수 장소와 목표 기술 설정 → 교수할 기술 결정 → 교수계획 작성 → 기술의 (ⓐ) 계획 → 교수 실시

(6) 교실 내의 수업

① 모의수업을 포함하여 다양한 교실 내의 수업을 통해 지역사회 중심교수가 더욱 효과적인 학습이 될 수 있도록 도울 수 있다. 직접적인 연습 기회가 부족하거나 특별히 어려움을 보이는 기술에 대해서는 모의학습을 통해 집중적인 연습을 하는 것이 도움이 되며 모의수업과 동시에 지역사회에서의 실제 교수가 진행되는 것이 효과적이다.

② 모의수업 외에도 지역사회 활동에 대한 역할놀이, 비디오를 이용한 모델링 학습도 효과가 있는 것으로 보고 있다.

7. 지역사회 중심교수전략

(1) 지역사회 모의수업(community simulation ; CS) ❶ 25중등B9, ❷ 22유아B6, ❸ 21초등B5, ❺ 17초등A2

① 지역사회의 장면이나 과제를 교실수업으로 끌어와 모의활동을 하는 것이다.

② 지역사회 모의수업의 특징 및 장점은 다음과 같다(박희찬 외).

　㉠ 처음부터 지역사회의 공간을 직접 활용하기 어려운 상황이거나 지역사회에 나가기 전에 구조화된 연습의 기회가 필요할 때 유용하다. ❹ 18중등A9

　㉡ 다양한 기술의 유사한 경험 제공이 가능하다.

　㉢ 실제 현장으로 나가기 이전에 학생에게 사전 교수를 제공하는 방법으로 많이 사용되어 안전에 대한 문제를 줄일 수 있다. **예** 버스 이용하기 기술을 지도할 때, 교실 수업 중에 버스 타기 이용 장면을 보여 주면서 교실 안에서 교통카드를 찍는 연습을 반복하는 활동

　㉣ 시간적, 공간적, 경제적 제한을 극복할 수 있다.

　㉤ 어려운 부분을 따로 분리해 집중해서 반복 연습할 수 있다. 이러한 반복 연습은 실제 사용 시 실수를 최소화해 아동의 동기와 자신감 상승으로 이어질 수 있다.

기출 POINT 8

❶ 25중등B9
밑줄 친 ㉠에 해당하는 교수방법의 명칭을 쓰시오.

> 일반 교사: 선생님, 학생 K가 성인이 되었을 때 은행, 우체국, 영화관 등 지역 사회의 다양한 시설을 혼자서 이용할 수 있으려면 어떻게 지도해야 할까요?
> 특수 교사: 선생님, ㉠교실 안을 은행, 우체국, 영화관처럼 꾸며 놓고, 지역 사회의 해당 시설을 이용할 때 필요한 기술들을 체계적으로 연습해 보는 활동을 해 보세요. 이후에 실제로 지역 사회로 나가는 활동까지 연계되면 좋을 것 같아요.

❷ 22유아B6
다음에 해당하는 교수방법을 쓰시오.

> 현장체험학습에 필요한 기술을 연습할 수 있도록 교실 환경을 꽃 축제의 코너와 유사하게 꾸몄다. 그리고 '미션! 지도에 도장 찍기' 활동에 필요한 자료를 구비하여 현서가 연습할 수 있게 하였다.

❸ 21초등B5
㉠과 같은 상황에서 김 교사가 학교에서 적용할 수 있는 지역사회중심 교수의 유형을 쓰시오.

> 김 교사: 요즘 ㉠코로나19 때문에 밖에 나가기 어렵고, 그렇다고 학교에 마트가 있는 것도 아니에요.

기출 POINT 8

④ 18중등A9

다음은 특수학교 박 교사와 이 교사가 나눈 대화이다. ⓒ에 해당하는 교수법(교수적 접근)의 명칭을 쓰고, 이와 같은 교수법을 사용하는 이유를 1가지 쓰시오.

> 박 교사: 맞아요. 시내버스 이용과 관련하여 우리 학급의 지적장애 학생 G는 교통
> 카드 사용하기, 빈자리 찾아 앉기, 하차 벨 누르기 등을 잘 못합니다. 적
> 절한 방법이 없을까요?
> 이 교사: 그렇다면 다음과 같은 과정에 따라 지도하면 좋을 것 같아요. 먼저, ⓒ 교
> <u>실을 버스 안처럼 꾸미고 교통카드 사용하기, 빈자리 찾아 앉기, 하차 벨</u>
> <u>누르기를 반복 훈련하는 거예요.</u> 그다음으로 정차되어 있는 학교버스 이
> 용하여 교통카드 사용하기, 빈자리 찾아 앉기, 하차 벨 누르기를 지도하면
> 좋을 것 같군요. 그런 다음에 실제 시내버스를 이용하면서 지도하면 돼요.

⑤ 17초등A2

ⓒ에 해당하는 교수방법의 명칭을 쓰시오.

> 특수교사: 저는 ⓒ <u>교실을 가게처럼 꾸며놓고 실제와 유사한 물건과 화폐를 이용</u>
> <u>하여 물건사기 활동을 지도하고 있어요.</u>

---

(2) **지역사회 참조수업**(community referenced instruction ; CRI) [기출 POINT 9]

① 지역사회 참조수업은 학교 내 공간에서 지역사회 기술을 간접적으로 연습하는 것으로, 지역사회 모의수업에 비해 실제적인 맥락이 한층 강화된 것이다.

② 지역사회 참조수업의 특징 및 장점은 다음과 같다(박희찬 외).

  ㉠ 학교 내 시설을 이용함으로써 안전에 대한 부담이 적고 간접적 연습 기회를 비교적 자연적 상황에서 가질 수 있다. **예** 편의점 이용하기를 지도하기 위해 학교 내 편의점을 이용할 수 있고, 음식점 이용하기를 지도하기 위해 학교 식당을 이용해 메뉴를 주문하는 활동을 할 수 있다.

  ㉡ 지적장애 학생이 준비 없이 외부에서 직접 지역사회 중심교수를 적용할 경우 위험한 상황에 처할 수 있는 내용 등을 지역사회 참조교수나 지역사회 모의수업 등을 통해 먼저 실행해 볼 수 있는 장점이 있다.

❹ 15중등A3

다음은 정신지체 학생 A와 B에게 마트 이용하기 기술의 일반화를 촉진하기 위한 지역사회중심 교수전략들이다. 지도전략의 명칭을 쓰시오.

학생 B에게 학교 안에 있는 매점을 활용하여 지역사회 마트 이용하기 기술을 가르친다. 학교 매점에서 물건 고르기, 물건 가격 확인하기, 계산대 앞에서 줄서기, 돈 지불하기, 거스름돈 확인하기를 지도한다.

❺ 13초등B2

㉠의 명칭과 ㉡에 해당하는 활동의 예를 쓰시오. 그리고 ㉠과 '지역사회 참조교수'의 차이점 1가지를 쓰시오.

교수전략	화폐 계산하기 활동의 예
(㉠)	시장 놀이나 가게 놀이하기
지역사회 참조교수	(㉡)

❻ 10초등23

지역사회 참조수업 활동을 〈보기〉에서 모두 고르시오.

─── 〈보기〉 ───
㉠ 수영장 이용 기술을 지도하기 위해 학생들에게 학교 내 수영장을 이용하게 한다.
㉡ 우체국 이용 기술을 지도하기 위해 학생들에게 우체국을 방문하여 각자 편지를 부치게 한다.
㉢ 음식점 이용 기술을 지도하기 위해 학생들에게 학교 식당에서 메뉴판을 보고 음식을 주문하게 한다.
㉣ 은행 이용 기술을 지도하기 위해 학생들에게 은행을 방문하여 개별 예금통장을 개설해 보게 한다.
㉤ 지하철 이용 기술을 지도하기 위해 학생들에게 교실 수업 중에 지하철 이용 장면을 담은 동영상을 보여준다.

기출 POINT 9

❶ 24유아A3

① ㉠에 해당하는 기능적 기술 교수방법의 명칭을 쓰고, ② ㉡과 비교하여 ㉠의 장점을 1가지 쓰시오.

선생님, 희수가 도서관을 잘 이용할 수 있도록 교실을 도서관으로 꾸민 후 역할극을 통해 책을 빌리고 반납하는 모의활동도 하고, ㉠ 유치원 안에 있는 도서실을 이용해서 책을 빌리고 반납하는 활동도 자주 하려고 해요. 또한 ㉡ 동네 도서관에서 책을 빌리고 반납하는 활동도 계획하고 있어요.

❷ 20중등B6

괄호 안의 ㉣에 해당하는 용어를 쓰시오.

학습 주제	마트에서 물건 구입하기
지역사회 모의수업	• 과제분석하기 • 과제분석에 따라 전진형 행동연쇄법으로 지도하기 • 교실에서 모의수업하기
(㉣)	• 학교 매점에서 과제 실행하기 　－ 학교 매점에서 판매하는 물건 알아보기 　－ 학교 매점에서 구입할 물건 정하기 　－ 학교 매점에서 물건 구입하기
지역사회중심 교수	마트에서 과제 실행하기

❸ 18유아B7

밑줄 친 ㉡, ㉢에 해당하는 기능적 기술 교수방법을 쓰시오.

김 교사: ㉡ 횡단보도 건너기 상황극, 신호 따라 건너기 게임과 같은 활동도 하고, ㉢ 유치원 내에 설치된 횡단보도 건너기도 해보면 좋겠네요.

(3) 지역사회 중심수업(community based instruction ; CBI)

① 교수·학습 활동이 실제로 지역사회에서 이루어지는 것으로, 학교에서 운영되고 있는 현장체험학습이나 견학 등과 유사한 형태이다. 그러나 지역사회 중심수업은 단순한 일회성 행사가 아닌 활동의 분명한 목표와 전개 과정이 전제되어야 한다.

❶ 23초등A5, ❷ 13중등24

② 지역사회 중심수업의 특징 및 장점은 다음과 같다.

- ㉠ 모의로 나타내기 어려운 복잡한 활동을 수행해 볼 수 있다.
- ㉡ 교수·학습활동이 실제 지역사회에서 이루어지므로 기술의 일반화를 촉진할 수 있다. ❸ 12초등26
- ㉢ 자연적 강화가 제공된다.
- ㉣ 관련된 기능적 기술을 교수할 수 있다.
- ㉤ 생활연령에 맞는 기능적 활동이 가능하다.

⚑ 모의교수와 지역사회 중심교수 비교

목표기술 : 마트에서 물건값 지불하기

상황 : 교사는 여러 자료를 수집하여 철수가 마트에서 물건값 지불하기를 제외한 모든 기술을 독립적으로 완수하는 것이 가능한지를 판별한 상황임(예 필요한 물건이 있는 쪽에 가기, 물건 고르기, 바구니에 담기 등)

교수유형	교수방법	예상 결과
모의교수	다양한 계산서 금액(예 2,600원, 500원 등)을 매일 8번 교수하기	• 긍정적 결과 : 매일 연습기회를 8번씩 주어서 충분히 연습하여 학습함 • 부정적 결과 : 실제 지역사회에서 수행한 경험이 적어 일반화가 어려움
지역사회 중심교수	학생을 일주일에 한 번 마트에 데리고 가서 물건값 지불기술 교수하기	• 긍정적 결과 : 학생이 실제 지역사회 환경을 접하게 됨 • 부정적 결과 : 돈 지불하기를 일주일에 한 번 배우는 것은 충분하지 않음

기출 POINT 10

❶ 23초등A5
㉣에 해당하는 교수 방법의 명칭을 쓰시오.

■ 차시 예고

> ㉣ '도서관 이용하기'를 배운 후 현장체험학습을 통해 학교 근처 도서관으로 가서 직접 그림책을 대출하기

❷ 13중등24
교사가 중도 정신지체 학생을 지도하기 위해 지역사회중심 교수를 실시하고자 한다. 옳은 것을 모두 고르시오.

> ㉡ 장애학생들이 성인이 되었을 때 필요한 기술들을 습득할 수 있도록 현장학습이나 적응훈련 중심으로 비구조적인 교수를 계획한다.

❸ 12초등26
다음은 정신지체 학생을 대상으로 기본교육과정 수학과를 지도하기 위한 계획의 일부이다. 이에 대한 설명으로 적절하지 않은 것은?

주제	㉠ 물건값 계산하기	
학습 목표	㉡ 계산기를 사용하여 사고 싶은 물건의 물건값을 계산할 수 있다.	
학습 활동	〈물건값 구하기〉 ㉢ 교과서에 제시된 물건의 이름과 가격을 읽어본다. ㉣ 계산기로 물건값의 합을 구해본다. ㉤ 광고지에서 교사가 정해준 물건값의 총액을 구해본다.	

① ㉠과 같은 기술을 가르치기 위해 지역사회중심 교수를 적용할 때에는 실제 환경에서 수업하는 것이 기술의 일반화에 도움이 된다.
② ㉡과 같은 활동을 계획할 때에는 계산 원리의 이해나 능숙한 연산 기술의 습득이 전제되지는 않는다.
③ ㉢을 교수한 후 장애 정도가 심한 학생에게 이 내용을 좀 더 확장하여 교수할 때 유의할 점은 발달연령에 적합한 교수자료를 사용해야 한다는 것이다.
④ ㉣과 같은 계산기의 사용은 학생으로 하여금 실생활의 문제해결과정과 전략에 더욱 초점을 맞추게 할 수 있다.
⑤ ㉤과 같이 실제적인 자료를 활용하는 것은 기술의 자극일반화를 촉진할 수 있다.

(4) **일반사례교수법**(general case instruction)

① 개념

ⓐ 일반사례교수법은 학습한 기술은 어떤 상황이나 조건에서도 그 기술의 수행이 요구될 때 사용될 수 있어야 한다는 목표를 위해 개발된 전략이다. ❷ 13중등24

ⓑ 여러 가지 관련 자극과 반응유형을 포함한 충분한 예들을 이용하는 교수법으로 학습해야 할 기술의 일반화를 위해 모든 자극과 반응의 다양성을 포함한 교수의 예를 선정하여 교수한다. ❷ 22중등A7

② 일반화의 정확성 조건

ⓐ 일반적인 자료, 사람, 환경을 포함하는 비훈련된 자극 조건에서 학습한 기술을 적절하게 수행할 수 있어야 한다.

ⓑ 습득한 반응이 비훈련된 자극 조건에서 부적절하게 발생하지 않아야 한다.

③ 일반사례교수법의 단계 ❶ 24유아A3, ❸ 18유아B7, ❹ 15중등A3, ❺ 14초등A3 · 유아A8

단계	설명
1. 교수 영역 정의하기	• 어떤 것을 가르칠 것인지 교수 영역을 정의한다. 교수 영역은 학습자가 배운 행동이 수행될 다양한 자극 상황을 포함하는 환경이어야 한다. • 학습자의 특성, 의사소통 능력, 현행 수준, 수행환경의 특성을 고려하여 결정한다. 예 학습자가 '덧셈'을 배웠다면 가게에서 과자를 사기 위해 계산해야 하는 상황을 교수 영역으로 할 수 있다.
2. 관련 자극과 반응의 다양성의 모든 범위를 조사하기	• 일반화가 이루어질 수 있는 교수 영역에서 모든 관련 상황 및 조건과 일어날 수 있는 다양한 행동을 고려해야 한다. 교사는 학생의 성공적 수행에 영향을 미칠 수 있는 다양한 환경적 측면과 학생이 다른 자극에 반응하는 방법을 확인해야 한다. 예 편의점의 출입문이 중앙 또는 측면에 있는지, 계산대의 위치는 입구의 중앙 또는 측면에 있는지, 편의점에 음식을 파는지 여부 등을 관찰해야 한다.

⚑ **편의점 일반사례 분석의 예시**

단계(자극)	자극변인	반응	반응변인
1. 입구 문	• 자동문 – 회전 • 자동문 – 미닫이 • 자동문 – 여닫이	1. 가게로 들어가기	• 걸어 들어가기 • 문을 밀고(당기고) 걸어 들어가기
2. 카트	• 카트 보관소 • 가게 내 카트	2. 카트 가져오기	• 카트 앞줄에서 빼기 • 카트 뒷줄에서 빼기

• 교사는 관련 자극과 반응을 확인할 때 다음의 다섯 가지를 고려해야 한다.

1. 일반적인 자극을 확인하기
2. 목표 반응을 촉진할 수 있는 모든 특징적인 자극을 목록화하기
3. 다양한 자극의 종류를 목록화하기
4. 학생이 반응하는 방법을 정리하기
5. 예상되는 문제, 오류, 예외적인 상황을 목록화하기

🚩 **길 건너기의 각 영역에 대한 정확한 그리고 부정확한 반응**

상황	정확한 반응	부정확한 반응
교차로	1.1. 대상자가 횡단보도가 있는 곳으로 간다.	대상자가 교사가 지시한 위치에 있는 횡단보도를 벗어나서 걸어간다.
	2.1. 대상자가 횡단보도가 있는 곳으로 가서 선다.	목표 횡단보도 밖으로 이탈하여 선다.
	2.2. 워커의 앞바퀴(또는 1워커)를 둔덕 아래로 내린다.	1) 앞바퀴를 내리다가 넘어진다. 2) 워커를 내린 후 신호등이 바뀌기 전에 워커 및 몸 전체가 횡단보도 안으로 들어간다.

3. 교수와 평가에 사용될 교수의 예 결정하기

• 교수 사례를 선택할 때에는 모든 자극 상황과 그때 요구되는 모든 반응이 포함되는 대표적인 사례이면서 최소한의 사례를 선택한다.
• 선정한 예는 긍정적 사례와 부정적인 사례를 적절히 제공한다. 왜냐하면 기술을 일반화하기 위해서는 적절한 자극 상황에서 습득한 기술을 수행하는 것뿐만 아니라 부적절한 상황에서는 기술을 수행하지 않아야 하기 때문이다.

📋 **교수와 평가에 사용될 예 선정 시 지침** ❶ 24유아A3
• 긍정적 예는 관련된 자극과 유사해야 한다.
• 긍정적 예는 목표행동이 기대되는 모든 자극 범위에서 수집되어야 한다.
• 부정적 예는 긍정적 예와 매우 비슷한 예를 포함해야 한다.
• 긍정적 예에는 중요한 예외가 포함되어야 한다.
• 자극과 반응의 다양성 범위에서 조사한 최소한의 예를 선정한다.
• 예에는 동일한 양의 새로운 정보가 포함되도록 한다.
• 비용, 시간, 상황 특성을 고려하여 실행 가능한 예를 선택해야 한다.

기출 POINT 11

❶ 24유아A3
ⓒ~ⓑ 중 적절하지 않은 것 1가지를 찾아 기호와 함께 그 이유를 쓰시오.

강 교사 : 일반사례교수를 활용해 보려고 하는데요. 도서관에서 책을 빌리고 반납하는 활동을 위해 사례를 선정할 때 고려할 점은 무엇인가요?
최 교사 : 먼저 ⓒ 자연스러운 상황에서 가르칠 수 있는 사례를 선택해야겠지요. 그리고 ⓔ 가능한 한 많은 사례를 선택하여 다양한 자극과 반응이 포함되도록 하는 것이 좋겠고요. 또한 ⓓ 희수가 해야 할 것과 하지 말아야 할 것을 가르칠 수 있는 사례를 선정하도록 하고, ⓑ 예외적인 상황도 포함하는 것이 필요해요.

4. 교수 사례를 계열화하고 교수하기	• 교수할 예의 순서를 정하여 이에 따라 교수를 실시한다. • 교수를 실시할 때는 촉진, 소거, 용암법, 강화 등의 교수기술을 함께 제시할 수 있으나 주로 촉진이 많이 사용된다. 📎 **교수 사례 계열화를 위한 지침** • 각 훈련회기 내에 행동기술의 모든 요소를 교수한다. • 각 훈련회기 내에 가능한 많은 수의 다양한 난이도의 예를 제시한다. • 변별력 증진을 위해 최대한 유사한 긍정적 예와 부정적 예를 연이어 제시한다. • 모든 예를 한 회기에 교수할 수 없다면 한 번에 한두 가지를 교수하면서 매 회기마다 이전 회기의 예에 새로운 예를 추가한다. • 일반적인 예를 먼저 제시하고 예외적인 경우를 가르친다.
5. 비교수 상황에서 평가하기	• 비교수 상황에서 평가하는 것으로 자극 및 반응 다양성을 포함하는 새로운 예를 선택하여 평가한다. • 교수한 기술의 일반화 여부를 알아보기 위해 새로운 상황에서 학습자의 수행을 검토하는 것이다. • 일반화 평가는 교수하는 동안 정기적으로 실시할 수도 있고, 교수를 종결한 다음에 실시할 수도 있다.

④ 일반사례교수를 적용한 지역사회 중심기술교수 절차의 예

> K 교사는 중학교 3학년 학생들과 지역사회 안에 있는 패스트푸드점을 이용하여 식사하는 기술을 가르치려고 하였다. 이러한 기술을 일반사례교수를 적용하여 지도하기 위해 먼저 이 기술이 수행될 것으로 기대되는 모든 패스트푸드점 다섯 곳(맥도날드, 롯데리아, 버거킹, KFC 등)을 정의하였다. 그리고 정의된 패스트푸드점들 중 다양한 자극과 반응변인을 포함하는 대표적인 환경들을 각각 교수사례 두 곳과 검사사례 두 곳으로 선택하였다. 패스트푸드점에 들어서는 단계부터 주문하고 주문한 음식을 찾고 먹고 나오기까지의 과정을 20~23단계로 과제분석하여 지도하고 검사사례로 택한 두 곳의 패스트푸드점에서 기술 습득의 성과를 측정하였다(김유리, 1999).

기출 POINT 12

❶ 24유아A3

Ⓐ에 들어갈 내용을 쓰시오.

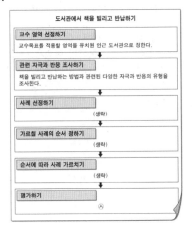

100 ★ Part 01 지적장애

❷ 22중등A7

괄호 안 ⓒ, ⓔ에 해당하는 교수전략을 기호와 함께 각각 쓰시오.

학 부 모 : 선생님, 안녕하세요. 저희 아이가 곧 고등학교를 졸업하는데, 그때가 되면 혼자 시내버스를 타고 다닐 수 있으면 좋겠어요.

특수교사 : 예, 마침 사회 시간에 '우리 동네 살펴보기' 학습을 할 예정이어서 시내버스를 이용해 보려고 해요. 지역사회에서 사용할 기술을 지역사회 환경에서 직접 가르치는 방법을 (ⓒ)(이)라고 합니다. 그런데 시간, 비용, 위험성의 문제로 실제 버스를 타러 가기 전에 우선 교실에서 모의 환경을 만들어 미리 연습하는 지역사회 모의교수를 해보려고 합니다.

학 부 모 : 그렇군요. 그런데 교실의 모의 환경에서 연습을 하면 실제 환경과 다른 점이 많아서 나중에 제대로 버스를 탈 수 있을까요?

특수교사 : 그래서 지역사회 모의교수를 실시한 후에 실제 환경에서 발생할 수 있는 여러 상황이나 조건 중 대표적인 사례를 선택하고 계열화하여 가르치는 (ⓔ)(으)로 지도하려고 합니다.

학 부 모 : 어떤 방법인지 예를 들어 설명해 주시면 좋겠어요.

특수교사 : 편의점 이용하기를 예로 들자면, 편의점마다 물품이나 계산대의 위치가 다르잖아요. 그래서 먼저 과제분석을 합니다. 그다음에는 기술을 지도할 대표적인 편의점 A와 평가할 다른 편의점 B를 정합니다. 그 후 편의점 A에서 물건 사기 기술을 지도하고, 편의점 B에 가서 이 기술이 일반화되었는지를 평가하는 방식이지요.

❸ 18유아B7

일반사례교수법의 실시 단계 중 ( )에 해당하는 내용을 쓰시오.

박 교사 : 저는 은지의 경우 추가적으로 개별화된 교수가 더 필요해 보여서 실제 상황에서 직접 지도해 보려고 해요. 은지가 실제 상황에서도 신호를 확인하여 횡단보도 건너기를 할 수 있도록 다양한 자극과 반응들을 조사하고 계열화해서 가르치려고요.

• 단계 1 : 은지의 도보 통합 반경 내에서 교수 범위를 선택한다.
• 단계 2 : '신호등이 있는 횡단보도 건너기' 기술을 과제분석하여 이와 관련된 자극과 반응을 조사한다.
• 단계 3 : ( )
• 단계 4 : 교수 순서를 계열화하여 등·하원 시에 교수한다.
• 단계 5 : 비교수 상황에서 평가한다.

❹ 15중등A3

다음은 정신지체 학생 A와 B에게 마트 이용하기 기술의 일반화를 촉진하기 위한 지역사회중심 교수전략들이다. 지도전략의 명칭을 쓰시오.

학생 A가 이용할 것으로 예상되는 집 근처 마트를 조사하여 10곳을 정한다. 선정한 마트 10곳의 이용 방법을 모두 분석한 후, 이용 방법에 따라 범주화한다. 범주화된 유형에 대해 각각 과제분석을 하고, 유형별로 마트 1곳씩을 정하여 지도한다. 교사는 학생 A가 학습한 것을 나머지 마트에서도 수행할 수 있는지 평가한다.

❺ 14초등A3 · 유아A8

ⓑ의 명칭을 쓰고, Ⓐ과 ◎에 들어갈 지도 내용을 각각 쓰시오.

박 교사 : 진아는 슈퍼마켓에서 물건을 사는 데 어려움이 있어요. 그래서 진아에게 지역사회중심 교수를 체계적으로 실시할 수 있는 (ⓑ)을 적용하여 지도해 보면 좋겠어요.

• 교수목표 범위 정의하기
• 일반적 과제분석 작성하기
• 교수와 평가에 사용할 예 선택하기
• 교수하기 : (Ⓐ)
• 평가하기 : (◎)

❻ 13중등24

교사가 중도 정신지체 학생을 지도하기 위해 지역사회중심 교수를 실시하고자 한다. 옳은 것을 모두 고르시오.

〈보기〉

ⓓ 지도방법 중에는 학습한 기술이 다양한 상황이나 조건에서 사용될 수 있도록 하는 일반사례교수법이 있다.

자기결정(self-determination)

01 자기결정의 개념
- 자기결정의 정의
- 기본전제

02 자기결정 기능 이론
- 자기결정 기능 모델
- 자기결정행동의 4가지 필수적인 특성
  - 자율성
  - 자기조정
  - 심리적 역량
  - 자아실현
- 자기결정행동의 구성요소
  - 선택하기
  - 문제해결
  - 의사결정
  - 목표설정 및 목표달성
  - 자기옹호
  - 자기관리
  - 자기교수
  - 내적 통제 소재
  - 효능감 및 성과 기대에 대한 긍정적 귀인들
  - 자기인식과 자기지식

03 자기결정 교수학습 모델
- 구성요소
  - 학생 질문
  - 교사 목표
  - 교수적 지원
- 특징
- 단계
  - 1단계: 목표 설정
  - 2단계: 과제 수행
  - 3단계: 목표 또는 계획 조절하기

01 자기결정(self-determination)의 개념

1. 자기결정의 정의

Wehmeyer 2005년 정의	Wehmeyer 2015년 정의
자기결정행동은 자신의 삶의 일차적 원인 주체(causal agency)로서 행동할 수 있게 하고, 자신의 삶의 질을 유지하거나 향상시킬 수 있는 의지적인 행동들을 칭한다.	자기결정은 자기 삶의 원인 주체(causal agency)로서 행동하는 것으로 나타나는 성격적 특성이다. 자기결정적 사람들(즉, 원인 주체들)은 자유롭게 선택한 목표에 따라 행동한다. 자기결정적 행동들은 한 개인이 자신의 삶에서 원인 주체가 될 수 있도록 기능한다.

2. 자기결정의 이해 및 적용을 위한 기본전제 ❶ 11중등6

① 자기결정 증진은 모든 학생, 즉 비장애학생들뿐만 아니라 중도 장애학생들을 포함한 모든 장애학생들에게 중요하다.

② 자기결정 증진을 위한 교수와 노력은 장애학생의 성공적인 삶을 위하여 전 생애에 걸쳐 이루어져야 한다.

③ 자기결정 증진을 위한 교수는 일반교육과정과 연계되어 일반학급 안에서 통합되어 제공되어야 한다.

④ 자기결정은 개인의 기질과 능력, 환경에 의해 영향을 받을 수 있으므로, 개인이 속한 가족의 신념과 문화적 맥락에서 이해하고 적용되어야 한다.

> **기출 POINT 1**
>
> ❶ 11중등6
> **장애학생의 자기결정과 관련된 설명으로 옳은 것만을 〈보기〉에서 모두 고른 것은?**
>
> ─〈보기〉─
> ㉠ 장애학생의 자기결정 증진은 장애학생의 성공적인 성인기 전환 및 삶의 질과 관련이 있다.
> ㉡ 자기결정행동 구성요소에는 의사결정, 문제해결, 목표설정 및 달성, 자기인식 등이 포함된다.
> ㉢ 교사주도적 학습을 통한 장애학생의 자기결정 증진은 장애학생의 긍정적인 학업성취에 영향을 미친다.
> ㉣ 장애학생에게 다양한 선택의 기회를 제공하는 것은 장애학생의 자기결정 증진에 긍정적인 영향을 미친다.
> ㉤ 자기결정 기능 모델에서는 자율성, 사회적 능력, 심리적 역량강화, 자아실현의 네 가지 특성으로 자기결정행동의 기능을 설명한다.

02 자기결정 기능 이론

1. 자기결정 기능 모델

① 자기결정 기능 모델은 자기결정을 생애 전반에 걸쳐 학습되는 능력이자 태도로서, 성인으로의 성장과 그 역할을 수행하는 데 있어서 필수적으로 성취해야 할 하나의 성과라는 개념으로 접근한다.

② 자기결정은 선택과 자율성을 강화시켜 주는 환경 및 자원뿐 아니라 개인 역량의 증진을 강조한다.

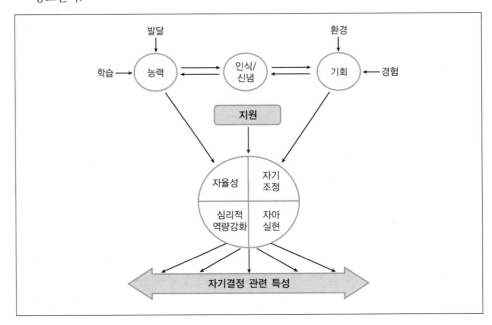

2. 자기결정행동의 4가지 필수적인 특성 ❶ 23초등A5, ❷ 18초등A5, ❸ 14초등A3 · 유아A8, ❹ 11중등6

한 개인이 자기결정적인지 아닌지를 나타내는 행동 기능은 다음 4가지의 필수적인 특성으로 정의된다.

자율성	• 자율적이고 독립적으로 행동하는 사람 • 독립, 위험 무릅쓰기 및 안전기술, 선택하기, 문제해결, 의사결정
자기조정	• 스스로 계획, 점검, 수정, 평가하는 사람 • 자기관찰, 자기평가, 자기강화, 자기교수, 목표설정과 목표달성
심리적 역량	• 직접 행동을 시작하고 반응하며 통제하는 사람 • 자기효능감 및 성과에 대한 기대, 내적 통제 소재, 자기옹호 및 리더십
자아실현	• 자신에 대한 지식과 자신의 강약점을 이용해 자아실현하는 사람 • 자기인식, 자기지식

기출 POINT 2

❶ 23초등A5
[A]에서 설명하고 있는 것을 위마이어가 제시한 개념으로 쓰시오.

> • 도서관에서 다른 사람에게 의존하지 않고 책을 대출함
> • 그림책을 성공적으로 대출하는 경험을 통해 자기 효능감을 느 [A] 끼게 함
> • 자기 자리에 앉아 정해진 시간 동안 큰 소리로 이야기하지 않음

❷ 18초등A5
위마이어(Wehmeyer)가 제시한 자기결정행동 주요 특성에 따라 ⓐ와 ⓑ에 들어갈 내용을 순서대로 쓰시오.

> • 심리적 역량: 세호의 자기 효능감 향상을 위해 나뭇잎 수집 활동의 성공을 위한 환경을 제공함
> • (ⓐ): 나뭇잎 목록표에서 세호가 찾고 싶은 나뭇잎을 스스로 표시하도록 지도함
> • (ⓑ): 나뭇잎 목록표에서 세호가 자신이 찾은 나뭇잎을 표시하여 파악할 수 있도록 지도함
> • 자아실현: 자기 지식 향상을 위해 나뭇잎 수집 활동 후 세호가 수행한 활동에 대한 자기평가 기회를 제공함

❸ 14초등A3 · 유아A8
위마이어(Wehmeyer)가 분류한 자기결정의 특성 4가지를 쓰시오.

❹ 11중등6
장애학생의 자기결정과 관련된 설명으로 옳은 것만을 〈보기〉에서 모두 고르시오.

> 〈보기〉
> ㉤ 자기결정 기능 모델에서는 자율성, 사회적 능력, 심리적 역량강화, 자아실현의 네 가지 특성으로 자기결정 행동의 기능을 설명한다.

더알아보기 자기결정의 본질적 특성

본질적 특성	개념	구성 구인
의지적 행동 (Volitional Action)	자신의 선호하는 것에 따라 선택	• 자율성 • 스스로 시작하기
주체적 행동 (Agentic Action)	목표 수립 및 달성에 필요한 자기주도적 행동	• 방법모색 • 자기지시 • 자기조정
행동–통제 신념 (Action–Control Beliefs)	목표를 이룰 수 있는 본인의 능력에 대한 믿음	• 심리적 역량 • 자아실현 • 행동을 이끄는 믿음

3. 자기결정행동의 구성요소 ❸ 09중등8

자기결정행동의 필수적인 특성들은 다양하고 상호 연관성 있는 다음의 자기결정행동 구성요소들의 발달과 습득을 통해 나타난다.

(1) 선택하기 ❹ 25유아B2, ❺ 18유아A2, ❶ 14초등A3 · 유아A8, ❷ 12초등30

① 선택하기의 과정은 '개인의 선호도 확인'과 '선택을 하는 행위'로 구성된다.

　㉠ **선호활동**: 여러 가지 선택사항들 중에서 반복적으로 선택하는 활동

　㉡ **선택**: 여러 가지 선택사항 중에서 한 가지를 실제로 고르는 행위

② 선택하기 지도는 다음의 방법을 통해 이루어질 수 있다.

　㉠ 선택하기 지도의 가장 기본적인 단계는 일상활동 및 학습상황에서 학생이 선택을 하고 선호도를 표현할 수 있는 기회를 가능한 한 많이 제공하는 것이다.

　㉡ 선택하기 기회 제공과 관련하여 선택 항목의 개수, 유형, 제시하는 방법에 대해 점검한다.

　㉢ 선택하기 반응 뒤에 일관성 있게 선택한 항목, 활동 혹은 사건들을 바로 접할 수 있게 한다.

　㉣ 선택하기는 여가시간, 쇼핑품목, 식사메뉴, 삶의 방식, 직업 유형과 같이 다양한 영역에서 지도가 가능하다.

　㉤ 선택하기는 장애학생의 학습성과뿐만 아니라 문제행동의 감소에도 긍정적인 영향을 미친다.

기출 POINT 3

❶ 14초등A3 · 유아A8
㉡~㉤ 중에서 설명에 맞지 않는 자기결정행동 구성요소 1가지를 찾아 기호를 쓰고, 설명에 맞는 구성요소로 고쳐 쓰시오.

─〈메모 내용〉─
• 자신이 기대하는 결과를 성취할 능력이 있다고 믿는 것을 ㉡ '효능성에 대한 긍정적 인식'이라고 함
• 가능한 정보들을 이용하여 문제에 대한 다양한 해결책을 찾아보고 구상하는 것을 ㉢ '문제해결 기술'이라고 함
• 개인의 선호도를 확인하고 두 가지 이상의 선택 상황에서 자신이 선호하는 것을 분명하게 표현하는 것을 ㉣ '선택하기 기술'이라고 함
• 자신의 강점이나 능력, 요구 등에 대해 합리적이며 정확하게 이해하는 것을 ㉤ '자기옹호 기술'이라고 함

❷ 12초등30
자기결정력의 구성요소를 지도하기 위한 전략이 적절히 반영된 것을 고르시오.

• 교사가 나누어 준 사진 중에서, ㉠ 학생이 자신의 선호도에 따라 하나씩 골라 이야기하기
• ㉡ 자신이 선택한 애완동물을 왜 좋아하게 되었는지 말하게 하고, 그 동물을 기르는 데 필요한 애완동물 용품의 이름을 말하게 하기
• ㉣ 강아지와 금붕어 기르는 방법에 대해 알고 있는 정보를 학생이 체크리스트에 표시하고 결과 확인하기

❸ 09중등8
성공적인 전환을 위한 자기결정행동의 구성요소를 모두 고르시오.

㉠ 독립성
㉡ 외적 통제소
㉢ 문제해결
㉣ 장애에 초점 맞추기
㉤ 갈등과 비판에 대처하기

기출 POINT 3

❹ 25유아B2

[B]는 자기결정 행동의 구성요소 중 무엇에 해당하는지 쓰시오.

> 동호가 주원이와 함께 레고 놀이를 하고 있었다. 주원이가 동호에게 "공룡 가
> 지고 놀까? 아니면 집 만들러 갈까?"라고 물어보니, 동호는 "집."이라고 대답
> 하였다.
> 모양 자르기 활동과 퍼즐 맞추기 중 동호에게 어떤 놀이를 하고 싶은지 물어
> 보았더니 "모양 자를 거야."하며 바구니를 들고 갔다.   [B]

❺ 18유아A2

㉠에서 교사가 경수의 자기결정 증진을 위해 사용한 전략이 무엇인지 쓰시오.

> 평소 물고기를 즐겨 그리는 경수에게는 수정된 도화지를 제공하였다. 그림을 그리
> 지 않고 가만히 있는 경수에게 사인펜을 보여주면서 ㉠ "어떤 색 사인펜으로 그리
> 고 싶어요?"라고 물어보았다. 경수는 검정 사인펜으로 물고기 밑그림을 그린 후 크
> 레파스를 사용하여 색칠도 하고, 잘라 놓은 색종이를 물고기 비늘에 붙이기도 하였
> 다. 경수가 바닷속 장면을 다양한 방법으로 표현하는 것을 보며 앞으로 더 다양한
> 재료를 준비하여 미술 활동을 촉진하면 좋겠다는 생각이 들었다.

(2) **문제해결** ❸ 14초등A3 · 유아A8

① 문제해결이란 문제에 대한 해결책을 확인하고 구상하기 위해 가능한 정보들을 이용
하는 것이다.

② 문제해결의 전통적인 4단계 훈련 모델은 다음과 같다.

  ㉠ 문제 설명하기

  ㉡ 문제에 대처할 수 있는 여러 가지 방안들을 구상하기

  ㉢ 최상의 해결책을 선택하기

  ㉣ 선택된 해결책의 효과를 검증하기

(3) **의사결정**

① 의사결정이란 문제해결과 이미 확인된 몇 가지 선택사항들 중 하나를 골라야 하는
선택하기 기술을 결합한 광범위한 일련의 기술들이 관련된 과정이다.

② 선택하기가 개인의 선호도에 근거하여 둘 이상의 것에서 선택하는 것이라면 의사결정
기술은 선택하기 기술을 포함하는 넓은 범위의 기술이다.

(4) 목표설정 및 목표달성

① 목표설정은 자기조정 이론의 핵심적 특징으로, 목표는 개인의 현행 수준과 개인이 바라는 결과나 목표성과를 비교할 수 있는 수행 기준을 결정하는 것이다.

② 목표설정과 목표달성 기술은 학생이 목표를 결정하여 설정하고, 그 목표를 달성하기 위한 계획을 세우고, 그에 따라 그 목표와 계획들을 점검하고 조정하게 해준다.

(5) 자기옹호

① 장애인들이 독립적인 삶을 살아가기 위해 필수적인 기술의 하나가 '자기옹호'이다.

② 자기옹호는 개인이나 집단이 자신들의 욕구와 이익을 위하여 스스로 어떤 일에 대하여 주장하거나 실천하는 과정이다. 즉, 자기옹호는 당사자가 직접 자신의 권리를 지키기 위하여 적극적으로 의사표현을 하는 것이다. ❸ 21유아A5, ❺ 09초등8

③ 자기옹호를 하기 위해서는 자신의 의견이나 생각을 표현하는 의사소통 기술이 필요하다. 의사소통에서 중요한 듣기와 말하기와 같은 기본 기술들은 가정, 직장 그리고 지역사회에서 사람들과의 상호작용에 필수적이다. 따라서 지적장애 성인이 지역사회에서 자신의 권리를 누리면서 독립적으로 살아갈 수 있는 자기옹호 기술을 증진하기 위해서는 가능한 한 많은 조건과 상황에서 독립적이고 만족스럽게 듣고 말하도록 훈련하는 것이 중요하다.

④ Test 등(2005)은 자기옹호의 구성요소를 다음과 같이 구분하였다.

❶ 25중등B9, ❷ 23초등B2, ❹ 17초등A2

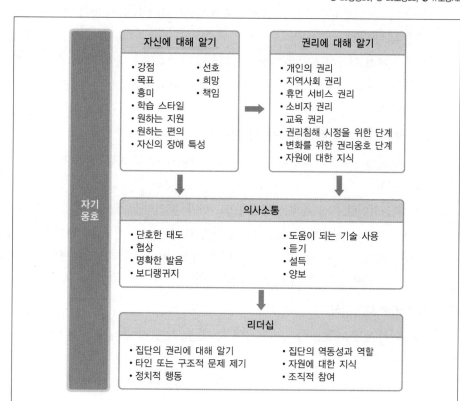

기출 POINT 4

❶ **25중등B9**
자기옹호 기술 중 밑줄 친 ⓒ에 해당하는 하위 기술을 쓰시오.

> 일반 교사: 학생 K가 학급 활동 중 불편한 상황에서도 자신의 의견을 표현하지 못하고, 부당한 요구를 거절하지 못해 피해를 보는 상황이 자주 있어요.
> 특수 교사: 학생 K가 자기 옹호 기술이 부족해서 그래요. 특히, 자기 옹호 기술 중에서도 ⓒ 상황에 따라 단호한 태도를 취하는 법, 다른 사람의 말을 잘 듣고 협의하는 법, 상대방을 설득하거나 때로는 양보하는 기술을 익힐 필요가 있어요. 혹시 수업 중 다른 어려움은 없나요?

❷ **23초등B2**
ⓗ에 해당하는 자기옹호 기술을 쓰시오.

> • 협동학습 수업의 '모둠별 학습' 단계에서 모둠 구성원들이 협동해서 과제를 해결해야 하는데 민호가 잘 참여하지 않는 경우가 많음
> • ⓗ 민호가 집단의 구성원으로 협동학습 과정에서 자신의 역할을 제대로 알고 집단의 문제해결 과정에 적극적으로 참여해야 함을 알려줄 필요가 있음

❸ **21유아A5**
㉠에 근거하여 은미에게 지도해야 할 자기결정행동의 구성요소를 쓰시오.

> 김 교사: ㉠ 은미가 자신에게 억울한 상황을 자신의 입장에서 분명하게 이야기할 수 있도록 지도해야겠어요.

❹ **17초등A2**
㉠에 해당하는 자기옹호 기술을 쓰시오.

> 특수교사: 지난주에 우리가 계획했던 사회과 모둠학습에 희수가 잘 참여했는지 궁금해요.
> 일반교사: 친구들과 모둠학습을 하는 것은 좋아했는데 자신의 의견이나 권리를 주장하지 못해서 피해를 보는 경우가 있었어요.
> 특수교사: 희수가 아직은 자기옹호 기술이 부족해서 그래요. 무엇보다 ㉠ 희수가 자신이 좋아하고 싫어하는 것을 아는 것은 중요해요. 그러면 모둠학습을 할 때 다른 학생들이 부당한 것을 요구해도 거절하거나 협상할 수 있을 거예요.

❺ 09초등8
㉠을 통해 알 수 있는 민성이의 특성을 쓰시오.

> ㉠ 가지고 놀던 장난감을 빼앗겨도 자기주장을 하지 못한다.

기출 POINT 5
❶ 21초등A5
ⓒ에 해당하는 기술을 쓰시오.

지도교사 : ⓒ 자기결정 행동의 구성요소 중에서 '학생이 학습 문제를 해결하도록 학생 스스로 말해가면서 실행하는 것'과 같은 요소를 중심으로 지도하면 좋겠네요. 이때 자기결정 교수학습 모델을 단계별로 적용하면 됩니다.

❷ 19중등A6
㉠에 해당하는 용어를 쓰시오.

신규교사 : 학생 D는 주어진 과제를 성취하기 위해 필요한 행동을 성공적으로 해낼 수 있다는 믿음이 있고, 그러한 행동을 잘 수행한다면 원하는 성과를 이룰 것이라고 기대하고 있어요.
멘토교사 : 구체적이고 실제적인 자신의 과제수행능력을 믿고 있군요. (㉠)이/가 높은 학생인 것으로 보입니다. 학업 상황에서 친구들이 과제를 완수하는 것을 보면 자신도 그 과제를 완성할 수 있다고 생각하게 됩니다. 이러한 방법을 통해 (㉠)을/를 더욱 향상시키면 좋겠습니다.

(6) 자기관리(자기조정)

자기조정적 행동은 자기결정의 대표적인 특성들 중 하나로, 여기에는 한 개인이 자신의 행동을 점검하고, 평가하고, 강화하면서 자신의 목표를 달성하고자 하는 자기관리 전략들이 포함된다.

① 자기점검 전략은 학생들이 자신의 행동을 진단, 관찰, 기록하는 것으로, 과제와 관련된 활동, 과제 집중, 과제 완성, 과제 정확성을 향상하는 데 자주 사용된다. **❸ 12초등30**

② 자기평가는 점검한 행동을 학생이 원하는 목표나 교사가 결정한 기준에 비교하는 것을 말한다.

③ 자기강화는 긍정적이든 부정적이든 목표행동의 발생에 따라 일어나는 결과에 대한 자기적용이며, 강화의 인식(구별)과 강화물의 제공(전달)이라는 두 가지 기능이 포함된다.

(7) 자기교수

① 자기교수는 학습문제나 사회문제를 해결할 때 자신의 말로 촉진 자극을 제공하는 것을 가르치는 전략이다. **❶ 21초등A5**

② 자기교수를 지도하는 것은 자신의 학습과 과제수행을 주도하고, 보다 자기결정적인 학습자가 되도록 한다.

(8) 내적 통제 소재

① 통제소는 자신의 행동이 내적 힘에 의해 통제되는지 혹은 외적 힘에 의해 통제되는지에 대한 인식이다.

② 내적 통제소를 가진 사람은 자신을 동기화하고 결과를 통제할 수 있다고 믿지만, 외적 통제소를 가진 사람은 다른 사람이 자신을 동기화하고 결과를 자신이 통제할 수 없다고 인식한다.

(9) 효능감 및 성과 기대에 대한 긍정적 귀인들

① 효능감 기대는 특정한 행동을 수행했을 때 기대된 성과를 이룰 것이라는 개인의 믿음을 의미한다.

② 자기효능감이란 특정 과제를 성공적으로 해낼 수 있다고 스스로 믿는 것이다. **❷ 19중등A6**

③ 원하는 결과를 달성하기 위해 필요한 기술을 수행할 수 있고, 그 행동을 수행한다면 바라는 결과를 얻을 수 있다는 믿음이 있어야 한다. 만약 필요한 행동을 수행할 수 있다는 믿음이 없으면 그 행동을 할 수 없다.

(10) 자기인식과 자기지식

① 자기인식(self-awareness)은 자신의 강점, 요구, 능력에 대해 기본적으로 이해하는 것이다. 14초등A3 · 유아A8

② 자기지식(self-knowledge)은 자신의 특성을 사용하는 방법에 대해 아는 것이다.

🏳 자기-결정행동의 구성요소(김형일, 2020)

구성요소	지도 기술	지도를 위한 공학 자료 활용
선택하기	두 가지 선택할 것을 제시함	두 가지 선택을 위한 on-off 스위치, 터치스크린 사용
위기관리, 독립성, 안전	학생이 안전 문제를 이해하고 대처할 수 있는지에 대한 결정	위기 상황시 대처할 순서를 단계별로 디지털화한 지원 시스템 활용
결정하기	후속 결과가 따르는 두 가지 이상의 선택사양이나 정보를 제시함	후속 결과가 따르는 두 가지 이상의 선택 사양으로 구성된 터치스크린 사용
문제해결	해결해야 할 문제상황을 제시함	새로운 대답, 자기-결정된 학습 모델로 이루어진 의사소통 체제
목표설정 및 획득	목표에 도달하기 적합한 필요한 단계를 결정함	생각하기 위주의 목표 설정 양식 활용
자기조절	목표에 맞게 프로그램에 따라 진행하도록 함	과제분석, 행동의 자기-모니터링
자기교수	새로운 기술 학습을 통한 독립성 증진	과제 완성을 위해 언어적 교수 녹음을 디지털 기록 장치로 전환
내적 통제소	주변 상황에 영향을 미치는 내적 행동에 대한 이해	개인으로 하여금 지원을 요청할 기회를 제시하거나 의사소통 장치를 활용하여 작업장에서 다른 사람에게 협조를 요청하게 함
자기효시와 결과기대의 긍정적 지각	자신이 과제를 수행할 수 있음을 이해하기, 자신이 할 수 있다고 여기면 스스로 성공할 수 있음	전자 포트폴리오를 통해 1년 동안 수행한 것을 보고 자신의 장점 또는 스스로 목표에 도달할 수 있다는 인식을 갖게 함
자기옹호와 리더십	자신과 다른 사람을 위해 권리, 행동을 지원하고 대변해 줄 수 있는 능력	사전에 녹음된 의사소통 메시지를 통해 '나의 권리를 옹호해 줄 수 있니?' 등으로 이야기할 수 있음

03 　자기결정 교수학습 모델(SDLMI)

자기결정 교수학습 모델(self-determined learning model of instruction ; SDLMI)은 교사가 학생들에게 목표를 설정하고, 목표를 설정하기 위한 실행 계획을 세우고, 자기 점검을 통해 실행 계획이나 목표를 수정하도록 돕는 것을 가르치는 모델이다.

1. SDLMI의 구성요소

구성요소	설명
학생 질문	• 학생은 SDLMI의 각 단계의 질문에 답하기 위해 요구를 충족하는 목표를 설정하고, 목표에 적합한 계획을 구상하고, 계획을 완수하기 위해 행동을 수정함으로써 자신의 문제해결을 조정한다. • 수업 과정에 학생의 주도권(ownership)을 장려하기 위해 1인칭으로 표시한다. • 학생 질문을 사용하도록 지도하는 것은 자기조정적 문제해결전략을 지도하기 위함이다. 23중등A7 • 각각의 학생 문제는 교사 목표와 연결된다.
교사 목표	학생들이 학생 문제에 명시된 문제를 해결할 수 있도록 돕는 교수 과정의 길잡이 역할을 한다.
교수적 지원	• 모든 단계는 교사가 교사 목표를 달성하기 위해 활용할 수 있는 교육적 지원(예 선택하기, 자기계획 기술 교수)을 포함한다. • 교육 지원은 교사가 학생들에게 질문에 대답하고 자신을 가르치기 위해 필요한 기술을 지도하는 방법적 수단을 제공한다.

2. SDLMI의 특징

① SDLMI의 중요한 특징은 학생이 자신의 진보 정도를 바탕으로 자신의 행동계획이나 목표를 수정하게 해주는 피드백으로서의 기능이다. 3단계에서 자신의 목표를 향한 진보를 학생이 스스로 평가하기 때문에 학생 자신이 내린 결정이 어떤 선택사항을 추구해야 할지를 지시해 준다.

② 학생 주도적인 교수전략과 교수적 지원의 사용에 대해 이 모델에서 강조하는 것은 학생이 자기 자신을 교수하도록 지도하는 또 다른 수단을 제공하는 것이다. 학생에게 학생 질문을 사용하도록 지도하는 것은 학생에게 자기조정적 문제해결전략을 지도하는 것이다. 동시에 학생에게 다양한 학생 주도적 학습전략들을 사용하도록 지도하는 것은 학생에게 자신의 삶에서 원인 주체가 되게 하는 또 다른 기술을 제공하는 것이다.

③ 학생 주도적 학습전략을 사용하는 것이 중요하나, 실행되는 모든 교수전략이 학생 주도적인 것은 아니다. 어떤 교수모델이든 목표는 학생의 학습과 성장을 증진시키는 데 있다. 특정 교수 성과를 달성하기 위해 교사 주도적 전략이 효과적일 수 있는 상황이 있다.

3. SDLMI의 단계

SDLMI 1단계: 목표 설정 – 학생이 해결해야 할 문제: 나의 목표는 무엇인가?	
❸ 13추가중등A7	

	교수적 지원
• 학생 질문 1: 내가 배우고 싶은 것은 무엇인가요? – 교사목표: 학생이 구체적인 강점과 교수적 요구를 명확하게 알 수 있도록 할 것, 학생이 선호도, 흥미, 신념, 가치를 말할 수 있도록 할 것, 학생이 우선시하는 요구를 가르칠 것 • 학생 질문 2: 이를 위해 지금 내가 알고 있는 것은 무엇인가요? – 교사목표: 학생들이 교수적 요구와 관련된 현재의 위치를 정확하게 알도록 할 것, 그들의 환경에서 기회와 방해물에 대한 정보를 모을 수 있도록 도울 것 • 학생 질문 3: 내가 모르는 것을 배우기 위해 나는 무엇이 바뀌어야 할까요? – 교사목표: 행동이 능력증진, 환경 수정 또는 모두에 초점을 맞추어야 할 것인가를 학생이 결정할 수 있도록 할 것, 우선 순위 목록에서 학생이 선택할 수 있도록 지원할 것 • 학생 질문 4: 이것을 위해 내가 할 수 있는 것은 무엇인가요? – 교사목표: 학생이 목표를 진술하고 목표성취 기준을 명확히 할 수 있도록 할 것	• 학생이 흥미, 능력, 요구에 대한 자기 평가 • 선택하기 • 훈련인식 • 목표설정 • 의사결정

SDLMI 2단계: 과제 수행 – 학생이 해결해야 할 문제: 나의 계획은 무엇인가?	
	교수적 지원
• 학생 질문 5: 내가 모르는 것을 배우기 위해 내가 할 수 있는 것은 무엇인가요? – 교사목표: 현재 상태에 대하여 자기평가하고 목표를 확인할 수 있게 할 것 • 학생 질문 6: 내가 계획을 실행하는 데 방해가 될 수 있는 것은 무엇인가요? – 교사목표: 자기평가된 현재 상태와 확인한 목표 사이의 차이를 좁히기 위한 행동계획을 결정하도록 할 것 • 학생 질문 7: 장애물을 제거하기 위해 내가 할 수 있는 것은 무엇인가요? – 교사목표: 가장 적합한 교수적 전략들을 확인하기 위하여 학생과 협력할 것, 학생 주도 학습전략을 학생에게 가르칠 것, 학생 주도 학습전략을 수행하도록 학생을 지원할 것, 서로 동의한 교사 주도 교수를 제공할 것 • 학생 질문 8: 나는 언제 계획을 실행할 것인가요? – 교사목표: 학생이 행동계획을 위하여 계획을 결정할 수 있도록 할 것, 학생이 행동계획을 실행할 수 있도록 할 것, 학생이 자기점검 과정을 수행하도록 할 것	• 선행단서 조정 • 자기시간 계획 • 선택하기 • 문제해결 • 자기주장 • 자기점검 • 의사소통기술 훈련 • 자기교시 • 자기질문

더 알아보기

각 단계별 학생 질문은 4단계(① 문제 확인 → ② 문제를 해결하기 위한 잠재적 해결방법 확인 → ③ 문제해결을 방해하는 방해물 확인 → ④ 해결방법의 결과 확인)로 구성되어 있다.

기출 POINT 6

❷ 21초등A5

ⓐ에 들어갈 말을 쓰시오.

자기결정 교수학습 모델		
구분	성취해야 할 학생의 과제	교수적 지원
1단계	나의 목표는 무엇인가?	선택하기 교수, 목표설정 교수
2단계	나의 계획은 무엇인가?	자기일정(계획), 목표달성 전략
3단계	(ⓐ)	자기평가 전략, 자기점검

SDLMI 3단계 : 목표 또는 계획 조절하기 − 학생이 해결해야 할 문제 : 내가 배운 것은 무엇인가?

❷ 21초등A5

	교수적 지원
• 학생 질문 9 : 내가 실행한 계획은 무엇인가요? 　− 교사목표 : 학생이 목표성취를 위한 자기평가를 할 수 있도록 할 것 • 학생 질문 10 : 어떤 장애물이 제거되었나요? 　− 교사목표 : 원하는 성과와 진행 과정을 비교하기 위하여 학생과 협력할 것 • 학생 질문 11 : 내가 모르던 것이 어떤 변화가 있었나요? 　− 교사목표 : 진행이 충분치 않다면 학생들이 목표를 재평가할 수 있도록 지원할 것, 학생이 목표를 그대로 유지 또는 바꿀 것인가를 결정할 수 있도록 도울 것, 판단할 수 있도록 협력할 것 • 학생 질문 12 : 알고 싶어 하던 것을 알게 되었나요? 　− 교사목표 : 만약 진행이 충분하거나 충분치 않거나 또는 목표가 성취되었는가를 학생들이 결정할 수 있도록 도울 것 ❶ 23중등A7	• 선택하기 • 목표설정 • 문제해결 • 자기평가 • 의사결정 • 자기점검 • 자기강화

기출 POINT 6

❶ 23중등A7

(나)의 괄호 안의 ⓛ에 해당하는 내용을 쓰고, (다)의 괄호 안의 ⓡ에 해당하는 내용을 1가지 서술하시오.

(나) 특수교사의 메모

> • 자기결정교수학습모델(SDLMI) 적용
> − 학생질문으로 (ⓛ)의 과정을 지도함
>
>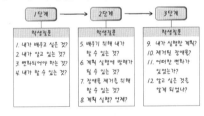

(다) SDLMI 3단계를 학생 A에게 적용한 교사목표의 일부

> 학생질문 11번: 내가 모르던 것에 대해 어떤 변화가 있었나요?
>
>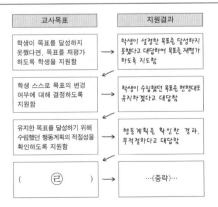

❸ 13추가중등A7

다음은 자기결정 학습을 위한 교수모델(SDLMI) 3단계에 기초하여 작성된 차시별 지도 계획안의 일부이다. ㉣과 ㉤에 들어갈 단계명을 쓰시오.

- 단원: 나의 진로
- 단원목표: 진로 과정을 이해하고 미래에 자신이 하고 싶은 일을 탐색한다.
- 제재: 희망하는 직업 살펴보기

차시 (단계)	활동 내용	자료	교수 지원
1차시 (㉣)	• "내가 희망하는 직업은 무엇인가?"를 지도하기 　- 학생 질문 1: 내가 배우고 싶은 것은 무엇인가? 　　　……(중략)…… 　- 학생 질문 4: 이것을 위해 내가 할 수 있는 　　　　　 것은 무엇인가?	• 동영상 • 직업 카드	선택하기 교수
2차시 (계획 및 실행)	• "내가 희망하는 직업을 가지기 위한 계획은 무 엇인가?"를 지도하기 　- 학생 질문 5: 모르는 것을 배우기 위해 내가 　　　　　 할 수 있는 것은 무엇인가? 　　　……(중략)…… 　- 학생 질문 8: 나는 언제 계획을 실행할 것인가?	• 동영상 • 유인물	• 자기일정 계획 • 자기점검 전략
3차시 (㉤)	• "내가 희망하는 직업을 가지기 위해 배운 것은 무엇인가?"를 지도하기 　- 학생 질문 9: 내가 실행한 계획은 무엇인가? 　　　……(중략)…… 　- 학생 질문 12: 내가 알고 싶었던 것을 알게 　　　　　 되었는가?	동영상	자기평가 전략

CHAPTER 07
교과지도 및 기타 교육적 접근

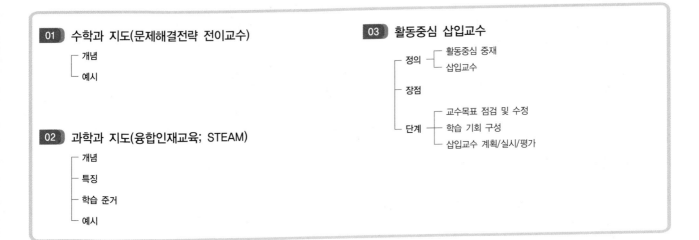

01 수학과 지도(문제해결전략 전이교수)
- 개념
- 예시

02 과학과 지도(융합인재교육; STEAM)
- 개념
- 특징
- 학습 준거
- 예시

03 활동중심 삽입교수
- 정의
  - 활동중심 중재
  - 삽입교수
- 장점
- 단계
  - 교수목표 점검 및 수정
  - 학습 기회 구성
  - 삽입교수 계획/실시/평가

---

01 수학과 지도

1. 문제해결전략 전이교수의 개념

① 문제해결전략을 전이하도록 하는 지도방법으로, 전이(transfer)란 수학적 지식을 새로운 문제해결의 상황에 적용할 수 있도록 돕는 것을 말한다.

② 지적장애 아동의 동기적 요소를 고려하여 동화 속의 그림이나 이야기 안에 수학적인 요소를 접목하여 수학문제로 활용한다.

③ 문제해결전략 전이교수는 전이 유형 학습과 문제해결규칙 교수의 두 가지로 나누어진다.

  ㉠ 전이 유형 학습: 형식이 바뀜, 새로운 핵심어 사용, 다른 질문 사용, 더 큰 문제의 한 부분으로 들어가기

  ㉡ 문제해결규칙 교수: 문제 읽기, 정보 찾기(핵심 숫자, 단어), 생각하기(수학 기호, 계산방법, 식 쓰기), 문제 풀기 및 점검하기

2. 문제해결전략 전이교수의 예시

유형	문제해결전략 전이교수 문제의 예
처음 문제	토끼 아저씨의 가게에서 원숭이는 김밥도시락 2,000원, 고양이는 과일도시락 3,000원, 여우는 초밥도시락 4,000원짜리를 샀어요. 도시락 값은 모두 얼마인가요? 식 _____ 답 _____
전이 1: 형식이 바뀜 (다른 형식)	토끼 아저씨의 가게에서 원숭이는 김밥도시락, 고양이는 과일도시락, 여우는 초밥도시락을 샀어요. • 김밥도시락 2,000원 • 과일도시락 3,000원 • 초밥도시락 4,000원 토끼 아저씨네 가게에서 산 도시락 값은 모두 얼마인가요? 식 _____ 답 _____
전이 2: 새로운 핵심어 사용 (다른 단어)	토끼 아저씨의 가게에서 원숭이는 쇠고기도시락 2,000원, 고양이는 채소 김밥도시락 3,000원, 여우는 해물도시락 4,000원짜리를 샀어요. 도시락 값은 모두 얼마인가요? 식 _____ 답 _____
전이 3: 다른 질문 사용 (하나 더 묻기)	토끼 아저씨의 가게에서 원숭이는 김밥도시락 2,000원, 고양이는 과일도시락 3,000원, 여우는 초밥도시락 4,000원짜리를 샀어요. ① 도시락 값은 모두 얼마인가요? 식 _____ 답 _____ ② 여기서 원숭이가 김밥도시락을 하나 더 샀다면 도시락 값은 모두 얼마인가요? 식 _____ 답 _____
전이 4: 더 큰 문제의 한 부분으로 들어가기 (큰 문제 되기)	토끼 아저씨의 가게에서 원숭이는 김밥도시락 2,000원, 고양이는 과일도시락 3,000원, 여우는 초밥도시락 4,000원짜리를 샀어요. ① 도시락 값은 모두 얼마인가요? 식 _____ 답 _____ ② 이 중 여우가 초밥도시락을 토끼 아저씨한테 돌려주고 대신에 김밥도시락을 샀어요. 그러면 토끼 아저씨는 받은 도시락 값에서 동물들에게 얼마나 돌려주어야 하나요? 식 _____ 답 _____

02 **과학과 지도**

1. 융합인재교육(science, technology, engineering, arts & mathematics ; STEAM)

① 융합인재교육은 학생들의 창의성과 감성을 깨우기 위한 교육이고, 학생들이 흥미를 가지고 보다 능동적으로 수학과 과학 수업에 참여하여 스스로 문제를 해결하는 등 창의성을 지닌 과학기술인재로 키우고자 하는 교육 프로그램이다.

② 일상생활에서는 인터넷이나 스마트폰으로 즉각적인 정보를 검색·확인하고 활용할 수 있으나, 학교 수업에서는 교과에서 배우는 내용이 실생활과 연계되어 있음에도 불구하고 공학적인 첨단 기기를 십분 활용하지 않는 등 교과서와 실생활을 분리하는 상황으로 학생들이 수업에 흥미를 느끼지 못하게 한다는 문제점을 개선하기 위해 STEAM이 시작되었다.

2. STEAM의 특징

① STEAM은 기존의 주제 중심의 통합교과로 이루어지는 교수법(예 프로젝트 학습, 문제 중심 학습)과 유사한 측면이 있으나, 그 차이점은 STEAM 교육이 교과영역에서의 이론적인 것 이상의 공학적·창의적·감성적인 측면을 강조하고 있다는 것이다.

② 즉, 교과와 실생활의 연계와 더불어 과학과 수학에 대해 흥미와 즐거움을 느끼게 하고 예술적 체험까지 아우르고 있다.

3. STEAM의 학습 준거

① 상황을 제시하여 자기 문제로 인식하게 한다. 학습 상황에서 학생들이 호기심과 관심이 생기도록 수업 도입부에서 제시하는 것으로 학습 내용과 활동사항을 자신의 문제로 인식하게 하는 것이다.

② 창의적 설계로 문제해결을 증진시킨다. 문제를 스스로 정의하고 해결하는 경험을 도와주는 창의적 설계는 창의적으로 사고하는 습관을 길러 주고, 창의적 설계를 반복할수록 학생들의 문제해결 능력이 높아진다.

③ 감성적 체험으로 새로운 도전을 유도한다. 상황 제시를 통해 문제를 인식하고 창의적 설계과정을 통해 해결하면 학생들이 성공의 기쁨을 느끼게 되고, 이 성공의 기쁨을 바탕으로 새로운 문제에 열정적으로 도전하도록 격려하게 된다.

4. STEAM 적용 프로그램의 예시 ● 20중등B7

교수·학습활동(보완활동)	STEAM 요소	수업자료 (보조공학자료 활용)
[1차시] 주제학습 시작하기 주제: 가을 모습 • **활동 1-S**: 가을 모습, 활동을 생각하며 노래 만들기 안내, 가을 월드컵 게임하기 • **활동 2-SA**: 가을 모습을 담은 사진(사람, 산, 들, 농촌, 시장) 살펴보기 (SA: 개별 학생별로 미리 준비해 온 사진 보기 - 각 학생 본인이 가을 풍경을 배경으로 사진 찍은 것이나 동영상 자료 탐색하기) • **활동 3-S**: 가을을 주제로 마인드맵 만들기 • **활동 4-S**: 학습과정 협의하기	SA	학습지, 교과서 [노트북, 태블릿 PC, 스마트폰(앱)을 이용하여 가을 풍경 정보 스스로 검색해 보기, 가을 배경으로 가족이나 본인 사진 및 동영상 자료 보기]
[2차시] 주제학습 실행하기 소주제: 가을의 산과 들 • **활동 1-S**: 가을의 산과 들에서 보았던 것 발표하기 • **활동 2-S**: 가을의 산과 들, 정원을 살펴보고, 변화된 모습 살펴보기 (SA: 왜 가을이면 산과 들, 정원이 변화되는지 탐색해 보기, 다른 계절의 정원과 비교하기) • **활동 3-SE**: 가을 정원 꾸미기(각 아동의 집에 미니 가을 정원 꾸미기 계획하기) • **활동 4-SE**: 가을 정원에 대해 발표하고, 평가하기	SE	학습지, 교과서, 산·들·정원 사진 [노트북, 태블릿 PC, 스마트폰(앱)을 이용하여 가을의 산과 들, 가을 정원을 검색하고, 의사소통에 어려움이 있는 지적장애 학생은 보완·대체의사소통(AAC) 도구를 활용하여 발표하기]
[3차시] 소주제: 가을 나뭇잎 • **활동 1-S**: 가을의 산과 들에서 보았던 것 발표하기 • **활동 2-SM**: 여러 가지 단풍잎 살펴보고, 무리 짓기 ㅡ SM: 색깔, 크기, 모양을 비교하여 무리 짓기 ㅡ SMA: 기준을 만들어 무리 짓기 • **활동 3-SMA**: 가을 무늬 만들기 ㅡ SM: 규칙 만들기 ㅡ SMA: 단풍잎을 규칙대로 배열하여 가을 무늬 만들기 (SEA: 단풍잎 무늬를 어떻게 디자인하면 실생활 용품이나 주변에 적용할 수 있을지 탐색해 보기) • **활동 4-SMA**: 만든 가을 무늬 발표하고, 평가하기	SMA	학습지, 교과서, 도화지, 풀 [노랑 은행나뭇잎 혹은 단풍나뭇잎을 여러 개 주워서 도화지 위에 규칙적·불규칙적으로 나열하고 스마트폰의 카메라로 찍어서 노트북, 태블릿 PC, 스마트폰(앱)의 사진을 편집 기능을 이용해 다양하게 꾸미기]

[4차시] 소주제: 가을걷이 하기 – 고구마 캐기나 밤 따기 체험활동 연계 • **활동 1-S**: 벼와 사과가 어떻게 자라서 수확되는지 붙임 딱지 붙이며 알아보기 • **활동 2-ST**: 과거와 오늘날 가을걷이 모습 살펴보기 • **활동 3-STM**: 과거와 오늘날 가을걷이 수확량 비교하기, 과거보다 오늘날 가을걷이가 편리해진 이유 알아보기 • **활동 4-SA**: 내가 무엇으로 결실을 맺어 가을걷이 할지 발표하기	STM	과거와 오늘날 가을걷이 하는 사진, 학습지, 교과서 [다양한 가을걷이 모습(벼 수확하는 장면, 감 따는 장면 등)과 벼 수확하는 농기계 등 스마트폰이나 태블릿 PC로 검색해 보기]

[5차시] 소주제: 가을 열매와 씨앗
 	
• **활동 1-S**: 가을 열매를 붙여 가을 바구니 꾸미기
• **활동 2-SA**: 나는 누구일까요 놀이하기
  – S: 가을 열매와 씨앗 살펴보기
  – SA: 가을 열매와 씨앗 수수께끼 만들기
• **활동 3-ST**: 오늘날 가을철 곡식이나 열매의 맛과 영양이 옛날보다 더 좋아지고 다른 계절에도 나오는 이유 생각해 보기
(SE: 가을에 수확한 과일을 어떻게 하면 오래 보관할 수 있는지 탐색하기)
• **활동 4-STA**: 정리 및 평가하기
	STA	가을 열매와 씨앗, 교과서, 품종 개량된 가을 열매와 곡식 사진, 학습지

[6차시] 정리하기
 	
• **활동 1-SA**: 〈가을길〉 노래 부르기
• **활동 2-SA**: 〈가을길〉 노래 개사하여 노래 만들기
  – S: 가을을 주제로 공부한 후 알게 된 것(체험활동 등), 재미있었던 것 이야기 나누기
  – SA: 노래 제목 정하기
  – SA: 빈칸 채워 가사 만들기, 노래 불러 보고 수정하기
• **활동 3-STA**: 만든 노래로 mp3 파일 만들기
• **활동 4-STEAM**: 주제학습 자기 및 동료 평가하기
	STEAM	학습지, 〈가을길〉 반주 mp3, 녹음기 [가을 관련 노래를 스마트폰, 태블릿 PC로 찾아보기, 스마트폰에 가을 노래 부르는 것을 녹음 기능을 이용해 녹음한 후 재생하기, 반 친구 노래 제작과정 동영상 촬영하기(UCC 제작)]

기출 POINT 1

❶ 20중등B7

다음은 STEAM 교육을 적용한 기본 교육과정 과학과 교수 · 학습 지도안의 일부이다. 〈작성방법〉에 따라 서술하시오.

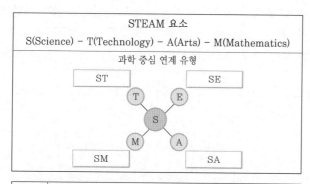

교수 · 학습 방향	학생의 융합적 사고를 기를 수 있도록 (㉠) 연계성을 고려하여 지도한다.			
단계	우리 몸	단계	밥상	단계 밥상에 담긴 영양
학습 목표	필수 영양소가 포함된 음식을 알고 다양한 도구를 사용하여 조리할 수 있다.		단계	2~3/6

단계	교수 · 학습활동	STEAM 요소	자료
문제 상황 제시	• 송년 모임을 위한 음식을 준비하기 – 좋아하는 음식 말하기 – 바람직한 식습관 알기	S	PPT 자료
창의적 설계	• 활동 1: 다양한 스마트 기기를 활용하여 음식 영양소 조사하기 – 스마트폰, 태블릿 PC로 영양소 조사하기	ST	스마트폰, 태블릿 PC
	• 활동 2: (㉡) … (중략) …	SM	과일, 채소, 바구니, 자
	• 활동 3: 다양한 조리 도구를 사용하여 조리하기 – 조리 도구 사용법 알기 – 다양한 도구로 조리하기	SE	도마, 칼, 믹서기, 거품기, 에어프라이어
감성적 체험	• 접시에 음식을 담고 꾸미기 • 친구의 작품 감상하기	SA	접시, 초콜릿, 과일, 슈가파우더

─ 〈작성방법〉 ─

• 괄호 안의 ㉠에 해당하는 내용을 쓸 것[단, 2015 개정 특수교육 교육과정(교육부 고시 제2018-163호) 총론에 근거할 것]
• 괄호 안의 ㉡에 해당하는 교수 · 학습활동의 예를 1가지 서술할 것(단, 교수 · 학습 지도안의 STEAM 요소와 자료에 근거할 것)

03 활동중심 삽입교수

1. 활동중심 삽입교수의 정의 ❶ 24유아B4, ❷ 20유아B2, ❸ 17유아B3, ❹ 14유아A2

활동중심 삽입교수는 일반 유아교육과정을 운영하는 중에 장애유아에 대한 교수활동을 삽입하여 실시함으로써 장애유아의 일반 교육과정 접근과 함께 개별 교수목표를 동시에 성취할 수 있게 해주는 교수적 접근으로 '활동중심 중재(ABI)'와 활동 중에 교수 기회를 삽입하는 '삽입 학습 기회(ELO)'의 두 가지 교수전략의 개념을 혼합한 용어이다(이소현, 2003).

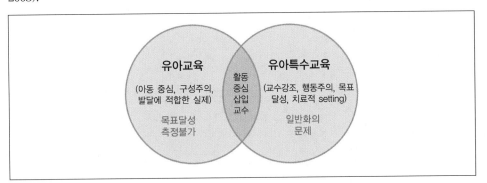

(1) 활동중심 중재

① 자연적으로 발생하는 규칙적인 일과를 이용한 교수를 의미한다.

② '활동중심'은 유아의 개별 목표를 일상적인 활동과 계획적인 활동, 유아가 시작하는 활동 안에서 중재를 삽입하고, 기능적이며 일반적인 기술을 발달시키기 위해 자연적으로 발생하는 선행사건과 후속결과를 이용하는 아동중심적이고 상호작용적 접근이다.

③ 활동중심 중재의 4가지 주요 요소

　㉠ 유아가 시작한 사건을 활용한다.

　㉡ 반복된 일과, 계획된 활동, 유아 시작 활동 안에 유아의 개별 목적과 목표를 삽입한다.

　㉢ 논리적으로 발생하는 선행조건과 후속결과를 활용한다.

　㉣ 기능적이고 일반적인 기술을 발달시킨다.

(2) 삽입교수

① 교육과정의 수정만으로 개별화교육 프로그램의 교수 목표들을 성취하는 데 충분하지 못하기 때문에 연습의 기회를 계획하여 삽입한다.

② 진행되는 일과에 삽입교수의 목표가 포함되어 적용되기 때문에 가장 덜 방해적인 방법이다.

③ 아침등원에서부터 시작하여 자유선택활동, 이야기 나누기, 작업, 점심, 바깥놀이, 귀가 등의 하루 일과의 모든 과정안에서 개별 목표를 삽입한다. 13추가유아A7

④ 장애 유아가 기회를 인식하고 학습할 수 있도록 구체적인 보조와 지원을 한다.

기출 POINT 2

❶ 24유아B4

(가)와 (나)의 [A]를 참고하여 박 교사가 적용한 교수전략을 쓰시오.

(가)

재희의 활동 - 기술 도표
• 개별화교육계획의 목표행동을 일과/놀이 중에 연습할 기회를 다양하게 제공한다. • 영역: 의사소통

(나)

미나: (나무 블록으로 쌓기놀이를 하고 있다.)　┐
상우: 재희야, 무슨 놀이 해?
재희: (상우를 바라보며) 기차놀이!
박 교사: (재희를 보며) 기차놀 　[A]이 해.
재희: 기차놀이 해.
상우: 재희야, 오늘도 나랑 같이 놀까?
재희: (반기는 듯 미소 짓는다.)　┘

❷ 20유아B2

ⓔ에 해당하는 교수방법을 쓰시오.

이 교사: 준우에게 ⓔ 간식시간, 자유선택활동 시간, 미술활동 시간에 사물을 세게 한 후 모두 몇 개인지 묻고 답하게 하여 준우의 개별화교육계획 목표가 달성될 수 있도록 해보세요.

❸ 17유아B3

ⓒ에서 교사가 성규에게 적용하고자 하는 교수방법의 명칭을 쓰시오.

성규가 마음이해 프로그램에서 배운 내용을 일상생활에 잘 적용하도록 ⓒ 우리 반의 일과와 활동을 분석하여 연습할 수 있는 학습기회를 구성해야겠다.

❹ 14유아A2

나리의 IEP 목표(의사소통)를 포함하여 ⓒ과 ⓒ의 교수활동을 계획하였다. 이에 해당하는 교수법을 쓰시오.

■ 나리의 IEP 목표
• 교사의 질문에 사물을 손가락으로 가리킬 수 있다.
• 자신의 느낌과 생각을 손짓이나 몸짓으로 표현할 수 있다.

■ 교수활동
• ⓒ 사진(의사, 버스기사, 요리사)을 보여주면서 "맛있는 음식을 만드는 사람은 누구니?"
• ⓒ 사진(축구선수, 미용사)을 보여주면서 "축구공은 어디 있니?"

2. 활동중심 삽입교수의 장점 ❶ 21유아A1

① 진행 중인 학급활동과 일과를 활용하기 때문에 학습환경에 큰 변화를 줄 필요가 없다.

② 유아가 선호하는 활동이나 흥미로워하는 활동을 기초로 하기 때문에 유아의 참여를 자연스럽게 촉진시킬 수 있다.

③ 교수활동이 자연스러운 학급환경에서 일어나기 때문에 새로 배운 기술을 쉽게 사용할 수 있다.

④ 같은 목표를 달성하기 위해 다양한 삽입학습 기회를 제공하면, 다른 상황에서 그 기술을 활용할 수 있는 유아의 능력이 증진된다.

3. 활동중심 삽입교수의 단계

단계	절차	내용
1단계	교수목표 점검 및 수정	개별 장애유아의 개별화 교육계획 교수목표와 학급에서 진행될 일과와 활동의 교수목표를 검토하여 유아의 개별 교수목표를 기존의 일과와 활동 중에 삽입하여 교수할 수 있는 형태로 재서술한다.
2단계	학습 기회 구성	일과와 활동 계획을 분석하여 개별 장애유아의 교수목표를 삽입하여 교수할 수 있는 적절한 학습 기회를 판별한다. 이때 활동기술도표를 활용하면 학습 기회를 효율적으로 판별할 수 있을 뿐 아니라 하루 일과 전체에 대한 학습 기회를 한눈에 파악할 수 있다.
3단계	삽입교수 계획	개별 장애유아의 교수목표를 판별된 학습 기회에 삽입하여 교수할 수 있도록 교수전략 및 평가계획을 포함한 구체적인 교수계획을 작성한다. 이때 교사 또는 학급에서 정한 특정 양식의 활동 중심 삽입교수 계획표를 사용하면 보다 편리하고 일관성 있는 교수계획이 가능하다.
3단계	삽입교수 실시	전 단계에서 수립한 계획에 따라 삽입교수를 실시한다. 일과와 활동이 진행되는 중에 활동중심 삽입교수가 성공적으로 실시되기 위해서는 교수계획에 대한 교사(들)의 숙지가 반드시 필요하며, 교수 실시에 대한 중재 충실도를 점검하는 것이 좋다.
3단계	삽입교수 평가	삽입교수 실시에 대한 평가를 한다. 즉, 유아가 자신의 교수목표를 성취하였는지에 대하여 교수계획에 포함된 평가계획에 따라 진도점검을 실시한다. 이때 진도점검은 계획에 따라 정기적으로 실시하는 것이 좋으며, 그 결과는 이후에 교수계획을 수정하기 위한 기준 자료로 활용된다.

기출 POINT 3

❶ 21유아A1

ⓒ 교수전략의 장점을 2가지 쓰시오.

> 최 교사: ⓒ 나은이의 개별화 교육 목표는 선생님이 모든 일과 과정 중에 포함시켜 지도할 수 있어요.

❷ 13추가유아A7

다음은 발달지체 유아인 민아의 개별화 교육계획 목표를 활동중심 삽입교수로 실행하기 위해 박 교사가 작성한 계획안이다. ㉠을 계획할 때 교사가 고려해야 할 점을 2가지 쓰시오.

■ 교수(IEP) 목표

> 활동 중에 제시된 사물의 색 이름을 말할 수 있다.

활동	㉠ 학습 기회 조성
자유선택활동 (쌓기 영역)	블록으로 집을 만들면서 블록의 색 이름 말하기
자유선택활동 (역할놀이 영역)	소꿉놀이 도구의 색 이름 말하기
자유선택활동 (언어 영역)	존댓말 카드의 색 이름 말하기
대소집단활동 (동화)	그림책 삽화를 보고 색 이름 말하기
간식	접시에 놓인 과일의 색 이름 말하기
실외활동	놀이터의 놀이기구 색 이름 말하기

더 알아보기

학습 기회 구성 시 주의점(이소현 외)
❷ 13추가유아A7

· 수정된 교수목표를 활동 중에 삽입하여 교수하기 위한 기회를 조성할 때 교사는 기능적으로 의미 있는 상황에서 교수할 수 있도록 학습 기회를 구성해야 함

· 교사는 삽입 교수가 가능한 기회를 식별하고 조성하는 것 외에도 유아가 하루 일과 전체를 통해 교수목표를 충분히 연습할 수 있도록 다양한 기회를 조성해야 함

기출 POINT 4

❶ 25중등A12
[B]에 해당하는 교수 전략의 명칭을 쓰시오.

교육 실습생: 선생님, 학생 K를 위한 의사소통 지도는 어떻게 하고 계세요?

특수 교사: 우선, 학생 K에게 필요한 구체적인 의사소통 기술을 파악하고, 학습 목표를 세워요. 그리고 학생 K의 목표 기술 학습을 위한 교수 기회를 구상하고, 그때 사용할 교수 전략도 미리 계획해요. 그런 후 학생 K가 등교하여 하교할 때까지 자연스러운 일 [B] 과 내에서 배워서 사용할 수 있는 의사소통 기술을 분산하여 연습할 수 있도록 가르치고 있어요. 이런 방법은 의미 있는 맥락에서 목표 기술을 즉각적으로 사용할 수 있게 하고, 일반화도 촉진시킬 수 있다는 장점이 있어요.

더알아보기 중도·중복장애 학생을 위한 효과적인 교수전략 – 삽입교수(embededding instruction) ❶ 25중등A12

- 삽입교수는 목표 기술을 자연스러운 일과 활동 내에서 수행할 수 있도록 활동 속에 삽입하는 것을 말하며, 학생의 수행 정도에 따라 연습시수를 정하여 일과 내에 분산하여 시도할 수 있도록 계획된다. **예** '손 씻기' 기술의 경우 삽입교수 방법을 적용하면 10회를 집중적으로 한 자리에서 연습하지 않고, 일과 내에서 손을 씻어야 할 자연스러운 상황(**예** 간식이나 식사 시간 전·후, 미술 활동 후, 화장실 이용 후 등)을 선정하여 학생에게 목표행동을 수행할 기회를 제공하게 된다(한경근 외).
- 삽입교수는 가르치고자 하는 기술을 능숙하게 사용할 수 있도록 반복적으로 배울 기회를 제공하는 것이다. 새로운 기술을 가르칠 때는 집중적으로 가르치기도 하지만, 집중적으로 가르치는 방법은 기술이 필요한 상황에서 배운 기술을 활용하고 일반화하는 데에는 효과적이지 못하다. 학생에게 가르쳐야 할 목표기술이 요구되는 학교 활동과 일과 내에 기술을 분산하여 가르치는 삽입교수는 학생이 기술을 습득하고 일반화하는 데 도움을 준다(강혜경 외).
- 교수학습 활동에 적용할 수 있는 삽입교수는 다음과 같은 장점을 가진다.

> 1. 중도·중복장애 학생이 소속된 학급 운영과 활동 진행에 큰 변화를 요구하지 않는다.
> 2. 중도·중복장애 학생을 별도로 분리해서 교육할 필요 없이 일반적인 학급 운영의 틀 내에서 교수할 수 있다.
> 3. 학급 내 자연적인 환경에서 교수가 일어나기 때문에 새로 습득한 기술의 즉각적이고도 기능적인 사용 능력을 증진시킬 수 있다.
> 4. 중도·중복장애 학생의 하루 일과 및 활동 전반에 걸쳐 삽입학습 기회가 체계적으로 제공됨으로써 새롭게 학습한 기술의 사용 능력이 다양한 상황으로 일반화될 수 있다.

- 결과적으로 삽입교수는 기존의 교육과정을 크게 변화시키지 않으면서 중도·중복장애 학생을 분리시키지 않고 기능적인 기술을 습득하여 그 일반화를 촉진한다는 장점을 가진다.

단계	활동	예시
1단계 교수목표 점검 및 수정	• 개별화교육계획의 교수목표 검토 • 일과 및 활동의 활동목표 검토	• 교수목표 : 또래의 시작행동에 5초 이내에 적절한 반응을 보인다. • 수정된 교수목표 : 놀이 활동 중에 또래가 이름을 부르면 5초 이내에 쳐다보면서 적절한 반응을 보이거나 놀잇감을 건네주면 받아서 놀이에 참여한다.

단계	활동	예시
2단계 학습 기회 구성	• 일과 및 활동 분석을 통한 학습 기회 판별 • 삽입교수를 위한 일과 및 활동 선정	• 하루 중 학생이 또래와 자연스럽게 상호작용할 수 있는 기회를 판별하고 발생 장소, 지속 시간, 또래 이름, 선정된 기술, 교수전략 등을 기록하여 활동 도표를 작성한다. • 활동 도표는 시간표와 같은 일과표 양식을 활용한다.

활동	목표행동			
	또래에게 반응하기	이동하기	요구하기	의사소통
08:50 등교	✓			✓
09:00 자유놀이	✓	✓		

...

3단계 삽입교수 계획	삽입교수를 위한 교수전략 및 실행계획	• 활동중심의 삽입교수계획표를 수립한다.

이름	김○○	교수 목표	놀이활동 중에 또래가 이름을 부르면 5초 이내에 쳐다보면서 적절한 반응을 보이며 놀이에 참여한다.
날짜	4. 30. ~ 5. 30.	활동	자유선택활동, 간식, 소집단 영역 활동

교수 활동		
활동	삽입교수	교사 역할
간식	간식 시간에 또래와 짝을 지어 이야기 나누기 활동을 한다.	• 환경 조성 : 자연스럽게 상호작용을 유도할 수 있도록 조 편성, 물리적 환경을 구성한다. • 언어 : 언어적 반응을 통해 바람직한 상호작용 행동을 강화한다.
책 읽기	책 읽기 시간에 또래가 먼저 책 읽기를 제안하면 바라보고 반응한다.	
조형 활동	그림을 그릴 때 필요한 물품을 빌려주고 빌려 오는 활동을 한다.	

평가	평가자 : ○○○, 평가 방법 : 관찰, 평가 시간 : 첫 번째 학습 기회					
	자료 수집	월	화	수	목	금
		W	P	H	H	I

* I(독립수행/정반응), P(독립수행/부분 정반응), H(보조 제공), W(오/무반응)

4단계 삽입교수 실행	• 활동의 진행 중 삽입교수 실행
	• 삽입교수의 중재충실도 점검
		• 실행 시 주의할 점
		  − 언제, 무엇을 해야 하는지 숙지하고 있어야 한다.
		  − 삽입교수로 인해 학급의 교육과정 운영이 방해받으면 안 된다.
		  − 교사 자신이 실행한 삽입교수가 제대로 실행되었는지에 대해 중재충실도를 점검하여야 한다.

5단계 삽입교수 평가	• 학생의 진도에 대한 정기적인 점검
	• 자료기반의 프로그램 평가
		• 평가 시 주의할 점
		  − 진도 점검, 기록은 학생의 향후 학습계획에 기준 자료로 활용한다.
		  − 일정 시간이 지나도 예상한 진보를 보이지 않을 경우 교수계획에 대한 전반적인 점검을 해야 한다.

사회적 능력 지도의 실제

01 사회적 능력의 결함 유형
- 기술 결함
- 수행력 결함
- 자기통제 기술 결함
- 자기통제 수행력 결함

02 사회적 능력의 위계모형
- 사회-의사소통 기술
- 인지능력
- 사회적 전략

01 사회적 능력의 결함 유형

지적장애 아동의 적응행동과 사회적 기술의 결함은 행동을 수행하는 방법에 대한 아동의 지식과 분노, 충동성과 같은 정서적 각성 반응의 존재 여부에 따라 네 가지 유형으로 분류된다 (Gresham & Elliot, 1990).

	획득 결함	수행력 결함
정서적 각성 반응의 부재	기술 결함	수행력 결함
정서적 각성 반응의 존재	자기통제 기술 결함	자기통제 수행력 결함

1. 기술 결함 ❶ 16중등A14

① 사회적 기술 결함은 적응적이거나 사회적인 방법으로 행동하는 데 필수적인 사회적 능력이 없거나 위계적인 행동을 수행하는 데 있어서 중요한 단계를 알지 못하는 것이다.

② 기술 결함은 기본 학습과정에서의 심한 결함(에 중도 및 최중도 지적장애), 기술을 배우는 기회의 부재(에 심리사회적 불리, 행동에 대한 적절한 모델의 부재 등)가 원인이 될 수 있다.

③ 기술 결함을 중재할 때는 직접지도, 모델링, 행동시연, 코칭 등의 기법을 이용하는 것이 효과적이다.

기출 POINT 1

❶ 16중등A14
㉠, ㉡에서 나타난 사회적 기술 결함을 쓰고, 해당 결함이 나타나게 된 이유를 각각 1가지 쓰시오.

김 교사: 준철이는 ㉠ 차례 지키기를 어떻게 해야 하는지 몰라요. 식당에서 밥을 먹으려면 줄을 서야 하는데도 그냥 앞으로 나가기도 하고 끼어들기도 해요.
정 교사: 민경이는 ㉡ 1:1 교수에서 잘 모르면 도와 달라고 하는데, 소집단 활동에서는 소리를 질러요. 잘 모를 때는 어떻게 해야 하는지 알면서도 안 해요.

2. 수행력 결함 16중등A14

① 수행력 결함은 주어진 행동을 수행하는 방법은 알지만 인정할 만한 수준에서 행동을 수행하지 못하는 것이다.

② 수행력 결함은 동기 유발 부족과 관련이 있고 행동을 수행하는 기회 부족이 그 원인이 될 수 있다. 예를 들어, 아동이 학급 상황에서는 행동을 수행하지 못하지만 학급 밖에서 행동을 수행할 수 있다면 수행력 결함이다. 또한 과거에 행동을 수행하는 것이 관찰된 경우에는 기술 결함보다는 수행력 결함이다.

③ 수행력 결함을 중재할 때는 선행사건과 후속결과를 조절함으로써 개선될 수 있으며, 또래주도, 유관강화, 집단강화 등이 효과적이다.

3. 자기통제 기술 결함

① 자기통제 기술 결함은 특정한 유형의 정서적 각성 반응이 기술의 습득을 방해하기 때문에 특정한 기술을 배우지 못하는 것이다.

② 학습을 방해하는 대표적인 정서적 각성 반응으로는 불안과 분노가 있다. 불안으로 인해 사회적 기술을 배우지 못할 때는 불안을 줄이기 위한 둔감법이나 홍수법, 자기대화, 자기감독, 자기강화 등을 함께 사용하는 것이 효과적이다. 분노로 인해 사회적 기술을 배우지 못할 때는 강화기법, 집단강화, 가벼운 혐오 기법(**예** 꾸중, 격리, 반응대가, 과잉교정) 등과 같은 행동 감소 절차를 적용한다.

4. 자기통제 수행력 결함

① 자기통제 수행력 결함은 아동의 사회적 기술 목록에 특정 기술이 있지만 정서적 각성 반응과 선행 혹은 후속 결과 통제 문제 때문에 기술을 수행하지 못하는 것을 말한다. 이 경우 아동은 기술을 수행하는 방법은 알고 있지만 부적절하고 일관성 없이 사용한다.

② 자기통제 수행력 결함을 유발하는 대표적인 정서적 각성 반응으로는 충동성을 들 수 있다. 충동적인 아동은 또래나 교사와 적절하게 상호작용하는 방법을 알고 있지만 부적절한 행동을 초래하는 반응 양식인 충동성 때문에 기술사용에 일관성이 없다.

③ 이러한 아동을 지도하기 위해서는 부적절한 행동을 억제하는 자기통제 전략, 변별기술을 지도하는 자극통제 훈련, 적절한 사회적 행동을 증대시키는 유관강화 등을 이용할 수 있다.

02 사회적 능력의 위계모형

사회적 능력의 위계에서 상위 능력은 하위 능력의 영향을 받는다. 구성요소를 구체적으로 살펴보면 다음과 같다. ❶ 12중등8

기출 POINT 2

❶ 12중등8
장애학생을 위한 사회성 증진 프로그램을 수행할 때 고려해야 하는 사회적 기술(social skills), 사회적 능력(social competence), 사회인지(socio-cognition)의 개념을 설명한 것으로 옳은 것만을 〈보기〉에서 있는 대로 고른 것은?

〈보기〉
㉠ 사회적 기술은 특정한 사회적 과제를 해결하기 위해 사용하는 구체적이고 관찰 가능한 행동으로써, 특히 장애학생에게는 사회적 타당성이 있는 사회적 기술을 가르칠 필요가 있다.
㉡ 사회적 능력은 특정 개인의 행동에 대해 상대방이 판단하는 효과성 및 수용 정도와 관련이 있으므로, 사회적 능력의 신장을 위해 장애학생에게 또래와 함께하는 풍부한 사회적 경험을 제공하는 것이 필요하다.
㉢ 사회인지는 사회적 단서를 통해 상대방의 생각과 감정상태 등을 이해하고 적절한 판단을 내리는 것과 관련이 있으므로, 비언어적인 사회적 단서를 이해하는 데 어려움이 있는 장애학생에게 사회인지 훈련이 필요하다.
㉣ 인지, 언어, 정서, 운동 능력 등이 통합적으로 작용하는 사회적 기술의 특성은 장애학생이 사회적 기술을 습득하는 데 어려움을 겪는 이유를 설명해 줄 수 있다.
㉤ 위계적 차원에서 사회적 기술은 사회적 능력과 사회인지의 상위 개념이므로, 장애학생을 위한 사회성 증진 프로그램의 최종 목표는 사회적 기술의 신장으로 설정하는 것이 바람직하다.

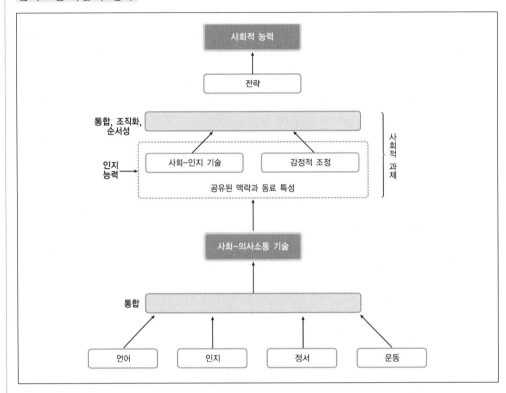

1. 사회-의사소통 기술

사회-의사소통 기술에는 언어, 인지, 정서, 운동 능력의 하위 영역들이 포함된다. 이러한 하위 능력들이 통합되어 나타난 사회-의사소통 기술은 사회적 맥락 내에 존재하는 사회적 과제, 즉 대인 간 문제를 해결하는 데 사용된다.

2. 인지능력

사회적 과제를 해결하는 데 인지적 능력은 중요하며, 인지적 능력은 사회-인지 기술과 감정적 조정을 포함한다. 사회-인지 기술과 감정적 조정은 생활연령이 같은 또래와 공유하고 있는 환경과 그 또래의 특성과 관련이 있다.

3. 사회적 전략

사회-의사소통 기술이 통합, 조직, 계열화되어 후속적으로 나타나는 능력이다. 사회적 전략은 또래관계에서의 사회적 능력에 지대한 영향을 미친다.

김은진
스페듀
기본이론서

Vol. 2

Special education

Chapter 01. 통합교육의 이해

Chapter 02. 통합교육의 역사적 배경

Chapter 03. 통합교육을 위한 협력적 접근

Chapter 04. 통합학급 교수전략

Chapter 05. 협동학습 | 보충자료 ① |

Chapter 06. 또래교수 | 보충자료 ② |

PART

02

통합교육

통합교육의 이해

01 통합교육의 정의 및 목적
- 「장애인 등에 대한 특수교육법」의 정의
- 통합교육의 목적

03 통합교육의 장점

02 통합교육의 분류

- Kauffman의 분류
  - 물리적 통합
  - 학문적 통합
  - 사회적 통합
- 통합의 수준에 따른 분류

01 통합교육의 정의 및 목적

1. 「장애인 등에 대한 특수교육법」의 정의

> 통합교육이란 특수교육대상자가 일반학교에서 장애 유형·장애 정도에 따라 차별을 받지 아니하고 또래와 함께 개개인의 교육적 요구에 적합한 교육을 받는 것을 말한다.

2. 통합교육의 목적

다양성 ❶ 19중등A1	개인 간의 다양한 능력 수준은 차별과 집단화의 근거가 되는 것이 아니라 개인차와 독특한 교육적 요구로 인정되어야 한다.
평등성	교육의 평등성이란 개인이 지니고 있는 학습능력과 개인의 요구에 적합한 교육 서비스를 제공해 주는 것을 의미한다.
수월성	교육의 수월성을 보장하기 위해서는 개인의 잠재력을 최대한 개발시켜 주는 방법을 사용한다.
조화	구성원 단 한 사람도 소외되지 않고, 각자가 역할을 맡아서 수행하며, 기능을 발휘하고, 집단의 공동선을 위해 기여하며, 조화를 이루어 살아가는 집단 사회를 이룩하는 것이다.

기출 POINT 1

❶ 19중등A1
괄호 안의 ⓒ에 해당하는 내용을 쓰시오.

Ⅱ. 통합교육의 실제
1. 모두를 위한 학교, (ⓒ)을/를 존중하는 학교
  가. '(ⓒ)'의 사전적 의미: 모양, 빛깔, 형태, 양식 따위가 여러 가지로 많은 특성
  나. 학교 교육에서 (ⓒ)을/를 추구해야 하는 이유
   • 개인별 취향을 인정하듯 학교 구성원의 저마다 다른 개성을 인정하고 교육적 요구를 수용함으로써 필요한 교육을 제공해야 함
   • 다차원적 관점이나 가치관을 학습하는 것이 중요함 (다원성)
   • 불평등한 사회 구조의 변혁을 위해 소수자 관점의 교육도 중요함(평등성)
   • 학생의 능력, 개성, 자질을 동등하게 존중하고 가치를 부여해야 함(수월성)
  다. 통합교육의 성공을 위한 출발점
   • 장애학생의 특성을 '차이', '다름', '개성'으로 인정하여 인간의 (ⓒ) 차원으로 수용
   • 개별 학생에 적합한 학습 방법 및 교육 내용을 적용하는 교육과정 운영

02 통합교육의 분류

1. Kauffman의 분류

통합은 장애아동을 일반학급에 물리적으로 통합(시간적 통합)하는 것 외에 학문적(교수활동적), 사회적(사회적 통합)으로도 통합하는 것을 의미한다.

물리적 통합 (시간적 통합)	일정 시간 동안 장애를 지니지 않은 또래들과 함께 동일한 교육환경에 배치하는 것을 의미한다.
학문적 통합 (교수활동적 통합)	일반 교육환경의 교수 활동에 참여하는 것을 의미한다.
사회적 통합	통합되는 학급의 교사와 또래들로부터 학급의 구성원으로 수용되는 것을 의미한다.

2. 통합의 수준에 따른 분류

물리적 통합	특수교육 대상학생과 일반학생의 접촉을 촉진하고 조장하는 것을 의미한다.
용어적 통합	장애를 의미하는 명칭과 차별적 표현을 사용하지 않는 것을 의미한다.
행정적 통합	특수교육 대상학생과 일반학생을 법적으로 구분하지 않는 것을 의미한다.
사회적 통합 ❶ 16초등B1	특수교육 대상학생과 일반학생들 간에 사회적 접촉의 빈도와 강도를 높이는 것을 의미한다.
교육과정 통합	장애학생과 일반학생들에게 동일한 교육과정 구조와 장기목표를 적용하는 것을 의미한다.
심리적 통합	모든 학생들이 같은 교실에서 동시에 같은 프로그램으로 함께 수업받는 것을 의미한다.

기출 POINT 2

❶ 16초등B1
㉠이 적절하지 않은 이유를 사회적 통합 측면에서 1가지 쓰시오.

세희가 수업 중 주변 자극에 쉽게 주의가 산만해지기 때문에 ㉠ 세희의 자리를 교탁 옆에 별도로 배치함

03 통합교육의 장점

장애학생 측면	• 일반교육과정에서의 접근을 통해 교육과정에서 배제되는 것을 방지할 수 있다. • 생활연령에 맞는 교육 환경을 제공할 수 있다. • 일반학생들과의 상호작용을 촉진할 수 있다.
일반학생 측면	• 장애학생들과 상호작용 경험을 통해 미래의 성인생활에서 비차별적으로 살아가도록 지원한다. • 인간에 대한 다양성을 이해할 수 있다. • 자존감이 높아지고 행동이 개선된다.

통합교육의 역사적 배경

01 통합교육의 역사적 배경

─ 정상화의 원리
─ 탈시설수용화
─ 최소제한환경
─ 일반교육주도
─ 완전통합

기출 POINT 1

❶ 19중등B2
밑줄 친 ㉠이 중도·중복장애 학생 교육에 제공하는 시사점을 교육 환경(즉, 교육적 배치)과 교육 내용(즉, 가르치고 배우는 내용) 차원에서 각 1가지씩 서술하고, ㉡에 해당하는 내용을 순서대로 쓰시오.
■교육 가능성에 대한 신념

- ㉠ 정상화 원리
  - 시사점: 장애인의 교육에서 중요한 것이 무엇인가에 대한 관점의 패러다임 제공
- (㉡)
  - 정상화 원리에 기반하여 올펜스버거가 체계화
  - 개인이 한 사회의 가치로운 구성원으로 인식되도록 하는 것의 중요성을 역설함
  - 시사점: 중도·중복장애 학생이 자유 의지와 권리를 지켜나갈 수 있도록 교수와 지원을 제공하여 사회적 이미지를 긍정적으로 개선시킴

❷ 12중등37
㉠~㉤ 중에서 옳은 것만을 있는 대로 고른 것은?

강 교사: 수업 활동 중에 학생 A가 스스로 하기 어려운 활동도 있겠지만, ㉠ '부분참여의 원리'를 적용해서 친구들에게 모두 의존하지 않고 활동에 일정 수준 참여하게 한다면 활동을 통해 배우게 될 뿐만 아니라 자존감도 높아진다고 생각해요.
최 교사: ㉡ '부분참여의 원리'를 적용하는 것은 통합학급에서 학생 A의 이미지와 역량에 긍정적인 영향을 줄 수 있다는 점에서 '사회적 역할 가치화'라는 개념을 실현하는 것으로 볼 수 있어요.

01 통합교육의 역사적 배경

1. 정상화의 원리(principle of normalization) ❶ 19중등B2

① 정상화 원리는 문화적으로 정상적인 개인의 행동 및 특성을 형성하고 유지하기 위해서는 가능한 한 문화적으로 정상적인 수단을 사용해야 한다는 철학적인 믿음에서 출발하였다.

② 이와 같은 정상화의 기본적인 철학적 원리와 구체적인 정의를 특수교육에 적용하게 되면 장애인을 위한 교육의 목적 및 수단이 가능한 한 일반인을 위한 교육의 목적 및 수단과 같아야 한다는 것으로 이해된다. 다시 말해서, 장애인은 가능한 한 일반적인 사회로 통합되어야 한다는 것이다.

③ 정상화의 원리에 입각한 교육 목적, 교육 환경, 교육 방법은 다음과 같다.

교육 목적	교육의 목적에 있어서의 정상화란 장애인을 교육하는 목적이 일반인의 교육 목적과 마찬가지로 좀 더 큰 사회에 적응하고 생활할 수 있게 한다는 것이다.
교육 환경	교육 환경에 있어서의 정상화란 장애인도 일반인의 교육 환경과 동일하거나 최대한으로 유사한 환경에서 교육받아야 한다는 것이다.
교육 방법	교육 방법에 있어서의 정상화란 일반인에게 사용되는 교육방법과 동일하거나 가장 유사한 방법이 적용되어야 한다는 것이다.

④ Wolfensberger는 평가절하된 개인에게 사회로의 통합을 요구하며, 그에 따라 긍정적인 사회적 역할을 제공하고, 개인적 능력을 촉진하며 사회적 이미지를 보강할 것을 요구하는 사회적 역할 가치화 이론(SRV)을 정립하였다. 해당 개념을 실현하는 방법으로 부분참여의 원리를 적용한다. 부분참여의 원리란 비록 활동의 모든 측면에 참여하지 못하지만 활동의 일부라도 참여할 수 있도록 하는 것으로 장애학생의 자존감과 이미지 형성에 긍정적 영향을 준다. ❷ 12중등37

⑤ 정상화 원리의 개념은 장애아동 교육에 있어서 최소제한환경(least restrictive environment; LRE)의 개념을 탄생시킨 촉매적인 역할을 하였다.

2. 탈시설수용화(deinstitutionalization)

① 1960년대와 1970년대를 거쳐 장애인을 시설에 수용하는 것에 대한 강한 비판이 제기
되기 시작하였으며, 사회 운동의 일환으로 이들을 분리된 시설에서 지역사회로 이동
시키기 시작하였는데, 이러한 움직임을 탈시설수용화라고 부른다.

② 특히 앞서 설명한 정상화 원리의 개념을 도입하면서 장애인을 수용하는 시설을 폐쇄
해야 한다는 강한 주장이 대두되기 시작하였으며, 계속되는 법정 판결과 시민운동의
결과로 탈시설수용화의 움직임이 널리 퍼져나가기 시작했다. 이와 같은 탈시설수용화
움직임은 장애인의 사회 통합을 위한 주요 역할을 한 것으로 인식되고 있다.

3. 최소제한환경(least restrictive environment ; LRE)

① 최소제한환경이란 미국의 장애인교육법(IDEA)에 명시된 법적 용어로 장애아동을 장
애가 없는 또래, 가정, 지역사회로부터 가능한 한 최소한으로 분리시켜야 한다는 개
념이다.

② 예를 들어, 시간제 특수학급에서 충분한 특수교육적 도움을 받을 수 있는 학생을 전
일제 특수학급에 배치해서는 안 되며, 일반학교 특수학급에서 적절한 교육이 가능한
학생을 분리된 특수학교나 수용시설에 배치해서는 안 된다는 것이다. 따라서 최소제
한환경은 통합 원칙(inclusion principle)이라고도 불린다.

4. 일반교육주도(regular education initiative ; REI)

① 일반교육주도의 움직임을 찬성하는 사람들은 장애아동을 위한 현행 교육 제도가 일반교
육과 특수교육의 이중적인 형태를 취함으로써 비기능적이고 비효율적이며 비경제적이
라고 주장하였다. 특히 이들은 이중적인 구조로 구성되어 있는 특수교육과 일반교육을
병합함으로써 학생, 교사, 부모, 교육 행정가 모두가 혜택을 얻을 수 있다고 주장하였다.

② 예를 들어, 현재 일반교육에 포함되어 있는 장애위험 아동은 하나의 교육 체계 내에서
필요한 특수교육 서비스를 받을 수 있게 된다. 그리고 특수교육에 포함되어 있는 장애
아동은 불필요한 표찰의 부정적인 영향을 감소시키고 바람직한 행동을 관찰하여 학
습할 수 있으며, 일반아동은 모든 사람이 그 모습과 능력에 있어서 차이가 있다는 사
실을 학습할 수 있다는 것이다.

5. 완전통합(full inclusion ; FI)

① 완전통합을 주장하는 사람들은 경도 장애아동뿐만 아니라 중도 장애아동을 포함하는
모든 장애아동을 위해서 일반학급이 가장 적절한 교육 환경임을 강조하고 있다.

② 그러나 많은 특수교육 전문가들은 완전통합이 장애아동을 위한 단 하나의 적절한 선
택이라는 주장에 동의하지 않는다. 이들은 개별 아동의 특별한 필요를 충족시키기 위
해서는 특수학급이나 자료실과 같은 기타 선택의 여지가 포함된 연계적인 특수교육
서비스 체계가 갖추어져 있어야 한다고 주장한다.

통합교육을 위한 협력적 접근

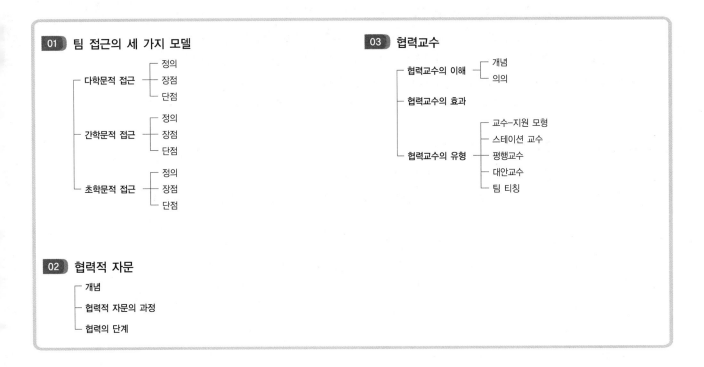

01 팀 접근의 세 가지 모델

├ 다학문적 접근 ┬ 정의
│   ├ 장점
│   └ 단점
├ 간학문적 접근 ┬ 정의
│   ├ 장점
│   └ 단점
└ 초학문적 접근 ┬ 정의
                 ├ 장점
                 └ 단점

03 협력교수

├ 협력교수의 이해 ┬ 개념
│   └ 의의
├ 협력교수의 효과
└ 협력교수의 유형 ┬ 교수-지원 모형
                   ├ 스테이션 교수
                   ├ 평행교수
                   ├ 대안교수
                   └ 팀 티칭

02 협력적 자문

├ 개념
├ 협력적 자문의 과정
└ 협력의 단계

01 다양한 전문가들의 협력적 접근(팀 접근의 세 가지 모델)

1. 다학문적 접근(multidisciplinary approach)

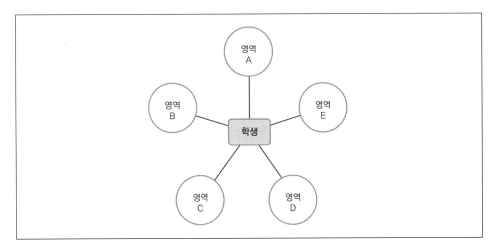

(1) 다학문적 접근의 정의

① 다양한 영역의 전문가들이 함께 모여 팀을 구성하되 각 영역의 전문가는 독립적으로 진단하고 보고하며 제언하는 모델이다. ❶ 25중등A12

② 다학문적 접근은 진단 결과나 제언 내용이 일치하지 않거나 대립될 수도 있다.

(2) 다학문적 접근의 장점

① 다양한 전문 영역이 참여하여 서비스를 계획하고 제공한다.

② 의사결정 시 다양한 전문성이 반영된다.

③ 실수와 편견을 줄일 수 있다.

(3) 다학문적 접근의 단점

① 중재를 위한 통일된 접근을 촉진하기 어렵다.

② 팀의 응집력과 기여도가 부족하다.

③ 가족들에게 부담이 되고 혼동을 일으키기도 한다.

2. 간학문적 접근(interdisciplinary approach)

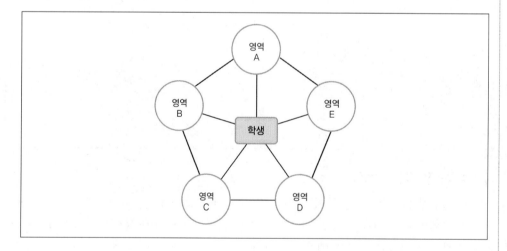

(1) 간학문적 접근의 정의

① 다양한 영역의 전문가들이 소통하며 진단과 교육계획을 수립하는 모델이다. 전문가들은 자신의 전문 영역에 대해 독립적으로 진단하지만 공식적인 의사소통을 한다는 점에서 다학문적 접근과 차이가 있다. ❷ 15유아A4

② 즉, 각자의 진단이 끝난 후 모임을 통해 진단 결과에 대한 합의된 의사결정을 한다. 하지만, 실제 서비스는 전문 영역에 따라 독립적으로 이루어지므로 모임에서 합의된 결정이 반영되지 않을 수 있다. ❶ 16유아A4

기출 POINT 1

❶ 25중등A12

밑줄 친 ⊙에 해당하는 협력적 접근 방법의 유형을 쓰시오.

> 예전에는 ⊙ 다양한 영역의 전문가가 독립적으로 학생을 진단 및 평가하고, 각 분야의 전문가가 각자 세분화된 훈련 계획을 개발해서 실행했어요.

기출 POINT 2

❶ 16유아A4

인호를 위한 전문가 팀의 협력 모델명을 쓰고, 진단 측면에서 이 모델의 장점과 단점을 쓰시오.

■ 전문가 협력

- 유아특수교사, 청각사 등 다양한 영역의 전문가들이 참여함
- 전문가별로 중재 계획을 개발하고 정보를 서로 공유함
- 인호의 부모가 팀원임
- 때때로 팀원 간에 인호의 문제를 논의함

❷ 15유아A4

⊙에 해당하는 팀 협력 모델명을 쓰시오.

> 박 교사: ⊙ 저는 통합학급 교사로부터 각 유아에 대한 발달과 학습에 대한 정보를 받고, 유아가 다니는 치료실의 치료사나 심리학자, 의사 등으로부터 진단 결과나 중재 목표를 받아서 부모의 요구와 우선순위를 파악하여 작성했어요.

(2) 간학문적 접근의 장점 16유아A4

① 활동과 교육목표가 다른 영역을 보충하고 지원한다.

② 하나로 통일된 서비스 계획에 기여한다.

③ 서비스 대표자를 통해서 정보를 공유할 수 있다.

(3) 간학문적 접근의 단점 ❶ 20유아A7, 16유아A4

① 팀의 구성원들이 의사소통을 한다고 해도, 실질적 진단은 각자 독립적으로 수행하기 때문에 결과에 있어서 차이가 나는 경우가 많다.

② 서비스 대표자의 역할이 불분명하기 때문에 역할 수행에 있어서 독단적일 수 있다.

③ 전문가들 간의 협력관계가 잘 형성되고 유지될 수 있도록 하기 위해 많은 노력이 필요하다.

3. 초학문적 접근(transdisciplinary approach)

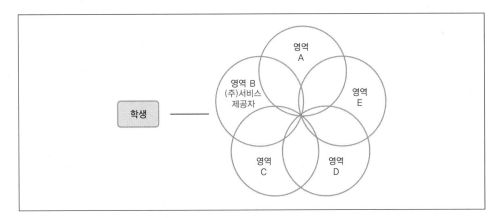

(1) 초학문적 접근의 정의

① 다양한 영역의 전문가들이 한 팀이 되어 진단과 교육계획에 함께 책임지고 참여하는 모델이다. 단, 교육 서비스는 가족과 주요 서비스 제공자에 의해 이루어지므로 이 모델에서 가족의 역할은 매우 중요하다.

② 초학문적 접근의 핵심은 역할양도와 원형평가이다.

㉠ **역할양도(역할방출)** ❶ 20유아A7, ❷ 12초등 · 유아10

• 각 전문가들이 함께 모여 자신의 영역에 대한 초기평가를 실시한 후에 주 서비스 제공자에게 자신의 전문 영역의 교수 기술을 가르침으로써 역할을 방출하는 것이다.

기출 POINT 3

❶ 20유아A7

ⓛ과 ⓒ에 해당하는 팀 접근의 유형을 각각 쓰고, ⓛ과 비교하여 ⓒ이 갖는 장점을 1가지 쓰시오.

신 교사: 보라의 ⓛ <u>개별화교육지원팀의 구성원들은 진단과 중재를 각각 하지만 팀 협의회 때 만나서 필요한 정보들을 공유해요.</u> 보라가 다니는 복지관의 언어재활사는 팀 협의회 때 보라의 진단 결과와 중재 방법을 알려줄 수 있어요. 유치원 차원의 긍정적 행동지원과 관련해서는 언어재활사에게 차례 지키기 연습을 할 기회가 있으면 복지관에서도 할 수 있도록 협조를 부탁드리면 좋겠어요.

이 원감: 건하의 ⓒ <u>개별화교육지원팀은 함께 교육진단을 하고, 그 진단을 바탕으로 유아특수교사와 통합학급 교사가 교육을 계획한 후 실행하고 평가하는 전 과정에서 함께 협력해요. 두 선생님은 물리치료사에게 알맞은 자세잡기를 배워서 건하에게 적용할 수 있어요.</u>

❷ 12초등 · 유아10

〈보기〉의 설명 중 옳은 것은?

교사: 서기 자세 보조기기를 사용해서 서기 연습을 시키려면 어떻게 도와주어야 할까요?

치료사: ⓒ <u>선생님을 민수로 생각하고 제가 시범을 보일게요. 민수의 경우 다리에 힘이 풀려서 주저앉거나 엉덩이가 뒤로 당겨져 정렬이 흐트러질 수 있으니 서기 자세 보조기기의 엉덩이, 무릎, 발 벨트 부분을 묶어주는 것이 좋아요.</u>

─── 〈보기〉 ───

ㄷ. ⓒ에서 물리치료사는 특수학교 교사에게 자문 및 역할방출을 통해 민수에게 직접서비스를 제공하고 있는 것이다.

Ⓛ 원형평가(원형진단) `기출 POINT 4`

- 다양한 영역의 전문가들이 동시에 대상 아동을 진단하는 방법으로, 이를 통해 동일한 정보를 교환할 수 있다.
- 팀 구성원은 진단 전 촉진자에게 자신들이 진단과정에서 보기를 원하는 행동을 미리 알려준다. 촉진자가 아동 및 양육자와 상호작용할 때 팀 구성원은 자기 전문 영역의 관점에서 아동의 행동을 관찰한다. 관찰을 통한 진단이 우선이지만, 필요한 경우 자신의 전문 영역과 관련하여 직접 추가 진단을 할 수도 있다.
- 이 방법은 아동의 행동을 동시에 관찰하면서 서로의 정보와 의견을 즉시 교환할 수 있기 때문에 아동의 발달을 통합적으로 인식할 수 있고, 합리적이며, 우선적인 교수계획을 수립할 수 있으며, 진단 절차가 중복되는 것을 방지할 수 있다는 장점이 있다.

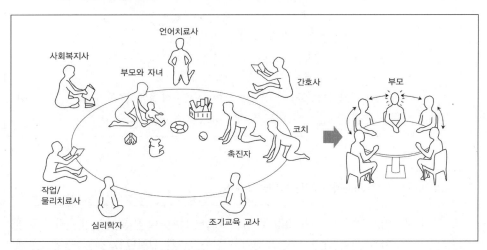

기출 POINT 4

❶ 25중등A12
밑줄 친 Ⓛ의 진단 과정에서의 특성을 1가지 서술하시오.

우리 학교에서 실행하는 것과 같이 Ⓛ 초학문적 접근법으로 협력할 것을 권장하고 있어요.

(2) **초학문적 접근의 장점**

① 학생에 대해서 좀 더 완전하게 이해하도록 돕는다.

② 전문가들의 지식 및 기술을 향상시키고 전문성을 강화한다.

③ 전문가들은 진단 팀의 다른 전문가들의 기술과 지식을 즉각적으로 접하고 제공받을 수 있다.

④ 학생과 가족들의 진단에 소모되는 실질적인 시간을 절약할 수 있다.

⑤ 가족들의 경우 전문가들에게 같은 정보를 반복해서 제공하지 않아도 된다.

⑥ 종합적이면서도 하나로 통일된 중재 계획을 제공할 수 있다(서비스가 중복되는 것을 막을 수 있다).

(3) **초학문적 접근의 단점**

① 다양한 영역의 전문가들의 고도의 협력과 상호작용을 필요로 한다.

② 서비스 제공자의 역할을 주로 맡는 교사에게 가장 큰 책임이 주어진다.

③ 전문가 간의 의사소통과 계획을 위해 많은 시간을 소모해야 한다.

기출 POINT 4

❷ 18중등B3

㉠에 해당하는 팀 협력 모델의 명칭을 쓰고, 이 모델에서 사용하는 ㉡에 해당하는 진단방법을 제시하시오.

㉡
- 교사, 부모, 물리치료사, 작업치료사 등 다양한 전문가들이 팀을 이루고 함께 모여 동시에 함께 E를 진단함
- 교사는 촉진자로서 학생 E의 움직임과 행동을 유도해 내고, 팀원들은 학생의 행동을 관찰하면서 각자의 전문영역과 관련한 평가를 함
- 평가 결과에 기초하여 팀원들은 "워커를 사용하여 목표지점까지 이동할 수 있다."는 목표를 설정하고 공유한 후, 개별화 교육계획에 반영함

㉠
- 교사와 부모는 물리치료사와 작업치료사에게 다음의 내용을 배워 학생을 지도함
  − 바른 정렬을 유지하며 워커로 걷는 방법
  − 적절한 근 긴장도를 유지하며 걷는 방법
  − 방향 전환 방법
- 교사는 학생 E가 학교 일과 중 자연스러운 환경에서 '워커를 사용하여 이동하기'를 연습할 수 있도록 계획하고 지도함

❸ 15유아A4

㉡의 팀에서 주로 사용하는 진단 방법을 쓰시오.

김 교사 : 아, 그렇군요. 저는 영아를 담당하고 있는데, ㉡ <u>각 영아의 교육적 요구에 따라 여러 관련 서비스 영역의 전문가들과 심리학자, 사회복지사, 부모 그리고 제가 한 팀이 되어 교육 진단을 계획했어요. 교육 진단 시에는 팀 구성원들이 동시에 관찰하며 평가했는데, 그때 제가 촉진자의 역할을 했어요. 그리고 나서 팀이 합의한 평가 결과에 따라 다 같이 개별화교육계획을 수립했어요.</u>

❹ 13유아B2

다음은 김 교사가 태호(만 5세, 발달지체)를 위해 전문가와 협력한 활동이다. 김 교사가 다른 전문가와 협력하여 실시한 교육진단이 무엇인지 쓰시오. 그리고 아래의 ©과 @에 들어갈 말을 쓰시오.

(가)	김 교사는 언어치료사, 작업치료사, 사회복지사 등 전문가들과 교육진단을 실시하였다. 교육진단은 인사하기와 분위기 조성하기, 과제중심 진단, 휴식시간, 이야기 시간과 교수 시간, 자유놀이, 회의 단계로 구성되어 있다. 촉진자로 선정된 전문가는 태호와 어머니와의 상호작용을 유도하였고, 다른 전문가들은 태호와의 상호작용을 관찰하였다. 태호 어머니는 결혼 이민자로 우리말을 잘하지 못하기 때문에 회의 시간에는 통역사가 참여하였다.
(나)	김 교사는 간식 시간에 작업치료사로부터 턱 주변의 근긴장도가 낮은 태호의 턱을 지지해 주는 손동작을 배우고 있다. 김 교사는 작업치료사의 지원을 받으며 태호의 앞과 옆에서 턱을 보조하는 방법에 대해 배우는 중에, 한쪽이 낮게 잘린 컵에 담긴 물을 먹이고 있다. 이 때 컵의 낮게 잘린 쪽이 코 반대 방향으로 향하고 있다.
(다)	(가)와 (나)에서 김 교사가 전문가와 협력한 방법은 (©) 접근법이다. 이 접근법은 자신의 전문 영역에 대한 진단은 각자 진행하지만 정기적 모임을 통해 다른 분야 전문가와 의견을 교환하는 (@) 접근법의 제한점을 보완한 것이다.

❺ 12중등34

다음은 정신지체 학생 A의 언어 지원을 위한 협력적 접근 사례이다. 사례에서 나타나는 협력적 접근 모델 및 방법만을 〈보기〉에서 있는 대로 고른 것은?

특수교사, 언어재활사(치료사), 부모는 학생 A의 의사표현이 가장 활발히 나타나는 사회 시간에 함께 모여 학생 A의 활동을 관찰하면서 언어평가를 실시하였다. 평가 후 특수교사, 언어재활사, 부모는 평가 결과를 바탕으로 장·단기 목표 및 지원 방법에 대해 함께 논의하였다. 언어중재는 한 학기 동안 특수교사가 혼자 맡아서 교실에서 실시하기로 결정하였다. 정기적인 모임을 통해 언어재활사는 특수교사가 지도할 때에 필요한 구체적인 언어중재 전략에 관한 정보를 제공하기로 하였고, 부모는 가정에서의 언어능력 향상 정도를 특수교사에게 알려주기로 하였다.

〈보기〉
㉠ 팀 교수　　　㉡ 역할 양도　　　㉢ 원형 평가
㉣ 간학문 접근　　　㉤ 초학문 접근

🔒 Keyword

간학문적 접근

각 영역의 전문가들이 아동에 대한 독립적 평가를 실시해 아동과 가족에게 필요한 서비스를 개별적으로 제공하는 다학문적 접근의 문제점을 보완하려고 고안된 학문 간 접근이다. 장애아동을 평가한 후 서비스 제공 계획을 세울 때, 참여한 팀 구성원 사이에 정보를 교환하는 상호작용은 하나 역할은 공유하지 않는 협력 체계이다. 즉, 팀원들 사이에 중재를 위한 프로그램 계획 단계에서는 의사소통을 하나 아동에게 제공되는 평가와 서비스는 개별적으로 하는 것이 특징이다.

초학문적 접근

구성원들이 통합된 의견 수렴과 절차를 거쳐 관련 서비스를 공동으로 제공하는 서비스 지원 모형이다. 학문들 간의 경계를 허물고 가족 및 팀원들 간 정보와 기술을 공유한다. 개별적인 서비스를 제공하기보다 생태학적인 환경 진단과 함께 전문가들의 협력 체제 구축을 지향하며, 서비스가 통합적으로 전달된다. 서로의 전문적인 지식을 보다 더 적극적으로 공유하고 재조정하여 아동의 전인적인 발달을 위한 새로운 교육목표와 가족 요구를 수렴한다. 초학문적 팀은 서비스를 통합된 방법으로 제공하기 위해 구성원들이 함께 진단과 평가를 하고 분야를 초월하여 전문지식을 나누며 중재 전략에 대한 공통된 의사를 결정한다.

[출처] 특수교육학 용어사전(2018)

🚩 팀 접근의 세 가지 모델

구성요소	다학문적 접근	간학문적 접근	초학문적 접근
팀 접근의 원리	팀 구성원들은 각 전문 분야가 기여하는 중요성을 인식한다.	각 분야의 서비스에 대해 자발적으로 책임을 진다.	각 분야의 영역을 통해 계획되고 통합된 서비스로 가르치고 배우며 협력한다.
가족 역할	일반적으로 가족들은 각자 개별적으로 팀 구성원을 만난다.	가족은 팀 구성원으로 인식될 수도 그렇지 않을 수도 있다. 가족은 팀 전체 또는 대표와 대화할 수 있다.	가족들은 항상 그 팀의 구성원이고 팀의 역할을 결정한다.
참여 형태	비형식적이고 구성원들은 그들 자신이 팀의 일원이라고 생각하지 않을 수 있다.	팀은 정기적으로 회의 협의를 위해 만난다.	팀은 정기적으로 정보를 교환하고 각 전문 분야를 통해 가르쳐 주고 배운다.
전문가 개발	일반적으로 각 전문 영역 안에서 독립적이다.	각 전문 분야는 자주 정보를 나누고 돕는다.	각 전문 분야들은 팀 개발과 역할전이를 위해 필수적이다.
사정 방법	각 전문 분야에 의한 개별적인 사정을 진행한다.	각 전문 분야들과 공유한 결과로 사정한다.	팀은 각 영역을 관찰/기록하는 '원형 사정' 활동에 참여한다.
IFSP 또는 IEP 개발	구성원은 각 전문 분야 안에서 중재를 위한 각자의 계획을 세운다.	목표는 그 팀에서 공유된 독립적인 서비스 계획 형태로 구성원들에 의해 개발된다.	가족의 관심, 우선순위, 자원에 기초한다.
IFSP 또는 IEP 시행	팀 구성원들은 각 전문 분야로부터 개별적으로 자신들의 계획을 이행한다.	팀 구성원들은 자신들의 영역에 속하는 부분을 시행한다.	팀 구성원들은 계획이 어떻게 가족과 함께 개인에 의해 이행될 것인지 책임을 공유하고 계획한다.

02 협력적 자문

1. 협력적 자문의 개념

① 협력적 자문은 상호적으로 정의된 문제를 해결하기 위해 다양한 전문성을 가진 사람들이 하나의 팀으로 협의하고 자문하고 협력하는 상호과정이다.

② 학급에서 일어나는 전형적인 자문의 형태는 일반교사와 해당 영역의 전문가 사이에 진행된다.

③ 전문가가 직접적으로 학생과 상호작용하지 않고 교사에게 전문적인 정보를 제공하고 학생을 돕는 방법이므로 간접적 지원 서비스로 간주된다. ❶ 10유아30

기출 POINT 5

❶ 10유아30

다음은 병설유치원 특수학급 강 교사와 일반학급 민 교사가 '정확하게 발음해 보기'의 지도를 위해 나눈 대화이다. 대화 내용에 해당하는 협력 방법을 쓰시오.

> 강 교사: 은주는 인공와우를 했지만 어릴 때부터 언어 훈련을 잘 받았다고 들었는데, 잘 지내고 있나요?
>
> 민 교사: 네. 청각장애가 있다고 생각되지 않을 정도로 은주는 학습을 잘하고 있어요. 그런데 초성 /ㄷ/발음을 약간 /ㅈ/처럼 발음하는 문제가 있는 것 같아요. 조금만 신경 써서 연습하면 금방 좋아질 것 같은데요.
>
> 강 교사: 선생님, 잘 관찰하셨어요.
>
> 민 교사: 제가 '말하기' 영역 수업 중에 이 문제에 대한 언어 지도를 구체적으로 하고 싶은데 어떻게 하면 될까요?
>
> 강 교사: 네. /ㄷ/발음은 앞 윗니 안쪽에 혀 끝 부분이 닿았다가 떨어지면서 나는 소리거든요. 그러니까 쌀과자 조각을 앞 윗니 안쪽에 붙이고 혀 끝 부분이 그 조각에 닿도록 놀이하면서 발음하게 해 보세요. 거울을 보면서 연습 시키면 더 좋고요.
>
> 민 교사: 네. 그렇게 해 볼게요.

2. 협력적 자문의 과정

1. 자문 시작하기	• 교사는 관심을 가진 영역의 전문가에게 지원을 요청함으로써 자문과정을 시작한다. • 교사는 자문을 요청하기 전에 관심 영역에서 학생의 요구를 확인할 수 있는 자료나 서류를 수집하고 회의 시간과 장소를 설정한다. • 자문가는 자문과정의 협력적 성격을 강조하며 교사의 말을 주의 깊게 경청함으로써 수용하고 존중하고 있음을 매우 강력하게 전달한다.
2. 문제 확인하기	자문가는 초점을 유지하면서 누가, 무엇을, 언제, 어디서와 같이 상황에 대해 파악할 수 있는 질문과 대답을 유도하고 기록하여 교사가 표현한 관심사에 대한 정보를 수집하고 이를 기초로 교사가 가진 문제가 무엇인지를 파악한다.
3. 중재 목표 설정하기	• 문제가 확인되면 교사와 자문가는 협력하여 중재 목표를 작성한다. • 중재 목표는 명료하고 행동적인 목표로 진술해야 한다.
4. 중재 계획 수립하기	• 중재 계획을 수립할 때는 누가, 언제, 어떻게 중재를 제공할 것인지를 구체적으로 명시해야 한다. • 중재 계획을 수립하는 과정에서 진도와 성취 결과를 평가하는 준거와 방법도 선정한다.
5. 진도와 과정 평가하기	• 교사와 자문가는 함께 학생의 수행 자료를 검토하고 진도를 결정한다. • 교사와 자문가는 정기적으로 만나서 상황을 재평가하고 학생의 수행 경향성을 분석하며, 프로그램에 조정이 필요한지 논의해야 한다.

3. 협력의 단계

협력의 단계는 구성원의 참여도, 직업적 영향력, 친밀도 정도에 따라 나누어진다.

단계	내용	예시
협력적 교환	교사 경력에 상관없이 새로운 정보나 지식을 자유롭게 교환한다.	특수교사와 일반학급 교사가 통합된 특수아동의 학습 특성에 관해 정보를 교환한다.
협력적 모델링	경험이 많은 교사가 특정 교수 실제에 대해 동료 교사에게 시범을 보인다.	특수교사가 일반학급 교사에게 통합된 특수아동의 행동 문제 중재방법을 시범 보인다.
협력적 코칭	경험이 많은 교사가 동료 교사에게 새로운 교수 전략이나 실제를 습득하고 적용할 수 있도록 피드백을 제공한다.	경험이 많은 특수교사가 신규 특수교사에게 개별화교육 프로그램을 능숙하게 작성할 수 있도록 피드백을 제공한다.
협력적 감독	경험이 많은 교사가 동료 교사의 교수 실제에 대해 평가적 피드백을 주어 교수가 향상되도록 돕는다.	주임교사가 컴퓨터를 이용한 읽기 프로그램을 실시한 교사의 교수방법이 효과적이었는지에 대해 평가한다.

협력적 조언	경험이 적은 교사가 문제에 부딪칠 때 경험이 많은 교사가 조언을 제공하여 문제해결을 돕는다.	신임 교사가 비협조적인 부모와의 관계, 교사의 탈진 상태 및 동료 교사와의 갈등에 이르기까지 다양한 문제에 대해 경험이 풍부한 교사에게 조언을 구한다.

03 협력교수(collaborative teaching)

1. 협력교수의 이해

(1) 협력교수의 개념

① 협력교수는 광범위한 용어로 두 명 이상의 팀 구성원이 장애를 가진 다양한 학생 집단에게 효율적인 교육을 위해 교실 내에서 함께 교수하는 것이다.

② 협력교수는 특수교사와 일반교사가 수업을 계획하고 실행하는 과정을 함께 수행하는 것이다.

③ 협력교수는 함께 수행하는 교사들 각자의 전문성과 관심을 반영하여 교수 설계를 하고, 학생들의 수업 결과를 향상시키기 위해 교사의 역할과 기술을 확장하고 함께 갈등을 해결하며 대화한다. 또한 상호교수를 통해 자신의 교수 실제를 향상시키기 위해 함께 수행하는 교사들끼리 짝을 지어 구조화하는 과정이다.

(2) 협력교수의 의의

① 협력교사들은 계획하고 가르치고 학생 수행을 평가하는 과정에서 적극적으로 함께 참여한다.

② 두 명의 교사가 각각 어느 특정한 집단을 가르치는 것이 아니라, 특수교육대상자를 포함한 일반학급에 소속된 모든 아동을 함께 가르친다는 데 의의가 있다.

③ 교사는 협력교수와 같은 팀워크를 통한 활동에 참여함으로써 고립감과 취약성을 덜 느끼게 된다.

④ 협력교수 활동은 독특한 학습 요구를 가진 학생뿐 아니라 학급의 모든 학생들을 대상으로 이루어지므로 모든 학생들의 학습 기회를 증진시킨다.

2. 협력교수의 효과

(1) 장애학생에 대한 효과

① 장애학생을 위한 대표적인 효과로는 사회적 기술의 향상이 언급되고 있다.

② 학생들은 통합학급에서 담임교사 및 또래와 사회적으로 적절한 관계를 어떻게 맺는지 배우고, 그 과정을 통해 자존감이 형성된다.

(2) 일반학생에 대한 효과

① 일반학생은 장애학생들과 실제 수업에 참여하면서 장애에 대한 편견을 해소하고 장애학생을 학급 구성원으로 받아들이게 되며, 함께 지내면서 그들을 어떻게 도와야 하는지 자연스럽게 배울 수 있다.

② 학업적인 면에서도 특수교육대상 학생은 아니지만 교사로부터 개별적인 도움이 필요한 학생의 경우, 두 교사로부터 지속적인 지원을 받을 수 있다.

(3) 교사에 대한 효과

① 교사를 위한 협력교수의 효과는 통합학급 교사와 특수교사 모두 다양한 교수 기술과 지식 습득의 기회를 가질 수 있다는 것이다.

② 통합학급 교사는 장애학생의 문제행동 지도와 교수적 수정 전략에 대한 지식을 얻을 수 있고, 정기적으로 함께 수업을 하면서 수업 전에 더 많은 내용을 준비하고, 수업 시 다양한 활동을 할 수 있다.

③ 특수교사는 일반교육과정의 흐름과 전체 교수 기술을 배울 수 있다. 특히 장애학생이 특수학급과는 달리 통합학급에서 어떻게 학습하고 행동하는지 관찰하면서 동시에 일반학생이 특정 연령에서 어떠한 행동 특성을 나타내는지 알 수 있어, 이러한 지식과 경험을 기반으로 장애학생에게 요구되는 행동기술이 무엇인지를 확인할 수 있는 기회를 가질 수 있다.

3. 협력교수의 유형

(1) 교수–지원 모형(one teaching, one support) ❶ 25중등B3, ❷ 22초등B1, ❸ 21유아A7

① 교수–지원 모형은 두 교사의 역할이 전체 수업과 개별 지원으로 구분되는 협력으로, 한 교사가 전체 학습지도에 우선적인 책임을 지고 다른 교사는 학생들 사이를 순회하면서 개별적으로 지원이 필요한 학생들을 지도한다.

② 전체 수업을 담당하는 교사와 개별 지원을 담당하는 교사의 역할은 수업 내용에 따라 수시로 바뀔 수 있다.

③ 지원 교사는 장애아동뿐만 아니라 학급 내 도움을 필요로 하는 모든 아동을 대상으로 개별적인 지원을 제공할 수 있다.

[출처] 신진숙, 통합교육(2013)

🏳 교수–지원 모형의 장단점

장점	단점
• 전체 교수를 담당하는 교사는 다른 협력 교사가 학생들을 개별적으로 지원하거나 행동 문제를 관리하므로 전체 수업에 더욱 집중할 수 있다. • 일대일 직접 지도가 가능하다. • 다른 모형에 비해 상대적으로 적은 협력 계획 시간이 요구된다. • 모든 주제 활동에 적용이 가능하다.	• 교수 역할(전체 수업 교사, 개별 지원 교사)이 고정되어 있는 경우, 교사의 역할에 대한 불만족이 있을 수 있다. • 특수교사가 개별 지원 역할만을 맡는다면 장애학생에게 낙인효과가 발생할 수 있다. • 학생이 지원 교사에게 지나치게 의존할 수 있다. • 지원하는 교사가 보조원처럼 보이거나 오히려 학생의 주의를 산만하게 할 수 있다.

기출 POINT 6

❶ 25중등B3
[C]의 협력교수 유형을 쓰시오.

> 조리 도구를 사용하니 안전에 유의해야겠어요. 제가 돌아다니며 학생 A와 학생 B뿐만 아니라 도움이 필요한 학생을 개별적으[C]로 지도할게요. 선생님은 시범을 보이며 전체 학생을 지도해 주세요.

❷ 22초등B1
적용된 협력교수 유형의 명칭을 쓰시오.

통합학급 교사	특수교사
• 전체 수업 진행 - 구체적인 교과 내용을 지도함 • 팀별 학습 활동 - 팀의 학생들은 상호작용을 하며 과제를 해결함	• 학급을 순회하며 전체 학생 관찰 및 지원 - 학생들에게 학습전략을 개별 지도함 - 원거리 판서를 볼 때 세희에게 확대독서기의 초점 조절법을 개별 지도함
• 팀 활동 후 평가 실시 - 평가지는 평가 문항들이 단원의 목표와 내용을 충실하게 대표하는지를 같은 학년 교사들이 전문성을 바탕으로 이원분류표를 활용해서 비교·분석하여 확인함	• 학급을 순회하며 학생 요구 지원 - 세희가 평가지를 잘 볼 수 있게 확대독서기 기능 설정을 확인함 - 시험시간을 1.5배 연장함
• 팀 점수 산출 • 팀 점수 게시 및 우승팀 보상	• 팀 점수 산출 시 오류 확인 - 학급을 순회하며 필요한 도움을 제공함

❸ 21유아A7
민 교사와 송 교사가 적용하려는 ⓒ의 협력교수 유형을 쓰시오.

> 민 교사: 선생님, 협력교수를 통해 함께 지도하면 어떨까요?
> 송 교사: 내일 ⓒ 민 선생님께서 전체 유아를 대상으로 비누로 손 깨끗하게 씻기를 지도하시면, 저는 윤아뿐만 아니라 특별히 도움이 필요한 다른 유아들도 활동에 효과적으로 참여할 수 있도록 도울게요.

❶ 24유아B7

㉠에 해당하는 명칭을 쓰고, ㉡을 실시할 때 고려할 점 1가지를 시간 측면에서 쓰시오.

김 교사: 유아들이 각 활동에 좀 더 잘 참여할 수 있도록 두 반의 유아들을 세 모둠으로 나누어 활동하는 것은 어떨까요?
최 교사: 그러면 세 모둠의 유아들이 한 모둠씩 3가지 활동을 돌아가면서 할 수 있겠어요.
박 교사: 협력교수 중 (㉠)을/를 말씀하시는 거군요.
최 교사: 네, 김 선생님이 물감 찍기, 박 선생님이 그래프 활동, 제가 동화책 듣기를 진행하면 되겠어요.

❷ 19유아B3

[A]에 근거해 ㉠에 해당하는 협력교수의 유형을 쓰고, ㉠과 같은 유형으로 수업을 할 때의 장점을 1가지 쓰시오.

일자: ○○월 ○○일
박 선생님과 함께 '코끼리의 발걸음' 음악을 듣고 다양한 방법으로 표현하기를 했다. 우리 반은 발달지체 유아 태우를 포함해 25명으로 구성되어 음악과 관련된 활동을 할 때마다 늘 부담이 되었다. 이런 고민을 박 선생님께 말씀드렸더니 (㉠)을/를 제안해 주었다.
유아들은 세 가지 활동에 모둠으로 나누어 참여했다. 나는 음악에 맞추어 리듬 막대로 연주하기를 지도하고, 박 선생님은 음악을 들으며 코끼리처럼 움직이기를 지도해 주었다. 다른 모둠은 원감 선생님께서 유아들끼리 자유롭게 코끼리 그림을 그릴 수 있도록 해주었다. 그리고 한 활동이 끝나면 유아들끼리 모둠별로 다음 활동으로 이동해 세 가지 활동에 모두 참여할 수 있도록 해주었다. [A]

❸ 09중등7

다음의 대화 내용을 읽고 스테이션 교수 유형의 특징을 모두 고르시오.

──〈보기〉──
㉠ 심화학습 기회를 제공한다.
㉡ 전략적으로 집단을 구성한다.
㉢ 학생들의 반응을 증가시킨다.
㉣ 능동적인 학습 형태를 제시한다.
㉤ 모델링과 역할놀이 기술을 필요로 한다.
㉥ 결석한 학생에게 보충학습 기회를 제공한다.
㉦ 집단으로 활동하는 기술과 독립적인 학습 기술이 필요하다.

---

(2) 스테이션 교수(station teaching) **❷ 19유아B3**

① 교사는 수업내용에 대한 세 개 이상의 교사 주도 또는 독립적 학습을 할 수 있는 학습 스테이션을 준비하고, 학생은 수업 내용에 따라 집단이나 모둠을 만들어 자연스럽게 이동하면서 모든 영역의 내용을 학습한다.

② 협력 교사들은 각각의 스테이션에서 소집단의 학생이나 개별 학생을 대상으로 새로운 내용을 제시하거나 검토하고, 학생들의 기술 수준을 점검한다.

③ 이 모형은 경험이 없는 협력교사들에게 안정감을 주고, 학생들은 낮은 교사-학생 비율로 혜택을 받고, 장애학생은 분리되는 것 대신 모든 집단에 통합교육을 받을 수 있다. 그러나 소음이 많고 한 장소에서 다른 장소로 계획된 시간 내에 학생이 전환할 수 있도록 교수에 상호 보조를 맞추어야 한다는 단점이 있다. **❶ 24유아B7**

[출처] 신진숙, 통합교육(2013)

⚑ 스테이션 교수의 장단점 **❸ 09중등7**

장점	단점
• 학생들 간의 모둠활동을 통한 사회적 상호작용 기회가 증가한다. • 교사와 학생의 비율이 낮음으로 인해 학생의 반응을 증가시킬 수 있다. • 소그룹으로 주의집중을 증가시킨다. • 능동적인 학습환경을 제공한다. • 모둠에서 독립학습 장소를 제공하는 경우 독립적 학습의 기회를 제공한다. • 여러 형태의 실제 활동이 있는 수업에 적합하다.	• 스테이션 간의 이동을 전제로 하므로 넓은 공간의 교실이 필요하고, 이동 시 교실이 시끄러워질 수 있다. • 각 모둠활동이 연계성이 없는 경우 효과가 적다. • 스테이션 교수를 실시하기 위해서는 많은 계획과 준비가 필요하다. • 집단으로 일하는 기술과 독립적인 학습기술이 필요하다. • 관리감독에 어려움이 있다.

(3) 평행교수(parallel teaching) ❶ 25유아B5, ❺ 16중등B8, ❻ 12초등5

① 두 교사가 함께 수업을 계획한 후, 학급을 여러 수준의 학생이 섞인 두 집단으로 나누어 같은 내용을 동시에 각 집단에게 교수한다.

② 평행교수는 두 교사가 수업의 계획과 실행에 대한 책임을 공유한다.

③ 두 교사는 같은 내용을 가르쳐야 하므로 두 교사 간 가르치는 내용이 동일하기 위해 구체적인 사전 협의가 필요하다.

④ 평행교수는 일반적으로 전체 집단을 대상으로 대집단 수업을 실시한 후 복습하는 형태로 진행되지만, 같은 주제에 대해 상반된 내용을 학습한 후 토론하는 수업에도 적용할 수 있다.

[출처] 신진숙, 통합교육(2013)

🚩 평행교수의 장단점

장점	단점
• 효과적인 복습이 가능하다. • 학생의 반응을 독려할 수 있다. • 집단학습과 복습을 위한 교사-학생 간 비율을 감소시킬 수 있다.	• 두 교사가 활동을 설명하는 수준의 난이도와 수업 진행 속도가 일관성이 없는 경우가 있다(이에 충분한 공동계획이 필요하다). ❹ 18유아B2 • 소음 문제 및 행동 문제가 발생한다. ❷ 25중등B3 • 모둠 간 경쟁이 될 수 있다. • 동일한 내용에 대해 모둠 간 동일 수준으로 성취하기 어려울 수 있다. ❸ 23유아B7

PART
02

기출 POINT 8

❶ 25유아B5

[A]에 나타난 김 교사와 최 교사의 협력교수 유형을 쓰시오.

최 교사: 네, 좋아요. 그런데 하나의 종이집에 모든 아이들이 모이면 놀이하기에 어려움이 있을 것 같아요. 아이들을 두 모둠으로 나누고 두 개의 한 옥을 꾸며 보아요. 주아는 제 모둠, 수지는 김 선생님 모둠에 포함하면 어떨까요? [A]

김 교사: 네, 다른 아이들 수준도 고려해서 모둠을 나누고 활동에 대해 더 계획해 보아요.

❷ 25중등B3

[D]의 협력교수 유형을 쓰고, 단점을 1가지 서술하시오(단, 일반 교실의 물리적 환경 측면에서 서술할 것).

특수 교사: 조리대의 가스레인지를 중심으로 두 모둠으로 나눠 떡볶이 만들기 실습을 해요. 선생님이 학생 A가 속한 모둠을, 제가 학생 B가 속한 모둠을 지도하면 좋겠어요. [D]

교과 교사: 알겠어요. 두 모둠의 수준이 비슷하게 구성할게요. 교사 대 학생의 비율이 줄어서 효과적으로 수업하기 좋겠어요.

특수 교사: 시식도 해야 하니 서로 시간을 잘 점검해요.

교과 교사: 정리 활동으로 조리 과정을 질문한 평가지에 답을 쓰도록 하면 어떨까요?

❸ 23유아B7

① 평행교수를 적용할 때 집단 구성 시 고려사항을 쓰고, ② (나)에 근거하여 평행교수의 단점을 1가지 쓰시오.

(나)

박 교사: 선생님, 오늘 바깥놀이터 미끄럼틀 공놀이는 어떠셨어요? 저희 빨간 팀은 비닐을 깐 경사면에서 공이 더 늦게 내려오는 걸 확인했어요.

김 교사: 아, 그렇군요. 저희 파란 팀 친구들은 아직 모르겠다고 했어요.

박 교사: 선생님과 함께 미끄럼틀 공놀이를 준비하면서 사전에 구체적인 계획도 세우고 놀이 진행에 대한 충분한 협의를 했었는데….

기출 POINT 8

❹ 18유아B2

박 교사와 김 교사가 적용한 협력교수의 유형을 쓰고, 그 협력교수 유형의 단점을 밑줄 친 ⓒ에 나타난 내용에 근거하여 쓰시오.

오늘 유치원에서 공개 수업이 있었다. 나는 발달지체 유아인 나은이가 속해 있는 5세 반 박 교사와 협력교수로 '송편 만들기' 수업을 실시하였다. 유아들의 참여도를 높이기 위해 반 전체를 10명씩 두 모둠으로 나누어 '송편 만들기' 수업을 동시에 진행하였다.

…(중략)…

ⓒ <u>동료 교사들의 수업 참관록을 읽어 보니 내가 맡은 모둠보다 박 교사가 맡은 모둠에서 재료 탐색에 대한 과정이 더 적극적으로 이루어진 것으로 평가되었다.</u> 그러나 나은이가 다른 수업 때보다 수업 참여도가 높았고, 친구들과 상호작용도 활발하게 해서 기뻤다.

---

❺ 16중등B8

평행교수와 스테이션 교수의 장점을 학습자 입장에서 각각 2가지 제시하고, 차이점을 교수집단의 구성과 교수·학습 활동의 내용 측면에서 각각 1가지 설명하시오.

❻ 12초등5

다음 최 교사가 계획하는 협력교수의 형태를 쓰시오.

두 집단으로 모둠을 나누어 선생님과 제가 각각 한 모둠씩 맡아서 같은 내용으로 학생들이 역할 놀이를 통해 장애인에 대한 에티켓을 연습해 볼 수 있도록 지도하지요.

---

(4) 대안교수(alternative teaching)

① 한 교사가 대집단을 상대로 전체적인 수업지도에 책임을 지고 학급을 지도하는 동안, 나머지 한 교사는 도움이 필요한 소집단 학생에게 추가적인 심화학습이나 보충학습을 하는 등의 부가적인 지원을 제공한다. ❶ 22초등B1, ❷ 21유아A7, ❸ 20중등B4, ❻ 13추가중등B3

② 이 모형은 새로운 내용을 가르칠 때, 소집단의 학생에게 교사가 직접교수로 확실하게 할 필요가 있을 때 효과적인 모형이다.

③ 소집단 구성 시 특히 성취가 부족한 학생만을 대상으로 하지 않도록 주의해야 한다. 이를 위해 다양한 학생들이 소집단 교수를 받을 수 있는 기회를 제공하고, 교사의 역할도 대집단과 소집단으로 고정되어서는 안 된다. ❹ 18초등B2

[출처] 신진숙, 통합교육(2013)

▶ 대안교수의 장단점

장점	단점 ❺ 14유아A2
• 심화학습의 기회를 제공한다. • 결석한 학생에게 보충학습의 기회를 제공한다. • 개인과 전체 학급의 속도를 맞출 수 있다. • 전체 수업을 담당하는 교사가 집중할 수 있도록 도움을 제공한다.	• 항상 소집단 교수에서 보충수업을 받는 학생이 생긴다면 낙인효과가 발생할 수 있다. • 분리된 학습환경을 조성한다. • 학생을 고립시킬 수 있다. • 다양한 학생들이 소집단 교수를 받을 수 있도록 계획하는 것이 필요하다. 　예 관심 있는 주제에 관해 공부할 기회, 높은 수준의 조형 활동이 적용되는 경우

기출 POINT 9

❶ 22초등B1
교수-지원 모형과 대안교수의 차이점을 교사의 역할 측면에서 쓰시오.

❷ 21유아A7
ⓒ의 협력교수 유형을 쓰시오.

　ⓒ 윤아와 몇몇 유아들이 마스크 쓰기와 손 씻기를 계속 많이 어려워하는 경우, 이들을 별도로 소집단을 구성해서 특별한 방법으로 집중 지도를 해보도록 할게요.

❸ 20중등B4
밑줄 친 ⓑ에 해당하는 협력교수 모형을 쓰고, 해당 협력교수 모형과 '교수-지원 모형'의 차이점을 학습 집단 구성 측면에서 1가지 서술하시오.

　담임교사: 제 수업시간에는 ⓑ 제가 반 전체를 맡고, 선생님께서는 학생 D와 E를 포함하여 4~5명의 학생을 지도해 주시면 좋겠어요.

❹ 18초등B2
다음에 해당하는 협력교수의 유형을 쓰고, ⓛ을 반복할 경우 발생할 수 있는 문제를 예방하기 위한 방법 1가지를 교사 역할 측면에서 쓰시오.

　■ 일반교사의 역할
　• 수업의 시작과 정리 단계에서 학급 전체를 대상으로 진행함
　• 전개 단계 중 지혜, 진우, 세희로 구성된 소집단을 제외한 나머지 학생을 지도함
　• 교육용 소프트웨어를 활용하여 연습하도록 지도함

　■ 특수교사의 역할
　• 수업의 전개 단계에서 ⓛ 지혜, 진우, 세희를 소집단으로 구성하여 지도함
　• 교육용 소프트웨어를 통하여 현재 학습 수준에 적합하게 연습하도록 지도함

❺ 14유아A2
대집단을 유아교사가, 소집단을 유아특수교사가 지도하는 협력교수 유형을 쓰고, 이 협력교수를 실행할 때 나타나는 문제점 1가지를 쓰시오.

❻ 13추가중등B3
은수에게 적용된 중다수준 교육과정/교수의 특성을 고려하여 대안적 교수가 적절할 수 있는 이유를 쓰시오.

(5) 팀 티칭(team teaching) ❶ 25초등A2, ❷ 20초등B4, ❸ 11중등7

① 두 교사가 모든 학생을 대상으로 동등한 책임과 역할을 가지고 함께 수업을 하는 동안 번갈아가며 다양한 역할(개념 교수, 시범, 역할놀이, 모니터링)을 함으로써 반 전체 학생을 위한 교수 역할을 공유한다.

② 짧은 간격(5~10분)을 두고 교수활동의 리더 역할을 교대한다.

③ 이 모형은 두 교사 간에 서로를 신뢰하고 존중하는 것이 중요하다. 팀 교수는 한 교사만으로는 수업을 진행할 수 없는 상황일 때 유용하다. 예를 들어, 역할놀이나 적절한 행동의 모델링, 상호 토론의 장면을 학생들에게 보여줄 때이다.

[출처] 신진숙, 통합교육(2013)

🏴 **팀 티칭의 장단점**

장점	단점
• 체계적인 관찰과 자료수집이 가능하다. • 역할과 교수 내용의 공유를 돕는다. • 학업과 사회성에 있어서 적절한 도움을 구하는 행동의 모델을 보여줄 수 있다. • 질문하기를 가르칠 수 있다. • 개념, 어휘, 규칙 등을 보다 명확하게 할 수 있다. • 교사의 수업 운영 모델링을 통해 학생들이 협동하는 방법을 배우는 실질적 기회를 제공한다. • 교사 간 가장 높은 수준의 협력이 요구된다.	• 학습을 풍부하게 하는 것이 아니라 교사의 업무를 분담하는 것에 그칠 수 있다. • 많은 계획과 준비가 필요한 수업 형태이므로 교사의 업무가 가중될 수 있다. • 모델링과 역할놀이 기술을 필요로 한다. • 교사 간 교수 전달 방법이 다른 경우 학생들의 내용 이해에 혼란이 있을 수 있다.

더알아보기 협력교수 모형을 실시하기 위해 활용될 수 있는 교실 배치

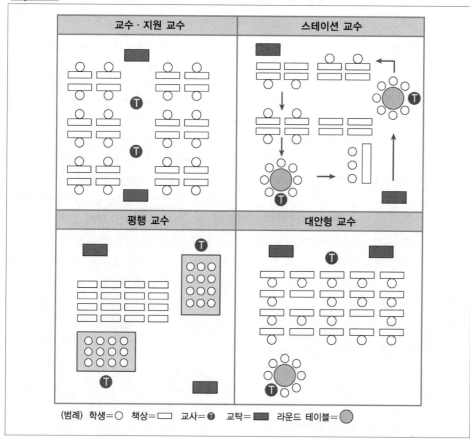

(범례) 학생=○ 책상=▭ 교사=Ⓣ 교탁=▰ 라운드 테이블=◯

기출 POINT 11

❶ 12초등5

다음은 특수학급 유 교사와 일반학급 최 교사가 협력하여 장애이해교육을 실시하기 위해 나눈 대화이다. 두 교사가 계획하는 협력교수의 형태를 각각 쓰시오.

(가) 유 교사: 이번 장애이해교육의 주제는 '장애인에 대한 에티켓'이에요. 먼저 제가 청각장애인에 대해 설명하면 선생님께서 시범을 보이시고, 선생님께서 지체장애인에 대해 설명하시면 제가 시범을 보일게요. 시각장애인과 정신지체인의 경우도 마찬가지 방법으로 번갈아가면서 하고요.

(나) 최 교사: 그러지요. 그런 다음 두 집단으로 모둠을 나누어 선생님과 제가 각각 한 모둠씩 맡아서 같은 내용으로 학생들이 역할 놀이를 통해 장애인에 대한 에티켓을 연습해 볼 수 있도록 지도하지요.

(다) 유 교사: 좋은 생각이네요. 모둠별 학습이 끝나면 선생님께서 마무리 평가를 진행해 주세요. 저는 그동안 정신지체 학생인 경수도 평가에 참여할 수 있도록 경수 옆에서 개별적으로 도울게요.

---

❷ 11유아28

이 수업에 대한 설명으로 옳은 것은?

단계	교수·학습 활동	진행 교사	
		김	민
도입	• 공룡 사진을 보여주며 설명한다.	○	
	• 교실 벽에 4장의 전지를 붙여 놓고 OHP로 공룡 사진을 투사 확대한다.	○	
	• 일반유아 1명과 장애유아 1명이 확대된 공룡을 선 따라 그리게 한다.	○	
	• 공룡의 일부분이 그려진 4장의 전지를 조별로 나누어 준다.		○

	빨강 조	노랑 조	파랑 조	보라 조	
전개	• 여러 가지 종이를 구겨 붙인다. • 신문지 구기기를 좋아하는 발달지체 유아 민수에게 신문지를 구기도록 한다.	• 색연필, 크레파스, 물감으로 칠한다. • 지체장애 유아 민이에게 스펀지가 달린 막대로 물감을 칠하도록 한다.	• 자유롭게 그린다. • 자폐성장애 유아 효주에게 자신이 좋아하는 세밀화를 그리도록 한다.	• 여러 가지 모양을 오려 붙인다. • 가위질이 서툰 일반유아 선미에게 보조 손잡이가 달린 가위로 교사와 함께 오리도록 한다.	두 교사가 두 조씩 맡아 조별 활동 지도

〈보기〉

ⓒ 도입 단계에서 대안적 교수 방법을, 전개 단계에서는 평행교수 방법을 사용하였다.

③ 10중등11

다음은 중학교 통합학급에서 특수교사와 일반교사가 협력하여 체육수업을 실시하기 위해 작성한 협의안의 일부이다. (가)~(다)에 대한 설명으로 옳은 것을 모두 고르시오.

학습 단계	학습과정	교수·학습 활동	활동 시 유의점	협력 교수 모형
전개	자연을 신체로 표현하기	• 교사의 시범에 따라 신체를 이용하여 자연물(나무, 꽃 등) 표현하기 　- 교사 A는 시범을 보이고, 교사 B는 교사 A의 교수활동을 명료화한다. • 교사의 시범에 따라 신체를 이용하여 자연현상(소나기, 천둥 등) 표현하기 　- 교사 B는 시범을 보이고, 교사 A는 교사 B의 교수활동을 명료화한다.		(가)
	신체표현 작품 만들기	• 모둠별로 창작한 동작을 연결하여 작품 만들기 　- 교사는 각자 맡은 모둠에게 교수하고 학생 활동을 지원한다.	학생은 두 모둠으로 구성	(나)
	신체표현 작품 발표하기	• 모둠별로 작품 발표와 감상 소감 발표하기 　- 교사 A는 전체 활동을 진행한다. 　- 교사 B는 학생들을 개별적으로 지원한다.	한 모둠이 발표하는 동안 다른 모둠은 감상	(다)

─〈보기〉─

㉠ (가)는 교사들이 역할을 분담하므로 교수내용 및 자료를 공유하기가 어렵다.

㉡ (가)에서 교사 간 상호작용은 학생들에게 학습활동이나 사회적 상황에서 수행할 행동의 중요한 본보기가 된다.

㉢ (나)는 전체 학급 활동에 비해 학생들의 반응을 이끌어 내는 데 효과적이다.

㉣ (나)에서 교사는 학생들의 학습 수준을 고려하여 모둠을 동질적으로 구성한다.

㉤ (다)에서는 교과 및 수업내용에 관한 전문성을 고려하여 교사의 역할을 정할 수 있다.

㉥ (다)는 학생들의 학습 수행에 대한 자료를 수집하거나 적절한 도움을 주는 데 어려움이 있다.

통합학급 교수전략

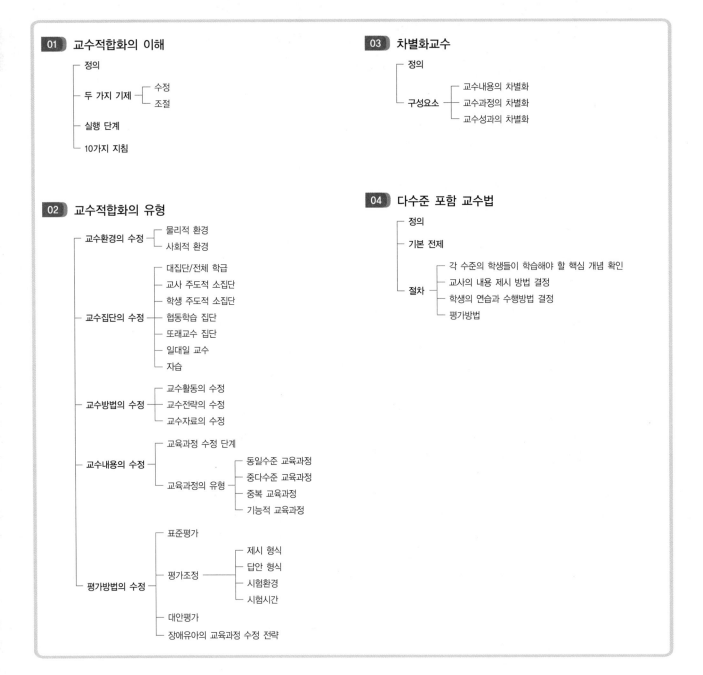

01 교수적합화의 이해
- 정의
- 두 가지 기제 ─ 수정
            └ 조절
- 실행 단계
- 10가지 지침

03 차별화교수
- 정의
- 구성요소 ─ 교수내용의 차별화
          ├ 교수과정의 차별화
          └ 교수성과의 차별화

02 교수적합화의 유형
- 교수환경의 수정 ─ 물리적 환경
               └ 사회적 환경
- 교수집단의 수정 ─ 대집단/전체 학급
               ├ 교사 주도적 소집단
               ├ 학생 주도적 소집단
               ├ 협동학습 집단
               ├ 또래교수 집단
               ├ 일대일 교수
               └ 자습
- 교수방법의 수정 ─ 교수활동의 수정
               ├ 교수전략의 수정
               └ 교수자료의 수정
- 교수내용의 수정 ─ 교육과정 수정 단계
               └ 교육과정의 유형 ─ 동일수준 교육과정
                              ├ 중다수준 교육과정
                              ├ 중복 교육과정
                              └ 기능적 교육과정
- 평가방법의 수정 ─ 표준평가
               ├ 평가조정 ─ 제시 형식
               │   ├ 답안 형식
               │   ├ 시험환경
               │   └ 시험시간
               ├ 대안평가
               └ 장애유아의 교육과정 수정 전략

04 다수준 포함 교수법
- 정의
- 기본 전제
- 절차 ─ 각 수준의 학생들이 학습해야 할 핵심 개념 확인
       ├ 교사의 내용 제시 방법 결정
       ├ 학생의 연습과 수행방법 결정
       └ 평가방법

현재 통합학급 내에서 장애학생을 포함하여 다양한 학습자를 고려한 수업 운영방식에 관한 이론으로는 교수적 수정, 맞춤형 교수(차별화 교수), 다수준 포함 교수를 들 수 있다. 이 세 가지 이론은 주장하는 학자에 따라 그 명칭과 세부적인 주장 내용은 조금씩 서로 다르지만 핵심은 다인수 학급 내에서 모든 학습자가 자신에게 유의미한 학습 경험을 하도록 지원하려 한다는 점에서 매우 유사하다.

01 교수적합화의 이해

1. 교수적합화의 정의

① 교수적합화란 다양한 교육적 요구를 지닌 학생들의 수행 향상과 수업 참여의 범위와 양을 확장시키기 위하여 교수환경, 교수집단, 교수내용, 교수방법, 평가방법을 포함하는 교육의 전반적인 환경을 조절하고 수정하는 과정이다.

② 보편적 학습설계(UDL)는 교육과정의 계획 단계에서부터 누구나 보편적으로 접근·인식·활용하는 방법인 데 비해, 교수적합화는 교육과정에 대한 사후조치이다. ❶ 19중등B8

기출 POINT 1

❶ 19중등B8
통합교육 장면에서 '교수적 수정'의 필요성을 서술하시오. 그리고 통합교육에서 '교수적 수정'이 지닌 한계를 쓰고, '보편적 학습설계'가 주는 시사점을 서술하시오.

2. 교수적합화의 두 가지 기제

(1) 수정(modification)

① 수정은 학생이 표준의 학년 목표에 도달할 수 없을 것이라는 믿음에 근거한다.

② 수정은 한 학생이 교실 내의 다른 학생들과 동일한 교과 영역을 학습하고 수행하면서 보여주는 기대 수준을 변화시키는 것을 의미한다. 즉, 교사는 수정을 통해 장애학생에게 제공되는 교육과정의 전체적인 수준을 변화시키며, 학생은 자신의 학년 수준에서 공부하면서 교사가 설정한 기준에 쉽게 도달한다.

③ 수정은 주로 중등도 또는 중도의 장애학생에게 적용한다.

(2) 조절(accomodation)

① 조절은 학생이 표준의 학년 목표에 도달할 수 있을 것이라고 가정하며, 이에 도달할 수 있도록 돕는 대안적인 전략을 포함한다. 즉, 학생이 목표나 기준점에 도달하는 데 도움이 되는 전략을 제공하는 것으로서, 목표나 기준점에 도달할 수 있도록 방법상의 변화를 가하는 것이다.

② 조절은 교육과정 내용이나 개념적 난이도 수준에는 큰 변화를 주지 않고 교수의 전달, 학생 수행방법, 평가방법을 적합화하는 것이다.

③ 조절은 수정에 비해 교사의 부담이 상대적으로 적기 때문에 교사들이 사용하기에 용이하다. 특히, 장애학생이 포함된 일반학급의 일반교사들이 사용하기에 적합하다.

3. 교수적합화의 실행 단계 ❶ 09초등27

단계	내용
1단계	장애학생의 IEP 장단기 교수목표를 검토한다.
	IEP에 포함된 교육과정 영역의 학습목표가 성취 가능하고 촉진될 수 있는 것인지 판별한 후 IEP 안에 일반교과들이 누락되어 있다면 목표를 첨가한다.
2단계	일반학급 수업 참여를 위한 특정 일반교과를 선택한다.
	목표의 성취가 가능하고 촉진될 수 있는 일반교과를 한 교과 또는 그 이상 선정 가능하고, 장애학생의 경험도, 교사의 준비도, 장애학생의 강점 및 약점, 장애학생의 교과 흥미 및 특정 교과수업의 성격과 교수환경 등을 고려한다.
3단계	일반학급 환경에 대한 정보를 수집한다.
	전형적인 일과 및 주간 계획의 개요, 교실의 물리적 환경, 사회적 분위기, 일반교사가 선호하는 교수형태, 교수 집단화, 교수자료, 장애학생의 평가 방법 등을 조사한다.
4단계	일반교과 수업에서 장애학생의 학업수행과 행동을 평가한다.
	우선 장애학생이 통합학급의 교수적 수정을 할 교과수업에 참여하도록 하고, 학업수행과 행동 능력 관찰을 통한 기초 정보를 수집한다.
5단계	선택된 일반교과와 한 학기 단원들의 학습목표들을 검토한 후, 장애학생의 한 학기 개별화된 단원별 학습목표들의 윤곽을 결정한다.
6단계	장애학생의 수업참여를 위한 교수적 수정(교수적합화)의 유형을 결정하고 고안한다.
	• 교수환경의 수정 • 교수적 집단화의 수정 • 교수방법(교수활동, 교수전략, 교수자료)의 수정 • 교수내용의 수정(수정된 학습목표의 설정) • 평가방법의 수정
7단계	개별화된 교수적 수정을 적용하고, 교수적 수정이 적용된 수업 참여의 양과 질을 평가한다.

4. 교수적합화 실행의 10가지 지침(박승희, 1999)

① 장애학생과 비장애학생의 일반학급 수업 참여의 차이를 최소화한다.

② 장애학생과 비장애학생의 사회적 상호작용과 상호의존성을 육성하고 존중한다.

③ 장애학생 수업 참여의 양과 질을 최대화하고 개별화교육 프로그램(IEP) 목표의 달성을 촉진한다.

④ 장애학생의 강점을 강화하고 약점을 보완한다.

⑤ 장애학생이 일반교육 활동에서 분리되는 것보다는 되도록 동일한 활동에 비장애학생과 함께 참여하는 것을 더 선호한다.

⑥ 교육과정 내용보다는 교수환경과 교수방법의 수정을 더 선호한다. ❶ 12중등12

⑦ 장애학생이 다른 사람의 보조 없이 독립적으로 활동하는 것을 선호한다.

⑧ 일반교육과정 내용을 가능한 한 유지하면서 장애학생을 위한 적합한 교육내용의 복잡성을 지속적으로 심화한다.

⑨ 일반교육 환경에 장애학생이 참여하기 위해 필요한 특정한 교수적 수정을 장애학생의 개별화교육 프로그램에 기입한다.

⑩ 일반교사와 특수교사 및 다른 교사들의 시간적, 자원적 변수들 안에서 교안 실행이 가능하도록 계획한다.

5. 교수적합화의 유형

유형	내용
교수환경의 수정	일반학급의 물리적 및 사회적 환경을 장애학생의 일반학급에서의 학습목표 달성을 촉진하기 위해서 수정 및 보완하는 것을 의미한다. • **물리적 환경 수정**: 조명, 소음, 교수자료의 위치, 접근성 등 • **사회적 환경 수정**: 사회적 분위기, 소속감, 평등감, 존중감, 장애이해교육 등
교수집단의 수정	교육내용을 가장 적합하게 교수하기 위해서 교사가 사용하는 학생들의 교수 적합화에서의 수정 및 보완을 의미한다. • 대집단 혹은 전체 학급 교수 • 교사 주도적 소집단 교수 • 협동학습 • 또래교수 • 일대일 교수 • 자습
교수방법의 수정	교수방법의 수정은 제시되고 전달되는 방식에서의 수정을 의미하며 구체적으로 교수활동, 교수전략 및 교수자료에서의 수정 및 보완을 포함한다. • 교수활동의 수정 • 교수전략의 수정 • 교수자료의 수정
교수내용의 수정	일반교육과정의 내용을 장애학생의 독특한 교육적 요구과 기술의 수행 수준에 적합하게 다양한 수준으로 수정 및 보완하는 것이다. • 1단계: 같은 활동과 같은 교수목적, 같은 교수자료 • 2단계: 같은 활동의 쉬운 단계, 수정된 교수목표, 동일한 교수자료 • 3단계: 같은 활동, 수정된 목표와 자료 • 4단계: 같은 주제, 다른 과제와 수정된 목표 • 5단계: 수정된 주제와 활동
평가방법의 수정	학업 수행의 진보에 대한 매일의 측정과 성적 기준을 수정 및 보완하는 것 등이 포함될 수 있다. • 표준평가 • 평가조정 • 대안평가

02 교수적합화의 유형

기출 POINT 4

❶ 24초등A6
[B]에 해당하는 교수적 수정의 유형을 쓰시오.

■ 수업 지원 방법

수업 중 행동	지원 방법
오전에 집중력이 높음	도덕 수업을 오전에 배치함
수업 중 쉽게 산만해짐	교탁과 가까운 곳에 좌석을 배치하고, 주의집중 방해 요인을 제거함 [B]
여기저기를 돌아다니며 모둠 활동을 하거나 다른 모둠의 활동을 방해함	바닥에 색 테이프를 붙여 모둠 간의 영역을 분명하게 구분하고 해당 모둠 영역 안에서만 활동을 하게 함

❷ 23중등A9
학생 A의 수업참여를 위한 물리적 환경 수정의 예시를 1가지 서술하시오. [단, (나)의 밑줄 친 ⊙을 활용할 것]
(나) 준비사항

• 티볼 경기 영상 • 티볼 경기 규칙과 기술에 대한 학습지	• 변형 경기장 조성 및 팀 구성 • ⊙ 준비물: 티볼공, 배트, 탬버린

❸ 23유아A5
ⓐ에 해당하는 예를 1가지 쓰시오.

준우뿐만 아니라 다른 유아들도 타다가 넘어질 수 있으니 ⓐ 고정형 자전거 주변의 물리적 환경을 수정해야겠어요.

❹ 20유아B3
(가)에 근거하여 (다)에서 ⊙의 이유를 쓰고, ⊙에 해당하는 교수적 수정의 유형을 쓰시오.
(가) 민지의 특성

• 워커를 이용하여 이동함

(다)

박 교사: ⊙ 민지를 고려해서 미리 충분한 공간을 확보하려고 교실 교구장 배치를 좀 바꿨어요.

❺ 13유아B3
교사가 ⓒ에서 사용한 교수적 수정 방법은 무엇인지 쓰시오.

다혜는 저시력으로 인해 도화지 위에 연필로 그린 밑그림의 경계선이 잘 보이지 않아서 밑그림과 다르게 색칠하였다. 교사는 다혜의 수업 참여를 증가시키기 위하여 도안의 경계선을 도드라지게 해주었고, ⓒ 조명이 밝은 곳으로 자리를 옮겨 주었다.

1. 교수환경의 수정 ❶ 24초등A6, ❷ 23중등A9, ❸ 23유아A5, ❹ 20유아B3, ❺ 13유아B3

물리적 환경	사회적 환경 ❷ 11중등7
① 조명이나 소음상태 ② 음악 장비나 장치의 배치 ③ 책상이나 좌석의 배열 ④ 교수자료의 위치와 접근성 ⑤ 교수자료의 활용성 ⑥ 시각적 및 청각적 정보 입력의 정도와 강도	① 일반학생과 장애학생의 협동적 분위기 ② 일반학생과 장애학생의 상호의존성 ③ 소그룹 활동 시 구성원의 수용성 ④ 장애학생의 소속감 ⑤ 생활 규칙
예 • 교사와 상호작용이 용이하도록 앞줄 중앙에 배치함 • 학습활동 시 또래지원이 용이한 또래를 짝으로 배치함 • 학습활동 시 불필요한 소음을 줄여줌 • 모둠활동 시 또래와 상호작용이 원활한 자리에 배치함 • 장애학생의 접근성과 안전을 위해 교실을 1층에 배치함	예 • 월 1회 장애인식 개선 활동을 실시함 • 장애학생의 학급활동 참여를 위해 학급 내 역할 부여함 • 장애학생에게 일부 수정된 규칙을 적용함 • 장애학생의 참여를 위해 모둠활동 시 협력적 과제를 부여함 • 교사가 모든 구성원에게 동등한 배려와 관심을 가짐

더 알아보기 장애이해교육 ❶ 20유아A4

1. 성공적인 통합을 위해서는 학급 전체를 대상으로 통합될 장애아동 또는 장애와 관련된 정보를 제공하는 것이 좋다.

2. 교사가 일반학생을 대상으로 장애에 관한 정보를 제공할 때 가장 중요한 것은 장애아동이 지닌 문제나 약점을 알게 하는 것만을 교수목표로 해서는 안 되며, 이들이 지닌 능력과 강점을 알게 해야 한다는 것이다.

3. 먼저 개인 간 차이에 대한 개념을 이해시키고, 모든 사람은 나름의 강약점을 지닌 독특한 개성을 지닌 존재임을 인식시켜야 한다. 동시에 일반학급의 학생과 특수학급의 학생이 보이는 유사점에 대해서도 강조해야 한다. 대표적인 장애 유형에 관한 설명과 더불어 이러한 장애를 지닌 아동이 왜 특별한 도움을 필요로 하는지에 대해서도 설명해 주어야 한다.

4. 여러 가지 방법은 정규 교육과정 내에 삽입되어 사용될 수 있다.

더 알아보기 모의 장애체험 활동

1. 모의 장애체험 활동은 일반학생이 장애학생을 처음 접촉하고 상호작용의 경험이 없을 때 실시할 수 있으며, 현장에서 비교적 쉽게 접근할 수 있는 장애인식 개선 활동이다.

2. 장애체험 활동은 장애의 상태를 이해할 수 있는 효과적인 방법이기는 하나 몇 가지 역기능이 있을 수 있다. 장애인이 겪는 어려움은 개인이 가진 '장애' 때문인 것만으로 인식되는 것이 아니라 환경의 요구에 따라 상대적으로 변할 수 있는 것으로 이해되어야 한다.

3. 장애체험 활동의 궁극적인 목표는 장애의 불편함을 체험하는 것만으로 끝나는 것이 아니라 그 불편함을 다양한 보조공학 및 환경적 지원을 통해 경감시킬 수 있으며, 장애의 정도는 환경적 지원에 따라 상대적으로 달라질 수 있음을 아는 것이다.

2. 교수집단의 수정

(1) 대집단/전체 학급

① 교사 중심의 구조화된 형태로서, 학급의 전체 학생이 같은 내용을 비슷한 양식과 속도로 학습한다.

② 개별 학생의 개인차가 간과되기 쉽고, 장시간의 주의집중을 요구하며, 개별 학생의 적극적 참여가 어렵다.

(2) 교사 주도적 소집단

① 교사가 장애학생을 포함한 5~6명 규모의 학생들을 대상으로 교수한다.

② 학년이나 연령, 능력을 동질적이거나 이질적으로 할 수 있다.

(3) 학생 주도적 소집단

① 하나의 과제를 완수하기 위해 파트너와 함께 학습하거나, 개인적인 과제를 완수하는 동안 집단 구성원들과 생각을 교환한다.

② 학생의 역할이 배분되지 않으며 공통된 과제의 완수를 목표로 하지 않는 점에서 협동학습 집단과 다르다.

(4) 협동학습 집단 | 보충자료 ① | ❶ 11중등7

2~6명의 학생들이 공통의 목표를 성취하기 위하여 함께 협동적으로 과제를 수행한다.

(5) 또래교수 집단 | 보충자료 ② |

① 한 학생이 장애학생의 교수를 위한 중재 역할을 하며, 또래교수자는 질문, 대답, 보상, 안내 방법 등을 훈련받아야 한다.

② 장애학생에게 너무 쉬운 과제가 부여되지 않도록 주의가 요구된다.

③ 학급 또래나 상급 학생을 또래교사로 참여시킬 수 있으며, 일주일에 3~4회 이상 운영하는 것이 좋다.

(6) 일대일 교수(협력교수 포함)

① 장애학생이 한 명의 교사(음악교사나 특수교사, 관련 전문가, 보조교사 등)로부터 직접 교수나 관리를 받으며, 장소는 음악실이나 다른 장소가 가능하다.

② 중도장애 학생에게 많이 활용된다.

③ 지나치게 남용되면 또래와의 상호작용을 저하시킨다.

(7) 자습

① 장애학생은 수업시간에 제공된 과제나 자료를 혼자 학습한다.

② 교수자료의 이해와 해석에 촉진이나 단서, 보조가 필요한 경우에는 부적절하다.

기출 POINT 5

❶ 20유아A4

ⓒ 활동이 의도하는 바를 장애이해교육 측면에서 1가지 쓰시오.

김 교사: 공 주고받기할 때 짝을 어떻게 정할지 걱정이에요. 친구들은 주하랑 짝이 되는 것을 꺼려해요. 평소 주하가 활동에 잘 참여하지 않고 돌아다녀서 친구들은 주하가 왜 그러는지 궁금해 해요.

송 교사: 그러면 이렇게 해보세요. 예를 들면 ⓒ <u>아이들이 좋아하는 과일을 모두 물어보고, 같은 과일을 좋아하는 유아들끼리 모둠을 이루어 그 과일에 대해 이야기를 나누도록 해보세요. 주하도 자연스럽게 그 속에서 어울릴 수 있을 거예요.</u> 활동 이후에 아이들은 주하와 자신들이 같은 것을 좋아한다는 것을 깨닫게 되겠지요.

❷ 11중등7

통합교육을 위한 교수적 수정의 유형별 방법과 내용이 바르게 연결된 것을 모두 고르시오.

(가) 교수환경 수정: 사회적 환경 조성

장애학생 개개인의 소속감, 평등감, 존중감, 협동심, 상호의존감 등을 고려한다.

기출 POINT 6

❶ 11중등7

통합교육을 위한 교수적 수정의 유형별 방법과 내용이 바르게 연결된 것을 모두 고르시오.

(나) 교수집단 수정: 성취과제 분담 (STAD)

학업 수준이 비슷한 학생 4~6명의 구성원이 과제를 완성하는 데 필요한 일을 분배하고 자료를 구한 후, 과제가 완성되면 집단에게 보고하고 피드백을 받는 협동학습 방법을 사용한다.

3. 교수방법의 수정

교수방법의 수정이란 교수가 제시되고 전달되는 방식에서의 수정을 의미한다. 구체적으로 교수활동이나 교수전략, 교수자료를 장애학생의 특성과 필요에 맞게 수정하는 것이다.

(1) 교수활동의 수정 ❶ 23중등A9, ❷ 12중등12

교수활동은 교사가 주어진 차시 안에서 학생이 학습할 주제를 구체적으로 구조화하여 편성한 것으로, 일반학생들에 대한 기대만큼 수행 수준이 미치지 못하는 장애학생을 위하여 주요 과제를 작은 단계로 나누어 제공해 주거나, 교수내용의 난이도나 양을 조절해 주는 것 등을 수정의 예로 들 수 있다.

① 과제의 양을 줄인다.

② 주요 과제를 세분화하여 작은 단계로 나누어 제시한다.

③ 과제를 활동 중심적으로 수정한다.

④ 과제를 쉽게 또는 구체적으로 수정한다.

(2) 교수전략의 수정 ❶ 11중등7

① 정보제시 및 반응양식의 수정: 전체 제시 방법, 부분 제시 방법, 시각적·청각적·촉각적 학습양식에 따른 정보제시 방법들을 개별 학생의 학습 특성에 따라 적절하게 사용한다.

② 수업형태의 수정: 주제 중심적에서 활동 중심적으로, 강의식 수업에서 경험적 수업 및 지역사회 중심의 수업형태로 변화시켜 장애학생의 참여와 학습을 촉진한다.

③ 행동 강화 전략의 사용: 행동계약, 모델링, 토큰경제, 즉각적이고 개별적인 피드백 제공 등을 사용한다.

④ 교육공학 및 보조공학의 활용: 컴퓨터 보조학습용 소프트웨어 등 장애학생의 기능적 능력을 향상시키는 보조공학을 도입한다.

⑤ 수업 보조자를 활용

(3) 교수자료의 수정 ┌기출 POINT 9┐

학생이 필수적인 개념을 효과적으로 습득할 수 있도록 하고 구조화된 활동을 수행하는 데 도움이 되는 매개물이다.

① 수정: 일반학급 아동과 똑같은 자료를 간단하게 수정하여 사용한다.

② 대안

  ㉠ 개별화된 수행기대에 따라 대안적 교육자료를 사용한다.

  ㉡ 취약한 기술을 대치 또는 보상할 수 있는 교수자료를 개발한다.

  ㉢ 학생의 학습양식, 흥미, 선호도, 강점을 고려한다.

  ㉣ 보조공학을 도입한다.

기출 POINT 7

❶ 23중등A9
밑줄 친 ⓒ에 해당하는 교수적 수정의 유형을 쓰시오.

> 특수교사: ⓒ '타격' 동작을 가르칠 때, 다른 학생들보다 과제를 더욱 세분화하거나 구체적으로 가르쳐 주세요.

❷ 12중등12
다음은 일반 중학교의 일반학급에 배치된 학습장애 학생 A의 특성이다. 학생 A의 효과적인 통합교육을 위해 교수적 수정(교수적합화)을 할 때 고려할 사항으로 적절하지 않은 것은?

(가) 학생 A의 특성

> • 수업 중 자주 주의가 흐트러진다.
> • 그림을 보고 그리는 데 어려움을 보인다.
> • 또래 일반학생들에 비해 필기 속도가 느리다.

① 과제를 나누어 제시하는 과제 제시 수정 방법을 고려한다.
② 교사가 판서한 내용을 유인물로 제작하여 학생에게 제공한다.
⑤ 학습 자료를 제시할 때 주요 내용에 밑줄을 그어주는 등 시각적 단서를 제공한다.

기출 POINT 8

❶ 11중등7
통합교육을 위한 교수적 수정의 유형별 방법과 내용이 바르게 연결된 것을 모두 고르시오.

(다) 교수방법 수정: 평행교수

> 두 교사가 동등한 책임과 역할을 분담하여 같은 학습 집단을 맡아서 가르치는 것으로, 수업 내용을 공동으로 구안하고 지도하는 협력교수 방법을 사용한다.

PART
02

기출 POINT 9

❶ 25초등A5

[B]를 고려하여 밑줄 친 ©에 해당하는 내용을 쓰시오.

(가)

> • 읽기, 쓰기는 어려워하지만 듣기, 말하기는 어려움이 없다. ⌐
> • 들은 것을 암기하는 능력이 뛰어난 편이다.   [B]
>   ⌐

(나)

> 특수교사 : 은우는 읽기를 어려워하니 © <u>은우의 대본은 교수 자료 수정을 해서 주</u>
>   면 좋겠습니다.

❷ 23유아A6

©에 들어갈 교수적 수정의 예를 자료 측면에서 1가지 쓰시오.

> 이 교사 : 축구 코스에서는 아이들이 발로 미니 골대 안에 공을 넣도록 해요. 지수
>   는 다리에 힘이 조금 부족하지만 워커로 이동할 수 있으니 (©).

❸ 22유아B2

[A]에서 사용한 교수적 수정 유형을 [B]에 적용하여 그 예를 1가지 쓰시오.

■ 놀이 지원	■ 두 교사의 고민

• 유아들이 색지에 그린 미로가 작아서 큰 화이트보드와 마커를 제공함
• 현우가 마커로 그린 미로가 ⌐
  잘 이어지지 않아서 현우의 [A]
  모둠에는 네모자석을 제공함 ⌐
• 현우 모둠은 자석을 붙여서 길을 만듦
	• 현우가 딱딱한 플라스틱 주 ⌐
	  사위를 세게 던져서 위험 [B]
	  성이 있음 ⌐
	• 현우는 미로에 흥미가 있으나 구어 표현이 안 되어 놀이 참여에 어려움이 있음
	• 현우가 보드게임을 즐기는 데 필요한 ACC를 결정해야 함

➡

기출 POINT 9

6 20유아B6

@의 방법에 대한 예를 1가지 쓰시오.

박 교사 : 이번 활동을 계획하고 실행하면서 약간 아쉬움이 있기도 했어요. 기존에 구입한 분리배출 상자를 그대로 썼더니 민서가 무엇을 어디에 넣어야할지 헷갈렸던 것 같아요. 미리 @ 분리배출 상자를 수정했었다면 민서가 더 잘 참여했을 것 같아요.

7 17초B4

(가)를 고려하여 (나)의 @에 적용한 교수적 수정의 유형을 쓰시오.

(가) 지적장애 학생 윤후의 특성

• 그림을 변별할 수 있음
• 구어로 의사소통하는 데 어려움이 있음
• 손으로 구체물을 조작하는 것을 좋아함

(나) 교수 · 학습 활동

숲, 들, 강가에 사는 식물을 살펴 본 내용 발표하기에서 @ 식물 그림카드를 제공한다.

8 13유아B3

교사가 ⓒ에서 사용한 교수적 수정 방법은 무엇인지 쓰시오.

다혜는 저시력으로 인해 도화지 위에 연필로 그린 밑그림의 경계선이 잘 보이지 않아서 밑그림과 다르게 색칠하였다. 교사는 다혜의 수업 참여를 증가시키기 위하여 ⓒ 도안의 경계선을 도드라지게 해주었고, 조명이 밝은 곳으로 자리를 옮겨 주었다.

4 21유아A6

ⓒ 활동을 할 때 @을 위한 교수적 수정을 ① 활동과 ② 교육자료 측면에서 각각 쓰시오.

박 교사 : 이번에는 ⓒ 테이프로 바닥에 곰 사냥 가는 길을 만들고, 그 테이프 선을 따라 '달리기', '껑충뛰기', '밀기', '당기기', '회전하기', '구부리기'와 같은 활동을 해 보려고요.

서 교사 : 그 방법도 참 좋겠네요. '선 따라가기 활동'에서 '밀기', '당기기'와 같은 동작을 하면 무게나 힘 등의 저항에 대해 한 번에 최대한 힘을 낼 수 있는 능력을 기를 수 있어요.

박 교사 : 그런데 뇌성마비 유아 아람이가 잘 참여할 수 있을지 걱정이 되네요.

서 교사 : 그러네요. 아람이는 대근육운동기능분류체계(GMFCS, 4~5세) 2수준이라고 하셨으니까 또래 유아들과 같은 동작을 하는 데 어려움이 있을 수 있겠네요.

박 교사 : 네, 그래서 @ 달리기를 힘들어하는 아람이도 참여할 수 있는 방법을 고민하고 있어요.

5 21유아A7

송 교사가 ⓒ의 상황에서 윤아의 ① 문제를 해결하기 위해 적용할 수 있는 ① 교수적 수정 유형 1가지와 ② 이에 해당하는 예를 1가지 쓰시오.

송 교사 : 윤아는 얼굴에 물건 닿는 것을 싫어해서 마스크를 쓰지 않으려고 해요. 그리고 ① 비누의 거품은 좋아하지만 꽃향기를 싫어하고, 소근육 발달이 늦어서 손으로 비누 잡는 것을 어려워해요. 그래서 꽃향기가 나는 비누 사용을 힘들어하는 것 같아요.

민 교사 : 선생님, 그러면 협력교수를 통해 함께 지도하면 어떨까요?

송 교사 : 내일 ⓒ 민 선생님께서 전체 유아를 대상으로 비누로 손 깨끗하게 씻기를 지도하시면, 저는 윤아뿐만 아니라 특별히 도움이 필요한 다른 유아들도 활동에 효과적으로 참여할 수 있도록 도울게요.

4. 교수내용의 수정(차별화된 교육과정)

(1) 교육과정 수정 단계

① 1단계 : 같은 과제, 같은 교수목표, 같은 교수자료

　ㄱ 장애학생들은 일반학생들과 동일한 과제에 참여하며, 동일한 교수목표 아래 동일한 교수자료를 제공받는다.

　ㄴ 필요한 경우 협력교수를 사용할 수 있으며, 만약 대상학생에게 감각장애가 있다면 보청기나 점자, 수화 등이 사용될 수 있다.

② 2단계 : 같은 과제, 수정된 교수목표, 같은 교수자료

　ㄱ 장애학생은 일반학생들과 동일한 과제에 동일한 교수자료를 가지고 참여하지만, 교수목표는 장애학생의 수준에 기초하여 수정된다.

　ㄴ 수정된 교수목표에 따라 학생의 반응 양식이 수정될 수 있다. 예를 들어, 읽기 대신 듣기, 쓰기 대신 말하기와 같이 좀 더 쉬운 방법을 이용하여 과제에 반응할 수 있게 된다.

③ 3단계 : 같은 과제, 다른 교수목표, 다른 교수자료

　ㄱ 장애학생과 일반학생들은 동일한 과제에 참여하지만 장애학생들의 교수목표와 교수자료는 수정된다. 즉, 물리적으로 일반학생들과 함께 하지만, 다른 교수목표를 가지고 다른 교수자료로 환경 안에 있다. 예를 들어, 국어 시간에 일반학생들이 전체 낭독을 하는 반면, 장애학생은 카세트테이프를 들으며 따라 읽을 수 있다.

　ㄴ 2단계에 비해 개별화의 강도가 높아진다.

④ 4단계 : 다른 과제, 같은 주제, 다른 교수목표

　ㄱ 장애학생은 일반학생들이 참여하는 과제와 주제 면에서 연관 있는 활동에 참여한다. 일반학생들과 교수목표와 과제가 다르다.

　ㄴ 이 단계에서부터는 장애학생을 위한 개별화의 강도가 더욱 높아진다.

⑤ 5단계 : 다른 과제, 다른 주제, 다른 교수목표, 다른 교수자료

　ㄱ 장애학생은 일반학생들과 완전히 다른 주제와 과제에 참여하며, 이로 인해 다른 교수목표하에 다른 교수자료를 제공받는다.

　ㄴ 장애학생에게 기능적이고 생활중심적인 교수내용을 제공하며, 장애학생의 교육목표는 일반교육과정과 무관하다. 또한 교수활동은 통합교실에서 이루어질 수도 있으나, 주로 특수학급이나 학습도움실과 같은 교실 외의 장소에서 주로 이루어진다.

　ㄷ 개별화의 강도가 가장 높은 단계이다.

(2) 조정과 수정의 정도에 따른 교육과정의 유형

교육과정 유형	단계	내용
동일수준 교육과정	같은 활동 같은 교수목표 같은 교수자료	• 대상학생의 IEP 목표와 목적들이 일반교육과정의 수업에서 그대로 다루어질 수 있다. • 어떠한 수정도 요구되지 않는다. • 만약 대상학생이 감각장애가 있다면 점자, 보청기, 수어 등이 사용될 수 있다.
중다수준 교육과정	같은 활동 수정된 교수목표 같은 교수자료	• 대상학생은 그의 또래 동료들 수준과 비교하여 선수 단계의 교육과정에 참여한다. • 같은 활동이 사용되지만 대상학생의 교수목표는 다르다. • 대상학생의 반응양식이 수정될 수 있다.
중복 교육과정 ❶ 24중등B9	같은 활동 다른 교수목표 다른 교수자료	• 교수활동은 또래 동료들과 같은 것으로 유지되지만, 그 활동에 대상학생의 동등한 참여를 가능하게 하기 위해 교수목적과 교수자료가 변화된다. • 개별화의 정도는 더욱 강해지지만 대상학생은 또래 동료들과 같은 책상이나 테이블에서의 학습을 위해 물리적으로 같은 공간에 위치한다.
기능적 교육과정 (대안 교육과정)	다른 주제 다른 활동	• 이 수준의 교육과정 내용 수정은 기능성과 장애학생의 일상적 생활에 초점을 둔다. • 대상학생의 IEP의 목표와 목적은 일반교육과정과 직접적인 연관이 되지 않으며 일반학급의 다른 학생의 활동과는 독립적으로 다루어진다. • 교수는 고도로 개별화되고, 대상학생은 자주 교실 안이나 교실 이외의 장소에서 학습을 한다.

기출 POINT 10

❶ 24중등B9

㉠과 같은 교육과정 운영 방식을 쓰고, '대안 교육과정'과의 차이점을 1가지 서술하시오.

통합학급 교사: 학생 A는 의사소통이 쉽지 않아 수업 참여를 잘 하지 못합니다. 학급의 전체 학생이 동일한 목표로 같은 활동에 참여하면 좋겠는데, 학생 A는 어려움이 많네요.

특수 교사: 그러시군요. 학생 A의 경우에는 같은 활동에 참여하더라도 동일한 교과 목표를 가질 필요는 없습니다. 사회과의 목표는 아니더라도 수 ㉠ 업시간에 같은 활동을 하면서 친구들과 말을 주고받는 의사소통 능력 향상에 목표를 둘 수 있습니다.

① 중다수준 교육과정(multi-level curriculum) **❶ 15초등A4, ❷ 13중등18, ❸ 09초등30**

㉠ 중다수준 교육과정은 모든 학생에게 동일한 주제와 내용을 지도하지만 도달할 목표 수준을 다양하게 제공하는 교육과정으로, 학생들은 같은 교과영역 내의 여러 수준의 교육목표(예 학년 수준 이하, 학년 수준, 학년 수준 이상) 중 각자에게 맞는 교육목표를 가진다.

㉡ 이 방법은 고전적인 교육목표의 위계 개념에 기초하고 있어서, 한 학생이 기초적인 지식이나 이해 수준에서 학습하는 동안 다른 학생은 보다 심화된 적용이나 종합 수준에서 배울 수 있다.

㉢ 중다수준 교육과정은 교사가 학급 내의 교육과정을 확장하고 풍부화하거나 내용을 좁히고 개인화할 수 있게 한다.

㉣ 중다수준 교수의 원칙(수준별 수업)은 다음과 같다.
  • 수준에 상관없이 모든 학생이 해당 수업에서 반드시 학습해야 할 핵심 개념이 들어가도록 각자의 수준에 따라 서로 다른 학습목표를 세운다.
  • 학습한 것을 표출해 보일 수 있는 다양한 방법(말, 그림)을 학습자가 선택하도록 한다.
  • 각 수준의 학생이 협력적으로 활동할 수 있는 활동을 제공한다.
  • 집단 구성 시 통합적이고 이질적인 집단의 구성을 원칙으로 한다.

기출 POINT 11

❶ 15초등A4

다음에서 '중다수준 교육과정/교수'가 적용된 교수학습과정안이라고 볼 수 있는 근거를 1가지 쓰시오.

일반학생의 학습목표와 교수학습 활동	은수의 학습목표와 교수학습 활동
〈목표〉 사막 식물의 특징을 사는 곳과 관련지어 설명할 수 있다.	〈목표〉 선인장의 특징을 설명할 수 있다.
〈활동〉 사막 식물 관찰하기 • 겉모양 관찰하기 • 속모양 관찰하기 • 수분 관찰하기 • 사막 식물의 공통점 알아보기 • 사막에서 살아가는 데 이로운 점 생각해 보기 • 관찰기록지 완성하기	〈활동〉 선인장 관찰하기 • 겉모양 관찰하기 • 속모양 관찰하기 • 수분 관찰하기 • 그래픽 조직자 완성하기

기출 POINT 11

❷ 13중등18

다음은 중학교에서 통합교육을 받는 중도·중복장애 학생을 위해 교사들이 실행한 수업 사례이다. 각각의 사례에 대한 설명으로 옳은 것만을 있는 대로 고르시오.

김 교사: 사회과 수업목표를 지역 사회 공공기관에서 일하는 사람들의 역할 익히기에 두고, 학생 C는 지역사회 공공기관 이름 익히기에 두었다.

〈보기〉
ⓒ 학생 C에게는 '중첩 교육과정'을 적용한 것이다.

❸ 09초등30

다음은 중도·중복장애 학생 민호와 영미를 통합학급 수업에 참여시키기 위해 나눈 대화이다. (다)에 해당하는 교육과정을 쓰시오.

박 교사: 저는 '여러 곳의 기온 재기'를 지도하려고 해요. 먼저 우리 반 친구들이 각자 자기의 모형 온도계를 만들 때 영미의 것은 제가 만들고 색칠하기는 영미에게 시키려고요. 그리고 (다) 우리 반 친구들이 실제 온도계로 교실 안 여러 곳의 온도를 재는 동안 영미는 모형 온도계 눈금을 읽게 할 거예요.

ⓜ 중다수준 교수의 적용 예시는 다음과 같다.

기본 교육과정: 과학			
단원명	편리한 도구	제재	무게가 다른 물체 힘의 이동 알아보기
학습목표 (중다수준)	수평이 된 널빤지의 양쪽에 다른 수의 블록을 올려 수평을 만들 수 있다.		
	수평이 된 널빤지의 양쪽에 같은 수의 블록을 올려 수평을 만들 수 있다.		
	널빤지와 받침대로 수평을 만들 수 있다.		

② **중복 교육과정(curriculum overlapping)** ❶ 19초등B2, ❸ 13중등18, ❹ 11중등7, ❺ 09초등30

ⓞ 중복 교육과정은 주어진 활동과 단원 내에서 한 가지 이상의 교육과정 내용을 다룬다.

ⓛ 중복 교육과정은 개별화된 학습목표가 둘 이상의 교육영역에서 나온다는 점이 같은 교과영역 내에서의 수준 차이만을 가지는 중다수준 교육과정과의 차이이다.

❷ 15초등A4

ⓒ 중복 교육과정의 적용을 고려하기 이전에 다른 교육과정 적용이 가능한지를 먼저 고려하여 낙인의 문제와 고립이 발생하지 않도록 유의해야 한다.

ⓔ 중복 교육과정의 적용 예시는 다음과 같다.

기본 교육과정: 사회			
단원명	어느 가게에서 살까요?	제재	먹을 것 파는 가게 알기
학습목표	생선, 과일, 채소, 빵을 파는 가게를 구별하여 말할 수 있다.		중다수준
	과일을 파는 가게를 과일 가게라고 말할 수 있다.		
	먹을 것 사진을 보고 같은 사진을 찾을 수 있다.		중복

🚩 **중다수준 교육과정과 중복 교육과정 비교**

구분	공통점	차이점
중다수준 교육과정	• 동일한 연령의 다양한 학습 수준을 가진 학생들이 함께 수업을 받는다. • 정규학급 활동 안에서 학습이 일어난다.	학습목표와 학습 결과들은 동일한 교과목 안에 있고, 학생들은 학습량과 난이도를 감당해야 한다.
중복 교육과정	• 각각의 학습자들이 적절한 수준의 난이도로 개별화된 교수학습 목표를 가진다.	같은 교실 안의 일반학생들이 교과에 목표를 둔다면 장애학생들의 학습목표는 다른 영역(ⓔ 의사소통, 사회화 또는 자기관리 능력 등)이 될 수 있다.

기출 POINT 12

❶ 19초등B2
㉠을 중복 교육과정의 적용 사례로 볼 수 있는 근거를 1가지 쓰시오.

> 윤 교사: 다음 ㉠ 실과 수업 시간에는 '생활 속의 동물 돌보기' 수업을 하려고 합니다. 그때 은지에게는 국어과 목표인 '여러 가지 동물의 이름 말하기'를 지도하려고 해요.

❷ 15초등A4
중다수준 교육과정/교수와 중복 교육과정의 차이점을 1가지 쓰시오.

❸ 13중등18
다음은 중학교에서 통합교육을 받는 중도·중복장애 학생을 위해 교사들이 실행한 수업 사례이다. 각각의 사례에 대한 설명으로 옳은 것만을 있는 대로 고르시오.

> 박 교사: 과학시간에 심장의 구조와 생리를 지도하면서 학생 A에게는 의사소통 기술을 지도하였다.

〈보기〉
㉠ 학생 A에게 설정된 교육목표는 과학 교과 안에서 교육목표 위계 개념에 기초하여 작성하였다.

❹ 11중등7
통합교육을 위한 교수적 수정의 유형별 방법과 내용이 바르게 연결된 것을 모두 고르시오.
(라) 교수내용 수정: 중첩 교육과정

> 장애학생을 일반학생과 같은 활동에 참여하게 하되, 각각 다른 교육과정 영역에서 다른 교수목표를 선정하여 지도한다.

❺ 09초등30
다음은 중도·중복장애 학생 민호와 영미를 통합학급 수업에 참여시키기 위해 나눈 대화이다. (가)에 해당하는 교육과정을 쓰시오.

> 송 교사: 내일 인터넷 자료를 가지고 '여러 동물의 한 살이'를 지도하려고 해요. (가) 다른 친구들이 모둠별로 모여 동물의 한 살이에 관한 조사 활동을 할 때 민호는 친구들의 이름을 알기 위해 다양한 활동을 할 거예요. 다음 주에는 동물원에 가기 전에 민호가 학교 사육장에 있는 동물들을 직접 관찰하게 하려고 해요.

5. 평가방법의 수정

(1) 표준평가

평가의 조정 없이 일반학생과 같은 조건에서 동일한 평가를 실시한다.

(2) 평가조정

평가의 목적을 훼손하지 않는 범위 내에서 학생의 평가참여도를 향상하기 위해 평가조정 전략을 사용한다. ❷ 20중등B4, ❸ 13추가중등B3, ❺ 14중등A6

유형	내용
제시 형식	점자 시험지, 확대경의 사용, 큰 글씨체로 인쇄된 시험지, 지시사항을 소리 내어 구두로 읽어 주기, 지시사항을 수화로 하기, 지시사항을 해석해 주기 등
답안 형식 ❶ 22초등B1	시험지에 답 표시하기, 답 쓰기 위한 틀 사용하기, 답을 손으로 가리키도록 하기, 구두로 응답하기, 수화로 답하기, 타이핑으로 답하기, 컴퓨터 사용하여 답하기, 도움받고 답 해석하기 등
시험환경	칸막이 책상에서 혼자 시험 보기, 소집단으로 시험 보기, 집에서 시험 보기, 특수학급에서 시험 보기 등
시험시간 ❹ 12중등12	추가 시간 제공하기, 시험 보는 동안 휴식시간 더 많이 제공하기, 며칠에 걸쳐 시험시간 연장하기 등

구분	영역	조정방법
평가환경	평가공간	독립된 방 제공
	평가시간	시간 연장, 회기 연장, 휴식시간 변경
평가도구	평가자료	시험지의 확대, 점역, 녹음자료의 제공
	보조인력	수화통역사, 대필자, 점역자, 속기사 제공
평가방법	제시방법	지시 해석해 주기, 소리 내어 읽어 주기, 핵심어 강조하기
	응답방법	손으로 답 지적하기, 보기 이용하기, 구술하기, 수화로 답하기, 컴퓨터로 답하기, 시험지에 답 쓰기

기출 POINT 13

❶ 22초등B1

[A]를 고려하여 @의 예를 1가지 쓰시오.

• 초등학교 6학년 저시력 학생임
• 피질시각장애(Cortical Visual Impairment : CVI)로 인해 낮은 시기능과 협응능력의 부조화를 보임
• 눈부심이 있음
• 글씨나 그림 등은 검은색 배경에 노란색으로 제시했을 때에 더 잘 봄 [A]
• 원근 조절이 가능한 데스크용 확대독서기를 사용하지만 읽는 속도가 느림

@ 수정된 답안지와 필기구 제공

❷ 20중등B4

밑줄 친 ㉠에서 사용한 교수적 수정(교수적합화)의 유형을 1가지 쓰시오.

특수교사 : ㉠ 수업의 정리 단계에서 학생 D에게는 시간을 더 주고, 글보다 도식과 같은 그림으로 표현하게 하여 그 결과를 확인하는 것이 좋겠습니다.

❸ 13추가중등B3

㉡에서 설명하는 평가조정의 유형을 쓰고, ㉢이 적절하지 않은 이유를 쓰시오.

또래와 동일한 지필 시험을 보기 어려운 장애학생들을 위해서 시험 보는 방법을 조정해 줄 수 있어요. 예를 들면, ㉡ 구두로 답하거나, 컴퓨터를 사용하여 답하기, 대필자를 통해 답을 쓰게 할 수 있어요. 다만, ㉢ 받아쓰기 시험시간에 대필을 해주는 것은 적절하지 않습니다.

❹ 12중등12

다음은 일반 중학교의 일반학급에 배치된 학습장애 학생 A의 특성이다. 학생 A의 효과적인 통합교육을 위해 교수적 수정(교수적합화)을 할 때 고려할 사항으로 적절하지 않은 것은?

• 수업 중 자주 주의가 흐트러진다.
• 그림을 보고 그리는 데 어려움을 보인다.
• 또래 일반학생들에 비해 필기 속도가 느리다.

④ 지필 고사 시 시험시간을 연장하는 평가조정 방법을 고려한다.

기출 POINT 13

⑤ 14중등A6

(가)는 통합학급에 입급된 특수교육대상 학생 A의 특성이고, (나)는 (가)를 바탕으로 학생 A가 정규 평가에 참여할 수 있도록 특수교사가 평가를 조정한 예이다. 평가조정(test accommodation) 유형 중 (나)의 ⊙과 ⓒ에 해당하는 평가조정 유형을 각각 쓰시오.

(가)	• 한꺼번에 많은 정보가 주어졌을 때, 정보에 주의를 기울이는 데 어려움이 있음 • 소근육에 문제가 있어 작은 공간에 답을 표시하는 데 어려움이 있음

(나)

원본 문제지 / ⊙ 조정된 문제지

원본 문제지
1. 문제   6. 문제
2. 문제   7. 문제

⊙ 조정된 문제지
1. 문제
2. 문제

원본 답안지 / ⓒ 조정된 답안지

원본 답안지
정답에 ●표시하시오.
1. ①②③④⑤ 6. ①②③④⑤
2. ①②③④⑤ 7. ①②③④⑤

ⓒ 조정된 답안지
정답에 ∅표시하시오.
1. ① ② ③ ④ ⑤
2. ① ② ③ ④ ⑤

(3) **대안평가**(대안적 평가방법의 수정)

평가에 참여할 수 없는 중도·중복장애 학생들의 어려움을 고려하여 학생의 수준에 맞는 대안평가를 실시한다.

유형	내용	예시
전통적인 점수화	수, 우, 미, 점수 혹은 퍼센트	학생 전체 점수 94% 이상이면 A를 받을 수 있다.
합격/불합격 체계	합격 혹은 불합격을 정하는 광범위한 범주 기준	모든 과제를 완수하고 모든 시험에 통과한 학생은 한 과목의 합격점수를 받을 수 있다.
IEP 점수화	학생의 IEP에 근거한 수행 수준이 학교구획의 수행기준으로 변환	만약 한 학생의 IEP가 90% 정확도를 요구하고 89~93점이 그 지역기준으로 B와 같다면 그 학생이 목표된 정확도를 취득하면 B를 받을 수 있다.
습득 또는 준거점수 점수화	내용이 하위 구성요소로 나누어짐. 학생들은 어떤 기술의 습득이 정해진 수준에 도달하면 학점을 얻음	50개 주의 수도 중 38개의 이름을 명명한 학생들은 사회 교과의 그 단원에 대해 통과점수를 받을 수 있다.

다면적 점수화 ❶ 16초등A1, ❷ 13중등18, ❹ 11중등7	학생은 능력, 노력, 성취와 같은 몇몇 영역에서 평가되고 점수를 받음	학생이 시간 안에 프로젝트를 완성하였다면 30점을 받고, 모든 요구된 부분들을 포함하였다면 35점을, 적어도 4개의 다른 자료를 사용하였다면 35점을 받을 것이다.
공동 점수화	두 명 혹은 그 이상의 교사들이 한 학생의 점수를 결정	일반교사가 학생 점수의 60%를 결정하고 자료실 교사가 40%를 결정할 것이다.
항목 점수 체계	활동들 혹은 과제들에 점수가 할당되며 그것들이 학기말 점수로 더해짐	학생의 과학점수는 전체 300점이다. 100점은 주마다 보는 퀴즈에서, 100점은 학급의 실험에서, 50점은 숙제에서, 50점은 학급참여에서 점수를 준다.
학생 자기 평가 ❸ 13추가초등B1	학생들이 각각 스스로 평가	학생 본인이 과제를 시간 안에 하고 필요한 영역들이 포함되어 있고 독립적으로 과제를 했다고 한다면, 학생은 그 과제에 대해 스스로 합격점수를 준다.
계약 점수화	학생과 교사는 어떠한 점수를 얻기 위해 요구되는 특정 활동들에 동의	학생이 정기적으로 수업에 온다면 각 수업에서 적어도 한번은 정보를 자발적으로 말하고, 모든 요구되는 과제를 제출하면 학생은 C를 받을 것이다.
포트폴리오 평가	각 학생의 작업이 누가적 포트폴리오로 보존되는데, 유치원에서 고등학교까지 주요 기술 영역들에서의 성취를 나타냄	손으로 쓴 것의 누가적 샘플들은 1학년에서 4학년까지 초보 수준의 손으로 쓴 것에서부터 읽기에 분명한 필기체 양식까지의 진보를 보여준다.

기출 POINT 14

❶ 16초등A1
정신지체 학생 민기의 수업 참여 촉진을 위해 교사가 (나)의 ㉢에서 교수적 수정(교수적합화)을 한 이유를 (가)와 관련지어 쓰시오.

(가) 정신지체 학생 민기의 특성

- 수용 및 표현언어, 사회적 의사소통에 어려움이 있음
- 학습된 무기력이 심하고, 저조한 성취 경험 및 타인의 낮은 기대로 심리가 위축되어 있음

(나) 교수·학습 계획

㉢ 활동 참여에 대한 태도와 노력을 점검표에 기록(점수화)하고 칭찬한다.

❷ 13중등18
다음은 중학교에서 통합교육을 받고 있는 중도·중복장애 학생을 위해 교사들이 실행한 수업 사례이다. 각각의 사례에 대한 설명으로 옳은 것만을 있는 대로 고르시오.

정 교사: 체육시간에 농구공 넣기를 평가하기 위해 학생 D의 능력, 노력, 성취 측면을 고려하여 골대의 높이를 낮춰 수행 빈도를 측정하였다.

〈보기〉
㉣ 수업을 계획하는 과정에서 학생 D에게 적절한 성취 준거를 설정하여 규준참조평가를 실시한다.

❸ 13추가초등B1
㉣, ㉤과 같은 평가 방법의 명칭을 쓰시오.

(나) 본시 평가 계획

- ㉣ 학생들이 자기의 활동 참여도(예 ☺, ☺, ☹)를 기록지에 표시하도록 함.
- ㉤ 학생들이 놀이 규칙을 잘 지킨 3명의 친구를 선정하여 칭찬 스티커를 주도록 함.

❹ 11중등7
통합교육을 위한 교수적 수정의 유형별 방법과 내용이 바르게 연결된 것을 모두 고르시오.

(마) 평가방법 수정 : 다면적 점수화

학생의 능력, 노력, 성취 등의 영역을 평가한다.

📌 장애유아의 교육과정 수정 전략 ❶ 25유아A6, ❷ 24유아B5, ❸ 18유아A2, ❹ 13추가유아B8, ❺ 11유아28

유형	수정 요소	수정 대상	수정의 예
환경적 수정	환경의 물리적 요소	• 학급 환경 • 활동 영역 • 특수 교구	• 쉽게 산만해지는 유아를 위하여 읽기 영역이 충분히 조용한지 점검하고 배려함 • 활동 영역을 유아가 좋아하는 주제로 구성함 • 독립적인 선택 활동 및 정리하기 활동을 위하여 교재와 선반에 라벨을 붙임 • 이젤을 사용할 때 스탠더를 사용하게 함
	환경의 시간적 요소	• 일과 및 활동 시간표 • 활동 내 과제의 순서	• 오후에 집중력이 떨어지는 유아를 위하여 집중력이 필요한 활동을 오전에 배치함 • 활동 중에 선호하는 과제를 수행하기 위해서 선호하지 않는 과제를 먼저 수행하게 함
	환경의 사회적 요소	• 성인 • 또래	• 대집단 활동에 참여하지 않는 유아 옆에서 성인이 참여를 촉진하고 지원함 • 간식 시간이나 정리하기 시간에 또래와 짝을 지어 간식을 나누어 주거나 정리할 수 있게 함 • 놀잇감을 적절하게 가지고 놀지 못하는 유아가 모델링이 가능한 또래와 같은 소집단에서 활동하게 함
교수적 수정	활동	• 활동 방법 • 활동 난이도	• 이야기나누기 시간에 잘 참여하지 않는 유아를 위하여 유아가 좋아하는 동물인형을 손에 끼고 진행함 • 복잡하고 어려운 과제를 여러 개의 작은 단계로 나누어 수행하게 함 • 종이 한 장을 모두 색칠하기 어려워하는 유아에게 색지를 이용해서 색칠하는 양을 줄여줌 • 색종이를 오려 붙이는 활동 중 색종이를 크게 잘라줌
	교재	교재(놀잇감)	• 걸음걸이가 불안정하고 잘 넘어지는 유아가 워커 사용을 거부할 때 워커에 좋아하는 말 인형을 부착하여 사용하게 함 • 활동 영역에 유아가 좋아하는 주제의 놀잇감을 비치함 • 사회적 가치가 높은 놀잇감을 활동 영역에 비치하고 또래와의 상호작용에 참여하게 함 • 숟가락을 자주 떨어뜨리는 유아에게 손목벨트가 달린 숟가락을 제공함

기출 POINT 15

❸ 18유아A2

교사가 사용한 교육과정 수정 전략을 쓰시오.

미술 활동 시간에 경수에게 한지띠를 도화지에 가로로 붙여 제시하였더니 윗부분에는 해와 구름, 아랫부분에는 물고기를 그렸다.

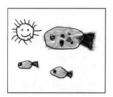
이전 작품의 예

한지띠 부착

오늘 작품

❹ 13추가유아B8

ⓒ에 해당하는 교육과정 수정 전략을 쓰시오.

• 빔 프로젝터, 동물 관련 동요 CD
• ⓒ 재생과 정지 버튼에 스티커를 붙인 녹음기

❺ 11유아28

이 수업에 대한 설명으로 옳은 것을 모두 고른 것은?

	빨강 조	노랑 조	파랑 조	보라 조
전개	• 여러 가지 종이를 구겨 붙인다. • 신문지 구기기를 좋아하는 발달지체 유아 민수에게 신문지를 구기도록 한다.	• 색연필, 크레파스, 물감으로 칠한다. • 지체장애 유아 민이에게 스펀지가 달린 막대로 물감을 칠하도록 한다.	• 자유롭게 그린다. • 자폐성장애 유아 효주에게 자신이 좋아하는 세밀화를 그리도록 한다.	• 여러 가지 모양을 오려 붙인다. • 가위질이 서툰 일반 유아 선미에게 보조 손잡이가 달린 가위로 교사와 함께 오리도록 한다.

─────〈보기〉─────
㉠ 전개 단계에서 교육과정 수정 전략을 사용하였다.

03 차별화 교수(맞춤형 교수, differentiated instruction)

1. 차별화 교수의 정의

① 차별화 교수란 교사가 학생들의 다양한 배경지식, 준비도, 언어, 학습 선호 양식, 흥미를 인식하고 민감하게 반응하면서 진행하는 수업이다. 학생 개개인의 다양한 능력과 학습 특성을 고려하여 교수 방법, 학습 활동과 학생의 수행 정도를 수정함으로써 개별 학생의 요구에 반응하기 위한 교수적 접근이다.

② 차별화 교수에는 반응적 재조정과 사전에 계획한 보편적 학습설계 두 가지 접근 방법을 사용할 수 있다.

반응적 재조정	반응적 재조정은 수업 내용과 자료를 계획하고 수업한 후, 이에 대한 학생들의 수행 성과를 평가하고, 이 과정에서 발견하게 된 학습자의 특성에 따라 학습자와 수업 내용, 교수 과정, 학습 성과물과 관련된 요구가 일치하지 않는지를 찾고, 불일치를 해결하기 위해 수업 내용과 자료, 학습 성과와 교수를 재조정하는 것이다.
보편적 학습설계 (UDL)	UDL은 학습자들의 특성에 대한 정보를 먼저 수집한 후, 이를 고려하여 UDL 원칙을 적용하여 모든 학생에게 접근 가능한 학습 환경을 구조화하고, 학습 내용과 자료, 학습 성과물이 어떤 형태인지 계획한 후 교수를 진행하는 것이다. 가능하면 미리 UDL을 활용한 차별화 교수를 계획하는 것이 좋지만 그렇지 않다면 나중에라도 반응적 재조정을 할 필요가 있다.

2. 차별화 교수의 구성요소 ❶ 22초등 교직논술

(1) 교수내용의 차별화

① 교사가 학습자의 요구와 특성을 고려하여 맞추어야 할 대상으로서의 내용이란 학습자가 배워야 할 개념, 원리, 기술, 교수·학습 자료 등을 말한다.

② 내용을 맞춘다는 것은 학생들이 배울 자료를 다양화하는 것이다.

(2) 교수과정의 차별화

① 교사가 학습자의 요구와 특성을 고려하여 맞추어야 할 대상으로서의 과정이란 학습자가 개념이나 아이디어, 기술 등을 학습하는 과정에서 수행하는 활동 일체를 의미한다.

② 과정을 맞춘다는 것은 학습자의 능력과 흥미 등에 따라 학습활동의 난이도와 종류 등을 다양화해 준다는 뜻이다.

예 조사를 할 때 인터넷, 도서관, 인터뷰 등을 선택적으로 이용하도록 하는 것이다.

(3) 교수성과의 차별화

① 교사가 학습자의 요구와 특성을 고려하여 맞추어야 할 대상으로서의 성과란 학습자가 자신이 학습한 것을 표현하고 확장하는 일체의 수단과 방법을 말한다.

② 결과를 맞춘다는 것은 학습자가 선호하는 방식에 따라 자신이 학습한 것을 다양하게 표현할 수 있도록 허용해 준다는 것을 의미한다.

예 조사결과를 보고서, 동영상, 팟캐스트, 기타 다양한 방식으로 발표하게 하는 것이다.

기출 POINT 16

❶ 22초등 교직논술
김 교사가 제시한 차별화 교수의 3가지 측면에서 통합교육 실행 방안을 각각 1가지씩 논하시오.

김 교사: 저는 요즘 통합학급 수업에서 장애학생뿐만 아니라 비장애학생들 모두 수업에 좀 더 의미 있게 참여할 수 있도록 차별화 교수를 적용하는 방안을 연구하고 있어요. 차별화 교수는 교사가 학습의 내용, 과정, 결과 측면에서 다양한 능력과 배경을 가진 학생들의 요구에 반응할 수 있도록 해주니까요.
박 교사: 그런 걸 보니 차별화 교수가 장애학생과 비장애학생들 모두에게 도움이 되겠네요.
김 교사: 네, 맞아요. 그렇지만 여전히 장애학생을 위해서는 학생 특성에 따라 일반교육과정을 수정해 주는 방안이 필요해요.

더알아보기 차별화 교수의 구성요소

교수내용의 차별화	• 교사가 학생들이 무엇을 알아야 할지, 수업 후 성취하기를 기대하는 것으로 가르칠 것에 대한 수정과 더불어 학생이 배워야 할 것에 대한 접근방식의 조절을 포함한다. • 교수내용 차별화 전략		
	유형	정의	예
	교수내용 조정	교수내용 자체를 조정하는 전략 이 아닌 교수내용에 접근하는 방 법을 조정하는 전략	• 교수내용 자체 수정 • 교수내용 접근 방법 수정(과제 분석, 활동분석, 성취목표 조절)
	교수목표 수정	보충 교육과정을 도입하여 교수를 차별화하는 전략	교수목표를 보완하거나, 단순화 하거나, 변경함

교육과정의 차별화	• 내용을 어떻게 교수하고 학습할 것인가에 관한 것으로 학생들이 내용을 이해하도록 교사들이 사용하는 다양한 활동을 의미한다. • 교육과정 차별화 전략		
	유형	정의	예
	학생집단	융통성 있는 학생집단 구성	독립활동, 학습센터, 심화 프로 젝트, 협력 토론 팀, 또래교수, 협동학습, Jigsaw 등
	교수 진도	학생들의 이해가 확실해질 때까지 교수의 완급을 조절하는 전략	• 짝과 생각 나누기 • 함께 머리 끄덕이기
	교사 발문	다양한 유형의 발문을 제공하여 학생들의 이해를 도와야 함	• 수렴적 발문과 발산적 발문 • 높은 수준과 낮은 수준의 발문
	인적·물적 자원 제공	장애학생들이 교수에서 이익을 얻기 위해 접근 가능한 환경, 보 조공학기기, 다양한 학습전략을 이용하는 전략	• 하이테크놀로지와 로우테크놀 로지 제공 • 보조공학기구 • 보완대체의사소통기구

교수성과 (결과)의 차별화	• 교수결과란 학생들이 교수를 통해 알게 되는 것과 할 수 있게 되는 것을 의미한다. • 교수성과 차별화 전략		
	유형	정의	예
	표현양식의 변경	교수결과에 대한 학생들의 이해와 성취를 증명하는 방식에 융통성을 제공하는 전략	성취한 결과를 포스터 제작, 보고서 작성, 구두 발표 등
	숙달 수준의 조정	교수목표에 대한 숙달로 간주되 는 기술의 수행 수준을 조정하는 전략	기본 수준, 능숙 수준, 진보 수준
	빈번한 평가	학생들의 지식과 이해를 증명하는 빈번한 기회를 제공하는 전략	사전평가 또는 진단평가, 형성 평가, 총괄평가 등

04 **다수준 포함 교수법**(multi-level instruction)

1. 다수준 포함 교수법의 정의

① 다수준 포함 교수는 교수적 수정을 실현하는 하나의 방법으로, 동일한 학급에 소속되어 있는 다양한 수준의 학생 각자에게 유의미한 학습 경험을 제시하는 것이다.

② 이는 교수방법이라기보다는 교육과정 및 수업운영의 방침에 해당한다. 즉, 교수방법의 수정을 통해 통합교실 내에서 장애학생과 일반학생에게 동일한 교육과정 영역에 대해 다양한 목표와 난이도 수준에서 교수하기 위한 방법을 의미한다. 교육방법의 수정은 교실 내의 모든 학생들을 대상으로 교수하지만 서로 다른 방식으로 교수하는 것을 전제로 한다.

2. 다수준 포함 교수법의 기본 전제

① 학습자 개개인의 수준에 따라 서로 다른 학습목표를 인정한다.

② 학습자의 학습 양식을 고려하여 내용 제시 방법을 계획한다.

③ 학습자 개개인의 수준별 사고를 자극하는 질문을 활용하고, 주제 중심의 통합교과 수업을 진행한다.

④ 학습한 것을 표출하는 다양한 방법(구두, 그림, 음악, 신체 동작 등)을 선택할 수 있도록 한다.

⑤ 다양한 학습표현 방법을 동등하게 인정해 준다. ❶ 11유아28

⑥ 단일 기준보다는 각자의 노력과 개인 내 성장 정도에 근거하여 평가한다.

기출 POINT 17
❶ 11유아28
이 수업에 대한 설명으로 옳은 것을 모두 고르시오.

ㄹ 다양한 학습 표현 방법을 동등하게 인정해 주는 실제적 다수준 포함 교수법을 사용하였다.

3. 다수준 포함 교수법의 절차

단계	교수 내용
1. 각 수준의 학생들이 학습해야 할 핵심 개념 확인	• 해당 수업을 마쳤을 때 각 수준의 학생들이 학습해야 할 핵심 개념을 먼저 확인한다. 절차적인 측면에서 핵심 개념은 상위집단에 해당하는 것을 먼저 확인하고 이어서 중간 및 하위집단에 적절하게 수정한다. • 핵심 개념을 학습하는 데 사용되는 자료나 교재는 각 학생의 수준에 따라 다양할 수 있다. 예를 들어, 가격 결정에서 수요와 공급의 원리가 학습해야 할 핵심 개념이라면, 교재는 가격 결정 단원이 수요와 공급의 원리를 설명하는 문장이나 도표로 구성되었을 것이다. • 하지만 읽기에 문제가 있는 학생의 경우 가격 결정에 수요와 공급이 이렇게 영향을 미치는가의 아이디어는 이해하지만 읽기능력이 부족하여 해당 수업을 소화하는 데 어려움을 겪을 수 있다. 이 경우 교사는 동일한 원리를 설명하되 요구되는 읽기 수준이 낮은 자료를 제기함으로써 읽기문제를 가진 학생도 수요와 공급의 원리에 따른 가격 결정에 관한 수업에 의미 있게 참가할 수 있도록 해야 한다.
2. 교사의 내용 제시 방법 결정	수업내용을 제시할 때는 다음과 같이 학습자의 학습양식, 학습자의 수준 그리고 학습자의 참여 정도를 고려한다. • 학습자의 학습양식: 시각, 청각, 운동, 촉각 중에서 특히 선호하는 것을 중심으로 자료를 제작하여 제시 • 학습자의 수준: 수업 내용을 어느 수준으로 제시할 것인가를 고려 • 학습자의 참여 정도: 전체 학급 대상 수업에 전적으로 참여할 것인지 혹은 부분적으로 참여할 것인지를 결정. 부분참여 형태는 동일한 수업 내에서 각 학생이 자신의 수준별로 전체 수업의 일부를 개인적으로 수행
3. 학생의 연습과 수행방법 결정	• 부과할 과제의 형식을 다양하게 제시한다. 예를 들어, 지필 형태로만 제시하지 않고, 구두, 그림, 행위 등 다양한 방식으로 과제를 제시할 수 있다. 또한 학습한 정도나 수행을 보일 다양한 방법을 허용한다. • 각자의 수준에 상응하는 수행 및 발표방식을 허용한다. 수준이 낮은 학생의 경우 Bloom의 체계 중 주로 지식이나 이해 수준에서 학습한 것을 표현하도록 할 수 있다. 예를 들어, 학습과제가 이야기의 구성에 관한 각자의 이해 정도를 보이는 것이라면, 학생들의 읽기 수준이나 학습자의 학습양식을 고려하여 다양한 방식으로 이야기 구성에 관한 이해 정도를 표현하도록 한다.
4. 평가방법	• 모든 학생은 자신들의 표현수단이나 자료의 성격이 다르다고 하여 불리한 평가를 받아서는 안 된다. • 다수준 포함 교수에서 평가의 핵심은 각 학생의 수준과 다양성을 고려해서 평가해야 한다. 즉, 학습자의 특성과 선호도에 따라 학습한 것을 그림이나 몸동작 등을 사용하여 다양하게 표현할 수 있게 한다.

CHAPTER 05

협동학습(cooperative learning)
| 보충자료 ① |

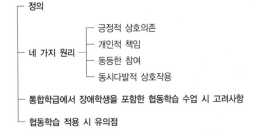

01 협동학습의 정의 및 기본 원리

- 정의
- 네 가지 원리
  - 긍정적 상호의존
  - 개인적 책임
  - 동등한 참여
  - 동시다발적 상호작용
- 통합학급에서 장애학생을 포함한 협동학습 수업 시 고려사항
- 협동학습 적용 시 유의점

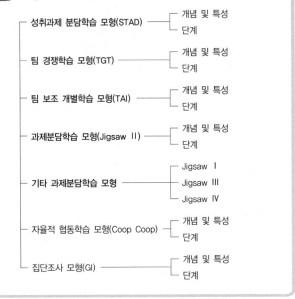

02 협동학습의 유형

- 성취과제 분담학습 모형(STAD)
  - 개념 및 특성
  - 단계
- 팀 경쟁학습 모형(TGT)
  - 개념 및 특성
  - 단계
- 팀 보조 개별학습 모형(TAI)
  - 개념 및 특성
  - 단계
- 과제분담학습 모형(Jigsaw II)
  - 개념 및 특성
  - 단계
- 기타 과제분담학습 모형
  - Jigsaw I
  - Jigsaw III
  - Jigsaw IV
- 자율적 협동학습 모형(Coop Coop)
  - 개념 및 특성
  - 단계
- 집단조사 모형(GI)
  - 개념 및 특성
  - 단계

---

01 **협동학습의 정의 및 기본 원리**

1. 협동학습의 정의

① 협동학습은 학습능력이 각기 다른 (이질적인) 학생들이 동일한 학습목표를 위해 소집단 내에서 함께 활동하는 수업방법이다.

② 학습자가 공동의 목표를 가지고 소집단을 이루어 함께 활동함으로써 학급 내의 다른 구성원들과 상호의존성을 가지고 상호작용을 통해 자신의 학습뿐만 아니라 다른 구성원들의 학습효과까지 극대화할 수 있는 학습자 중심의 교수방법이다.

2. 협동학습의 네 가지 원리(Miguel 등)

(1) 긍정적 상호의존(positive interdependence) : "네가 잘돼야, 나도 잘된다."

① 이것은 "나의 성공이 너의 성공인가?"라는 질문을 통해 확인해 볼 수 있다.

② 긍정적 상호의존의 효과는 다음과 같다.

㉠ 학생들은 서로 잘 돕고 가르칠 수 있게 된다(내가 누군가를 돕는다면 결국 나는 동시에 나를 돕는 것이다). 학생들은 서로를 격려하며 그들의 평균적인 성취 기준을 향상시키게 된다.

ⓛ "나의 도움이 필요한가?"라는 질문을 통해 협동이 필수적이어서 최소한의 시간 동안이라도 협력하지 않고서는 그들의 목표를 달성할 수 없다면 강한 긍정적 상호의존이 존재하는 것이다.

(2) **개인적 책임**(individual accountability) : "내가 맡은 일은 내가 잘 할게"

① "각자가 해야 할 공적인 임무가 있는가?"라는 질문에 대해 학생들이 다른 누군가(동료 학생, 팀원, 반, 교사)와 자신의 성과를 나눠야 한다고 대답할 수 있다면 그들은 각자 자신이 배운 것에 대해 책임이 있다고 볼 수 있다.

② 이러한 개인적 책임은 퀴즈, 학생 서로 간의 확인 질문, 또는 청중 앞에서 어떤 종류 이든 개인적 완성도를 보여주는 것 등을 통해 조성될 수 있다.

③ 개인적 책임이 존재할 때 학생들은 배우려는 동기를 가지게 된다.

(3) **동등한 참여**(equal participation) : "참여의 기회가 똑같다."

① 이것은 "얼마나 동등하게 모두 참여했는가?"라는 질문을 통해 확인할 수 있다.

② 직접 자신이 학습활동에 참여한 학생들은 학습이나 그 과정을 더 좋아하게 된다.

③ 이렇게 동등한 참여를 이끌기 위해서는 시간 정해 주기, 발표순서 정하기, 역할 돌아 가기 등의 구조화가 이루어져야 한다.

(4) **동시다발적 상호작용**(simultaneous interaction) : "같은 시간에 여기저기서"

① "어떤 한 순간에 얼마나 많은 학생들이 능동적으로 참여하는가?"라는 질문을 통해 동시 다발적 상호작용을 확인할 수 있다.

② 동등한 참여를 위해 순차적으로 모두 참여시킨다면 시간이 굉장히 많이 걸릴 것이다. 이런 경우 동시다발적 상호작용을 통해 시간을 절약할 수 있다. 예를 들어, 학생들에게 자신의 아이디어를 1분 동안 능동적으로 이야기하게 할 경우 한 번에 한 학생씩 하게 되면 적어도 30분이 넘게 소요될 것이다. 그러나 4명 1조 모둠에서는 4분이, 짝과만 이야기한다면 단지 2분이 소요된다.

⚑ **협동학습의 원리**(Gragiulo 등)

협동학습 원리	내용
긍정적 상호의존성 ❶ 20초등A3, ❷ 13중등18	• 우리들이 성공하기 위해서는 너와 나 모두 성공해야 한다는 것을 의미한다. 긍정적 상호의존성이란 학생들 개개인이 집단의 성공을 위해 자신뿐만 아 니라 동료들도 성취해야 하기 때문에 서로 도움을 주는 관계를 의미한다. 따라서 상호의존성에서는 집단목표가 명시되어야 하고, 그 목표를 달성하기 위해 자료를 공유하고, 서로 상호의존적인 역할을 담당해야 한다. • 상호의존성은 일반적으로 교실에서 자연스럽게 일어나지 않으므로 학생 간의 협동적 활동에는 특정적인 구조화가 필요하다.

기출 POINT 1

❶ 20초등A3
ⓛ을 방지하기 위해 교사가 할 수 있는 ⓒ과 ⓔ의 구체적인 내용을 각각 쓰 시오.

> 일반교사 : 성우는 성적도 낮은 편 이라 모둠 활동을 할 때 환영받지 못하는 경우가 많아서 사회과 수업 에 협동학습을 적용하려고 해요. 그런데 협동학습에서도 ⓛ 능력 이 뛰어난 학생이 모둠 활동에 지 나치게 개입하여 주도하려는 현 상이 나타날 수 있어요.
> 특수교사 : 맞습니다. 교사는 그러한 현상을 방지하기 위해서 ⓒ 과제 부여 방법이나 ⓔ 보상 제공 방법 을 면밀히 고려해 보아야 하지요.

❷ 13중등18
다음은 중학교에서 통합교육을 받고 있 는 중도·중복장애 학생을 위해 교사들 이 실행한 수업 사례이다. 각각의 사례 에 대한 설명으로 옳은 것만을 있는 대 로 고르시오.

> 이 교사 : '지역의 문화재 알기' 주제 로 모둠별 협동학습을 실시하였는 데, 학생 B가 속한 모둠은 '문화재 지도 만들기'를 하였다.

> ───〈보기〉───
> ⓛ 과제를 하는 동안 학생 B와 모둠 구성원 간에 상호의존성이 작용 한다.

- 상호의존성의 형태는 다음과 같다.

결과적 상호의존성	목표의 상호의존	개인이 다른 개인들과 협동적으로 연결되어 그 집단의 목표를 달성할 수 있을 때 생겨난다.
	보상의 상호의존	집단의 개개인이 공동과제를 성공적으로 완수한 후 똑같이 보상을 받을 수 있을 때 생겨난다.
수단의 상호의존성	자원의 상호의존	집단의 개개인은 각자 과제를 완수하는 데 필요한 정보자원, 자료를 가지고 있으며 집단의 목표를 달성하기 위해 각 구성원이 가진 자원을 결합하지 않으면 안 될 때 생겨난다.
	역할의 상호의존	집단의 과제를 해결해 나가는 과정 속에서 책임적인 역할을 부여받았을 때 생겨난다.
	과제의 상호의존	분업화, 구성원 모두가 자신이 맡은 책임을 다해야 과제를 완성할 수 있을 때 생겨난다.

대면적 상호작용
- 대면적 상호작용은 집단 구성원 각자가 집단의 목표를 성취하기 위해 다른 구성원들을 직접 격려하고 촉진시켜 주는 것을 의미한다.
- 학생들은 설명이나 토론과 같은 상호작용을 통해 서로의 학습을 도와주고, 교사는 충분한 시간을 주면서 상호작용이 잘 일어나도록 서로가 마주 볼 수 있게 자리배치를 함으로써 이러한 과정을 촉진시킬 수 있다.

개별책무성
- 과제를 숙달해야 하는 책임이 각 학생들에게 있다는 것을 의미한다. 즉, 집단의 구성원으로서 각 학생들의 수행에 대한 평가 결과가 그 학생이 속해 있는 집단과 자신에게 적용될 때 개별책무성이 존재하게 된다. ❶ 13초등A1
- 이러한 개별책무성을 통해 집단 활동에 능동적으로 참여하지 않고 다른 학생들이 이루어 놓은 성취를 공유하는 무임승객 효과와, 일부 우수한 학생 중에서 자신의 노력이 다른 학습자들에게 돌아간다고 인식하여 학습에 능동적으로 참여하지 않는 봉 효과를 방지할 수 있다.

사회적 기술
- 사회적 기술이란 집단 내에서 갈등 관리, 의사결정, 효과적인 리더십, 능동적 성취 등을 의미하며, 협동적 노력이 성공하기 위해서는 이러한 사회적 기술이 요구된다.
- 따라서 집단 내의 갈등 관리, 리더십, 의사결정, 의사소통과 같은 사회적 기술은 학생들에게 직접 가르칠 필요가 있다.

집단과정
- 특정한 집단이 의도한 목표를 성취하기 위해서는 집단 구성원들 각자의 목표를 얼마나 잘 성취하고 공동의 목표를 달성하기 위해 얼마나 노력하고 협력했는지에 대한 토론과 평가가 필요하다.
- 또한 집단에서는 집단 구성원의 어떤 행위가 유익하고 무익한지에 대해 알 필요가 있으며, 어떤 행동이 계속되고 변화되어야 하는지에 대해 결정할 필요가 있다.

더 알아보기

협동학습의 문제점
- **부익부 빈익빈 현상**: 능력이 뛰어난 학생이 모둠 활동에서 지나치게 개입하여 주도하려는 현상
- **무임승객 효과**: 집단 활동에 능동적으로 참여하지 않고, 다른 학생들이 이루어 놓은 성취를 공유하는 것
- **봉 효과**: 일부 우수한 학생 중에서 자신의 노력이 다른 학습자들에게 돌아간다고 인식하여 학습에 능동적으로 참여하지 않는 것

더 알아보기

협동학습 성과 평가
집단별로 목표를 설정하고 그 목표에 도달한 정도에 따라 집단 내 구성원 모두에게 동일한 평가를 부여(집단기반평가)할 경우 '봉 효과'와 '무임승객 효과' 현상이 생길 수 있다. 따라서 가장 적절한 방법은 집단기반평가와 함께 개인적인 향상과 노력 정도를 반영하는 평가체계(개인향상점수)를 적용하는 것이다. 이는 팀별 점수를 산정할 때 팀 내 구성원 각자가 출발점이나 기준 점수 대비 얼마나 향상되었는지를 산출하고, 이를 총합하여 팀 내 구성원 수로 나누어 팀별 평균 향상 정도에 따라 보상을 주는 방식이다. 이 경우 각 팀 내에서는 팀원 개개인의 향상을 최대화하는 것이 팀 전체의 향상을 최대화하는 것이기 때문에 자연스럽게 팀원 간의 상호협력을 유도할 수 있다.

기출 POINT 2

❶ 13초등A1
㉠에서 나타난 협동학습 요소(원리)를 쓰시오. 그리고 이 요소(원리) 때문에 방지될 수 있는 '협동학습 상황에서의 문제점'은 무엇인지 쓰시오.

〈STAD 평가〉
- ㉠ 각 학생의 수행 결과는 학생이 속해 있는 집단과 학생 개인의 평가에 반영함

PART
02

협동학습의 필수 요소(원리)

Johnson 외	① 작은 이질집단 내에서의 일대일 상호작용 ② 공동의 목표, 생산물, 노동, 교재, 역할 등을 통한 상호의존성 ③ 사회적 상호작용 기술에 대한 직접교수 ④ 학업적 · 사회적 목표 성취를 위한 개인의 책무성 ⑤ 집단 기능의 효율성을 검증하기 위한 과정
Davidson	① 집단 활동에 적합한 공동의 과제나 활동 ② 이질적 집단으로 구성된 소집단 학습 활동 ③ 협동적이고 협력적인 기술 ④ 긍정적 상호의존성 ⑤ 보상과 과제에 대한 개별책무성 • 보상에 대한 개별책무성: 팀 구성원의 점수를 합한 것에 근거하여 보상을 받는 것 • 과제에 대한 개별책무성: 각 학생이 자신이 맡은 과제에 대해 책임을 가지는 것

3. 통합학급에서 장애학생을 포함한 협동학습 수업 시 고려사항 ❶ 16중등B8

(1) 교사의 관리 · 감독

집단 활동의 규칙을 확립하기 위해 교사의 관리 · 감독이 필요하다. 교사는 각 소집단에서 장애학생을 포함한 모든 학생들이 학습활동에 참여하도록 감독해야 한다. 학생들이 임무를 수행하지 않거나 잘못된 행동을 할 경우 교사는 집단 활동의 규칙을 지키도록 감독해야 한다.

(2) 이질적 집단

장애학생과 일반학생은 이질적 집단이므로 서로 다른 능력과 배경을 가진 학생들이 목표를 달성하기 위해서는 서로 협력해야 함을 배울 수 있도록 한다.

(3) 긍정적 상호의존성

긍정적 상호의존성은 적절한 보상, 배부된 학습자료, 역할배정과 결합되어 있는 소집단의 목표를 통해 달성된다. 집단 활동에서 장애학생을 포함한 모든 학생은 자신의 행동에 대해 책임을 진다.

(4) 대면적 상호작용

대면적 상호작용은 가까운 거리에서 시선을 마주보면서 말이나 몸짓으로 대화하도록 격려한다. 학생들은 하나의 소집단으로 서로 설명하거나 토론하고, 문제를 해결하고 과제를 완성한다.

(5) 개별적 책무성

개별적 책무성은 장애학생에게 개인임무에 대한 책임을 지도록 요구하는 것이다. 각 개인이 집단의 목표를 달성하는 데 기여하기 위한 역할은 지도자, 기록자, 자료관리자, 낭독자, 격려자, 관찰자, 시간조정자 등이 있다.

기출 POINT 3

❶ 16중등B8
협동학습에서 장애학생이 집단의 구성원으로서 긍정적인 역할을 할 수 있도록 사회적 환경을 조성하기 위해 특수교사가 지원해야 할 내용 2가지를 설명하시오.

(6) 사회적 기술

사회적 기술은 집단 구성원 사이의 긍정적 상호작용과 의사소통을 향상시키는 활동이다. 교사는 협동학습의 집단에서 서로 협동하고 사회적 기술을 배울 수 있도록 가르쳐야 한다.

(7) 활동의 진행

집단 활동의 원활한 진행을 위해 참여, 피드백, 강화, 명료화, 정교화 등의 방법이 지원된다.

(8) 평가

협동학습에서 평가는 장애학생의 임무수행에 대한 평가와 소집단 전체의 평가를 모두 포함해야 한다.

4. 협동학습 적용 시 유의점

① 교사에 대한 의존이 줄어들지만 반대로 또래학습자에 대한 의존은 커질 수 있다. 또한, 특정 학습자가 보이는 오류를 그대로 따라 할 가능성도 높아진다.

② 학습 능력이 높은 학생과 낮은 학생 간의 상호작용 기회, 반응의 기회 등에서 부익부 빈익빈 현상이 심화될 수 있으므로 주의해야 한다.

③ 팀을 중심으로 학습 과제를 수행하게 되면 다른 집단에 대해 비호의적 태도를 갖게 될 수 있으므로 주의해야 한다.

④ 이를 위해 협동학습 시 학생들의 협동학습 기술 증진을 위한 훈련이 반드시 필요하다.

02 협동학습의 유형

협동학습 기법들은 집단 간 경쟁을 채택하는가 혹은 집단 간 협동을 채택하는가에 따라 학생 팀 학습유형(student team learning ; STL)과 협동적 프로젝트 유형(cooperative project ; CP)으로 나눌 수 있다. ❶ 25초등A2

기출 POINT 4
❶ 25초등A2
밑줄 친 @을 집단 간 경쟁의 측면에서 비교하여 쓰시오.

선생님, 저는 체육 수업에서 협동학습을 적용해 보려고 합니다. @학생 팀 학습(Student Team Learning : STL)과 협동적 프로젝트(Cooperative Project : CP)를 고려하고 있는데 어떤 것을 선택하면 좋을까요?

학생 팀 학습유형(STL) : 집단 내 협동, 집단 간 경쟁
• 협동학습 집단 내에서는 협동하지만, 집단 간에는 경쟁체제를 적용하는 유형이다.
• 능력별 팀 학습(STAD), 토너먼트식 학습(TGT), 팀 보조 개별학습(TAI), 과제분담학습 Ⅱ(Jigsaw Ⅱ) 등이 포함된다.

협동적 프로젝트 유형(CP) : 집단 내 협동, 집단 간 협동
• 협동학습 집단 내뿐만 아니라 집단 간에도 협동한다.
• 과제분담학습 Ⅰ(Jigsaw Ⅰ), 자율적 협동학습(Co-op, Co-op), 집단조사(GI), 함께하는 학습(LT) 등이 포함된다.

🏳 STL과 CP의 비교

유형	주요모형	학습과제	집단크기	적용대상	팀 간 경쟁 팀 간 협동	유인구조	과제구조
STL	STAD	기본기능	4~5	중	팀 간 경쟁	개별평가 집단보상	집단연구
	TGT	기본기능	4~5	초, 중	팀 간 경쟁	개별평가 집단보상	집단연구
	Jigsaw Ⅱ	기본기능 상위기능	5~6	초	팀 간 경쟁	개별평가 집단보상	과제점수화
	TAI	기본기능	4~5	초	팀 간 경쟁	개별평가 집단보상	개별과제
CP	Jigsaw Ⅰ	상위기능	3~7	초	팀 간 협동	개인성적	과제전문화
	GI	상위기능	3~6	초, 중	팀 간 협동	집단보고서	과제전문화
	Co-op Co-op	상위기능	3~6	중, 고, 대	팀 간 협동	집단보고서	과제전문화
	LT	기본기능 상위기능	3~6	초	팀 간 협동	집단보상 집단보고서	집단연구
	Jigsaw Ⅲ	기본기능	3~6	중	팀 간 협동	개인성적	과제전문화

1. 성취과제 분담학습(능력별 팀 학습, STAD) 모형

(1) STAD 모형의 개념 및 특성

① STAD 모형은 교사의 설명이 끝난 후 다양한 성취 수준을 가진 4~6명의 학생들이 한 팀이 되어 함께 학습한다. 팀별 학습이 끝나면 평가를 통해 향상점수를 산출하고, 향상점수의 평균값을 팀 점수로 산출한다.

② STAD 모형의 특징은 다음과 같다.

　㉠ 동일한 과제를 모둠학습을 통해 학습(구성원의 역할이 분담되지 않은 공동학습구조)한다.

　㉡ 집단보상(성취 결과 균등분배)을 통한 개별책무성이 향상된다.

　㉢ 향상점수로 평가하여 모든 학생에게 보상기회가 제공된다.

(2) STAD 모형의 단계 ❶ 20중등A10, ❸ 11중등7

1. 수업 안내	• 교사는 전체 학급을 대상으로 단원의 전체 개요를 직접 교수하면서 학생으로 하여금 주요 학습내용과 공부해야 할 이유를 이해하도록 한다. • 교사는 학생들에게 활동 중간에 개별적으로 점수를 받게 되고, 이는 집단점수에 가산되며, 집단이 받은 점수를 근거로 보상을 받게 된다고 안내한다. 이때 교사는 장애학생이 상대적으로 향상될 잠재력이 크기 때문에 집단에 점수를 가장 많이 올려 줄 수 있다는 점을 설명하며, 다른 사람들이 장애학생에게 도움을 받아야 한다는 점을 설명한다. ❷ 15초등B1
2. 소집단 학습	• 성별, 성격, 성적 등을 고려하여 최대한 이질적인 4~6명의 소집단을 구성한다. ❶ 20중등A10 • 집단 구성원은 주어진 문제나 교재를 동료들과 함께 공부한다. 학생들은 짝과 공부하고, 문제를 집단적으로 토의하며, 답을 비교하면서 문제를 함께 해결한다.
3. 형성평가	• 소집단 활동이 끝나면 학생 개인별로 퀴즈를 통해 형성평가를 실시한다. • 평가의 점수는 개인점수로 계산된다.
4. 개인별·팀별 점수 계산	• 개인향상점수: 초기에 정해진 각 학생의 기본점수보다 향상된 점수를 산출하여 개인점수를 부여한다. • 집단점수: 팀원의 개별 향상점수 총합의 평균을 산출하여 집단점수를 부여한다. 23초등B2
5. 팀 점수 게시와 보상 제공	• 수업이 끝나면 즉시 개인점수와 집단점수를 게시하고, 우수한 개인이나 집단에게 보상을 제공한다. • 가능한 한 많은 소집단을 시상하고, 소집단 간 경쟁을 유도하되, 절대평가를 실시하는 것이 바람직하다.

[출처] 신진숙, 통합교육(2013)

2. 팀 경쟁학습(토너먼트식 학습, TGT) 모형

(1) TGT 모형의 개념 및 특성

① TGT 모형은 형성평가 대신 팀별 토너먼트식 평가가 실시된다는 점을 제외하고는 STAD 모형과 동일한 절차를 따른다.

② TGT 모형의 특징은 다음과 같다.

    ㉠ 외적 학습동기 유발에 효과적이나 내적 동기를 간과하는 경향이 있다.

    ㉡ 모든 교과에 적용이 가능하다.

(2) TGT 모형의 단계

1. 수업 안내	• 교사는 전체 학급을 대상으로 단원의 전체 개요를 직접 교수하면서 학생으로 하여금 주요 학습내용과 공부해야 할 이유를 이해하도록 한다. • 교사는 학생들에게 활동 중간에 개별적으로 점수를 받게 되고, 이는 집단점수에 가산되며, 집단이 받은 점수를 근거로 보상을 받게 된다고 안내한다. 이때 교사는 장애학생이 상대적으로 향상될 잠재력이 크기 때문에 집단에 점수를 가장 많이 올려 줄 수 있다는 점을 설명하며, 다른 사람들이 장애학생에게 도움을 받아야 한다는 점을 설명한다.

2. 집단 구성	• 성별, 성격, 성적 등을 고려하여 최대한 이질적인 4~6명의 소집단을 구성한다. • 집단 구성원은 주어진 문제나 교재를 동료들과 함께 공부한다. 학생들은 짝과 공부하고, 문제를 집단적으로 토의하며, 답을 비교하면서 문제를 함께 해결한다.

3. 토너먼트 게임	• 팀별 학습이 끝나면 각 팀에서 이전 수행에서 가장 우수했던 세 명이 테이블 1에, 다음으로 우수한 세 명이 테이블 2에 배정되며 같은 방식으로 계속된다. • 테이블에서 학생들은 수업에서 다루었던 학습 내용에 대해 게임을 한다. • 게임은 한 벌의 숫자카드와 한 세트의 문항으로 되어 있는데, 학생들은 돌아가면서 차례로 수 카드를 뽑아 해당되는 문항에 답한다. • 여기서 얻는 각자의 점수는 자기 팀의 점수로 합산된다.

4. 팀 점수 게시와 보상 제공	토너먼트 게임의 승자는 성취 수준과 상관없이 소속팀에 동일한 점수를 가산하며, 가장 많은 점수를 얻은 팀이 보상을 받는다.

[출처] 신진숙, 통합교육(2013)

3. 팀 보조 개별학습(TAI) 모형

(1) TAI 모형의 개념 및 특성

① TAI 모형은 협동학습과 개별학습의 원리가 모두 반영되어 있는 협동학습 유형이다.

② TAI 모형의 특징은 다음과 같다. 13초등A1

　㉠ 개인의 능력에 맞는 수준별 과제를 부여받는다.

　㉡ 집단점수와 집단보상을 통해 긍정적 상호의존성이 증가된다.

　㉢ 저성취 및 장애학생이 상대적으로 팀에 많은 기여를 할 수 있다.

(2) TAI 모형의 단계 18중등B1

1. 배치검사와 집단 구성	• 수업을 시작하기 전, 먼저 학생들은 어느 수준에 위치하고 있는지 평가하기 위한 사전 검사를 받는다. • 검사 결과를 토대로 4~5명의 이질적인 팀에 배정된다.
2. 학습안내지와 문항지 배부	• 학생들은 자신의 수준에 적합한 개인별 단원을 공부한다. • 학습지는 안내(개념의 개관과 문제해결 절차 소개) - 기능훈련(문제 제공, 4개 문항 4장) - 형성평가(10개 문항 2장) - 단원평가(15개 문항) - 정답지로 구성된다.
3. 소집단 학습	• 집단구성원들은 자신의 집단 내에서 서로의 학업 정도를 점검하기 위해 2명 또는 3명씩 짝을 정해 먼저 기능훈련지로 문제를 해결한다. 4문항으로 된 각 장을 해결하고 나면 정답지를 가지고 가서 또래의 점검을 받는다. 모두 맞았으면 형성평가 단계로 넘어가고, 틀렸으면 또 다른 묶음의 4문제를 푼다. 이런 식으로 기능훈련 문제지 한 묶음(4문제)을 다 맞출 때까지 계속한다. 만약 이 과정에서 어려움이 있으면 동료에게 도움을 청하고, 그래도 어려울 경우 교사에게 도움을 청한다. • 형성평가에서 80% 이상 도달되면 집단에서 주는 합격증을 받고 단원평가를 치르게 된다.
4. 집단 교수	아동이 학습하는 동안 교사는 5~15분간 각 집단에서 동일 수준의 학생을 직접 교수한다.
5. 집단점수와 집단보상	• 집단점수는 각 집단 구성원이 해결한 평균 단원 수와 단원평가의 점수를 기록해서 계산한다. • 결과에 따라 집단보상을 제공한다.

기출 POINT 6

❶ 18중등B1
㉠에 들어갈 학습지의 특성을 1가지 제시하고, ㉡에 들어갈 개별 평가 방법을 1가지 서술하시오.

■ 팀 보조 개별학습(TAI)

① 모둠 구성: 개별학생의 수준을 파악한 후, 4~6명의 이질적인 학생들로 모둠을 구성함
② 학습지 준비: (㉠)
③ 학습 활동: 모둠 내에서 학습지 풀이를 하는 동안 필요시 교사와 또래가 도움을 제공함
④ 개별 평가: (㉡)
⑤ 모둠 평가 및 보상: 모둠 점수를 산출하고 기준에 따라 모둠에게 보상을 제공함

❷ 13초등A1
아래에서 실시한 협동학습 유형을 쓰고, 해당 유형이 수학에 어려움을 보이는 경아와 같은 학생들에게 적절한 이유 2가지를 쓰시오.

■ 집단 구성 및 학습자료

• 학급 학생을 대상으로 개별 진단 및 배치 검사를 실시함
• 4~5명씩 이질적인 학습집단(A, B, C, D)으로 구성함
• 각 학생의 학습 속도 및 수준에 적합한 학습자료를 제공함

■ 학습집단

• 학생들은 각자 자기 집단에서 개별 학습과제를 수행함
• 문제 풀이에 어려움이 있으면 자기 집단의 친구에게 도움을 청함
• 학습 과정이 끝난 후, 학생은 자신의 학습 정도를 평가하기 위해 준비된 문제지를 품
• 집단 구성원들은 답지를 교환하고 답을 점검한 후, 서로 도와 틀린 답을 고침

■ 교수집단

• 교사가 각 집단에서 같은 수준의 학생을 불러내어 5~15분간 직접 가르침

■ 평가

• 각 학생의 수행 결과는 학생이 속해 있는 집단과 학생 개인의 평가에 반영함

4. 과제분담학습 II(Jigsaw II) 모형

(I) Jigsaw II 모형의 개념 및 특성

① Jigsaw II 모형은 Jigsaw I을 개작한 것으로 교재의 완전습득을 목적으로 한다. 이 방법은 학생들이 교재를 분할하여 한 부분씩 깊이 있게 공부하고 동료에게 가르쳐 주는 것으로서 과제 상호의존성에 기초하고 있다.

② Jigsaw II 모형에서는 집단점수 산출을 통해 Jigsaw I보다 과제 상호의존성은 낮추고 보상 의존성은 높였다.

(2) Jigsaw II 모형의 단계 12중등15

1. 수업 안내	• 해당 모형의 단계에 대해 안내한다. • 개인별로 등급이 매겨지고, 팀 점수도 계산되며, 가장 높은 점수를 받은 팀에게 보상을 제공한다는 것도 미리 안내한다.
2. 원집단 구성 및 개인별 전문 과제 부여	• 학생들의 다양한 요인을 고려하여 보통 5~6명의 이질적인 학생들로 집단을 구성한다. • 집단 구성원들은 전문가 집단에서 학습할 각자의 과제를 부여받는다. 즉, 학습할 단원을 집단 구성원 수에 맞춰 각 구성원에게 한 부분씩 할당한다.
3. 전문가 집단에서 협동학습	한 학급은 여러 과제분담 학습 집단으로 나누어지므로, 각 집단에서 같은 부분을 담당한 학생들이 따로 모여 전문가 집단을 형성하여 분담된 내용을 토의하고 학습한다.
4. 원집단에서 팀원과의 협동학습	전문가 집단에서 학습한 내용을 원집단에 돌아와 다른 구성원들에게 가르친다.
5. 개인별·팀별 점수 계산	• 개인향상점수 : 개인점수는 초기에 정해진 각 학생의 기본점수보다 향상된 점수를 말한다. • 집단점수 : 집단점수는 개별 향상점수 총합의 평균점수이다. ❶ 17초등B3
6. 팀 점수 게시와 보상 제공	수업이 끝나면 즉시 개인점수와 집단점수를 게시하고 우수한 개인이나 소집단을 보상한다.

기출 POINT 7

❶ 17초등B3

다음은 과제분담 협동학습(Jigsaw II)의 수행절차이다. 과제분담 협동학습(Jigsaw II)의 원리에 부합하지 않는 기호와 그 이유를 쓰시오.

(a) 학습 절차와 보상 설명하기
(b) 이질적인 학생들로 집단 구성하기
(c) 각 집단의 구성원들은 서로 다른 한 가지 조건 선택하기
   …(중략)…
(d) 각 구성원이 획득한 점수의 평균으로 집단별 점수 산출하기

❷ 12중등15

정신지체 학생이 통합되어 있는 중학교 1학년 학급에서 사회과 '다양한 기후지역과 주민 생활' 단원을 지도하기 위해 직소 II 모형을 적용한 수업의 예이다. 바르게 적용한 내용만을 있는 대로 고른 것은?

(가) 장애학생을 포함한 모든 학생들을 기후에 대한 사전지식과 학업 수준을 고려하여 5명씩 4개 조를 동질집단으로 구성하였다.
(나) 각 조의 구성원들은 다섯 가지 기후(열대, 온대, 냉대, 한대, 건조) 중 서로 다른 한 가지 기후를 선택하였다.
(다) 다섯 가지 기후 중에 동일한 기후를 선택한 학생들끼리 전문가 그룹이라는 이름으로 헤쳐모여 그 기후에 대해 학습하였다.
(라) 각각의 학생 전문가는 자신의 소속 조로 돌아가 같은 조의 구성원들에게 자신이 학습한 기후에 대해 가르쳤다.
(마) 원래의 조별로 학습 성과를 평가하기 위하여 같은 조의 구성원들이 협력해서 공동 답안을 만들게 한 후, 조별점수를 산출하였다.

5. 기타 과제분담학습 모형

(1) Jigsaw Ⅰ 모형의 개념 및 특성

① Jigsaw Ⅰ 모형은 상호의존성과 협동성을 유발한다.

② Jigsaw Ⅰ은 개인점수만을 산출하여 개별 보상을 하기 때문에 과제의 상호의존성은 높으나 보상 의존성은 낮다. ❶ 23초등B2

(2) Jigsaw Ⅲ 모형의 단계

Jigsaw Ⅲ는 평가유예기가 있다. 평가유예기란 원소속집단으로 돌아가서 협동학습 후 평가를 준비하는 짧은 시간을 의미한다.

(3) Jigsaw Ⅳ 모형의 단계

Jigsaw Ⅳ는 다음의 두 가지 퀴즈와 이를 통한 재교수 과정이 포함된다.

① 퀴즈 1: 전문 과제 영역에서 학습한 후, 전문 과제를 평가하여 개별책무성을 강화한다.

② 퀴즈 2: 전체 학습과제 평가를 실시한다.

③ 평가 결과 필요한 경우 재교수를 실시한다.

6. 자율적 협동학습(Co-op Co-op) 모형

(1) 자율적 협동학습 모형의 개념 및 특성

① 자율적 협동학습 모형은 학생 스스로 학습과제를 선택하고, 자신과 동료 평가에 참여하는 협동학습 유형이다.

② 자율적 협동학습 모형의 특징은 다음과 같다.

    ㉠ 협동을 위한 협동을 한다.

    ㉡ Co-op Co-op는 GI(집단조사) 모형이 정교하지 못한 절차와 활동으로 인해 협동 학습의 효과를 충분히 나타내지 못하는 단점을 보완하기 위해 개발된 것이다.

(2) 자율적 협동학습 모형의 단계 ❶ 24중등B9, ❷ 15초등B5

1. 학습과제 선정	교사-학생 간 토의를 통해 학습과제를 정한다.
2. 팀 구성	교사에 의해 이질적인 학생 팀을 구성한다.
3. 팀 주제 및 하위주제 선정	팀이 구성되면 각 팀은 주제를 선정하고 하위부분으로 나누어 구성원들이 그들의 흥미에 따라 과제를 분담한 후, 정보를 수집한다.

기출 POINT 8

❶ 23초등B2

@과 비교하여 민호에게 @이 효과적인 이유를 보상의 측면에서 1가지 쓰시오.

현재는 @ 과제분담학습 Ⅰ(Jigsaw Ⅰ)을 적용하고 있으나, 민호와 같은 팀이 되는 것을 학급 친구들이 좋아하지 않음
• 협동학습의 유형 중 @ 능력별 팀 학습(STAD)을 적용해 볼 필요가 있음

기출 POINT 9

❶ 24중등B9

괄호 안의 ㉡에 해당하는 협동학습의 유형을 쓰시오.

호기심과 흥미를 가지고 적극적으로 참여할 수 있는 협동학습이 있어요. (㉡)은/는 교사와 학생이 토의하여 학습할 주제를 선정합니다. 그리고 자신이 원하는 주제를 선택하고, 원하는 모둠에 들어가서 소주제를 분담한 후 조사한 결과를 발표합니다. 그런 다음 전체 학급에서 발표할 보고서를 준비하여 전체 학생들 앞에서 발표합니다.

❷ 15초등B5

©에서 적용한 협동학습의 명칭을 쓰시오.

■ 학습목표
• 여러 가지 직업을 조사하여 특성에 따라 분류할 수 있다.
• 여러 가지 직업이 있음을 설명할 수 있다.

■ © 교수·학습 활동

〈활동 1〉 전체학습 토의 및 소주제별 모둠 구성
• 전체 학급 토의를 통해서 다양한 직업분류기준 목록 생성
• 직업분류기준별 모둠을 생성하고 각자 자신의 모둠을 선택하여 참여

〈활동 2〉 모둠 내 더 작은 소주제 생성과 자료 수집 분담 및 공유
• 분류기준에 따라 조사하고 싶은 직업들을 모둠 토의를 통해 선정
• 1인당 1개의 직업을 맡아서 관련된 자료 수집
• 각자 수집한 자료를 모둠에서 발표하고 공유

〈활동 3〉 모둠별 보고서 작성과 전체학급 대상 발표 및 정보 공유
• 모둠별 직업분류기준에 따른 직업유형 및 특성에 대한 보고서 작성
• 전체 학급을 대상으로 모둠별 발표와 공유

4. 팀 보고서 작성 및 발표	구성원들이 학습한 소주제들을 팀 구성원들에게 제시한 후 종합하여 팀 보고서를 만들고, 이를 다시 전체 학급에 제시한다.

⬇

5. 세 가지 수준의 평가	평가는 팀 동료에 의한 팀 기여도 평가, 교사에 의한 소주제 학습 기여도 평가, 전체 학급 동료들에 의한 팀 보고서 평가로 이루어진다.

7. 집단조사(GI) 모형

(1) GI 모형의 개념 및 특성

① GI 모형은 개방적 협동학습 모형으로 학습자 간의 상호협력을 전제로 조사, 토의, 협동적 계획, 프로젝트 등을 통해 학습한다.

② GI 모형의 특징은 다음과 같다.

　㉠ 집단들 간의 상호의존성이 강조된다.

　㉡ 과제의 완성을 위해 구성원들의 개별책무성이 강조된다.

(2) GI 모형의 단계 ❶ 11중등7

1. 소집단 조직과 하위주제 선정	• 학생들은 2~6명의 팀을 이룬다. • 팀은 전체 학급에서 공부하도록 되어 있는 단원에서 하위주제를 선정한다.

2. 개인별 역할 분담	집단별로 선택한 하위주제에 대해 개인별 과제로 더 나누어 역할을 분담한다.

3. 소집단별 탐구	학생들은 자신이 맡은 과제를 해결하기 위해 개별학습을 하고, 다시 이를 소집단 내에서 토론한다.

4. 발표	소집단은 집단별로 선택한 하위주제를 학급 앞에서 발표한다.

⬇

5. 평가	협동적 보상은 구체적으로 잘 드러나지 않는다. 다만, 학생들은 단순히 집단의 목표를 달성하기 위해 함께 공부하도록 요구받는다.

기출 POINT 10

❶ 11중등7

통합교육을 위한 교수적 수정의 유형별 방법과 내용이 바르게 연결된 것을 모두 고르시오.

(나) 교수집단 수정 : 성취과제 분담 (STAD)

> 학업 수준이 비슷한 학생 4~6명의 구성원이 과제를 완성하는 데 필요한 일을 분배하고 자료를 구한 후, 과제가 완성되면 집단에게 보고하고 피드백을 받는 협동학습 방법을 사용한다.

또래교수(peer tutoring)
| 보충자료 ② |

01 또래교수의 정의 및 효과
- 정의
- 장점

03 또래교수 시 교사의 역할 및 고려사항
- 교사의 역할
- 고려사항

02 또래교수의 적용 절차
- 또래교수 목표 및 대상내용 설정
- 구체적인 수업지도안 작성
- 또래교수팀 조직 관련 사항 결정
- 또래지도 관련 목표와 절차 및 규칙 사전교육
- 또래교수 과정 점검
- 또래교수 효과 평가

04 또래교수의 분류

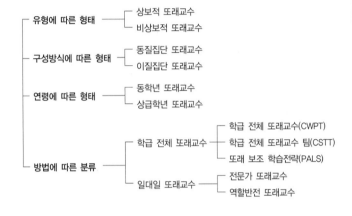

유형에 따른 형태
- 상보적 또래교수
- 비상보적 또래교수

구성방식에 따른 형태
- 동질집단 또래교수
- 이질집단 또래교수

연령에 따른 형태
- 동학년 또래교수
- 상급학년 또래교수

방법에 따른 분류
- 학급 전체 또래교수
  - 학급 전체 또래교수(CWPT)
  - 학급 전체 또래교수 팀(CSTT)
  - 또래 보조 학습전략(PALS)
- 일대일 또래교수
  - 전문가 또래교수
  - 역할반전 또래교수

---

01 **또래교수의 정의 및 효과**

1. 또래교수의 정의

① 또래교수는 또래교수자가 또래학습자에게 교수를 제공하기 위해 사용하는 지도방법이며, 또래교수자와 또래학습자가 일대일로 짝을 이루어 연습, 반복, 개념의 설명을 통해 학업적 성취와 사회적 능력을 촉진하는 교수전략이다(Lane, 1997). ❶ 18유아B3

② 또래교수는 새로운 개념을 가르치는 습득 수준의 단계가 아니라 반복과 연습이 필요한 과제에 사용하는 것이 효과적이다.

기출 POINT 1

❶ 18유아B3
ⓐ에서 사용된 교수전략을 쓰시오.

활동 목표	세 개의 구체물을 셀 수 있다.	

교수·학습 활동	동호의 수정 활동
유아들이 교사와 함께 다섯을 세면서 자리에 앉게 한다.	수 세기를 잘하는 민정이와 짝을 지어 앉게 한다.
모형 쿠키를 하나씩 가리키며 수를 세어 보게 한다.	ⓐ <u>민정이가 동호에게 모형 쿠키 세는 것을 가르쳐 주게 한다.</u>

2. 또래교수의 장점

① 또래교사는 교사로부터 배운 내용을 또래학생에게 교수하는 과정을 통해 자신이 학습한 내용에 대해 반성적 점검을 경험하게 되고, 이는 또래교사의 학습 내용에 대한 이해 수준을 높이는 데 기여하여 학업 성취도를 높인다.

② 또래교사와 학생이 역할을 번갈아 감으로써 사회적 기술과 의사소통 기술의 향상에 효과를 높인다.

③ 개별화 수준을 높여 더욱 신속하고 구체적인 피드백을 제공할 수 있다.

④ 교실의 심리적 분위기를 협력적이고 덜 권위적으로 구성한다.

⑤ 수업 시간 동안 교사의 개입을 줄여 주면서도 실제 교수 시간의 비율은 높여 준다.

02 또래교수의 적용 절차(이대식 외)

또래교수목표 및 대상내용 설정	• 또래교수의 목표를 명확히 설정한다. 또래교수가 가장 효과적인 교과로는 수학, 사회, 과학, 읽기 등 다양하다. • 또래교수 대상 교과가 선정되면 각 수업 차시에서 또래교수를 통해 학생들이 정확히 무엇을 성취하기를 기대하는지 분명히 해야 한다. **예** 읽기지도의 경우 능숙하게 개별 단어나 글자를 읽는 것이 목표가 될 수 있고, 수학 연산의 경우 오류 없이 두 자릿수 혹은 세 자릿수 덧셈과 뺄셈 문제를 해결하는 것이 목표가 될 수 있다.

구체적인 수업지도안 작성	• 대개 1주일에 3회, 하루에 30분 정도로 한 학기 동안 지속적으로 실행하는 것이 권장된다. • 흔히 또래교수란 교사가 별 역할 없이 학생들에게 스스로 지도하도록 놔두는 것이라고 생각하기 쉽지만, 성공적인 또래교수는 구체적으로 학생들이 각자 어떠한 역할을 어떻게 수행하고, 교사는 어느 단계에서 어떤 개입을 할 것인가 등이 세밀하고 구체적으로 계획되었을 때 가능하다.

또래교수팀 조직 관련 사항 결정	• 가장 흔한 형태로는 상위 수준의 학생이 또래교사가 되고 장애아동이 학습자가 되는 방식이다. 그러나 학급 상황이나 교수 목적에 따라서는 교대로 역할을 변경할 수도 있고, 또래교사를 학습자와 친한 사람, 성이 다른 사람, 상위 학년 학생 등으로 다양하게 지정할 수 있다. ❶ 25초등A2 • 일반적으로 또래교사 역할에 적당한 학생은 수업 대상내용을 어느 정도 잘 알고 있고, 또래를 도와줄 마음과 의욕이 넘치며, 필요한 방법과 기법에 관한 훈련을 기꺼이 받으려는 학생이 이상적이다. ❷ 24유아B4

더알아보기

또래교수 절차(신진숙)
또래교수자 선정 → 프로그램 설계와 또래교수자 훈련 → 지도 및 학습절차 → 평가결과

기출 POINT 2

❶ 25초등A2
[A]를 고려하여 ㉠에 들어갈 말을 쓰시오.

> 특수교사: 그렇습니다. 또래교수를 시작하기 전에 준비해야 할 것들이 있습니다. 지도 목표와 대상 교과를 선정하고, 교수·학습 과정안을 작성하셔야 합니다. 그리고 무엇보다도 (㉠) 단계가 중요합니다.
> 이 단계에서는 대상 학생의 교우 관계 혹은 학생의 강점과 약점을 잘 파악하는 것이 필요합니다. [A]
> 김 교사: 정호는 당연히 학습자로 선정되는 것 아닌가요?

❷ 24유아B4
다음에서 교사들이 상우를 또래교수자로 선정할 때 고려한 기준을 1가지 쓰시오.

> 김 교사: 상우는 아이들과 기차놀이를 할 때 바닥에 종이테이프로 기찻길을 만드는 아이디어를 내기도 하고, 친구들과 역할을 나누기도 했지요. 놀이 규칙을 정할 때에도 친구들이 의견을 낼 수 있게 잘 배려했어요. 이런 모습 때문인지 우리 반 아이들이 모두 상우를 좋아해요.
> 박 교사: 그런데 얼마 전에 상우가 재희랑 놀 때 어떻게 해야 하는지 궁금해했어요. 재희가 다른 친구들하고도 즐겁게 놀이할 수 있는 방법을 알려주고 싶대요.

또래지도 관련 목표와 절차 및 규칙 사전교육	• 또래교수가 성공하려면 사전 준비가 철저해야 한다. 우선 각 학생은 자신의 역할에 대한 충분한 사전훈련을 받아야 한다. 특히 교사 역할을 할 학생은 내용을 효과적으로 제시하고, 또래의 학습을 관찰하고, 피드백과 질문을 적절히 제시하는 방법 등에 대한 사전 지식을 갖추어야 한다. 또한 라포 형성방법, 교수 자료와 과제 제시방법, 또래학생 반응 기록방법, 단서 활용방법 등에 대한 사전교육도 필요하다. • 사전교육은 최소한 45분 정도가 필요하며, 훈련은 교사의 시범과 이의 반복 숙달 그리고 교사의 피드백 과정을 거치도록 한다. • 학습자 역시 어떤 태도를 가져야 할지 등에 대한 사전교육을 받아야 한다.

⬇

또래교수 과정 점검	• 학생들이 또래교수를 수행하면 교사는 교실을 돌아다니면서 각 팀이 제대로 또래교수를 수행하는지 점검해야 한다. ❶ 24유아B4 • 문제가 있는 부분은 전체 학급을 대상으로 수시로 교정하도록 한다.

⬇

또래교수 효과 평가	• 또래교수가 끝난 다음에는 실제로 또래교수가 각자에게 어떤 도움을 주었는지에 대해서 평가할 시간을 갖는다. • 특히 학습적인 측면뿐만 아니라 정서적·사회적 관계 측면에서도 어떠한 장점과 단점이 있었는지 평가하도록 한다.

기출 POINT 3

❶ 24유아B4
㉠에 해당하는 교사의 행동을 쓰시오.

또래교수 적용 과정	교사의 행동
목표 설정	(생략)
또래교수자 선정	상우를 선정함
또래교수자 훈련	상우에게 또래교수자 역할을 명시적으로 지도함
실행	상우가 또래교수를 실행하는 동안 (㉠)
평가	재희의 놀이 기술 향상도를 분석함

❷ 17중등A9
모둠별 활동을 하는 동안 통합학급 교사의 역할 1가지를 ㉡에 제시하시오.

■ 교수·학습 방법

• 우리 몸에 필요한 영양소의 종류 및 기능
  – 모둠 활동을 할 때 튜터와 튜티의 역할을 번갈아가면서 한다.
  – (㉡)
• P에게 튜터의 역할과 절차를 특수교사가 사전에 교육한다.

❸ 13중등25
또래교수에 대한 특성과 유형에 대한 설명으로 옳은 것을 모두 고르시오.

〈보기〉
㉠ 또래교수는 장애학생의 학업과 사회적 수용을 향상시키기 위하여 학급교사의 역할과 책임을 또래교사를 하는 학생에게 위임하는 것이다.
㉡ 또래교수 실시를 위해 교사는 또래교사 역할을 할 학생을 훈련시키고, 역할을 수시로 변경할 경우 누가 먼저 또래교사가 되고 학습자가 될 것인지를 결정한다.

03 또래교수 시 교사의 역할 및 고려사항

1. 교사의 역할 ❸ 13중등25

① 또래교수자 및 또래학습자의 역할에 대해 사전 교육을 실시한다. 특히 또래교수자 역할을 맡은 학생은 내용을 효과적으로 제시하고, 또래의 학습을 관찰하고, 피드백과 질문을 적절히 제시하는 방법 등에 대한 사전지식을 충분히 갖추어야 한다.

② 교사는 정기적으로 또래교수를 감독하고 효율성을 평가한다.

③ 교사는 교실을 순회하며 각 팀이 제대로 또래교수를 실시하고 있는지 점검하고, 문제가 있는 부분은 수시로 전체 학급을 대상으로 교정한다. ❷ 17중등A9

2. 또래교수 시 고려사항

① 또래교수 시간에 성취할 구체적인 목표를 세운다.

② 세워진 목표를 위한 활동을 계획한다.

③ 교육내용에 대하여 잘 알고 있는 아동을 선정한다.

④ 선정된 아동이 또래교수자의 역할을 잘 할 수 있도록 가르친다.

⑤ 또래교수자의 도움을 받을 아동을 짝짓는다.

⑥ 또래교수 시간은 30분을 넘지 않도록 하고 주 3회 이내로 한다.

⑦ 정기적으로 감독하고 피드백을 제공한다.

⑧ 또래교수의 역할과 장점에 대해 학부모에게 미리 설명하여 염려하지 않도록 안내한다.

04 또래교수의 분류

1. 유형에 따른 형태 : 상보적 또래교수와 비상보적 또래교수

또래교수는 또래교사와 또래학습자의 역할 고정 유무에 따라 상호적(reciprocal) 또래교수와 비상호적(non-reciprocal) 또래교수로 나뉜다.

① 상호적(또는 상보적) 또래교수는 두 명의 학생이 각각 또래교사와 또래학습자가 되어 수업내용을 진행하거나 복습하는 것으로써 또래교수가 진행되는 동안 두 명의 학생은 역할을 바꾸어 가며 학습지원을 주고받는다. 또래교사의 역할을 서로 번갈아가면서 수행하기 때문에 일방적 또래교수보다 자연스러운 우정을 경험하며 수평적인 관계에서 학습이 가능하다. ❶ 25초등A2, ❷ 17중등A9

② 비상호적(또는 비상보적) 또래교수는 두 명의 학생이 각각 또래교사와 또래학습자가 되어 수업내용을 진행하거나 복습하되 수업이 진행되는 동안 학생의 역할은 바뀌지 않고 고정되어 있다. 이때 또래교사는 또래학습자와 인지적 수준, 학업능력, 사회적 기술에서 수준차가 있어야 하며, 주로 상위의 학생이 또래교사가 되고 하위의 학생이 또래학습자가 된다.

2. 구성방식에 따른 형태 : 동질집단 또래교수와 이질집단 또래교수

또래교수에서 또래교사와 또래학습자를 어떻게 짝짓느냐에 따라 동질집단 구성방식과 이질집단 구성방식으로 나눌 수 있다.

① 동질집단으로 구성할 경우 학습 수준 또는 정의적 특성이 같은 또래교사와 또래학습자를 선정한다.

② 이질집단으로 구성할 경우 상급자와 하급자로 선정한다.

기출 POINT 4

❶ 25초등A2
밑줄 친 ⓒ의 긍정적 효과를 정호의 입장에서 1가지 쓰시오.

> 김 교사: 정호는 당연히 학습자로 선정되는 거 아닌가요?
> 특수교사: 아닙니다. ⓒ <u>또래교수에서 역할 바꾸기도 가능합니다.</u> 정호의 강점을 잘 파악하셔서 정호가 도움이 필요한 영역에서는 또래학습자가 되고, 정호가 잘하는 영역에서는 또래교수자가 될 수도 있습니다.

❷ 17중등A9
㉠에 해당하는 교수법의 명칭을 쓰고, 모둠별 활동을 하는 동안 통합학급 교사의 역할 1가지를 ⓒ에 제시하시오.
(가) 학생 P의 특성

> 특별한 문제행동은 없으며, 학급 친구들과 원만한 관계를 유지하고 있음

(나) 협의 내용

> ─〈교수·학습 방법〉─
> • 우리 몸에 필요한 영양소의 종류 및 기능
> ─ ㉠ <u>모둠 활동을 할 때 튜터와 튜티의 역할을 번갈아가면서 한다.</u>
> ─ (ⓒ)
> • P에게 튜터의 역할과 절차를 특수교사가 사전에 교육한다.

3. 연령에 따른 형태 : 동학년 또래교수와 상급학년 또래교수

(1) 동급학년 또래교수

① 동학년 또래교수는 동일학급 내에서 가장 쉽게 사용할 수 있는 형태로 학습능력이 상이한 학생이 학습 조를 이루어 계속적인 접촉을 통해 상호 협력하도록 학습자들을 강화시켜주는 형태이다(박종남, 2016).

② 이 교수법은 개별지도가 어려운 다인수 학급에서 학급 내에 있는 학생들끼리 짝을 이루어 또래교수를 실시하기가 용이하다.

③ 특히 국어, 수학과 같은 기초과목에서 능력이 떨어지는 아동이 예체능 교과에서 두각을 나타내는 경우 또래교수자로 활용이 가능한데, 이처럼 과목 특성에 따라 상보적인 특성을 가지고 있다.

④ 동학년 또래교수는 또래교수자와 또래학습자의 역할 훈련이 선행되어야 하고, 또래 선정과 잘 설계된 또래교수 절차를 사용해야 하며, 역할이 고정되지 않도록 구조화된 학습과제를 제공해야 효과가 있다.

(2) 상급학년 또래교수

① 상급학년 또래교수는 또래교수자의 연령이 더 많아 학습자 간의 연령차와 경험의 차이에서 오는 능력을 발휘하여 또래학습자를 도와주는 형태로, 나이가 더 많은 또래교사자와 어린 또래학습자가 일대일 혹은 일대다 집단으로 팀을 구성하여 또래교수를 실시하는 방법이다.

② 상급학년 또래교수에서 서로 간의 역할은 고정된다.

③ 상급학년 또래교수는 또래교수자와 또래학습자의 연령과 학년이 다름으로 인한 시간 제약의 제한점을 고려해야 하며, 또래교수 프로그램을 잘 구조화하여 실시해야 한다.

4. 방법에 따른 분류

(1) 학급 전체 또래교수 ❶ 19초등A4

학급 구성원 전체가 또래교사나 또래학습자 둘 중 한 가지 역할을 맡아 또래교수에 참여하는 것이다.

① 학급 전체 또래교수(전 학급 또래교수, class-wide peer tutoring ; CWPT)

ㄱ 학급 전체 또래교수는 학급 구성원 전체가 2~3개의 큰 형태로 나누어 또래교수에 참여하는 방법으로, 학급의 모든 아동이 짝과 한 팀을 이루고 또래교수자와 또래학습자의 역할을 수행한다. ❷ 13중등25

ㄴ CWPT는 학업성취가 낮은 소수집단이나 장애학생 교수에 효과적인 전략이다.

ㄷ 특징
• 교사가 체계적이고 의도적으로 학생을 임의로 배정한다.
• 모든 학생들의 학업적 행동에 관심을 가지고 수업시간 중에 조화를 증가시킨다.
• 학습속도와 피드백이 증가하고, 즉각적인 오류 수정이 가능하다.

기출 POINT 5

❶ 19초등A4
다음은 또래교수에 대한 설명이다. ⓐ에 들어갈 말을 쓰시오.

(ⓐ)	• 학급 구성원을 2~3개의 모둠으로 나누어 또래교수에 참여하도록 함 • 학생의 과제 참여시간, 연습 및 피드백 기회가 증가됨 • 모든 학생의 학업적 행동에 관심을 갖게 되며 수업시간 중에 상호작용이 증가됨

❷ 13중등25
또래교수에 대한 특성과 유형에 대한 설명으로 옳은 것을 모두 고르시오.

ㅁ 전학급또래교수(CWPT)는 교사가 학생들에게 개별적인 지도를 하기 어려운 학급에서 모든 학생들이 일대일 방식의 지원을 받을 수 있도록 하는 방법으로, 학생들이 짝을 지어 역할을 바꾸어 가면서 서로 가르친다.

ⓔ 장점

교사	학생
• 학생의 향상을 평가·관리하기에 편리함 • 다양한 내용 영역을 다룰 수 있음 • 교실 전체의 성적 향상을 기함 • 모든 학생을 동시에 가르침 • 즉각적인 긍정적·교정적 피드백 제공 • 모든 학생이 하는 것을 들을 수 있는 기회 • 참여활동으로 과제 이탈이 줄어듦 • 교사−학생 간 긍정적 상호작용의 증가	• 배울 기회의 증가 • 적극적인 참여 • 즉각적인 긍정적·교정적 피드백 • 연습시간의 증가, 성공을 위한 또래지원 • 학습자료를 직접 다룸 • 학생 간 사회적·학업적 상호작용 증가 • 학업성취도 향상 • 교사−학생 간 사회적·학업적 상호작용의 증가

ⓜ 적용의 예

> • 매주 학급 내 학생들은 무작위로 두 팀에 배정된다. 교사는 팀 안에 튜터와 튜티를 번갈아가며 짝들을 배정한다. 학생은 두 역할의 절차에 대해 훈련을 받는다. 교사는 또래교수 수업에 도움이 되는 형식으로 매일, 매주 단위의 내용을 조직한다.
> • 튜터는 튜티에게 문제를 제시한다. 튜티는 답을 말하거나 쓴다. 답이 맞으면 튜터는 2점을 준다. 답이 틀리면 튜터는 구조화된 오류수정 절차를 따른다. 튜터는 정답을 제공하고, 튜티에게 정답을 세 번 쓰도록 하며, 오류가 수정되면 튜티에게 1점을 준다. 정해진 시간(5~20분)이 지나면 튜터와 튜티가 서로 역할을 바꾼다.
> • 교사는 짝들을 순회하며 튜터가 올바르게 자료를 제시하고 점수를 부여하며, 오류수정 절차를 사용하고 지원적인 코멘트와 도움을 제공하였는지를 근거로 점수를 부여한다. 수업시간 동안 팀이 완성한 항목 수에 따라 점수가 부여된다.
> • 주 2~4회의 또래교수 수업에 참여한 후, 학생은 정답마다 5점을 얻는 방식으로 개별 평가된다. 끝으로 그 주의 마지막 날 팀별로 점수를 합산하고 교실 앞에 게시한다.

② 학급 전체 또래교수 팀(전 학급 또래교수 팀, class−wide tutoring team ; CSTT)

ⓐ 학급 전체 또래교수 팀은 또래교수와 협동학습의 원리를 혼합한 형태이다.

ⓑ CSTT 형태에서는 4~5명으로 구성된 이질적인 집단들이 교사가 개발한 구조화된 수업에 참여하며 팀별로 경쟁하는 학습방법이다.

ⓒ CSTT와 CWPT의 차이점

• CSTT는 3~5명의 소그룹으로 형성되며 2개의 큰 형태를 이루는 데 비해, CWPT는 또래 짝과 함께 공부하는 점이 다르다. 이때 학생은 교사에 의해 체계적이며 의도적으로 배정되어 이를 임의로 배정하는 CWPT와 다르다.

• CWPT는 팀 구성원의 지속기간이 약 1주일씩 지속되는 데 비해, CSTT는 8주 동안 4번 같게 구성원을 조직한다.

ㄹ 적용의 예

> - 학생은 먼저 이질적인 학습 집단에 배치되는데, 이는 4~6주 동안 유지된다.
> - 각 팀의 구성원은 숫자가 부여된 일련의 카드와 함께 10~30개의 질문과 답이 적힌 학습 가이드를 제공받는다.
> - 한 학생이 카드를 뽑고, 그에 해당하는 질문을 한다. 튜터를 제외한 각 구성원은 답을 쓴다. 튜터는 학습 가이드의 정답지로 각각의 답을 점검하고, 정답을 쓴 팀원에게는 5점을 주고, 틀린 팀원에게는 정답을 알려준다. 답이 틀린 튜티는 한두 번 정답을 쓴다. 만약 그들이 바르게 수정하면 2점을 준다. 튜터의 역할은 집단 내에서 교대로 돌아가면서 하고, 이러한 절차는 역할이 바뀔 때마다 반복된다.
> - CWPT와 마찬가지로 학생은 개별적으로 평가되고 그들의 점수는 해당 팀의 총 누계점수에 더해진다.

③ 또래 보조 학습전략(또래 주도 학습전략, peer-assisted learning strategies ; PALS)

㉠ 또래 보조 학습전략은 CWPT를 기본으로 만들었으며 구조와 절차가 비슷하며, 읽기유창성과 읽기이해 능력을 향상시키는 데 효과적이다.

㉡ 또래 보조 학습전략은 학생의 학년 수준에 따라 다양하지만, 공통적인 특징은 다음과 같다.
- 또래교사와 또래학습자 간의 고도로 구조화된 활동
- 높은 비율의 구두 응답과 약간의 필기 응답
- 역할의 상보성

㉢ 단계 ❶ 17중등B7, ❷ 15초등B1, ❸ 13중등25, ❹ 12초등2

파트너 읽기	읽기유창성	• 성취 수준이 높은 학생이 먼저 교과서를 소리 내어 읽는다. • 이어서 성취 수준이 낮은 학생이 동일한 부분을 다시 소리 내어 읽는다.
	읽기이해	성취 수준이 낮은 학생은 성취 수준이 높은 학생의 피드백을 받으며 읽은 내용을 순서에 따라 다시 이야기해 본다.
단락 요약	읽기이해	• 학생들은 한 문단씩 크게 소리 내어 읽고, 읽은 문단에서 중요한 내용이 무엇인지 정리하여 10어절 이내로 정리하여 말한다. • 자신이 찾은 중심내용에 대해 또래들로부터 피드백을 제공받는다.
예측 릴레이	읽기이해	• 다음 문단의 내용을 예측하여 말한다. • 학생들은 역할을 교대한다.

기출 POINT 6

❶ 17중등B7
또래 지원 학습전략(PALS)을 활용할 때, ㉢에 들어갈 단계명과 활동 3가지를 제시하시오.

파트너 읽기	• 튜터가 먼저 읽고 튜티가 다시 읽기 • 튜티가 읽을 때 튜터가 오류를 교정해 주기 • 튜티가 읽은 내용을 다시 말하기
(㉢)	…
예측 릴레이	튜터와 튜티는 다음에 읽을 내용이 무엇인지 예측하기

❷ 15초등B1
㉢의 주요 활동 단계마다 또래교수자가 공통으로 수행하는 활동을 1가지 쓰시오. 그리고 ㉢ 단계에서 읽기이해 능력 향상을 위해 수행해야 하는 세부활동을 1가지 쓰시오.

박 교사 : 민우에게는 모둠성취분담모형(STAD)과 함께 또래교수의 한 유형인 (㉡)을/를 적용해 보면 어떨까요? (㉡)은 ㉢ 파트너 읽기, 단락(문단) 줄이기, 예측 릴레이 단계로 진행되는데, 민우의 읽기 능력 향상에 도움이 될 거예요.

❸ 13중등25
또래교수에 대한 특성과 유형에 대한 설명으로 옳은 것을 모두 고르시오.

㉣ 또래지원학습전략(PALS)은 비상보적 또래교수 전략 중 하나로 학급에서 자연스럽게 또래교수의 형성이 이루어지지 않을 때 고학년 일반학생이 저학년 장애학생의 짝이 되도록 지도하는 것이다.

❹ 12초등2
특수학급의 박 교사는 읽기에 어려움을 보이는 지수와 읽기를 잘하는 환희를 짝지어 아래와 같은 전략(PALS)으로 읽기 지도를 하였다. 박 교사가 적용한 전략에 대한 설명으로 적절하지 않은 것은?
① 개념과 원리를 발견하는 데 초점을 둔다.
② 정해진 단계와 절차에 따라서 이루어진다.
③ 학습자의 수행 결과에 대해 동료의 교정적 피드백이 제공된다.
④ 학습자가 문제를 해결하도록 참여 간 비계활동이 이루어진다.
⑤ 학습 내용과 수준을 다양화할 수 있는 차별화 교수(differential instruction) 접근이라 할 수 있다.

더 알아보기 또래 보조 학습전략의 단계(박지연 외)

단계	활동	목표 기술
짝이랑 읽기	① 높은 수준의 학생이 먼저 지문을 소리 내어 읽기 ② 낮은 수준의 학생이 이어서 지문을 소리 내어 읽기 ③ 낮은 수준의 학생이 읽기 도중에 오류가 발생할 때마다 수정 피드백을 제공하고 역할 교대하기	읽기유창성
다시 이야기하기	낮은 수준의 학생이 읽은 내용을 다시 말하기	독해력 - 요약하기
문단(단락) 요약하기	① 읽은 문단에서 중요한 내용을 뽑아 10단어 이내로 말하기(주제 파악하기) ② 짝의 문단 요약하기 중에 오류가 발생하면 다시 하라고 요구한 후에 역할 바꾸기	독해력 - 주인공 및 주제 파악하기 - 요약하기
예측 릴레이하기	① 다음 문단의 내용을 예측하여 말하기 ② 읽기 오류를 확인하여 수정한 후에 역할 바꾸기	독해력 - 예측하기 - 주제 파악하기 - 요약하기

(2) 일대일 또래교수

① 전문가 또래교수 ❶ 19초등A4

학업 능력이 뛰어난 학생이 보다 낮은 수준의 학생을 교수하는 형태를 말한다.

② 역할반전 또래교수 ❷ 13중등25

학업 능력이 부족한 학생(장애학생 포함)이 높은 수준의 학생을 교수하는 형태를 말한다.

기출 POINT 7

❶ 19초등A4
다음은 또래교수에 대한 설명이다. ⓑ에 들어갈 말을 쓰시오.

■ 일대일 또래교수 유형

• 특별한 지원이 필요한 학생에게 효과적인 전략임
• 역할반전 또래교수: 일반적으로 학습자 역할을 하는 학생이 특정 영역에서는 교수자 역할을 함
• (ⓑ): 학습 수준이 높은 학생이 낮은 학생을 가르치는 교수자 역할을 함

❷ 13중등25
또래교수에 대한 특성과 유형에 대한 설명으로 옳은 것을 모두 고르시오.

ⓒ 또래교수에서 또래지도를 받던 장애학생이 특정 영역에서 뛰어난 능력을 보이는 경우, 역할을 바꾸어 또래교사가 되어 일반학생을 돕도록 하는 것은 상보적 또래교수 방법의 예이다.

김은진
스페듀
기본이론서

Vol. 2

Chapter 01. 학습장애의 개념

Chapter 02. 학습장애 진단 모델

Chapter 03. 학습장애 학생을 위한 읽기 교수

Chapter 04. 학습장애 학생을 위한 쓰기 교수

Chapter 05. 학습장애 학생을 위한 수학 교수

Chapter 06. 학습장애 학생을 위한 내용교과 교수

Chapter 07. 효과적인 교수방법

Chapter 08. 효과적인 학습전략 프로그램

Chapter 09. 학습장애 학생을 위한 효과적인 사회성 및 행동 지원

Special education

학습장애

학습장애의 개념

01 학습장애의 정의
┌ 「장애인 등에 대한 특수교육법」의 정의
└ 학습장애 정의의 주요 구성요소

03 학습장애 관련 용어의 구분
┌ 학습지진
├ 학습부진
└ 학습장애

02 학습장애의 하위 유형 및 특성
┌ 발달적 학습장애와 학업적 학습장애
└ 언어성 학습장애와 비언어성 학습장애

---

01 학습장애의 정의

1. 「장애인 등에 대한 특수교육법」의 정의

> 학습장애를 지닌 특수교육대상자란 개인의 내적 요인으로 인해 듣기, 말하기, 주의집중 지각, 기억, 문제 해결 등의 학습기능이나 읽기, 쓰기, 수학 등 학업성취 영역에서 현저하게 어려움이 있는 사람을 말한다. ❸ 10중등18
>
> 📋 **선별검사 및 진단평가 영역**: 지능검사, 기초학습기능검사, 학습준비도검사, 시지각발달검사, 지각운동발달검사, 시각운동통합발달검사 ❷ 21중등B2

2. 학습장애 정의의 주요 구성요소

① 학습장애의 원인은 개인 내적 요인(기본심리 처리장애, 중추신경계 기능장애, 일반적인 내적 원인)에 기인한다. ❶ 25초등B2

② 학습장애는 이질적이며, 기초학습 영역에서 어려움을 보인다.

③ 학습의 어려움이 일차적으로 다른 장애 및 외적 요인에 의해 발생한 경우에는 학습장애에 포함시키지 않는다. 일부 학습장애 정의에서는 학습장애가 기타 장애나 외적 요인과 중복하여 나타날 수 있음을 명시하기도 한다. ❶ 25초등B2

④ 학습장애가 일생에 걸쳐 나타날 수 있음을 명시하고 있다.

⑤ 일부 학습장애 정의에서는 불일치 준거와 중재반응 준거를 포함한 진단 준거를 제시하고 있다.

기출 POINT 1

❶ 25초등B2
밑줄 친 ⓒ이 필요한 이유를 「장애인 등에 대한 특수교육법 시행령」(대통령령 제33406호, 2023. 4. 18., 일부개정)의 학습장애 정의에 근거하여 1가지 쓰시오.

> 일반 교사: 중재반응 모형에서는 진단이 어떻게 이루어지나요?
> 특수교사: 우선 지적기능상의 어려움이 없어야 합니다.
> 그리고 정해진 기간 동안 효과적인 지도에도 불구하고 성취도가 기대되는 수준만큼 향상되지 않으면 학습장애 판별을 의뢰합니다. [A]
> 물론 이 과정에서 다른 장애나 ⓒ 환경적 요인의 영향도 고려해야 하고 필요한 추가 검사들도 실시합니다.

❷ 21중등B2
밑줄 친 ⓒ~ⓐ 중 틀린 곳 1가지를 찾아 바르게 고쳐 쓰시오.

> 「장애인 등에 대한 특수교육법 시행규칙」 제2조에서는 학습장애 학생의 선별검사나 진단·평가를 할 때 ⓒ 지능검사, ⓒ 적응행동검사, ⓐ 학습준비도검사, ⓒ 시지각발달검사, ⓗ 지각운동발달검사, ⓐ 시지각운동통합발달검사를 실시하도록 규정되어 있었던 것 같아요.

02 학습장애의 하위 유형 및 특성

1. 발달적 학습장애와 학업적 학습장애

(1) 발달적 학습장애(학령기 이전)

① 발달적 학습장애는 학업성취에 필요한 선행기술에 결함이 있는 경우이다.

② Kirk와 Chalfant(1984)는 발달적 학습장애를 크게 1차 장애와 2차 장애로 구분하며, 1차 장애는 궁극적으로 2차 장애를 초래한다고 본다.

    ㉠ 1차 장애는 주의집중장애, 기억장애 및 지각장애를 포함한다.

    ㉡ 2차 장애는 사고장애와 구어장애를 포함한다.

(2) 학업적 학습장애(학령기)

① 학업적 학습장애는 읽기장애, 글씨 쓰기장애, 철자 및 작문장애, 수학장애 등을 포함한다.

② 학업적 학습장애는 학습을 할 수 있는 잠재 능력을 지니고 있고 또한 적절한 교육적 기회가 제공되었음에도 불구하고, 읽기, 쓰기(글씨 쓰기, 철자, 작문), 수학 영역에서 성취도가 현저하게 낮은 경우를 의미한다.

③ 특정 학습 영역에서 학업성취 수준이 심각하게 떨어지는지 여부가 학업적 학습장애 결정의 주요 기준이 된다.

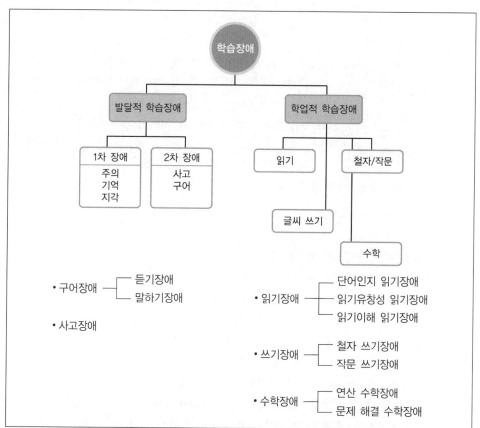

🚩 **학습장애의 하위 유형** ❶ 23초등A6, ❷ 22초등A4

❸ 10중등18
「장애인 등에 대한 특수교육법 시행령」의 '학습장애를 지닌 특수교육대상자 선정 기준'에 따른 학습장애 학생의 특성과 가장 거리가 먼 것은?

① 자릿값에 따라 숫자를 배열하는 데 어려움이 있다.
② 음소를 듣고 구별하거나 조작하는 데 어려움이 있다.
③ 상황에 적절한 사회적 기술을 사용하는 데 어려움이 있다.
④ 주의가 쉽게 산만해지고 주의를 지속하는 데 어려움이 있다.
⑤ 수학 알고리즘의 단계를 잊어버리거나 새로운 정보를 기억하는 데 어려움이 있다.

기출 POINT 2

23초등A6 ❶
[B]에서 수아가 나타내고 있는 쓰기 학습장애의 하위 유형이 무엇인지 쓰시오.
(나) 활동지 분석: 수아가 쓰기에서 보이는 어려움

- 친구가 7개의 단어를 쓰는 동안 3개를 겨우 생각하여 작성함
- 계획하는 과정을 어려워하며 알고 있는 것을 즉흥적으로 나열함
- 구조에 따라 어떻게 구성해야 하는지 잘 모름
- 공익 실천에 대해 다양하게 알고 있어도 글로 표현하지 못함 [B]
- 한 단어 혹은 짧은 문장으로만 쓰고 시간이 오래 걸림
- 주제와 관련된 글의 내용을 또래 학습자보다 현저하게 쓰지 못함
- 글을 논리적으로 통일성 있게 작성하지 못함

22초등A4 ❷
(가)를 고려하여 은수에게 해당하는 읽기 학습장애의 하위 유형을 쓰시오.
(가) 은수의 특성

- 시력은 이상 없음
- 듣기 및 말하기에 어려움이 없음
- /북/에서 /ㅂ/를 /ㄱ/로 바꾸어 말하면 /국/이 되는 것을 알지 못함
- /장구/를 /가구/로 읽고 의미를 이해하는 데 어려움이 있음

2. 언어성 학습장애와 비언어성 학습장애

(1) 언어성 학습장애(verbal learning disabilities ; VLD)

① 언어성 학습장애는 좌반구의 기능 장애로 인해 언어 능력에 심각한 문제를 갖는 상태를 말한다.

② 말하기, 듣기, 읽기, 쓰기 등의 네 가지 언어 양식은 상호 연관적인 특성을 가지기 때문에 이 중 한 가지 언어 양식에서라도 문제가 생기면 다른 언어 양식의 습득을 방해할 수 있다.

③ 대부분의 학습장애 정의에서는 언어성 학습장애, 즉 구어(말하기, 듣기), 읽기, 쓰기를 학습장애의 주요 영역으로 명시하고 있다.

(2) 비언어성 학습장애(nonverbal learning disabilities ; NLD)

① 비언어성 학습장애는 뇌의 우반구 체계 결함에서 비롯되는 것으로 언어성 학습장애와는 대조적인 특징을 나타낸다.

② 일반적으로 NLD 아동들은 언어성 지능지수보다 동작성 지능지수가 유의하게 더 낮게 나타난다.

③ 비언어성 학습장애 아동이 결함을 보이는 주요 영역

주요 결함 영역	내용
운동기능장애	조정 및 균형 문제, 글 쓸 때의 운동 문제
시각-공간-조직화 기능장애	심상의 부족, 빈약한 시각 기억, 잘못된 공간 지각, 집행기능(정보 습득, 정보 해석, 정보를 토대로 결정하는 능력)의 어려움
사회성 기능장애	비언어성 의사소통을 이해하는 능력 부족, 전환이나 새로운 상황에의 적응 문제, 사회적 판단 및 사회적 상호작용 결함
감각기능장애	시각, 청각, 촉각, 미각, 후각 중 특정 감각에서의 민감성

기출 POINT 3
❶ 11중등9
비언어성 학습장애(NLD) 학생의 특성과 교수 방안으로 적절하지 않은 것은?
① 불안, 우울 등의 감정 문제가 나타날 수 있으므로 정기적으로 관찰하고 상담한다.
② 적절한 대인관계를 형성하는 데 어려움이 있으므로 사회적 기술을 명시적으로 가르친다.
③ 전체와 부분의 공간적 개념을 이해하는 데 어려움이 있으므로 학습하기 전에 선행 조직자를 제공한다.
④ 제한된 어휘와 불완전한 문장으로 제스처나 표정 같은 시각적인 표현을 함께 사용하도록 지도한다.
⑤ 논리적이고 복합적인 정보의 처리에 어려움이 있으므로 학습 자료를 논리적인 순서로 세분화하여 제시한다.

더알아보기 NLD 행동 특성의 예 ❶ 11중등9

1. 친구를 사귀는 데 어려움을 가진다.
2. 식사시간에 종종 음식물을 엎지른다.
3. 일정에 따라 생활하는 데 어려움을 가진다.
4. 시간 말하는 법을 배우는 데 어려움을 가진다.
5. 총체적으로 접근하기보다는 세부적인 사항에 주목한다.
6. 퍼즐과 같은 비언어적 과제를 제대로 수행하지 못한다.
7. 문제 해결력이 떨어지며 추상적인 개념을 이해하지 못한다.
8. 그림이나 만화 등의 비언어적 정보를 잘 이해하지 못한다.
9. 유년기 NLD 아동은 집이나 단체에서 벗어나거나 쉽게 길을 잃는다.
10. 다른 사람의 목소리, 몸짓, 표정과 같은 사회적인 단서를 놓치거나 잘못 이해한다.
11. 신체적인 증상(예 손톱 깨물기, 두통, 복통, 공포증)과 함께 우울과 불안을 호소한다.

④ 비언어성 학습장애 아동의 특성

신경생리학적 특성	• 비언어성 학습장애가 보이는 일차적 문제는 촉각－지각, 시공간적 지각, 심리운동적 협응, 주의력에서 나타나며, 이차적 문제로는 시각적 주의 집중, 신체적 기능, 비언어적 정보의 기억, 문제해결 능력을 들 수 있다. • 신경생리학적 원인으로는 뇌 우반구의 발달 결손으로 추정되며 우반구에 후천적 뇌 손상을 입은 성인들에게도 비언어성 학습장애를 가진 성인들과 같은 현상을 발견할 수 있다.
의사소통 및 인지적 특성	• 비언어성 학습장애아의 대다수는 언어적 유창성과 기계적인 언어 수용능력, 청각적 정보의 기억능력이 매우 발달되어 있다. • 비언어성 학습장애의 인지적 결손은 특히 시지각적 부분과 공간 지각에서 눈에 띄게 나타나는데, 비언어성 학습장애 집단은 비장애 집단보다 시각적 정보와 공간적 정보의 재생에서 크게 떨어지는 수행 수준을 보인다.
학습자 특성	학습적인 측면에서 비언어성 학습장애는 읽기독해, 수학적 논리력과 계산능력, 과학, 쓰기 분야에서 낮은 학업성취를 야기하는 원인으로 작용한다.
사회적·정서적 특성	• 비언어성 학습장애 아동은 학습장애의 다른 유형에 속하는 아동이나 비장애아동에 비해 상대적으로 심각한 사회·정서적 문제를 가질 수 있다. • 학령기의 사회적 기술 발달 및 교우관계 형성 경험이 성인기의 사회적 적응과 밀접한 관계가 있음을 고려할 때, 이 아동들이 적절한 중재 없이 성인기에 돌입하는 경우 반사회적 성향이나 정신질환적 문제, 중등 이상 교육에서의 자퇴 등이 일어날 가능성이 높다.

⑤ 비언어성 학습장애 아동을 위한 지원 방안

> ㉠ 복잡한 과제는 한꺼번에 제공하기보다는 세분화하여 순서별로 나누어 제공한다.
> ㉡ 교사는 비언어성 학습장애 아동에게 학교 및 지역사회 내에서 지켜야 할 규칙이나 규정에 대해 반복적으로 이야기해 준다.
> ㉢ 비언어성 학습장애 아동이 비언어적인 정보를 통해 상대방의 감정 및 의도를 파악하는 방법을 습득하도록 게임이나 동영상 등을 활용한다.
> ㉣ 효과적인 사회적 기술 목록을 작성하여 직접적으로 교수함으로써 비언어성 학습장애 아동이 습득할 수 있도록 도와준다.
> ㉤ 수업 중 교사는 수업내용 및 자료에 대한 틀만 제공해 주거나 수업 중 중심 내용을 제시하는 OHP를 이용한다.
> ㉥ 일과 일정을 미리 제공해 주어 비언어성 학습장애 아동이 혼동하지 않도록 도와준다.

03 학습장애 관련 용어의 구분

1. 학습지진

선천적인 지적 능력의 결함으로 인해 학습능력이 떨어지는 아동으로 일반아동집단의 하위 15~20%에 해당하며, 경도 지적장애 아동과 비슷한 학습상의 문제를 가지나 그 정도가 가볍다.

2. 학습부진

정상지능을 가지고 있으며, 신경계에 이상은 없으나 정서 문제나 사회환경적인 원인들 때문에 학업성취도가 떨어지는 아동으로, 이들은 그런 환경 요인이 제거되거나 치료적 개입을 통해 교정되면 정상 학습능력과 성취도를 보일 수 있다.

3. 학습장애

정상 또는 정상 이상의 지능을 가지고 있으며, 정서 및 사회환경적인 문제 등의 원인이 없음에도 불구하고 학업성취도가 떨어지는 아동으로 대개 신경학적 기능장애로 인해 유발되는 것으로 추정된다. ❶ 20초등B3

🚩 **학습장애 관련 용어**

기출 POINT 4

❶ 20초등B3
㉠~㉣ 중 적절하지 않은 내용을 2가지 찾아 각각의 기호와 그 이유를 쓰시오.

함께 실습 중인 교육실습생들과 학습장애를 지닌 특수교육대상자 진단·평가와 선정·배치에 대해 이야기해 본 결과, 다시 한번 정확히 확인해야 할 사항이 몇 가지 발견되었다.
첫째, ㉠ 진단·평가 과정에서 부모 등 보호자의 의견 진술 기회가 보장되어야 한다는 점
둘째, ㉡ 지적능력이 정상이면 학습장애를 지닌 특수교육대상자로 선정될 수 없다는 점
셋째, ㉢ 학업성취 평가에서 낮은 점수를 받은 경우, 다른 장애 때문에 나타난 결과임이 밝혀져도 학습장애를 지닌 특수교육대상자로 선정될 수 있다는 점
넷째, ㉣ 특수교육대상자 또는 그 보호자는 특수교육지원센터의 특수교육대상자 선정 및 배치 결과에 대해 이의가 있을 경우, 그 결과에 대해 이의신청을 할 수 있다는 점

학습장애 진단 모델

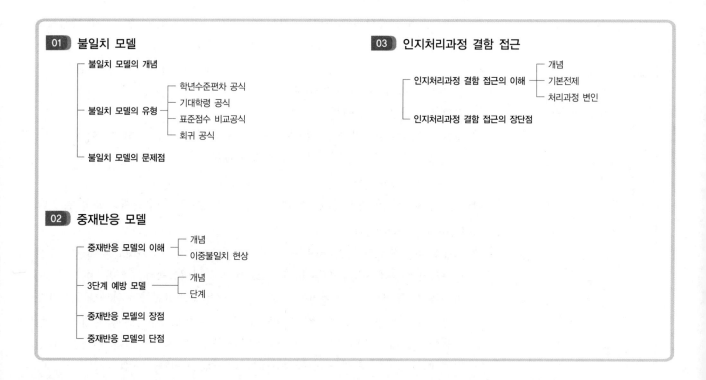

01 불일치 모델
- 불일치 모델의 개념
- 불일치 모델의 유형
  - 학년수준편차 공식
  - 기대학령 공식
  - 표준점수 비교공식
  - 회귀 공식
- 불일치 모델의 문제점

03 인지처리과정 결함 접근
- 인지처리과정 결함 접근의 이해
  - 개념
  - 기본전제
  - 처리과정 변인
- 인지처리과정 결함 접근의 장단점

02 중재반응 모델
- 중재반응 모델의 이해
  - 개념
  - 이중불일치 현상
- 3단계 예방 모델
  - 개념
  - 단계
- 중재반응 모델의 장점
- 중재반응 모델의 단점

---

01 불일치 모델(능력−성취 불일치 모델, discrepancy model)

1. 불일치 모델의 개념

① 불일치 모델에서는 지적인 잠재능력에서 기대되는 학업성취 수준과 실제 성취 수준 간의 차이로 학습장애를 판단한다. 즉, '지적 능력이 이 정도이면 이 정도는 성취해야 하는데, 실제 성취 수준이 거기에 비해 얼마나 모자란가'로 판단하는 것이다.

❶ 25초등B2

② 불일치 모델은 학습장애가 '기대치 않은 저성취'를 보인다는 점을 강조하는 모델로, 최근까지 학습장애 진단과정에 가장 많이 적용된 모델이다.

기출 POINT 1

❶ 25초등B2
㉠에 들어갈 학습장애 진단 모형의 명칭을 쓰시오.

> 학습장애 진단에는 다양한 모형이 사용됩니다. 대표적으로는 능력과 학업성취의 차이에 기초한 (㉠)과/와 중재에 대한 학생 반응 정도에 기초한 중재반응 모형이 있습니다.

2. 불일치 모델의 유형 ❶ 10초등 · 유아10

(1) 학년수준편차 공식(deviation from grade level)

① 학년수준편차 공식의 개념

⊙ 학년수준편차 공식은 기대되는 학년 수준(생활연령)과 실제 학년 수준(학업성취 검사 점수에 근거한 학년 수준) 간의 차이를 산출하여 불일치 정도를 파악한다.

ⓛ 학습장애로 진단받기 위해서는 기대 학년 수준과 실제 학년 수준 간에 현저한 차이가 나야 하며, 두 점수 간의 차이가 1학년에서 2학년 차이가 날 때 현저한 불일치를 보인다고 평가한다.

ⓒ 일반적으로 현저한 차이의 기준은 학년이 올라감에 따라 증가하는데, 이는 고학년으로 갈수록 누적되는 학습량이 증가하기 때문이다.

② 학년수준편차 공식의 장점

학년수준편차 공식은 계산이 용이하여 학습장애를 진단하는 데 쉽게 사용할 수 있다.

③ 학년수준편차 공식의 단점

⊙ 학생의 지능에 대한 고려 없이 학생의 생활연령에 근거하여 기대되는 학년 수준을 산출하기 때문에 지능이 낮은(IQ 70~90) 학생을 과잉판별하는 반면, 평균 이상의 지능을 지니면서 학업에 어려움을 보이는 학생을 과소판별하는 결과를 초래한다.

ⓛ 학년 수준의 개념이 모호할 뿐 아니라, 학년규준 및 연령규준 점수를 등간척도처럼 사용하는 문제점(학년에 따른 다른 의미의 편차 값)을 지니고 있다. 예를 들어, 한 학년에서의 2학년 차이는 다른 학년에서의 2학년 차이와는 다른 의미를 가진다.

ⓒ 검사도구마다 학년규준 점수나 연령규준 점수의 의미가 다르기 때문에 학년규준 및 연령규준 점수를 사용함으로써 생기는 측정적 문제가 있다.

ⓔ 초등학교 저학년과 중학교 이상의 학생에게 적용될 경우 신뢰성이 떨어지는 점 등이 문제점으로 지적되었다.

(2) 기대학령 공식(expectant formulas)

① 기대학령 공식의 개념

⊙ 기대학령 공식은 학생의 생활연령뿐만 아니라 학생의 지능 및 재학 연수 등을 고려한 불일치 공식이다.

ⓛ 기대학령 공식을 사용하여 학습장애를 진단하려면 기대되는 학년 수준과 실제 학년 수준 간에 현저한 차이가 있어야 하며, 학년수준편차 공식과 동일한 기준이 적용된다.

② 기대학령 공식의 장점

기대학령 공식은 지능 및 재학 연수 등을 고려하여 기대되는 학년 수준을 계산함으로써 학년수준편차 공식의 문제점을 보완하였다.

③ 기대학령 공식의 단점

근본적으로 학년수준편차 공식과 비슷한 통계적 문제점을 가지고 있다.

(3) 표준점수 비교공식(standard score comparison)

① 표준점수 비교공식의 개념

    ㉠ 표준점수 비교공식은 지능지수와 학업성취 점수를 표준점수(평균 100, 표준편차 15)로 변환하여 두 점수를 비교하는 공식이다.

    ㉡ 두 표준점수의 차이가 약 1~2표준편차일 때 현저한 불일치를 보이는 것으로 평가한다.

② 표준점수 비교공식의 장점

    학년수준편차 공식과 기대학령 공식의 측정적 비판을 어느 정도 상쇄시킨다.

③ 표준점수 비교공식의 단점

    ㉠ 평균으로의 회귀현상의 문제를 내포하고 있는데, 평균으로의 회귀현상은 두 측정값이 완전한 상관이 아닐 때 나타나는 현상이다. 표준점수 비교공식은 지능과 학업성취 값이 완벽한 상관관계를 가정한다. 즉, 지능지수가 100인 학생은 학업성취 점수도 100, 지능지수가 85인 학생은 학업성취 점수도 85일 것으로 가정하는 것이다. 그러나 지능지수와 학업성취 점수가 완전한 상관이 아닐 때, 지능지수가 100 이상인 학생의 학업성취 점수가 지능지수보다 낮게 나타나는 경향을 보이는 반면, 지능지수가 100 이하인 학생의 학업성취 점수는 지능지수보다 높게 나타나는 경향을 보인다.

    ㉡ 이러한 평균으로의 회귀현상으로 인해 표준점수 비교공식은 지능이 높은 학생을 과잉판별하고, 지능이 상대적으로 낮은 학생은 과소판별하는 문제가 있다. **❶ 21초등B2**

(4) 회귀 공식(regression analysis)

① 회귀 공식의 개념

    ㉠ 회귀 공식은 두 측정값의 상관관계와 지능을 고려하여 '기대되는 학업성취 점수'를 산출하고, 측정의 표준오차를 고려하여 기대되는 학업성취 점수의 신뢰구간을 설정한다. 이 설정된 신뢰구간과 실제 학생의 학업성취 점수를 비교하여 불일치 여부를 결정한다.

    ㉡ 회귀 공식은 표준점수 비교공식의 문제점을 보완하기 위해 회귀현상을 통계적으로 재조정한 공식이다.

② 회귀 공식의 장점

    ㉠ 회귀 공식은 평균으로의 회귀현상과 측정의 오류를 고려하는 등 불일치 공식 중 문제가 상대적으로 적은 방법이다.

    ㉡ 다른 공식과 비교하여 회귀 공식은 전체 지능지수 범위에 걸쳐 비교적 골고루 학습장애 학생을 판별할 수 있다.

기출 POINT 3

❶ 21초등B2

㉠과 ㉡에 해당하는 단어를 쓰시오.

(가) 검사 결과
- K-WISC-Ⅴ 검사결과: 지능지수 107
- KNISE-BAAT(국립특수교육원 기초학력검사) 수학검사 결과: 학력지수 77

(나) 대화 내용

특수교사: 영호의 검사결과를 검토해 보니 한 가지 문제점이 예상되네요. 수학검사에서 받은 77점은 영호의 실제 수행 수준보다 낮은 것 같아요.
일반교사: 왜 그렇게 생각하시죠?
특수교사: 두 검사 점수 간의 상관계수는 1이 아니기 때문에 지능점수가 (㉠) 이상이더라도 학업점수는 낮게 추정될 수 있어요. 이러한 문제 때문에 두 점수 간의 불일치된 (㉡) 점수를 이용하는 능력-성취 불일치 모형에서는 영호를 학습장애로 과잉진단할 수 있어요.

③ 회귀 공식의 단점

    ㉠ 회귀 공식이 지닌 통계적 복잡성으로 인해 학교 현장에서 적용하기 다소 어렵다.

    ㉡ 두 측정값의 상관계수는 대규모의 표본을 통해 얻을 수 있는데, 이상적인 방법으로 상관계수가 제시되지 않아 상관계수를 추정해야 하는 경우, 불일치 결과의 타당성 및 일반화에 문제가 생긴다.

3. 불일치 모델의 문제점

① 지능은 학생의 잠재능력의 척도가 아니다.

② 불일치 점수의 신뢰성 문제와 불일치 공식 및 판단기준에 따라 학습장애 적격성 여부가 다르게 나타난다.

③ 불일치가 얼마나 타당하게 학습장애와 학습부진을 차별화하는지에 대한 의문점이 있다.

④ 불일치 모델은 학생의 학습문제가 심각하게 진행된 후에야 학습장애 적격성을 결정할 수 있기 때문에 '실패할 때까지 기다리는 모델'이라는 비판을 받는다.

⑤ 학생의 학교교육 이전의 교육경험에 대해 통제할 수 없으므로 내적인 원인으로 인한 학습의 어려움과 교육경험의 부족으로 인한 학습의 어려움을 차별화하기 어렵다.

⑥ 진단과정에서 학생의 교육적 요구 및 특성에 대한 파악이 어렵고, 진단 결과가 교수 계획에 주는 시사점이 부족하다.

⑦ 표준화검사 도구의 심리측정적 특성상 만 9세 이전에 학습장애로 진단하기 어려워 조기 중재가 쉽지 않다.

기출 POINT 4

❶ 21중등B2
밑줄 친 ㉠~㉃ 중 틀린 곳 1가지를 찾아 바르게 고쳐 쓰시오.

김 교사: 선생님, 학습장애 진단·평가 모델에 대해 이야기해 볼까요?
교육 실습생: ㉠ 불일치 모델은 학기 초에 모든 학생들을 대상으로 성취도를 평가하고, 효과가 검증된 교수법을 적용한 뒤 학생이 성취 정도에 진전을 보이지 않거나, 또래들에 비해 성취 정도가 심각하게 낮게 나타나는 경우를 학습장애로 규정하는 것으로 기억하지만 확실하진 않아요.

❷ 09중등38
'중재반응 모델'과 관련된 내용으로 적절한 것을 〈보기〉에서 모두 고른 것은?

〈보기〉
㉠ A가 보이는 인지결함 문제를 측정하여 그 기술을 향상시키는 방법을 활용한다.
㉡ 중재에 대한 변화를 판단하기 위해 진전도를 모니터하는 평가 방법을 활용한다.
㉢ 연구에 기반을 두었으며 과학적으로 검증된 학습전략이나 중재를 도출하여 사용한다.
㉣ 문제해결 접근방법을 사용하여 조기에 판별이 가능하기 때문에 판별을 위해 학생이 '실패를 기다리는' 일을 감소시킬 수 있다.
㉤ 학습잠재력을 측정할 수 있는 지능검사를 통해 지능지수를 파악하고 같은 학년 수준의 학업 능력에서 얼마나 벗어나 있는지 확인한다.

02 중재반응 모델(response to intervention model ; RTI)

1. 중재반응 모델의 이해

(1) 중재반응 모델의 개념 ❶ 21중등B2, ❷ 09중등38

① 중재반응 모델은 불일치 모델의 문제점(실패를 기다리는 모델)을 보완한 학습장애 진단 모델로 조기 선별과 조기 중재를 강조한 모델이다.

② 중재반응 모델은 효과적인 수업에 얼마나 반응하는가 하는 정도로 학습장애 여부를 판단하는 접근이다.

③ 기존의 학습장애 선별 방법이 특정 시점에서의 또래 간 횡적인 자료 분석에 근거하고 있다면, 중재반응 모델은 효과적인 교육을 투입하고 난 후 서로 다른 두 시점에서 그 영향을 분석대상으로 한다는 점에서 종단적인 문제해결 접근이다.

(2) 이중불일치 현상

이중불일치 현상이란 학생이 중재에 반응하는 정도에 있어 일반학생들보다 낮은 성취 수준을 보이면서 동시에 학습 진전도가 낮은 경우 학습장애로 진단하는 것으로, 학습의 수행 수준과 발달속도(발달률, 학업성장속도)를 모두 고려하는 것이다.

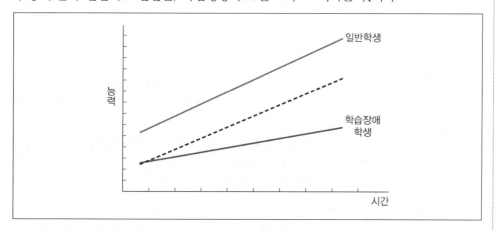

① 그림을 보면 일반학생의 발달을 나타내는 선과 학습장애 학생의 발달을 나타내는 선이 있다. 중간의 점선은 일반학생의 발달선과 평행한 선이며 일반학생보다 수행 수준은 낮지만 발달률은 동일한 가상선을 의미한다. ❶ 21초등B2

② 시작점을 보면 일반학생과 학습장애 학생은 초기부터 차이를 나타내며 시간이 경과할수록 일반학생에 비해 학습장애 학생의 수행 수준은 물론 발달률도 떨어진다.

③ 따라서 학습장애 학생의 초기 수행 수준의 차이와 발달률의 차이가 있음을 통해 이중불일치 문제가 있음을 알 수 있다.

2. 3단계 예방 모델

(1) 3단계 예방 모델의 개념

1단계 교육은 일반교육, 2단계 교육은 학습장애 위험군 학생으로 선별된 학생을 대상으로 실시하는 지원교수, 3단계 교육은 학습장애 학생을 대상으로 실시하는 집중적인 개별화 중재를 의미한다. 3단계 교육은 특수교육의 성격을 띠며, 3단계 교육의 대상자를 잠재적 학습장애 학생으로 진단한다는 것을 의미한다.

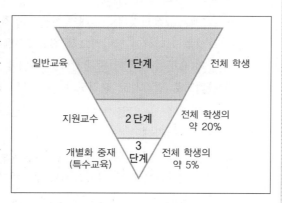

기출 POINT 5

❶ 21초등B2
중재반응 모형 1단계에서 영호의 중재 반응 수준을 평가할 때, (다)의 그래프에서 필요한 정보를 1가지 쓰시오.

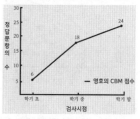

(2) 3단계 예방 모델의 내용 [기출 POINT 8]

단계	선별 및 진단 활동 내용	결정 기준
1단계	해당 교과 영역(주로 국어와 수학)에서 평상시의 통합교육에 각 학생이 어떻게 반응하는지 알기 위해 교육과정중심측정(CBM) 또는 표준화된 학력평가를 실시한다. 또래에 비해 심각하게 낮은 성적(하위 25% 혹은 평균으로부터 1.5표준편차 미만) 소지자를 선별한다.	또래에 비해 심각하게 낮은 반응을 보이는가?
2단계	소집단 중심의 효과적인 수업을 일정 기간(보통 10~15주) 체계적이고 집중적으로 투입하면서 역시 그 반응도를 교육과정중심측정 방법을 사용하여 추적한다.	또래에 비해 심각하게 낮은 반응을 보이는가?
3단계	1~2단계를 통과한 학생은 잠재적으로 학습장애로 규정하고 다학문적 평가 팀에 장애 정도 및 특수교육대상자 여부를 확인하기 위한 정밀 판별 절차를 의뢰한다.	배제 요인 제외

① 1단계 : 일반교육

㉠ 1단계는 일반아동의 학습능력보다 낮은 성취 수준과 느린 성장속도를 보이는 학생을 선별하는 단계이다. ❶ 21초등B2

㉡ 일반교육환경에서는 모든 학생들이 일반교사로부터 과학적으로 검증된 교수법을 통해 중재를 받는다. 이렇게 과학적으로 검증된 교수법으로 교육을 잘 받았음에도 불구하고, 반응을 보이지 않는 하위 약 20%에 해당되는 학생들이 1단계에서 2단계로 넘어가게 된다.

㉢ 1단계에서 모든 학생들은 1년에 적어도 2~3번 정도 평가를 받으며 표준화검사, CBM, 관찰, 기타 검사들을 사용하고, 학생의 수행 수준과 진전도율을 분석한 후 교육의 효과가 없어 좀 더 전략적으로 중재가 제공되지 않는다면 기대되는 기준에 도달하지 못할 것이라고 결정되었을 때 2단계로 넘어가기 위해 선별된다. ❷ 19초등B3

② 2단계 : 전략적인 집중교육

㉠ 2단계는 교육과정에서 기대된 기준을 성취하지 못한 학생들에게 그들의 학습능력과 특성을 고려하여 전략적으로 집중교육을 제공한다. 전략적 집중교육에서는 학생들의 요구에 맞추어 중재계획을 세워야 하고, 중재 결과는 CBM을 통해 적절한 간격으로 평가하고 진전도 모니터링을 해야 한다.

㉡ 이 단계에서는 1단계보다 더 자주 진전도 모니터링을 하고 한 달에 적어도 두 번 이상은 평가해야 한다.

㉢ 중재 결과, 성공적인 학생은 다시 1단계로 가게 되지만 만일 학생이 2단계의 전략적인 집중교육을 잘 받았음에도 불구하고 기대 수준에 도달하지 못하면 3단계로 넘어가서 강도 높은 중재를 받게 된다.

[기출 POINT 6]

❶ 21초등B2
중재반응 모형 1단계에서 영호의 중재반응 수준을 평가할 때, 중재반응을 평가하는 방법을 1가지 쓰시오.

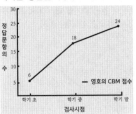

❷ 19초등B3
다음은 중재반응 모형 1단계의 기본 가정에 근거하여 (다)의 그래프를 해석한 결과이다. ⓐ와 ⓑ에 들어갈 말을 각각 쓰시오.
(다) CBM 결과(중재반응 모형 1단계)

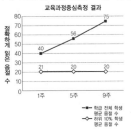

• 김 교사의 학급에서는 반복읽기 전략을 지속적으로 사용할 수 있다. 그 이유는 (ⓐ).
• 9주 동안 하위 10% 학생의 평균 음절 수는 증가하지 않았다. 그 이유는 (ⓑ).

③ 3단계 : 강도 높은 개별화 중재

⊙ 3단계는 1단계와 2단계에서 중재에 대한 반응이 없었거나 기대된 기준을 성취하지 못한 학생들에게 특수교육 서비스와 같은 강도 높은 개별화 중재를 제공한다.

ⓛ 이 단계의 강도 높은 중재는 1단계에서 제공했던 것과 2단계에서 지원되었던 전략적인 중재를 더 향상해서 제공할 수도 있고, 중재 빈도와 지속시간을 증가시켜서 제공하여 학생의 수행 수준과 발달률을 촉진시킬 수도 있다. 이 단계에서는 특별히 훈련된 일반교사, 특수교사 등이 가르치게 되며, 표준화된 평가, CBM, 오류분석, 면접, 관찰, 기능적인 행동평가 등 모두가 포함되며, 직접평가에 의해 측정하여 학생이 어느 면에서 결함이나 부족함이 있는지를 평가한다.

ⓒ 따라서 이 단계는 학생이 학습장애인지 아닌지 진단·평가하는 의미의 성격을 지니고 있으며, 이 단계에서 성공을 하면 그 학생은 이전 단계로 갈 수 있고 성공하지 못한 학생은 학습장애 적격성 판정을 위해 특수교육 평가에 의뢰된다.

더알아보기 RTI에서 CBM을 사용하는 이유(CBM의 장점) ❶ 21초등B2, ❷ 19초등B3

1. CBM은 형성적 평가에 속하는 특징을 가지고 있기 때문에 지속적으로 학업성취 수준을 평가할 수 있다.

2. 교사에게 반 학생들의 수준에 대한 정확한 정보를 제공해 주고, 반복적으로 자주 사용할 수 있으며, 이를 통해 아동의 진전도를 파악하고 중재 효과의 여부를 확인할 수 있다.

3. 기존 검사에 비해 시간과 비용을 절약할 수 있다.

4. 학습장애, 학습부진, 정상 학생들을 신뢰롭게 구분할 수 있다.

기출 POINT 7

❶ 21초등B2
ⓒ을 장기교육목표 성취도 평가 방법으로 사용하는 이유를 쓰시오.

특수교사 : 두 점수 간의 불일치된 표준점수를 이용하는 능력-성취 불일치 모형에서는 영호를 학습장애로 과잉진단할 수 있어요.
일반교사 : 학습장애가 아닐 수 있는 영호를 학습장애로 진단하는 것은 큰 문제네요.
특수교사 : 네, 그렇죠.
일반교사 : 다른 대안은 없을까요?
특수교사 : 다단계 중재반응 모형이 대안이 될 수 있어요. 이 모형에서는 ⓒ 교육과정중심측정을 사용하여 학생의 반응을 지속적으로 점검해요. 이러한 검사결과를 고려하여 과잉진단의 문제점을 어느 정도 예방할 수 있어요.

❷ 19초등B3
ⓒ을 중재반응 모형에서 사용해야 하는 이유 1가지를 쓰시오.

김 교사 : 전략을 사용한 후에 읽기 능력은 어떻게 평가해야 하나요?
박 교사 : 중재반응 모형에서 사용되는 교육과정중심측정으로 평가하면 될 것 같습니다.
김 교사 : 읽기 능력을 교육과정중심측정으로 평가해야 하는 이유는 무엇인가요?
박 교사 : 교육과정중심측정은 ⓒ 동형 검사지를 사용하기 때문입니다.
김 교사 : 아, 그렇군요. 선생님께서 말씀하신 교육과정중심측정을 사용하여 반복읽기 전략의 효과를 9주 동안 평가해 보겠습니다.

더알아보기

동형검사(특수교육학 용어사전, 2018)

표면적인 내용은 서로 다르지만 두 개의 검사가 이론상 동질적이며 동일하다고 추정할 수 있는 문항들로 구성된 검사이며, 문항의 난이도 및 변별도가 같거나 비슷하고, 문항 내용도 같은 것으로 구성된다.

기출 POINT 8

❶ 12초등12

연산에 어려움이 있는 학생 3명에게 중재를 제공하고 교육과정중심평가를 통해 중재에 대한 반응을 수집한 데이터이다. 중재반응 모형에 근거할 때, 아래 데이터에 대한 해석으로 가장 적절한 것은?

데이터 수집 시기	세 학생의 목표 점수	학급 평균 점수	반응(성취) 점수		
			서현지	김민수	강은지
1주	2	8	1	1	1
3주	4	9	3	3	4
5주	6	10	4	6	6
6주	7	10	3	8	7
7주	8	11	5	9	8
8주	9	12	5	11	9
10주	10	14	6	12	10

① 현지의 어려움은 단기기억력의 결함에 기인하므로 기억술을 가르친다.
② 세 명 모두 성취 점수가 향상하고 있으므로 현재의 증거기반 교수방법을 유지한다.
③ 위 데이터를 종합적으로 판단해 보면, 현지를 수학 연산 학습장애로 판별할 수 있다.
④ 은지의 반응 점수를 목표 및 학급평균 점수와 비교하면 '이중 불일치'를 확인할 수 있다.
⑤ 민수의 개인목표를 재설정하고 현재보다 조금 더 높은 수준의 문제해결 활동을 간헐적으로 제공한다.

❷ 10초등(유아)10

다음은 지혜의 학습장애 여부를 진단하는 방법에 대해 두 교사가 나눈 대화 내용이다. 최 교사가 제시하는 진단 모형에 대해 가장 적절하게 설명한 것은?

> 김 교사: 지혜는 다른 교과목에는 문제가 없는데, 읽기에 어려움을 보여요. 또래들보다 2년 정도 낮은 수행 수준을 보이는데 학습장애가 아닐까요?
>
> 최 교사: 최근에는 학습장애를 진단할 때 대안적인 진단 모형을 사용해요. 효과가 검증된 읽기 교수방법으로 지도했는데도 불구하고, 지혜가 그림과 같은 양상을 나타내면 학습장애로 판단한답니다.
>
>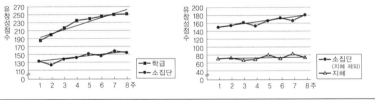

① 지혜에게 기대하는 학업성취 수준과 실제 학업성취 수준 사이에 차이가 발생하면 학습장애로 진단한다.
② 지혜가 또래 집단에 비해 수행 수준이 낮고 진전도가 느린 현상을 보이면 학습장애로 진단한다.
③ 지혜의 지능지수에 기초하여 설정된 기대 수준 범위에 실제 성취 수준이 포함되어 있지 않으면 학습장애로 진단한다.
④ 지혜의 인지적 처리과정 특성을 분석하여 학업성취의 문제가 지혜의 심리처리과정에 의한 것으로 확인되면 학습장애로 진단한다.
⑤ 지혜의 잠재능력 점수와 성취 수준 점수를 표준점수를 바꾼 후, 그 차이가 1~2 표준편차 이상으로 나타나면 학습장애로 진단한다.

⚑ RTI 요약 정리

구분	[1단계 교육] 일반교육	[2단계 교육] 지원 교수	[3단계 교육] 개별화 중재(특수교육)
대상	모든 학생	1단계 교육에 반응하지 않은 학생으로 전체 학생의 약 20% 정도	2단계 교육에 반응하지 않은 학생으로 전체 학생의 약 5% 정도
프로그램	일반교육 프로그램이 과학적으로 검증된 요소를 반영	• 체계적이고 과학적으로 검증된 교육프로그램을 통해 1단계 교육 보충 지원 • 연습 기회 확대, 지원 확대, 선수 개념 및 기술 교수 등 효과적인 교수전략 활용 • 지속적인 성취도 모니터링	• 집중적이고 과학적으로 검증된 교육프로그램을 통해 개별화된 교육적 요구 충족 • 효과적인 교수전략을 활용한 집중적 교수 실시 (집중적, 개별화된 중재) • 지속적인 성취도 모니터링
집단 구성	다양한 집단 구성 활용 (대집단, 소집단, 협동학습, 또래교수 등)	교사 1명당 학생 4~6명 정도의 소집단	교사 1명당 학생 3명 이하 정도의 소집단
시간/ 담당자	일반교육과정에서 배정된 시간	1단계 교육을 받은 상태에서 주 3회, 회기당 30분	• 매일 1시간씩 추가적으로 교수 • 주 3회, 회기당 2시간씩 추가적으로 실시
	일반교사	학교에서 지정한 자(특수교사)	
평가	전체 학생을 대상으로 학습장애 위험군 학생을 선별하는 평가를 1년에 2회 실시	적어도 2주에 한 번 학생의 성취 진전도 모니터링	적어도 2주에 한 번 학생의 성취 진전도 모니터링

더알아보기

중재반응 모델의 공통 요소

1. 중재에 대한 반응이 없거나 낮은 경우 단계적으로 선별하여 중재에 대한 강도를 높여 제공한다.
2. 중재반응 모델에서는 중재를 위해 과학적으로 검증된 효과적인 교수방법을 사용한다.
3. 제공된 중재에 대한 학생의 반응은 표준화된 교육과정중심측정에 의해 평가를 하고 1단계에서 3단계로 가면서 더 자주 점검한다.
4. 점검 결과는 교사, 학생, 학부모가 공유를 하고 학생들의 교육적 요구를 반영하여 교육을 제공한다.
5. 3단계에서 중재를 했음에도 불구하고 반응을 보이지 않은 학생은 학습장애 적격성 여부를 위해 특수교육 평가에 의뢰한다.

기출 POINT 9

❶ 25초등B2
[A]의 장점을 중재 제공 시점과 관련지어 1가지 쓰시오.

일반 교사 : 중재반응 모형에서는 진단이 어떻게 이루어지나요?
특수교사 : 우선 지적기능상의 어려움이 없어야 합니다.
그리고 정해진 기간 동안 효과적인 지도에도 불구하고 성취도가 기대되는 수준만큼 향 [A] 상되지 않으면 학습장애 판별을 의뢰합니다.

❷ 20초등B3
[A]에 해당하는 진단 모델을 쓰고, 학습장애 적격성 판별 측면에서 이 모델의 장점을 1가지 쓰시오.

다음 주에는 수학과 '짝수와 홀수' 차시의 공개수업이 있다. 지도 선생님께서 주신 피드백을 반영하여 지수의 특성을 고려한 수업 계획을 세워봐야겠다. 지수의 담임 선생님께서 관찰하신 바에 따르면, 학급의 모든 학생을 대상으로 [A] 하는 첫 번째 단계에서 지수는 그림이나 표시, 숫자를 활용하는 사고가 어려워 반응이 도달 기준점에 미치지 못했다고 한다. 다음 단계에서는 지수의 특성을 고려한 소집단 활동을 통해 전략적인 방법을 적용하면서 진전도를 지속적으로 살펴봐야 할 것 같다.

❸ 09중등38
'중재반응 모델'과 관련된 내용으로 적절한 것을 〈보기〉에서 모두 고르시오.

─〈보기〉─
ㄹ 문제해결 접근방법을 사용하여 조기에 판별이 가능하기 때문에 판별을 위해 학생이 '실패를 기다리는' 일을 감소시킬 수 있다.

3. 중재반응 모델의 장점

① 장애 위험이 있는 학생들을 조기에 발견하여 중재를 제공하기 때문에 실패할 때까지 기다리는 것을 최소화한다. **❸ 09중등38**

② 학습장애를 과잉 혹은 잘못 판별하는 것을 감소시킬 수 있다. 예를 들면, 사회·경제·문화적 요인으로 학업문제를 가진 학생들이 학습장애로 판별될 가능성을 감소시킬 수 있으며, 중재를 먼저 하기 때문에 학습장애로 판별되는 것을 감소시킨다. **❷ 20초등B3**

③ 평가과정이나 절차에 관계없이 학생들에게 효과적인 교육을 제공할 수 있다.

④ 교육 후 평가를 하여 학생들의 수행 수준과 진전도를 점검하고 교육에 반영하기 때문에 교육－평가－교육계획을 서로 유기적으로 연계시킬 수 있다.

더알아보기 **불일치 모델과 비교했을 때 중재반응 모델의 장점**

1. 불일치 모델과 달리 진단 자체보다는 교육을 강조함으로써 최대한 빨리 학습장애 위험군 학생을 선별하여 적절한 교육적 지원을 제공함으로써 학생의 학업성취도를 극대화할 수 있다. 즉, 불일치 모델에서는 학습장애로 진단될 때까지 일반교육 이외에 교육적 지원을 받지 못하는 반면, 중재반응 모델에서는 일단 학업문제가 확인되면 즉시 교육적 지원이 제공된다. **❶ 25초등B2**

2. 중재반응 모델에서는 학습장애 위험군 학생에게 먼저 중재를 제공하고 중재에 대한 학생 반응에 따라 학습장애 적격성을 결정하기 때문에 외적인 요인(예 교육경험의 결핍, 가정환경 등)에 의한 학습부진과 내적 원인에 의한 학습장애의 변별이 가능하다. 즉, 학습장애 위험군 학생 중 외적 요인에 의해 학업문제를 보였던 학생(학습부진 학생)은 조기 중재를 받음으로써 학업성취를 향상할 수 있다. 반면, 내적 요인으로 학업문제를 보였던 학생(학습장애 학생)은 동일한 조기 중재를 받았음에도 불구하고 학업성취도 향상이 상대적으로 더디게 나타날 것이다.

4. 중재반응 모델의 단점

① 중재반응 모델은 역사적으로 학습장애의 일차적 원인으로 지목되어온 심리과정상의 기능 결함에 관한 정보를 제공하지 못한다.

② 중재반응 모델에서 사용하는 '효과적인 중재'에 대한 기준이 모호하며, 현재까지는 읽기를 제외한 나머지 학업 영역(예 쓰기, 수학)에서 과학적으로 검증된 교수 프로그램에 대한 연구가 부족하다.

③ 중재반응 모델은 비언어적 학습장애를 조기에 판별하는 데는 어려움이 있다.

④ 중재반응 모델은 학습장애 위험군 학생에 대한 예방 모델의 기능을 하고 이를 위한 절차를 명확하게 제시하고 있으나, 실제로 학습장애 학생을 진단하기 위한 형식적인 절차는 명확하게 제시하지 못하고 있다. 즉, 언제, 어떠한 결과를 토대로 학습장애 위험군 학생을 학습장애 학생으로 진단할 것인가, 중재에 반응하지 않는다는 기준은 무엇인가 등에 대한 명확한 답을 제시하지 못하고 있다.

더 알아보기 학습장애 선정 조건 및 절차(교육부)

조건	절차
1조건 : 선별 및 중재 선별검사 결과 학습에 문제가 있는 것으로 의심되는 학생을 대상으로 최소 3개월 이상의 집중적이고 효과적인 소집단 규모의 보충학습이나 방과후학습 등 체계적인 서비스를 제공받은 후에도 학업성취도(학교단위 학력평가나 교육과정중심평가) 평가 결과 동학년의 하위 15~20%에 해당되는 자	**1단계 : 선별 및 선정 의뢰** ① 학습장애 선별검사 결과 ② 중재반응 평가 결과(3회 이상의 학교단위 학력평가 또는 교육과정중심평가 결과) ③ 중재반응 참여 증빙자료 ④ 선택사항 : 의료기관에서의 난독증 진단자료
2조건 : 지능 최소 2가지 이상의 지능검사로 측정한 지능의 평균이 75 이상(±5)에 해당하는 자 **3조건 : 학력** 기초학습기능검사나 KISE 기초학력검사, 읽기검사, 기초학습기능 수행평가 등을 통한 검사 결과 동학년 수준의 평균으로부터 최소 −2표준편차(또는 2학년) 이하의 학력 수준을 가진 자	**2단계 : 검사 실시 및 학습장애 판정** 〈특수교육지원센터〉 ① 지능검사 실시(2종 이상) ② 학력진단검사 실시(기초학력기능검사, KISE 기초학력검사 등 표준화검사) ③ 배제 요인 검토
4조건 : 배제 요인 정신지체, 정서·행동장애, 감각장애 등의 다른 장애나 가정불화, 폭력, 학교생활 부적응, 문화적 기회결핍(탈북 아동, 국내 이주 학생) 등 개인의 내적 원인이 아닌 외적 요인으로 인해 학업에 집중하지 못할 만큼의 뚜렷한 이유가 있을 경우는 학습장애로 선정하지 않음	**3단계 : 특수교육대상 학생 선정** 〈특수교육지원센터〉 검사 결과 및 제출 자료를 검토하여 특수교육운영위원회에서 학습장애 특수교육대상 학생으로 최종 선정

03 인지처리과정 결함 접근

1. 인지처리과정 결함 접근의 이해

(1) 인지처리과정 결함 접근의 개념

① 인지처리과정 결함 접근은 인지처리과정 변인이나 해당 교과의 기본 학습기능에서의 수행 정도를 바탕으로, 개인 내 혹은 개인 간 여타 기능의 수행 정도와 어떤 차이가 있는지, 그리고 그러한 차이가 해당 교과 학업성취의 차이를 얼마나 설명하는지 등을 확인하는 방법이다.

② 역사적으로 학습장애는 기본적인 심리처리과정 혹은 인지처리과정에 결함이 있어서 이것이 전반적인 인지능력에는 영향을 미치지 않지만 특정 교과 영역의 학습에는 심각하게 영향을 미쳐 또래에 비해 매우 낮은 학업성취를 보이는 현상으로 이해되어 왔다.

더 알아보기

인지처리지표

인지처리지표(구인)를 밝히면 해당 영역의 어려움에 대해 예측 가능하다.

1. 읽기

단어인지	음운인식, 빠른 자동 이름 대기, 음운기억 **빠른 자동 이름 대기(RAN) : 제시된 자극의 이름을 빠르고 정확하게 말할 수 있는 능력. 특히, 단어인지 능력을 예측하는 주요한 변인임
읽기 유창성	빠른 자동 이름 대기, 표기처리, 어휘 등
읽기이해	언어지식, 듣기이해, 작동기억, 상위인지 등

2. 쓰기

철자	표기처리, 음운인식
작문	실행기능, 언어지식, 읽기이해

3. 수학

연산	작동기억, 처리속도, 주의집중, 수감각 등
문제해결	언어지식, 주의집중

(2) 인지처리과정 결함 접근의 기본적인 전제

① 특정 처리과정 결함은 전반적인 인지능력과 비교적 독립적으로 특정 교과 영역의 학습에 영향을 미친다.

② 특정 인지처리과정 결함은 외적인 요소, 즉 심리적 동기나 학습 기회 등과 같은 요인에 직접적인 영향을 받지 않는 개인 내적 특징이다.

③ 처리과정은 검사도구 등 다양한 측정방법을 통해 그 수행 정도를 나타낼 수 있다.

(3) 처리과정 변인

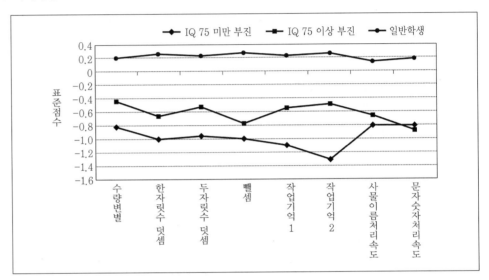

🚩 인지처리과정 변인 프로파일 특징 비교

① 지능을 중심으로 구분한 기초학습부진 학생 집단 내에서는 작업기억 1과 작업기억 2에서 상대적으로 가장 큰 차이를 보였다. 즉, 수학학습부진 학생들은 작업기억에 상대적으로 큰 결함이 있음을 보여주며, 특히 그 정도는 지능이 낮을수록 심하다는 것을 보여준다.

② 처리속도나 상대적으로 어려웠던 뺄셈 유창성 측면에서 기초학습부진 학생의 경우 지능 수준에 상관없이 유사하게 나타났다. 이는 이들 변인들이 지능 수준에 상관없이 비교적 고유하게 수학 성적의 차이를 변별해 줄 수 있음을 시사한다. ❶ 13중등31

기출 POINT 10

❶ 13중등31

다음은 학생들의 '인지처리과정' 변인들에 대한 검사 결과의 일부를 T점수로 환산한 것이다. 이 결과에 대한 두 교사의 대화 ㉠~㉣ 중 옳은 것만을 있는 대로 고르시오.

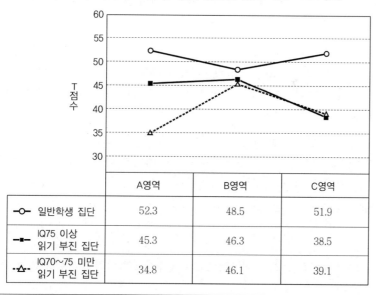

	A영역	B영역	C영역
─○─ 일반학생 집단	52.3	48.5	51.9
─■─ IQ75 이상 읽기 부진 집단	45.3	46.3	38.5
─△─ IQ70~75 미만 읽기 부진 집단	34.8	46.1	39.1

김 교사 : 우리 학급에는 읽기학습장애로 의심되는 학생들이 있어서 인지처리과정 변인들에 대한 검사를 실시하여 보았어요.

이 교사 : 결과를 보니 ㉠ 일반학생들의 T점수는 A, B, C 영역 모두에서 평균 이상이고, ㉡ IQ 70 이상 75 미만 읽기 부진 학생들의 A 영역 결과는 하위 2퍼센타일에 해당합니다.

김 교사 : 그리고 ㉢ C 영역은 읽기학습에 영향을 미치는 인지처리과정 변인 중의 하나로 보입니다.

이 교사 : 만약 읽기학습과 관련된 인지처리과정 변인들이 명확히 밝혀진다면 ㉣ 중등과정에서 읽기학습장애 선별을 위해 읽기 중재에 대한 반응 결과를 계속 기다릴 필요는 없겠네요.

2. 인지처리과정 결함 접근의 장단점

(1) 장점

① 학습장애 역사를 충실히 반영하고 있다.

② '무엇무엇이 아닌 것이 학습장애다.'라는 현재의 소극적 접근보다 '학습장애란 무엇이다.'라고 규정하고 이를 직접 측정하려는 적극적인 접근이다.

③ 발달연령, 학년 수준 등 선행학습 정도와 상관없이 어느 연령대에서나 학습장애 여부를 선별하고 진단할 수 있다. 불일치 기준을 적용하기 위해서는 적어도 2년 이상의 학령기가 지나야 하며, 중재반응 모형 역시 최소한 6개월의 중재 기간과 충실한 중재가 전제되어야 한다. [13중등31]

④ 지금 당장 자신의 필요에 맞는 수업을 받고 있어 그 결과로 읽기의 특정 영역(단어 읽기)에서는 학업성적이 두드러지게 또래와 차이가 나지 않지만 다른 특정 영역(독해)에서는 차이가 나는 학생들을 가려낼 수 있다.

⑤ 중재 프로그램 기획에 도움을 줄 수 있다.

(2) 단점

인지처리과정 접근의 문제는 이론적으로나 실제적으로 아직 충분한 근거가 확립되어 있지 않다는 점이다.

학습장애 학생을 위한 읽기 교수

CHAPTER
03

01 읽기 문제의 원인
- 읽기 문제에 대한 초기 이해
- 읽기 문제에 대한 최근의 이해

02 읽기장애의 진단·평가
- 음운처리 검사
- 글자·단어인지 검사
- 읽기유창성 검사
- 어휘검사
- 읽기이해 검사

03 읽기 교수의 영역

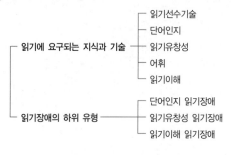

읽기에 요구되는 지식과 기술
- 읽기선수기술
- 단어인지
- 읽기유창성
- 어휘
- 읽기이해

읽기장애의 하위 유형
- 단어인지 읽기장애
- 읽기유창성 읽기장애
- 읽기이해 읽기장애

04 읽기선수기술
- 정의
- 교수법
  - 프린트 인식
  - 자모지식
  - 음운인식
  - 듣기이해

05 단어인지

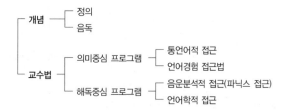

개념
- 정의
- 음독

교수법
- 의미중심 프로그램
  - 통언어적 접근
  - 언어경험 접근법
- 해독중심 프로그램
  - 음운분석적 접근(파닉스 접근)
  - 언어학적 접근

06 읽기유창성

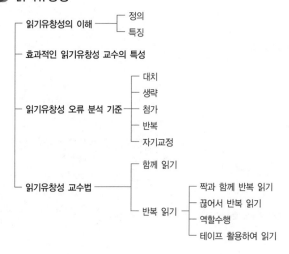

읽기유창성의 이해
- 정의
- 특징

효과적인 읽기유창성 교수의 특성

읽기유창성 오류 분석 기준
- 대치
- 생략
- 첨가
- 반복
- 자기교정

읽기유창성 교수법
- 함께 읽기
- 반복 읽기
  - 짝과 함께 반복 읽기
  - 끊어서 반복 읽기
  - 역할수행
  - 테이프 활용하여 읽기

07 어휘

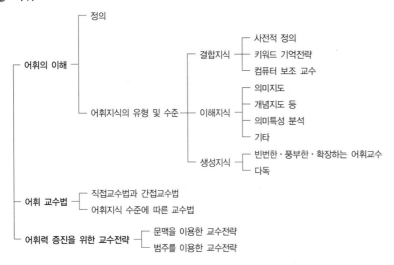

- 어휘의 이해
  - 정의
  - 어휘지식의 유형 및 수준
    - 결합지식
      - 사전적 정의
      - 키워드 기억전략
      - 컴퓨터 보조 교수
    - 이해지식
      - 의미지도
      - 개념지도 등
      - 의미특성 분석
      - 기타
    - 생성지식
      - 빈번한·풍부한·확장하는 어휘교수
      - 다독
- 어휘 교수법
  - 직접교수법과 간접교수법
  - 어휘지식 수준에 따른 교수법
- 어휘력 증진을 위한 교수전략
  - 문맥을 이용한 교수전략
  - 범주를 이용한 교수전략

08 읽기이해

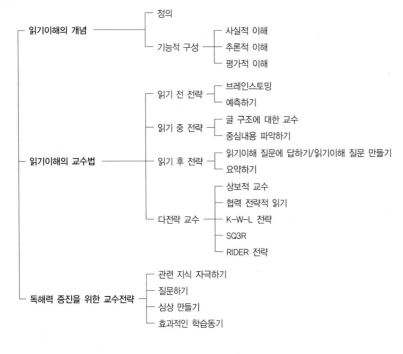

- 읽기이해의 개념
  - 정의
  - 기능적 구성
    - 사실적 이해
    - 추론적 이해
    - 평가적 이해
- 읽기이해의 교수법
  - 읽기 전 전략
    - 브레인스토밍
    - 예측하기
  - 읽기 중 전략
    - 글 구조에 대한 교수
    - 중심내용 파악하기
  - 읽기 후 전략
    - 읽기이해 질문에 답하기/읽기이해 질문 만들기
    - 요약하기
  - 다전략 교수
    - 상보적 교수
    - 협력 전략적 읽기
    - K-W-L 전략
    - SQ3R
    - RIDER 전략
- 독해력 증진을 위한 교수전략
  - 관련 지식 자극하기
  - 질문하기
  - 심상 만들기
  - 효과적인 학습동기

01 읽기 문제의 원인

1. 읽기 문제에 대한 초기 이해

(1) 시지각 정보처리과정의 이상

① 시지각과 관련된 읽기 문제를 대표하는 것은 '난독증'으로, 난독증을 가진 아동들은 시각 자극을 인지하는 데 있어 심각한 오류를 나타낸다.

② 시각 자극에 대한 인식 오류는 주어진 단어의 해독을 어렵게 하고, 단어 해독의 어려움은 글에 대한 이해력의 결함으로 이어지게 한다.

③ 따라서 시지각 훈련을 통해 주어진 시각 자극을 제대로 인식하도록 훈련한다.

(2) 읽기 학습 방법과 선호하는 정보지각 양식의 불일치

① 일반적으로 개인이 정보를 받아들이는 방식에 있어서 서로 다른 선호(시각적 또는 청각적)를 가지고 있는데, 개인이 선호하는 방식과 다르게 정보를 처리하도록 요구받는 경우 학습의 효과성과 효율성은 떨어진다.

② 따라서 학습장애 학생들이 가진 읽기 문제를 해결하기 위해서는 개인이 선호하는 정보지각 양식을 확인하고, 이에 따라 교수자료나 전략을 계획·개발·실행한다.

더 알아보기 | 전통적인 읽기 교수법 : 다감각중심 읽기 교수법

학습장애 학생들의 읽기 문제를 해결하기 위해 적용되었던 초기 교육 프로그램들은 주로 읽기 문제가 감각기관을 통한 다양한 경험 부족 또는 이들 감각정보를 처리하는 과정에서의 이상(예 시지각 변별문제)에서 기인한다는 생각에 근거하여 개발되었다. 그러므로 이 접근은 여러 감각양식을 통해 읽기 학습을 수행하도록 함으로써 학습장애 학생들이 가지고 있는 읽기 문제를 완화시킬 수 있다는 가정을 포함하는 접근이다. 여러 감각양식에는 시각, 청각, 촉각, 운동감각이 포함되며, 읽기 학습 활동이 이러한 다감각적인 요인들을 포함하도록 구성된 것이 다감각중심 교수법의 특징이다.

1. Fernald 읽기 교수법
   - Fernald 읽기 교수법은 시각, 청각, 촉각, 운동감각 모두를 사용하도록 구성된 교육 프로그램이다.
   - 참여학생들의 학습동기를 중시하여 학습해야 할 단어를 학생이 선택하도록 허용한다.
   - 구성요소를 중심으로 한 음운분석 방법이 아닌 전체 단어로서 단어학습이 이루어진다.

2. Gillingham 읽기 교수법
   - 음운분석적 방법을 통해 읽기 문제를 치료하는 구체적인 프로그램이다.
   - 아동이 문자와 음소의 대응관계에 대한 지식을 다감각적 방법을 통해 획득한다.
   - 이 프로그램의 한 가지 단점은 프로그램에 참여하는 아동의 학습동기에 대한 고려가 거의 없다는 점이다.

3. Hegge-Kirk-Kirk 읽기 교수법
   - 교정적 읽기훈련 프로그램으로, 많은 연습 기회를 통해 문자와 음소의 대응관계를 파악하도록 교수·학습 활동이 구성되어 있다.
   - 아동이 모든 자음과 모음에 해당하는 음소를 알도록 교수·학습 활동이 이루어지고, 이후 이 문자들로 구성되는 단어를 중심으로 한 활동이 전개된다.
   - 학생들이 음운결합을 통해 인식하지 못하는 불규칙 단어(예 삶)가 있는 경우 이를 하나의 통단어로 기억하도록 가르칠 수 있다.

4. 신경학적 각인 읽기 교수법
   신경학적 각인 읽기 교수는 음운분석이나 단어인식, 읽기 이해와 관련된 명시적 교수·학습 활동보다는 학생의 읽기유창성을 향상시키기 위해 적용할 수 있는 방법이다.

---

2. 읽기 문제에 대한 최근의 이해

(1) 언어 관련 인지능력의 결함 : 음운인식 능력 및 언어정보에 대한 단기기억력 결함

① 많은 연구에서 아동의 음운인식 능력이 나중의 문자 해독과 관련된 읽기 능력과 밀접한 관련이 있음을 보여준다(Wagner & Torgesen, 1987). 음운인식 능력이란 단어를 구성하는 음절 또는 음소를 분석하고 이를 하나의 소리로 조합하는 인지능력이다. 예를 들어, '컴퓨터'라는 단어의 경우 음절 수준에서는 '컴', '퓨', '터'라는 세 부분으로, 음소 수준에서는 'ㅋ', 'ㅓ', 'ㅁ', 'ㅍ', 'ㅠ', 'ㅌ', 'ㅓ'라는 구성요인으로 분석하고 결합하는 능력이다.

  ㉠ 음운분절(phoneme segmentation) 능력이란 단어를 구성하는 소리를 분석해 내는 능력이다.

  ㉡ 음성혼성(sound blending) 능력이란 분석된 소리를 하나로 결합하는 능력이다.

② 음소의 분석 및 결합 능력과 관련되어 있으면서 읽기 이해력에 영향을 미치는 인지 요인으로는 단기기억력이 있다. 단기기억력은 상대적으로 짧은 시간 동안 주어진 정보를 기억하는 인지능력이다. 읽기 과정에서 단기기억력은 현재 읽고 있는 내용에 대한 이해와 이전 내용 간의 관련성을 파악하는 중요한 인지적 기반이 된다. 따라서 학습 장애 학생들은 짧은 시간 동안 언어정보를 간직하는 데 상대적인 어려움을 가지고 있어 글의 이해 활동에 결함을 나타낸다고 볼 수 있다.

(2) 언어지식의 부족 : 어휘력, 의미론, 구문론과 관련된 지식의 부족

① 읽기 자료에 포함된 핵심 어휘뿐만 아니라 관련 어휘에 대한 지식이 없는 경우 읽기 유창성과 읽기 이해력에 있어서 부정적인 결과를 초래할 수 있다.

② 의미론적 언어능력과 관련하여 일반아동들은 읽기 활동을 수행하는 동안 자신들의 읽기 이해력을 점검·향상시키기 위해 문맥(context)을 적절하게 활용하지만, 학습장애 학생들은 주어진 문맥을 적절하게 활용하는 데 어려움을 가지고 있다.

③ 구문론이란 문장을 구성하는 요소들 간의 관계를 파악함으로써 문장에 대한 적절한 이해를 돕는데, 학습장애 학생들은 일반아동보다 문장구조에 대한 이해력이 상대적으로 낮다.

(3) 읽기 자료와 관련된 사전경험이나 선행학습의 부족

① 성공적인 읽기에 중요한 영향을 미치는 요인 중 하나는 읽기 자료 내용에 대한 아동의 친숙성이다. 즉, 읽어야 할 내용과 관련해 적절한 지식이나 경험을 가지고 있을 때 자료에 포함된 내용을 이해하는 것이 훨씬 용이하다. 학습장애 학생들은 일반학생보다 관련 지식이나 경험이 부족하여 읽기 수행에 심각한 어려움을 겪는다.

② 읽어야 할 자료 내용에 대한 사전지식이나 경험이 있는 경우에도, 학습장애 학생들은 전체 주제와 관련하여 자신의 사전지식 및 경험을 연결시키기보다는 읽기 자료에 포함된 부분적인 내용을 자신의 사전지식 및 경험과 연결시키려는 경향을 보인다.

> 예 학습장애 학생이 '비 오는 날 집에 오는 도중에 우산을 잃어버려서 비에 흠뻑 젖어 감기에 걸린 아동의 이야기'를 읽는다. 이 학생은 며칠 전 비가 많이 내린 날 친구와 장난을 치다 우산을 잃어버리고 비를 흠뻑 맞고 집에 돌아와서 어머니에게 혼난 경험이 있다. 글을 읽는 동안 이 학습장애 학생은 글에서 전달하고자 하는 주내용의 하나인 '아이가 비를 맞아 감기에 걸리게 되었다.'는 것보다는 '이야기 속의 아이도 우산을 잃어버렸기 때문에 어머니에게 혼이 났을 것이다.'라는 잘못된 추론을 할 가능성이 높다.

③ 그러므로 학습장애 학생들의 성공적인 읽기 활동을 돕기 위해서는 읽어야 할 자료 내용과 관련된 배경지식이나 경험을 체계적으로 활성화시켜 주어야 하는데, 이를 위해 다음과 같은 전략이 필요하다.

　㉠ 관련된 배경지식이나 경험을 직접 설명해 준다.

　㉡ 학생들이 각자 자신의 경험을 이야기할 수 있도록 활동을 구조화해 준다. 학생들 간의 논의를 구조화함으로써 배경지식이나 경험을 활성화하고자 하는 경우, 읽을 자료 내용과의 관련성을 중심으로 해당 논의 내용의 적절성을 평가해 주는 활동이 수반되어야 한다.

02 읽기장애의 진단·평가

1. 음운처리 검사

(1) 음운인식 검사

① 음운인식이란 말소리가 작은 요소로 나누어지며 조작될 수 있음을 아는 것을 의미한다. 즉, 문장은 단어, 단어는 음절, 음절은 개별 음소로 구성되어 있다는 것과 이러한 소리 단위들을 조작할 수 있다는 것을 인식하는 것을 뜻한다.

② NISE-B·ACT 검사에서는 음운을 크게 음절과 음소로 나누고 이는 다시 합성, 탈락, 변별, 대치로 나누어 하위검사를 구성하였다. 단, 해당 검사에서는 음소의 합성, 탈락, 대치 등은 제외하였다.

더 알아보기

국립특수교육원 기초학습능력검사(NISE-B·ACT)를 바탕으로 읽기 검사의 구성을 살펴보고자 한다. NISE-B·ACT 검사 구성에 대한 보다 자세한 내용은 「스페듀 Vol.4」에 수록되어 있다.

음절 하위검사	문항 및 측정내용	
음절 합성	음절을 듣고 합성하는 능력을 측정(2음절 합성, 3음절 합성)	
음절 탈락	음절을 듣고 탈락시키는 능력을 측정(첫음절, 끝음절, 음절 탈락)	
음절 변별	음절을 듣고 변별하는 능력을 측정(첫음절, 끝음절 변별)	
음절 대치	음절을 듣고 다른 음절로 대치시키는 능력을 측정 (첫음절, 끝음절, 가운데 음절 대치)	

음소 하위검사	문항	측정내용
첫음소 변별	네 개의 소리 중 다른 하나를 골라보세요. '주, 수, 주, 주'	첫음소 변별: 비슷한 예사소리 변별
	네 개의 소리 중 다른 하나를 골라보세요. '고, 고, 코, 고'	첫음소 변별: 예사소리 vs 거센소리
	네 개의 소리 중 다른 하나를 골라보세요. '당, 땅, 당, 당'	첫음소 변별: 예사소리 vs 된소리
	네 개의 소리 중 다른 하나를 골라보세요. '파, 파, 파, 빠'	첫음소 변별: 거센소리 vs 된소리
가운데 음소 변별	네 개의 소리 중 다른 하나를 골라보세요. '정, 정, 정, 장'	가운데 음소 변별: 'ㅓ, ㅏ'
	네 개의 소리 중 다른 하나를 골라보세요. '봉, 봉, 봉, 붕'	가운데 음소 변별: 'ㅗ, ㅜ'
	네 개의 소리 중 다른 하나를 골라보세요. '항, 항, 항, 향'	가운데 음소 변별: 'ㅏ, ㅑ'
끝음소 변별	네 개의 소리 중 다른 하나를 골라보세요. '금, 극, 금, 금'	끝음소 변별: 'ㄱ, ㅁ'
	네 개의 소리 중 다른 하나를 골라보세요. '삼, 산, 산, 산'	끝음소 변별: 'ㅁ, ㄴ'
	네 개의 소리 중 다른 하나를 골라보세요. '왈, 왈, 완, 왈'	끝음소 변별: 'ㄹ, ㄴ'

(2) **빠른 자동 이름하기 검사**(Rapid Automatized Naming ; RAN)

하위검사	문항 및 측정 내용
사물 RAN 검사	제한된 시간에 빠르고 정확하게 사물을 인지하는 능력
색깔 RAN 검사	제한된 시간에 빠르고 정확하게 색깔을 인지하는 능력

2. 글자 · 단어인지 검사

(1) 음운변동 규칙 ❶ 25중등A9

형태	음운변동 규칙
음절의 끝소리 규칙 (7종성 법칙)	• 음절의 끝소리가 되는 자음은 'ㄱ, ㄴ, ㄷ, ㄹ, ㅁ, ㅂ, ㅇ'의 7개 소리이며, 이 소리들 이외의 자음이 음절 끝에 오면 이 중 하나로 발음되는 현상 예 받침 'ㅍ'은 'ㅂ'으로 소리 남 • 겹받침의 경우에도 하나의 받침만 소리가 나는 현상
두음법칙	• 음절의 첫소리에 'ㄹ, ㄴ'이 오는 것을 꺼리는 현상 • 'ㄹ'이 단모음 앞에서 'ㄴ'으로 소리 남
비음화	비음이 아닌 자음이 뒤에 오는 비음 'ㅁ, ㄴ, ㅇ'이나 유음 'ㄹ'의 영향을 받아 비음으로 바뀌는 현상 예 밥물 → 밤물
유음화	'ㄴ'이 'ㄹ'을 만났을 때 'ㄴ'이 'ㄹ'로 바뀌는 현상 예 신라 → 실라
구개음화	앞 음절의 끝소리가 ㄷ, ㅌ인 형태소가 뒷음절의 형태소가 모음 'ㅣ'나 반모음 'ㅣ'로 시작되는 형태소와 만나면 구개음이 'ㅈ, ㅊ'으로 발음되는 현상 예 특히 → 트키
격음화(축약)	'ㄱ, ㄷ, ㅂ, ㅈ'이 'ㅎ' 앞, 뒤에서 'ㅋ, ㅌ, ㅍ, ㅊ'로 변하는 현상 예 특히 → 트키
경음화	예사소리가 된소리로 바뀌어 소리 나는 현상 ① 받침 'ㄱ(ㄲ, ㅋ, ㄳ, ㄺ)', 'ㄷ(ㅅ, ㅆ, ㅈ, ㅊ, ㅌ)', 'ㅂ(ㅍ, ㄼ, ㄿ, ㅄ)' 뒤에 연결되는 'ㄱ, ㄷ, ㅂ, ㅅ, ㅈ'이 된소리로 발음되는 현상 예 학교 → 학꾜 ② 'ㄹ' 뒤의 'ㄷ, ㅅ, ㅈ'의 경음화 현상 예 결석 → 결썩 ③ 비음 뒤의 경음화 현상 예 감고 → 감꼬

(2) 글자인지 검사

글자의 이름을 소리 내어 읽는 문항들과 1음절의 글자를 소리 내어 읽는 문항들로 구성되어 있다.

문항	답	측정 내용
'ㅂ', 이 글자의 이름을 소리 내어 말해 보세요.	비읍	예사소리
'ㄹ', 이 글자의 이름을 소리 내어 말해 보세요.	리을	울림소리
'ㅊ', 이 글자의 이름을 소리 내어 말해 보세요.	치읓	거센소리
'ㅎ', 이 글자의 이름을 소리 내어 말해 보세요.	히읗	목청소리
'ㄲ', 이 글자의 이름을 소리 내어 말해 보세요.	쌍기역	된소리
'우', 이 글자를 소리 내어 말해 보세요.	우	단모음
'웨', 이 글자를 소리 내어 말해 보세요.	웨	이중모음

기출 POINT 1

❶ 25중등A9

밑줄 친 ㉠~㉢ 중 틀린 내용을 1가지 찾아서 기호를 쓰고 바르게 고쳐 서술하시오.

특수 교사 : 학생 D의 쓰기 지도를 위해서는 먼저 오류를 분석해 봐야 해요.

교육 실습생 : 네. 학생 D의 비형식적 쓰기 검사에서 틀린 단어를 목록으로 정리해 봤어요.

연번	오류 단어	정답	연번	오류 단어	정답
1	저락	절약	8	부냐	분야
2	조아 하다	좋아 하다	9	추카	축하
3	구지	굳이	10	저캅	적합
4	나아 주서서	낳아 주서서	11	구치다	굳히다
···(하략)···			···(하략)···		

[A]

소리 나는 대로 적으면 안 되는 단어를 정확하게 쓰지 못하는 표기 처리 오류가 나타나는 것 같아요. 구체적으로 보면, ㉠ 경음화 규칙이 적용되는 단어 '절약'과 '분야', ㉡ ㅎ 탈락 규칙이 적용되는 단어 '낳아'와 '좋아', 그리고 ㉢ 축약 규칙이 적용되는 단어 '축하'와 '적합', ㉣ 구개음화 규칙이 적용되는 단어 '굳이', '굳히다'에서 오류가 있는 것 같아요.

기출 POINT 2

❶ 25초등A4
밑줄 친 ㉠의 검사 목적을 창수의 특성과 관련하여 1가지 쓰시오.

(가)

- 창수의 특성
  - 글자를 소리 내어 읽지 못함
  - 낱자와 소리를 연결하지 못함
  - 2음절 단어를 교사를 따라 소리 내어 읽을 수 있음
  - 자기가 좋아하는 캐릭터 이름을 여러 단어들 중에서 찾을 수 있음

(나)

의미 단어: '바다', '사자'를 보고 읽을 수 있는가?	×	×	×
㉠ 무의미 단어: '더수', '자그'를 보고 읽을 수 있는가?	×	×	×

…(하략)…

(3) 단어인지 검사 ❶ 14중등A14

단어인지 검사는 크게 규칙단어와 불규칙단어로 구성하였고, 학생들의 어휘지식을 고려하여 교과서나 일상생활에서 단어가 사용되는 빈도에 따라 고빈도, 저빈도, 무의미 단어로 구분하여 단어를 선정하였다. 여기서 무의미 단어는 비단어를 의미하며, 학생들의 어휘에 대한 선행지식과 관계없이 단어를 정확하게 읽는 능력을 측정하기 위해 포함하였다.

❶ 25초등A4

① 규칙단어 검사

고빈도 규칙 단어		저빈도 규칙 단어		무의미 규칙 단어	
문항	정답	문항	정답	문항	정답
감	감	보좌	보좌	넘코	넘코
상	상	효력	효력	승채	승채
잔치	잔치	접촉	접촉	갑청	갑청
이루다	이루다	횡포	횡포	준봉	준봉
선물	선물	살균	살균	달릭	달릭

② 불규칙단어 검사

고빈도 규칙 단어			저빈도 규칙 단어			무의미 규칙 단어		
문항	정답	규칙	문항	정답	규칙	문항	정답	규칙
꽃	꼳	7종성	뱁새	뱁쌔	경음	각모	강모	비음
부엌	부억	7종성	직감	직깜	경음	돋가	돋까	경음
덥다	덥따	경음	젖니	전니	7종성, 비음	법훌	버풀	격음
국민	궁민	비음	등받이	등바지	구개음화	장밧	장반	7종성
축하	추카	격음	굵기다	굼기다	겹받침	읽창	익창	겹받침
비눗물	비눈물	비음	석별	석뼬	경음	솟망	손망	7종성, 비음
많다	만타	격음	집념	짐념	비음	훑이	후치	구개음화
얇다	얃따	7종성, 경음	덮밥	덥빱	7종성, 경음	섣하다	서타다	격음
약혼	야콘	격음	맞절	맏쩔	7종성, 경음	흡상기	흡쌍기	경음
곶감	곧깜	7종성, 경음	입항	이팡	격음	맑히다	말키다	겹받침, 격음

3. 읽기유창성 검사

① Chall에 따르면 문자해독단계 또는 그 이전 단계의 아동들은 단어 그 자체를 해독하는 데에 주의와 노력을 기울인다. 이러한 과정을 통해 점차 단어를 해독하는 것이 능숙해지면, 자동화가 이루어지게 되고 아동은 텍스트의 의미를 이해하는 데 보다 많은 인지적 자원을 사용하게 된다. 텍스트의 의미를 이해하는 능력이 향상되면 아동의 독해능력이 발달한다. ❶ 14중등A14

② 유상성 검사에서 읽기 지문은 이야기 글(문학)과 설명글(비문학)의 2개 유형으로 구성하였다.

③ 검사 실시 방법은 각 지문별로 1분이라는 제한된 시간을 주고 학생으로 하여금 글을 소리 내어 읽게 한다. 교사는 학생이 글을 읽을 때 '총 읽은 음절 수'와 '틀린 음절 수'를 확인하고, 총 읽은 음절 수에서 틀린 음절 수를 뺌으로써 '정확하게 읽은 음절 수'를 기록한다.

4. 어휘검사

① 양적 어휘지식 측정: '단어 뜻하는 그림 찾기'

② 질적 어휘지식 측정: '반대말', '비슷한 말', '유추', '빈칸 채우기'

하위검사	문항 및 측정 내용
단어 뜻하는 그림 찾기	단어의 의미에 대한 지식 측정 예 놀이터(놀이터 그림, 버스 그림, 교실 그림, 화장실 그림)
반대말	단어의 의미와 관련 어휘(반대말)에 대한 지식을 측정 예 위(옆, 아래, 앞, 뒤)
비슷한 말	단어의 의미와 관련 어휘(비슷한 말)에 대한 지식을 측정 예 차례(순서, 횟수, 선수, 숫자)
유추	단어의 의미와 단어들 간의 관계에 대한 지식을 측정 예 왕 : 백성 = 대통령 : ( ) (인도, 국민, 장군, 황제)
빈칸 채우기	문장 안에서 단어의 의미를 파악하는 능력을 측정 예 지난여름 방학에 우리 가족은 바다로 ( )을 다녀왔습니다. (꿈, 어항, 여행, 약속)

기출 POINT 3

❶ 14중등A14

다음의 (가)는 학습장애 학생 A의 낱말 읽기 평가 결과이고, (나)는 학생 A가 글을 소리 내어 읽을 때 보인 오류를 표시한 것이며, (다)는 학생 A가 참여하고 있는 수업 장면의 일부이다. (가)~(다)를 통해 볼 때, 학생 A가 어려움을 보이는 읽기 하위 영역을 2가지 쓰시오.

(가) 학생 A의 낱말 읽기 평가 결과

문항	학생 반응
1. 묻어 [무더]	우더
2. 환자 [환자]	천자
3. 부숙하다 [부수카다]	부수카다

점수 : 19점(만점 20점)

* [ ] 안은 정발음을 의미함

(나) 학생 A가 보인 오류

(다) 수업 장면

교사: 이 문단의 중심 내용은 무엇인가요?
학생 A: ……
교사: 선생님과 함께 중심 내용을 파악해 봐요. 우선, 이 문단은 무엇에 대한 내용인가요?
학생 A: 감기요.
교사: 그래요. 이 문단은 감기에 대한 내용이에요. 그러면, 감기에 대해 무엇을 얘기하고 있나요?
학생 A: ……
…(하략)…

5. 읽기이해 검사

하위검사	문항 및 측정 내용
문장 이해	문장을 읽고 동작으로 표현하기 예 손을 머리 위로 드세요.
	문장의 내용에 맞는 그림 고르기 예 여학생이 할아버지께 인사를 합니다.
	문장의 내용에 맞게 그림 배열하기 예 집에 와서 어머니께 학교에 잘 다녀왔다고 인사를 드렸습니다. 가방을 벗고, 손을 씻었습니다. 어머니께서 준비해주신 간식을 맛있게 먹었습니다(그림카드를 순서대로 제시).
짧은 글 이해	1단락의 지문과 1개 문항을 제시하고, 사실적 이해 능력 측정 – '신호등'의 용도를 설명하는 지문 예 우리가 안전하게 도로를 건널 수 있도록 도와주는 것은 무엇입니까?
긴 글 이해	4~5개 단락으로 구성된 지문과 5개의 문항을 제시하고, 사실 및 추론적 이해 능력 측정 – '흰 구름이 보고 들은 이야기'에서 추론적 이해 문항 예 이 글에 등장하는 인물들의 속마음으로 올바르지 않은 것은 무엇입니까?

03 읽기 교수의 영역

1. 읽기에 요구되는 지식과 기술

읽기는 글에서 의미를 얻는 복잡한 과정으로 다양한 지식과 기술을 요구한다. 성공적인 읽기를 위해 요구되는 지식과 기술은 크게 읽기선수기술, 단어인지, 읽기유창성, 어휘 및 읽기이해로 나뉜다.

읽기선수기술	향후 읽기 능력을 갖추기 위해 필요한 선수 기술이다.
단어인지	개별 단어를 소리 내어 정확하게 읽고 그 의미를 파악하는 것을 말한다.
읽기유창성	글을 빠르고 정확하고 표현력 있게 읽는 것을 의미한다.
어휘	개별 단어에 대한 지식뿐 아니라 문맥에서 단어의 의미를 유추하고, 단어와 단어 사이의 연관성 이해 및 문맥에 적절한 단어를 활용하는 능력 등을 포함한다.
읽기이해	글과의 상호작용을 통해 글의 의미를 파악하는 능력을 말하며 읽기 교수의 궁극적인 목적이다.

2. 읽기장애의 하위 유형

단어인지 읽기장애 ❶ 22초등A4	개별 단어를 정확하게 읽는 데 어려움
읽기유창성 읽기장애	글을 빠르고 정확하게 읽는 데 어려움
읽기이해 읽기장애	글을 읽고 내용을 파악하는 데 어려움

기출 POINT 4

❶ 22초등A4
(가)를 고려하여 은수에게 해당하는 읽기학습장애의 하위 유형을 쓰시오.
(가) 은수의 특성

• 시력은 이상 없음
• 듣기 및 말하기에 어려움이 없음
• /북/에서 /ㅂ/를 /ㄱ/로 바꾸어 말하면 /국/이 되는 것을 알지 못함
• /장구/를 /가구/로 읽고 의미를 이해하는 데 어려움이 있음

04 읽기선수기술

1. 읽기선수기술의 정의

① 읽기선수기술이란 '발현적 문해', '문해 출현'으로, 어린 아동의 초기 읽기 및 쓰기 행동 (**예** 그림책 페이지 넘기기, 낙서하기 등)을 말하며, 이러한 행동은 궁극적으로 읽기 및 쓰기 능력으로 발전하게 된다.

② 읽기선수기술은 향후 읽기 능력에 영향을 미치는 프린트 인식, 자모지식, 음운인식 및 듣기이해를 포함한다.

2. 읽기선수기술 교수법

(1) 프린트 인식(print awareness)

① 프린트 인식은 아동이 문자 언어가 어떻게 사용되는지를 이해하는 능력이다.

　㉠ 프린트 기능에 대한 인식: 문어가 메시지 또는 의미를 전달한다는 것을 이해하는 능력

　㉡ 프린트 관례에 대한 인식: 프린트의 특성 및 구조에 대한 관례적 지식(**예** 왼쪽에서 오른쪽으로 읽는다는 것 등)을 이해하는 능력

② 프린트 인식의 하위 기술 및 예시 과제는 다음과 같다. ❶ 25유아A7, ❷ 18유아A4

프린트 인식의 하위 기술	예시 과제
책 오리엔테이션	책의 앞면, 뒷면 식별하기
프린트 대 그림	어디를 읽어야 하는지 가리키기(그림이 아닌 프린트를 가리키기)
프린트 읽는 방향	책을 읽을 때 왼쪽에서 오른쪽으로 읽는 것을 알고, 손가락으로 책 읽는 방향을 가리키기
소리−단어 연결	교사가 읽는 단어를 손가락으로 가리키기
글자, 단어, 문장	단어의 경계를 알고, 단어가 시작되는 부분과 끝나는 부분을 손가락으로 가리키기
글자와 단어 순서	글자를 구성하는 음소나 단어를 구성하는 음절의 순서가 바뀐 것 변별하기
문장 부호	마침표의 의미 알기

기출 POINT 5

❶ 25유아A7
[B]에 해당하는 발현 문해력의 명칭을 쓰시오.

그런데 지금은 동화책을 읽어 줄 때 책 제목을 가리키면서 "이건 뭐예요?"라고 묻는다. 그리고 책의 앞면과 뒷면을 구별할 [B] 수도 있고, 책을 똑바로 놓고 책장을 순서대로 한 장씩 넘기기도 한다.

❷ 18유아A4
밑줄 친 ㉠은 초기문해기술 중 전 읽기기술의 예이다. 어떤 기술에 해당하는지 쓰시오.

김 교사: 자, 오늘은 이 책을 가지고 말놀이를 할 거예요.
유아 A: ㉠ (책 표지의 글자를 손으로 가리키며) 제목이 무엇이에요?
김 교사: (손가락으로 제목을 짚으며) '동물 이야기'라고 쓰여 있어요.

③ 아동의 프린트 인식 능력을 향상시키는 데 활용할 수 있는 지침은 다음과 같다.

지침	내용
프린트의 기능 및 관례 가르치기	교사는 책을 왼쪽에서 오른쪽으로, 위에서 아래로 읽는다는 것, 페이지의 순서를 나타내기 위해 페이지 번호가 있다는 것, 책을 읽는 목적은 책에서 전달하고자 하는 메시지(의미)를 얻기 위해서라는 것을 아는 것 등 책의 구조에 대해 지도하도록 한다.
책 읽어 주기	책을 읽어 줄 때는 큰 책(글자 크기가 일반책보다 훨씬 큰 책)을 사용하여 아동이 책에 있는 글자와 단어를 볼 수 있도록 하는 것이 좋다. 또한 책을 읽는 동안 아동이 책에 자주 나오는 단어에 주의를 기울이고 관심을 갖도록 유도하고, 자주 나오는 구두점(예 마침표)에 관심을 갖도록 한다.
프린트를 자주 접할 수 있도록 주위 환경 마련하기	카드를 활용하여 집이나 유치원에 있는 다양한 공간 및 물건에 이름표를 붙이는 것이 좋다. 예 아동의 사물함에 아동의 이름을 써서 붙이거나, 언어 영역에는 '언어'라고 써서 붙이거나, 미끄럼틀에는 '미끄럼틀'이라고 써서 붙여서 아동이 글자에 관심을 갖도록 돕는다.
프린트를 활용하는 놀이하기	아동이 장보기 목록을 작성하는 것을 흉내 내는 놀이, 자신의 이름을 쓰는 것을 흉내 내는 놀이, 편지나 생일 카드를 쓰는 것을 흉내 내는 놀이를 하도록 기회를 제공한다.
구어와 문어 간의 관련성을 이해하도록 돕기	책을 읽으면서, 아동이 자신의 이름을 구성하는 글자와 같은 글자를 찾도록 하는 활동은 아동이 구어와 문어 간의 관련성을 이해하는 데 도움이 된다. 예 "여기에 '우산'이라는 단어가 있네요. 여기서 '우'는 '김지우'할 때 '우'와 똑같네요."라고 말하면서, 구어와 문어의 관련성을 알도록 한다.
프린트의 기능 강화하기	주위 환경에서 쉽게 볼 수 있는 프린트가 적힌 포스터, 이름표, 간판 등을 가리키며, 프린트가 중요한 메시지(의미)를 전달해 주기 때문에 유용하다는 것을 알려준다.
프린트의 관례 강화하기	책을 읽을 때, 책을 읽는 방향이나 단어에 대한 개념(첫 번째 단어, 두 번째 단어, 한 단어/두 단어), 구두점 등에 대해 질문하고, 아동이 정확하게 답을 할 경우 이를 강화하고, 필요한 경우 교정적인 피드백을 제공한다.
책읽기를 통해 프린트 관례에 대한 질문하기	아동의 연령에 적절한 책을 선정하고, 책읽기를 통해 프린트 인식 능력을 평가한다. • 책의 맨 앞면을 가리키세요. • 책의 제목을 가리키세요. • 어디서부터 읽기 시작해야 하는지 가리키세요. • 글자를 가리키세요. • 단어를 가리키세요. • 문장의 첫 번째 단어를 가리키세요. • 문장의 마지막 단어를 가리키세요. • 마침표를 가리키세요. • 책의 뒷면을 가리키세요.

(2) 자모지식

① 자모지식이란 자음자와 모음자의 이름에 대한 지식, 자음자와 모음자의 소리에 대한 지식, 자음자와 모음자의 이름과 소리를 빠르고 정확하게 인출하는 능력 등을 말한다.

② 자모지식은 단어인지에 대한 높은 예측력을 지닌 변인이다.

③ 자모지식의 하위 기술 및 예시 과제는 다음과 같다.

하위 기술	예시 과제
같은 자모 인식	자음자와 모음자의 이름을 듣고 해당 자모 가리키기
자모 이름 암송	자음자와 모음자의 이름을 순서대로 암송하기
자모 이름	무작위 순서로 제시된 자음자와 모음자를 보고 이름 말하기
자모 소리	무작위 순서로 제시된 자음자와 모음자를 보고 소리 말하기

④ 아동의 자모지식을 향상시키는 데 활용할 수 있는 지침은 다음과 같다.

지침	내용
개별 자모의 이름 가르치기	개별 자모의 이름을 가르치는 것이다. 예 'ㄱ'을 보여주면서 "이 낱자의 이름은 기역입니다."라고 지도한다.
개별 자모의 소리 가르치기	낱자-소리 대응관계를 가르치는 것으로, 개별 자모의 소리를 가르칠 때는 먼저 초성 소리를 가르치고 아동이 초성 소리를 명확하게 알게 된 후, 종성 소리를 가르친다. 예 'ㄱ'을 보여주면서 "이 낱자는 /ㄱ/소리(초성 소리)가 납니다." 이후 'ㄱ'이 /윽/소리(종성 소리)가 난다는 것을 가르친다.
개별 자모의 이름과 소리를 가르칠 때 음운인식 활동과 결합하기	개별 자모의 이름과 해당 자모의 소리를 확실하게 알게 된 후, 음운인식 활동의 하나인 음소합성 활동과 결합하여 교수한다. 예 아동이 'ㄱ'이 /ㄱ/라는 소리가 나고, 'ㅏ'가 /ㅏ/라는 소리가 난다는 것을 알게 되면, /ㄱ/와 /ㅏ/라는 소리를 합치면, /가/라는 소리가 된다는 것을 가르친다.
자모 관련 책이나 자모 블록 등을 자주 접할 수 있도록 하기	—

(3) 음운인식(phonological awareness)

① 음운인식이란 말소리를 식별하는 능력으로 같은 소리로 시작되는 단어와 다른 소리로 시작되는 단어를 인식하는 능력, 단어를 구성하는 음소를 셀 수 있는 능력, 단어를 구성하는 소리들을 합성, 분절 또는 조작할 수 있는 능력이다.

> **더알아보기 읽기 발달 과정**
>
> 1. 음운인식은 말소리에만 국한된 활동인 데 반해 파닉스는 음운과 문자를 연관시키는 활동이다.
> 2. 파닉스 교수(단어인지)는 문자와 문자 소리의 연관성을 가르쳐 주는 것을 기반으로 하고 있는데, 낱자 'ㅂ'의 소리가 /ㅂ/이라는 것과 'ㅂ'이 들어가는 단어를 읽을 때 알맞은 소리 전략을 사용할 수 있게 교수하면 아동은 자소와 음소의 대응관계를 알게 되고 글을 읽고 쓰는 데 있어서 파닉스 원리를 적용하게 된다.
>
>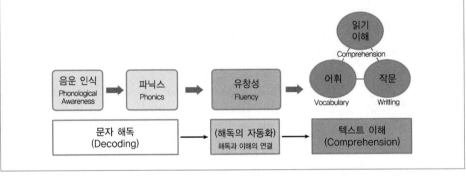

② 음운인식의 하위 기술 및 음운인식의 발달 수준은 다음과 같이 구분한다.

   ㉠ **음운인식 단위**: 음절, 초성−각운 또는 음절체−종성, 음소

   ㉡ **음운인식 과제 유형**: 변별, 분리, 합성, 분절, 탈락, 대치

③ 음운인식은 읽기 능력과 높은 상관이 있으며, 향후 읽기 능력(단어인지, 읽기유창성, 읽기이해)을 예측하는 강력한 변인이다. ❶ 14초등A4

더알아보기

음운인식 단위

음운인식 단위는 문장 내 단어 인식, 끝소리가 같거나 다른 단어의 인식, 음절 인식, 초성−각운 인식 또는 음절체−종성 인식, 음소 인식 순으로 발달한다.

음운인식 과제 유형

각 음운인식 단위별로 변별과제가 가장 먼저 발달하고, 그다음으로는 합성, 분리, 분절, 수세기 등이 발달하며, 탈락과 대치가 가장 나중에 발달한다.

기출 POINT 6

❶ 14초등A4
민호와 같은 읽기장애 학생에게 음운인식 지도를 해야 하는 필요성에 대해 쓰시오.

(가) 민호의 특성

- '노래방'이라는 간판을 보고 자신에게 친숙한 단어인 '놀이방'이라고 읽음
- '학교'라는 단어는 읽지만 '학'과 '교'라는 글자를 따로 읽지는 못함

④ 음운인식의 하위 기술 및 예시 과제 [기출 POINT 7]

음운인식의 하위 기술		예시 과제
음절	변별	앞에 있는 종이에 그림들이 있어요. ('사자, 두부, 버섯, 고추' 그림을 각각 손으로 짚으면서) 이 그림은 '사자, 두부, 버섯, 고추'예요. ○○이가 /두/로 시작하는 그림을 찾으세요. [답: 두부]
	분리	선생님을 따라 하세요. /고추/. (학생이 '고추'라고 따라 한다). /고추/에서 첫소리가 무엇이죠? [답: 고]
		선생님을 따라 하세요. /다리미/. (학생이 '다리미'라고 따라 한다). /다리미/에서 가운뎃소리가 무엇이죠? [답: 리]
	합성	선생님이 단어를 따로따로 나눠서 말할 거예요. 그러면 ○○가 듣고, 합쳐서 말하는 거예요. /사-자/ [답: 사자]
		선생님이 단어를 따로따로 나눠서 말할 거예요. 그러면 ○○가 듣고, 합쳐서 말하는 거예요. /지-우-개/ [답: 지우개]
	분절	선생님을 따라 하세요 /두부/. (학생이 '두부'라고 따라 한다). 이번에는 ○○가 /두부/를 따로따로 나눠서 말해 주세요. [답: 두-부]
		선생님을 따라 하세요. /고양이/. (학생이 '고양이'라고 따라 한다). 이번에는 ○○가 /고양이/를 따로따로 나눠서 말해 주세요. [답: 고-양-이]
	탈락	선생님을 따라 하세요. /고추/. (학생이 '고추'라고 따라 한다.) 이번에는 /고/를 빼고 말해 보세요. [답: 추]
		선생님을 따라 하세요. /자전거/. (학생이 '자전거'라고 따라 한다.) 이번에는 /거/를 빼고 말해 보세요. [답: 자전]
	대치	선생님을 따라 하세요. /공부/. (학생이 '공부'라고 따라 한다.) 이번에는 /부/를 /기/로 바꾸어 말해 보세요. [답: 공기]
		선생님을 따라 하세요. /무지개/. (학생이 '무지개'라고 따라 한다.) 이번에는 /지/를 /니/로 바꾸어 말해 보세요. [답: 무니개]
초성 | 각운	변별	앞에 있는 종이에 그림들이 있어요. ('달, 눈, 집, 밤' 그림을 각각 손으로 짚으면서) 이 그림은 '달, 눈, 집, 밤'이에요. ○○가 /알/로 끝나는 그림을 찾으세요. [답: 달]
	합성	선생님이 단어를 따로따로 나눠서 말할 거예요. 그러면 ○○가 듣고, 합쳐서 말하는 거예요. /프-울/ [답: 풀]
	분절	선생님을 따라 하세요. /발/. (학생이 '발'이라고 따라 한다.) 이번에는 ○○가 /발/을 따로따로 나눠서 말해 주세요. [답: 브-알]

[기출 POINT 7]

❶ 25초등A4
[A]에서 확인하고자 하는 음운 인식의 하위 기술을 쓰시오.

과제	1차	2차	3차
/도/, /레/, /미/, /파/ 중에서 /ㄷ/로 시작하는 소리를 찾을 수 있는가?	○	○	○
/사자/, /바다/, /사람/ 중에서 /ㅅ/로 시작하는 소리를 찾을 수 있는가?	○	○	○

[A]

❷ 24초등A3
'가방'이라는 단어를 활용하여 ㉠에 해당하는 음절 수준의 합성 과제 1가지를 쓰시오. (단, 교사의 발문 형태로 쓸 것)

• ㉠ 음운 인식 훈련 제공

❸ 22유아A7
[B]와 [C]에 해당하는 음절 수준의 음운인식 과제 유형을 각각 쓰시오.

교사: 우리가 매일 하는 인사노래에서 '짝'을 '콩'으로 바꿔서 노래를 해 봅시다.

인사하고 인사하고 짝짝짝
돌아돌아 돌아돌아 짝짝짝
↓
인사하고 인사하고 콩콩콩
돌아돌아 돌아돌아 콩콩콩

[B]

…(중략)…

교사: 선생님이 동물을 말하면 끝말을 빼고 말해 봅시다. 코알라에서 '라'를 빼면?
유아: 코알.
교사: 얼룩말에서 '말'을 빼면?
유아: 얼룩.
교사: 잘했어요. 그러면 이번에는 첫말을 빼고 말해 봅시다. 코알라에서 '코'를 빼면?
유아: 알라.
교사: 얼룩말에서 '얼'을 빼면?
유아: 룩말.

[C]

❹ 18유아A4
밑줄 친 ㉡과 ㉢에 해당하는 음운인식 과제 유형을 각각 쓰시오.

김 교사: ㉡ 곰에서 /ㅁ/를 빼고 말하면 어떻게 될까요?
유아 C: '고'요.
김 교사: ㉢ '공'에서 /ㄱ/ 대신 /ㅋ/를 넣으면 어떻게 될까요?
유아 C: '콩'이요. '콩'

⑤ 14초등A4

㉠에 알맞은 음운인식 지도 과제를 쓰고, ㉡에 적합한 교사 발문의 예를 쓰시오.

- (㉠): '사과, 구름, 바다'에서 '구'로 시작하는 단어는 무엇인가요?
- 음절탈락: '가방'에서 '가'를 빼면 무엇이 남을까요?
- 음소합성: (㉡)

⑥ 10초등18

다음과 같은 교수 활동을 통해 달성하고자 하는 읽기 영역의 목표를 쓰시오.

- 몇 개의 학용품을 제시하고, '지'로 시작하는 것을 찾게 한다.
- '자'와 '추'를 만들 수 있는 네 개의 낱자카드를 제시하고, '자'를 만들어 보게 한다.

음절체 ― 종성	변별	앞에 있는 종이에 그림들이 있어요. ('달, 눈, 집, 밤' 그림을 각각 손으로 짚으면서) 이 그림은 '달, 눈, 집, 밤'이에요. ○○가 /누/로 시작하는 그림을 찾으세요. [답: 눈]
	합성	선생님이 단어를 따로따로 나눠서 말할 거예요. 그러면 ○○가 듣고, 합쳐서 말하는 거예요. /기-음/ [답: 김]
	분절	선생님을 따라 하세요. /잠/. (학생이 '잠'이라고 따라 한다.) 이번에는 ○○가 /잠/을 따로따로 나눠서 말해 주세요. [답: 자-음]
음소	변별	앞에 있는 종이에 그림들이 있어요. ('도, 레, 미, 파' 그림을 각각 손으로 짚으면서) 이 그림은 '도, 레, 미, 파'예요. ○○이가 /드/로 시작하는 그림을 찾으세요. [답: 도]
	분리	선생님을 따라 하세요. /게/. (학생이 '게'라고 따라 한다). /게/에서 첫소리가 무엇이죠? [답: 그]
		선생님을 따라 하세요. /형/. (학생이 '형'이라고 따라 한다). /형/에서 끝소리가 무엇이죠? [답: 응]
	합성	선생님이 단어를 따로따로 나눠서 말할 거예요. 그러면 ○○가 듣고, 합쳐서 말하는 거예요. /그-애/ [답: 개]
		선생님이 단어를 따로따로 나눠서 말할 거예요. 그러면 ○○가 듣고, 합쳐서 말하는 거예요. /드-아-을/ [답: 달]
	분절	선생님을 따라 하세요. /구/. (학생이 '구'라고 따라 한다). 이번에는 ○○가 /구/를 따로따로 나눠서 말해 주세요. [답: 그-우]
		선생님을 따라 하세요. /돈/. (학생이 '돈'이라고 따라 한다). 이번에는 ○○가 /돈/를 따로따로 나눠서 말해 주세요. [답: 드-오-은]
	탈락	선생님을 따라 하세요. /새/. (학생이 '새'라고 따라 한다.) 이번에는 /스/를 빼고 말해 보세요. [답: 애]
		선생님을 따라 하세요. /귤/. (학생이 '귤'이라고 따라 한다.) 이번에는 /을/를 빼고 말해 보세요. [답: 규]
	대치	선생님을 따라 하세요. /나/. (학생이 '나'라고 따라 한다.) 이번에는 /아/를 /이/로 바꾸어 말해 보세요. [답: 니]
		선생님을 따라 하세요. /별/. (학생이 '별'이라고 따라 한다.) 이번에는 /을/를 /응/로 바꾸어 말해 보세요. [답: 병]

⑤ 아동의 음운인식 능력을 향상시키는 데 활용할 수 있는 지침은 다음과 같다.

지침	내용
아동의 발달 수준에 적합한 음운인식 교수 실시하기	아동의 발달 수준을 고려하여 음절인식 활동, 초성—각운 및 음절체—종성 활동, 음소 활동 중 적절한 음운인식 단위를 선택하여 지도한다. 또한 아동의 발달 수준을 고려하여 변별활동, 합성 및 분절활동, 탈락 및 대치활동 중 적절한 음운인식 과제 유형을 선택하여 지도한다.
음소 분절 및 음소 합성 활동하기	음운인식 과제 유형 중 음소 분절과 음소 합성 과제는 음운인식 및 읽기 능력 향상에 특히 효과적이다. 따라서 음소 분절과 음소 합성을 강조하여 교수한다.
구체물 활용하기	소리는 추상적이므로 음운인식 교수 시 구체물을 활용하는 것은 아동의 음운인식 능력 향상에 효과적이다. 단어를 구성하는 음소의 수와 구체물의 수는 1:1 비율이므로 음소의 수만큼 구체물을 준비한다. 아동은 교사의 지시에 따라 하나의 음소에 하나의 구체물을 대응하면서 구체물을 조작하는 음운인식 활동에 참여한다. 교사: /마/라는 소리를 나누고 합쳐 보세요. 학생: 1. 첫 번째 플라스틱 칩을 손으로 짚으면서, /ㅁ/이라고 한다. 　　　2. /ㅁ/을 발음하면서 아래로 플라스틱 칩을 내린다. 　　　3. 두 번째 플라스틱 칩을 손으로 짚으면서, /ㅏ/라고 한다. 　　　4. /ㅏ/를 발음하면서 아래로 플라스틱 칩을 내린다. 　　　5. 두 개의 플라스틱 칩을 가까이 놓으면서, 두 소리를 합친다. 　　　　 /ㅁ//ㅏ//마/ 🔔 각각의 플라스틱 칩은 음소를 상징한다. 🔔 첫 번째 플라스틱 칩은 첫소리인 /ㅁ/을, 두 번째 플라스틱 칩은 두 번째 소리인 /ㅏ/를 상징한다.
낱자—소리 대응관계를 결합하여 음운인식 교수 실시하기	음운인식과 낱자—소리의 대응관계를 결합한 교수가 음운인식 교수의 효과를 더욱 높일 수 있다. 교사: /마/라는 소리를 나누고 합쳐 보세요. 학생: 1. 'ㅁ' 낱자카드를 선택한다. 　　　2. 'ㅁ'에 대응하는 /ㅁ/소리를 낸다. 　　　3. 'ㅏ' 낱자카드를 선택한다. 　　　4. 'ㅏ'에 대응하는 /ㅏ/소리를 낸다. 　　　5. 'ㅁ'과 'ㅏ' 낱자카드를 가까이 모으며 /마/라고 한다. 　　　　 /ㅁ//ㅏ/ → /마/

05 단어인지(word recognition)

1. 단어인지 능력의 개념

(1) 단어인지 능력의 정의 ❷ 18중등B6, ❸ 10초등18

단어인지는 단어를 빠르게 소리 내어 읽고, 단어의 의미를 파악하는 능력이다.

(2) 음독

① 단어인지와 음독(decoding)을 동일한 개념으로 사용하는 경우도 있으나, 음독은 단어인지보다 좁은 개념이다.

② 음독은 낱자(군)─소리의 대응관계를 활용하여 낯선 또는 모르는 단어를 읽는 과정을 의미한다. ❶ 21중등A9

> ㉠ 글자를 구성하는 낱자(군)를 인식한다.
> ㉡ 낱자(군)─소리의 대응관계를 활용하여 낱자(군)를 소리로 바꾼다.
> ㉢ 소리를 합친다.
> 예 '가라는 글자를 보고 '가'가 'ㄱ'과 'ㅏ'라는 낱자로 이루어져 있음을 인식하고, 'ㄱ'은 /ㄱ/로, 'ㅏ'는 /ㅏ/라는 소리를 합쳐 /가/라고 읽는다.

③ 음독은 단어인지를 위해 반드시 이루어져야 하는 과정이기 때문에 단어인지 교수에서 음독이 차지하는 비중은 상당히 크다.

2. 단어인지 교수법

(1) 의미중심 프로그램 10초등36

의미중심 프로그램은 문자해독과 관련된 개별 기능을 가르치기보다는 의미 형성을 위한 전체적인 학습 활동으로 읽기 활동을 전개한다.

① 통언어적 접근(whole language approach)
  ㉠ 문자해독을 위한 구체적인 기능(예 음운분석)을 직접 가르치기보다 이 기능들이 의미 획득 또는 내용 이해를 위한 읽기 활동 과정에서 자연적으로 습득된다고 가정한다. 따라서 일상적인 언어경험이나 기능과 구별되는 인위적인 음운분석이나 결합기능에 대한 교육은 포함하지 않는다.
  ㉡ 읽기 능력 향상을 위한 교육 자료는 읽기 기능중심이 아닌 주제중심으로 구성되며, 읽기활동은 말하기, 듣기, 쓰기와 같은 다른 언어 관련 활동과 관련되어 이루어진다.
  ㉢ 아동의 문자해독 기능을 향상시키기 위해 통언어적 접근에서 사용하는 방법은 일견단어(sight word) 교수방법이다. 즉, 반복적인 노출을 통해 주어진 단어의 시각적 형태를 기억하도록 하고, 단어의 시각적 형태와 음과 의미를 서로 연합시키도록 하는 것이다. 이는 아동을 제시된 단어에 반복해서 누적적으로 노출시켜, 거의 자동적으로 전체적인 시각적 단서와 단어를 연결시키는 기능적인 읽기 활동이다.

❶ 24초등A4, ❷ 17중등A12

기출 POINT 8

❶ 21중등A9
밑줄 친 ㉠에 해당하는 용어를 쓰시오.

> • ㉠ 문자를 보고 말소리와 연결하여 의미를 이해하는 능력이 부족함
> • 일견단어의 수가 부족함
> • 문장을 읽을 때 모르는 단어를 종종 빼먹음

❷ 18중등B6
㉡에 해당하는 용어를 쓰시오.

> 정 교사: 선생님, 학생 J가 '읽기유창성'에 문제가 있다고 하는데, 이 문제가 발생하는 이유는 무엇인가요?
> 김 교사: 여러 가지 이유가 있는데, 대표적으로 ㉡ 단어를 빠르게 소리 내어 읽고 그 의미를 파악하는 능력에 어려움이 있기 때문입니다.

❸ 10초등18
다음과 같은 교수 활동을 통해 달성하고자 하는 읽기 활동 영역의 목표를 쓰시오.

> • 신발장에서 자신의 이름표를 읽고 신발을 찾게 한다.
> • 교실 상황에서 지켜야 할 규칙에 들어있는 '조용히'를 지적하고 읽게 한다.

기출 POINT 9

❶ 24초등A4
㉠과 ㉡에 공통으로 해당하는 용어를 쓰시오.

> 담임교사: 이번 국어 수업 목표는 '탈것의 이름 읽기'입니다. 수아에게 이러한 ㉠ 낱말을 여러 번 보여주면서 자동적인 낱말 읽기를 지도하려고 해요. 예를 들어, ㉡ '지하철' 낱말을 보았을 때 'ㅈ', 'ㅣ', 'ㅎ', 'ㅏ', 'ㅊ', 'ㅓ', 'ㄹ'로 분절하기보다 눈에 익어서 보자마자 빠르게 읽는 것이지요.

❷ 17중등A12
㉡에서 사용할 '일견단어 교수법'이 무엇인지 설명하고, 이 교수법이 '메뉴판에서 음식명 읽고 선택하기' 활동에 적합한 이유를 1가지 쓰시오.

> ㉡ '메뉴판에서 음식명 읽고 선택하기'를 위해서 메뉴명과 사진을 붙인 메뉴판을 만들어 일견단어 교수법을 활용할 예정임

ⓔ 통언어적 접근의 장점은 다음과 같다.
- 의미중심의 통언어적 접근에서는 읽기뿐만 아니라 쓰기를 함께 강조하여 두 학습활동에 균형을 제공한다.
- 학생의 흥미와 관심을 유발하기 위해 기능중심의 인위적 자료가 아닌 문학작품과 같은 흥미 있는 읽기 자료를 사용하여, 학습활동의 효과성과 효율성을 증가시킨다.

② 언어경험 접근법(language experience approach) ❶ 10중등25

ⓐ 언어경험 접근은 통언어적 접근과 유사하게 읽기 활동과 다른 언어 활동(예 말하기, 듣기, 쓰기)을 통합하여 프로그램을 구성하며, 아동의 학습동기를 유발하여 적극적인 참여를 유도한다.

ⓑ 언어경험 접근은 읽기를 유의미한 개인의 활동으로 생각한다는 측면에서는 통언어적 접근과 유사하다. 하지만 문어를 구어로부터 유도된 이차체계로 본다는 것과 쓰기 활동을 할 때 구두 받아쓰기 활동을 하지 않는다는 것이 통언어적 접근과 구별되는 특징이다.

더알아보기 언어경험 접근법의 특징

언어경험 접근법에서 받아쓰기의 기술이 사용되는 주목적은 읽기를 가능한 의미 있고 이해하기 쉬운 것으로 만들기 위한 것으로, 교사는 아동이 불러준 그대로 칠판이나 종이에 받아 쓰게 되며, 이 단계에서는 문장의 구조상 잘못된 표현에 대한 수정을 요구하지 않는다.

ⓒ 언어경험 접근의 장점은 다음과 같다.
- 언어경험 접근은 말하기, 듣기, 쓰기 활동을 읽기 프로그램에 통합함으로써 아동이 자신의 언어활동, 환경과의 접촉, 일상적 생활경험에 더 민감해지도록 한다.
- 자신의 경험을 중심으로 한 읽기 자료의 구성은 읽기 활동에 대한 학생들의 학습동기를 높여 주는 기능을 수행하며, 논리적인 이야기 전개나 여러 사상들에 대한 통합적 사고 등을 통해 언어뿐만 아니라 사고력도 함께 개발할 수 있다.

ⓓ 언어경험 접근의 단점은 다음과 같다.
- 언어경험 접근은 계열성을 갖는 구체적 읽기 기능(예 음운분석, 음운결합, 단어 형성 등)에 대한 체계적인 교육을 제공하지 않는다.
- 읽기 활동이 아동의 경험과 어휘력에 의존하는데, 어휘력 개발을 위한 구체적 프로그램이 존재하지 않는다.

Keyword

일견읽기(학습장애총론)

단어에 대해 음소나 음절 분석을 의식적으로 실시하지 않으면서도 즉각적으로 단어를 인지하여 읽는 것을 말한다. 아동이 어떠한 단어에 반복적으로 노출될 때 자동적으로 시각적 단서와 단어를 연결시키는 기능적인 읽기 활동을 의미한다. 이러한 일견읽기 능력이 향상됨으로써 읽기유창성이 가능해진다.

일견단어(특수교육학 용어사전)

낱말재인 시 낱말을 흘깃 보는 것만으로도 그 의미를 파악할 수 있는 단어이다. 일견단어는 낱말을 구성하는 말소리 체계에 대한 분석 없이 글자를 빠르게 읽어 내는 것으로, 글자의 모양을 통해 식별되는 것이 아니라 그 낱말을 구성하는 모든 정보가 눈에 익어서 단번에 정확하게 그 낱말을 확인하게 한다.

기출 POINT 10

❶ 10중등25
언어경험 접근법의 특징을 〈보기〉에서 모두 고르시오.

김 교사: 다음 주에 지도할 국어 수업 주제는 '방송국을 다녀와서'인데, 교과서 지문의 내용이 너무 어려워서 청각장애 학생들에게는 적합하지 않는 것 같아요. 수업을 어떻게 해야 할지 고민입니다.
최 교사: 그러면 이렇게 하는 게 어때요? 학생들과 방송국을 직접 다녀온 후 국어 수업시간에 학생들에게 발표하도록 해요. 선생님이 그 내용을 칠판에 받아 적고, 적은 글을 읽어 준 후 학생에게 적은 글을 읽게 합니다. 그리고 적은 글을 활용하여 학생들과 함께 다양한 읽기 활동을 하면 됩니다.

〈보기〉
ⓐ 읽기 교육과정 내용이 구조화되고 위계적이다.
ⓑ 학생의 경험을 바탕으로 읽기를 지도하는 방법이다.
ⓒ 구어(혹은 수어)와 문어 간의 관계를 이해하게 한다.
ⓓ 학생의 경험을 개별 읽기 지도의 소재로 종종 활용한다.
ⓔ 읽기 지도 방법 중 부호(해독) 강조법으로서 읽기 능력 향상에 효과가 있다.

기출 POINT 11

❷ 11초등20
박 교사가 진행한 언어경험 접근법 수업 절차를 올바른 순서대로 나열하시오.

─〈보기〉─
㉠ 성호가 놀이공원에서 한 일을 이야기한 내용 그대로 받아 적는다.
㉡ 성호가 생소하거나 어려운 낱말, 혹은 배우고 싶은 낱말을 선택하게 하여 낱말카드로 만들어 지도한다.
㉢ 성호가 자신이 이야기한 내용의 글을 능숙하게 읽게 되면, 다른 학생의 이야기를 읽도록 지도한다.
㉣ 성호가 놀이공원에서 한 일을 자유롭게 말하게 하며, 필요한 경우 현장체험학습 사진이나 동영상 자료를 보여준다.
㉤ 성호가 자신이 이야기한 내용의 글이 친숙해질 때까지 여러 번 읽도록 지도한다.

㉤ 언어경험 접근의 단계는 다음과 같다. ❶ 21초등A6, ❷ 11초등20

1. 토의하기	• 교사는 학생들이 최근 경험에 대해 자유롭게 말할 수 있도록 동기를 부여하고, 주제에 대해 함께 토의한다. 주제는 개인적으로 중요하고 흥미로운 것은 무엇이든 허용한다. • 교사는 학생의 생각을 끌어내고, 자신의 방식으로 표현하도록 격려하며, 교정은 피하고, 필요하면 단어를 제시해 주며, 개방형 질문으로 학생들이 스스로 말하도록 격려한다.
2. 받아쓰기	• 학생이 교사에게 자신의 이야기를 말하면, 교사는 기본 읽기 교재를 만들기 위해 학생의 말을 기록한다. • 교사는 학생의 말을 교정하지 않고 그대로 적어 자신감을 손상시키지 않도록 격려한다.
3. 읽기	• 교사는 학생이 말한 대로 정확하게 기록했는지 확인하기 위해 받아 적은 글을 학생에게 읽어 주고, 확인이 되면 이야기에 친숙해질 때까지 여러 번 읽도록 하며, 필요하면 도움을 준다. • 읽기를 어려워하는 학생들이 있으면 함께 읽고, 다음에 묵독을 통해 모르는 단어를 표시하고, 다시 소리 내어 읽는다. 교사는 아직 읽지 못하는 학생을 위해 각 행을 손으로 따라가며 읽고, 모르는 단어를 지적하며 읽기도 한다.
4. 단어 학습	언어경험 이야기를 읽은 후 다양한 활동을 통해서 새로 나온 단어나 어려운 단어 또는 배우고 싶은 단어를 학습한다.
5. 다른 자료 읽기	학생들은 자신이 구술한 이야기 읽기에서 다른 이야기책을 읽는 과정으로 나아가며, 이 과정에서 읽기에 대한 자신감과 기술이 향상된다.

기출 POINT 11

❶ 21초등A6
다음은 언어경험 접근법의 단계와 내용(수업 활동)이다. ① ⓐ에 들어갈 내용을 쓰고, ② ⓑ에 공통적으로 들어갈 말을 쓰시오.

단계	내용(수업 활동)
이야기하기	• 교사는 학생이 최근 경험을 이야기할 수 있도록 동기 부여한다. 　－ 사이버 공간에서의 경험을 활용하기
받아쓰기	• 　　ⓐ　　 　－ 게임, 문자, 댓글 등의 낱말을 활용하기
학습하기	• 다양한 활동을 통해 단어를 학습한다. 　－ 노래 개사를 활용하기
읽기 학습하기	• 　　ⓑ　　을/를 읽는 과정으로 나아간다. 　－ (　　ⓑ　　)을/를 활용하기

(2) 해독중심 프로그램 **❶** 10초등36

해독중심 프로그램은 의미에 대한 이해보다는 주어진 낯선 단어의 기능적 인식에 초점을 둔다.

① 음운분석적 접근(파닉스 접근)

㉠ 음운분석적 접근은 문자 및 문자와 음소의 대응관계에 대한 지식 그리고 단어를 구성하는 음소의 분석 및 결합 기능들이 문자 해독 기술 향상을 위한 중요한 교수·학습 활동이다.

㉡ 음운분석적 접근에서는 다음 두 가지 접근법을 사용한다.

종합적 방법 (synthetic method)	• 학생들이 각 문자에 대응하는 음소에 대한 지식을 획득하도록 하는 활동이 먼저 이루어진다. 이때 각 문자가 갖는 음가를 강조해서 가르친다. **예** 'ㄱ'에 해당하는 음가인 /그-으/라는 음, 'ㅌ'에 해당하는 음가인 /트-으/라는 음을 각 문자와 연합하여 가르친다. **❷** 09초등15 • 각 문자에 대한 음가를 학습한 다음에 학습한 음가들의 결합을 통해 주어진 단어에 대한 해독 활동을 수행한다. **예** '가'는 /그-으/ + /아-/라는 음운분석과 결합을 통해 단어로서 해독될 수 있도록 교수·학습 활동이 진행된다.
분석적 방법 (analytic method)	단어를 구성하는 통합된 부분으로서 문자의 음가를 학습하도록 한다. **예** 'ㄱ'에 해당하는 음가가 /그/라는 것을 가르칠 때에 'ㄱ'이 포함된 단어인 '가방'이 예로 활용된다. 'ㄱ'의 음가는 바로 '가방'에 포함된 /그-으/라는 음을 통해 가르친다.

② 언어학적 접근(linguistic approach)

㉠ 언어학적 접근은 의사소통을 중심으로 한 문자해독 읽기 활동을 강조한다. 즉, 문자해독이란 인쇄문자를 언어적 의사소통 과정으로 변환시키는 활동이다.

㉡ 언어학적 접근에서는 음운분석적 접근과 달리 단어 자체를 문자해독의 단위로 설정한다. 이때 문자해독 기능을 가르치기 위해 사용되는 단어들은 철자나 발음이 서로 유사한 것들로 구성된다. 예를 들어, '수리', '구리', '무리', '부리' 등과 같이 반복적으로 제시되는 동일한 음운 부분과 구별되는 음운 부분을 통해 각 음운 부분이 가지고 있는 소리를 학생들이 쉽게 파악할 수 있도록 하는 것이다. 이때 음운분석적 방법과는 달리 각 낱자의 음들은 따로 가르치지 않는다.

㉢ 언어학적 접근의 장점은 다음과 같다.
• 실제 단어를 사용함으로써 문자와 음소의 대응관계에 대한 간접적 교육을 할 수 있다.
• 읽기가 쓰인 구어를 의미화하는 과정이라는 것을 학생이 느낄 수 있다.

㉣ 언어학적 접근의 단점은 다음과 같다.
• 어휘 선정이 제한적일 수 있다.
• 여전히 읽기 이해력의 향상에는 크게 도움을 주지 못한다.

기출 POINT 12

❶ 10초등36

의미중심 접근법을 적용하려는 활동을 〈보기〉에서 모두 고른 것은?

─〈보기〉─
㉠ 학생에게 알파벳 문자 a, n, t와 음소의 대응관계를 가르친 후 ant를 어떻게 발음하는지 가르치려고 한다.
㉡ 학생의 흥미를 유발할 수 있도록 이솝이야기에 나오는 cow, egg, fox, pig, red 등의 단어들을 사용하여 영어 단어의 읽기와 쓰기를 통합하려고 한다.
㉢ 영어 단어 자체를 문자해독의 단위로 설정하고, 문자해독의 기능을 가르치기 위해 사용되는 단어들을 철자나 발음이 유사한 book, cook, look과 bat, cat, hat으로 구성하려고 한다.
㉣ 학생으로 하여금 자신의 경험을 그림으로 그리게 한 후, 학생이 표현한 것 중 학생의 학습 수준에 적절한 영어 단어인 sun, cloud, tree, sky, house 등으로 읽기와 쓰기 자료를 구성하려고 한다.

❷ 09초등15

다음은 장 교사가 2008년 개정 특수학교 기본 교육과정 국어과에 기초하여 낱말읽기를 지도하는 과정의 일부분이다. 장 교사가 사용한 교수법과 관련이 없는 것은?

장 교사: 오늘은 지난 시간에 배운 자음과 모음을 결합시켜 글자를 만들어 보아요. (노란색 'ㄴ'카드와 빨간색 'ㅏ'카드를 들고) 'ㄴ'과 'ㅏ'를 합치면 어떻게 읽을까요?
학생: '나'요.
장 교사: 잘했어요. (노란색 'ㅁ'카드와 빨간색 'ㅜ'카드를 들고) 자, 이번에는 'ㅁ'과 'ㅜ'를 합치면 어떻게 읽을까요?
학생: '무'요.

① 구조화된 교수자료를 사용한다.
② 음소의 분석 및 결합 기능을 가르친다.
③ 문자해독과 관련된 개별 기능을 가르친다.
④ 상향식 접근을 적용하여 문자를 습득시킨다.
⑤ 의미중심 접근을 통해 문자해독 기능을 습득시킨다.

더알아보기 파닉스 교수법(phonics instruction)

파닉스 교수는 음운인식과 낱자(군)-소리 대응관계를 활용하여 단어를 읽을 수 있도록 가르치는 읽기 교수법이다. 파닉스 교수는 단어인지 능력을 향상시키는 연구기반 교수로 지지받고 있다.

1. 합성 파닉스(= 종합적 방법)
- 합성 파닉스는 부분-전체 접근법을 적용하여 단어를 구성하는 각각의 낱자를 소리로 바꾼 후 이 소리들을 합쳐서 단어를 읽도록 가르치는 단어인지 교수법이다. 이를 위해 교사는 학생에게 단어를 구성하는 각각의 낱자에 대응하는 소리를 가르친 다음, 이 소리들을 합쳐서 단어를 읽도록 가르친다.
- 합성 파닉스는 낱자의 소리를 따로 가르치고, 각 낱자의 소리들을 합쳐서 단어를 읽도록 가르치기 때문에 '명시적 파닉스'라고 부른다.

> 교사 : (칠판에 '나'라는 단어를 쓴 다음) 선생님이 이 단어를 읽어 볼게요. (단어를 구성하고 있는 낱자 'ㄴ', 'ㅏ'의 소리를 각각 따로 발음한다.
> /ㄴ/, /ㅏ/ → (소리를 순서대로 합쳐서 발음한다.) /ㄴ…ㅏ/ → /나/

2. 분석 파닉스(=분석적 방법)
- 분석 파닉스는 합성 파닉스와 반대로 전체-부분 접근법을 적용하여 각 낱자에 대응하는 소리를 따로 가르치지 않고 단어 내에서 낱자-소리의 대응관계를 파악하도록 가르치는 단어인지 교수법이다. 이를 위해 교사는 이전에 습득한 단어 중 같은 소리를 포함한 단어들(예 바위, 바지, 바다)을 제시한 후, 학생이 이 단어들을 모두 /ㅂ/라는 소리로 시작되고 /ㅂ/라는 소리는 'ㅂ'라고 쓴다는 것을 파악할 수 있도록 지도한다.
- 분석 파닉스는 단어 내에서 낱자-소리의 대응관계를 파악하도록 가르치기 때문에 '암시적 파닉스'라고 부른다.

3. 유추 파닉스
- 유추 파닉스는 학생이 알고 있는 단어나 단어의 부분을 활용하여 새로운 단어를 읽도록 가르치는 단어인지 교수법이다. 예를 들어, '사용하다'를 가르칠 때, 학생이 알고 있는 '미용'과 '자다'와 '사용하다'라는 단어의 비슷한 특성(미용/사용; 자다/하다)을 비교함으로써 '사용하다'를 유추하여 읽을 수 있도록 지도한다.
- 대표적인 유추 파닉스 프로그램인 '기준단어인지 프로그램'에서는 책에 자주 나오는 단어의 부분에 대한 120개의 핵심어를 가르치고, 이를 활용하여 새로운 단어를 읽을 수 있도록 가르친다.

4. 임베디드 파닉스
- 임베디드 파닉스는 글을 읽는 과정에서 파닉스 교수를 삽입하여 단어를 읽도록 가르치는 단어인지 교수법이다.
- 임베디드 파닉스의 핵심은 '글'이라는 맥락 안에서 글의 의미를 파악하는 데 도움을 주는 방법 중 하나로 파닉스 교수의 요소를 포함한다는 점이다. 따라서 임베디드 파닉스는 일반적인 파닉스 교수처럼 순서성과 체계성에 따라 낱자(군)-소리를 가르치는 것이 아니라, 해당 글에 포함된 단어를 중심으로 가르치는 낱자(군)-소리가 선택된다.
- 임베디드 파닉스는 주로 총체적 언어 프로그램의 일부로 활용된다. 총체적 언어 프로그램에서는 파닉스 교수를 강조하지 않지만, 필요에 따라 미니레슨(mini-lesson)의 형태로 파닉스 교수를 삽입하여 가르친다.

[출처] 김애화 외, 학습장애 이론과 실제(2012)

06 읽기유창성

1. 읽기유창성의 이해

(1) 읽기유창성의 정의

① 읽기유창성은 글을 빠르고 정확하게, 그리고 적절한 표현력을 가지고 읽는 능력이다.

② 읽기유창성은 정확도(accuracy), 속도(speed), 표현력(prosody)의 세 가지 특성을 포함한 개념이다. ❶ 25초등A4, ❷ 18중등B6

(2) 읽기유창성의 특징

읽기유창성은 글을 읽고 이해하는 능력과 높은 관련성을 가진다.

① 읽기유창성이 부족한 학생은 글을 읽을 때 개별 단어를 해독하고 단어의 의미를 파악하는 데 인지적 자원(cognitive capacity)을 많이 사용하기 때문에 상대적으로 읽기이해에 사용할 인지적 자원이 부족하여 전체 글을 이해하는 데 어려움을 초래한다.
❷ 18중등B6

② 반면 읽기유창성이 있는 학생은 글을 읽을 때 집중할 수 있으므로 글의 흐름을 파악하여 내용을 이해할 수 있다.

더알아보기 읽기유창성

> 성공적인 읽기를 위해 단어 해독과 이해를 연결하는 다리 역할을 하는 것이 바로 읽기유창성이다. 읽기유창성은 읽기이해와 밀접한 관련이 있고, "음독과 읽기이해 사이에 유의한 정적 상관을 갖는다."는 것이 선행연구들에서 확인되고 있다. 읽기유창성과 독해력 간의 관계는 과제를 수행할 때 "의식적인 노력 없이 자동적으로 정보처리를 수행할 수 있는 능력"인 자동화로 설명되기도 한다. 이러한 자동화 과정은 "독자가 자신의 인지적인 자원을 텍스트의 의미를 구성"하는 데 사용될 수 있도록 한다.

2. 효과적인 읽기유창성 교수의 특성

(1) 효과적인 읽기유창성 교수 계획 시 고려사항

① 학생이 읽기유창성 교수에 필요한 기본적 읽기 기술(즉, 적절한 단어인지 능력)을 가지고 있을 때 실시해야 한다.

② 학생의 읽기 수준에 적절한 글을 선택하여야 한다. 이때 적절한 글이란 학생이 글에 포함된 단어의 약 90% 이상을 정확하게 읽을 수 있는 수준을 의미한다.

(2) 효과적인 읽기유창성 교수의 특징 ❶ 18중등B6, ❷ 13초등A4, ❸ 12중등18

① 학생에게 동일한 글을 소리 내어 반복하여 읽도록 한다.

② 소리 내어 반복 읽기를 실시할 때, 먼저 글을 유창하게 읽는 사람(교사나 또래)이 유창하게 글을 읽는 것을 시범 보인 다음, 학생에게 같은 글을 소리 내어 읽도록 한다.

③ 학생이 글을 읽을 때 오류를 보이면 체계적인 오류 교정 절차를 적용하여 오류를 교정한다.

PART
03

기출 POINT 13

❶ 25초등A4
밑줄 친 ⓒ에서 평가하고자 하는 읽기 능력을 쓰시오.

> 김 교사: 참 잘 읽었어요. 그러면 이번에는 수미가 ⓒ 얼마나 빠르고 정확하게 읽을 수 있는지 알아볼까요?

❷ 18중등B6
읽기 유창성의 구성요소 중 ㉠에 해당하는 것을 쓰고, 밑줄 친 ⓒ의 이유를 1가지 서술하시오.

(가) 학습장애 학생 J의 읽기 특성

> • 글을 읽을 때 알고 있는 단어가 나와도 주저하면서 느리게 읽는 모습을 보임
> • 글을 빠르게 읽을 때 음운변동이 일어나는 단어들을 자주 틀리게 읽거나 대치 오류를 보임
> • 특정 단어나 문장을 강조하며 글을 읽는 데 어려움이 있음
> • 어법이나 의미를 고려하며 글 ㉠을 읽는 데 어려움이 있음

(나) 두 교사의 대화

> 정 교사: 읽기유창성이 중요한 이유는 무엇인가요?
> 김 교사: ⓒ 읽기유창성에 문제가 있는 경우에는 읽기 이해에 부정적인 영향을 주기 때문입니다.

기출 POINT 14

❶ 18중등B6
㉣~㉧ 중 적절하지 않은 것 2가지의 기호를 적고, 그 이유를 각각 1가지 서술하시오.

(다) 정 교사의 지도 방안

> ㉤ 읽기 연습을 할 때마다 새로운 읽기 자료를 사용한다.
> ㉥ 학생이 소리 내어 읽기를 할 때 오류가 있으면 즉각적으로 수정한다.

❷ 13초등A4
다음은 반복 읽기 전략에 대한 설명이다. ㉠~㉣ 중 틀린 것 2개를 찾아 기호를 쓰고, 그 이유를 각각 쓰시오.

〈보기〉

> ㉠ 반복 읽기 전략을 통해 글 읽기 속도를 증진시킬 수 있다.
> ㉡ 반복 읽기 전략의 주목적은 단어재인 능력을 향상시키기 위한 것이다.
> ㉢ 반복 읽기 전략을 통해 해독 활동에 더욱 집중할 수 있게 된다.
> ㉣ 반복 읽기를 지도할 때 잘못 읽은 단어가 있다면 교사는 피드백을 즉시 제공하여 교정한다.

---

❸ 12중등18

ⓒ~ⓜ 중에서 옳은 내용만을 있는 대로 고르시오.

최 교사:	ⓒ 읽기유창성 지도를 할 때 학생 A가 잘못 읽은 어절에 대해 교정적 피드백을 해주는 것이 중요해요.
김 교사:	또, 학생 A는 글을 읽을 때 한 단어나 어절씩 또박또박 끊어 읽어서 읽는 속도가 많이 느려요.
최 교사:	ⓓ 읽기유창성을 향상시키기 위해서는 동일한 읽기 자료를 반복하여 소리 내어 읽도록 하는 것이 좋아요.
김 교사:	읽기유창성 지도를 할 때는 어떤 읽기 자료를 선택하는 것이 좋은가요?
최 교사:	가능하면 ⓜ 학생 A가 읽기 어려워하는 단어나 어절이 많이 포함된 짧은 읽기 자료를 선택해서 지도해야 새롭고 어려운 단어나 어절을 더 정확하고 빠르게 읽을 수 있게 되어요.

기출 POINT 15

❶ 14중등A14
다음은 학생 A가 글을 소리 내어 읽을 때 보인 오류를 표시한 것이다. A가 어려움을 보이는 읽기 하위 영역을 쓰시오.

(가) 학생 A의 낱말 읽기 평가 결과

문항	학생 반응
1. 묻어 [무더]	무머
2. 환자 [환자]	환자
3. 투숙하다 [투수카다]	투수카다

점수 : 19점(만점 20점)

* [ ] 안은 정발음을 의미함

(나) 학생 A가 보인 오류

SC검출에
감기는 주로 접촉에 의해 감염되는데, 여기에는 크게
방법이   그중에
두 가지 방식이 있다. 그중 하나는 환자의 콧물이나
SC손에   ℓ 고나서같은
기침에 섞인 바이러스가 환자의 손을 통해 문고리같이
SC접촉하는
여러 사람이 접촉하는 물건에 붙어 있다가 다른 사람이
먹어   를 끼면서
이를 손으로 만진 뒤 눈이나 입, 코로 옮기면서
SC박으로   생략하고
감염되는 방식이며, 이런 방식으로 감염이 이루어질 수
SC밖으로   생략하
있는 것은 바이러스가 인체 밖에서도 오랫동안 생존할
수 있기 때문이다. (하략)

* SC: 자기 교정(Self-Correction)을 의미함
* 중학교 1학년 국어 교과서에 실린 지문의 일부임

❷ 12중등18

ⓐ~ⓔ 중에서 옳은 내용만을 있는 대로 고르시오.

김 교사:	학생 A는 글을 읽을 때 ⓐ '줄기가'를 '줄기를'이라고 읽는 것과 같은 삽입 오류를 가장 많이 보여요. 그리고 ⓑ '그날 밤에는 바람이 세게 불었습니다.'를 읽을 때 '바람이'를 '밤이'라고 읽는 것과 같은 대치 오류도 많이 나타나요.

④ 학생이 동일한 글을 세 번 이상 소리 내어 반복하여 읽도록 한다.

⑤ 일주일에 세 번 이상 읽기유창성 교수를 실시한다.

⑥ 학생이 글에 포함된 단어의 약 90% 이상을 정확하게 읽을 수 있는 글을 선택하여 읽기유창성 교수에 사용한다.

3. 읽기유창성 오류 분석 기준 ❶ 14중등A14, ❷ 12중등18

오류 유형	오류 분석 기준
대치	제시된 어절을 다른 의미 단어로 대치하는 경우, 제시된 어절을 무의미 단어로 대치하는 경우, 제시된 어절에서 어미, 조사 등 형식형태소를 다른 형식형태소로 대치한 경우 **예** 1. 의미 대치 : 어머니가 그만 견디다 못해 청개구리를 <u>내쫓았지.</u> 　　　　→ 어머니가 그만 견디다 못해 청개구리를 <u>쫓아냈지.</u> 2. 무의미 대치 : <u>아무리</u> 어린 신랑이지만 너무 졸라댔다. 　　　　→ <u>아무른</u> 어린 신랑이지만 너무 졸라댔다. 3. 형식형태소 대치 : 하루는 배고픈 <u>여우가</u> 산길을 어슬렁거리고 있었어. 　　　　→ 하루는 배고픈 <u>여우는</u> 산길을 어슬렁거리고 있었어.
생략	제시된 어절의 전체가 생략된 경우 또는 제시된 어절에서 어미, 조사 등 형식형태소가 생략된 경우 **예** 1. 전체 어절 생략 : <u>죽지</u> 않고 살려는 욕심은 같았나 봅니다. 　　　　→ (＿＿) 않고 살려는 욕심은 같았나 봅니다. 2. 형식형태소 생략 : <u>옛날에</u> 시골 마을에 똥을 빨리 누는 사람이 살았대. 　　　　→ <u>옛날＿</u> 시골 마을에 똥을 빨리 누는 사람이 살았대.
첨가	새로운 단어나 어절이 첨가된 경우 또는 제시된 어절에 어미, 조사 등 형식형태소가 첨가된 경우 **예** 1. 전체 어절 첨가 : 산속에서 <u>자라는</u> 익모초 말이에요. 　　　　→ 산속에서 <u>잘 자라는</u> 익모초 말이에요. 2. 형식형태소 첨가 : <u>사또,</u> 죄송하지만 잠깐 똥을 싸고 오겠습니다. 　　　　→ <u>사또는,</u> 죄송하지만 잠깐 똥을 싸고 오겠습니다.
반복	제시된 어절 전체를 반복한 경우, 제시된 어절의 첫음절을 반복한 경우, 제시된 어절의 일부를 반복한 경우 **예** 1. 전체 어절 반복 : 옛날에 <u>시골</u> 마을에 똥을 빨리 누는 사람이 살았대. 　　　　→ 옛날에 <u>시골 시골</u> 마을에 똥을 빨리 누는 사람이 살았대. 2. 첫음절 반복 : <u>하루는</u> 배고픈 여우가 산길을 어슬렁거리고 있었어. 　　　　→ <u>하 하루는</u> 배고픈 여우가 산길을 어슬렁거리고 있었어. 3. 부분어절 반복 : 캬, <u>정말</u>이로구나. 　　　　→ 캬, <u>정말 정말</u>이로구나.
자기교정	오류를 보인 후 자기 스스로 교정하여 정반응하는 경우 **예** 캬, <u>정말</u>이로구나. 　　　　→ 캬, <u>장멀 정말</u>이로구나.

4. 읽기유창성 교수법

(1) 함께 읽기 ❶ 11중등30

① 함께 읽기는 교사와 학생이 함께 주어진 자료를 가능한 한 빨리 읽는 연습을 한다.

② 자신의 목소리와 타인이 목소리를 함께 들음으로써 유창성과 관련된 읽기 기능을 더 효과적으로 획득한다.

③ 이 교수법을 적용하는 초기 단계에서는 교사가 학생보다 더 큰 목소리와 약간 더 빠른 속도로 읽기 자료를 읽는다. 학생이 점차 읽기유창성을 획득해 감에 따라 읽기 활동에서 주도적 역할을 맡도록 계획되며, 이후 교사와 학생이 주도적 역할을 번갈아가며 수행한다. 읽기 활동 시 주도적 역할을 수행하는 사람은 현재 읽고 있는 위치를 손가락으로 가리키면서 읽기 활동을 주도한다.

(2) 반복 읽기 ❶ 21중등A9, ❷ 19초등B3

학생들이 대부분 인식할 수 있는 50~200개의 단어가 포함된 읽기 자료를 사용하여 일정 수준의 유창성에 이를 때까지 반복적으로 자료를 읽도록 한다.

① 짝과 함께 반복 읽기

㉠ 짝과 함께 반복 읽기는 또래교수를 활용하여 읽기유창성을 향상시킨다.

㉡ 짝과 함께 반복 읽기는 읽기유창성이 우수한 또래 친구와 짝을 이루어 소리 내어 반복 읽기를 하는 교수방법이다.

㉢ 짝과 함께 반복 읽기는 학습장애 학생을 위해 별도로 적용할 수도 있고, 학습장애 학생이 포함된 일반학급에서 학급 전체를 대상으로 적용할 수도 있다.

㉣ 짝과 함께 반복 읽기의 구성요소 및 절차는 다음과 같다.

짝 정하기 (학생 A, B)	두 명이 짝이 되도록 구성하되, 학생 A는 글을 더 유창하게 읽는 학생, 학생 B는 글을 덜 유창하게 읽는 학생으로 구성한다.	
학생 B의 수준에 적합한 글 선택하기	학생 B가 글에 포함된 단어의 90%를 정확하게 읽을 수 있는 읽기 지문(예 10개의 단어 중 1단어 정도를 못 읽는 수준의 읽기 지문)을 선택한다.	
짝과 함께 반복 읽기 절차를 명시적으로 설명하고 연습하기	① 각자 3분씩 읽기	학생 A가 먼저 3분 동안 읽기 지문을 소리 내어 반복 읽기를 하고, 그다음 학생 B가 3분 동안 소리 내어 반복 읽기를 한다(이때 학생 A는 학생 B에게 시범자의 역할을 한다).
	② 체계적 오류 교정	특히 학생 B가 읽기 지문을 읽는 동안 학생 A가 오류 교정 및 지원을 해준다.
	③ 각자 1분씩 '최대한 잘 읽기'	학생 A가 먼저 1분 동안 읽기 지문을 소리 내어 읽고, 그다음 학생 B가 1분 동안 소리 내어 읽는다. 1분 읽기는 차시별 읽기유창성 평가 활동이다.

기출 POINT 16

❶ 11중등30

학습장애 학생을 위한 읽기 교수학습방법 중 다음에 해당하는 것은?

읽기유창성 문제를 가진 학습장애 학생에게 도움이 된다. 교사와 학생은 함께 읽기자료를 가능한 한 빠르고 정확하게 읽어 나간다. 초기에는 교사가 더 큰 목소리로 더 빠르게 읽어나가지만, 점차 학생이 주도적으로 읽는다.

기출 POINT 17

❶ 21중등A9

괄호 안의 ㉡에 해당하는 읽기 지도 전략의 명칭을 쓰시오.

(가) 학생 E의 특성

• 문자를 보고 말소리와 연결하여 의미를 이해하는 능력이 부족함
• 일견단어의 수가 부족함
• 문장을 읽을 때 모르는 단어를 종종 빼먹음

(나) 읽기 지도 계획

• (㉡) 전략 사용: 오디오북 지원 읽기, 학생-성인 짝지어 읽기, 파트너 읽기, 역할극 하기

❷ 19초등B3

㉡에 관한 내용 ⓐ~ⓔ 중 적절하지 않은 것 2가지를 찾아 각각 기호를 쓰고 바르게 고쳐 쓰시오.

김 교사: 다음 주 국어 시간에는 '문장을 소리 내어 읽기' 수업을 할 예정입니다. 읽기 영역 중 유창성에 초점을 맞추려고 합니다.
박 교사: 네, 읽기유창성은 성호뿐만 아니라 저학년의 다른 학생들에게도 매우 중요하죠.
김 교사: 문장을 소리 내어 읽어 보는 단계에서 여러 가지 활동을 해 보려고 하는데, 성호와 함께 할 수 있는 읽기 전략을 추천해 주실 수 있나요?
박 교사: 네, 저는 반복 읽기 전략이 효과적이라고 생각합니다.
김 교사: 그렇다면, ㉡ 학급에서 반복 읽기 전략을 효과적으로 사용하고자 할 때 고려해야 할 사항을 알려 주셨으면 합니다.

〈보기〉

ⓐ 유창하게 글을 읽는 시범을 제공한다.
ⓑ 주로 학생 혼자서 반복하여 읽게 한다.
ⓒ 음독보다는 묵독 읽기 연습을 충분히 제공한다.
ⓓ 학생들에게는 교수 수준에 적합한 지문을 사용한다.
ⓔ 체계적인 오류 교정 절차를 제공해야 효과적이다.

	④ 읽기유창성 점수 계산하기	각자 자기 짝의 읽기유창성 점수를 계산한 후, 서로 확인한다. 읽기유창성 점수는 1분 동안 정확하게 읽은 단어 수이며 계산의 방법은 다음과 같다. 1분 동안 읽은 전체 단어 수 － 잘못 읽은 단어 수
	⑤ 읽기유창성 그래프 그리기	차시별 읽기유창성 점수를 막대그래프의 형식으로 학생이 스스로 기록하게 한다.
짝과 함께 반복 읽기 적용하기		학생이 짝과 함께 반복 읽기 절차를 숙지한 다음, 학생이 각자 짝과 함께 절차를 진행한다. 이때 전체 시간 관리는 교사가 학급 전체를 대상으로 진행하는 것이 좋다.

기출 POINT 18

❶ 24초등B2
① (가)의 ㉠과 (나)의 [A]를 참고하여 (가)의 ⓐ에 들어갈 읽기 교수 영역을 쓰고, ② ㉡에 해당하는 읽기 지도 방법을 쓰시오.

(가)

〈현재 학습 수행 수준〉
－ ㉠ 글에서 단어를 읽을 수는 있으나 또래에 비해 빈번하게 띄어 읽어서 뜻이 잘 드러나도록 자연스럽게 읽지 못함

〈목표 설정을 위한 내용〉
－ ㉡ 동일한 글을 자연스럽고 능숙하게 읽을 때까지 소리 내어 수차례 읽는 연습을 하여 (ⓐ)을/를 향상하도록 함

(나)

■국어과 띄어 읽기 결과

부모님∨과∨함께∨동네∨뒷∨산에∨갔어요.∨숲∨속∨아름∨드리∨나무에∨사슴∨벌레한∨마리가∨있어요.∨생김새 [A] ∨는∨단단한∨껍데기∨로∨덮인∨등과∨뿔∨처럼∨생긴∨큰∨턱이∨있어요.

❷ 18중등B6
㉢~㉥ 중 적절하지 않은 것 2가지의 기호를 적고, 그 이유를 각각 1가지 서술하시오.
(다) 정 교사의 지도 방안

㉢ 의미가 통하는 구나 절 단위로 끊어 읽기를 지도한다.
㉣ 읽기 연습을 할 때마다 새로운 읽기 자료를 사용한다.
㉤ 학생이 소리 내어 읽기를 할 때 오류가 있으면 즉각적으로 수정한다.
㉥ 읽기 연습을 위하여 음성파일을 이용할 경우에는 배경 효과음이 있는 것을 사용한다.

② 끊어서 반복 읽기

㉠ 끊어서 반복 읽기는 '끊어 읽기'와 '반복 읽기'를 결합한 교수이다.

㉡ 끊어 읽기는 글을 구성하는 문장을 의미가 통하는 구나 절 단위로 끊어서 제시하는 방법으로, 읽기유창성의 요소 중 표현력의 향상에 효과적이다. ❶ 24초등B2, ❷ 18중등B6

㉢ 끊어서 반복 읽기 교수의 구성요소 및 절차는 다음과 같다.

끊어서 반복 읽기 활동에 필요한 읽기 지문 준비하기	교사는 미리 읽기 지문을 분석하여, 의미가 통하는 구나 절 단위로 끊기는 부분을 표시한다. 우리는 / 여러 용도의 질그릇에서 / 선조들의 해박한 과학 지식과 / 위생 관념을 / 확인할 수 있다. / 우선, / 질그릇 밥통부터 / 살펴보자. / 현대 문명의 산물인 전기 밥통은 / 보온은 되나, / 시간이 지나면 / 밥이 누렇게 변색되고 / 냄새도 난다. / 그러나 / 질그릇 밥통은 / 통 속에 서려 있는 김을 / 그릇 자체가 흡수하여 / 신선한 밥맛을 보존하는 / 위생적인 그릇이다.
교사가 끊어 읽기 시범 보이기	교사는 구나 절 단위로 끊기는 부분이 표시된 읽기 지문을 사용하여, 적절한 곳에서 끊어 읽으면서 유창하게 읽는 것을 시범 보인다.
학생과 함께 끊어 읽기 연습하기	학생과 함께 적절한 곳에서 끊어 읽으면서 유창하게 읽는 것을 연습한다.
학생이 독립적으로 끊어서 반복 읽기	두 명이 짝을 구성하여 번갈아가며 끊어서 반복 읽기를 연습하도록 한다. 짝과 연습할 때의 절차는 앞에서 언급한 짝과 함께 반복 읽기의 절차와 동일하게 사용할 수 있다.

③ 역할수행(readers' theater)

  ㉠ 역할수행에서 학생들은 또래나 다른 사람들과 함께 책 속에서 주어진 역할을 연습하고 수행한다. 그들은 대화가 많은 책 속의 내용을 먼저 읽는다. 학생들은 말을 하면서 주인공 역할을 하게 된다. 여기에서는 내용을 반복해서 유창하게 읽도록 한다.

  ㉡ 이러한 활동을 통해 또래 간의 협력적인 상호작용을 도모하고 흥미로운 읽기과제를 제공할 수 있다.

④ 테이프 활용하여 읽기 ^{18중등B6}

  ㉠ 학생은 테이프를 활용하여 읽기를 통해 유창하게 읽는 내용을 들으면서 책을 읽게 된다.

  ㉡ 교사는 학생의 독립적 읽기 수준에서 책을 선택하고 유창하게 읽는 책의 테이프 기록을 준비한다. 이때 테이프는 음향 효과나 음악이 함께 나와서는 안 된다.

  ㉢ 먼저 테이프에서 나오는 소리를 들으면서 각 단어를 지적해 나간다. 다음으로 학생은 테이프를 따라 읽기를 시도한다. 테이프의 도움 없이 학생이 독립적으로 읽을 수 있을 때까지 테이프를 따라 읽는다.

07 어휘

1. 어휘의 이해

(1) 어휘의 정의

① 어휘(vocabulary)는 단어(word)와 구별되는 개념으로, 단어가 모여서 이루어진 집합이다. 즉, 단어가 개별적 단위라면 어휘는 단어들이 모인 집합을 의미한다.

② 어휘는 집합 개념을 가지기 때문에, 어휘지식은 단일 단어에 대한 지식뿐만 아니라 문맥 속의 단어 의미 추론, 단어 사이의 연관성 이해 및 활용(예 문맥에 맞는 단어의 사용) 능력 등을 포함한다.

(2) 어휘지식의 유형 및 수준

① 양적 어휘지식은 어휘의 양을 의미하며, 학습자가 몇 개의 어휘 의미(표면적 지식)를 알고 있는지와 관련이 있다.

② 질적 어휘지식은 어휘의 깊이로, 학습자가 어휘의 의미를 얼마나 잘 이해하는지와 관련된다.

2. 어휘 교수법

(1) 직접교수법과 간접교수법

① 직접교수법

직접교수법은 교사가 목표 어휘를 직접적으로 가르치는 것이다. 그러나 학령기 학생들은 상당히 많은 어휘의 학습이 필요하기 때문에 학교에서 교과 수업에 필요한 어휘는 직접교수를 통해 교수하지만, 직접교수 못지않게 간접교수의 중요성이 강조된다.

② 간접교수법

간접교수법은 직접적으로 목표 어휘를 가르치는 것이 아니라, 여러 맥락에서 다양한 어휘를 접할 수 있는 기회를 마련해 줌으로써 학생이 간접적으로 어휘를 획득할 수 있도록 하는 것이다.

(2) 어휘지식 수준에 따른 교수법

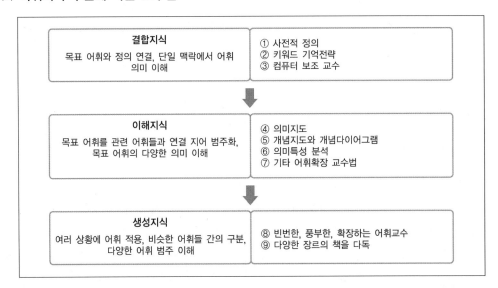

① 사전적 정의(definitional method) — 결합지식 수준

㉠ 전통적인 어휘 교수법 중 하나로 사전에서 사전적 정의를 찾는 방법이다.

㉡ 교사는 학생에게 목표 어휘의 사전적 의미를 찾고, 해당 어휘를 사용하여 문장을 만들고, 간단히 평가하는 형식으로 수업을 구성한다.

㉢ 사전적 정의를 찾는 방법은 목표 어휘의 의미를 간단하게 이해하는 데 도움이 된다.

㉣ 그러나 사전적 정의에서 어휘이해 정도는 다소 표면적인 수준이고, 충분한 이해 수준을 이끄는 데 한계를 지닌다. 또한 이 방법은 학생이 실제로 해당 어휘를 '어떻게 활용할 것인가'를 가르치는 데 한계가 있다. ❶ 19중등B1

② 키워드 기억 전략(keyword method) — 결합지식 수준

㉠ 키워드 기억 전략은 목표 어휘와 학생이 이미 알고 있는 키워드를 연결하여 목표 어휘를 가르치는 방법이다. 여기서 '키워드'는 학생이 이미 알고 있는 단어 중 목표 어휘와 청각적으로 비슷한 어휘이다.

기출 POINT 19

❶ 19중등B1
학생 Y의 어휘 지도를 위해 밑줄 친 ㉠을 할 때, 유념해서 지도할 내용을 이유 1가지와 함께 서술할 것

어려운 단어를 제시하고, ㉠ 국어사전을 활용하여 사전적 정의를 직접 찾아보는 활동으로 구성함

〈지문 예시〉
최근 일어난 대형 참사는 결국 인재라 할 수 있다.
• 사전에서 뜻을 찾아 적어봅시다.
인재 : _____ .

ⓒ 키워드 기억 전략은 목표 어휘의 다양한 의미 이해 및 관련 어휘와의 연결(이해지식)
보다는 목표 어휘의 단순한 정의를 연결하는 것(결합지식)을 목적으로 한다.

ⓒ 이 전략은 과학이나 사회와 같은 내용교과 수업 시 중요한 어휘 개념을 가르칠 때
유용하다.

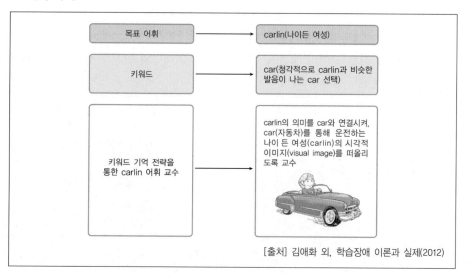

[출처] 김애화 외, 학습장애 이론과 실제(2012)

③ 컴퓨터 보조 교수(computer-assisted instruction) – 결합지식 수준

컴퓨터 보조 교수를 활용한 어휘 교수에서는 어려운 어휘의 정의를 제공하거나, 어려운
어휘를 쉬운 어휘로 바꿔 주는 등의 방법을 적용한다.

④ 의미지도(semantic maps) – 이해지식 수준 ❶ 17초등B3

ⓐ 의미지도는 목표 어휘를 중심으로 이와 관련된 어휘를 열거하고, 그 어휘들을 그
래픽 조직자를 활용하여 범주화하고, 각각의 범주에 명칭을 부여하는 방법이다.

ⓑ 의미지도는 학생이 자신의 선행지식과 연결하여 새로운 어휘의 의미를 이해하고
어휘력을 확장하는 데 유용하다.

ⓒ 목표 어휘와 관련된 다양한 어휘 간의 관계를 파악하도록 함으로써, 학생이 어휘를
보다 조직적으로 기억하도록 돕는다.

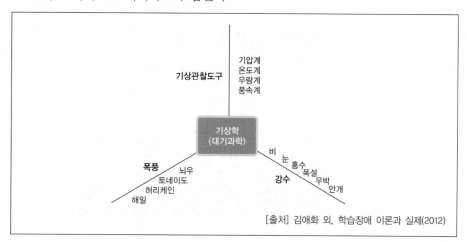

[출처] 김애화 외, 학습장애 이론과 실제(2012)

기출 POINT 20

❶ 17초등B3
다음은 ⓔ을 활용하여 작성한 것이다.
이 전략이 준수의 어휘지식의 질적 향
상에 적합한 이유 1가지를 (가)에 근거
하여 쓰시오.
(가) 준수의 특성

• 단어와 정의를 연결할 수 있음
• 어휘의 의미를 깊이 이해하는 데
  어려움이 있음
• 수업 내용을 요약하는 데 어려움이
  있음
• 글자를 쓰는 데 많은 노력이 필요함

ⓔ 의미지도 전략

기출 POINT 21

❶ 25초등A4

[B]에 해당하는 '섬'의 어휘 지식 수준을 쓰시오.

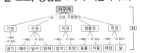

김 교사: 우리나라에는 섬이 많죠?
수미: 섬? 섬이 뭐예요?
김 교사: 섬은 주위가 바다로 완전히 둘러싸인 땅이에요. 이제, 선생님과 함께 개념 지도를 그려 가면서 섬의 의미를 알아볼까요?

❷ 25중등B10

[B]에 해당되는 그래픽 조직자의 유형을 쓰고, 장점을 1가지 서술하시오.

❸ 13중등34

다음은 읽기학습장애 학생 A에 대한 평가 결과이다. A에게 적합한 읽기이해 지도방법으로 옳은 것을 〈보기〉에서 고른 것은?

- 비교 대조 형식의 글에 대한 이해가 부족함
- 글과 관련된 사전지식 활성화에 어려움이 있음
- 글을 읽고 주제에 대해서 파악하는 데 어려움이 있음

〈보기〉
ㄹ 주어진 글과 관련된 개념들을 중심으로 '개념지도(concept map)'를 작성하도록 지도한다.

기출 POINT 22

❶ 24중등A9

다음에 해당하는 그래픽 조직자의 유형을 쓰시오.

⑤ 개념지도, 개념비교표, 개념 다이어그램 − 이해지식 수준

㉠ 개념지도(개념도, concept map) **❷ 13중등34**

- 목표 어휘의 정의, 예, 예가 아닌 것으로 구성된 그래픽 조직자다(Vaughn 등).
  ❶ 25초등A4

- 관련 있는 개념들이 서로 어떤 관련성을 지니는지를 시각적으로 표현하여 제시하는 그래픽 조직자의 한 유형이다. **❶ 25중등B10**

- 일반적으로 여러 개념이 상위개념과 하위개념의 관계로 연관되어 있을 때 많이 활용된다(Guastello 등).

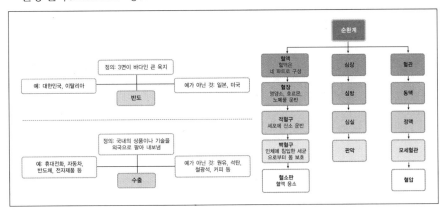

㉡ 개념 비교표(concept comparison table)

개념 비교표는 여러 개념 간의 공통점과 차이점을 시각적으로 비교할 수 있도록 제시하는 그래픽 조직자의 한 유형이다(Bulgern 등). **❶ 24중등A9**

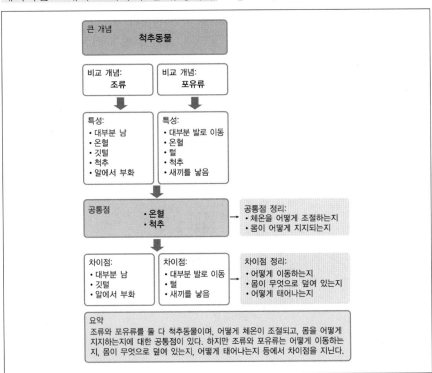

ⓒ 개념 다이어그램(concept diagram)

개념 비교표를 만들어서 학생이 개념의 특성(반드시 갖추어야 하는 특성, 가끔 갖추고 있는 특성, 절대 갖추고 있지 않은 특성), 예, 예가 아닌 것 등을 비교함으로써 목표 개념을 이해하도록 돕는 그래픽 조직자다. ❶ 10중등8

기출 POINT 23

❶ 10중등8
학습장애 학생에게 과학과 '지각의 물질 단원을 지도하기 위한 학습전략과 그 설명으로 옳은 것을 〈보기〉에서 모두 고르시오.

─〈보기〉─
ⓓ 개념 다이어그램(concept diagram) : 조암광물에서 '항상 나타나는 특징', '가끔 나타나는 특징', '전혀 나타나지 않는 특징', '예와 예가 아닌 것' 등을 시각적으로 조직화하여 조암광물의 주요 특징에 집중하도록 도와준다.

개념	화석
정의	지질시대에 살던 동식물의 유해 또는 그 흔적이 퇴적물 속에 매몰된 채로 보존되어 남아 있는 것

개념 속에 나타난 특성:

반드시 갖추고 있는 특성	가끔 갖추고 있는 특성	절대 갖추고 있지 않은 특성
유해 또는 흔적	암석 속	살아 있는 것
동물 또는 식물	빙하 속	부패된 것
오랜 시간 보존되어 남아 있는 것	화산재 속	동물 또는 식물이 아닌 것

예	예가 아닌 것
호박 속의 곤충	신발자국
빙하 속에서 발견된 매머드	석고상
석회암에서 발견된 어류	현재 아프리카에 사는 코끼리

⑥ 의미특성 분석(semantic feature analysis) - 이해지식 수준 ❶ 21초등A7, ❷ 14중등A5

㉠ 의미특성 분석은 목표 어휘와 그 어휘들의 주요 특성들 간의 관계를 격자표로 정리하는 방법으로, 학생들은 각 어휘가 각 특성과 관련이 있는지(+), 없는지(−)를 파악하여 목표 어휘의 의미를 폭넓게 이해할 수 있다.

㉡ 의미 특성 분석의 목표는 목표 어휘를 관련 어휘 및 학습자의 선행지식과 연결함으로써 학습자의 어휘에 관한 이해의 정도를 확장시키는 것이다.

기출 POINT 24

❶ 21초등A7
강 교사가 (나)의 '어휘 학습하기'에서 활용한 어휘 학습 방법을 쓰시오.
(나) 어휘 학습하기

구분	진흙으로 이루어짐	물이 드나듦	…
갯벌	+	+	
모래사장	−	+	
늪지대	+	−	

❷ 14중등A5
아래에서 사용되고 있는 그래픽 조직자의 명칭을 쓰시오.

교수·학습 활동 장면	
교사	학생
◎ 경도와 위도의 개념 알아보기	
• 경도와 위도가 '지구 표면의 주소'라는 특성을 지니고 있는지 묻고, 그래픽 조직자에 '+' 또는 '−'를 표시하도록 한다.	• 경도에 '+', 위도에 '−'를 표시한다.
• 경도와 위도가 '세로로 그어진 줄'이라는 특성을 지니고 있는지 묻고, 그래픽 조직자에 '+' 또는 '−'를 표시하도록 한다.	• 경도에 '+', 위도에 '−'를 표시한다.
• 경도와 위도가 '가로로 그어진 줄'이라는 특성을 지니고 있는지 묻고, 그래픽 조직자에 '+' 또는 '−'를 표시하도록 한다.	• 경도에 '−', 위도에 '+'를 표시한다.

주요 특성 \ 목표 어휘	정사각형	직사각형	평행사변형	마름모	사다리꼴
네 변	+	+	+	+	+
두 쌍의 변이 평행	+	+	+	+	−
모든 각이 직각	+	+	−	−	−
모든 변이 합동	+	−	−	−	−

⚑ 수학적 어휘의 의미특성 분석의 예

⑦ 기타 어휘 확장 교수법 – 이해지식 수준

　㉠ 어휘 관련시키기 활동(word association)은 이미 학습한 어휘의 의미를 강화하고 확장시키는 방법으로, 유의어, 반의어 및 유추 어휘를 찾는 형식이다. 유추 어휘는 일반적으로 유의어, 반의어, 상위–하위 개념, 부분–전체, 원인–결과 등의 개념을 적용하여 어휘들 간의 관련성을 파악한다.

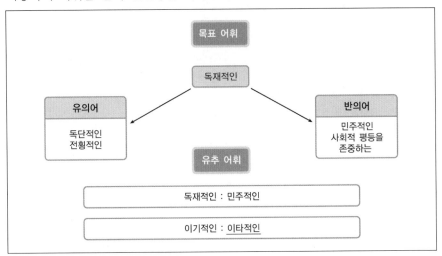

　㉡ 질문–이유–예 활동은 해당 어휘를 사용한 이유를 이야기하고, 해당 어휘와 관련된 자신의 경험을 예로 들어 이야기해 보는 활동이다. 여기서 이유를 설명하도록 하는 것은 학생이 이유를 설명함으로써 목표 어휘와 예의 관계를 명확하게 이해할 수 있도록 하기 위함이다.

> "지난 월드컵 스위스 전에서 패했을 때, 선수들은 침통한 표정을 지었습니다."에서 "왜 침통한 표정을 지었을까요?"와 같은 질문을 통해 이유를 이야기하고, "침통한 기분을 느낀 경험을 이야기해 보세요."와 같은 질문을 통해 자신의 경험을 예로 들어 이야기해 보는 활동이다.

⑧ 빈번한, 풍부한, 확장하는 어휘교수 – 생성지식 수준

　㉠ '빈번한 어휘교수'는 일반적으로 매주 10개의 새로운 어휘를 가르치고, 각 어휘를 8~10번 정도 반복적으로 접할 수 있도록 기회를 제공한다.

　㉡ '풍부한 어휘교수'는 단순히 어휘의 정의를 제시하는 것 이상의 교수로서, 목표 어휘의 다양한 의미를 이해하고 관련 어휘 및 학습자의 선행지식과 연결 짓도록 하는 것을 의미한다.

　㉢ '확장하는 어휘교수'는 학생이 수업 시간에 학습한 어휘를 다양한 상황에서 활용할 수 있도록 하는 교수를 의미한다.

⑨ 다독 - 생성지식 수준

　㉠ 어휘 확장을 위한 간접교수법인 다독은 학습장애 학생들이 다양한 장르의 책을 다독할 수 있도록 계획, 지원, 관리하는 것이 필수적이기 때문에 어휘 교수에 포함시킨다.

　㉡ 책을 읽다가 모르는 어휘가 나오면 스스로 파악할 수 있도록 지도해야 한다. 이를 위해 문맥 분석 전략과 단어 형태 분석 전략 등을 사용할 수 있다.

문맥 분석 전략	모르는 어휘가 포함된 문장을 읽거나 앞뒤 문장을 읽으면서 어휘의 뜻을 유추하도록 돕는 전략
단어 형태 분석 전략	단어를 구성하는 형태소(예 어근/접사, 어간/어미)를 파악하여 모르는 어휘의 뜻을 파악하도록 돕는 전략 ❶ 24중등A9

기출 POINT 25

❶ 24중등A9
단어 형태 분석 전략으로 밑줄 친 ㉢을 지도하는 교사의 발화를 1가지 서술하시오.

3) 어려운 내용과 단어 파악하기
 - 문맥 분석 전략 활용하기
  학생 A에게 모르는 어휘가 포함된 문장을 읽게 하거나, 앞뒤 문장을 읽으면서 어휘의 뜻을 유추하는 전략 지도하기

 - 단어 형태 분석 전략 활용하기
  ㉢ '한가운데'라는 단어 설명하기

⑶ 어휘력 증진을 위한 교수전략

① 문맥을 이용한 교수전략

문맥을 활용한 어휘 정의하기	• 소개활동 : 교사가 먼저 새로운 어휘를 학생들에게 소개한다. • 제시활동 : 교사는 새로운 어휘가 포함된 문장을 학생에게 제시한다. • 요구활동 : 문장 속에 내포된 어휘의 의미를 학생들에게 정의하도록 요구하는 활동을 전개한다.
어휘의미 발견하기	• 교사는 학생들이 읽어야 할 부분 중 새로운 어휘가 나오는 일부분을 발췌하여 학생들에게 제시한다. • 주어진 자료의 전반적인 내용을 고려했을 때 새로운 어휘의 의미가 무엇인지를 질문과 토론을 통해 발견한다.
문장만들기	• 교사는 학생들이 새롭게 전하게 될 단어와 이 단어와 관련되어 있으면서 학생들이 이미 알고 있는 단어들을 동시에 제공한다. • 학생들은 이를 이용해서 문장을 만들어 본다.

② 범주를 이용한 교수전략

나열-범주-명칭 부여하기(의미지도)	제시된 대상단어와 관련이 있는 단어들을 학생들에게 모두 나열하고, 그다음 범주화한 후, 범주화된 집단에 대해 적절한 명칭을 부여하는 활동이 이루어진다.
도식활용 방법	핵심 어휘를 중앙에 위치시키고, 이와 관련된 단어들을 그래픽 형식으로 확인해 나가도록 함으로써 핵심어휘의 의미를 파악하도록 하는 방법이다.
특징분석 방법 (의미특성 분석)	범주를 제시하고, 제시된 범주에 해당하는 단어들을 학생들이 나열하도록 요구한다. 그다음 각 범주의 특징이 무엇인지 확인하고, 마지막으로 여러 범주들에 걸쳐 공통된 특징과 그렇지 않은 특징이 무엇인지 확인하도록 학생들에게 요구한다.
단어유창성 방법	주어진 시간 안에 범주 안에 속하는 가능한 한 많은 단어를 학생들에게 말하도록 요구한다.

08 읽기이해

1. 읽기이해의 개념

(1) 읽기이해의 정의

기출 POINT 26

❶ 10초등18
다음과 같은 교수활동을 통해 달성하고자 하는 읽기 영역의 목표를 쓰시오.

• 날씨에 관한 문장을 읽고, 해당하는 그림을 찾게 한다.
• 꽃의 모양 변화를 시간의 흐름에 따라 쓴 세 개의 문장을 읽고, 그림 순서를 찾게 한다.

① 읽기이해는 자신의 선행지식과 글에서 제시되는 정보를 연결하여 의미를 형성해 가는 과정이며, 이는 읽기 교수의 궁극적인 목적이다. ❶ 10초등18

② 성공적인 읽기이해를 위해서는 단어 수준 이해, 문장 수준 이해, 글 수준 이해라는 3단계의 이해 과정이 필요하다.

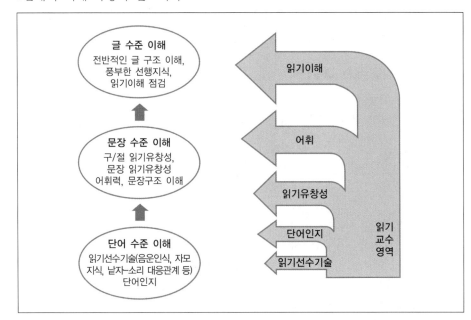

㉠ 단어 수준의 이해는 개별 단어를 읽고 그 의미를 이해하는 것이다. 성공적인 단어 수준의 이해를 위해서는 읽기선수기술인 음운인식, 자모지식, 낱자-소리의 대응관계 등과 단어인지 능력이 요구된다.

㉡ 문장 수준의 이해는 문장을 구성하고 있는 단어들을 빠르고 정확하게 읽을 뿐만 아니라 문장구조를 고려하여 적절히 끊어서 읽고, 문장의 의미를 이해하는 것을 말한다. 성공적인 문장 수준의 이해를 위해서는 구/절 읽기유창성, 문장 읽기유창성, 어휘력, 문장구조 이해 등이 요구된다.

㉢ 글 수준의 이해는 여러 문장으로 구성된 문단 혹은 여러 문단으로 구성된 글을 읽고 이해하는 것을 의미한다. 성공적인 글 수준 이해를 위해서는 글 구조 이해, 주제와 연관된 선행지식, 읽기이해 점검력 등이 요구된다.

(2) 읽기이해의 기능적 구성

읽기 활동을 통한 내용 이해는 크게 단어 이해, 내용에 대한 문자적 이해, 추론적 이해, 평가적 이해, 감상적 이해로 나누어 볼 수 있다.

읽기이해	내용
단어 이해	읽기 자료에 포함된 단어에 대한 이해는 읽기 자료의 전체 내용을 이해하는 데 중요한 기초가 되며, 내용에 대한 기억에도 중요한 역할을 수행한다.
문자적 이해	읽기 자료에 쓰인 내용을 있는 그대로 의미화할 수 있는 능력이다.
추론적 이해	읽기 자료에 나타난 정보를 있는 그대로가 아닌 개인적 경험, 지식, 직관을 이용해 가설화할 수 있는 능력이다. **예** 지금까지의 내용을 중심으로 앞으로 계속될 이야기를 예상해 보기, 자료 읽기를 통해 배운 내용을 다른 상황에 어떻게 적용할 수 있는지 가설화해 보기 등이 있다.
평가적 이해	독자의 지식, 경험, 가치체계를 중심으로 읽기 자료에 포함된 내용의 정확성(**예** 사실과 가설의 구분, 사실과 의견의 구분), 저자의 의도, 정보의 유용성 등을 판단하는 것이다.
감상적 이해	읽기 활동 자체를 통해 심미적 만족을 갖게 되는 상태로서 성경과 같은 경전 읽기를 통해 삶의 모습이나 진리를 발견해 가는 과정이다.

더알아보기 읽기이해의 발달(Herber, 1970)

사실적 이해 ❶ 25초등A4, ❷ 22초등A4	• 읽기이해의 가장 첫 단계로 아동이 텍스트에 명시적으로 제시된 정보를 확인할 수 있는 능력이다. • 이 단계에서는 아동들의 단어 수준 처리 능력이나 정확한 단어 인식 능력, 단어와 문장의 조합을 정확하게 처리하는 능력이 필요하다.

↓

추론적 이해 ❸ 19중등B1	• 독자가 텍스트에 제시된 사실을 인식하는 것이다. • 사실적 이해와 달리 독자는 중심내용과 구체적인 내용 간의 관계성을 찾고, 저자가 의도하는 결론을 해석하거나, 빠진 내용이 없는지 확인하는 능력이 필요하다.

↓

평가적 이해	• 읽기이해의 단계에서 가장 복잡한 수준으로 '비판적' 혹은 '적용된' 이해라고도 한다. • 독자는 텍스트에서 읽은 내용과 자신의 사전 지식 및 경험이 병렬적으로 필요하다. 이를 통해 텍스트를 넘어선 새로운 의미와 관계를 만들어 낼 수 있다.

기출 POINT 27

❶ 25초등A4
밑줄 친 ©에 대한 사실적 질문을 쓰시오.

김 교사: © 독도는 우리나라 동쪽 끝에 위치한 섬입니다.

❷ 22초등A4
[A]에 제시된 타악기에 대한 내용에 근거하여 ©에 해당하는 질문을 쓰시오.
■ 글을 읽고 중심 내용 파악하기

악기는 타악기, 현악기, 관악기로 나눌 수 있어요. 타악기는 두드리거나 때려서 소리를 내는 악기로 타악기에는 장구나 큰북 등이 있으며, 현악기에는 가야금이나 바이올린 등이 있어요. 그리고 관악기는 입으로 불어서 소리를 내는 악기로 관악기에는 단소나 트럼펫 등이 있어요. [A]

© 문자적(사실적) 이해 질문 만들기

❸ 19중등B1
〈©의 예시〉를 보고, 괄호 안의 ©에 해당하는 질문 유형을 쓰시오. 그리고 @을 바탕으로 〈©의 예시〉에 해당하는 추론적 이해 질문의 예 1가지를 서술하시오.

수업활동지 작성 계획	지문 및 질문의 예시
학생 E가 글을 읽은 후, 질문하기 전략을 사용하여 읽기 이해 수준을 확인할 수 있는 질문을 만들어 보고, 질문에 답할 수 있도록 구성함	존시는 나뭇잎이 다 떨어지면 자기도 죽을 것이라 생각했다. 며칠이 지나도 하나 남은 나뭇잎은 그대로 있었다. @ 사실 이 나뭇잎은 베먼 할아버지가 존시를 위해 그린 그림이었다. -'마지막 잎새'의 내용 일부-
– 학생 스스로 (©) 질문 만들기	– 학생: 〈©의 예시〉 "존시는 무엇이 다 떨어지면 자기도 죽을 것이라 생각했나요?"
– 교사가 제시한 © 추론적 이해 질문에 답하기	– 교사: 〈©의 예시〉 "_____ _____" …(하략)…
– 교사가 제시한 평가적 이해 질문에 대해 함께 이야기하기	

2. 읽기이해의 교수법

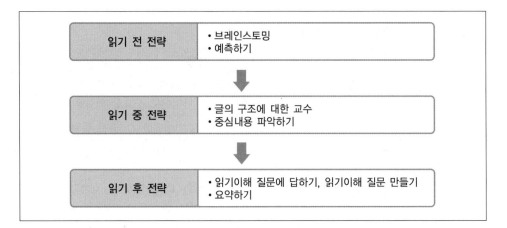

(1) 읽기 전 전략

글을 읽기 전에 선행지식을 활성화하는 것은 읽기이해에 도움이 된다. 선행지식을 활성화하는 대표적인 전략에는 브레인스토밍과 예측하기 전략이 있다.

① 브레인스토밍

단계	내용
선행지식 생성하기	학생은 앞으로 읽을 글에 대한 제목을 보고, 제목에 대해 이미 알고 있는 것을 자유롭게 말한다.
선행지식 조직하기	• 교사는 학생이 말한 내용을 바탕으로 이를 그래픽 조직자 등의 형식을 사용하여 시각적으로 조직한다. • 교사는 학생과 함께 학생이 말한 내용을 비슷한 내용끼리 분류한다.
선행지식 정교화하기	학생이 정리된 내용을 보고 더 추가할 내용이 있는지를 확인하고 필요한 경우 새로운 내용을 추가한다.

② 예측하기 ❶ 22초등A4, ❷ 20중등A10

ⓙ 예측하기는 글을 읽기 전에 글의 제목, 소제목, 그림 등을 훑어본 다음, 앞으로 읽을 글에 대한 내용을 예측하는 활동이다.

ⓛ 학생은 글을 읽는 동안 예측하기 활동을 통해 자신이 예측한 내용이 실제 글의 내용과 비슷한지 여부를 점검하고, 필요에 따라 자신이 예측한 내용을 변경하는 등 보다 능동적인 독자의 특성을 보일 수 있다.

(2) 읽기 중 전략

읽기 중 전략에는 글의 구조(다양한 장르의 글의 구조에 대한 교수)에 대한 교수, 중심내용 파악하기, 읽기이해 점검 전략(자기 질문 포함), 협동학습, 그래픽 조직자의 활용 등이 있다. 그래픽 조직자는 글 구조 교수 및 중심내용 파악하기 교수 등에 통합적으로 활용될 수 있다.

기출 POINT 28

❶ 22초등A4
ⓙ 읽기 전략의 명칭을 쓰시오.
■ 글을 읽기 전에 미리 보기

• ⓙ 글의 제목을 보고 읽을 글에 대한 내용을 생각해 보기

❷ 20중등A10
밑줄 친 ⓛ에 해당하는 전략 1가지를 쓰시오.
■ 읽기 전

• 브레인스토밍: 읽을 글에 대해 알고 있는 내용을 생성하고, 조직화한 후, 정교화하기
• ⓛ 글의 제목, 소제목, 그림 등을 훑어보고 글의 내용 짐작하기

① 글 구조에 대한 교수

㉠ 글 구조는 글에 나타나는 조직적인 특성으로, 글의 프레임을 제시하는 역할을 하며, 이러한 글 구조에 대해서 명시적으로 가르치는 것이다.

㉡ 대표적인 글 구조에는 이야기 글과 설명글이 있다.

글 구조	설명
이야기 글	• 인물, 배경, 발단 사건, 문제(또는 목적), 사건, 결말 등을 포함하는 이야기 문법(story grammar)의 형태가 대표적이다. 이야기 문법은 학생들에게 이야기의 기초적인 구성요소를 가르친 후, 작문 계획 단계의 한 부분으로 개요를 사용하는 것이다. 이야기 문법은 '절차적 촉진'이라고도 불리는데, 그 이유는 이 전략이 쓰기 절차를 촉진하기 때문이다. • 이야기 지도는 이야기 문법을 가르치는 방법 중 하나로, 글의 중요한 내용을 시각적으로 기록하여 학생이 글의 내용을 파악하는 데 도움을 준다. 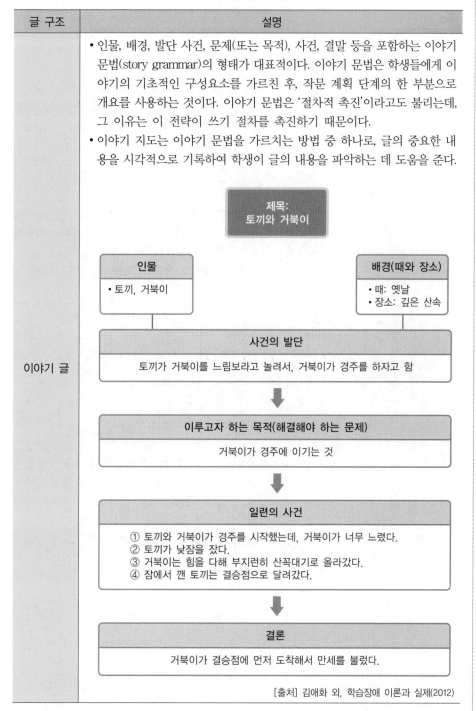 [출처] 김애화 외, 학습장애 이론과 실제(2012)

설명글	설명글 구조 파악의 장점	설명식 글의 구조를 파악하면서 글을 읽는 것은 글에 포함된 중요한 내용들을 인지하는 데 도움을 준다.
	나열형 ❷ 22초등A4, ❸ 21초등A7, ❹ 20중등A10	• 여러 가지 중요 사실들을 동등한 수준에서 제시하고 이를 설명하는 형식을 가진다. 일반적으로 이 유형의 설명식 글은 전체 글의 주제, 주요 개념들, 주요 개념 설명에 포함된 세부 개념들로 구성되며, 도식을 이용한 학습자가 구성요소들을 파악하면서 글을 읽게 되면 글에 대한 이해와 기억이 촉진된다. • 나열형 설명식 글 구조 파악에 활용될 수 있는 그래픽 조직자
	비교대조형 ❶ 24중등A9	• 일반적으로 두 개 이상의 사건, 현상 또는 사물을 서로 비교하는 형식이다. 이때 비교 대상 간에 존재하는 차이점과 공통점이 무엇인지를 파악하는 것이 중요하다. • 비교대조형 설명식 글 구조 파악에 활용될 수 있는 그래픽 조직자
	원인결과형	• 현상이나 사건이 촉발되게 한 원인과 그로 인해 발생한 결과를 설명하는 형식으로 구성된다. 따라서 각 결과를 확인하고 그 결과와 관련된 원인 요인들을 파악하는 것이 글을 이해하는 데 중요한 부분을 차지한다. • 원인결과형 설명식 글 구조 파악에 활용될 수 있는 그래픽 조직자

나열형 그래픽 조직자

주제	3권 분립		
	입법	행정	사법
세부항목	국회 / 법제정 / 우리나라 단원제 / 지역구·비례대표	대통령 / 정책 수립 및 집행 / 국무회의 / 중앙 및 지방기관	법원·검찰 / 법집행 / 변호사협회 / 법학전문대학원

비교대조형 그래픽 조직자

주제	사과와 오렌지의 비교		
비교대상	사과		오렌지
주요 개념	차이점	공통점	차이점
종(種)		과일	
모양		동그랗다	
색깔	연두색, 빨간색		주황색
맛		시거나 달다	

원인결과형 그래픽 조직자

미국발 금융위기		
Start with…	Add this	Now what…
미국경제 침체 (2007년)	서브프라임 모기지 사건 (2007~2008년)	총체적인 국제 금융위기

산업구조 변화·제조업 ↓ 지식업, 직업창출 안됨	자동차 산업 퇴보 ↓ 생산성 하락, 실업률 증가	이라크 전쟁 장기화 ↓ 전쟁 비용 과다 지출	대형 석유 회사들의 유가 폭리 정책	주택담보 대출 증가, 상환 어려움	각 은행 채권 발행, 채권 사들인 기업 파산	보증선 AIG 파산신청 ↓ 정부 구제	부도난 우량 회사에 투자한 세계 각국의 금융위기 확산	거액 투자자의 투자한 투자심리 위축	은행의 고금리, 국제 원자재 값 상승

기출 POINT 29

❶ 24중등A9

(다)의 괄호 안의 ㉠에 해당하는 (나) 글의 구조의 명칭을 글의 주된 내용 전개 방법에 근거하여 쓰시오.

(나) 읽기 자료

〈고체와 액체〉

우리 주위에는 매우 다양한 물질이 있다. 그중 고체와 액체에 대해 살펴보자. 돌과 나무는 고체이고, 물과 주스는 액체이다. 돌이나 나무 같은 고체는 모양이나 부피가 쉽게 바뀌지 않는다.

이에 반해 물이나 주스 같은 액체는 담는 그릇에 따라 모양이 변하지만 부피는 일정하다. 그래서 물이나 주스를 한가운데가 뚫려 있는 그릇에 통과시키면 모양은 잠깐 바뀌지만 부피는 변하지 않는다.

(다) 국어 수업 계획

〈읽기 이해 지도 계획〉

1) 글의 구조 파악하기
   - (㉠)형 구조

2) 글을 읽고 그래픽 조직자로 표현하기
   - (㉡) 활용하기

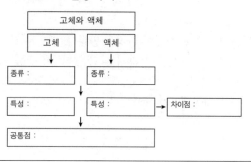

---

❷ 22초등A4

[B]에 해당하는 설명글의 구조를 쓰시오.

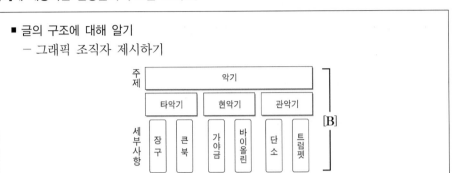

■ 글의 구조에 대해 알기
　－ 그래픽 조직자 제시하기

❸ 21초등A7

㉠에 해당하는 말 3가지를 (가)의 [A]에서 찾아 쓰고, ㉡에 해당하는 '갯벌의 이로움'의 글 구조를 쓰시오.

(가)

갯벌의 이로움

바닷물이 드나드는 넓은 땅을 갯벌이라 부른다. 갯벌은 사람과 자연에 여러 가지 이로움을 준다.

[A]
　먼저, 갯벌은 어민들에게 경제적 이익을 준다. 갯벌에는 바닷물이 드나들면서 조개나 물고기, 낙지 등과 같은 동물들이 살기에 좋은 환경이 만들어진다. 어민들은 갯벌에서 이러한 것을 잡아 돈을 번다.
　다음으로, 갯벌은 오염 물질을 정화하여 깨끗한 환경을 만든다. 갯벌은 겉으로는 진흙탕처럼 보이지만 그곳에는 작은 생물들이 많이 살고 있다. 이 생물들은 육지에서 나오는 오염물질을 분해한다.
　마지막으로, 갯벌은 물을 흡수해 저장했다가 내보낸다. 그러므로 갯벌은 큰 비가 오면 빗물을 흡수해 홍수를 막아 준다.

■ 교사와 학생이 글 구조를 활용하여 '갯벌의 이로움'을 요약하는 방법 연습하기

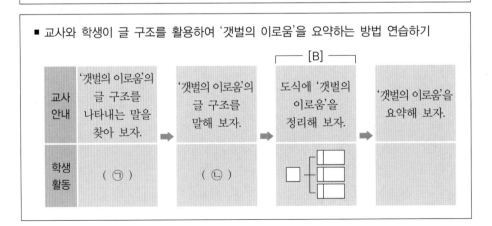

④ 20중등A10

ⓒ과 같이 글을 구조화하는 전략 1가지를 순서대로 쓰시오.

모둠읽기 활동	읽기 전	• 브레인스토밍 : 읽을 글에 대해 알고 있는 내용을 생성하고, 조직화한 후, 정교화하기 • 글의 제목, 소제목, 그림 등을 훑어보고 글의 내용 짐작하기
	읽기 중	• 모둠원의 개별 수준에 맞는 글 읽기 • 단서 단어 및 중요한 단어 학습하기 〈수준별 읽기 자료 예시〉 미래직업 변화하는 미래에 기대되는 직업은 환경의 중요성이 커짐에 따라 생기는 직업, 로봇을 이용한 작업이 많아짐에 따라 생기는 직업 등으로 나눌 수 있다. 그중 환경의 중요성이 커짐에 따라 생기는 직업에는 기후변화 전문가, 에코제품 디자이너 등이 있다. 그리고 로봇을 이용한 작업이 많아짐에 따라 생기는 직업에는 로봇 디자이너, 로봇 공연 기획자 등이 있다. …(하략)… • 글의 구조를 고려하여 주요 단어를 기록하기 미래직업 ├ 환경 ─ 기후변화 / 에코제품 └ 로봇 ─ 디자이너 / 공연기획자 … ⓒ
	읽기 후	• 글 이해에 대한 개별 평가 후 채점하기 • 모둠 성취 평가하기

② **중심내용 파악하기(generating main idea)** **❷** 21초등A7, **❸** 14중등A14

ⓐ 중심내용 파악하기는 해당 문단의 중요 내용을 찾고 이를 자신의 말로 표현하는 전략이다.

ⓑ 글을 읽고 중심내용을 찾는 것은 읽기이해에 중요한 역할을 하며, 특히 설명글의 이해에서 더욱 중요한 역할을 한다.

ⓒ 중심내용 파악하기 전략은 해당 글의 중심내용을 찾는 방법에 초점을 맞춰 교수를 진행한다. **❶** 25중등B10

> • 각 문단이 '무엇' 또는 '누구'에 관한 내용인지를 파악하기
> • 각 문단에서 '무엇' 또는 '누구'에 관한 가장 중요한 내용 파악하기
> • 1~2단계에서 파악한 내용을 10어절 이내의 문장으로 표현하기

기출 POINT 30

❶ 25중등B10
괄호 안의 ⓒ에 해당하는 내용을 서술하시오.

	단계	작성 내용
특수 교사 : 교과서 지문을 이해하기 위해서 문단에서 중심 내용 파악하기 전략을 적용할 수 있어요.		
1단계	(ⓒ)	태양계
2단계	문단에서 주요 내용 찾기	(생략)
3단계	1~2단계의 내용을 10어절 이내 문장으로 만들기	(생략)

기출 POINT 30

❷ 21초등A7

다음은 학생이 '갯벌의 이로움'에 대해 작성한 활동 결과이다. 활동 결과에 나타난 문제를 해결하기 위해 강 교사가 학생에게 지도해야 할 학습 내용을 쓰시오.

갯벌의 이로움

바닷물이 드나드는 넓은 땅을 갯벌이라 부른다. 갯벌은 사람과 자연에 여러 가지 이로움을 준다.

[B]
먼저, 갯벌은 어민들에게 경제적 이익을 준다. 갯벌에는 바닷물이 드나들면서 조개나 물고기, 낙지 등과 같은 동물들이 살기에 좋은 환경이 만들어진다. 어민들은 갯벌에서 이러한 것을 잡아 돈을 번다.

다음으로, 갯벌은 오염 물질을 정화하여 깨끗한 환경을 만든다. 갯벌은 겉으로는 진흙탕처럼 보이지만 그곳에는 작은 생물들이 많이 살고 있다. 이 생물들은 육지에서 나오는 오염물질을 분해한다.

마지막으로, 갯벌은 물을 흡수해 저장했다가 내보낸다. 그러므로 갯벌은 큰 비가 오면 빗물을 흡수해 홍수를 막아 준다.

〈활동 결과〉

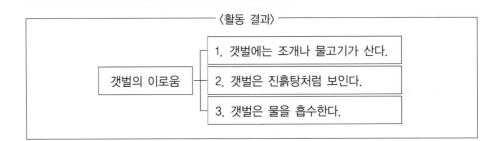

갯벌의 이로움 ─ 1. 갯벌에는 조개나 물고기가 산다.
─ 2. 갯벌은 진흙탕처럼 보인다.
─ 3. 갯벌은 물을 흡수한다.

---

❸ 14중등A14

다음은 학생 A가 글을 소리 내어 읽을 때 보인 오류를 표시한 것이다. A가 어려움을 보이는 읽기 하위 영역을 쓰시오.

교　　사 : 이 문단의 중심내용은 무엇인가요?

학생 A : ……

교　　사 : 선생님과 함께 중심내용을 파악해 봐요. 우선, 이 문단은 무엇에 대한 내용인가요?

학생 A : 감기요.

교　　사 : 그래요. 이 문단은 감기에 대한 내용이에요. 그러면, 감기에 대해 무엇을 얘기하고 있나요?

학생 A : ……

…(하략)…

ⓔ 중심내용 파악하기 전략을 적용할 때 그래픽 조직자를 함께 활용하여 학생이 문단의 내용을 시각적으로 조직하여 정리하도록 할 수 있다.

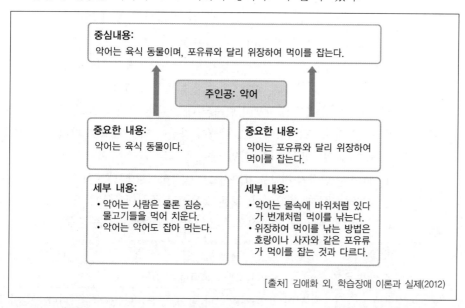

[출처] 김애화 외, 학습장애 이론과 실제(2012)

기출 POINT 31

❶ 13중등34

다음은 읽기학습장애 학생 A에 대한 평가 결과이다. A에게 적합한 읽기이해 지도 방법으로 옳은 것을 〈보기〉에서 모두 고르시오.

- 비교 대조 형식의 글에 대한 이해가 부족함
- 글과 관련된 사전지식 활성화에 어려움이 있음
- 글을 읽고 주제에 대해서 파악하는 데 어려움이 있음

〈보기〉

ㄱ 본문을 읽기 전에 제목을 읽고 글의 내용을 예측하도록 지도한다.
ㄴ 단서를 활용하여 글에서 중심내용을 찾고 이를 자신의 말로 표현하도록 지도한다.
ㄷ 일견단어 접근법과 같은 해독중심 프로그램을 활용하여 단어의 의미형성을 유도한다.
ㄹ 주어진 글과 관련된 개념들을 중심으로 '개념지도(concept map)'를 작성하도록 지도한다.
ㅁ 비교 대조 형식의 글을 지도할 때 아래와 같은 그래픽 조직자들을 활용하여 지도한다.

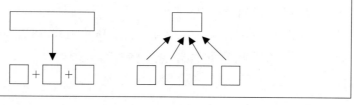

기출 POINT 31

❷ 10중등17

읽기이해에 어려움이 있는 학습장애 학생에게 다음과 같은 글(설명문)을 지도할 때 적절한 교수전략으로 가장 거리가 먼 것은?

■ 음성 언어와 문자 언어

음성 언어와 문자 언어의 특성을 이해하기 위해서는 일단 음성과 문자의 속성에 주목해야 한다. 음성은 소리이기 때문에 청각에 의존한다. 또한, 소리이기 때문에 말하고 듣는 그 순간 그 장소에만 존재하고 곧바로 사라진다. 반면에 문자는 기록이기 때문에 시각(視覺)에 의존하고, 오랜 기간 동안 보존이 가능(可能)하며, 그 기록을 가지고 다른 곳으로 이동할 수도 있다.
음성 언어는 소리의 속성 때문에 말하는 이와 듣는 이가 대면한 상태에서 사용된다.
…(중략)…
이에 비해 문자 언어는 상대방이 없는 상태에서 충분한 시간을 가지고 사용하게 된다.

〈보기〉

ㄱ 읽을 내용과 관련하여 학생들이 이미 알고 있는 배경지식을 활성화시킨다.
ㄴ 읽기 전 활동으로 제목 등을 훑어보게 하여 읽을 내용을 짐작하도록 한다.
ㄷ 글의 구조에 대한 지도를 하여 글의 중요한 내용을 파악하도록 한다.
ㄹ 중심내용과 이를 뒷받침하는 세부내용을 확인하여 문단의 중요한 내용을 파악하도록 한다.
ㅁ 사실과 의견을 구분할 수 있는 그래픽 조직자를 사용하여 글의 내용을 시각적으로 조직할 수 있도록 한다.

(3) 읽기 후 전략

읽기 후 전략의 목표는 글 전체의 내용을 종합하는 데 있다. 대표적인 읽기 후 전략에는 읽기이해 질문에 답하기, 읽기이해 질문 만들기, 요약하기 등이 있다.

① 읽기이해 질문에 답하기 및 읽기이해 질문 만들기

  ㉠ 교사는 읽은 글의 내용에 관한 질문을 만들어 학생에게 제시하고, 학생은 질문에 대한 답을 하는 형식으로 교수·학습 활동을 진행한다.

  ㉡ 단순히 읽기이해 질문에 학생이 답하는 데 그치는 것이 아니라, 학생이 스스로 읽기이해 질문을 만드는 전략으로, 학생이 자신이 읽은 내용을 다시 한번 복습하게 되고, 특히 중심내용을 다시 한번 살피고 기억하는 데 효과적이다.

  ㉢ 읽기이해 질문 만들기 전략을 효과적으로 적용하기 위해서는 학생에게 '좋은 질문'에 대한 명시적 교수가 필요하다. 좋은 질문이란 중심내용을 강조하고, 단편적인 지식보다는 글의 내용을 통합적으로 파악하여 답할 수 있는 질문을 의미한다.

질문의 유형	설명
바로 거기 유형	답이 글에 그대로 드러나는 질문
생각하고 찾기 유형	답이 글 속에 있으나 한 곳에 드러나는 것이 아니라 학생이 읽은 내용을 결합하여 답해야 하는 질문
작가와 나 유형	답이 글 속에 없고 학생이 자신의 선행지식과 읽은 내용을 관련시킴으로써 답을 추측해야 하는 질문

② 요약하기

  ㉠ 요약하기 전략은 읽은 글의 전체 내용을 종합적으로 파악하여 필요 없는 내용은 버리고, 중요한 내용에 초점을 맞추어 정리하는 것을 돕는 전략이다.

  ㉡ 이 전략은 학생이 전체 글의 내용 및 글 구조를 다시 한번 살피고, 문단별 중심내용을 다시 한번 확인하고 기억하는 데 도움이 된다.

(4) 다전략 교수(multiple strategy instruction)

다전략 교수는 읽기 전, 중, 후에 사용되는 여러 읽기이해 전략들을 결합하여 사용하는 방법이다. 연구에 따르면 다전략 교수는 읽기이해력과 교과지식 향상에 긍정적인 영향을 주었다. 그러나 다전략 교수 사용 시 주의할 점은 너무 많은 전략을 결합하여 사용하는 것은 학생에게 혼란을 가져올 수 있으므로 4개의 전략을 결합한 교수법이 가장 적절하다고 주장하였다. 대표적인 다전략 교수에는 상보적 교수와 K-W-L 전략이 있다.

① 상보적 교수(reciprocal teaching)

  ㉠ 상보적 교수의 개념 ❶ 23중등B3

  • 상보적 교수는 교사와 학생이 글에 대해 구조화된 대화를 함으로써 학생의 읽기이해력을 향상시키는 것을 목적으로 한다.

기출 POINT 32

❶ 23중등B3
ⓐ~ⓓ 중 틀린 것 1가지를 찾아 기호를 쓰고, 바르게 고쳐 쓰시오.

ⓐ 교사와 학생은 비구조화된 대화를 통해 읽기 이해 능력을 향상시키도록 한다.
ⓑ 사용되는 4가지 전략은 문단이나 단락별로 순환적으로 사용될 수 있다.
ⓒ 예측하기 전략의 경우, 글을 읽는 중간에 지금까지 읽은 내용을 바탕으로 앞으로 이어질 내용을 예측하게 한다.
ⓓ 질문 만들기 전략에 사용되는 질문은 핵심어(키워드)를 활용하여 만들 수 있으며, 글의 갈래에 따라 핵심어(키워드)는 달라질 수 있다.

- 교사는 학생과의 대화를 통해 요약하기, 질문 만들기, 명료화하기, 예측하기 전략의 사용을 가르치고, 여기서 4가지 전략은 순서대로 한 번 사용하는 것이 아니라, 문단별로 순환적으로 사용한다.

ⓛ 상보적 교수의 적용절차 **❷ 09중등40**

- 상보적 교수를 사용할 때 교사와 학생은 지도자의 역할을 번갈아 맡게 된다. '교사'의 역할을 맡은 사람은 학생이 각자 속으로 읽은 읽기자료에 대한 대화를 주도하는 역할을 하게 된다.
- 상보적 교수는 4가지 전략을 활용하여 진행된다. 즉, 교사는 학생들과의 대화를 통해 요약하기, 질문 만들기, 명료화하기, 예측하기 전략의 사용을 가르치고, 점차적으로 학생들이 대화를 이끌어 갈 수 있도록 돕는다. 이때 4가지 전략은 순서대로 한 번씩 사용하고 끝나는 것이 아니라, 단락별(또는 한두 단락별)로 순환적으로 사용된다.
- 수업이 진행되면서 점차 주도권은 학생에게 이양되고, 교사는 필요한 경우에만 지도하며 피드백을 제공한다. 즉, 학생들이 이들 전략을 독립적으로 활용할 수 있게 되면, 학생들이 수업을 이끄는 리더 혹은 '교사'의 역할을 수행하게 되고, 교사는 필요한 때에만 비계를 제공한다.

📌 **상보적 교수의 4가지 전략**

예측하기	• 예측하기는 글을 읽는 목적을 설정하는 데 도움을 준다. 즉, 학생은 자신이 예측한 내용이 맞는지 여부를 점검하면서 글을 읽게 된다. • 글을 읽기 전에는 글을 전반적으로 훑어봄으로써 앞으로 읽을 내용에 대해 예측하게 하고, 글을 읽는 중간에는 지금까지 읽은 내용을 바탕으로 앞으로 이어질 내용을 예측하게 한다.
질문 만들기	• 질문 만들기는 학생이 자신이 읽은 글에서 중요한 내용에 집중하도록 돕는다. • 학생이 해당 문단을 읽으면서, 그 문단의 중요한 내용을 반영한 질문을 만들도록 한다. 이때 질문을 만드는 데 필요한 키워드 등을 사용할 수 있는데, 이러한 키워드는 글의 장르에 따라 달라질 수 있다.
명료화하기 ❶ 23중등B3, ❷ 17초등B2, ❸ 15중등A5	• 명료화하기는 학생이 자신의 글에 대한 이해 여부를 점검하도록 돕는 전략이다. • 학생이 자신이 모르는 단어나 이해하지 못한 내용이 있는지를 점검하고, 자신이 이해하지 못한 부분에 대해 명료화한 후에 다음 문단으로의 읽기를 진행한다.
요약하기	• 요약하기는 학생이 자신이 읽은 글의 내용을 정리하고, 중요한 내용을 기억하는 것을 돕는다. • 학생은 이야기 글의 경우에는 이야기 문법 요소를 중심으로 내용을 요약하고, 설명글의 경우에는 문단별 중심내용을 중심으로 전체 글을 요약한다.

❷ 09중등40
다음에서 사용된 교수 방법을 쓰시오.

> 김 교사는 학생들에게 자기 주도적으로 학습하는 능력을 길러주기 위하여 '충성스런 진돗개' 단원을 다음과 같이 지도하였다. 먼저, 학생들에게 교재에 있는 그림과 목차를 보면서 자신이 생각하는 것을 말해 보도록 하고, 학습 과제에 대한 질의·응답 과정을 거쳤다. 그 다음 학생들에게 한 단락을 읽고, 요약 및 토론하여 잘못된 내용을 어떻게 수정하고, 평가하는지 명시적으로 보여주었다. 이후 학생들을 세 모둠으로 나누고, 각 모둠에 학습장애 학생을 한 명씩 포함시켰다. 그리고 학생들 스스로 질문, 요약, 명료화, 수정·평가하는 과정을 거쳐 토론을 주도하도록 안내하고, 점진적으로 모든 책임을 학생들이 맡아서 진행할 수 있도록 지도하였다.

기출 POINT 33

❶ 23중등B3
괄호 안의 ㉠에 해당하는 전략의 명칭을 쓰시오.

(가) 상보적 교수를 활용한 지도 계획
■ 단원: (1) 갈등하는 삶
■ 제재: 자전거 도둑

전략	내용
예측하기	1. 나는 자전거를 훔친 도둑이 벌을 받게 되는 이야기를 읽게 될 것이라 생각한다.
질문 만들기	1. 주인공이 누구인가? 수남이 2. 주인공이 무슨 일을 하는가? 전기용품을 판매함

(㉠)	• 어려운 단어 확인 및 점검
	  – 도매상, 조건 반사, 황공하다
	• 이해가 되지 않는 내용 (문장)
	  – 고개를 움츠려 알밤을 피하는 시늉부터 한다.
	※ 해결 방안: 다시 읽기, 어려운 단어가 포함된 문장의 앞·뒤 문장 읽기, 사전 찾기, 선생님과 이야기하여 내용을 이해하고 다음 문단으로 넘어가기

요약하기	전기용품점에서 일하는 열여섯 살 수남이는 목소리가 굵어 전화 받을 때 주인으로 오해받는 일이 많다.

기출 POINT 33

❷ 17초등B2

〈읽기 자료〉에 밑줄 친 단어 중에서 1개를 선택하여 (가)의 ⓒ을 적용한 예 1가지를 쓰시오.

───────────── 〈읽기 자료〉 ─────────────

안전띠는 우리의 안전을 위해 몸을 좌석에 붙들어 매는 띠입니다. 학교 버스를 타고 소풍을 갈 때 버스에서 안전띠를 착용해야 합니다. 내릴 때까지 안전띠를 풀지 말아야 합니다.

(가)

Q: 학생 A가 읽기이해에 어려움이 있어 상보적 교수를 하여 읽기지도를 실시하려고 하는데, 상보적 교수 중 명료화하기 전략이 무엇인지 궁금합니다.

A: ⓒ 상보적 교수의 명료화하기 전략은 사전 찾기를 하여 학생이 글을 읽다가 어려운 단어가 있을 때 단어의 의미를 파악할 수 있도록 도와주거나, 글의 내용을 이해하도록 도와줍니다.

❸ 15중등A5

아래에서 김 교사가 사용한 교수방법과 (   ) 안에 들어갈 용어를 쓰시오.

김 교사는 학생들과 함께 질문하고 토론하면서 교사 주도로 수업을 하다가, 점진적으로 학생들이 학습에 대한 주도권을 갖도록 하였다. 김 교사는 수업 시간에 학생들과 함께 다음과 같은 방법으로 교수·학습 활동을 하였다.

예측하기	학생들은 글의 제목을 보고 글의 내용을 예측한다.
질문 만들기	• 학생들은 자신이 읽은 글에서 중요한 내용을 파악하기 위해 질문을 만든다. • 학생들은 교사의 입장에서 학생들에게 물어보고 싶은 내용을 질문으로 만든다.
( )	• 학생들은 본문에 있는 어려운 단어의 뜻을 알아보기 위해 글을 다시 읽는다. • 학생들은 이해하지 못한 문맥의 뜻을 파악하기 위해 본문의 내용을 점검한다.
요약하기	• 학생들은 주요 내용을 서로 질문하고 대답한다. • 학생들은 자신들이 답한 내용을 모아서 요약한다.

ⓒ 상보적 교수 적용 시 고려사항
- 학생 상호 간에 상호작용을 촉진하기 위한 구조화된 활동이 있어야 한다.
- 학습활동의 지도자 역할을 수행하는 학생이 단순히 교사의 역할을 대역하기보다는 전반적 학습활동 과정을 책임 있게 진행시킬 수 있는 능력을 개발할 수 있도록 지도한다.
- 학생들이 각 학습전략을 어떻게 활용하는지에 대한 분명한 인식을 가질 수 있도록 해야 한다.

더알아보기 POSSE

상보적 교수를 활용한 효과적인 기법으로 POSSE를 들 수 있다.
- P(predict) : 배경지식을 토대로 글의 내용들을 예측한다.
- O(organize) : 글의 구조를 통해 얻을 수 있는 예상된 생각들을 조직한다.
- S(search) : 글의 구조에서 주요 내용들을 찾아본다.
- S(summarize) : 주요 내용이나 주제를 요약한다.
- E(evaluate) : 이해 정도를 평가한다.

POSSE	
P 글의 내용들을 예측한다.	**O 자신들의 생각들을 조직한다.**

대통령 선거 / 국회의원 선거 / 투표하기 / 전교회장 선거 / 대표 뽑기 / 일할 사람 뽑기 / 비밀을 지킨다 / 선거운동 / 돈이나 선물 안 받기 / 차별 없는 선거 / 후보자들이 나온다.

학생 질문
1) 왜 선거를 하는가?
2) 선거는 어떤 과정을 거치는가?
3) 어떨 때 선거를 하는가?
4) 선거할 때 지켜야 할 것은 무엇인가?

S 글의 구조에서 주요 내용들을 찾아본다.

S 주요 내용을 요약한다.
주제와 관련된 질문들을 '교사'에게 한다(세부 내용을 점검한다). → 주요 생각이나 주제를 요약하고 의미 관계표에 정보를 기록한다.

E 비교하기, 명료화하기, 예측하기
의미 관계표를 비교하면서 이해 정도를 평가하고, 정보를 명료화하며, 다음에 올 내용에 대해 예측해 본다.

② 협력 전략적 읽기(Collaborative Strategic Reading ; CSR)

　　㉠ 협력 전략적 읽기는 상보적 교수와 효과적인 교수-학습 이론의 특징(例 직접교수, 협력 활동)을 결합하여 개발된 읽기이해 교수법이다.

　　㉡ 이미 연구를 통해 효과성이 검증된 네 가지의 읽기이해 전략(사전검토, 읽기이해 점검, 중심내용 파악하기, 마무리)을 함께 사용함으로써 학생이 읽기 전, 읽기 중, 읽기 후 활동에 능동적으로 참여하여 읽기이해를 향상시키는 데 목적을 두고 있다.

　　　• 읽기 전 전략인 사전검토(previews)는 글의 주제에 대한 학생의 선행지식을 활성화시키고 읽기에 관한 흥미와 관심을 높이기 위한 브레인스토밍 전략과 예측하기 전략으로 구성되어 있다.

　　　• 읽기 중 전략은 읽기이해 점검 전략과 중심내용 파악하기 전략으로 구성되어 있다.

읽기이해 점검 전략	글을 읽는 동안 자신의 이해 정도를 지속적으로 점검하고 자신 이 읽은 내용을 이해하지 못한 경우에는 읽기이해 수정 전략을 사용한다.
읽기이해 수정 전략	문맥 활용하기 전략과 단어를 구성하는 부분(例 접두사/접미사) 을 분석하여 단어의 의미 파악하기 전략이 포함된다.
중심내용 파악하기	보통 한두 문단의 글을 읽은 후 읽은 문단의 주요 내용을 파악 하는 데 사용된다.

　　　• 읽기 후 전략인 마무리는 읽은 내용을 요약하고 공고히 하는 것을 목적으로 하며, 질문 만들기와 읽은 내용 요약하기로 구성되어 있다.

<그림 카드 상단 영역>

〈사전검토; preview〉
- 브레인스토밍
- 예측하기
  - 제목, 소제목, 그림 등 훑어보고 읽을 내용 예측하기

〈읽기이해 점검; click and clunk〉
- 글의 내용을 이해하고 있는지 여부를 파악하기
- 글의 내용을 이해하지 못하였을 때
  - 다시 읽기
  - 문맥의 뜻을 파악하기 위해 이해가 잘 안 되는 문장의 앞 문장과 뒷 문장을 읽어 보기
  - 단어 형태 분석해 보기(접두사, 접미사, 어간/어미 등)
  - 사전 찾기
  - 친구 또는 교사와 이야기 나누기

〈중심내용 파악하기; get the gist〉
- 이 문단은 '무엇'에 관한 내용인가?
- 이 문단에서 '무엇'에 관한 가장 중요한 내용은 무엇인가?
- 10어절 이하로 표현하기

〈마무리; wrap-up〉
- 질문 만들기
  - 바로 거기 유형
  - 생각하고 찾기 유형
  - 작가와 나 유형
- 요약하기
  이 글의 전체 내용은 _____
  _____
  _____

⚑ 협력 전략적 읽기 단서 카드의 예시

③ K-W-L 전략

㉠ K-W-L(what I Know, what I Want to learn, what I Learned) 전략은 앞으로 읽을 글에 대해 선행지식을 활성화하고 읽은 내용을 요약하는 것을 돕는 전략이다.

㉡ K-W-L 전략은 3단계로 구성되는데, 첫째 읽을 글의 제목에 대해 자신이 이미 알고 있는 것에 대해 기록하고, 둘째 앞으로 글을 읽음으로써 배우고 싶은 내용을 기록하고, 셋째 글을 다 읽은 후 자신이 글을 통해 배운 것을 요약한다. 특히 요약할 때는 글의 중심내용에 초점을 맞춘다. ❶ 24중등A9, ❷ 15중등B3

㉢ 일반적으로 K-W-L 전략은 그래픽 조직자와 함께 활용된다.

K 이미 알고 있는 것	W 배우고 싶은 것	L 글을 읽고 배운 것

기출 POINT 34

❶ 24중등A9
밑줄 친 ⓔ에 해당하는 전략을 쓰시오.

> 4) 글의 내용 파악하기
> - ⓔ (읽기 전) 이미 알고 있었던 내용, 더 알고 싶은 내용 확인하기, (읽기 후) 오늘 알게 된 내용 기록하기

❷ 15중등B3
학습장애 학생 A에게 K-W-L 기법을 적용하려고 한다. ⓐ의 단계별 지도 내용을 교사가 제시한 읽기 자료에 근거하여 순서대로 쓰시오.

> ■ 지도 내용 및 교수전략
>   ⓐ K-W-L 기법을 사용하여 용해와 용해에 대해 이해함

> 〈읽기 자료〉
> 용해는 고체 물질이 액체로 변하는 상태 변화이다. 용해는 고체나 액체 또는 기체가 액체에 녹아 들어가는 현상이다. 용해는 용매(녹이는 물질)와 용질(녹는 물질) 사이의 인력으로 인하여 일어난다.

㉣ K-W-L 변형 전략에는 다음과 같은 전략들이 있다.

- K-W-L-H 전략에서 H는 방법(how)을 의미한다. H 칼럼에는 스스로 정보를 찾아야 하는 활동을 위해 '어떤 방법으로 답을 얻을 것인가?'에 대한 답을 쓴다.
- K-W-L-A 전략에서 A는 감정(affect)을 의미한다. A 칼럼은 읽기 전, 중, 후에 채워질 수 있는데, 책을 읽기 전 주제에 대해 가지고 있는 느낌을 적고, 책을 읽는 도중이나 읽은 후에 알게 된 사실에 대해 감정적으로 느끼는 것에 대해 적는다.

④ SQ3R ❶ 11중등30

기출 POINT 35

❶ 11중등30
다음에 해당하는 읽기 교수 방법을 쓰시오.

독해 문제를 가진 학습장애 학생이 설명문으로 된 글을 읽을 때 도움이 된다. 이 방법은 먼저 본문을 훑어보고 질문을 한 뒤, 질문의 답을 찾기 위해 본문을 읽고, 찾은 답을 되새기고, 다시 검토하는 방법을 사용한다.

단계	내용
1. 개관(survey)	읽기 자료의 개요를 확인하기 위해 자료 전체(제목, 도입부, 요약, 지도나 표, 그래프, 그림 등)를 훑어본다.
2. 질문(question)	주의 깊게 책을 읽게 하기 위해 학생으로 하여금 대답할 수 있을 만한 문제를 만들어 보게 한다.
3. 읽기(read)	질문에 대한 답을 찾을 의도로 책 읽기를 한다. 학생은 책을 천천히 읽으면서 필요한 경우에는 메모를 할 수 있다.
4. 암송(recite)	짧고 간단한 질문에 대해 읽은 내용을 다시 말한다. 암송과정은 학생이 학습한 것에 대해 확인하게 하고 정보를 기억하도록 도와준다.
5. 검토(review)	학생이 읽기 자료를 복습하고 전 단계에서 찾아낸 질문의 답을 확인하기 위해 자료의 일부나 자신이 작성한 노트를 다시 읽어 내용을 기억하고 있는지를 점검한다. 또한 각 제목하의 핵심 사항에 대해 정리할 수 있다. 이러한 복습과정은 학생이 학습한 것에 대한 강화가 되어 읽기 자료의 내용을 보다 잘 기억하게 하는 데 도움을 준다.

⑤ RIDER 전략

읽기 이해 향상을 위한 전략으로, 학생들의 기억과 읽기이해를 향상시키기 위해 읽은 내용을 시각적 이미지로 형상화하는 것이다.

단계	내용
R	Read the sentence. (문장 읽기)
I	Imagine a picture of it in your mind. (문장에 대해 마음속으로 이미지 그리기)
D	Describe how the new image differs from the old. (새로운 이미지가 예전의 것과 어떻게 다른지 기술하기)
E	Evaluate to see that the image contains everything. (이미지에 모든 것이 포함되어 있는지 평가하기)
R	Repeat as you read the next sentence. (다음 문장에서도 반복하기)

(5) 독해력 증진을 위한 교수전략

① 관련 지식 자극하기

읽기 자료의 주요 내용들을 논리적이고 의미 있게 서로 연결하고 글의 내용을 중심으로 적절한 추론을 내릴 수 있도록 학생들을 도와주는 역할을 수행한다.

> 예 이전 읽기 내용과 현재 읽기 내용을 서로 연관시켜 주기, 이야기의 전반적 맥락을 제시하여 주기, 학생들이 글의 내용과 관련한 경험이나 지식을 서로 이야기하도록 하기 등이 있다.

② 질문하기

학생들이 글의 주요 내용에 주의를 기울이도록 유도하고, 글의 전체 내용을 단계적으로 요약할 수 있도록 돕는다. 또한 학생 스스로가 글을 읽는 동안 글의 내용에 대한 자신의 이해를 점검해 볼 수 있도록 돕는다.

> 예 교사는 글 전체 내용을 가장 잘 대표하는 핵심어를 찾도록 하는 질문, 글의 주요 내용에 대한 문단별 요약을 요구하는 질문, 읽은 내용을 중심으로 다음 단계에서 어떤 일이 일어날지 예견하고 그 결과를 확인해 보도록 하는 질문 등을 활용할 수 있다.

③ 심상 만들기

학생들이 주요 내용을 효과적으로 연결하고 요약할 수 있도록 돕는다. 학생들은 글을 읽는 동안 글 속에 기술되어 있는 인물, 사건, 상황 등을 반영하는 영상을 마음속에 형성하는 동시에, 사실적 정보에 대해서는 그 내용을 명제로서 부호화한다. ❶ 14초등A4

> 예 학생들에게 글을 읽는 동안 마음속에 글의 내용에 대한 심상을 만들어 보도록 요구하기, 글을 읽고 난 후 글의 내용을 대표할 수 있는 그림을 그리도록 요구하기, 글을 읽는 동안 글 속에 들어있는 삽화를 보면서 글의 내용과 관련짓도록 유도하기 등이 있다.

④ 효과적인 학습동기

㉠ 효과적인 학습동기 전략은 학생들이 읽기 활동에 적극적으로 참여하도록 유도함으로써 궁극적으로 학생들의 읽기 능력 향상에 도움을 준다.

㉡ 학생들이 읽기 활동에 참여하는 동기에는 내재적 동기와 외재적 동기가 있다.

- 내재적 동기요인에는 글의 내용에 대한 관심, 새로운 내용에 대한 학습 호기심, 글 속에 숨어 있는 복잡한 암시나 해결책을 찾아내기, 친구들과의 대화에서 책의 내용에 대해 이야기하기 등이 있다.
- 외재적 동기요인에는 교사의 요구에 순응하기, 교사로부터 인정받기, 친구들과 경쟁하기 등이 있다.

기출 POINT 36

❶ 14초등A4

ⓒ에 알맞은 지도 유형과 ⓓ에 알맞은 지도 과제를 쓰시오.

지도 유형	읽기지도 과제와 교사 발문의 예
(ⓒ)	• 질문하기: 방금 읽은 글에 등장한 주인공의 이름은 무엇인가요? • 관련 지식 자극하기: 오늘은 '동물원에서 생긴 일'을 읽을 거예요. 먼저 동물원에서 경험한 내용을 이야기해 볼까요? • (ⓓ): 방금 읽은 글의 장면을 눈을 감고 머릿속으로 그려 보세요.

학습장애 학생을 위한 쓰기 교수

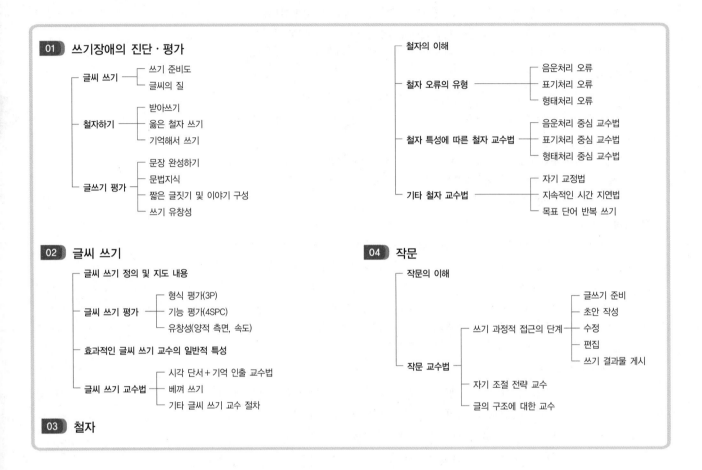

01 쓰기장애의 진단·평가

- 글씨 쓰기 ── 쓰기 준비도
  - 글씨의 질
- 철자하기 ── 받아쓰기
  - 옳은 철자 쓰기
  - 기억해서 쓰기
- 글쓰기 평가 ── 문장 완성하기
  - 문법지식
  - 짧은 글짓기 및 이야기 구성
  - 쓰기 유창성

02 글씨 쓰기

- 글씨 쓰기 정의 및 지도 내용
- 글씨 쓰기 평가 ── 형식 평가(3P)
  - 기능 평가(4SPC)
  - 유창성(양적 측면, 속도)
- 효과적인 글씨 쓰기 교수의 일반적 특성
- 글씨 쓰기 교수법 ── 시각 단서 + 기억 인출 교수법
  - 베껴 쓰기
  - 기타 글씨 쓰기 교수 절차

03 철자

- 철자의 이해
- 철자 오류의 유형 ── 음운처리 오류
  - 표기처리 오류
  - 형태처리 오류
- 철자 특성에 따른 철자 교수법 ── 음운처리 중심 교수법
  - 표기처리 중심 교수법
  - 형태처리 중심 교수법
- 기타 철자 교수법 ── 자기 교정법
  - 지속적인 시간 지연법
  - 목표 단어 반복 쓰기

04 작문

- 작문의 이해
- 작문 교수법 ── 쓰기 과정적 접근의 단계 ── 글쓰기 준비
  - 초안 작성
  - 수정
  - 편집
  - 쓰기 결과물 게시
  - 자기 조절 전략 교수
  - 글의 구조에 대한 교수

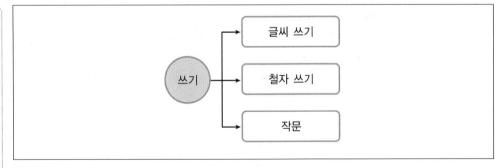

🚩 쓰기 교수의 하위 영역

01 쓰기장애의 진단 · 평가

1. 글씨 쓰기

① **쓰기 준비도**: 점선 따라 그리기, 선긋기, 도형 그리기, 글자 모양 구별하기, 글자 이름 알기 및 음절의 조성 방식을 이해하고 있는지의 여부를 평가하는 문항으로 구성한다.

② **글씨의 질**: 글씨를 바르고 빠르게 쓰기 위해 줄과 칸에 대한 인식, 글자의 모양을 중심으로 평가할 수 있는 문항, 쓰기 속도를 파악할 수 있는 문항을 포함한다.

2. 철자하기

① **받아쓰기**: 음성학적으로 쉬운 단어부터 어려운 단어가 포함된 구 또는 문장을 듣고 기록한다.

② **옳은 철자 쓰기**: 맞춤법이 틀린 낱말을 고치거나 소리가 비슷하거나 헷갈리기 쉬운 맞춤법이 있는 낱말 중 의미와 맥락에 적절한 낱말을 쓴다.

③ **기억해서 쓰기**: 감각양상검사의 한 방식인 시각 – 운동적 방식을 활용하여 학생들이 낱말과 문장을 기억해서 바른 맞춤법으로 띄어쓰기하여 쓸 수 있는지 평가한다.

3. 글쓰기 평가

① **문장 완성하기**: 한글의 문장 구성 방식에 따라 낱말을 배열하여 적절한 문장을 만드는 기술과 함께 주어진 글을 읽고 해당 내용에 적합한 문장을 생성해내는 능력을 평가할 수 있다.

② **문법지식**: 문장쓰기에 필요한 다양한 문법적 지식이 있는지를 파악하기 위해 문장 부호, 호응 등의 이해를 평가할 수 있다.

③ **짧은 글짓기 및 이야기 구성**: 특정 주제에 대해 아이디어를 생성하고 이를 글(또는 말)로 구성할 수 있는 능력을 평가할 수 있다.

④ **쓰기 유창성**: 문장 수준에서 정해진 시간 내에 얼마나 많은 문장을 생성할 수 있는가에 초점을 맞추어 학생의 문장 쓰기 유창성을 평가할 수 있다. ❶ 22중등A6

> 정확 단어(음절)의 수 = 총 단어(음절)의 수 - 오류 단어(음절)의 수

더알아보기

국립특수교육원 기초학습능력검사(NISE–B · ACT)를 바탕으로 쓰기 검사의 구성을 살펴보고자 한다. NISE–B · ACT 검사 구성에 대한 보다 자세한 내용은 「스페듀 Vol.4」에 수록되어 있다.

PART
03

기출 POINT 1

❶ 22중등A6
밑줄 친 ㉣의 쓰기 유창성 값을 음절 단위로 산출하여 쓰시오.
(나) 작문 노트

> 일주일에 3일을 실 수 있다면 월오일에 시면 좋겠다. ㉣ <u>왜냐하면 토오일, 일오일을 시고 오면 피곤하다.</u> 그래서 월오일에 시는 것이 좋을 것 같고, 화오일도 피곤하겠지만 화오일은 체육이 있어서 시는 것보다 학교에 오고 싶을 것 같다.

02 글씨 쓰기(handwriting)

1. 글씨 쓰기 정의 및 지도 내용

(1) 글씨 쓰기 정의

① 글씨 쓰기 능력은 단순히 소근육 운동 기술뿐만 아니라 표기처리 능력(낱자 및 글자의 형태에 관한 인식)에 의해 더 많이 영향을 받는다. 따라서 예전에는 글씨 쓰기 교수법에서 소근육 운동 기술에 초점을 두었던 반면, 최근에는 운동 기술뿐만 아니라 글자의 형태 자체에 대한 교수를 강조하고 있다.

② 학습장애 학생들의 글씨 쓰기 특성으로는 글씨를 지나치게 천천히 쓰거나(속도), 글자 크기가 크거나(크기) 일정하지 않으며, 글자 형태(형태)가 이상한 것 등을 들 수 있다.

(2) 글씨 쓰기 교수 시 유의하여 지도할 내용

① 잘 알아볼 수 있도록 글씨를 쓰도록 지도한다. 잘 알아볼 수 있도록 글씨를 쓰는 것은 글자의 형태, 글자 기울기, 글자 크기, 글자 및 단어 사이의 간격, 줄 맞춰 쓰기 등에 영향을 받는다.

② 글씨를 유창하게 쓰도록 지도한다. 글씨를 유창하게 쓴다는 것은 글씨를 알아볼 수 있도록 쓸 뿐만 아니라 빠르게 쓰는 것을 의미한다. 따라서 교사는 학생이 어느 정도 글씨를 알아볼 수 있도록 쓰게 되면, 글씨 쓰기의 속도를 높이는 데 신경을 써야 한다.
❶ 20중등B2

2. 글씨 쓰기 평가

(1) 형식 평가(3P)

형식 평가는 일반적 쓰기 평가의 3P(자세, 위치, 연필 쥐는 법)에 의해 좌우된다. ❶ 12중등19

① 자세(posture)에는 몸의 올바른 태도와 발의 위치, 시선의 꼿꼿함 등이 속한다.

② 위치(position)는 글자가 기울어지지 않도록 하기 위한 종이의 위치와 관련된다.

③ 연필(pencil)은 연필을 잡는 방법에 대한 것이다.

(2) 기능 평가(질적 측면, 4SPC)

① 글씨 모양(shape)

② 띄어쓰기(spacing)

③ 크기(size)

④ 기울기(slant)

⑤ 위치(position)

⑥ 연결성(connectedness)

기출 POINT 2

❶ 20중등B2
밑줄 친 ㉠에 해당하는 용어를 쓰시오.

일반교사: 선생님, 수업 시간에 학생 B가 필기하는 모습과 필기한 내용을 살펴보니 글씨 쓰기에 어려움이 있어 보여요. 그래서 글씨 쓰기 지도를 계획하고 있는데, 어디에 중점을 두어야 할까요?
특수교사: 먼저 글씨를 바르고 정확하게 쓰는 것에 중점을 두고 글자 크기, 글자 및 단어 사이의 간격, 줄 맞춰 쓰기 등이 올바른지 확인하시면 좋겠어요. 그다음에는 ㉠ 글씨를 잘 알아볼 수 있게 쓰는 것뿐 아니라 빠르게 쓸 수 있는 것도 목표로 해주세요. 정해진 시간 동안 얼마나 많은 글자를 쓸 수 있는지를 확인하면 좋겠네요.

기출 POINT 3

❶ 12중등19
다음은 특수교사가 학습장애 학생 A의 쓰기 능력을 평가하기 위해 수집한 자료이다. 〈자료 1〉은 주어진 문장을 3분 내에 가능한 빠르고 반듯하게 여러 번 써 보도록 하여 얻은 것이다. 학생 A의 쓰기 능력을 향상시키기 위해 고려해야 하는 것만을 〈보기〉에서 있는 대로 고른 것은?

〈자료 1〉

친구안정말미안해

〈보기〉
㉠ 학생의 쓰기 유창성을 향상시키기 위해 문장을 천천히 정확하게 베껴 쓰도록 지도한다.
㉡ 학생이 글씨를 쓸 때, 글씨 쓰는 자세, 연필 잡는 법, 책상 위의 종이 위치를 점검한다.

더알아보기 글씨의 질 관련 요소(Mercer & Mercer)

요소	하위내용	비고
모양/형태	표준 모양에 대한 이해	개별 글자의 모양
크기	표준 크기에 대한 이해	쓰기 선에 대한 이해, 글자 모양에 대한 이해, 손가락 움직임, 팔의 움직임
	균일한 크기에 대한 이해	
공간	낱말에서 글자 간 간격	
	낱말과 낱말 사이의 간격	
정렬	기준선에 맞게 글자 쓰기	
	글자 높이의 일관성	
선의 질	일정한 굵기의 선	
	선의 연속성	
경사도	글씨의 기울어짐	특히 왼손우세형

(3) 유창성(양적 측면, 속도)

① 글씨 쓰기의 질적인 특성과 함께 양적인 특성도 학업성취에 영향을 미친다. 낱자와 단어를 쓰는 속도가 매우 느린 학생은 특정 교과에 대해 그들이 가진 지식을 전달하기 어렵다.

② 교사는 평가목표를 설정하고 인정할 만한 숙달 수준이 될 때까지 수행을 늘리는 것이 필요하다.

3. 효과적인 글씨 쓰기 교수의 일반적 특성

① 글씨 쓰기를 명시적이고 직접적으로 가르친다. 글씨 쓰기의 정확성과 유창성에 어려움을 보이는 학생에게는 글씨 쓰기 교수 시간을 별도로 마련하여 일주일에 적어도 세 번 이상, 최소 10분 정도 꾸준히 지도해야 한다.

② 글씨 쓰기 연습을 반복적으로 할 수 있도록 기회를 제공한다. 특정 글자 몇 개를 하루에 집중적으로 지도하고 다음 글자로 넘어가는 것보다 여러 개의 글자를 며칠에 걸쳐 반복적으로 연습하는 것이 좋다.

③ 올바른 글씨 쓰기에 대한 명시적 시범을 보인다.

④ 글씨 쓰기에 대한 안내된 연습을 제공한다.

⑤ 교사와 학생이 함께 글씨 쓰기에 대해 안내된 연습을 한 후, 학생이 스스로 글씨 쓰기 연습을 할 수 있도록 기회를 제공하여야 한다. ❶ 10중등16

⑥ 학생이 쓴 글에 대해 올바르게 쓰지 못한 글씨에 대해 교정적 피드백을 제공하고, 올바르게 쓴 글씨에 대해 긍정적 피드백을 제공하여야 한다.

기출 POINT 4

❶ 10중등16
다음은 학습장애 학생 A의 쓰기 특성을 요약한 내용이다. A의 특성에 적절한 쓰기 지도 방법을 〈보기〉에서 모두 고른 것은?

─〈A의 쓰기 특성〉─
글쓰기 시간에 무엇에 대해 쓸 것인지를 생각하는 데 오랜 시간이 걸리며, 글씨를 쓰는 속도가 느려 주어진 시간 내에 글을 쓰는 데 어려움이 있다. 또한 소리 나는 대로 표기되는 낱말을 쓸 때에는 어려움이 없지만 음운변동이 일어나는 낱말을 쓸 때에는 철자의 오류가 많다. 특히 대부분의 문장이 단순하고 글의 내용도 제한적이다.

─〈보기〉─
㉠ 글쓰기 연습을 할 수 있는 다양한 시간과 다양한 기회를 제공한다.

4. 글씨 쓰기 교수법

(1) 시각 단서 + 기억 인출 교수법

① 시각 단서 교수법은 글자의 필순과 진행 방향을 화살표와 번호로 표시한 학습지를 사용하여 글씨를 쓰는 방법에 대해 시각적으로 보여주면서 글씨 쓰기를 가르치는 방법이다. 교사는 학생에게 화살표와 번호를 잘 보도록 지시한 후, 올바른 글자의 필순과 진행 방향을 보여준다. 그다음 학생에게 화살표와 번호에 따라 글씨 쓰기 연습을 하도록 한다.

② 기억 인출 교수법은 글자를 주의 깊게 살펴보도록 지시한 후, 가림판으로 글자를 가린 상태에서 글자를 기억하여 쓰도록 하다가, 점차적으로 시간을 늘려서 3초 후, 6초 후, 9초 후에 글자를 기억하여 쓰도록 하는 '지속적인 시간 지연법(constant time delay)'을 사용한다.

③ 시각 단서와 기억 인출 교수법 모두 효과적이었지만, 특히 이 두 교수법을 결합한 형태가 가장 효과적이다.

(2) 베껴 쓰기(copying)

① 교사가 먼저 글씨 쓰는 것을 시범 보인 후, 학생이 같은 글자를 베껴 쓰도록 하는 방법이다. 교사는 글씨 쓰는 것을 시범 보일 때, 글자를 구성하는 낱자의 이름과 글자의 필순을 말로 표현한다.

　예　'가'를 쓸 때, 교사는 다음과 같이 말로 표현한다. "'ㄱ'을 먼저 쓰고, 그다음 'ㅏ'를 쓰자."

② 글씨 쓰기 유창성을 높이기 위해서는 베껴 쓰기 교수를 적용할 때 학생이 제한된 시간 동안 베껴 쓰기를 한 다음, 학생이 베껴 쓴 글자의 수를 기록하게 한다. [12중등19]

③ 연필로 베껴 쓰기를 하는 대신 손가락으로 글자를 따라 쓰는 방법(tracing)을 사용할 수 있다.

(3) 기타 글씨 쓰기 교수 절차

① 움직임 모방(motor imitation) : 교사는 비언어적 움직임 단서를 사용하여 시범을 보인다.

② 모방(copying) : 학생들은 글자 모형을 살펴보고 나서 교사의 글자 형태에 대한 힌트 없이 그 글자를 따라 쓴다.

③ 통제(control) : 음운론적 인식 훈련을 적용한다.

03 **철자**(spelling)

1. 철자의 이해

① 철자는 단어를 맞춤법에 맞게 쓰는 것으로, 맞춤법에 맞게 철자를 쓰기 위해서는 낱자, 글자, 단어와 관련된 상당히 복잡한 지식이 요구된다.

② 한글 맞춤법은 소리대로 적되, 어법에 맞도록 쓰는 것을 원칙으로 하는데, 한글은 낱자와 소리(음소) 사이에 일대일 대응을 원칙으로 하는 반면, 하나의 뜻을 나타내는 글자의 형태가 상황에 따라 다르게 발음되는 경우(예 읽다, 읽어서, 읽는)가 상당히 많아서 소리대로 표기하기 어려운 특성을 지니고 있다.

③ 철자는 많은 학습장애 학생들이 어려움을 겪는 영역일 뿐 아니라, 향후 작문 능력을 예측하는 중요한 변인이다.

2. 철자 오류의 유형

학생이 범하는 철자 오류의 유형을 확인하고 해당 원인에 알맞은 철자 교수를 제공해야 한다. 철자 오류 유형에는 음운처리 오류, 표기처리 오류, 형태처리 오류가 있다.

(1) **음운처리 오류**

음운처리 오류는 낱자−소리 대응관계를 제대로 적용하지 않은 오류이다. 즉, 소리 나는 대로 표기되는 단어를 철자로 쓸 때, 소리가 다른 단어로 잘못 쓰는 오류이다.

예 '예쁜'을 '여쁜'으로 표기하는 경우

(2) **표기처리 오류**

표기처리 오류는 소리 나는 대로 표기되지 않는 단어를 정확하게 쓰지 못하는 오류이다. 소리 나는 대로 표기되지 않는 단어(음운변동이 적용되는 단어)를 철자로 쓸 때는, 소리만으로는 올바른 표기를 하기 어렵고, 낱자 및 글자의 형태에 대한 인식(표기처리) 능력이 요구된다.

⚑ **표기처리 오류의 예**

표기처리 오류 유형	예시
같은 소리가 나는 다른 낱자로 대치하는 오류	부엌 → 부억
전체 단어를 소리 나는 대로 표기하는 오류	깊이 → 기피
단어의 일부를 소리 나는 대로 표기하는 오류	만약 → 만냑
실제 발음상 구분이 되지 않는 글자에서의 오류	외국 → 왜국 천천히 → 천천희

더알아보기

철자 오류 분석

삽입	불필요한 글자를 쓰는 것
생략	써야 할 글자를 빠뜨리고 쓰지 않는 것
대치	써야 할 글자 대신에 모양이나 발음이 유사한 다른 글자로 대치하는 것
소리 나는 대로 쓰기	맞춤법과는 상관없이 소리 나는 대로 글자를 쓰는 것
반전	단어 내 글자를 뒤바꾸어 쓰는 것
발음상의 오류	학생의 잘못된 발음으로 인한 잘못된 철자

(3) 형태처리 오류

형태처리 오류는 단어를 구성하는 형태소에 대한 인식이 부족해서 나타나는 오류이다.

🚩 **형태처리 오류의 예**

형태처리 오류 유형	예시
어간과 어미의 경계를 구분하지 못하는 오류	앉아서 → 안자서
시제 선어말 어미를 잘 인식하지 못하는 오류	빛난다 → 빛났다
어미를 변환하는 오류	죽음 → 죽은
동음이의어로 혼동하는 오류	반듯이 → 반드시

3. 철자 특성에 따른 철자 교수법

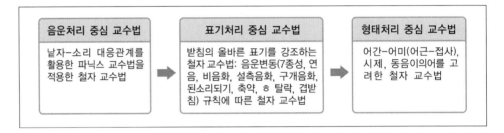

음운처리 중심 교수법	표기처리 중심 교수법	형태처리 중심 교수법
낱자-소리 대응관계를 활용한 파닉스 교수법을 적용한 철자 교수법	받침의 올바른 표기를 강조하는 철자 교수법: 음운변동(7종성, 연음, 비음화, 설측음화, 구개음화, 된소리되기, 축약, ㅎ 탈락, 겹받침) 규칙에 따른 철자 교수법	어간-어미(어근-접사), 시제, 동음이의어를 고려한 철자 교수법

기출 POINT 5

❶ 22중등A6
(나)에 나타난 철자 오류 유형을 쓰시오.
(나)

> 일주일에 3일을 실 수 있다면 월요일에 시면 좋겠다. 왜냐하면 토오일, 일오일을 시고 오면 피곤하다. 그래서 월오일에 시는 것이 좋을 것 같고, 화오일도 피곤하겠지만 화오일은 체육이 있어서 시는 것보다 학교에 오고 싶을 것 같다.

❷ 14중등A6
학생 A에게 필요한 철자 교수법을 A의 글에 나타난 철자 오류 특성과 관련지어 쓰시오.
(가) 30분 동안 학습장애 학생 A가 쓴 글 전체

> 우리 집에는 TV가 없다. 나는 TV가 좋다. 신문은 종이로 만든다. 나는 신문이 멸로 안 좋고, TV가 더 좋다. 왜야하면 TV에서는 여능이 나온다. 스포즈 신문은 좋다. 왜야하면 귀즈가 있다.

■ 학생 A가 표현하고자 한 글

> 우리 집에는 TV가 없다. 나는 TV가 좋다. 신문은 종이로 만든다. 나는 신문이 별로 안 좋고, TV가 더 좋다. 왜냐하면 TV에서는 예능이 나온다. 스포츠 신문은 좋다. 왜냐하면 퀴즈가 있다.

(1) 음운처리 중심 교수법 ❶ 22중등A6, ❷ 14중등A6

① 음운처리는 소리(음소)의 인식뿐 아니라 낱자-소리의 대응관계에 관여하며, 음운처리에 문제가 있는 학생은 소리 나는 대로 표기하는 단어의 철자에서 오류를 보인다.

② 음운처리 문제로 철자에 오류를 보이는 경우, 교사는 학생이 어떤 자음과 모음에서 어떠한 오류(예 생략, 첨가, 대치)를 보이는지 평가해야 한다.

③ 음운처리 중심 철자 교수법을 적용할 때는 자주 사용하는 낱자-소리 대응관계를 먼저 가르친다. 그다음 이중모음과 겹자음 순으로 가르친다. 또한 시각적인 형태나 발음이 비슷한 낱자를 동시에 가르치지 않도록 한다.

④ 음운처리에 문제가 있을 경우, 낱자-소리 대응관계를 활용한 파닉스 교수법을 적용한 철자 교수를 실시하는 것이 효과적이다.

파닉스 교수를 적용한 음운처리 중심 철자 교수 ㅅ: 시옷(이름), /ㅅ/(소리)	
1. 낱자 이름과 소리 가르치기	1-1: 낱자 이름 가르치기 1-2: 낱자 소리 가르치기 1-3: 키워드 사용하여 낱자 소리 강화하기 1-4: 낱자 쓰기 활동
2. 낱자-소리 대응관계를 활용하여 CV 글자 읽고 쓰기	사: 'ㅅ' 낱자를 쓰면서 /ㅅ/라고 발음하고, 'ㅏ' 낱자를 쓰면서 /ㅏ/라고 발음하고, 다시 옆에서 '사'라고 쓰면서 /사/라고 발음하기
3. 낱자-소리 대응관계를 활용하여 CVCV 글자 읽고 쓰기	'사다'
4. 글자/단어를 단어은행에 모아두고 연습하기	이미 학습한 단어들을 누적하여 철자 쓰기 연습하기

(2) 표기처리 중심 교수법 ❶ 18중등A7, ❷ 15중등A10, ❸ 10중등16

① 음운처리는 말소리에 대한 민감도를 나타내는 반면, 표기는 말소리를 나타내는 문자 체계로 표기처리는 말소리를 나타내는 문자와의 친밀도를 의미한다. 즉, 표기처리는 학생이 올바른 단어 표기를 인지하는 능력이라고 할 수 있다.

② 표기처리에 문제를 보이는 학생은 실제 단어와 같게 발음되지만, 표기법이 다른 단어를 철자하는 데 오류를 보인다.

③ 한글 철자 오류에서 가장 빈번하게 나타나는 것이 표기처리의 문제로 인한 오류인데, 그 이유는 한글의 음운변동 현상 때문이다. 한글의 경우, 음운변동 현상이 일어나는 단어가 매우 많기 때문에 자모의 음가가 단어 내에서의 위치에 따라 변하게 된다(예 '국물'을 /궁물/로 발음, '국어'를 /구거/로 발음). 즉, 음절과 음절이 만날 때 두 음절의 경계에 있는 소리가 바뀌고, 이에 따라 단어의 소리만으로는 올바르게 철자를 쓸 수 없으므로 표기처리 능력이 요구된다.

④ 표기처리에 문제가 있을 경우 다음의 교수법을 적용할 수 있다.

㉠ 음운변동 규칙별로 단어를 묶어서 소개하고, 같은 음운변동 규칙이 적용되는 단어끼리 분류하는 활동을 한다. 이때, 처음에는 두 가지 음운변동 규칙을 비교하여 분류하는 활동으로 시작하고, 점차적으로 학생의 반응에 따라 음운변동 규칙의 수를 늘려나간다.

기출 POINT 6

❶ 18중등A7
(가)에 나타난 쓰기 오류의 명칭을 쓰시오.
(가) 학생 C가 쓴 글

우리 집 마당에 감나무가 있습니다. 나무에 가미 주렁주렁 매달려 있습니다. 할머니가 가믈 두 개 따서 나와 친구에게 주었습니다. 친구와 두리서 마싰게 가믈 머겄습니다.

❷ 15중등A10
아래에 나타난 철자 오류 유형을 쓰시오.

최 교사: 선생님, B는 철자를 쓰는 데 어려움이 있어요. '깊이'를 '기피'라던가 '쌓다'를 '싸타'처럼 소리 나는 대로 쓰는 경향이 있어요. 이런 경우에는 어떻게 지도해야 하나요?

❸ 10중등16
A의 쓰기 특성에 적절한 쓰기 지도 방법을 〈보기〉에서 모두 고른 것은?

〈쓰기 특성〉
소리 나는 대로 표기되는 낱말을 쓸 때에는 어려움이 없지만 음운변동이 일어나는 낱말을 쓸 때에는 철자의 오류가 많다.

〈보기〉
ⓒ 낱자-음소의 대응관계에 초점을 두어 철자 교수를 실시한다.

기출 POINT 7

❶ 25중등A9

① [A]에서 학생 D가 어려워하는 쓰기 영역이 무엇인지 명칭을 쓰고, ② 밑줄 친 ㉠~㉣ 중 틀린 내용을 1가지 찾아서 기호를 쓰고 바르게 고쳐 서술하시오.

특수 교사: 학생 D의 쓰기 지도를 위해서는 먼저 오류를 분석해 봐야 해요.

교육 실습생: 네, 학생 D의 비형식적 쓰기 검사에서 틀린 단어를 목록으로 정리해 봤어요.

연번	오류 단어	정답	연번	오류 단어	정답
1	저락	절약	8	부나	분야
2	조아 하다	좋아 하다	9	추카	축하
3	구지	굳이	10	저캅	적합
4	나아 주셔서	낳아 주셔서	11	구치다	굳히다
…(하략)…			…(하략)…		
[A]

소리 나는 대로 적으면 안 되는 단어를 정확하게 쓰지 못하는 표기 처리 오류가 나타나는 것 같아요. 구체적으로 보면, ㉠ 경음화 규칙이 적용되는 단어 '절약'과 '분야', ㉡ ㅎ 탈락 규칙이 적용되는 단어 '낳아'와 '좋아', 그리고 ㉢ 축약 규칙이 적용되는 단어 '축하'와 '적합', ㉣ 구개음화 규칙이 적용되는 단어 '굳이', '굳히다'에서 오류가 있는 것 같아요.

음운변동 규칙별 단어 분류 활동의 예	
1. 단어를 분류하기 전에 모든 단어 읽기	교사는 학생이 분류 활동에 사용할 단어들을 정확하게 읽을 수 있는지를 확인하여야 한다. 이때 단어들을 음운변동별로 나누어 읽지 않고, 섞어서 읽는다. 예 연음규칙: 웃음, 움직이다, 걸음, 찾아가다, 만약 축약규칙: 국화, 시작하다, 쌓고, 그렇지만, 내놓다
2. 음운변동 규칙이 적용되는 단어 소개하기 ❶ 25중등A9	교사는 분류해야 하는 음운변동 규칙을 간단히 소개한다. 이때 각 음운변동 규칙을 대표하는 단어와 그림을 선택하여 제시한 후, 단어 분류를 진행하는 것이 좋다. 예 연음규칙의 경우에는 "앞글자에 받침이 있고, 뒷글자가 'ㅇ'으로 시작하면 앞글자의 받침이 뒷글자의 'ㅇ' 자리로 옮겨 온다."로 소개한다. 이때 교사는 대표 단어를 사용하여 앞글자의 받침과 뒷글자의 'ㅇ'에 집중할 수 있도록 안내한다. 〈연음규칙〉　〈축약규칙〉 웃음　국화 울음　목화 믿음　벽화 걸음　축하 녹음　입학
3. 교사가 단어 분류 활동에 대해 시범 보이기	교사는 각 음운변동 규칙의 대표 단어와 그림을 맨 위에 놓고, 단어들을 하나씩 읽으면서 어디에 속하는지 결정하는 과정을 명시적으로 시범 보인다.
4. 학생이 단어 분류하기	교사가 시범을 보인 후, 학생이 단어들을 분류하게 한다. 이때 또래교수를 활용하여 학생이 함께 단어를 분류하도록 할 수 있다.
5. 학생이 분류한 단어를 점검하도록 하기	학생이 단어의 분류를 모두 마치면, 해당 음운변동 규칙에 속하는 단어들을 이어서 읽으면서 분류를 정확하게 했는지 점검하도록 한다.
6. 확인하기	학생에게 '왜 이렇게 분류했는지'를 물으면서, 각 음운변동 규칙의 특성과 음운변동 규칙이 적용되는 단어를 확인한다.
7. 가리고, 베껴 쓰고, 비교하기	각 음운변동 규칙별로 한 단어씩 제시한 다음, 가린 상태에서 학생이 기억하여 쓰도록 하고, 가린 단어를 다시 보여주어 자신이 쓴 단어와 비교한 뒤 자신이 쓴 단어가 맞았는지 확인하도록 한다. 또한 학생이 단어를 외워서 베껴 쓰도록 할 때, 처음에는 단어를 가린 후 1초 후에 단어를 기억하여 쓰도록 하다가, 점차 시간을 늘려서 3초, 6초, 9초 후에 단어를 기억하여 쓰도록 하는 '지속적인 시간 지연법'을 사용하도록 한다.

ⓒ 문장 안에서의 단어의 쓰임을 인식할 수 있도록 한다.

> **예** '좋은'이라는 단어를 '오늘은 기분 좋은 날이다'라는 문장과 함께 제시하여 학생이 '좋은'의 의미
> 를 파악하는 데 도움을 주고, 이것이 궁극적으로 학생이 '좋은'의 기본형인 '좋다'와 연결하여 올
> 바른 철자를 쓸 수 있도록 한다.

(3) 형태처리 중심 교수법

① 형태소는 의미의 최소 단위이며, 명사나 용언의 어근/어간과 같이 단독으로 사용하는 실질형태소와 조사, 용언의 어미, 접사 등과 같은 형식형태소로 구분된다.

② 형태처리 오류는 단어를 구성하는 형태소에 대한 인식이 부족하여 나타나는 오류이다.

③ 형태처리에 문제가 있을 경우 다음의 교수법을 적용할 수 있다.

㉠ 용언의 기본형과 용언의 변형을 연결하여 교수하는 방법으로, 어미의 종류에 따라 단어를 분류하는 활동을 할 수 있다.

어미의 종류별 단어 분류 활동의 예	
1. 단어들을 분류하기 전에 모든 단어 읽기	교사는 학생이 분류 활동에 사용할 단어들을 정확하게 읽을 수 있는지 확인한다. 이때 기본형과 용언의 활용형별로 나누어 읽지 않고, 단어들을 섞어서 읽는다.
2. 어간과 어미를 명확히 알려주기	교사는 기본형을 소개하고, 기본형에서 어간이 변하지 않음을 명확하게 알려준다. 어간에 색깔로 표시되어 있는 기본형 (**예** 좋다)을 제시하면서, '좋-'은 어간이고, 뒤에 붙는 어미가 바뀌어도 '좋-'의 형태는 변하지 않음을 명확히 설명한다. 또한 뒤에 붙는 어미가 무엇이냐에 따라 단어의 발음이 바뀔 수는 있지만, 발음이 바뀌더라도 어간의 형태는 바뀌지 않기 때문에 기본형의 어간 그대로 철자됨을 명확하게 알려준다. 기본형, 종결어미 −다 / 연결어미 −고 / 연결어미 −으니 / 전성어미 −음 / 전성어미 −은 좋다 / 좋고 / 좋으니 / 좋음 / 좋은 높다 / 높고 / 높으니 / 높음 / 높은 밟다 / 밟고 / 밟으니 / 밟음 / 밟은 젊다 / 젊고 / 젊으니 / 젊음 / 젊은
3. 교사가 단어를 분류하는 활동에 대해 시범 보이기	교사는 대표 단어(**예** 좋다)를 맨 위에 놓고, 단어들을 하나씩 읽으면서 어디에 속하는지 결정하는 과정을 명시적으로 시범 보인다.
4. 학생이 단어를 분류하도록 하기	교사가 시범을 보인 후, 학생이 단어들을 분류하게 한다. 이때 또래교수를 활용하여 학생이 함께 단어를 분류하도록 할 수 있다.
5. 학생이 분류한 단어를 점검하도록 하기	학생이 단어의 분류를 모두 마치면, 해당 음운변동 규칙에 속하는 단어들을 이어서 읽으면서 분류를 정확하게 했는지 점검하도록 한다.

6. 확인하기	학생에게 '왜 이렇게 분류했는지'를 물으면서, 각각의 어미가 붙은 단어들을 확인한다.
7. 가리고, 베껴 쓰고, 비교하기	어미별로 한 단어씩 제시한 다음, 가린 상태에서 학생이 기억하여 쓰도록 하고, 가린 단어를 다시 보여주어 자신이 쓴 단어와 비교하여 자신이 쓴 단어가 맞았는지 확인하도록 한다. 또한 학생이 단어를 외워서 베껴 쓰도록 할 때, 처음에는 단어를 가린 후 1초 후에 단어를 기억하여 쓰도록 하다가, 점차 시간을 늘려서 3초, 6초, 9초 후에 단어를 기억하여 쓰도록 하는 '지속적인 시간 지연법'을 사용한다.

ⓒ 문장 안에서의 단어의 쓰임을 인식할 수 있도록 한다. 예를 들어, '뚫다'라는 단어를 '구멍을 뚫고 끈을 넣었다'라는 문장과 함께 제시하여 학생이 '뚫고'의 의미를 파악하는 데 도움을 주고, 학생이 '뚫고'에서 '뚫'이 어간이고 '고'는 어미임을 인식하여 올바른 철자를 할 수 있도록 한다.

4. 기타 철자 교수법

(1) 자기 교정법

① 학생 자신이 쓴 단어와 정답을 비교하여, 자신이 잘못 철자한 단어를 확인하여 수정한 후, 단어를 바르게 베껴 쓰는 방법이다. ❷ 15중등A10

② 학생에게 자기교정을 가르치는 것은 즉각적 피드백을 받도록 하는 한 가지 방법이고, 이러한 피드백은 학생들의 학습활동을 강화해 주기 때문에 새로운 기술 획득 시 효과적이다.

③ 가리고, 기억하여 쓰고, 비교하기는 자기 교정법에 속하는 활동이다. 학생에게 단어를 보여준 다음, 단어를 가리고, 약간의 시간(예 3초)을 주어 학생이 단어를 외워서 쓰도록 하고, 그다음 다시 단어를 보여주어 해당 단어와 자신의 답을 비교하여 답을 확인하게 한다.

(2) 지속적인 시간 지연법(constant time delay)

학생이 단어를 외워서 베껴 쓰는 활동을 할 때, 처음에는 단어를 가린 후 1초 후에 단어를 기억하여 쓰도록 하다가, 점차적으로 시간을 늘려서 3초, 6초, 9초 후에 단어를 기억하여 쓰도록 한다.

기출 POINT 8

❶ 18중등A7

다음은 철자 오류를 보이는 학생 C를 위한 쓰기 지도 과정 중 '가리고, 베껴 쓰기' 단계의 일부이다. 다음에서 특수교사가 적용한 기법의 명칭을 쓰시오.

■ 오류를 수정하기 위해 틀린 단어를 하나씩 쓰는 연습을 다음과 같이 실시함

• 단어를 보여주고 가림판으로 단어를 가림
• 단어를 가린 후 5초 동안 기다리면서 학생 C가 단어를 기억해서 쓰도록 함
• 학생이 단어를 기억해서 올바르게 쓰면 칭찬을 해주고, 다음 단어를 학습하도록 함
• 만약 틀린 경우에는 틀린 부분에 대한 교정적 피드백을 제공한 후, 다시 단어를 보여주고 가림판으로 단어를 가림
• 5초 동안 기다리면서 학생 C가 단어를 기억해서 쓰도록 함

❷ 15중등A10

아래에서 박 교사가 학생 B를 위해 제시한 방법을 쓰시오.

최 교사: 선생님, B는 철자를 쓰는 데 어려움이 있어요. '깊이'를 '기피'라던가 '쌓다'를 '싸타'처럼 소리 나는 대로 쓰는 경향이 있어요. 이런 경우에는 어떻게 지도해야 하나요?
박 교사: B의 학습 특성은 어떤가요?
최 교사: B는 스스로 참여하는 학습 과제에 흥미를 느낍니다.
박 교사: 그렇다면 B의 학습 특성상 학생이 주도적으로 학습할 수 있는 방법이 좋을 것 같아요. 초인지 전략 중 자기점검과 자기교수법을 변형시킨, 철자법을 스스로 확인하는 방법을 쓰면 좋겠어요. B가 '깊이'를 '기피'로 잘못 썼다면 정답을 보여주고 자신이 쓴 답과 정답을 비교하고, 이를 확인하고, 수정한 후, 올바른 단어를 베껴 쓰게 하세요. 이러한 과정을 여러 번 반복하면 정확한 철자 쓰기에 도움을 줄 수 있을 것 같아요.

> **더알아보기** **시간지연(time delay)** ❶ 18중등A7
>
> - 시간지연이란 교사가 자극과 촉진 사이에 일정 시간 동안 학생의 반응을 기다리면서 반응을 유도하는
>   방법이다. 학생이 독립적으로 수행하기 어렵다고 판단하면 자극을 줌과 동시에(시간 간격 0~2초) 촉
>   진을 곧바로 주는데, 학생이 1~2회기 만에 바른 반응을 보이면 점진적 시간지연이나 고정시간지연
>   중에 하나를 제공한다.
> - 시간지연은 시간을 조정하는 것에 따라 점진적인(progress) 시간지연과 고정(constant) 시간지연의
>   두 가지 방법으로 적용할 수 있다. 점진적 시간지연은 촉진을 제공한 후 기다리는 시간을 조금씩 늘리는
>   방법(2초 → 5초 → 8초 등)이고, 고정시간지연은 숙달을 위해 모든 중재에서 고정된 지연 간격을 유
>   지하는 방법이다.

(3) 목표 단어 반복 쓰기

전통적인 철자 학습 방법으로, 목표 단어를 반복적으로 베껴 쓰는 방법이다.

04 작문(쓰기 표현, composing/written expression)

1. 작문의 이해

(1) 작문의 정의

① 작문은 글쓴이가 쓰고자 하는 바를 글로 표현하는 것으로, 쓰기 교수의 궁극적 목표는
   작문 능력을 향상시키는 것이다.

② '잘 쓴 글'이란, 주제와 관련된 중심 아이디어와 뒷받침하는 정보 및 예들이 응집력
   있게 조직된 글을 의미한다.

(2) 작문의 평가

작문의 평가는 양적인 평가와 질적인 평가로 나뉘는데, 작문 교수는 작문의 양적 측면(글의
길이)과 질적 측면(글의 내용) 모두를 목표로 해야 한다.

① 양적인 평가는 제한된 시간 동안 산출된 단어나 절의 수로 평가한다.

② 질적인 평가는 산출한 글의 내용, 구조, 표현 등을 루브릭을 통해 평가한다.

2. 작문 교수법

(1) 쓰기 과정에 대한 명시적 전략 교수(쓰기 과정적 접근)

① 쓰기 과정적 접근의 개념
   과정 중심의 접근법에서는 쓰기의 결과물뿐만 아니라 쓰기의 과정 모두가 강조되어야
   하며, 학생들의 쓰기와 관련된 사고과정을 중요시한다.

② 쓰기 과정을 강조하는 쓰기 지도의 장점

    ㉠ 글쓰기 활동이 지속적으로 일어나고 반복된다.

    ㉡ 자기 주도적인 학습을 강조하는 교육환경을 조성한다.

    ㉢ 읽고 쓰기를 통합하는 학습이 강조된다.

③ 쓰기 과정을 강조하는 쓰기 지도의 단점

    ㉠ 학습장애 학생들에게 글씨 쓰기나 철자 쓰기와 같은 기능적 훈련을 제공하지 않고, 매 단계마다 구체적으로 적극적인 도움을 제공하지 않으면 이러한 과정중심 접근은 적절하지 않다.

    ㉡ 따라서 학습장애 학생들을 위한 쓰기 지도에서는 쓰기의 기초 기능을 강조하고, 적절한 훈련을 제공하며, 기능적 훈련을 쓰기 과정에 통합하는 것이 필요하다.

④ 쓰기 과정적 접근의 단계 [기출 POINT 9]

단계	교수·학습 활동
글쓰기 준비 (계획하기)	• 글쓰기 주제를 선택한다. • 쓰는 목적(정보제공, 설명, 오락, 설득 등)을 명확히 한다. • 독자를 명확히 한다(또래학생, 부모, 교사, 외부 심사자). • 목적과 독자에 기초하여 작문의 적절한 유형을 선택한다(이야기, 보고서, 논설문, 편지 등). • 쓰기를 위한 아이디어를 생성하고 조직하기 위한 사전활동을 한다(마인드맵 작성, 이야기하기, 읽기, 인터뷰하기, 브레인스토밍, 주제와 세부항목 묶기 등). • 교사는 학생과 협력하여 글쓰기 활동에 참여한다(내용을 재진술/질문을 한다. 논리적으로 맞지 않는 생각을 지적한다).
초안 작성	• 일단 초고를 작성하고, 글을 쓸 때 수정하기 위해 충분한 공간을 남긴다. • 문법, 철자보다 내용을 생성하고 구성하는 데 초점을 둔다.
수정 (내용 수정하기)	• 초고를 다시 읽고, 보충하고, 다른 내용으로 바꾸고, 필요 없는 부분을 삭제하고, 옮기면서 내용을 고친다. • 글의 내용을 향상시키고 다양한 시각을 제안할 수 있도록 또래집단(글쓰기 도우미 집단)을 활용하여 피드백을 제공한다.
편집 (쓰기의 기계적인 측면 교정하기)	• 구두점 찍기, 철자법, 문장구조, 철자 등 어문규정에 맞추어 글쓰기를 한다. • 글의 의미가 잘 전달될 수 있도록 문장의 형태를 바꾼다. • 필요한 경우 사전을 사용하거나 교사로부터 피드백을 받는다.
쓰기 결과물 게시 (발표하기)	• 쓰기 결과물을 게시하거나 제출한다(학급신문이나 학교 문집에 제출한다). • 적절한 기회를 통해 학급에서 자기가 쓴 글을 다른 학생들에게 읽어 주거나 학급 게시판에 올려놓는다.

기출 POINT 9

❶ 23초등A6

① ⓒ에 해당하는 단계명을 쓰고, ② ②에 해당하는 전략을 1가지 쓰시오.

■ 과정중심 글쓰기 중재 전략

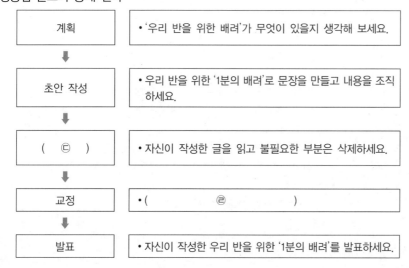

❷ 22중등A6

(가)의 괄호 안 ㉠에 해당하는 단계의 명칭을 쓰고, (가)의 괄호 안 ⓒ에 해당하는 중심 활동을 밑줄 친 ⓒ과 비교하여 1가지 서술하시오.

(가) 지도 단계

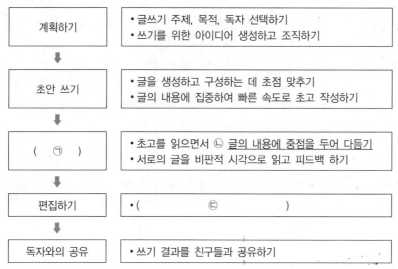

기출 POINT 9

❹ 14중등A6

㉠에 들어갈 내용 2가지를 (가)에 나타난 특성과 관련지어 쓰시오.

(가) 30분 동안 학습장애 학생 A가 쓴 글 전체

> 우리 집에는 TV가 없다. 나는 TV가 좋다. 신문은 종이로 만든다. 나는 신문이 멸로 안 좋고, TV가 더 좋다. 왜야하면 TV에서는 여능이 나온다. 스포츠 신문은 좋다. 왜야하면 귀즈가 있다.

(나) 쓰기 과정적 접근법

단계	교수 계획
계획하기	㉠
초안 작성하기	철자나 문법보다는 내용을 쓰는 데 초점을 맞추어 지도한다.
내용 수정하기	쓴 글의 내용을 읽고, 내용 보충이 필요한 부분, 내용 변경이 필요한 부분, 내용 삭제가 필요한 부분, 내용 이동이 필요한 부분 등을 수정하도록 지도한다.
편집하기	철자에 초점을 맞추어 지도한다.
게시하기	쓴 글을 학급 친구들 앞에서 발표하게 한다.

❸ 15초등A7

글쓰기 과정을 고려할 때 ㉠, ㉡에 들어갈 단계명을 쓰고, ㉣에 들어갈 말을 한 단어로 쓰시오.

(가) 교수·학습 계획

학습목표	쓰기의 과정에 따라 기행문을 쓸 수 있다.
교수·학습 활동	• 동기 유발하기 　− 가장 기억에 남는 여행 장소를 이야기한다. 　− 기행문을 쓰면 좋은 점을 생각해 본다. • (㉠) 　− 예상 독자, 글의 목적, 유형, 분량에 대해 생각해 본다. 　− 글의 제목과 주제에 대해 생각해 본다. • 내용 생성 　− 수학여행 때 찍은 사진을 보며 경험을 떠올린다. 　− 친구들과 수학여행 경험에 대해 이야기를 나눈다. • 내용 조직 　− 다발 짓기와 개요 짜기를 한다. • 표현하기 　− 여정, 견문, 감상이 잘 드러나게 초고를 쓴다. • (㉡) 　− 여정, 견문, 감상이 잘 드러났는지 점검하여 고쳐 쓴다. 　− 맞춤법 오류를 점검하여 고쳐 쓴다.

(나) 두 교사의 대화

박 교사	: 최 선생님, 과정 중심의 쓰기 지도 방법에 따라 기행문 쓰기 활동을 계획했군요.
최 예비교사	: 네, 먼저 글을 써 보라고만 하면 학생들이 부담을 많이 느끼는 것 같았어요. 그래서 이번 수업에서는 학생들에게 쓰기의 과정을 안내하고, 각 과정에서 활용할 수 있는 전략도 연습해 보게 하려고요.
박 교사	: 좋은 의견입니다. 다만, 쓰기 과정에는 (㉣)(이)라는 특성이 있어서 표현하기 활동을 하다가도 얼마든지 다시 계획하기 활동으로 돌아갈 수도 있답니다. 그래서 쓰기 과정 전반에 대한 점검하기와 조정하기가 가능하지요. 그 점도 학생들에게 함께 안내해 주어야 해요.

❺ 13중등35

쓰기학습장애 학생에게 쓰기 과정적 접근을 통해 작문을 지도할 때 (가)~(마) 중 글쓰기의 단계별 교수·학습 활동이 옳은 것을 모두 고르시오.

글쓰기 단계	교수·학습 활동
(가) 글쓰기 전 단계	글쓰기 주제와 유형(예 보고서, 시, 대본)을 선택하게 한다.
(나) 초고 작성 단계	내용 생성의 효율성과 어문규정에 대한 이해도를 높이기 위해 문법과 철자에 초점을 맞추어 글을 작성하게 한다.
(다) 수정 단계	글의 내용을 향상시킬 수 있도록 또래집단으로부터 내용의 첨삭에 대한 피드백을 받게 한다.
(라) 편집 단계	학생이 주도적으로 내용을 표현할 수 있도록 교사의 피드백을 제한하고 사전을 주로 이용하도록 한다.
(마) 쓰기 결과물 게시 단계	완성된 쓰기 결과물을 다양한 방법으로 다른 학생들과 공유하게 한다.

❻ 12중등19

다음은 특수교사가 학습장애 학생 A의 쓰기 능력을 평가하기 위해 수집한 자료이다. 〈자료 1〉은 주어진 문장을 3분 내에 가능한 빠르고 반듯하게 여러 번 써보도록 하여 얻은 것이다. 〈자료 2〉는 '가을'이라는 주제에 대해 15분 동안 글을 쓰도록 하여 얻은 것이다. 학생 A의 쓰기 능력을 향상시키기 위해 고려해야 하는 것만을 〈보기〉에서 모두 고르시오.

〈자료 1〉

친구야 정말 미안해

〈자료 2〉

찬바람이분 다날씨가좁다

─〈보기〉─

ⓒ 학생이 스스로 혹은 또래와 함께 체크리스트를 활용하여 문법적 오류를 점검하도록 한다.

ⓔ 문장 지도를 할 때, 두 문장을 연결어미로 결합하여 하나의 문장으로 만들 수 있도록 지도한다.

ⓜ 작문 지도를 할 때, 도식 조직자를 활용하여 주제에 대해 아이디어를 생성하고 조직하도록 지도한다.

❼ 11중등29

다음은 학습장애 학생 A가 '컴퓨터 게임 중독'을 주제로 작성한 글이다. 학생 A의 쓰기 특성에 적합한 교수 방법으로 가장 적절한 것은?

컴퓨터 게임은 나쁘다. 컴퓨터 게임은 정말 나쁘다. 우리 집에는 컴퓨터 게임이 참 많다. 컴퓨터 게임은 참 재미있다. 나는 어제 PC방에 갔다. 나는 PC방에서 친구를 만났다. 나는 늦게 집에 와서 혼났다. 컴퓨터 게임을 많이 하면 나쁘다.

① 정밀교수(precision teaching)
② 도식 조직자(graphic method)
③ 패그워드 기법(pegword method)
④ 심상화 기법(visualization method)
⑤ 빈칸 채우기 과정(cloze procedure)

❽ 10중등16

A의 쓰기 특성에 적절한 쓰기 지도 방법을 〈보기〉에서 모두 고른 것은?

글을 쓰는 데 어려움이 있다. 또한 소리 나는 대로 표기되는 낱말을 쓸 때에는 어려움이 없지만 음운변동이 일어나는 낱말을 쓸 때에는 철자의 오류가 많다. 특히 대부분의 문장이 단순하고 글의 내용도 제한적이다.

─〈보기〉─

ⓒ 초안을 쓸 때 철자 지도를 강조하여 철자 오류를 줄이도록 한다.

ⓔ 초안 작성 단계에서, 학생의 관심 등을 고려하여 다양한 주제를 제공한다.

ⓜ 수정·편집 단계에서 초안의 내용을 보충하고 맞춤법 등의 오류를 교정하도록 지도한다.

⑤ 쓰기 과정적 접근에서 교사의 역할

　㉠ 쓰기 과정에서 교사의 모델링(시범)을 제공한다. 글쓰기 준비 단계에서 교사는 학생에게 직접 정보를 조직하고 요점 정리를 하는 것을 시범 보인다. 그리고 조직화한 개요를 중심으로 어떻게 초안이 작성되었는지 제시한다. 또한 초안을 읽고 내용을 수정하고 편집한 결과를 제시하여, 초안과 마지막 결과물이 어떻게 달라졌는지 보여준다.

　㉡ 쓰기 과정은 협동 작업을 통해 이루어지도록 한다. 쓰기 과정을 협동적으로 운영하면 아이디어 생성, 정보의 제시와 조직, 어문규정에 맞게 편집하는 활동에서 교사와 또래집단의 피드백을 체계적으로 반영할 수 있다. 또래학생을 중심으로 쓰기 도우미 집단을 만들어 아이디어를 발전시키거나 쓰기 결과물을 공유할 수 있도록 한다.

　㉢ 교사는 지속해서 구체적인 단서를 제공한다. 교사는 쓰기 과정의 각 단계에서 적절한 단서를 제시하여 촉진할 수 있다. 예를 들면, 글쓰기 준비 단계에서는 글의 주제가 될 수 있는 어휘의 목록을 제시한다. 또한 편집 단계에서는 자주 보이는 철자나 어문규정의 오류 유형을 제시하여 이를 바탕으로 교정할 수 있도록 한다.

　㉣ 학생이 주도적으로 점검과 수정을 할 수 있도록 훈련시킨다. 각 쓰기 단계를 끝낼 때마다 학생으로 하여금 자신이 하고 있는 활동을 점검하고 빠뜨린 것이 없는지 점검표를 이용하여 자기 주도적으로 점검하도록 한다.

더알아보기 과정 중심의 쓰기 교육

1. 모든 경우에 과정 중심 접근법이 효과적이라고 말할 수는 없다. 대체로 글쓰기의 각 과정에서 필요로 하는 개개의 기능이나 전략을 가르칠 때나 이들 개개의 기능이나 전략을 활용하여 한 편의 글을 쓰게 할 때 과정 중심 접근을 강조할 필요가 없다. 특정 개념이나 지식을 익힐 때에는 굳이 과정 중심 접근을 취할 필요는 없을 것이다.

2. 과정을 강조한다고 해서 결과(글)를 무시해서는 안 된다. 과정 중심 접근은 일차적으로 좋은 글을 쓰는 데 목적이 있음을 알아야 한다.

3. 쓰기의 각 과정을 엄격히 구획화하는 것은 바람직하지 않다. 쓰기 전, 쓰기, 쓰기 후로 나누거나 내용 생성, 조직, 표현, 교정 등으로 나눈 후에 이들을 엄격하게 구분하여 지도하는 것은 바람직하지 않다. 이들 간의 연계성을 강조해야 한다.

4. 무조건 글쓰기 과정 순서대로 나아가게 하는 것은 바람직하지 않다. 글쓰기 과정의 회귀성을 강조해야 한다. 내용을 조직하는 과정에서 생성을 할 수도 있고, 교정하는 과정에서 아이디어를 생성할 수도 있다. 15초등A7

5. 무조건 글쓰기 과정에서 주로 하는 활동(또는 전략)을 그 과정에만 해야 한다고 생각하는 것은 잘못이다. 예를 들어, 브레인스토밍이나 마인드맵 같은 것은 주로 내용을 생성하고 조직하는 단계에서 많이 활용하지만, 경우에 따라서는 초고를 쓸 때나 교정을 할 때 할 수도 있다.

6. 각 과정별로 제시한 전략들은 서로 얽혀 있다. 예를 들어, 브레인스토밍과 마인드맵 같은 것은 연결해서 하는 것이 좋다. 이들 전략들은 각기 독립적인 것으로 파악하는 것은 바람직하지 않다.

7. 단순히 과정만 거치게 해서는 안 된다. 각각의 과정에서 학생들이 필요로 하는 기능이나 전략을 가르쳐 주어야 한다. 단순히 과정만 거쳤다고 해서 글을 잘 쓸 수 있는 것이 아니라는 점을 염두에 두어야 한다. 절차만 있고 내용은 없는 결과를 초래해서는 안 될 것이다. 현행 교과서를 보면 쓰기 과정을 거치게는 되어 있는 것이 많은데, 각 과정에서 필요한 전략을 구체적으로 배우게 하는 데에 대한 배려는 거의 없다. 각각의 전략을 충분히 가르치고 이들 전략을 활용하여 한 편의 글을 쓰는 것을 명시적으로 가르쳐 주어야 한다.

8. 부분과 전체의 조화를 생각한다. 여기에서 부분이라고 하는 것은 개별 전략을 말하고, 전체란 개별 전략을 활용하여 한 편의 글을 잘 쓰는 것이다. 개별 전략만 강조하다 보면 이를 활용하여 한 편의 글을 쓰기가 어렵고, 전체만 강조하다 보면 개개의 전략을 제대로 가르치기 어렵다. 대체로 앞부분에서는 개별적인 전략을 가르쳐 주는 데 초점을 두고, 뒤쪽으로 갈수록 이들 개별 전략을 활용하여 한 편의 글을 쓰는 것을 강조한다.

9. 부분과 전체의 연결 원리를 강조한다. 즉, 개개의 전략을 가르칠 때에는 이들 개개의 전략이 어떻게 실제로 한 편의 글을 쓰는 데 작용하는지를 강조하고, 한편의 글을 쓰게 할 때에는 이 과정에서 개개의 전략을 어떻게 가르칠 것인지에 관심을 갖는다.

10. 활동 위주로 끝나버릴 우려가 있다. 과정 중심 접근에서는 얼른 떠올리기나 생각 그물 만들기 등을 흔히 한다. 하지만 이들 활동이 실제 쓰기에 도움이 되지 못하는 경우가 많이 있다. 이른바 활동은 있으나 학습은 없는 결과를 초래해서는 안 될 것이다. 이들 활동을 하되, 그 활동이 실제로 한 편의 글을 쓰는 데 도움이 되는지를 생각해야 한다.

11. 고도로 의식적으로 행해지는 쓰기만을 강조할 우려가 있다. 우리는 일상적인 쓰기 상황에서 반드시 내용을 생성하고, 조직, 표현, 수정하는 과정을 거치지는 않는다. 과정 중심 접근법은 대체로 형식이 요구되는 글, 좀 더 시간을 두고 글을 쓸 때 적합한 방식이다.

12. 초인지 측면을 강조하는 것이 좋다. 일련의 글쓰기 과정에서 자기가 제대로 쓰고 있는지, 전략을 제대로 활용하고 있는지 등을 계속적으로 점검하고 통제하는 태도와 능력을 갖추는 것이 중요하다.

13. 한두 시간 안에 제시한 활동(또는 전략)을 할 수는 없다. 해당 단원의 학습 목표나 제재의 성격에 따라 여기에서 제시한 활동을 수시로 한두 개나 서너 개를 해본 다음 어느 정도 이들 활동에 익숙해져 있으면 이들을 활용하여 한 편의 글을 써 보게 하는 것이 좋다.

14. 이 밖에도 과정 중심의 쓰기 교육을 할 때에는 일련의 글쓰기 과정에서 탐구 활동이 왕성하게 이루어질 수 있도록 해야 한다는 점, 일련의 글쓰기 과정에서 친구들과의 협의 또는 상호작용을 강조해야 한다는 점, 다양한 전략을 가르쳐 주어야 한다는 점, 개인차(개인의 능력, 흥미, 글쓰기 방식 등)이 다르다는 점을 충분히 감안해야 한다.

Keyword

자기 조절 전략 교수
학습을 위한 조직화나 암기법 등의 전략과 자기 자신의 행동을 조절하는 방법으로 구성된 전략 교수는 자기조절 전략 개발이라고도 불린다.

기출 POINT 10

❶ 25중등A9

괄호 안의 @에 들어갈 내용을 쓰시오.

○ 학습 목표 : POW+WWW What 2 How 2 전략을 사용하여 이야기 글을 작성할 수 있다.
○ 전략 소개
  • POW는 쓰기 과정 단계이다.
   'P'는 (@) 단계
   'O'는 생각 조직하기 단계
   'W'는 생각 추가하여 쓰기 단계
  • WWW What 2 How 2는 이야기의 7요소이다.

Who 누가	When 언제	Where 어디서
What1 : 인물이 하고자 하는 일이 무엇인가?		
What2 : 인물에게 무슨 일이 일어났는가?		
How1 : 이야기가 어떻게 끝났는가?		
How2 : 인물이 어떻게 느끼는가?		

(2) 자기 조절 전략 교수(self-requlated strategy development ; SRSD)

① 자기 조절 전략 교수는 작문 과정에서 '자기 조절'의 역할을 강조하는 학습전략이다.

자기 조절 전략 교수		내용
이야기 글 쓰기	POW+WWW What 2 How 2 ❶ 25중등A9	Pick my idea(쓸 내용에 대한 생각을 꺼내라) Organize my notes(생각을 조직하라) Write and say more(생각을 추가하면서 써라) Who(누가에 대해 써라) When(언제에 대해 써라) Where(어디서에 대해 써라) What 2(무엇을 원했는지, 무슨 일이 일어났는지에 대해 써라) How 2(어떻게 끝났는지, 어떤 느낌이었는지에 대해 써라)
주장하는 글 쓰기	POW+TREE	Pick my idea(쓸 내용에 대한 생각을 꺼내라) Organize my notes(생각을 조직하라) Write and say more(쓰면서 더 생각을 꺼내라) Topic sentence(주장 문장을 제시하라) Reasons(주장에 대한 근거를 제시하라) Explain(근거를 설명하라) Ending(결론을 써라)

② 자기 조절 전략 교수는 계획하기, 초안 작성하기, 수정하기에 대한 전략을 명시적이고 체계적으로 교수하는 것을 목표로 5단계로 구성된다.

③ 5단계로 전략 교수가 진행되는 동안 자기 조절 기술을 가르치는데, 여기에는 목표 설정, 자기 점검, 자기 교수, 자기 강화가 포함된다. 이러한 자기 조절 기술은 학생 스스로 쓰기 과정과 전략 사용 등을 조절하고 운영할 수 있도록 돕는다.

논의하라	교사는 전략을 명시적으로 소개하고, 전략의 목적과 전략의 장점 등을 명시적으로 제시한다.
시범을 보여라	교사는 전략을 어떻게 사용하는지 정확하게 시범을 보인다.
외우도록 하라	학생은 기억전략을 사용하여 전략 사용의 단계를 외운다.
지원하라	교사는 학생이 전략 사용 단계에 따라 전략을 적용하는 데 필요한 지원을 한다.
독립적으로 사용하게 하라	학생은 궁극적으로 교사의 지원 없이 전략을 독립적으로 사용한다.

⑶ 글의 구조에 대한 교수

① 글의 구조에 대한 교수의 개념

㉠ 글의 구조에 대한 교수는 주로 쓰기 과정에 대한 교수와 결합하여 사용한다.

㉡ 글의 구조를 가르치기 위해 교사는 각각의 글의 구조를 명확하게 소개하고, 다양한 예를 제시하며, 학생이 초안을 작성하는 과정 중에 단서를 충분히 제공해야 한다.

② 장르별 글의 구조 유형

㉠ 이야기 글은 이야기 문법(주인공, 배경, 문제, 목적, 일련의 사건, 결말 등)에 대한 명시적 교수를 제공한다.

㉡ 설명글의 구조에는 비교－대조, 열거, 예시, 서술, 원인－결과 등이 있으며, 각 구조를 구성하는 요소에 대한 명시적 교수를 제공한다.

㉢ 논설문은 주장, 일련의 근거, 근거에 대한 예시, 결론 등을 중심으로 명시적 교수를 제공한다.

학습장애 학생을 위한 수학 교수

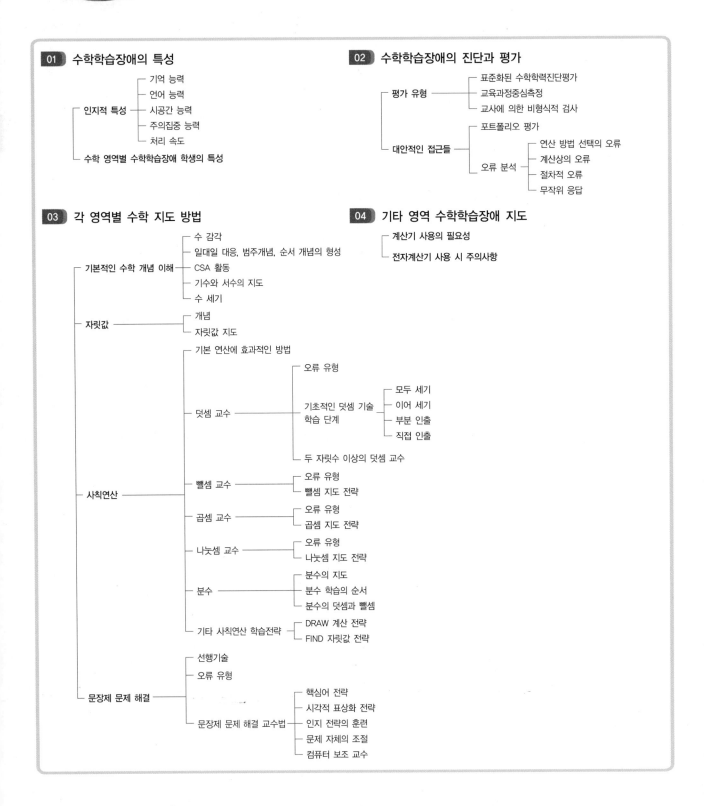

01 수학학습장애의 특성

- 인지적 특성
  - 기억 능력
  - 언어 능력
  - 시공간 능력
  - 주의집중 능력
  - 처리 속도
- 수학 영역별 수학학습장애 학생의 특성

02 수학학습장애의 진단과 평가

- 평가 유형
  - 표준화된 수학학력진단평가
  - 교육과정중심측정
  - 교사에 의한 비형식적 검사
- 대안적인 접근들
  - 포트폴리오 평가
  - 오류 분석
    - 연산 방법 선택의 오류
    - 계산상의 오류
    - 절차적 오류
    - 무작위 응답

03 각 영역별 수학 지도 방법

- 기본적인 수학 개념 이해
  - 수 감각
  - 일대일 대응, 범주개념, 순서 개념의 형성
  - CSA 활동
  - 기수와 서수의 지도
  - 수 세기
- 자릿값
  - 개념
  - 자릿값 지도
- 사칙연산
  - 기본 연산에 효과적인 방법
  - 덧셈 교수
    - 오류 유형
    - 기초적인 덧셈 기술 학습 단계
      - 모두 세기
      - 이어 세기
      - 부분 인출
      - 직접 인출
    - 두 자릿수 이상의 덧셈 교수
  - 뺄셈 교수
    - 오류 유형
    - 뺄셈 지도 전략
  - 곱셈 교수
    - 오류 유형
    - 곱셈 지도 전략
  - 나눗셈 교수
    - 오류 유형
    - 나눗셈 지도 전략
  - 분수
    - 분수의 지도
    - 분수 학습의 순서
    - 분수의 덧셈과 뺄셈
  - 기타 사칙연산 학습전략
    - DRAW 계산 전략
    - FIND 자릿값 전략
- 문장제 문제 해결
  - 선행기술
  - 오류 유형
  - 문장제 문제 해결 교수법
    - 핵심어 전략
    - 시각적 표상화 전략
    - 인지 전략의 훈련
    - 문제 자체의 조절
    - 컴퓨터 보조 교수

04 기타 영역 수학학습장애 지도

- 계산기 사용의 필요성
- 전자계산기 사용 시 주의사항

01 수학학습장애의 특성

1. 수학학습장애의 인지적 특성

수학학습장애 학생의 가장 두드러진 특성 중 하나는 쉬운 연산이라도 답을 기억해 내는 과정이 신속하지 못하고 정확도가 떨어진다는 점이다. 또한 그들은 연산과정에서 건너뛰며 수를 세기보다는 처음부터 모든 수를 다 세는 등 비효과적인 연산 전략을 사용하기 때문에, 단기기억 용량상의 부담이 클 뿐만 아니라 연산속도와 정확도 면에서 또래보다 뒤떨어진다. 이런 경우에는 단순연산의 자동화를 통한 숙련이 필요하다.

(1) 기억 능력

기초 수학 기술을 습득하고 문제해결 단계의 순서 등을 상기하는 데에는 기억 능력이 요구된다. 수학학습장애 학생은 일반학생에 비해 작동기억에 결함이 있다.

(2) 언어 능력

언어 능력은 문장제 문제해결 능력에 유의한 영향을 미칠 뿐 아니라 수학과제 전반에 걸쳐 영향을 미친다.

(3) 시공간 능력 ❶ 24중등B2, ❹ 19중등A7

시공간 능력은 수학 연산을 수행하고, 수의 크기 개념을 형성하고, 정신적으로 표상된 수직선과 같은 공간적인 형태에서 정보를 표상하고 조작하기 위해 필요하다. 또한 그래프 읽기, 자릿값에 따라 숫자 정렬하기, 도표를 해석하고 이해하기, 기하학적 그림 이해하기 등의 수학활동을 할 때 시공간 능력이 요구된다.

(4) 주의집중 능력

주의집중 능력은 기초적인 수 세기부터 간단한 암산, 여러 단계를 거쳐야 하는 복잡한 연산 문제 해결에 요구되며, 문장제 문제를 해결할 때에도 관련 없는 정보를 걸러내고 필요한 정보에만 집중하는 능력이 필요하다.

(5) 처리 속도

① 처리 속도는 수학 문제를 해결하는 데 걸리는 시간과 밀접하게 관련이 있다. 특히, 느린 처리 속도는 연산 능력에 유의한 영향을 미친다.

② 처리 속도는 정확성과 유창성을 구성요소로 한다. ❷ 22초등B3, ❹ 19중등A7, ❸ 09중등23

기출 POINT 1

❶ 24중등B2
㉠에 해당하는 인지 특성을 쓰시오.

교육실습생 : 선생님, 학생 A는 $\frac{1}{3}$, $\frac{1}{6}$과 같이 분수 쓰는 것을 어려워합니다. 왜 그런가요?
특수교사 : 학생 A는 도형의 이동에 대해서 배우면서 도형을 상하좌우로 옮기기를 어려워했고, 시험에서 숫자 3을 반전해서 쓰기도 했어요.
교육실습생 : 그런 특성이 있군요. 이유가 무엇인가요?
특수교사 : 학생 A는 (㉠) 능력이 낮아요. 그래서 분수를 쓸 때 분모와 분자를 바꿔서 쓰기도 해요.

❷ 22초등B3
㉢의 학습단계에서 나영이를 위해 교수목표로 삼아야 할 능력(기술)을 쓰시오.

오늘 연습 문제에서 대부분의 학생들은 물건을 잘 배열하는 것으로 보아 이제 ABAB 규칙을 익숙하게 다룰 수 있는 것으로 판단된다. 그런데 나영이는 ㉢ ABAB 규칙을 습득하였으나 가끔 순서가 틀리고, 모양을 찾는 데 시간이 오래 걸렸다. 나영이도 ABAB 규칙에 익숙해지려면 많은 연습이 필요할 것 같다.

❸ 09중등23
학습장애 학생 A는 기본 연산을 할 수 있으나 유창성이 부족하다. 이 학생의 연산 능력을 향상시키기 위하여 지도해야 할 수학적 유창성의 구성요소로 옳은 것을 모두 고른 것은?

〈보기〉
㉠ 속도
㉡ 추론
㉢ 정확성
㉣ 일반화 능력
㉤ 문제해결 능력

기출 POINT 1

❹ 19중등A7

괄호 안의 ㉠, ㉡에 해당하는 용어를 순서대로 쓰시오.

학생 G	학생 H
■ 102, 51, 48 중 가장 큰 수를 제외한 두 수의 최대 공약수를 구해 봅시다. 풀이 과정: 답: 51	■ 다음을 계산해 봅시다. 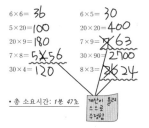 • 총 소요시간: 1분 47초
• 중요한 정보를 선택하지 못하는 '선택적 주의집중력' 부족을 보임 • 수식 방향과 수 정렬이 복잡하고, 수를 혼동하여 기입하며, 문제를 푸는 위치를 자주 잃어버리는 등 (㉠)에 어려움을 보임	• 문제를 집중하여 풀었으나, 시간이 오래 걸림 • 곱셈구구를 할 수 있음에도 불구하고 (㉡)이/가 부족하여, 기본 셈의 유창성에 영향을 줄 수 있으므로 반복·누적된 연습기회를 제공할 필요가 있음 • 작업 기억을 효율적으로 사용하지 못하는 이유일 수도 있으므로 추가 검사가 필요해 보임

2. 수학 영역별 수학학습장애 학생의 특성

영역	수학학습장애 학생의 특성
수학 개념의 이해	• 취학 전 기본적인 수학 개념(크기, 양, 대소, 순서 등) 습득 정도 미약 • 취학 이후에 학습하게 되는 고차원적이고 추상적인 수학 개념(집합, 확률, 함수 등) 이해와 학습에 어려움
문장제 응용 문제	• 문제를 읽고 이해하는 데 필요한 기본 읽기 능력, 기본 계산 능력, 그리고 단기기억 능력의 부족 • 주어진 응용문제를 수학적으로 해결하기에 용이하도록 표상하는 능력 부족 • 보통 아동들보다 훨씬 비효과적인 문제해결 전략 사용
도형 및 공간지각	• 공간 시각화 능력, 심적 회전 능력 등에 취약 • 공간, 거리, 크기, 순서 등을 지각하는 능력이 상대적으로 취약 • 공간지각상의 어려움은 이차적으로 자릿수 정렬, 수 방향 인식 등에 어려움을 야기함 • 숫자를 도치하여 읽거나(例 6과 9, 14와 41 등), 숫자의 크기를 균형 있게 맞추지 못해 자릿수를 배열하지 못한다든지 하는 등의 특징을 보임 • 미세한 시각적 기능이 요구되는 수학적 기호를 잘못 보거나 빠뜨릴 수 있음 • 지각−운동 협응 능력의 결함으로 인해 숫자를 균형 있게 쓰거나, 연산과정에서 보조 숫자나 보조선을 미숙하게 활용하는 등의 특징을 보임

02 수학학습장애의 진단과 평가

1. 수학학습장애 진단과 선별을 위한 평가 유형

(1) 표준화된 수학학력진단평가

현재 국내에서 활용할 수 있는 수학학습장애 전용 진단검사로는 '기초학습기능 수행평가 체제-초기수학(BASA-EN)'과 '기초학습기능 수행평가체제-수학검사(BASA-Math)' 등 이 있다.

① BASA-EN은 만 4세 이상의 아동을 대상으로 수학학습장애 혹은 학습장애 위험 아 동을 조기 판별하거나 초기수학 준비기술을 평가할 목적으로 만들어진 개별검사로, 검사 소요시간은 약 30분, 하위 검사 영역은 수 인식, 빠진 수 찾기, 수량 변별, 추정이다.

② BASA-Math는 초등학교 1학년부터 성인까지를 대상으로 수학 학습 수준의 발달과 성장을 측정하고 학습부진이나 학습장애에 해당하는지 여부를 알기 위한 평가로, 개별 검사이며 소요시간은 25분이다.

(2) 교육과정중심측정(curriculum-based measurement ; CBM)

① 교육과정중심측정은 학습목표에 비추어 지속적으로 해당 학습내용의 학습한 정도를 평가하는 방법이다.

② 교사 제작 비형식적 검사와 다른 점은 타당하고 신뢰도가 높은 표준화된 검사 방법과 절차에 따라 교수방법의 효과를 학습한 내용의 학습 정도를 보고 판단한다는 것이다.

(3) 교사에 의한 비형식적 검사

① 학급에서 수학학습장애로 의심이 가는 아동들이 있을 경우, 교사는 형식적 검사 이전에 교사 제작 비형식적 검사나 교육과정중심측정을 통해 문제의 심각성을 파악해야 한다.

② 학급에서 교사가 아동의 현재 수학학습 정도를 진단하고 학습문제의 심각성을 진단 하기 위해 간편하게 실시하는 비형식적 검사는 주로 준거지향 검사의 성격을 띠게 된다. 즉 또래와의 상대적 위치 비교보다는 특정 교과 영역에서 현재 학생의 수행 수 준이 도달해야 할 기준에 비추어 어느 정도나 되는지를 알아보고자 하는 데 주목적이 있다.

2. 수학평가에 대한 대안적인 접근들

수학학습장애 여부 확인에 있어서 최근에는 단순히 계산문제나 문장제 응용문제를 정확 하게 해결했느냐로 판단할 수 없다고 보고, 이상적으로 수학을 학습한 상태란 단순히 계 산문제를 해결할 수 있는 것뿐만 아니라 수학적으로 사고하고, 수학적으로 문제를 해결 하며, 수학적인 태도를 갖고, 수학 개념을 수학적으로 활용하는 것까지를 포함해야 할 것을 요구한다. 이러한 흐름을 반영하기 위해 최근 도입된 새로운 평가 방법에는 역동적 평가, 포트폴리오 평가, 오류분석방법이 있다.

(1) 포트폴리오 평가

일정기간 동안 학생에 의해 수행된 관찰 가능한 증거에 대해 평가를 하는 활동으로 학습상의 문제해결 과정에 초점을 두어 학습자의 학습 진행 정도를 파악함으로써 학습목표 달성은 물론, 추후 교수활동에 참고할 만한 유용한 정보를 제공한다.

(2) 오류 분석

① 교수 과정에서 학생이 갖고 있는 학습문제의 유형과 성격을 정확히 파악하고 그에 따라 효과적인 중재방안을 내리는 것을 주요 목적으로 하는 검사이다. 오류 분석의 핵심은 미리 오류를 예상하고 각 오류 유형을 확인할 수 있는 문항을 개발하여 학생이 실제로 그 문항을 풀 기회를 제공하고, 필요하다면 그 과정을 밀착 관찰하는 것이다.

② 학생들이 범하는 오류를 유형별로 분류하면 다음과 같다. ❶ 18초등B4, ❷ 17중등B5

오류 유형	내용
연산 방법 선택의 오류	빼는 대신 더하거나, 곱하는 대신 더하는 등의 잘못된 조작에 의한 실수
계산상의 오류	조작은 맞게 했으나 계산상의 실수를 범하는 경우
절차적 오류	계산규칙을 제대로 이해하지 못해 발생하는 실수 • 입력 오류 : 문제에 대한 정보를 머릿속에서 입력하는 과정에서 생기는 오류로서, 학생들이 문제내용을 꼼꼼히 보는 대신 대충 훑어보고 문제해결을 시도할 때 생긴다. • 정교화 오류 : 입력된 정보를 바탕으로 문제해결을 시도하는 단계에서 나타나는 오류로서, 부적절한 전략 사용이나 필요한 단계의 생략, 법칙의 잘못된 적용(예 243×5를 2×5, 4×5, 3×5로 계산한 후 102015로 답을 쓴 경우) 등이 여기에 속한다. • 산출 오류 : 자기가 수행하고 있는 문제해결 과정에 대해 초인지를 사용하여 제대로 평가할 능력이 없는 경우에 일어난다. 이런 오류를 자주 일으키는 학생들은 어디서부터 무엇이 잘못되었는지 자기가 하고 있는 수행의 적절성을 수시로 평가하고 검사하는 능력을 훈련하는 것이 중요하다.
무작위 응답	실수도 오류도 아닌 마구잡이 반응으로, 학습에 대한 동기가 결여되었거나 인지능력이 크게 부족한 경우, 또는 문제 풀이 시간이 부족한 경우 주로 나타남

③ 수학학습장애 학생들의 오류 분석을 위한 고려사항은 다음과 같다.

㉠ 학습장애 아동들은 매우 다양한 형태의 오류를 보이므로 가능한 한 최대한의 오류를 범할 수 있는 기회를 제공하고 교정해 주어야 한다.

㉡ 한 가지 오류 유형의 진단 및 처치가 반드시 다른 유형의 오류를 감소시켜 주거나 없애 주지 않으므로 모든 오류 유형에 대해 교사는 명시적으로 교정해 주어야 한다.

㉢ 아동이 오류를 보이면 정확하고 구체적으로 교정을 해주어야 하며 반드시 충분한 연습을 통해 숙달하도록 한다. 오류의 반복 여부를 확인하는 데에는 새로운 유형의 과제를 주어 일반화 능력을 살펴보는 것이 가장 효과적이다.

기출 POINT 2

❶ 18초등B4
[C]와 같은 연산 오류가 지속적으로 나타날 때, 그 오류 유형을 쓰시오.

㉠ 지필 평가 결과	㉡ 면담 평가 결과
식: 320+410 +230 답 : 1160m	이 문제는 수미와 진수가 달린 거리를 합하는 거예요. 진수가 달린 거리는 알 수 없으니 먼저 구해야 해요. 진수가 영희보다 230m 더 달렸으니까 식은 410+230m예요. 진수는 740m 달렸어요. [C] 이제 진수와 수미가 달린 거리를 모두 합하여야 하니까 740m+320m이고 답은 1160m예요. 질문에서 몇 km 몇 m냐고 물었으니까 1160m를 나누어 써야 하는데 어려워요.

❷ 17중등B5
A의 문제풀이 과정에서 나타난 오류 2가지를 쓰시오.

〈문제〉 진수가 다니는 학교에는 남학생 424명, 여학생 365명, 교사가 42명 있다. 영희가 다니는 학교에는 교사가 66명이고, 학생 수는 진수네 학교 학생 수의 3배이다. 영희네 학교의 교사 수와 학생 수를 합하면 모두 몇 명인가?

〈학생 A의 문제 풀이〉
66+424 × 3
=490 × 3
=1,470   답 : 1,470명

03 각 영역별 수학 지도 방법

1. 기본적인 수학 개념 이해

(1) 수 감각(number sensse)

① 수학은 언어와 공간, 수량을 포함하는 복잡한 과목이다. 수 감각은 이 세 가지 요소가 상호 유기적으로 연관되어 형성되는 수학적 능력으로 매우 중요하다.

② 수학에서의 수 감각은 읽기에서의 음운인식과 견주어 설명할 수 있다. 수 감각에 문제가 있다면 수학적인 지식 및 기술을 습득하는 데 심각한 장애를 초래할 수밖에 없다.

③ 수 감각은 읽기에서의 음운인식과 마찬가지로 학령전기에 이미 발달한다. 따라서 수 감각 문제는 수학 학습장애 유무를 조기에 예측할 수 있도록 돕는 주요 요인이다.

④ 수 감각은 일반적으로 수에 대한 직관적인 이해와 적용에 관한 것이다. 여러 학자들의 정의를 요약해 보면, 수 감각은 수를 다양한 방식으로 판단하고 유연하게 활용하는 능력이다.

⑤ 수 감각 교수법

ⓐ 수 감각의 개발을 위해 교수 내용을 구성할 때 반영해야 하는 목표 및 내용 요소를 세 가지로 제시할 수 있다.

수 표현 방법, 수 관계, 수 체계에 대한 이해	다양한 실물 자료를 사용하여 수를 표현하고, 십진 체계의 구조를 이해하고, 전체의 부분으로서 또는 수의 나눗셈으로 분수를 이해하는 것을 포함한다.
연산의 의미와 연산 관계 이해	관계성에 대한 감각을 얻거나 어떤 연산을 선택할 것인지 결정하는 것이다. 이를 위해 학생은 다양한 문제 상황에서 똑같은 연산을 적용할 수 있다는 것을 인지하고 연산들이 서로 어떻게 관련되어 있는지 알며, 기대되는 결과에 대해 숙고해야 한다.
숙련된 계산하기와 합리적 어림하기	학생은 암산, 지필 전략, 어림을 배우는 경험을 가져야 한다. 또한 문제 상황에 따라 어림과 정답 중 어느 것이 필요한지를 결정해야 하고, 자신의 결정에 대한 타당한 근거를 제시할 수 있어야 한다.

ⓛ 수 감각 교수의 지도 내용 및 학습 활동

1단계: 수 거꾸로 세기	1부터 20까지의 수를 거꾸로 세는 활동으로 수 카드를 거꾸로 배열하기, 수직선에 수 거꾸로 쓰기 등을 통해 수의 순서 감각을 익히고 앞뒤 수의 관계를 파악하여 기계적으로 거꾸로 수 세기를 할 수 있게 한다.
2단계: 11~20 두 자릿수 의미 이해하기	주어진 숫자를 보고 1단위와 10단위 막대(1단위 막대를 10개 합친 것과 같은 길이)를 사용하여 나타내기, 10개를 한 묶음으로 세기 활동을 통해 수 의미를 이해하고 십의 자릿수 개념을 이해하도록 한다.
3단계: 빠진 수 넣기	1~20의 수 중 무작위로 표본 추출된 세 수의 배열(⬛ 5, 6, __)에서 처음, 중간, 끝에 빠져 있는 수를 인식하는 것으로 수 카드 배열, 수직선에서의 수 계열을 인식하도록 한다.
4단계: 수 뛰어세기	주어진 수(⬛ 2, 5, 10)만큼 뛰어세기를 하는 활동으로, 게임보드의 말과 수직선을 이용하여 뛰어세기에서의 규칙과 배열을 이해하게 한다.
5단계: 수 가르기	주어진 수를 제시된 수와 다른 한 수로 분해하는 활동으로(⬛ 7은 4와 □), 수 막대를 이용하여 수 관계를 인식하게 하고, 수직선을 이용해 수를 분해하도록 한다.
6단계: 주어진 수에 가까운 수 찾기	주어진 수와 제시된 나머지 두 수의 관계를 파악하여 주어진 수에서 상대적인 크기를 알게 하기 위하여(⬛ 9는 6과 11 중 어떤 수에 더 가까운가?) 게임보드 및 수직선에서 수의 거리를 측정해 보는 활동을 한다.
7,8단계: 덧셈구구	수 막대를 이용하여 덧셈의 효과 및 관계를 이해하도록 한다. '한 자릿수+한 자릿수' 덧셈 문항(⬛ 3+5, 8+7)에서 게임보드 및 수직선을 활용하여 더 큰 수를 변별한 후, 그 수부터 세어 올라가도록 하는 전략을 사용한다.
9,10단계: 뺄셈구구	수 막대를 이용하여 뺄셈의 효과 및 관계를 이해하도록 한다. '한 자릿수−한 자릿수' 뺄셈 문항(⬛ 9−4, 11−3)에서 게임보드 및 수직선을 활용하여 빼는 수만큼 거꾸로 세기 전략을 사용한다.

(2) 일대일 대응, 범주 개념, 순서 개념의 형성

① 일대일 대응과 같은 기본 개념 형성을 위해서는 친숙한 물체와 숫자 간 일대일 대응 연습을 시킨다.

② 범주 개념은 크기, 색, 모양 등에 따라 범주화하는 연습을 통해 기를 수 있다.

③ 순서 개념은 크기, 강도, 길이 등에 따라 사물을 순서 매기는 연습을 통해 기를 수 있다.

(3) 수 개념 형성을 위한 CSA 활동

활동	설명 및 예시
구체물 (concrete)	구체적 수준은 수와 연산을 표상하기 위해 사물을 조작하는 것이다. 예 3의 개념을 가르치기 위해서 블록 3개나 장난감 자동차 3개가 주어진다. 덧셈의 개념을 가르칠 때는 학생에게 연필 두 자루를 주고, 몇 개를 가졌는지 묻고 난 후 연필 한 자루를 더 주어 현재 가지고 있는 연필의 개수를 묻는다.
반구체물 (semiconcrete) ❷ 13추가초등B1	반구체적 수준은 표기(예 /, //, ///)와 그림을 사용하여 수학 문제를 해결하는 것이다. 반구체적 수준은 실제 블록이나 장난감 자동차를 사용하는 것이 아니라 그에 해당하는 개수 표시가 그림과 같은 시각적 표상으로 주어진다. 예 3+2를 하기 위해 학생은 3 옆에 개수 표시 3개를, 2 옆에 개수 표시 2개를 그리고 전체적으로 표시한 개수를 센다.
추상물 (abstract) ❶ 21중등B5	추상적 수준에서는 시각적 표상에 의존하여 문제를 해결하는 대신, 상징(예 2, 5, 7)만을 사용하여 해결한다.

더알아보기 CSA 활동을 위한 구체적인 지침

1. 추상적 경험 전에 구체물 경험에서 반구체물 경험으로 교수를 진행한다.

2. 조작물을 사용하는 주요 목적은 학생이 수학적 과정의 정신적 이미지를 이해하고 개발하도록 돕는 것이다.

3. 개념 하나를 가르칠 때는 하나 이상의 조작적 사물을 사용해야 한다.

4. 학생 개개인은 조작물을 각각 사용한다.

5. 활동은 정확하게 실제적 과정을 표상해야 한다. 예를 들어, 조작적 활동과 지필 활동 간에 직접적 상관이 있어야 한다.

6. 조작적 경험은 사물의 움직임을 포함해야 한다. 학습은 사물 자체보다는 사물에 대한 학생의 신체적 움직임에서 발생한다.

7. 교사는 계속적으로 학생들이 사물을 조작함에 따라 학생에게 움직임에 대한 질문을 해야 하고, 그리고 학생이 자신의 생각을 언어로 표현하도록 격려해야 한다.

PART
03

기출 POINT 3

❶ 21중등B5
밑줄 친 ⓒ에 해당하는 활동의 예를 1가지 쓰시오. (단, ㉠에 근거할 것)
■ 학습 주제: 문장제 문제의 식과 답 구하기

• 문장제 문제
현수는 사탕 주머니 4개를 가지고 있습니다.
주머니에는 사탕이 3개씩 들어 있습니다. ㉠
현수가 갖고 있는 사탕은 모두 몇 개입니까?

• 활동 1: 구체물을 이용하여 나눠 담고 계산하기
• 활동 2: 반구체물을 이용하여 계산하기
• 활동 3: ⓒ 추상적 표현을 이용하여 계산하기
• 정리 및 평가

❷ 13추가초등B1
CSA 순서에 따라 지도할 때, ⓒ 다음에 이루어지는 교수 활동의 특징을 쓰시오.

특수교사: 진호가 연산에 비해 문장제를 어려워해요. 수식으로 제시되면 계산을 잘하는데, 사례가 들어간 문장제 문제로 바뀌면 오답이 많아요.
통합학급 교사: 그래서 문제를 이해시키기 위해서 ⓒ CSA 순서를 생각해서 오리와 거위 모형을 가지고 함께 풀이를 했더니 수식을 만들어 내더라고요.

(4) 수 개념 형성을 위한 기수와 서수의 지도

① 기수란 일정한 양을 나타낼 때 마지막으로 세는 수로서, 주어진 양을 셀 때 마지막으로 세는 수가 곧 전체의 양을 나타내는 것을 의미한다.

    ⊙ 기수의 개념이 중요한 이유는 기수가 일정한 양을 표현해 주는 수이자 덧셈과 뺄셈과 같은 연산 기술을 발달시키는 데 기반이 되는 수이기 때문이다.

    ⓒ 기수를 지도할 때 고려해야 할 점으로는 양을 표현하는 숫자에는 계열성이 존재한다는 것이다. 예를 들어, 3이라는 양 속에는 1과 2라는 양이 포함되어 있다는 것이다.

    ⓒ 기수를 지도하기 위한 방법으로

        • 첫째, 양을 수로 나타내거나 수를 양으로 나타내는 연습이 효과적이다.

            예 바구니에 탁구공이 3개 담겨 있다면 이를 숫자 3으로 나타내는 것과 숫자 5에 해당하는 탁구공을 바구니에 담는 방법이 있다.

        • 둘째, 노래를 활용하는 방법으로 숫자와 관련된 노래를 따라 부르게 하는 것이다.

② 서수란 순서를 나타내는 수로서, 일정한 집단의 양을 순서적 개념으로 표현하는 것이다. 즉, 어떤 집합에 포함되어 있는 물체의 위치를 인식하고 표현하는 수 세기를 말하며, 집합 속에서 순열이나 순서를 특징지어 주는 수학적 용어이다.

    ⊙ 서수는 사칙연산 문제를 푸는 데 필요한 기법이자 순서적인 개념이 있는 양을 표현하는 유용한 개념이다.

    ⓒ 서수를 지도하기 위해서는 일상생활 활동이나 게임 등을 통해 수의 순서적 개념을 반복적으로 학습시키는 것이 효과적이다.

        예 첫 번째 사탕, 두 번째 사탕, 세 번째 사탕을 고르게 하거나, 여러 개의 연필 중에서 다섯 번째로 긴 연필을 고르게 하는 것이다.

(5) 수 세기

① 수 세기 개념

    ⊙ 수 세기에는 크게 단순 수 세기, 물건 세기, 중간에서부터 세기, 건너뛰며 세기, 중간에서부터 건너뛰며 세기, 서수 세기 등이 있다.

    ⓒ 수 세기 능력은 이후 덧셈이나 뺄셈을 빠르고 정확하게 수행하는 데 필수적인 하위 능력이다.

        예 중간에서부터 세기는 단순 덧셈(9+3)이나 뺄셈(12−3)에 유용하고, 건너뛰며 세기는 곱셈이나 나눗셈에 필수적이다.

② 수 세기 학습 전략

학습장애 학생은 비효율적이고 부적절한 전략을 사용하기 때문에 수 개념 형성에 많은 어려움을 겪는다. 따라서 학습장애 학생에게 수 세기를 지도할 때에는 발달 수준을 고려하여 적절한 수 세기 전략을 지도해야 한다.

⊙ 일대일 대응 : 사물과 숫자를 일대일로 대응시켜 전체의 양을 세는 방법이다. 이 방법을 지도하기 위해 구체물이나 반구체물을 조작하거나 손으로 가리키면서 수를 세어보게 하는 것이 효과적이다. **❶ 18유아B3**

⊙ 단순 수 세기(기계적 수 세기) : 수에 대한 개념을 형성한 이후에 일정한 수의 양을 기계적으로 반복해서 세는 과정이다. 주어진 양의 전체를 '하나, 둘, 셋, 넷 …'과 같이 세도록 하는 것이다.

⊙ 중간에서부터 세기 : 학생이 아는 기수에서부터 수를 셀 수 있도록 하는 방법으로, 작은 수부터 세는 방법과 큰 수부터 세는 방법이 있다.

> **예** 3+9라고 했을 때, 3을 알고 있으므로, 3, 4, 5 … 9라고 세는 방법과, 9에서부터 9, 10, 11, 12라고 세는 방법이 있다. 교사는 전체 수 세기는 수를 세는 과정에서 오류가 발생할 수 있다는 것을 인지하고, 중간에서부터 세기 전략을 적극적으로 활용하도록 유도해야 한다. 중간에서부터 세기 전략을 활용하기 위해 손가락을 이용하여 수 세기를 적절하게 하는 방법이 있다.

⊙ 건너뛰며 세기 : '둘, 넷, 여섯, 여덟, 열'과 같이 일정한 양을 건너뛰며 수를 세는 방법이다. 건너뛰며 수 세기를 하는 방법에는 처음부터 건너뛰며 수 세기와 중간에서부터 건너뛰며 수 세기를 하는 방법이 있다. 이러한 건너뛰며 수 세기 방법은 배수를 활용하는 곱셈이나 나눗셈에 유용할 뿐만 아니라 일정한 양을 빠르게 셀 수 있다는 장점이 있다. **❷ 18초등B4**

③ 수 세기 지도 시 고려사항

⊙ 무조건 구체물을 이용한 수 세기가 유리한 것이 아님을 인지해야 한다. 간혹 구체물보다는 그림이나 간단한 상징 등 반구체물을 조작하는 것이 더 효과적이다.

⊙ 구두로 수 세기를 가르칠 경우 학생의 응답을 통일시킬 필요가 있다. 다수의 학생들로부터 동시에 반응을 유도하기 위해서는 수신호를 사용하는 것이 효과적이다.

⊙ 수 세기에서 오류를 보일 경우 그 즉시 수행을 멈추고 교사가 시범을 보인다. 시범을 보인 후 학생에게 반복할 기회를 주는데, 이때 중요한 것은 이전에 배운 내용과 새로 배운 내용을 어느 정도 중복되게 하여 내용의 연속성을 유지해야 한다는 것이다.

> **예** '11, 12, 13, 15 …'로 수를 세었다면, 다음에 연습할 때는 바로 '14'부터 세는 것이 아니라 전후 수를 포함하여 세도록 하는 것이다.

2. 자릿값

(1) 자릿값 개념

자릿값에 대해 학습이 이루어진 학생은 다음의 세 가지 기능을 보일 수 있어야 한다.

① 숫자를 읽고 쓰기 : 427을 '사이칠'이라고 읽는 대신 '사백이십칠'로 읽을 수 있고, 반대로 '사백이십칠'을 듣거나 읽고 숫자 '427'로 나타낼 수 있는 능력

② 자릿값에 맞게 세로로 배열하기 : 427+35를 세로로 배열하는 능력

③ 풀어서 자릿값으로 표현하기 : 427을 400+20+7로 표현하는 능력

기출 POINT 4

❶ 18유아B3
ⓑ에서 나타난 합리적 수 세기의 원리를 쓰시오.

교수·학습 활동	동호의 수정 활동
ⓐ 유아들에게 모형 과일을 7개씩 나누어 주고 세어 보도록 한다.	ⓑ (일렬로 배열된 세 개의 모형 과일을 하나씩 손가락으로 짚으며) '하나, 둘, 셋' 소리 내어 세어 보도록 한다.

❷ 18초등B4
1km 단위 지도를 하기 위해 아래에서 사용한 덧셈 방법을 쓰시오.

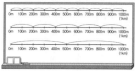

(2) 자릿값 지도 ❶ 16초등A5, ❷ 13중등36

① 여러 가지 구체물이나 모델을 활용한 다양한 표상 활동을 통해서 100개의 묶음, 10개의 묶음, 낱개는 각각 백의 자리, 십의 자리, 일의 자리의 자릿값으로 연결 짓는 학습이 이루어져야 한다.

② 이처럼 자릿값을 익히게 되면 수의 계열을 쉽게 파악하고, 수의 크기 관계를 명확하게 파악할 수 있을 뿐만 아니라, 더 큰 자릿수를 하나씩 첨가함으로써 더 큰 수를 익힐 수 있다.

오류	오류 분석	지도 방법
$\begin{array}{r} 77 \\ +19 \\ \hline 816 \end{array}$ $\begin{array}{r} 88 \\ +39 \\ \hline 1117 \end{array}$	자릿수를 고려하지 않고 답을 기입함	• 수 모형(낱개 모형, 십 모형, 백 모형)을 이용하여 낱개가 10개가 되면 십 모형 1개로, 십 모형이 10개가 되면 백 모형 1개로 교환하게 하여 자릿수 개념을 확인시킨다. • 그림과 같은 틀을 주어 일의 자리부터 더하여 첫째 줄의 네모 칸에 기입하고, 십의 자리를 더하여 다음 줄의 네모 칸에 기입한 후 합을 구하게 한다. 이때 네모 칸 속에는 숫자를 하나씩만 쓰도록 한다. $\begin{array}{r} 8\ \ 8 \\ +\ 3\ \ 9 \\ \hline \square\ \square \\ \square\ \square \\ \square\ \square\ \square \end{array}$

기출 POINT 5

❷ 13중등36
다음은 수학학습장애 학생 A의 연산 결과에 대해 두 교사가 나눈 대화이다. ㉠~㉤ 중 옳은 것만을 있는 대로 고른 것은?

학생 A	
$\begin{array}{r} 83 \\ +68 \\ \hline 141 \end{array}$	$\begin{array}{r} 66 \\ +29 \\ \hline 85 \end{array}$

이 교사: ㉠ A는 전형적인 자릿값 오류를 보입니다.
김 교사: 자릿값은 어떤 방법으로 가르치나요?
이 교사: ㉡ 자릿값을 지도할 때는 덧셈구구표를 보고 수들의 공통점을 파악하도록 하는 것이 효과적입니다.

기출 POINT 5

❶ 16초등A5

㉠에 나타난 오류가 무엇인지 (가)에 제시된 준서의 특성을 고려하여 각각 쓰시오.

(가)	• 글을 읽고 이해할 수 있음 • 시공간 지각에 어려움이 없음 • 수업 중 주의집중에 문제가 없음 • 일의 자리와 십의 자리에 대한 자릿값 개념이 있음

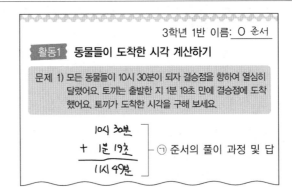

3학년 1반 이름: ○ 준서

활동1 동물들이 도착한 시각 계산하기

문제 1) 모든 동물들이 10시 30분이 되자 결승점을 향하여 열심히 달렸어요. 토끼는 출발한 지 1분 19초 만에 결승점에 도착했어요. 토끼가 도착한 시각을 구해 보세요.

$$\begin{array}{r} 10시\ 30분 \\ +\ \ 1분\ 19초 \\ \hline 11시\ 49분 \end{array}$$ ─ ㉠ 준서의 풀이 과정 및 답

3. 사칙연산(+−×÷)

(1) 기본 연산에 효과적인 방법

10 이하의 수를 사용한 덧셈, 뺄셈, 곱셈 등의 기본 연산에 효과적인 방법은 다음과 같다.

① 동일 수끼리의 덧셈 활용 예 6+6, 7+7, 3+3

② 큰 수로부터 이어 세기 예 7+2

③ 수 조합이나 덧셈과 뺄셈의 관계 이용 예 3+5=8, 5+3=8, 8−3=5, 8−5=3

> **더알아보기 가족 수 활용의 장점**
>
> 1. 하나의 수식을 통해 세 가지의 변형된 수식을 지도할 수 있다.
> 2. 가족 수의 활용은 연산 수행에 필요한 교환법칙을 지도하는 데 장점이 있다.

④ 수 계열 이용 예 5+5, 5+6, 5+7

⑤ 10을 이용 예 9+6=10(9+1)=5=15

> **더알아보기 10을 활용한 연산 문제 해결의 지도 방법**
>
> 1. 덧셈을 할 때 10을 활용하는 방법으로는 10을 만드는 방법과 자릿값을 활용한 덧셈을 하는 방법이 있다.
>   예 8+5의 문제를 풀 때, 8+2+3으로 재구조화하고, 10+3이라는 문제로 해결하는 것이다.
> 2. 뺄셈을 할 때 10을 활용하는 방법으로는 피감수에 있는 10에서 감수를 빼는 전략과 감수를 10으로 만들어서 피감수에서 빼는 방법이 있다.
>   예 14−6이라는 문제를 풀 때, 피감수 14를 10+4라고 생각하고 10−6을 한 후에 4를 더하는 방법이다. 이를 수식으로 간단히 표현하면 14−6=10+4−6=4+4=8로 나타낼 수 있다. 또한 32−9라는 문제에서 감수 9를 10으로 만들기 위해서는 1을 더해야 한다. 감수에 1을 더했기 때문에 10을 뺀 이후에 1을 더해 주어야만 한다. 이를 수식으로 32−(9+1)+1=32−10+1=22+1=23과 같이 나타낼 수 있다.

⑥ 9가 있는 덧셈의 경우 언제나 일의 자리는 하나 적다는 전략 사용

⑦ 뛰어 세기

(2) 덧셈 교수

① 덧셈에서 학생들이 보일 가능성이 있는 오류들은 다음과 같다.

ㄱ 단순 계산 오류 예 56+16=61

ㄴ 받아 올림의 오류 예 받아 올려야 할 숫자를 더해 버리거나 받아 올림을 해야 하는 것을 잊음

ㄷ 뺄셈과 혼동

ㄹ 전략상의 오류 예 받아 올림을 해야 할 숫자를 하나의 자릿수로 써버리는 경우 56+16=612

② 기초적인 덧셈 기술 학습 단계(Garnett, 1992)는 다음과 같다. **❶ 23유아B6, ❷ 14중등A7**

단계	설명 및 예시
1. 모두 세기	• 두 수를 더할 때, 각 수를 1부터 센 다음, 이들을 합쳐서 다시 센다. **예** 4+3을 계산할 때, '1, 2, 3, 4 + 1, 2, 3'과 같이 센다. • 이 단계에서는 일반적으로 손가락이나 사물을 사용하여 수 세기를 한다.
2. 이어 세기	• 두 수를 더할 때, 한 숫자에서 시작해서 더해지는 만큼 나머지 수를 센다. **예** 4+3을 계산할 때, '4 + 5, 6, 7'과 같이 센다. • 이어 세기의 초기 단계에서는 두 수의 크기와 상관없이 앞의 수를 기준으로 뒤의 수를 세는 방법을 사용하다가, 점차 발달하면서 두 수 중 큰 수를 변별하고 큰 수를 기준으로 나머지 수를 세는 방법을 사용한다. • 이어 세기 초기에는 손가락이나 사물을 사용하다가, 점차 언어적으로 수 세기(**예** 사-오, 육, 칠)를 한다.
3. 부분 인출	직접 인출 단계 전에 나타나는 과도기적 단계로 학생이 직접 인출할 수 있는 덧셈식에서 추가적으로 필요한 계산을 더해서 계산하는 방법이다. **예** 6+7을 계산할 때, 6+6=12라는 정보를 장기기억에서 인출한 후, 6+7이 6+6보다 1만큼 크므로 1을 더해 13이라는 답을 산출하는 것이다.
4. 직접 인출	두 수의 합을 계산 과정을 거치지 않고 바로 장기기억에서 인출하여 답하는 것이다. **예** 6+6을 계산할 때 바로 12하고 답을 산출한다.

③ 아동의 수학적 능력이 발달함에 따라 점차적으로 초기 전략(**예** 모두 세기, 앞의 수를 기준으로 이어 세기)은 감소하고 보다 효율적인 전략(**예** 큰 가수를 기준으로 이어 세기, 부분 인출, 직접 인출)의 사용이 증가한다. 효율적인 기초 덧셈 전략은 다음과 같다.

  ㉠ **큰 가수를 기준으로 이어 세기**
  • 큰 가수를 기준으로 이어 세기를 하기 위해서는 아래의 세 가지 선행지식과 기술이 필요하다. 그중 '두 수 중 큰 수를 변별하기'는 큰 수를 기준으로 이어 세기를 하는 데 가장 중요하다.
    − 덧셈식의 순서와 상관없이 효율적인 순서로 연산을 할 수 있다.
    − 두 수 중 큰 수를 변별할 수 있다.
    − 1이 아닌 곳에서 시작하여 셀 수 있다.
  • 큰 가수를 기준으로 이어 세기 활동의 예시는 다음과 같다.
    − 큰 가수는 숫자로 나타내고, 이어 세어야 하는 숫자는 점으로 표시한다.
    − 이러한 활동은 두 수를 모두 숫자로 나타내기 전에 과도기적으로 하는 활동으로 이어 세어야 하는 숫자를 반구체적으로 표시하여 학생이 이어 세기의 개념을 쉽게 이해하도록 돕는다.

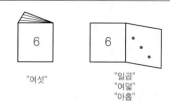

"여섯" "일곱" "여덟" "아홉"

그림과 같이 왼쪽에는 숫자가 적혀 있고, 오른쪽에는 점이 적힌 소책자를 준비한다. 소책자를 구성할 때, 왼쪽의 숫자가 오른쪽의 점의 수보다 많게 구성하여 큰 가수를 기준으로 이어 세기를 학생들이 연습할 수 있도록 하여야 한다.

ⓒ 부분 인출 및 직접 인출

- 연산을 잘 하려면, 기본셈(사칙연산 구구)을 잘 이해할 뿐 아니라 충분한 연습을 통해 기본셈을 빠르고 정확하게 할 수 있어야 한다. 부분 인출과 직접 인출을 통해 학생은 기본셈 연산을 효율적으로 할 수 있다.
- 덧셈구구 교수는 다음과 같다.
  - 학생이 덧셈구구의 기본 개념을 이해하도록 가르친다. 이때 실생활과 연결하여 구체물을 조작하는 활동을 통해 덧셈의 개념을 이해시킨다.
  - 사칙연산 구구표를 이용하여 학생이 다양한 덧셈구구들 간의 관련성을 이해하도록 돕는다.
  - 덧셈구구표를 점진적으로 소개하여 학생이 이를 효율적으로 학습하도록 돕는다.
  - 학생들이 2, 3단계에서 학습한 사칙연산 구구를 자동화할 수 있도록 반복하고, 누적하여 연습할 수 있는 기회를 제공한다.

+	0	1	2	3	4	5	6	7	8	9
0	0	1	2	3	4	5	6	7	8	9
1	1	2	3	4	5	6	7	8	9	10
2	2	3	4	5	6	7	8	9	10	11
3	3	4	5	6	7	8	9	10	11	12
4	4	5	6	7	8	9	10	11	12	13
5	5	6	7	8	9	10	11	12	13	14
6	6	7	8	9	10	11	12	13	14	15
7	7	8	9	10	11	12	13	14	15	16
8	8	9	10	11	12	13	14	15	16	17
9	9	10	11	12	13	14	15	16	17	18

덧셈구구표 학습 순서

① +0 법칙 : 1+0, 7+0
② +1 법칙 : 2+1, 5+1
③ +2 법칙 : 3+2, 6+2
④ 같은 수 덧셈 법칙 : 3+3, 9+9
⑤ 같은 수 +1 법칙 : 3+4, 7+8
⑥ 같은 수 +2 법칙 : 2+4, 5+7
⑦ +9 법칙 : 4+9, 8+9
⑧ 남은 덧셈들 : 6+3, 7+3, 8+3
(1~7단계 이외의 덧셈들) 7+4, 8+4, 8+5

🚩 **덧셈구구표**

기출 POINT 7

❶ 24초등B2

[C]에 공통으로 나타난 덧셈 오류를 지도할 때, 수 모형을 이용한 지도 방안을 〈문제 1〉 풀이와 관련지어 1가지 쓰시오.

〈문제 1〉 풀이	〈문제 2〉 풀이	
1 7 + 8 1 5	2 8 + 2 5 4 3	[C]

ⓒ **두 자릿수 이상의 덧셈 교수** ❶ 24초등B2

- 받아 올리는 수는 고정적인 위치에 적도록 지도한다. 이때 일의 자리의 답을 적는 곳과 받아 올리는 수를 적는 곳에 색깔을 넣어 학생들이 받아 올림을 올바르게 할 수 있도록 돕는다.

- 받아 올림을 해야 하는 계산식에서 답을 적는 곳에 네모로 표시하고, 각 네모에는 하나의 숫자만 들어가야 함을 강조한다. 이때 하나 이상의 숫자가 들어가게 될 경우에 받아 올림을 해야 함을 강조한다. 일의 자리의 6과 8을 합치면 14가 되는데, 네모 칸에는 하나의 숫자만 들어가야 하기 때문에 받아 올림을 해야 함을 설명한다. 이때 일의 자리와 십의 자리의 칸은 각각 색깔을 달리 표시하여, 학생이 자릿값을 보다 명시적으로 이해할 수 있도록 돕는다.

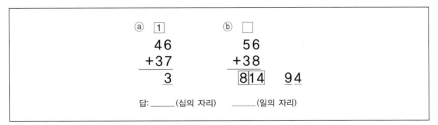

- 두 개 이상의 수를 더해야 하는 계산식의 경우, 자릿수를 맞춰 계산하는 것을 돕기 위해 다음과 같이 형광펜이나 세로 줄을 표시하여 도움을 주거나, 격자 표시가 된 종이를 사용한다.

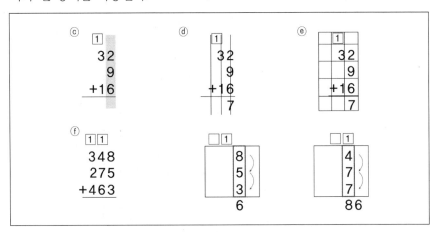

- 두 개 이상의 수를 더해야 하는 계산식의 경우, 자릿수를 맞춰 계산하는 것을 돕기 위해 일의 자리를 계산할 때는 십의 자리와 백의 자리는 가린 상태에서 일의 자리를 계산하도록 한다. 또한 십의 자리를 계산할 때는 나머지 자리(일의 자리와 백의 자리)를 가린 상태에서 계산하게 하고, 백의 자리를 계산할 때도 나머지 자리(일의 자리와 십의 자리)를 가린 상태에서 계산하게 한다.

(3) 뺄셈 교수

① 뺄셈에서 학생들이 보일 가능성이 있는 오류들은 다음과 같다.

  ㉠ 단순 연산 오류

  ㉡ 받아 내림의 오류, 받아 내림의 생략 **❷ 16초등A5**

  ㉢ 무조건 큰 수에서 작은 수 빼기 **❶ 25초등B2**

  ㉣ 계산 자체에는 문제가 없지만 문제해결 과정에서 받아 내림을 위한 보조 숫자를 잘못 인식하는 전략상의 오류

  ㉤ 덧셈과의 혼동 등

② 뺄셈 지도 전략은 다음과 같다.

  ㉠ **뺄셈 개념 및 뺄셈식 알기** **❸ 11초등25**

  • 덧셈과 뺄셈 개념 형성의 기초는 '가르기'와 '모으기'이다. 모으기는 흩어져 있는 것을 한군데로 모으는 활동으로 덧셈의 기초이며, 가르기는 모은 것은 두 덩어리나 세 덩어리로 나눈 것으로 뺄셈의 기초이다.

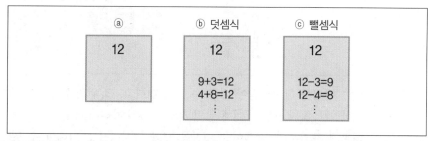

  • 덧셈과 뺄셈은 수직선으로 표현하는 것이 효과적이다. 더하기는 계속 앞으로 가면 되지만 빼기는 수직선상에서 앞으로 뒤로 왔다갔다 해야 하기 때문에 어려움을 겪을 수 있다. 학생들에게 개념의 이해와 표현의 문제는 다를 수 있으므로 다양한 표현 활동을 통해 개념을 학습하도록 한다.

  ㉡ **뺄셈구구 교수**

  • 뺄셈의 개념을 가르치고 뺄셈식을 익힌 다음, 뺄셈구구 연습 기회를 충분히 제공하여 빠르고 정확하게 계산할 수 있도록 지도해야 한다.

  • 뺄셈구구는 덧셈의 역관계에 기초하여, 빼는 수와 답이 한 자릿수이다.

  • 뺄셈구구는 덧셈의 역관계를 강조한 짝이 되는 뺄셈식을 충분히 연습하여 자동화한다.

  • 뺄셈구구의 제시 순서는 덧셈구구와 동일하다.

PART 03

기출 POINT 8

❶ 25초등B2

㉢에 들어갈 뺄셈 오류의 유형을 쓰시오.

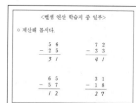

특수교사: 학습지를 살펴보니까 뺄셈 연산에서 (㉢) 오류가 나타나요. 우선, 이 부분에 중점을 두고 지도하면 좋겠어요.

❷ 16초등A5

㉡에 나타난 오류가 무엇인지 (가)에 제시된 준서의 특성을 고려하여 각각 쓰시오.

(가) 준서의 특징

• 글을 읽고 이해할 수 있음
• 시공간 지각에 어려움이 없음
• 수업 중 주의집중에 문제가 없음
• 일의 자리와 십의 자리에 대한 자릿값 개념이 있음

❸ 11초등25

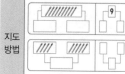

지도 방법	• 그림과 같이 구체물을 이용해서 두 집합으로 가르고, 두 집합을 다시 하나의 집합으로 모으는 활동을 하게 한다.
	• 수직선을 이용하여 주어진 수 만큼 앞으로 가거나 뒤로 가는 활동을 하게 한다.
	• 또 다른 그림을 보고 수식을 만들어 계산하는 연습을 시킨다.

❶ 13중등36

다음은 수학학습장애 학생 C의 연산 결과에 대해 두 교사가 나눈 대화이다. ㉠~㉤ 중 옳은 것만을 있는 대로 고른 것은?

학생 C	
62	35
-47	- 7
25	38

김 교사: C는 받아 내림을 한 후 십의 자리에서 뺄셈을 틀리게 하고 있어요. 따라서 ㉤ 받아 내림을 지도할 때 일의 자리에 있는 값은 '10'이 늘어나고, 십의 자리에 있는 값은 '1'이 줄어드는 것에 대한 시각적 단서를 제공할 필요가 있어요.

❷ 11초등25

오류	3 2	4 5
	- 1 9	- 1 7
	2 7	3 2

오류 분석	받아 내림을 하지 않고 큰 수에서 작은 수를 뺌
지도 방법	• 수 모형(낱개 모형, 십 모형)을 이용해서 윗자리의 숫자인 피감수를 제시하게 하고, 아랫자리의 숫자인 감수만큼 제거하도록 한다. 이때 일의 자리부터 감수를 제거하도록 하고, 피감수의 낱개 모형 수가 부족하면 십 모형 1개를 낱개 모형 10개로 교환하여 제거하도록 한다. • 십의 자리에서 받아 내리는 절차를 수식으로 나타내어 계산하는 연습을 하게 한다.

㉢ 두 자릿수 이상의 뺄셈 교수

• 반구체물(예 그림 등)을 활용하여 받아 내림의 개념을 식과 연결하여 이해하도록 교수한다. ❷ 11초등25

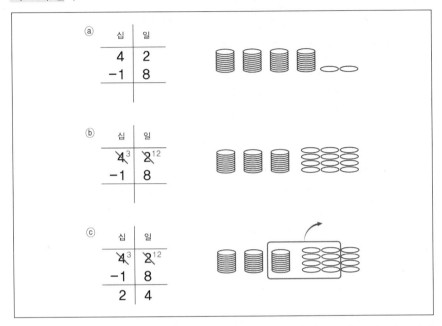

• 받아 내림을 할 때, 받아 내린 수 10을 더하고, 그 위의 값은 1이 줄어드는 것에 대한 단서를 제공한다. 이때 일의 자리와 십의 자리에 해당하는 칸은 각각 색깔을 다르게 표시하여, 학생이 자릿값을 보다 명시적으로 이해할 수 있도록 돕는다.
❶ 13중등36

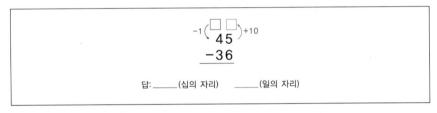

• 세 자릿수 이상의 뺄셈식에서는 자릿수를 맞춰 받아 내림을 하며 계산하는 것을 돕기 위해 가림 카드를 사용한다.

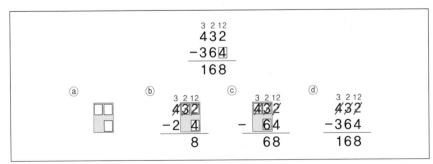

(4) 곱셈 교수

① 곱셈에서 학생들이 보일 수 있는 오류는 다음과 같다.

  ㉠ 단순 연산 오류

  ㉡ 자릿값의 혼동

  ㉢ 받아 올림의 생략 **❶ 13중등36**

  ㉣ 0을 포함한 숫자에서의 어려움

  ㉤ 두 자릿수 이상의 수들끼리의 곱셈에서의 어려움 등

② 일반적으로 곱셈 교수는 '곱셈 개념 설명(묶어 세기 또는 건너뛰며 세기 이용) → 곱셈식 알기 → 몇 배 개념 알기 → 곱셈구구 교수 → 두 자릿수 이상의 곱셈교수' 순으로 진행한다.

  ㉠ 묶어 세기 또는 건너뛰며 세기를 통한 곱셈 개념

   • 묶음의 개수와 묶음 내의 수를 알아본 후, 같은 수를 여러 번 더하여 전체의 수를 알아보는 활동은 곱셈의 기초가 된다. 묶어 세기를 통해 전체의 개수를 하나씩 제시하기보다, 묶음을 만들어 같은 수를 더하는 것(즉, 동수 누가)이 빠르고 능률적임을 알게 한다. 그다음 동수 누가를 곱셈식으로 표현하는 것이 같은 수를 여러 번 더하는 것보다 더 효율적임을 알게 한다.

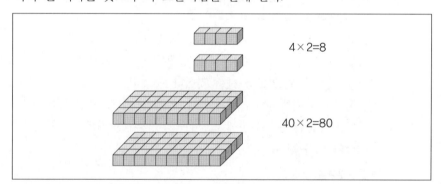

   • 건너뛰며 세기는 몇씩 건너뛰며 몇 번을 세는지 알아보기, 같은 수를 여러 번 더하여 전체 수를 알아보는 활동을 통해 덧셈에서 곱셈으로 자연스럽게 넘어가는 경험을 제공한다. 이때 수직선을 활용하여 건너뛰며 수 세기 활동을 설명할 수 있다. 또한 학생의 이해정도에 따라 1의 자릿수뿐만 아니라 10의 자릿수에서의 건너뛰며 수 세기 활동으로 확장할 수 있다.

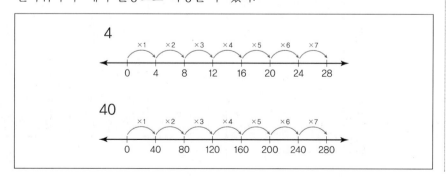

PART
03

기출 POINT 10

❶ 13중등36

다음은 수학학습장애 학생 B의 연산 결과에 대해 두 교사가 나눈 대화이다. ㉠~㉤ 중 옳은 것만을 있는 대로 고른 것은?

학생 B	
34 × 6 184	27 × 5 105

이 교사: ㉢ B는 곱셈을 실행한 후 받아 올린 수를 더하지 않는 오류를 보입니다. ㉣ 이를 지도하기 위해서는 시각적 표상 교수를 활용하여 '수 계열 인식하기'와 같은 수감각 증진에 노력해야 합니다.

© 곱셈식 알기: 같은 수를 여러 번 더하는 것보다 곱하기로 나타내는 것이 훨씬 간편하다는 것을 이해시킨다.

예 ○개씩 묶기(5개씩 묶기) → 묶음 수 찾기(4개) → 덧셈식으로 나타내기(5+5+5+5)의 과정을 거친 후, 반구체물 도식을 통해 5씩 4묶음을 5×4로 표현하도록 한다.

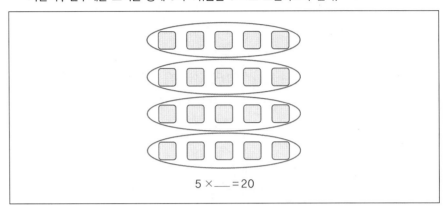

$$5 \times \underline{\quad} = 20$$

© 몇 배 개념 알기: 미완성된 반구체물(**예** 그림 등)을 활용하여 곱셈식을 완성하도록 한다.

예 '5개씩 4묶음은 모두 몇 개입니까?'에 해당하는 '몇 개'의 그림을 직접 그린다. 그다음 '몇 개'에 해당하는 수를 빈칸에 쓰도록 하고, '5의 몇 배는 몇이다'(5×4=20의 곱셈식으로 쓰고, 5의 4배는 20이다)를 지도한다.

② 곱셈구구 교수

• 곱셈구구의 궁극적인 목적은 학생이 계산 과정을 거치지 않고 바로 장기기억에서 답을 인출할 수 있도록 하는 것이다.

• 곱셈구구를 위해서는 곱셈의 개념, 곱셈식, 몇 배 개념 등을 이해하도록 하고, 그다음 충분한 연습을 통해 곱셈구구의 기본셈을 빠르고 정확하게 할 수 있도록 이끌어 내야 한다.

⚑ **곱셈구구표**

×	0	1	2	3	4	5	6	7	8	9
0	0	0	0	0	0	0	0	0	0	0
1	0	1	2	3	4	5	6	7	8	9
2	0	2	4	6	8	10	12	14	16	18
3	0	3	6	9	12	15	18	21	24	27
4	0	4	8	12	16	20	24	28	32	36
5	0	5	10	15	20	25	30	35	40	45
6	0	6	12	18	24	30	36	42	48	54
7	0	7	14	21	28	35	42	49	56	63
8	0	8	16	24	32	40	48	56	64	72
9	0	9	18	27	36	42	54	63	72	81

ⓜ 두 자릿수 이상의 곱셈 교수

- 상위 자릿수로의 받아 올림을 한 수를 이용해 상위 자릿수의 곱을 진행한 후 덧셈을 해야 하는데, 이 부분에 어려움이 있는 경우 아래의 방법으로 지도할 수 있다.

$$
\begin{array}{r}
 57 \\
\times\ \ 9 \\
\hline
3
\end{array}
$$

- 부분 곱을 사용하여 계산하도록 지도한다.

$$
\begin{array}{r}
341 \\
\times\ \ \ 2 \\
\hline
2 \\
80 \\
+\ \ 600 \\
\hline
682
\end{array}
$$

- 자릿수를 맞춰 곱셈하는 것을 돕기 위해 가림 카드를 사용한다.

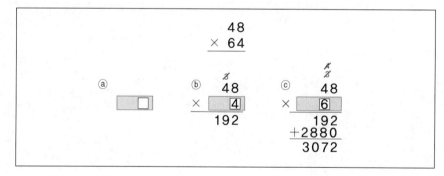

(5) 나눗셈 교수

① 나눗셈에서 학생들이 보일 수 있는 오류는 다음과 같다.
  ㉠ 단순 연산 오류
  ㉡ 몫을 정하는 데 있어서의 어려움
  ㉢ 뺄셈의 문제
  ㉣ 자릿수의 문제 등

② 곱셈이 같은 수를 계속 더하는 동수누가의 더하기 개념이라면 나눗셈은 같은 수를 계속 빼는 동수누감의 빼기 개념이다.

③ 나눗셈은 포함제 개념과 등분제 개념을 포함한다.

　㉠ **포함제**: 어떤 수 안에 다른 수가 몇이나 포함되어 있는가를 구하는 것으로 '횟수'의 개념이다. 예를 들어, 12÷3은 '12 안에 3을 몇 번 포함하고 있는가?'라는 의미다. 포함제 나눗셈 개념을 묻는 문제는 일반적으로 '~씩'이라는 어휘가 들어간다.

　㉡ **등분제**: 어떤 수를 똑같이 몇으로 나누는가를 구하는 것으로 '개수'의 개념이다. 예를 들어, 12÷3은 '사과 12개가 있는데 3개의 접시에 똑같이 나누어 담는다면 한 접시에는 몇 개가 담기는가?'라는 의미이다. 등분제의 개념이 담긴 문제는 '똑같이 나누면'과 같은 어휘가 제시된다. 특히, 등분제는 분수의 기초 개념이 되므로 철저한 이해가 필요하다. ❶ 23중등A4

④ 일반적으로 나눗셈 교수는 '나눗셈 개념 설명 → 나눗셈 식 알기 → 나눗셈구구 교수 → 두 자릿수 이상의 나눗셈 교수'의 순으로 진행된다.

　㉠ **나눗셈 개념 및 나눗셈 식 알기**

　　• 포함제와 등분제의 개념을 활용해 실생활과 연결하여 교수한다.

　　• 실생활에서 나눗셈이 적용되는 예를 그림을 통해 제시하고, 나눗셈의 개념을 설명한 다음, 포함제와 등분제의 개념을 정리하고 이를 나눗셈 식으로 표현하도록 한다.

기출 POINT 11

❶ 23중등A4
괄호 안의 ㉠에 해당하는 용어를 쓰시오.

■ 나눗셈(÷)

• 포함제
　– 사과 15개를 한 사람에게 3개씩 나누어 주면 몇 사람에게 줄 수 있는가?
　– 사탕 8개를 한 번에 2개씩 먹으려고 한다. 몇 번 먹을 수 있는가?

• (　　㉠　　)
　– 사과 15개를 3명에서 똑같이 나누어 줄 때 한 사람이 몇 개를 가지게 되는가?
　– 풍선 6개를 2명이 똑같이 나누어 가지면 한 사람이 몇 개를 가지게 되는가?

포함제	등분제
사탕 8개를 한번에 2개씩 먹으려고 합니다. 몇 번 먹을 수 있습니까?	풍선이 6개 있습니다. 두 사람이 똑같이 나누어 가지면 한 사람이 몇 개를 가지게 됩니까?

ⓛ 나눗셈구구
- 나눗셈구구의 궁극적인 목적은 학생이 두 수의 나눗셈을 계산 과정을 거치지 않고 장기기억에서 답을 바로 인출하여 답할 수 있도록 하는 것이다.
- 나눗셈구구는 곱셈과 나눗셈의 역관계에 기초하여 나누는 수와 몫이 한 자리다. 단, 0으로 나누는 것이 불가능하므로 90개의 기본 나눗셈구구가 있다.
- 곱셈의 역관계를 강조한 짝이 되는 나눗셈 식을 충분히 연습하여 자동화할 수 있도록 한다.
- 나눗셈구구 제시 순서는 곱셈구구의 순서와 동일하다.

ⓒ 두 자릿수 이상의 나눗셈 교수
- 몫을 알아보기 위해 가림판을 사용하여 나누어지는 수의 앞 숫자부터 순차적으로 확인하며 진행한다.

$$4\overline{)283} \quad 4\overline{)2\ \ \ \ } \quad 4\overline{)28\ \ \ \ } \quad 4\overline{)283}$$

- 자릿수를 맞춰 나눗셈하는 것을 돕기 위해 가림 카드를 사용한다.

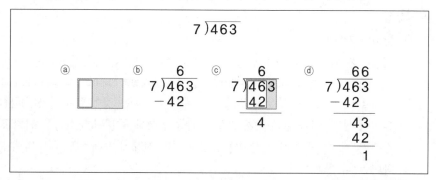

- 나눗셈 과정에서의 뺄셈 오류를 줄이기 위해 뺄셈을 할 때마다 뺄셈식에 동그라미를 치도록 한다.

더 알아보기 사칙연산의 의미

연산	의미 및 예시
덧셈(+)	• 합병: 빨간 구슬 5개와 흰 구슬 2개를 합하면 얼마인가? • 첨가: 꽃병에 꽃이 5송이 있다. 2송이를 더 꽂으면 꽃은 모두 몇 송이인가?
뺄셈(−)	• 구잔(덜어내기, take away): 사과 7개에서 5개를 먹으면 몇 개 남는가? • 구차(비교하기, comparison): 귤 7개와 사과 5개 중 어느 것이 얼마나 많은가?

곱셈(×)	• 두 집합의 순서쌍으로 나타나는 곱집합의 원소의 수: a×b=n(A×B)
	  − 자연수에만 가능
	  − 세 가지 다른 모양의 티셔츠와 두 가지 다른 바지를 입을 수 있는 경우의 수(3 곱하기 2)
	• 동수누가(반복된 덧셈): 사과 세 개씩 두 봉지가 있다. 사과는 모두 몇 개인가?

나눗셈(÷)	• 등분제(fair sharing): 사과 15개를 3사람에게 똑같이 나누어 줄 때 한 사람이 몇 개를 차지하는가? • 포함제(반복된 뺄셈): 사과 15개를 한 사람에게 3개씩 주면 몇 사람에게 줄 수 있는가?

(6) 분수

① 분수의 지도

기출 POINT 12
❶ 11초등25

오류	표 $\frac{1}{3}$ 표 $\frac{2}{4}$
오류 분석	분수를 바르게 이해하지 못함
지도 방법	색칠하지 않은 부분이 색칠한 부분의 몇 배인지 물어본 후에, 크기가 같은 색종이를 $\frac{1}{3}$ 과 $\frac{2}{4}$ 만큼 잘라서 서로 포개어 보도록 한다.

일상생활에서 자주 접할 수 있는 구체적 조작 활동(예 사과를 반으로 가르기, 색종이를 반 또는 반의 반으로 접기, 주어진 사탕을 옆에 있는 친구와 똑같이 나누어 갖기, 생일 케이크를 가족의 수대로 자르기 등)을 통해 부분과 전체의 관계를 이해하는 것이 분수의 선수학습으로 지도되어야 한다. 이와 같은 구체적 조작 활동을 통해 등분된 조각들은 원래 전체에서 완전히 양적으로 떨어져 나간 이물질이 아니라 전체에 속해 있던 하나의 부분임을 이해해야 한다. ❶ 11초등25

② 분수 학습의 순서

제재	활동 내용
부분과 전체	• 두 조각으로 나누어진 퍼즐 완성하기 • 특정한 일부분과 전체 연결하기 • 같은 짝을 찾아 한 쌍 만들기 • 빠진 곳 찾기 • 여러 가지 음식 자르기 • 도형을 이용해 그림 그리기

	구체물로 똑같이 나누기	• 간식을 똑같이 나누기 • 과일을 반으로 자르기 • 케이크, 피자 나누기	• 색종이 접기 • 데칼코마니 하기 • 여러 가지 도형을 나누기
똑같이 나누기	연속량을 2, 3, 4로 나누기	• 야채 썰기 • 찰흙, 지점토 자르기 • 청소 구역 나누기	
	분리량을 2, 3, 4로 나누기	• 학용품 나누기 • 교실에 있는 화분 나누어 관리하기	
분수	분수로 나타내기 (연속량)	• 과일 깎기 • 색종이 접기 • 분수 읽기와 쓰기	
	분수로 나타내기 (분리량)	• 바둑알 나누기 • 따조나 딱지 나누기 • 생일상 차리기	
분수의 대소	분모가 같은 분수의 대소	• 피자 나누기 • 꽃밭을 나누어 물주기	
	단위 분수의 대소	• 초코파이 나누기 • 접어 색칠하기	

③ 분수의 덧셈과 뺄셈 ❶ 24중등B2

ⓐ 많은 수학학습장애 학생들이 어려움을 겪는 분수의 하위 영역 중 하나는 분모가 다른 두 분수의 덧셈과 뺄셈이다.

ⓑ 이 경우 통분의 개념을 이해하는 것이 필수인데, 그것도 문제의 유형에 따라 달리 연습해야 한다.

ⓒ 분모가 다른 두 분수의 덧셈과 뺄셈의 유형

분모끼리 곱해서 통분을 하는, 두 분모가 이른바 공통인수를 포함하지 않는 경우	$\frac{1}{2}+\frac{1}{3}$
두 분모가 인수를 포함하되 한쪽이 다른 쪽의 인수가 되거나 배수가 되는 경우	$\frac{3}{4}+\frac{5}{8}$
두 분모가 인수를 포함하기는 하지만 제3의 숫자를 공통인수로 포함하는 경우	$\frac{5}{6}+\frac{1}{4}$

기출 POINT 13

❶ 24중등B2

밑줄 친 ㉢의 내용을 참고하여 학생 B에게 적용한 밑줄 친 ㉡에 해당하는 전략을 쓰시오.

실 습 생: 학생 B는 분수의 덧셈을 어려워합니다. 어떻게 지도하면 될까요?

특수교사: 분수 덧셈 문제를 해결하기 위해 여러 단계를 거치는 동안 학생 B가 스스로 문제 해결 과정을 점검해 보도록 하고 있어요. 제가 적용했던 전략 노트를 보여드릴게요. 처음에는 ㉡ 문제를 해결하는 사고 과정을 큰 소리로 학생 B에게 보여주고 학생 B가 이를 관찰하도록 했어요.

㉢ <교사 전략 노트>의 일부

교사 활동	학생 활동
(큰 소리로) $\frac{1}{7}$ 더하기 $\frac{4}{7}$, 분수 문제구나.	(교사의 행동을 관찰한다.)
(큰 소리로) 분모와 분자를 확인하자! $\frac{1}{7}$ 은 7이 분모이고, 1은 분자구나. $\frac{4}{7}$ 는 7이 분모이고, 4는 분자구나.	(교사의 행동을 관찰한다.)
(큰 소리로) 두 분수의 분모가 같구나.	(교사의 행동을 관찰한다.)
(큰 소리로) 분모가 같으면 분자끼리 더하기가 가능해. 분자인 1과 4를 더하면 되겠구나. 그러면 $\frac{5}{7}$ 가 되겠구나.	(교사의 행동을 관찰한다.)

(7) 기타 사칙연산 학습전략

① 단순 계산을 돕기 위한 학습전략: DRAW 계산 전략

문제: 4×6		
단계 1	어떤 계산 활동을 요구하는 문제인지 계산 기호를 확인하라 (Discover the sign)	이 단계에서 학생은 요구되는 계산이 곱셈인지 기호(×)를 보고 확인해야 한다.
단계 2 ❶ 23중등A4	문제를 읽어라 (Read the problem)	이 단계에서 학생은 자신의 말로 '4 곱하기 6은?'과 같이 문제를 이해하는 언어 활동을 한다.
단계 3	직접 답을 구하거나 다른 대안적 방법을 이용하여 답을 구하라 (Answer or draw and check)	이 단계에서 학생은 직접 그 답을 아는 경우 바로 단계 4로 넘어가고, 직접 답을 모르는 경우 그림(4개의 물건이 6묶음 있는 그림)을 통해 답을 구하는 활동을 수행한다.
단계 4	최종적인 답을 답란에 기입하라 (Write the answer)	이 단계에서 학생은 주어진 공간에 자신의 답을 적도록 한다. 4×6=24

② 자릿값 이해를 돕기 위한 학습전략: FIND 자릿값 전략

문제: 58에는 열 개씩의 묶음이 몇 개 있을까요?		
단계 1	각 자릿수를 나타내는 행들을 확인하라 (Find the columns)	학생들은 연필을 두 숫자의 중간에 위치시킨다.
단계 2	T자를 그려 넣어라 (Insert the T)	학생들은 T자를 그려 넣는다.
단계 3	각 열의 자릿수를 확인하라 (Name the columns)	학생들은 일의 자리에 '일', 십의 자리에는 '십'이라는 글자를 써 넣는다.
단계 4	요구되는 답을 구하라 (Determine the answer)	십의 자리 밑에 5라는 숫자가 놓여 있으므로, 요구되는 답이 '5묶음'이라는 것을 안다.

4. 문장제 문제 해결

(I) 문장제 문제 해결을 위해 갖추어야 할 능력(선행기술)

① 문제를 읽고 이해할 수 있어야 한다.

② 문제해결에 적합하게 수학적으로 식을 세울 수 있어야 한다.

③ 식을 오류 없이 연산할 수 있어야 한다.

기출 POINT 14

❶ 23중등A4

괄호 안의 ⓒ에 해당하는 단계를 쓰시오.
■ DRAW 전략의 단계와 활동 내용

(예시 문제) 17×4 = ☐

단계	활동 내용
계산 기호 확인	학생은 곱하기(×) 기호를 보고 제시된 문제가 곱셈 계산식임을 확인한다.
(ⓒ)	…(중략)…
문제 풀기	계산식을 통해 답을 구하거나 그림을 활용해 답을 구한다.
최종 답 쓰기	☐ 칸에 자신이 구한 답을 옮겨 적는다.

PART

03

(2) 문장제 문제의 오류 유형 ❶ 18초등B4, ❷ 17중등B5, ❸ 13추가초등B1, ❹ 12중등17

① 읽기에 있어서의 문제

② 문제의 맥락과 연결하지 못함

③ 문제의 언어와 어휘를 이해하지 못함

④ 중요한 정보와 그렇지 않은 정보를 확인하는 데 어려움

⑤ 문제를 풀기 위해서 요구되는 단계의 수를 확인하는 데 어려움

⑥ 수학연산(덧셈, 뺄셈, 곱셈, 나눗셈)을 하는 데 어려움

기출 POINT 15

❶ 18초등B4

[C]와 같은 연산 오류가 지속적으로 나타날 때, 그 오류 유형을 쓰시오.

> ■ 형성평가 문제
> 학생 3명이 이어달리기를 할 때, 수미는 320m, 영희는 410m를 각각 달렸고, 진수는 영희보다 230m 더 달렸습니다. 수미와 진수가 달린 거리를 모두 합하면 몇 km 몇 m입니까?

지필 평가 결과	면담 평가 결과
식 : 320+410+230 답 : 1160m	이 문제는 수미와 진수가 달린 거리를 합하는 거예요. 진수가 달린 거리는 알 수 없으니 먼저 구해야 해요.
	진수가 영희보다 230m 더 달렸으니까 식은 410m+230m예요. 진수는 740m 달렸어요.
	이제 진수와 수미가 달린 거리를 모두 합하여야 하니까 740m+320m이고 답은 1160m예요.
	질문에서 몇 km 몇 m냐고 물었으니까 1160m를 나누어 써야 하는데 어려워요.

(3) 문장제 문제 해결 교수법

① 핵심어 전략

㉠ 핵심어 전략은 일반적으로 문장제 문제에 많이 등장하는 단어들(예 얼마나 더 많이 혹은 적게, 모두, 각각, 남은 것 등)에 적절한 연산을 연계하여 문제를 해결하도록 하는 방법이다. ❷ 18초등B4

예 '얼마나 더 많이'나 '적게', '각각', '남은 것' 등은 주로 뺄셈을 활용하고, '모두'는 덧셈을 활용한다.

㉡ 문제가 단순하고 덧셈과 뺄셈 정도의 계산을 요구하는 단순 문장제의 경우, 또는 연산을 유도하는 핵심어가 문제에 명확히 제시된 경우 이 전략이 유용하다.

㉢ 그러나 핵심어 전략은 자칫 과잉일반화를 초래하여 학생들이 전체 문제의 맥락을 파악하는 대신 특정 단어에만 지나치게 주의를 집중하게 하여 오답을 산출할 가능성이 있다. ❶ 21중등B5

㉣ 핵심어 전략을 계산 방법의 선택을 돕는 도구로 사용하기보다는, 문장제에 제시된 상황에 대한 이해를 촉진시키는 도구로 사용하도록 교수할 수 있다. 또한 핵심어가 전혀 제시되지 않은 경우 문제에서 제시된 단어 중 핵심어와 같은 의미를 전달하는 단어들을 찾아내는 훈련을 시킨다면 학생들로 하여금 문장제의 총제적인 내용을 파악하는 노력을 하도록 도울 수 있다.

기출 POINT 16

❶ 21중등B5

(가)의 밑줄 친 요소를 활용한 수업 지도 전략을 쓰고, (가)의 ㉠과 같은 전략을 과잉일반화하였을 경우 학생이 범할 수 있는 수학적 오류를 1가지 서술하시오.

(가)

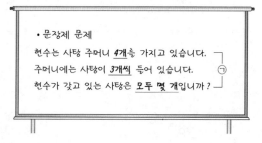

❷ 18초등B4

아래의 [A]에 적용한 전략을 쓰시오.

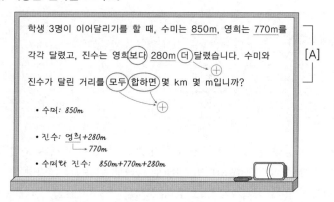

② 시각적 표상화 전략

　㉠ 시각적 표상화 전략은 제시된 문제 상황을 그림이나 도식으로 나타내어 문제 해결을 시도하는 방법이다. **24초등B2**

　㉡ 시각적 표상화 전략이 모든 유형의 문장제 문제와 모든 수학학습장애 학생에게 해당하지 않을 수도 있겠지만 이들로 하여금 보다 쉽게 문장제 문제를 해결하도록 도움을 준다.

ⓒ 시각적 표상화 전략 사용의 구체적인 예로, 큰 네모 칸과 작은 네모 칸을 이용하여 해결할 수 있다.

▶ **문장제 문제**

1. 철수는 시장에서 1,000원 주고 토마토를 3개 샀다. 영희는 2,500원을 주고 토마토를 8개 샀다. 철수와 영희가 산 토마토는 모두 몇 개이며, 모두 얼마를 지불했는가?
2. 꽃밭의 2/5에는 채송화를 심고, 1/4에는 봉선화를 심었다. 아무것도 심지 않은 부분은 전체의 얼마인가?
3. 영희는 4,500원을 들고 문방구에 가서 공책 2권을 2,300원에, 볼펜 4자루를 1,250원에 각각 구입했다. 영희가 받게 될 거스름돈은 얼마인가?
4. 4학년 1반 학생과 선생님이 이어달리기를 했다. 모두 3명이 총 2km를 뛰었다. 그중 기철이가 890m, 영철이가 570m를 각각 뛰었다면, 나머지 한 사람은 몇 미터를 뛴 것인가?

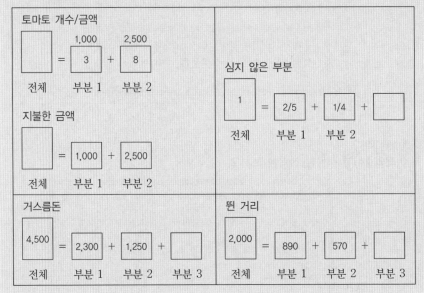

ⓔ 시각적 표상화 전략 사용의 구체적인 예로, 문장제 문제의 문법적 구조와 내용의 의미 요소를 분석하여 의미망 형태로 나타낸 다음, 각 의미망 사이의 관계를 원래 문제의 내용에 따라 수학적으로 표현하는 스키마(표상) 전략을 사용할 수 있다.

- 표상이란 문제를 읽고 문제해결에 필요한 정보를 파악하여 이를 '의미 있게 해석' 하는 것이다. 즉, 표상은 문제를 읽고 문제의 유형을 파악하는 것이다.
- 표상 교수의 문제해결 전략 절차는 다음과 같다.

> – 문제 유형 찾기 : 문제를 읽고 자신의 말로 표현해 본다. 문제의 유형을 찾는다.
> – 문제의 정보를 표상 도식에 조직화하기 : 문제에서 찾아낸 정보를 표상 도식에 기록하고, 모르는 정보란에는 '?' 표시를 한다.
> – 문제해결 계획하기 : 표상 도식에 있는 정보를 수학식으로 바꾼다.
> – 문제해결하기 : 수학식을 풀어 답을 쓰고, 답이 맞는지 검토한다.

🏳 대표적인 문장제 문제의 유형을 위한 표상 교수 ❶ 24초등B2

덧셈과 뺄셈이 적용되는 문장제 문제의 유형	곱셈과 나눗셈이 적용되는 문장제 문제의 유형
변화형 어떤 대상의 수가 변화하는 형태의 문제로, 시작, 변화량, 결과의 관계를 파악해야 하는 문제	**배수비교형** 목적 대상을 비교 대상의 배수 값과 관련지어야 하는 문제로, 목적 대상, 비교 대상, 대상과 비교의 관계를 파악해야 하는 문제
예 경미네 집에서는 빵을 235개 만들어서 196개를 팔았습니다. 남은 빵은 몇 개입니까? 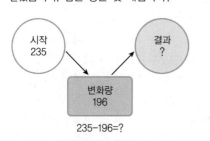	예 큰 못의 무게는 27.6g이고, 작은 못의 무게는 5.2g입니다. 큰 못의 무게는 작은 못의 무게의 약 몇 배입니까? 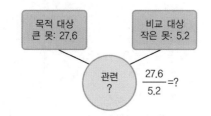
결합형 ❸ 12중등17 대상 간의 관계가 상위/하위 관계 형태의 문제로, 상위 개념, 하위 개념 1, 하위 개념 2의 관계를 파악해야 하는 문제	**변이형** 두 대상 간의 관계가 인과관계로 진술되어 있고, 이 둘 사이 인과관계 값 중 하나를 파악해야 하는 문제
예 경화네 아파트 단지에 사는 사람은 모두 5,346 명인데, 그중에서 남자가 2,758명입니다. 경화 네 아파트 단지에 사는 여자는 몇 명입니까? 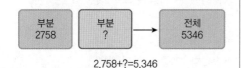	예 터널을 하루에 4.7m씩 뚫는다면, 터널 178.6m 를 뚫는 데에는 며칠이 걸립니까? 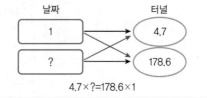
비교형 ❷ 13추가초등B1 두 대상 간의 차이를 비교하는 형태의 문제로, 비교 대상 1, 비교 대상 2, 차이의 관계를 파악해야 하는 문제	
예 훈이네 농장에서는 포도를 1,345kg 땄고, 현이 네 농장에서는 976kg을 땄습니다. 훈이네는 현 이네보다 포도를 몇 kg 더 땄습니까? 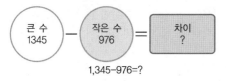	

기출 POINT 17

❶ 24초등B2
① [B]에 해당하는 문장제 문제 해결을 위한 전략의 명칭을 쓰고, ② ⓒ을 변화형 뺄셈 문장제 문제로 만들어 쓰시오.

■ 수학과 문장제 문제 및 풀이 결과
〈문제1〉
ⓒ 동물원에 조랑말 17마리, 얼룩말 8마리가 있습니다. 말 [B]은 모두 몇 마리 있을까요?

| 조랑말 | 얼룩말 | → | 전체 |
| 17 | 8 | | ? |

❷ 13추가초등B1
아래에 해당하는 문장제 문제의 유형을 쓰시오.

〈문제〉
노란 장미가 6송이 있습니다. 빨간 장미는 노란 장미보다 3송이 더 많습니다. 빨간 장미는 몇 송이가 있는지 알아봅시다.

❸ 12중등17
다음은 학습장애 학생 A가 수학 문장제 문제를 푼 것이다. 학생 A를 위한 지도 방법으로 적절한 것만을 〈보기〉에서 있는 대로 고르시오.

〈문제〉
영희네 학교에는 모두 824명의 학생들이 있다. 그리고 38명의 선생님이 계신다. 학생들 중 445명은 여학생이고, 나머지는 남학생이다. 영희네 학교에는 몇 명의 남학생이 있는가?

〈학생 A의 답〉
824
- 38
814

〈보기〉
ⓓ 문제에 주어진 정보를 이용하여 문제가 '비교−유형'임을 파악하도록 지도한다.
ⓔ 문제에 주어진 정보를 분석하여 문제를 해결하는 데 필요한 그림이나 도식으로 나타내도록 한다.

📙 **덧셈과 뺄셈 문장제 문제의 유형별 도식의 예시**

의미 구조	도식 유형	미지수 위치	문제 예시	관련 용어	연산
변화형		결과양 미지수	지영이는 어제 저금통에 동전 18개를 넣었습니다. 오늘 저금통에 동전 25개를 넣었다면 저금통에는 모두 몇 개의 동전이 있을까요?	모두, 총, 결과적 으로	덧셈
		변화량 미지수	과수원에서 처음에 27개의 감 상자를 따고, 다음에 몇 상자의 감을 더 따서 올해 딴 감은 모두 45상자가 되었습니다. 나중에 딴 감은 몇 상자입니까?	처음, 나중, 더, 모두, 합	뺄셈
		시작양 미지수	양계장에 달걀이 몇 개 있었는데, 오늘 닭들이 35개의 달걀을 더 낳아서 모두 52개가 되었습니다. 양계장에는 몇 개의 달걀이 있었습니까?		뺄셈
결합형		전체량 미지수	지난 일요일에 동물원에 구경 온 사람은 어른은 57명, 어린이는 34명이었습니다. 동물원에 온 사람은 모두 몇 명입니까?	모두, 합, 총	덧셈
		부분량 미지수	영철이네 반은 모두 38명이 있습니다. 그중 남학생이 20명이라면, 여학생은 몇 명입니까?	그중	뺄셈
비교형		차이량 미지수	지영이네 집에는 동화책이 42권, 만화책이 25권 있습니다. 동화책은 만화책보다 몇 권이 더 많습니까?	보다, 더	뺄셈
		비교 대상량 미지수	영희의 나이는 16세입니다. 병호는 영희보다 세 살이 더 많습니다. 병호는 몇 살입니까?		덧셈
		비교 기준량 미지수	진교는 13세이고 동생보다 네 살이 많습니다. 동생은 몇 살입니까?		뺄셈

③ 인지 전략의 훈련

㉠ 인지 전략의 훈련 방법은 문장제 문제해결에 소요되는 과정을 단계별로 나누어 이행해 나가는 과정과 방법상의 절차에 관한 훈련을 포함한다.

㉡ 인지 전략을 자발적이고 자율적으로 활용할 수 있도록 하기 위해서는 메타인지 전략이 필요하다. 즉, 자기점검 전략이나 자기교수 전략을 활용하여 자발적으로 활용할 수 있는 능력을 키워 주는 것이 중요하다.

㉢ 인지 전략의 단점은 대다수 학습장애 학생들에게 전략 단계를 암기해야 한다는 부담이 있다. 따라서 이 전략에서는 중재 초기부터 암기기법을 사용하는 전략을 많이 적용하여 전략적 정보를 활성화하고 인출하여 적용하는 것을 돕도록 한다.

㉣ SOLVE IT 전략 : Montague와 Bos는 문제해결 과정을 다단계로 세분화하여 사고 과정을 안내하는 인지 전략과 자기교시, 자기질문, 자기점검의 자기조정 과정을 지원하는 초인지 전략을 함께 사용하는 인지·초인지 전략을 개발하였다. ❶ 17중등B5

인지 전략 단계	자기조절 초인지 전략		
	말하기(자기교시)	묻기(자기질문)	점검하기(자기점검)
1. 문제 읽기	"문제를 읽자. 이해하지 못하면 다시 읽자."	"문제를 읽고 이해했는가?"	문제를 풀 수 있을 만큼 이해했는지 점검하기
2. 문제를 자신의 말로 고쳐 말하기	"중요한 정보에 밑줄을 긋자. 문제를 나의 말로 다시 말해 보자."	"중요한 정보에 밑줄을 그었는가? 문제가 무엇인가? 내가 찾는 것은 무엇인가?"	문제에 있는 정보 확인하기
3. 그림이나 다이어그램으로 문제를 표상하기	"그림이나 다이어그램을 만들자."	"그림이 문제에 적합한가?"	그림이 문제 속 정보와 비교하여 어긋나는지 점검하기
4. 문제의 해결 계획 세우기	"필요한 단계와 연산 기호를 결정하자."	"만약 내가 ~을 한다면 답을 얻을 수 있는가? 다음에 해야 할 것은 무엇인가? 몇 단계가 필요한가?"	계획이 잘 세워졌는지 점검하기
5. 답을 어림해 보기	"어림수를 찾아 머릿속으로 문제를 풀고 어림값을 쓰자."	"올림과 내림을 했는가? 어림수를 썼는가?"	중요한 정보를 사용하였는지 점검하기
6. 계산하기	"정확한 순서대로 계산하자."	"내가 한 답은 어림값과 비교하여 어떠한가? 답이 맞는가? 기호나 단위를 잘 썼는가?"	모든 계산이 올바른 순서대로 이루어졌는지 점검하기
7. 모든 과정이 옳은지 점검하기	"계산을 점검하자."	"모든 단계를 점검했는가? 계산을 점검했는가? 답은 맞는가?"	모든 단계가 맞는지 점검하기, 만약 틀렸다면 다시 하기, 필요한 경우 도움을 요청하기

PART 03

기출 POINT 18

❶ 17중등B5

(나)는 A가 문제를 해결하도록 도와주는 전략 교수 'Solve It' 프로그램의 인지 전략 단계와 자기조절 전략 중 자기교시의 예를 나타낸 것이다. ㉠에 해당하는 단계의 명칭을 쓰고, ㉡에 해당하는 자기교시의 예를 1가지 제시하시오.

(나) 'Solve It' 프로그램의 단계와 자기조절 전략 중 자기교시의 예

인지 전략 단계	자기조절 전략 중 자기교시의 예
1단계 문제를 이해하기 위한 읽기	"문제를 읽어 보자. 이해하지 못하면 다시 읽어야지."
2단계 문제를 자신의 단어로 고쳐 말하기	"중요한 정보에 밑줄을 그어 보자. 문제를 나의 말로 다시 말해 보자."
3단계 문제를 그림이나 표로 시각화하기	"그림이나 표로 만들어 보자."
4단계 (㉠)	(㉡)
5단계 답을 예측해 보기	"어림수를 찾아 머릿속으로 문제를 풀고 그 값을 써 보자."
6단계 계산하기	"정확한 순서에 따라 계산해야지."
7단계 모든 과정이 정확한지 점검하기	"계산한 것을 점검하자."

* 자기조절 전략 중 자기질문, 자기점검은 생략하였음

◎ STAR 전략

학습 활동	결정 기준
search	문장제 문제를 살펴본다.
translate	문제의 단어를 그림 형태의 방정식으로 전환한다.
answer	문제의 답을 구한다.
review	해결 방법을 검토한다.

④ 문제 자체의 조절

　　㉠ 문장제 응용문제의 소재를 일상생활에서 일어나는 사례를 중심으로 구성할 수 있다. 이 방법은 학생들에게 문제에 대한 현실감을 높이고 이를 통해 학생들의 문제해결에 대한 동기와 흥미를 높인다.

　　㉡ 문장제 응용문제의 구조와 용어를 조절함으로써 문제의 난이도를 낮출 수 있다. 그러나 문제 자체를 조절하여 난이도를 낮추어 학습 성취를 향상시키기보다는, 궁극적으로 학생들이 다양한 문장제 응용문제를 해결할 수 있는 능력을 형성시키는 것에 초점을 두어야 한다.

⑤ 컴퓨터 보조 교수

　　㉠ 컴퓨터 보조 교수는 감각적 자료의 통합적 활용을 통한 학습동기의 지속적인 유지와 강화, 충분한 학습시간의 제공 및 계속적인 반복연습의 기회 부여, 연습에 대한 계속적이고 즉각적인 피드백의 제공 등의 특성을 지니고 있다. 이러한 특성은 수학학습장애 학생에게 보충학습의 기회를 제공하는 기능을 할 수 있다.

　　㉡ 컴퓨터 보조 교수에는 컴퓨터 튜토리얼 형식(게임 형식)의 교수와 실제적인 상황 속에서 학습이 이루어질 수 있도록 동영상을 활용한 앵커드 교수(anchored instruction)가 포함된다.

　　㉢ 특히 앵커드 교수는 학생에게 실제적이고 도전적인 문제를 제시하여 학습자가 능동적으로 파악하여 해결하는 유의미한 문제해결 상황을 제시함으로써 문장제 문제해결력, 주의집중도, 수업 참여 등을 향상시키는 데 효과적이다.

(4) 기타 문장제 문제를 위한 학습 전략

▶ 단계적 계열화 학습 전략

차시	학습 활동	학습활동에 사용하는 수학문제
1	숫자와 단어만을 이용해 수학 문제 풀기 활동을 수행한다.	7개의 사과 6개의 사과 ____개의 사과
2	구 형식을 이용해 문제 풀기 활동을 수행한다.	8개의 사탕을 가지고 있음 5개의 사탕을 친구에게 줌 ____개의 사탕을 지금 가지고 있음
3	문장 형식을 이용해 문제 풀기 활동을 수행한다.	철수는 4개의 연을 가지고 있다. 철수는 1개의 연을 동생에게 주었다. 철수는 ____개의 연을 현재 가지고 있다.
4	불필요한 정보가 포함되지 않은 문장제 문제를 이용해 문제 풀기 활동을 수행한다.	영희는 어제 철수에게 100원을 빌렸다. 오늘 영희는 철수에게 30원을 갚았는데, 얼마를 더 갚아야 하는가?
5	불필요한 정보가 포함된 문장제 문제를 이용해 문제 풀기 활동을 수행한다.	상수네 집에는 닭이 5마리, 비둘기가 10마리 있었다. 어제 비둘기 한 마리가 멀리 날아가 버렸다고 한다. 남아 있는 비둘기는 몇 마리인가?
6	학생 스스로가 문제를 만들어 보도록 하고, 만든 문제를 이용해 문제 풀기 활동을 수행한다.	(학생이 만든 문장제 문제 이용) **문장제 작성 활동** 학생 스스로 자신의 일상 경험에서 부딪히는 문제 상황을 들어 문장제를 구성하고 해결하는 기회를 제공하는 것은 좋은 시도이다. 자신의 일상 경험을 수학수업에 활용함으로써 수학이 일상적인 문제해결에 중요한 역할을 한다는 인식을 촉진할 수 있다.

04 기타 영역 수학학습장애 지도

1. 수학학습장애 학생의 계산기 사용의 필요성 ❶ 12초등26

기출 POINT 19

❶ 12초등26
다음은 정신지체 학생을 대상으로 기본
교육과정 수학과를 지도하기 위한 계획
의 일부이다. 이에 대한 설명으로 적절
하지 않은 것은?
④ 계산기의 사용은 학생으로 하여금 실
생활의 문제해결 과정과 전략에 더
욱 초점을 맞추게 할 수 있다.

① 학습장애를 가진 학생에게 특히 계산기 이용법을 가르쳐야 하는 이유는 수학학습장애 학생은 수학 추리능력이 요구되는 문제를 풀 때에도 연산하는 데 에너지를 쏟게 되어 정작 수학 개념을 이해하는 데 소홀해질 수 있기 때문이다. 이처럼 단순 연산기술이 부족하여 수학적 추리 문제를 해결하는 데 에너지를 쏟을 수 없는 학생이 있다면, 계산기를 사용하게 하여 수학 개념을 이해하는 데 더 집중하게 할 수 있다.

② 계산기는 기본적인 수 계산뿐만 아니라 더욱 복잡한 수학기능을 수행하는 데도 사용할 수 있으며 자기 점검을 하는 데 있어서 유용한 기기이다.

③ 전자계산기를 사용하여 얻을 수 있는 효과 중 가장 중요한 것은 학생들이 수학에 대한 자신감과 자아개념의 향상이다.

2. 전자계산기 사용 시 주의사항

① 일단 기본 계산 원리를 익히기 전에는 가급적 계산기 사용을 자제시켜야 한다.

② 계산기 조작을 숙달시켜야 한다.

③ 계산기가 언제나 답을 구하는 최선의 방법이 아님을 알도록 한다. 그리고 암산을 수행하는 자신의 능력에 자신감을 갖도록 하고, 계산기를 사용해야 할 때를 스스로 결정하게 한다.

학습장애 학생을 위한 내용교과 교수

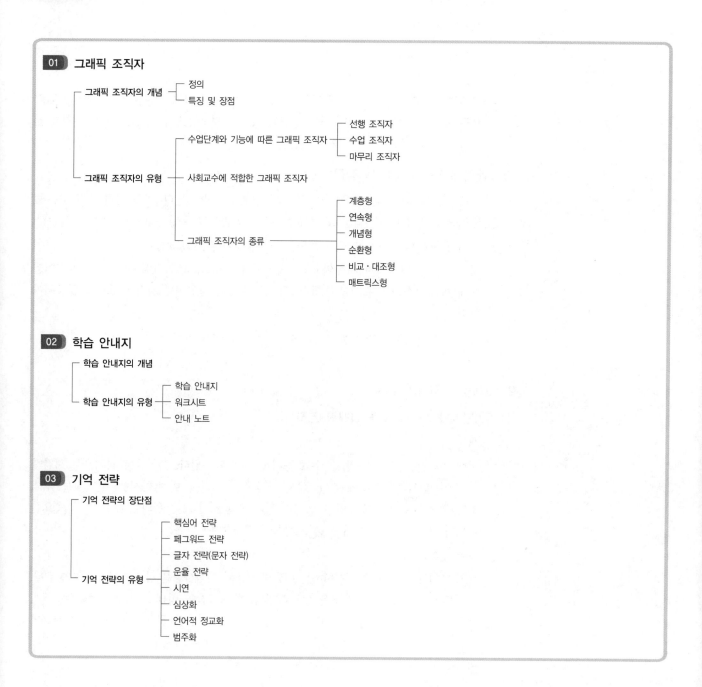

01 그래픽 조직자

- 그래픽 조직자의 개념
  - 정의
  - 특징 및 장점
- 그래픽 조직자의 유형
  - 수업단계와 기능에 따른 그래픽 조직자
    - 선행 조직자
    - 수업 조직자
    - 마무리 조직자
  - 사회교수에 적합한 그래픽 조직자
  - 그래픽 조직자의 종류
    - 계층형
    - 연속형
    - 개념형
    - 순환형
    - 비교·대조형
    - 매트릭스형

02 학습 안내지

- 학습 안내지의 개념
- 학습 안내지의 유형
  - 학습 안내지
  - 워크시트
  - 안내 노트

03 기억 전략

- 기억 전략의 장단점
- 기억 전략의 유형
  - 핵심어 전략
  - 페그워드 전략
  - 글자 전략(문자 전략)
  - 운율 전략
  - 시연
  - 심상화
  - 언어적 정교화
  - 범주화

01 그래픽 조직자(graphic organizers)

1. 그래픽 조직자의 개념

(1) 그래픽 조직자의 정의

① 그래픽 조직자는 시각 및 공간적 표현 방법을 활용하여 학생이 교재의 내용을 조직적으로 파악하고 이해할 수 있도록 돕는 방법이다.

② 그래픽 조직자 또는 도식 조직자는 학생들에게 개념과 사실에 관련된 사항을 시각적으로 제시하고, 특정 개념/사실과 관련된 정보와 정보들 간의 연관성을 알기 쉽게 전달하기 위해 사용한다. ❶ 10초등28

(2) 그래픽 조직자의 특징 및 장점

① 불필요한 방해요소를 뺀 중요한 정보만을 담고 있어야 한다. 이를 통해 학생들이 중요한 정보에 집중할 수 있도록 하고, 복잡한 학습과정을 단순화할 수 있도록 돕는다.

② 그래픽 조직자는 시각적으로 정보를 배열하는 것에 그치는 것이 아니라 학생이 가진 기존 지식에 연결시켜 지식의 폭을 확장시키고 이를 오래 기억하도록 돕는다. 이를 위해 개념/사실과의 관계를 정확히 드러낼 수 있는 명칭이나 시각적 표현을 활용해야 한다.

③ 학생들이 기억하기 용이한 그래픽이나 표 등으로 표현한다.

2. 그래픽 조직자의 유형

(1) 수업단계와 기능에 따른 그래픽 조직자

① 선행 조직자

선행 조직자는 교수 계열 중 수업 준비를 위해 활용된다. 수업을 본격적으로 시작하기 전에 제시되며, 교수에 대한 정보를 제공한다. 보통은 이전 차시에 대한 정보 제공, 해당 수업에서 다룰 내용의 소개, 수행해야 할 과제나 교수 원리에 대한 설명, 중요한 어휘나 개념에 대한 소개 등을 포함한다. ❶ 22중등B4, ❷ 09초등18

② 수업 조직자

수업 조직자는 수업 중에 제시하는 내용의 구조와 핵심사항을 강조하기 위해 사용된다. 개념도와 같은 표나 그래픽을 활용하거나, 학습지침의 형태를 빌어 '오늘 수업에서 눈을 크게 뜨고 살펴봐야 할 내용은 _____'과 같은 문구를 제시하여 학생들의 학습을 도울 수 있다.

③ 마무리 조직자

마무리 조직자는 교수의 계열 중 마지막에 제공되며, 해당 수업에서 다룬 핵심사항을 정리하거나 학생의 이해 정도를 평가하는 자료로 사용될 수 있다.

기출 POINT 1

❶ 10초등28
박 교사는 읽기이해에 어려움을 겪는 영수에게 그래픽 조직도를 사용하여 '여러 가지 동물의 먹이'를 지도하고자 한다. 이 방법에 대한 설명으로 적절한 것을 〈보기〉에서 모두 고르시오.

〈보기〉
㉠ 논리적 구조에 따라 개념과 개념 간의 관련성을 보여준다.
㉡ 내용의 복잡한 관계를 시각적으로 표현하여 정보를 쉽게 이해하게 한다.

기출 POINT 2

❶ 22중등B4
㉠에 해당하는 전략의 명칭을 쓰시오.

	■ (㉠) 개발 시 중점 사항
그래픽 조직자 활용하기	• 이전 차시와 본 수업 내용 간의 연결에 초점을 둠 • 본 수업의 핵심 개념, 글의 조직 및 구조를 소개함 • 수업 초반부에 제시하여 이미 학습한 개념과 새로운 개념 간의 관련성을 제시함 • 그래픽(도해) 조직자, 개념 지도 등을 활용하여 학습의 전이를 촉진함

❷ 09초등18
김 교사가 정신지체 학생 경수에게 읽기 지도를 할 때 적용하려고 하는 전략이다. 각각의 전략에 부합하는 활동을 모두 고르시오.

〈보기〉
㉡ 선행 조직자: 경수에게 글을 읽기 전에 글의 개요와 그에 관련된 질문을 준다.

(2) 사회교수에 적합한 그래픽 조직자(Gallavan & Kottler, 2007)

① 추정 및 예상 그래픽 조직자 : 학생으로 하여금 자신의 선행지식을 활성화하고 배우게 될 주제에 대한 기초를 제공한다. **예** K-W-L 기법

② 위치 및 패턴 그래픽 조직자 : 학생으로 하여금 사건을 순서대로 배열하고, 원인-결과 관계를 볼 수 있게 한다. **예** 타임라인

③ 묶음 및 조직 그래픽 조직자 : 학생으로 하여금 개념들 간의 구조와 관계를 명시화하도록 돕는다. **예** 개념도

④ 비교 및 대조 그래픽 조직자 : 학생으로 하여금 복잡한 관점이나 연관된 개념을 관련시킬 수 있도록 돕는다. **예** 벤다이어그램

(3) 그래픽 조직자의 종류 ❶ 17중등B7, ❷ 15중등B3

그래픽 조직자는 제시하고자 하는 정보의 특성, 내용 등에 따라 그 유형을 결정할 수 있다.

유형	도식의 형태 예시	활용 가능한 내용의 예시
계층형		• 동식물의 종 분류 • 정부 조직도
연속형		• 역사적 사건의 발발 및 촉발요인 • 문제해결 과정
개념형		• 이야기 속 인물 간 관계 • 과학의 관련 개념 연결
순환형		• 물질의 순환 • 먹이사슬
비교, 대조형		• 책과 영화의 유사성과 차이점 비교 • 원인류와 영장류의 특징 비교
매트릭스형		• 과학실험 결과의 기록 • 역사적 사건의 영향력 기술

기출 POINT 3

❶ 17중등B7
㉠과 ㉡에 들어갈 그래픽 조직자의 유형을 순서대로 쓰시오.

[활동 1] 민주주의를 실현하는 기관 분류하기
• 계층형 그래픽 조직자를 사용하여 민주주의를 실현하는 기관들을 이해함

[활동 2] 국회, 정부, 법원이 하는 일 비교하기
• (㉠) 그래픽 조직자를 사용하여 국회, 정부, 법원의 공통점과 차이점을 알아봄

[활동 3] 국회의원 선출 과정 순서 알기
• (㉡) 그래픽 조직자를 사용하여 국회의원 선출 과정을 기술함

❷ 15중등B3
다음은 학습장애 학생 A의 특성이다. 아래의 활동 1, 2, 3을 지도하기 위한 전략 ㉠, ㉡, ㉢ 중 부적절하게 사용한 것을 찾고, 그 이유를 설명하시오.
■A의 학습 특성

글을 읽을 수는 있으나, 그 내용을 요약·정리하는 데 어려움이 있다.

[활동 1] 물질을 고체, 액체, 기체로 구분하기
• ㉠ 매트릭스를 이용하여 다양한 물질을 고체, 액체, 기체로 범주화하여 분류함

[활동 2] 고체, 액체, 기체의 공통점과 차이점 찾기
• ㉡ 벤 다이어그램을 활용하여 고체, 액체, 기체의 공통점과 차이점을 찾음

[활동 3] 고체, 액체, 기체 사이의 상태 변화를 이해하기
• ㉢ 의미특성분석표를 사용하여 고체, 액체, 기체 사이의 순환적 변화를 이해함

더알아보기 **개념적(conceptual G.O) 및 위계적(hierarchical G.O)**

- 개념적 도해조직자는 하나의 주요 개념과 그 개념을 지원하는 사실, 증거 또는 특성들을 포함한다. 즉, 한 단어나 구절로 표현된 하나의 주요 개념으로 시작하여 이를 지원하는 생각들(즉, 사실, 증거 또는 특성들)이 주요 개념에서 파생된 것으로 묘사된다.

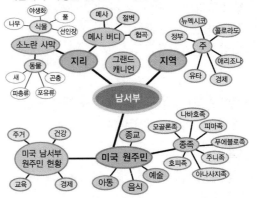

- 위계적 도해조직자는 하나의 개념으로 시작하여 그 개념 아래 몇 개의 등급 또는 수준을 포함한다. 즉, 하나의 개념 아래 몇 개의 뚜렷한 등급 또는 수준들을 선형적으로 제시한다.

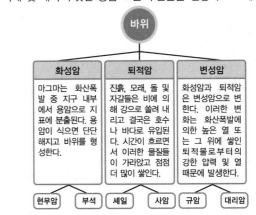

더알아보기 글 구조도(graphic organizer, 정대영 외, 2020)

1. 글 구조도는 독자가 특정 개념이 다른 개념과 어떻게 관련되어 있는지에 초점을 맞추는 데 도움이 된다.

2. 과학이나 사회 교과와 같은 내용 영역의 정보 텍스트를 학습하는 데 도움이 되고, 정보 텍스트의 이용과 더불어 학생들이 개념을 공통된 텍스트 구조에 어떻게 맞추는지를 알 수 있게 해 준다. 또한 학생들이 읽는 과정에서 텍스트의 구조에 초점을 맞출 수 있고, 텍스트 내의 관계를 검토하고 시각적으로 제시할 수 있는 도구가 되며, 텍스트의 내용을 조직적으로 잘 요약할 수 있게 도와준다.

3. 글의 구조도는 정보의 처리 방식에 따라 위계적·개념적·순서적 및 주기적 구조로 분류될 수 있다.

   ① 개념도
   • 중심 아이디어와 일치하는 특징을 함께 제시하는 일반적인 글의 구조도로서 여러 가지 형태를 취할 수 있고, 이름이 붙여질 수 있는 어떤 관계 유형을 보여주기 위해 이용한다.
   • 개념도는 내용 영역의 단원을 시작하기에 앞서 브레인스토밍을 할 때, 이야기를 읽기 전 이전 지식을 활성화할 때, 동의어를 제시할 때 매우 효과적이다.
   • 개념도는 구조도가 작성되는 크기와 태도에 의해 개념들 간의 위계적 관계를 제시하기 위해 이용될 수 있다. 가장 중요한 개념은 제일 위나 가운데, 왼편에 기술하고 특성을 아래, 주변, 오른편에 각각 기술한다.

   ② 흐름도 및 순서도
   • 흐름도 및 순서도는 일련의 단계나 사건을 순서로 보여주므로, 최종 사항에 도달하는 데 필요한 단계를 지도할 때 효과적이다.
   • 읽기에서는 이야기 내의 주요 사건을 개관하기 위해, 쓰기에서는 작문을 위한 사전 쓰기를 위해, 과학의 경우 과학적 과정의 절차적 부분을 위해, 수학의 경우 연산 절차를 상기시켜 주기 위해 이용될 수 있다.
   • 사건의 순서는 숫자나 독특한 화살표로 명확히 할 수 있고, 일상생활이 변하는 특별한 날의 사건 순서를 개요로 제시하기 위해 이용될 수 있다.

   ③ 비교/대조 또는 벤다이어그램
   • 두 가지 이상의 개념들 간의 유사성과 차이성을 살펴볼 때 이용된다.
   • 교육과정 전반에 걸쳐 사용할 수 있으며, 이야기 글의 경우 인물·이야기·장르·문제해결 등을 비교하기 위해, 쓰기에서는 비교 작문을 위한 사전 쓰기를 위해, 수학에서는 일반적인 곱셈 문제를 다룰 때, 과학과 역사는 동물, 신체부위, 기후 체계, 지구 등에 이르기까지 다양하게 이용될 수 있다.

   ④ 인과관계 다이어그램
   • 서로 다른 사건이나 개념 간의 직접적인 관계를 강조하며, 모든 교과에 적용할 수 있는 글의 구조도로, 여러 가지 인과관계를 지닌 주요 사건을 시각화하기 위해 이용된다.
   • 읽기의 경우 인물과 사건 분석, 사회와 역사에서 주요 사건 토의, 과학 실험의 영향 연구 등을 위해 이용할 수 있다.

   ⑤ 중심 아이디어와 세부 차트
   • 주요 개념과 그 하위 요소들 간의 위계적인 관계를 보여준다. 이 구조도는 관련된 덜 중요한 정보로부터 중심 아이디어를 구별하는 데 도움이 되며, 위계적 관계가 명백하여 중심 아이디어를 제일 윗부분이나 왼쪽에 배치하고 세부적인 관련 정보를 아래쪽이나 오른쪽에 기술한다.
   • 중심 아이디어와 세부적인 내용의 명칭을 명확히 붙인 후, 중심 아이디어와 세부 내용의 그림 형태를 다르게 하여 두 개념의 차이를 시각화하고 내면화하기 쉽게 할 수 있다.

   ⑥ 특징 차트
   • 정보의 범주가 유사하나 다른 세부 내용을 공유한 주요 개념을 나타내며, 학생들이 다른 중심 주제의 특성을 이해할 수 있다.
   • 이 구조도는 단원이나 장(chapter)의 시험에 앞서 복습하고 학습 안내를 할 수 있다.
   • 예를 들어, 과학의 경우 생태계, 동물 유형, 식물이나 물질상태 간의 특징을 구별할 수 있고, 사회과의 경우 지리적 영역, 정치적 리더나 문화를 구별하기 위해 이용된다.

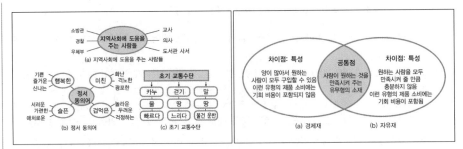

▷ 개념도	▷ 비교/대조 또는 벤다이어그램

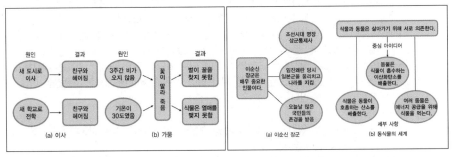

▷ 인과관계 다이어그램	▷ 중심 아이디어와 세부 차트

지역	시도	자원	자연환경
산촌	강원도-정선	벌꿀, 버섯, 산나물, 지하 자원 등	• 주위가 산으로 둘러싸여 있음 • 길이 좁고 울퉁불퉁함 • 경치가 아름답고 공기가 맑음 • 산비탈에서 경사진 밭과 계단식 논을 볼 수 있음
어촌	경상도-남해	생선, 미역, 조개, 소금 등	• 바닷가에 자리 잡고 있음 • 해안가에는 갯벌이나 백사장, 자갈밭이 넓게 펼쳐져 있는 곳이 있음
농촌	전라도-호남지방	쌀, 채소, 과일 등	• 주로 넓은 평야 지역에 위치함 • 물이 흐르는 하천 또는 수로를 볼 수 있음 • 들판이 넓게 펼쳐져 있어서 논, 밭이 많음

▷ 특징 차트

02 학습 안내지

1. 학습 안내지의 개념

학습 안내지는 교과서의 중심내용이나 주요 어휘 등의 학습을 돕기 위해 제작한 학습지이다. 학습지는 목적에 따라 다양한 형식으로 구성할 수 있다.

2. 학습 안내지의 유형

(1) 학습 안내지(학습지침, study guide)

① 학습 안내지는 교과서의 중심내용 및 주요 어휘에 관한 질문으로 구성된 학습지이다. 즉, 학습 안내지(학습지침)는 내용 교과에서 다룬 핵심어를 알려주거나 핵심적인 개념을 이해하는 데 필요한 정보를 미리 제공하여 학생이 집중해야 할 중요한 정보를 알려 주거나 자세히 점검할 수 있게 돕는다(김자경 외). **❶ 25중등B10**

② 학습 안내지는 단답형, 연결형, 빈칸 채우기, 질문에 답하기, 그래픽, 도식 채우기 등의 양식을 활용할 수 있다(김자경 외).

③ 학습 안내지는 보통 학생들의 시험 준비를 위한 복습에 사용되어 왔으나 수업 전 과정에서 사용될 수 있다. 학습 안내지를 통해 새로운 어휘를 소개하거나 일전에 배웠던 개념을 복습하는 데 사용할 수도 있으며, 기존의 지식과 통합하고 특정 기술을 연습하는 데도 활용 가능하다.

④ 학습 안내지를 사용할 때 다음과 같은 단계를 따를 수 있다.

1단계	학습 안내지에 이름을 쓴다.
2단계	학습 안내지에서 빈칸을 채우거나 관련된 것들끼리 연결하는 등 각 부분을 채워 넣는다.
3단계	• 용어(어휘)만 제시된 부분에서는 각 용어의 정의/의미를 찾아 적는다. • 교과서/교재에서 굵은 글씨나 고딕체로 된 부분을 찾고 해당 단어 주변을 읽고 그 뜻을 기록한다.
4단계	• 질문형으로 제시된 경우는 질문에서 요구하는 핵심사항을 찾아 답을 적는다. • 질문을 잘 읽고, 질문에서 요구하는 핵심단어에 밑줄을 긋는다. • 교재에서 핵심단어를 찾고 질문 또는 핵심단어 주변의 구문을 읽는다. • 질문에서 요구하는 답을 찾아 기록한다.
5단계	도식, 그래픽 등이 제시된 경우에도 4단계와 같은 방식을 취한다.

기출 POINT 4

❶ 25중등B10
[A]에 근거하여 밑줄 친 ㉠의 명칭을 쓰시오.

교과 교사: 학생 K가 수업 시간에 교과서 내용을 어려워하는데, 어떤 전략이 학생 K에게 효과적일까요?
특수 교사: 수업 계획서의 활동 1에서는 ㉠ <u>수업에서 다룰 교과서의 중심 내용과 주요 어휘 등으로 구성된 활동지</u>를 제공하는 게 도움이 돼요. [A]
교과 교사: 수업 내용을 조직화한 수업자료를 미리 제작해서 수업 시간에 제공하면 되겠네요.

우리나라의 민주정치 나랏일을 맡아 하는 기관들

1. 민주 국가에서는 _____, _____, _____가 나랏일을 맡고 있다.

2. 국회
   2-1. 국회의원은 민주선거에 의해 선출된다. 민주선거란 다음의 네 가지 원칙에 의한 선거를 뜻한다.
   (1) _____, (2) _____, (3) _____, (4) _____

   2-2. 국회에서 하는 일에는 다음의 네 가지가 있다.
   (1) _____, (2) _____, (3) _____, (4) _____

함께 살아가는 세계-우리와 관계 깊은 나라들

우리나라와 관계 깊은 대표적인 나라로는 중국, 일본, 미국, 러시아를 들 수 있습니다. 다음의 질문에 답하세요.

일본
1. 일본의 지리적 위치와 특성은 어떠합니까?

2. 일본의 대표적인 산업에는 어떠한 것이 있습니까?

3. 일본과 우리나라는 역사적으로 어떠한 관련이 있습니까?

(2) **워크시트**(framed outline)
① 워크시트는 내용교과의 중심내용 및 주요 어휘에 관한 개요를 제시한다.
② 교사는 워크시트를 미리 준비하여 수업시간에 활용할 수 있다. 이때 중심내용이 적힌 아웃라인에서 핵심 단어들을 빈칸으로 제시함으로써, 학생이 수업을 들으면서 빈칸을 채우도록 할 수 있다.

> ▶ **중심내용 및 주요 어휘에 관한 개요**
> 1. <u>실험</u>을 할 때, 실험 상황을 만든 다음 관찰을 한다.
> 2. 첫 번째 실험은 <u>통제된 실험</u>이다. 이 실험은 <u>테스트</u>와 <u>통제</u>로 구성된다.
> 3. 다음은 <u>통제된 실험</u>에 대한 설명이다.
>   a. <u>가설</u>을 세워라. 만일 네가 베이킹파우더를 케이크에 넣는다면, 케이크는 부풀 것이다.
>   b. <u>통제된 실험</u>을 하여라.
>   첫 번째는 <u>테스트</u>를 하여라. 먼저 베이킹파우더를 넣지 않고 케이크를 만들어라.
>   두 번째는 <u>통제</u>를 하여라. 이번에는 첫 번째와 똑같은 재료로 똑같은 방법에 따라 케이크를 만들되, 베이킹파우더를 넣어라.
>   c. 결과를 살펴보아라. 너의 가설이 옳았는지를 판단하여라.
>   (이하 생략)

(3) **안내 노트**(guided note)

① 안내 노트는 수업시간에 다룰 중심내용 및 주요 어휘 등에 관한 개요와 학생이 필기할 수 있는 공간을 넣어 작성한 학습지로, 학생이 수업을 들으면서 필기한다.

❷ 10중등8

② 안내 노트는 교사의 수업을 듣는 학생들의 이해를 돕고자 제공되는 유인물로, 즉 수업할 내용의 요약문으로 볼 수 있는데 여러 개의 빈칸을 만들어 학생들이 수업을 들으면서 채워 넣도록 되어 있다(양명희).

③ 안내 노트는 수업할 내용에 대한 안내지 역할을 하면서 학생들이 수업과 상호작용할 수 있도록 제작된 것이다. 따라서 학생들은 유인물의 빈칸을 완성하려면 수업시간 내내 수업 내용을 보고, 듣고, 쓰면서 적극적으로 수업에 참여해야 한다. 때문에 안내 노트를 사용하면 학생들의 수업 중 문제행동이 감소할 뿐만 아니라 학업 성취도 높아질 수 있다.

④ 안내 노트의 장점은 다음과 같다(윤점룡 외). ❶ 17초등B3

　㉠ 학생이 적극적으로 수업에 참여하여 교과 내용과 상호작용한다.

　㉡ 안내 노트는 주요 개념, 사실 및 관계에 단서를 주기 때문에 학생이 더 잘 이해할 수 있도록 해 주고, 교사에게 더 분명하게 질문할 수 있도록 해 준다.

　㉢ 학생의 노트 기술이 향상된다.

　㉣ 교사는 수업을 주의 깊게 준비한다.

　㉤ 교사는 수업의 과제에 더 집중하도록 해 준다.

기출 POINT 5

❶ 17초등B3
다음은 학습장애 학생 준수의 특성이다. 안내노트를 사용할 때 기대할 수 있는 효과 2가지를 준수의 특성에 근거하여 쓰시오.

■ 준수의 특성

- 단어와 정의를 연결할 수 있음
- 어휘의 의미를 깊이 이해하는 데 어려움이 있음
- 수업 내용을 요약하는 데 어려움이 있음
- 글자를 쓰는 데 많은 노력이 필요함

❷ 10중등8
학습장애 학생에게 과학과 '지각의 물질' 단원을 지도하기 위한 학습전략과 그 설명으로 옳은 것을 〈보기〉에서 모두 고르시오.

─〈보기〉─

㉣ 안내 노트(guided note) : 교사는 '지각의 구성 물질'에 대한 주요 개념과 사실 등을 여백으로 남긴 유인물을 제작하여 학생들이 복습할 때 사용하도록 한다.

03 **기억 전략**

기억 전략은 학생들에게 친숙하지 않은 단어나 개념을 보다 친숙한 형태로 연결하는 인지적 조작을 통해 학습을 돕는 방법이다.

1. 기억 전략의 장단점

① 기억술 중심 교육 프로그램은 학습내용을 기억하고 회상하는 과정을 돕는 데 유용하다.

② 기억술 중심 교육 프로그램은 실제 학교학습 현장에서의 전반적인 학습활동 수행능력 향상에는 제한적인데, 그 이유는 다음과 같다.

㉠ 효과적으로 학습활동을 수행하기 위해서는 '언제', '어떤 상황에서', '왜' 이 전략을 활용해야 하는지에 대한 분명한 의사결정 능력이 필요하다. 그러나 기억술 중심 프로그램은 실제 학습 장면에서 이러한 사고 전략들을 계획, 점검, 수정하는 활동과 관련된 메타인지 전략을 포함하고 있지 않다는 한계점이 있다.

㉡ 기억술 중심 프로그램을 적극적으로 활용해야 하는 필요성에 대한 인식과 학습동기를 증진시키기 위한 교수전략들을 프로그램에 포함하고 있지 못하다.

2. 기억 전략의 유형

(1) 핵심어 전략(키워드 전략, keyword strategy)

① 핵심어 전략은 이미 학습한 용어/개념과 이와 음성학적으로 유사한 정보를 연결시켜 관련이 없어 보이는 2개 이상의 정보를 연결하여 정보의 회상을 돕는 전략이다.

❶ 13추가중등B6

② 핵심어 전략에서는 핵심단어와 학습할 단어 및 내용을 연결하도록 시각적 이미지를 활용할 수 있다.

③ 핵심어 전략의 절차

> ㉠ 재부호화하기: 낯선 단어를 음향학적으로 유사하면서 친숙한 단어와 연관시키기
> ㉡ 연관시키기: 핵심어를 상호적이면서 외우기 쉬운 시각적 이미지와 연관시키기
> ㉢ 인출하기: 목표 정보를 인출하기

crocoite(crocodile)

- 목표 어휘: crocoite
- 키워드: crocodile
- crocoite의 특성
  - 굳기: soft 광물(아기)
  - 조흔색: 오렌지색
    (오렌지색 악어)
  - 쓰임새: 가정용(마루)

[출처] 김애화 외, 학습장애 이론과 실제(2012)

기출 POINT 6

❶ 13추가중등B6
ㄹ과 ㅁ의 기억법을 설명하고, 두 기억법 간의 차이점을 1가지 쓰시오.

학습장애 학생 중에는 기억 전략을 잘 활용하지 못하여 특정 어휘나 정보를 기억하기가 어려운 학생이 있습니다. 이런 학생들에게 효과적으로 활용할 수 있는 기억 전략 중 ㄹ 핵심어법(keyword method), ㅁ 페그워드법(pegword method)이 있어요.

(2) 페그워드 전략(말뚝어법, pegword strategy)

① 페그워드 전략은 순서에 맞게 외워야 하는 내용을 학습할 때 사용하는 것으로, 페그워드는 숫자와 비슷하게 발음하는 쉬운 단어들을 의미한다.

> **예** "하나 하면 할머니가 지팡이 짚고서 잘잘잘, 둘 하면 두부장수가 두부를 판다고 잘잘잘~"와 같이 활용하는 것이다.

② 페그워드 전략은 핵심어법과 유사한 절차를 통해 지도한다. 학생에게 운율화된 페그워드를 가르친 다음, 낯선 정보를 페그워드를 통해 숫자와 연결시킨다.

> **예** 아래의 그림처럼 공룡 멸종의 아홉 가지 가설을 가르친 후, 3번째 가설이 별의 폭발이라는 것을 가르칠 때, 3(three)의 페그워드인 'tree'와 별의 폭발을 연결하는 그림을 활용하여 지도할 수 있다.

3(THREE)　　　　별의 폭발(EXPLODING STAR)

[출처] 김애화 외, 학습장애 이론과 실제(2012)

(3) 글자 전략(문자 전략, letter strategy)

글자 전략은 열거된 개념이나 내용을 기억하는 데 사용하는 전략으로, 두문자어 전략과 어구 만들기 전략이 있다.

① 두문자어 전략은 기억하고자 하는 각 단어의 앞 글자를 따서 암기하는 방법이다.

❷ 18중등A13

　　㉠ **축소형**: 앞 글자를 딴 결과물이 의미 없는 단어 **예** 수금지화목토천해

　　㉡ **정교형**: 앞 글자를 딴 결과물이 의미 있는 단어 **예** SOLVE IT

② 어구 만들기 전략은 기억하고자 하는 각 단어의 앞 글자로 시작하는 단어를 조합하여 어구를 만드는 것이다. ❶ 22중등B4

> **예** 생물의 분류체계인 Kingdom(계), Phylum(문), Class(강), Order(목), Family(과), Genus(속), Species(종)을 외우기 위해 'King Philip's class ordered a family of gentle spaniel.(필립왕의 교실에서는 온순한 스패니얼 개를 주문했다)'로 문장을 만드는 것이다.

기출 POINT 7

❶ 22중등B4
괄호 안의 ⓒ에 해당하는 전략의 명칭을 기호와 함께 쓰시오.

■ 기억 전략 활용의 예		
	기억술	예
기억 전략 적용 하기	(ⓒ)	• 열대 우림 기후, 사바나 기후, 열대 계절풍 기후 → **우**(우림)리 **사**(사 바나)랑하**게**(계절 풍) 해주세요!

❷ 18중등A13
ⓒ에 해당하는 기억 전략을 쓰시오.
■ 카페에서의 대인 서비스에 필요한 문장 학습하기

―〈학습할 문장〉―

• 안녕하세요?
• 무엇을 주문하시겠습니까?
• 여기 주문하신 ○○입니다.
• 고맙습니다.

위의 4가지 문장을 연습하기 위해 ⓒ '안무여고'라고 알려주고 암기하게 함

(4) 운율 전략

정보를 쉽게 회상하기 위해 리듬이나 음악을 사용하는 전략이다.

> **예** 알파벳 철자를 쉽게 회상하기 위해 '알파벳 송'을 부르거나, 숫자를 기억하기 위해 '숫자송', 점자를 회상하기 위해 '점자송' 등을 부르는 것이다.

(5) 시연(rehearsal) ❶ 22중등B4

가장 간단한 형식의 기억 전략으로, 주어진 정보를 단순히 반복하여 되뇌는 인지적 조작 방법이다.

(6) 심상화(visualization) ❷ 10중등8

심상화는 사물에 대한 기억을 마음속에 영상화하여 기억하는 방법이다.

> **예** '나무', '구름', '바람', '하늘'이라는 단어를 기억할 때, '나뭇가지가 바람에 의해 조금씩 흔들리며, 흔들리는 나뭇가지 사이로 파란 하늘과 약간의 구름이 흘러가는 장면'을 마음속에 만들어 주어진 단어를 기억하고 회상하는 방법이다.

(7) 언어적 정교화(verbal elaboration)

언어적 정교화는 주어진 자료의 내용을 보다 의미 있는 단위로 만들어서 기억하거나 회상하는 데 사용하는 기억 전략이다.

> **예** '표지판'이라는 대상어를 기억해야 할 때, '뚱뚱한 사람이 얼음이 얇음을 경고하는 표지판을 읽고 있다.'는 문장을 만들어 대상어를 기억하는 것이다.

(8) 범주화(categorization) ❶ 22중등B4

범주화는 주어진 정보를 공통된 속성에 따라 분류하여 기억하는 방법이다.

> **예** '사과', '버스', '택시', '바나나', '기차', '배'를 기억해야 하는 경우 이들 제시어를 '과일'과 '운송수단'으로 나누어 공통된 것들끼리 묶어서 기억하는 것이다.

기출 POINT 8

❷ 10중등8
학습장애 학생에게 과학과 '지각의 물질' 단원을 지도하기 위한 학습 전략과 그 설명으로 옳은 것을 〈보기〉에서 모두 고르시오.

〈보기〉
ⓐ 심상화(visualization) : 조암 광물(석영, 장석, 흑운모 등)의 생김새를 종이에 그리도록 하여 조암 광물의 종류를 기억하도록 도와준다.
ⓑ 단원 구성도(unit organizer) : 단원의 주요 개념과 활동 등을 시각적으로 제시하여 학생들이 단원에 대한 중요한 정보를 기억하도록 도와준다.
ⓒ 핵심어 전략(keyword method) : '활로 방어한 장군이다'라는 문장을 만들어 광물(활석, 방해석, 장석)의 상대적인 굳기 순서를 기억하도록 도와준다.

기출 POINT 8

❶ 22중등B4
괄호 안의 ⓒ에 해당하는 전략의 명칭을 쓰고, 밑줄 친 ⓜ을 활용하여 괄호 안의 ⓔ에 해당하는 예를 1가지 서술하시오.

■ 인지 전략

구분	정의와 예
인지 전략 교수하기	(ⓒ) • 정보를 단순히 반복하여 되뇌는 인지적 조작 활동으로 과제를 단순 암기하는 데 효과적인 학습전략 • 예 : 열대기후의 핵심 개념에 줄을 긋거나 강조하면서 반복하며 읽기
	조직화 (ⓔ)

• 학습내용 : ⓜ 스콜, 고상 가옥, 플랜테이션, 사막, 오아시스, 관개농업

효과적인 교수방법

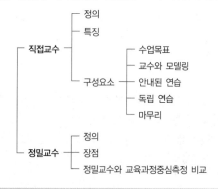

01 행동주의 접근을 활용한 교사 주도적 교수방법

- 직접교수
  - 정의
  - 특징
  - 구성요소
    - 수업목표
    - 교수와 모델링
    - 안내된 연습
    - 독립 연습
    - 마무리
- 정밀교수
  - 정의
  - 장점
  - 정밀교수와 교육과정중심측정 비교

02 인지주의 접근을 활용한 학생 주도적 교수방법

- 상보적 교수
- 자기점검 전략
  - 개념
  - 적용 절차

---

01 행동주의 접근을 활용한 교사 주도적 교수방법

▶ **명시적 교수(explicit instruction)**

교사가 자신이 가르치고자 하는 요소를 검토하고 학생의 이해도를 지속적으로 점검할 수 있게 해 주는 단계별 교수적 접근 시스템을 말한다. 명시적 교수는 학습자의 특성보다는 가르쳐야 할 교수의 내용에 초점을 맞추게 되는데, 주로 특정 학업 영역의 기술을 성취하게 하는 데에 사용된다.

명시적 교수를 위해서는 주로 모델링과 직접교수를 사용하는데, 즉, 학습해야 하는 새로운 기술을 습득할 때까지 기술에 대한 분명한 설명과 모델을 보여주고 기술이 숙달될 때까지 지속적인 안내 및 피드백과 함께 연습 기회를 제공한다.

1. 직접교수(Direct Instruction)

(1) 직접교수의 정의

① 지시적 수업, 능동적 교수라고도 불리며, 일반적으로 교수·학습 목표에 대한 명확한 진술을 기반으로 적당한 학습 분량을 확실하게 학습할 수 있는 충분한 시범과 연습의 기회를 제공하는 교수이다. ❶ 20중등B2

② 직접교수 프로그램에서는 교육과정을 바탕으로 한 명확한 단계별 수업지도안, 오류정정절차, 교사 주도 활동에서 독립활동으로의 점진적 전환, 누가적 검토, 교육과정에 근거한 학생의 진보 점검을 위한 향상검사를 제공한다.

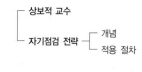

기출 POINT 1

❶ 20중등B2
ⓒ에 해당하는 교수법을 쓰시오.

> 특수교사: ⓒ 글씨 쓰기 과정에 대한 과제분석을 실시하고, 그 절차에 따라 먼저 시범을 보여주세요. 그리고 학생 B가 글씨 쓰기를 연습할 때 나타나는 실수를 확인해 주세요. 이후 잘못된 부분을 수정해 주시면서 안내된 연습을 하도록 해주세요. 그다음으로 선생님의 지도를 점진적으로 줄이시고, 나중에는 독립적으로 글씨를 쓸 수 있도록 해주세요.

❷ 09초등유아6
다음은 학습장애 학생을 위한 교수방법에 관한 두 교사의 대화이다. 교사들의 입장에 부합하는 교수방법에 대한 바른 설명을 〈보기〉에서 모두 고르시오.

이 교사: 학생에게 개념을 지도할 때에는 내용을 논리적으로 계열화해야 해요. 과제 위계에 따라 설명하면서 구체적인 시범을 보이는 것이 효과적이지요. 그리고 학습 초기에 학생의 사전지식을 꼭 확인할 필요가 있어요.

김 교사: 네, 그렇지요. 교사는 학생의 반응을 지속적으로 점검하고, 즉각적인 피드백을 주어야 해요. 교사가 주도하는 수업에서 학생들은 다양한 연습을 통해 습득한 기능을 자동화할 수 있어요.

─── 〈보기〉 ───
㉠ 학습의 통제가 교사에서 학생으로 점차 전이된다.
㉡ 교사는 언어적 상호작용을 통해 학습 내용을 지도한다.
㉢ 교사는 학생의 인지적 능력보다 상위 수준의 질문을 한다.
㉣ 학생들은 교사 행동을 관찰함으로써 사고나 기능을 배울 수 있다.
㉤ 질문에 대한 학생의 정반응이 증가하면 교사는 언어적 암시를 증가시킨다.

(2) 직접교수의 특징 ❷ 09초등유아6

① 철저한 피드백과 신속한 교정이 이루어진다.

② 학습자들이 지루하지 않게 학습 진도를 빠르게 진행하면서 숙달 정도를 높인다.

③ 학생들이 교수활동을 숙달할 때까지 시범과 체계적인 보조를 제공한다.

④ 교사는 학생의 인지능력보다 낮은 수준에서 질문을 한다(교사의 시범이나 지시는 모호하지 않고 명백하여 학생이 즉시 알아들을 수 있어야 한다).

⑤ 학습 과제는 명확하며, 산만해서는 안 된다.

(3) 직접교수의 구성요소

① **수업목표** : 수업목표는 관찰 가능하고 측정 가능한 행동, 행동이 발생할 조건, 수용 가능한 행동 수행을 위한 기준의 세 가지 요소를 모두 포함해야 한다.

> 예 '교사가 철자 쓰기 목록의 단어를 읽어 주면(행동발생 조건), 수민이는 10개의 단어 철자를 100% 정확하게(성취 기준) 쓸 것이다(행동).'과 같은 수업목표를 설정한다.

② **교수와 모델링**

㉠ 교수목표에서 요구하는 행동을 구체적으로 제시한다.

㉡ 모델링은 행동주의적 모델링과 인지주의적 모델링을 포함하는데, 행동주의적 모델링은 기술의 실제 시연을 의미하고, 인지주의적 모델링은 시범 보이는 사람의 사고과정을 이해할 수 있도록 자기대화를 제공하는 것이다. 이때 자기대화를 시범 보일 때, 교사는 학생이 과제를 수행하는 동안에 그들이 생각하는 것을 명확히 이야기한다. 교사는 필요한 경우 촉진과 피드백을 사용하여 학생들의 대답을 요구한다. ❶ 24중등B2

기출 POINT 2

❶ 24중등B2
밑줄 친 ㉢의 내용을 참고하여 학생 B에게 적용한 밑줄 친 ㉡에 해당하는 전략을 쓰시오.

특수교사: 분수 덧셈 문제를 해결하기 위해 여러 단계를 거치는 동안 학생 B가 스스로 문제 해결 과정을 점검해 보도록 하고 있어요. 제가 적용했던 전략 노트를 보여드릴게요. 처음에는 ㉡ 문제를 해결하는 사고 과정을 큰 소리로 학생 B에게 보여주고 학생 B가 이를 관찰하도록 했어요.

㉢ 〈교사 전략 노트〉의 일부

교사 활동	학생 활동
(큰 소리로) $\frac{1}{7}$ 더하기 $\frac{4}{7}$, 분수 문제구나.	(교사의 행동을 관찰한다.)
(큰 소리로) 분모와 분자를 확인하자! $\frac{1}{7}$ 은 7이 분모이고, 1은 분자구나. $\frac{4}{7}$ 는 7이 분모이고, 4는 분자구나.	(교사의 행동을 관찰한다.)
(큰 소리로) 두 분수의 분모가 같구나.	(교사의 행동을 관찰한다.)
(큰 소리로) 분모가 같으면 분자끼리 더하기가 가능해. 분자인 1과 4를 더하면 되겠구나. 그러면 $\frac{5}{7}$ 가 되겠구나.	(교사의 행동을 관찰한다.)

③ 안내된 연습

　　㉠ 교사가 행동을 시범 보이면 학생은 직접적인 감독하에 수업목표를 학습할 기회를 가진다.

　　㉡ 안내된 연습은 학생이 해당 기술을 교사와 함께 연습하는 전략이다. 교사는 질문하고, 연습이 부족하여 발생하는 실수를 확인하며, 오류를 정정하고, 필요한 경우 재교수를 하여 학생을 지원한다. ❶ 25중등A9, ❷ 21중등A9, ❸ 16초등A1, ❹ 12중등11

④ 독립 연습

　　㉠ 학생이 독립적으로 과제를 수행하도록 기대되며, 교사의 피드백이 안내된 연습에서처럼 빠르게 제공되지는 않는다.

　　㉡ 독립 연습은 학생이 안내된 연습에서 높은 성공률(90~100%)을 보이기 전까지 시작되어서는 안 된다.

⑤ 마무리 : 교사는 학습내용을 요약하고 검토하고 이를 이전에 학습한 내용 또는 경험과 통합함으로써 수업을 마무리한다.

기출 POINT 3

❹ 12중등11

다음은 김 교사가 중학교 1학년 학생들에게 '잎 모양 본뜨기'를 지도하기 위해 '직접교수'를 적용한 수업의 일부이다. '직접교수'의 단계별 교수·학습 활동의 예로 적절한 것만을 있는 대로 고르시오.

단계	교수·학습 활동의 예
학습 목표 제시	㉠ 교사가 객관적 용어로 진술된 학습목표를 제시하고, 학생들이 학습목표를 따라 읽는다. • 학습목표 : 잎 모양 본뜨는 방법을 안다.
교사 시범	㉡ 교사가 학생들에게 '잎 모양 본뜨기'에 대해 시범을 보이며, "잎 모양을 본 뜰 때는 다음과 같이 합니다. 먼저, 본을 뜰 나뭇잎 위에 화선지를 올려놓습니다."라고 말한다. 그런 다음 교사가 잎 모양 본뜨기의 나머지 순서를 차례대로 시범을 보인다.
안내된 연습	㉢ 교사가 학생들에게 잎 모양 본뜨는 연습을 하도록 지시한다. 다른 학생들이 연습하는 동안 교사가 과제에 어려움을 보이는 학생 A에게 가서 "처음에는 무엇을 해야 하지요?"라고 질문한다. 학생 A가 답을 하지 못하자, 교사가 "잘 생각해서 해보아요"라고 말하고 안내된 연습을 종료한다.
독립적 연습	㉣ 교사가 학생들에게 "자, 그럼 이제부터 여러분들이 각자 잎 모양 본뜨기 연습을 해보도록 해요."라고 말한다. 학생들이 연습하는 동안 교사가 교실을 돌아다니며 학생들이 잎 모양 본뜨기를 제대로 수행하는지를 점검한다.

PART

03

기출 POINT 3

❶ 25중등A9

밑줄 친 ㉻에 해당하는 교사의 활동 내용을 1가지 서술하시오.

단계	활동 내용
시범	• 전략을 소개하고 전략의 목적과 이점을 제시한다. • 교사는 전략을 어떻게 사용하는지 시범을 보인다.
안내된 연습	• ㉻ 교사는 학생이 전략 사용 단계에 따라 전략을 적용하는 데 필요한 지원을 한다.
독립 연습	• 학생은 교사의 지원 없이 전략을 독립적으로 사용한다.
정리	• 학습 내용을 요약하고 다음 차시 학습 내용을 안내한다.

❷ 21중등A9

㉢에 해당하는 명칭을 쓰고, 괄호 안의 ㉣에 해당하는 교사의 활동을 1가지 서술하시오.

■ 직접교수 모형을 활용한 오디오북 지원 읽기

순서	활동
㉢	교사는 오디오북에서 나오는 소리를 듣게 한다.
안내된 연습	(㉣)
독립적 연습	학생 스스로 오디오북에서 나온 단어나 문장을 자연스럽게 읽게 한다.
마무리	학습 내용을 요약, 검토하고 이를 이전에 학습한 내용과 통합하여 수업을 마무리한다.

❸ 16초등A1

아래 교수·학습 활동에서 적용하고 있는 교수·학습 모형의 명칭을 쓰고, ㉡에서 이루어질 수 있는 활동의 예를 쓰시오.

설명하기	상대의 말에 적절히 반응하며 대화하는 방법의 중요성을 설명하고, 적절한 대화 방법 안내하기
시범 보이기	• 교사가 직접 적절한 대화와 부적절한 대화 시범 보이기 • 다양한 대화 사례가 담긴 동영상 시청을 통해 간접 시범 보이기
확인 및 연습하기	• ㉡ 안내된 연습하기 • 독립된 연습하기

기출 POINT 4

❶ 15중등A10
아래에서 박 교사가 학생 A를 위해 제시한 방법을 쓰시오.

> 교사 : 선생님, A가 문장의 주어와 서술어를 찾는 것에 많은 오류를 보입니다. 이러한 오류를 줄여 주기 위해 A의 수행을 어떻게 점검하면 좋을까요?
> 박 교사 : 교육과정중심사정(CBA) 중 한 가지 방법을 소개해 드릴게요. 이 방법은 현재 A에게 필요한 구체적인 학습목표에 근거하여 교수결정을 하게 되니 선생님께서도 쉽게 사용하실 것 같아요. 일단 선생님이 20개 문장을 학습지로 만들어서 A에게 제공하고, 주어와 서술어에 정확하게 밑줄 치게 해보세요. 3분 후 학습지를 채점해서 정답과 오답의 수를 표로 작성하여 A에게 보여 주세요. 이러한 방식으로 매일 측정된 결과의 변화를 A에게 보여 주세요. 그러면 A도 그래프와 표로 자신의 진전을 확인할 수 있어서 학습목표를 달성하는 데 도움이 될 것 같아요.

❷ 09초등18
〈보기〉는 김 교사가 정신지체 학생 경수에게 읽기 지도를 할 때 적용하려고 하는 전략이다. 각각의 전략에 부합하는 활동을 모두 고르시오.

> ──── 〈보기〉 ────
> ⓔ 정밀교수: 김 교사가 직접 읽으면서 구두점을 따라 쉬어 읽는 방법이나 모르는 단어가 나왔을 때 사전을 찾는 방법을 보여 준다.

2. 정밀교수

(1) 정밀교수의 정의 ❶ 15중등A10, ❷ 09초등18

① 정밀교수는 특정한 교수방법이 아닌 학생의 학업수행을 면밀히 모니터링하기 위한 방법이다.

② 교사는 매일의 평가를 통해 이루어지는 정밀교수를 적용하여 교수기법의 성공과 실패를 기록하고 문서화할 수 있고, 학생의 진보를 촉진하여 일정 수준의 교육적 향상을 가능하게 할 수 있다.

③ 따라서 정밀교수는 하나의 단독적인 교수전략이기보다는 '교수적 모니터링 기법'으로 여겨져야 한다.

(2) 정밀교수의 장점

① 교육적 결정이 일일 단위로 이루어질 수 있어, 2주 또는 3주 단위로 시험을 실시할 경우 나타나는 시간 낭비를 최소화한다.

② 자료 차트를 사용하여 학생의 진전도를 보여줌으로써 다른 교사들과의 의견 교환이 용이하다.

③ 학생의 진전이 차트로 표시되어, 학생은 그들 교육 프로그램에 있는 목표들을 달성하는 데 있어서 더 많은 책임감을 갖는다.

(3) 정밀교수와 교육과정중심측정(CBM) 비교

① 유사점

정밀교수는 시간 제한 검사를 통한 유창성과 자료 비율, 학생 수행 결과의 도표화와 평가, 또 필요한 경우 교육과정 또는 교수 변화가 이루어진다는 점에서 CBM과 유사하다.

② 차이점

ㄱ CBM 검사는 연간 교육과정에 포함된 모든 기술을 사정하지만, 정밀교수는 이보다 작은 단위를 사정한다.

ㄴ 정밀교수는 기준 성취 차트만을 사용한다. 기준 성취 차트는 자료점을 절대적으로 보여주기보다는 비례적으로 보여준다. 예를 들어, 학생의 곱셈 문제 풀기 비율이 분당 10단위에서 20단위로 향상하였다면, 변화 비율(2배)은 같은 시간 동안 1분에 5단위에서 10단위로 향상된 학생과 같다는 것이다.

02 인지주의 접근을 활용한 학생 주도적 교수방법

1. 상보적 교수

① 상보적 교수는 비계설정 기법을 대표하는 접근으로 읽은 글에 관한 교사와 학생 사이의 구조화된 대화를 통해 학생의 초인지적 이해를 향상하는 것을 목적으로 한다.

② 상보적 교수는 학생 간, 또는 학생과 교사 간의 구조화된 대화 속에서 서로 도움을 주고받으면서 자신의 이해과정을 점검하고 통제하며 이를 통해 글에 대한 이해력을 증진시킨다.

2. 자기점검 전략

(1) 자기점검 전략의 개념

① 자기점검은 정밀교수와 마찬가지로 특정한 교수방법이 아닌 학생이 내적 언어를 사용해서 정기적으로 자신의 행동이나 학업적 진보를 확인하는 평가 전략이다.

② 일부 초인지 중재가 실제 적용하기 전에 10~30일 정도 중재를 제공해야 하는 번거로움이 있는 반면, 이 전략은 단지 하루, 이틀의 교수만으로 사용이 가능하다.

③ 자기점검 프로그램은 학생이 과제에 대해 잘 이해하고 있고 문제해결의 정확성이 일정 수준 이상인 경우에 사용되어야 한다.

(2) 자기점검 적용 절차

① 주의집중 기술에서의 자기점검 활용

㉠ 집중력을 향상하기 위한 자기점검 전략으로 다양한 시간 간격(평균 약 45초 간격)에 따라 벨소리를 녹음한 카세트테이프를 준비한다. 벨소리가 날 때마다 학생은 스스로에게 "내가 잘 집중하고 있나?"하고 질문하고, 그에 대해 '예/아니요'로 답해 기록지에 적고 다시 하고 있던 활동에 집중하도록 훈련받는다.

㉡ 행동에 대해 마음속으로 질문하도록 하는 것이 이 전략에서 가장 중요하며, 이러한 내적 언어에 대한 의존이 다른 초인지 중재방법과 유사하다.

② 학업과제에서의 자기점검 활용

자기교정법은 자신이 쓴 단어와 정답을 비교하여, 자신이 잘못 철자한 단어를 확인하여 수정한 후, 올바른 단어를 베껴 쓰는 방법이다.

CHAPTER 08 효과적인 학습전략 프로그램

01 과정중심 교수법
- 개념
- 절차

02 통합전략 교수법
- 개념
- 절차

03 전략중재모형
- 개념
- 요소
- 절차

04 시험보기 전략
- FORCE 전략
- SCORER 전략
- PIRATES 전략
- DETER 전략
- SNOW 전략

01 과정중심 교수법(process-based instruction)

1. 과정중심 교수법의 개념

(1) 과정중심 교수법

과정중심 교수법은 임상적 상황이나 특수학급에서 사용되는 학습전략 프로그램을 일반학급 상황에서 사용할 수 있도록 만들어진 학급통합모형이다.

(2) 과정중심 교수법의 구성요소

① 전략계획: 성공적인 과제수행을 위한 일련의 행동 계열에 대한 계획 활동으로서, 어떻게 주어진 과제를 성공적으로 수행할 것인가와 관련된 요인이다.

② 부호화 전략: 주어진 정보를 처리하는 방식과 관련된 것으로, 크게 순차적 부호화와 동시적 부호화로 구성된다.

③ 협동적 교수·학습: 교수·학습 활동의 주도권과 책임감을 교사와 학생이 공유하도록 할 것과 점차 학생중심의 학습 활동이 이루어질 수 있도록 교수활동이 계획·실행된다.

④ 교과내용: 학습전략 학습과 함께, 앞의 세 요인들이 실제 사용되는 교과내용에 적용되어야 함을 의미한다.

2. 과정중심 교수법의 절차

단계	교수·학습 활동
1. 평가활동	프로그램에 참여한 학생들이 교과내용에 대한 지식을 얼마나 가지고 있는지와 교과내용의 효과적 학습을 위해 요구되는 정보처리능력을 얼마나 가지고 있는지에 대한 평가활동이 이루어진다.
2. 소개활동	성공적인 학습활동을 수행하기 위한 일련의 행동 계열에 대한 계획, 교과내용에 대한 부호화 전략 그리고 교과내용 자체에 대한 소개활동이 이루어진다.
3. 전략개발활동	학습해야 할 교과내용을 가지고 학습활동 전략계획과 부호화 전략을 직접 적용해 보고 평가해 보는 전략개발활동을 수행하게 된다.
4. 연습	본 학습과제와 유사한 다른 과제를 가지고 전략계획과 부호화 전략을 다시 한 번 연습할 기회를 갖게 되며, 마지막 단계에서는 학습한 학습전략들(전략계획 및 부호화 전략)을 통합하고 일반화하는 활동을 수행하게 된다.

02 통합전략 교수법

1. 통합전략 교수법의 개념

(1) 통합전략 교수법

통합전략 교수법은 일반화를 고려한 효과적인 학습전략 교육이 이루어질 수 있도록 내용학습과 함께 학습전략 학습이 일어날 수 있도록 한다.

(2) 통합전략 교수법의 특징

① 교수적 학습경험과 구성적 학습경험을 통합하는 학습활동이 강조된다. 이는 학습전략 학습의 주도권이 각 교수 단계가 진행됨에 따라 교사에게서 학생에게로 이행되도록 프로그램이 구성되어 있는 것과 관련된다.

② 지시적 설명과 대화적 학습활동이 통합되어 있다는 것이다. 학습 초기에는 주로 교사가 성공적인 학습활동을 위해 필요한 학습전략을 설명하지만, 단계가 진행됨에 따라 교사와 학생 간, 학생 상호 간 대화를 통해 학습전략에 대한 이해 및 적용활동이 이루어진다.

③ 동료학생들 간의 협동학습을 강조한다. 동료학생들 간의 협동학습은 세 번째 단계인 적용 단계에서 주로 이루어지며, 학생들이 상호 자신의 이해와 문제에 대한 정보를 교환함으로써 동기적 측면과 인지적 측면에서 학습활동을 더 성공적으로 이끌 수 있다는 잠재적 장점을 갖는다.

④ 학습전략에 대한 분석적 활동을 포함한다. 학생들이 습득해야 할 학습전략이 어떻게 구성되어 있으며, 구성 요인들 간의 기능적 관계가 어떻게 이루어졌는지에 대한 인지적 이해를 촉진시키기 위한 활동이다.

2. 통합전략 교수법의 절차

단계	교수 · 학습 활동
1. 소개 단계	학습내용에 대한 소개 단계에서는 학습전략에 대한 학습보다는 교과내용에 대한 학습이 주어진다. 이때 교사는 성공적인 내용학습에 필요한 학습전략이 교수활동을 통해 어떻게 적용되는지 보여줌으로써 후속 단계에서 이들 학습전략이 어떻게 활용될 수 있는지에 관한 간접 경험을 제공한다.
2. 구조화 단계	구조화 단계에서는 전 단계에서 교사가 보여준 학습전략에 대한 구체적 설명 및 어떻게 이를 활용할 수 있는지에 대한 모델링이 교사와 학생 간의 상호작용을 통해 이루어진다.
3. 적용 단계	적용 단계에서는 학습한 내용에 대해 학습전략이 어떻게 적용되는지를 내용－전략 통합의 측면에서 살펴보며, 학생들은 교사의 도움과 협동학습을 통해 학습전략을 실제 교과내용에 적용해 보는 경험을 하게 된다.
4. 확장 단계	확장 단계에서는 유사한 다른 교과내용이나 상황에 대해 학습전략들을 확장하여 적용해 볼 수 있는 기회가 주어진다. 이 단계에서의 주안점은 습득된 학습전략의 변형 및 일반화 능력을 향상시키는 데 주어진다.

03 전략중재모형(strategies intervention model)

1. 전략중재모형의 개념

(1) 전략중재모형

전략중재모형은 주로 중등학교에 재학 중인 학습장애 학생을 위해 개발된 것으로 읽기, 수학, 내용교과(사회/과학), 시험 준비, 노트필기, 시간 관리와 같은 전반적인 학습활동의 성공적 수행을 위해 요구되는 구체적 학습전략을 포함하고 있다.

(2) 전략중재모형의 요소

① 획득 요소 : 학생들이 교재로부터 새로운 정보를 배우도록 돕는 학습전략으로 구성되어 있다.

② 저장 요소 : 학생들이 새로 배운 정보를 조직하고 저장하며 쉽게 인출할 수 있도록 돕는 학습전략으로 구성되어 있다.

③ 능력에 대한 증명과 표현 요소 : 학생들이 과제를 완성하고, 시험을 보고 글로 배운 내용을 표현할 수 있도록 돕는 학습전략으로 구성되어 있다.

2. 전략중재모형의 절차 ^② 16중등A11

단계	교수·학습 활동
1. 사전 검사 및 약속	• 사전 검사 단계는 전략과 관련된 학생의 현재 능력을 결정하고 배워야 할 전략을 학생이 기꺼이 배울 수 있도록 하기 위한 것이다. 이를 위해서 교사는 학생이 특정 전략을 통해 도움을 받을 수 있는지 결정할 뿐만 아니라 이미 학생이 배운 전략에 대해서도 고려를 한다. 그다음에는 전략을 배우면 얻게 될 효과, 특히 시험 보기와 교재를 이해하는 등의 실제 생활에서 도움이 된다는 내용에 대한 이야기를 한다. • 마지막으로 학생으로부터 전략을 배우겠다는 약속을 받아 내고, 교사는 학생이 전략을 배울 수 있도록 돕겠다는 약속을 한다.
2. 설명	• 설명 단계에서 교사는 학생에게 전략에 대해 상세하게 설명을 해준다. 예를 들어, 자기 말로 바꾸기 전략(paraphrasing strategy)에서는 학생에게 문단을 읽도록 하고, 중심 문장과 보조 문장이 무엇인지 질문을 하도록 하며, 자신의 말로 중심 내용과 세부 내용을 말하도록 한다. • 이 과정에서 교사는 학생과 각 단계에 대한 토론을 하며, 자기 조절을 강조하고, 전략이 어떻게 학생 자신의 학습과 수행을 개선하게 될 것인지에 대해 깨달을 수 있도록 한다.
3. 시범	• 시범 단계에서 교사는 큰 소리로 학생에게 인지 전략에 대해 설명한다. 교사는 전략의 인지적 측면을 설명하기 위해 큰 소리로 말하기(think aloud)를 사용한다. • 교사는 이 단계에서 학생들이 전략을 사용할 때 무엇을 생각해야 하는지를 큰 소리로 말해 주는 것이고, 교사는 내현적 사고와 외현적 행동을 동시에 시범 보인다. 교사의 시범이 끝난 다음, 학생들은 전략을 내현적 및 외현적 과정에 따라 점진적으로 사용하도록 한다.
4. 구두 연습	구두 연습 단계는 학생이 전략 절차에 대해 이해하고 기억하도록 하기 위한 것이다. 구두 연습을 위해서는 두 가지 방법이 사용되는데, 언어 정교화 전략과 전략 단계에 대해 암송하기 전략이다. • 언어 정교화는 전략 목적, 어떻게 전략이 도움이 되는지, 전략을 사용할 때 포함되어야 하는 과정이 무엇인지를 질문하고 설명하도록 하는 것이다. • 전략 단계 암송하기는 학생이 전략 단계를 기억할 수 있도록 100% 정확하게 빠른 속도로 전략의 단계를 말할 수 있도록 하는 것이다.
5. 통제된 연습과 피드백	• 통제된 연습 단계는 학생이 배운 전략을 연습할 수 있도록 실제 학년 수준에서 약간 쉬운 교재와 숙제에 배운 전략을 적용할 수 있도록 기회를 제공하는 것이다. 이 단계를 통해 학생은 전략에 대한 절차적 기법에 대해 집중을 하게 되고, 전략을 다른 과제에 적용하게 되면서 자신감과 유창감을 얻을 수 있게 된다. • 교사는 점진적으로 단순하고 쉬운 과제에서 복잡하고 어려운 과제를 제시한다. 그리고 이 모든 단계에서 교사는 학생의 수행에 대해 피드백을 제공한다.

> 🔑 **Keyword**
>
> **소리 내어 생각하기(think aloud)**
> 개방형 인지기법으로 자신의 마음속에 일어나고 있는 것을 모두 말하도록 하는 방법이다.

6. 진보된 연습과 피드백	• 진보된 연습 단계는 학생이 배운 전략을 연습할 수 있도록 실제 학년 수준에 맞는 교재와 숙제를 제시함으로써 학생이 도전감과 실제 학생의 요구에 부합하도록 하는 것이다. • 이 단계에서 교사는 처음에는 학생들에게 어떻게 전략을 수행해야 하는지에 대해 강조하다가 점차 배운 전략을 실제 생활 및 실제 학년 수준에서 요구하는 문제에 적용할 수 있도록 강조한다. 그리고 이 과정에서 교사는 피드백을 통해 학생에게 도움을 제공해야 한다.
7. 사후 검사 및 일반화를 위한 약속	• 사후 검사 및 일반화를 위한 약속 단계는 학생이 배운 전략을 완전 학습을 하였는지를 확인하고, 학생으로 하여금 배운 전략을 새로운 상황에 기꺼이 적용하겠다는 약속을 하게 하는 것이다. • 이를 위해 교사는 사후 검사를 실시하고 학생이 완전학습을 하였으면 칭찬을 해주고, 그렇지 않으면 추가적인 연습을 실시하고 다시 사후 검사를 실시한다. 그다음에 학생과 교사는 장소와 상황, 그리고 시간에 따라 배운 전략을 일반화하겠다는 약속을 한다.

8. 일반화
❶ 23중등B3
	• 일반화 단계는 학생이 배운 전략을 교실 상황 외에 실제 상황에 적용하도록 하는 것이다.
	• 일반화 단계는 4개의 세부 단계가 있는데, 오리엔테이션, 활동, 적응, 유지 등이다.
	  − 오리엔테이션 단계에서 교사는 학생들에게 일반화의 개념에 대해 소개를 하고, 전략을 일상적인 생활에 적용하는 것이 얼마나 중요한지에 대해 설명을 한다. 그리고 난 후 학생들은 언제, 어디서, 어떻게, 왜 전략을 사용해야 하는지를 결정하게 된다.
	  − 활동 단계에서 교사는 학생들에게 일반화가 요구되는 과제를 주고 학생들의 수행을 점검한다.
	  − 적응 단계에서는 학생들이 배운 전략을 사용할 때, 학생들로 하여금 그들이 사용한 인지 전략을 다양하게 생각해 보도록 하는 것이다. 교사는 학생들이 새롭고 다양한 상황에 맞는 전략으로 바꾸고 이에 적응하도록 지도한다.
	  − 마지막으로 유지 단계는 전략의 사용에 대해 주기적으로 점검하는 것이다.

기출 POINT 1

❶ 23중등B3

괄호 안의 ⓒ에 해당하는 단계의 명칭을 쓰고, 괄호 안의 ⓒ에 해당하는 내용을 서술하시오.

단계		지도 내용
단계 1	사전 검사 및 이행에 대한 약속	• 그래픽 조직자 전략 이해 정도 확인 • 그래픽 조직자 전략 학습 약속
단계 2	설명하기	• 그래픽 조직자 전략의 종류와 목적 설명
단계 3	시범, 모델링	• 그래픽 조직자 전략 적용 과정 시범 및 언어적 시연
…(중략)…		
단계 7	사후 검사 및 전략 사용 약속	• 그래픽 조직자 전략 내용 이해와 적용 과정 평가 • 지속적인 전략 사용에 대한 약속
단계 8	(ⓒ)	• (ⓒ)

❷ 16중등A11

아래의 밑줄 친 ㉠~㉤ 중에서 잘못된 내용의 기호 2가지를 쓰고, 그 이유를 각각 설명하시오.

교수활동	지도상의 유의점
• 이전 시간에 배운 내용을 점검한다. • 수업 목표를 진술한다.	수업의 개요를 함께 제공한다.

• 선다형 문항을 풀이하는 전략을 설명한다.
 	
  − 문제에서 단서 단어(예 틀린)를 확인한다.
  − 확실한 오답을 먼저 찾는다.
      …(하략)…
 	
• 전략을 촉진하면서 전략을 사용하여 문제 푸는 방법을 시범 보인다.
	• 소리 내어 생각 말하기(think-aloud) 기법을 활용하여 어떻게 전략을 사용하는지 시범 보인다.
	• ㉠ 전략 사용의 이유와 핵심 요소를 제시하고 전략 사용 방법을 직접 보임으로써 설명을 끝낸다.

학생이 배운 대로 전략을 연습해 볼 수 있도록 과제를 제시하고, 교사는 전략 사용을 촉진한다.	• ㉡ 학생 모두가 전략을 수행해 볼 수 있는 기회를 충분히 제공한다. • ㉢ 연습 과제에서 학생이 전략을 잘못 사용했을 때 즉시 같은 문제를 다시 제공한다. • ㉣ 실제보다 쉬운 연습 과제부터 전략을 연습하도록 하여 자신감을 심어 준다.
전략을 다시 확인하고 주어진 시간 동안 독립적으로 전략 사용을 연습하게 한다.	• ㉤ 교실을 돌아다니며 어려움을 보이는 학생에게 도움을 제공한다.

04 **시험보기 전략**

일반적인 시험 전략에는 학업적 준비, 물리적 준비, 태도 개선, 불안 감소, 동기 개선이 있다. 대표적인 시험 전략에는 시험 준비를 돕기 위한 FORCE 전략, 시험 치는 동안의 수행을 가르치는 SCORER 전략 PIRATES 전략 등이 있으며, SNOW 전략은 논술 시험을 위해 고안된 것이다.

1. FORCE 전략

	단계	설명
1	Force out	시험에서 다루게 될 것과 질문의 유형이 무엇인지 찾아낸다.
2	Organize	공부에 필요한 모든 자료를 수집함으로써 정리한다.
3	Review the material	자료를 복습한다.
4	Concentrate and make a cue sheet	집중하고 큐시트를 만든다.
5	Early exam	반복하거나 짝이 질문하게 함으로써 시험을 연습한다.

2. SCORER 전략 ❶ 16중등A11

	단계	설명
1	Schedule time	시간을 계획한다.
2	Clue words, look for	단서를 주는 단어를 찾는다.
3	Omit difficult questions	어려운 질문은 넘어간다.
4	Read carefully	주의 깊게 읽는다.
5	Estimate answers	정답을 추정한다.
6	Review your work	자신의 답안을 검토한다.

기출 POINT 2

❶ 16중등A11
다음은 중간고사 직후 학습장애 중학생 A에 대해 통합학습 교사와 특수교사가 나눈 대화이다. 학생 A의 문제를 해결하기 위한 학습전략의 명칭을 쓰고, 이 학습전략을 학생 A에게 가르칠 때 적용할 수 있는 기술 1가지를 제시하시오.

통합학급 교사: 어제 시험 감독을 하는데 A를 보고 답답해서 혼났어요. A가 수업시간에 혼자서도 답을 척척 맞힌 것들이 시험 문제로 많이 나왔는데, 막상 시험 시간에는 손도 못 대고 있더라고요. 한 시간 내내 끙끙거리며 잘 모르는 문제만 풀고 있는 것 같았어요.
특수교사: 맞아요, 사실 A가 모르는 것도 아닌데 시험 점수가 너무 낮아서 부모님도 걱정이 많으세요.
통합학급 교사: 앞으로 시험 볼 일이 많은데 매번 이럴까 걱정이에요. 도와줄 방법이 없을까요?

3. PIRATES 전략

	단계	설명
P	Prepare to succeed	성공하도록 준비한다.
I	Inspect the instruction	지시사항을 점검한다.
R	Read, remember, reduce	질문을 읽고, 정보를 기억하고, 줄인다.
A	Answer or abandon	질문에 답하거나 포기한다.
T	Turn back	다시 돌아간다.
E	Estimate	답을 추정한다.
S	Survey	답을 제대로 하였는지 훑어본다.

4. DETER 전략

	단계	설명
1	Directions, read tehm	질문을 속독한다.
2	Examine the test	시험지를 살펴본다.
3	Time, check it	시간을 점검한다.
4	Easy ones first	쉬운 것을 먼저 한다.
5	Review	나의 답안을 검토한다.

5. SNOW 전략

	단계	설명
1	Screen the question	질문을 속독한다.
2	Note important points	중요한 점을 메모한다.
3	Organize important information before writing	쓰기 전에 중요한 정보를 조직화한다.
4	Write directly to the point of the question	질문의 요지에 따라 쓴다.

01 사회성의 정의 및 구성요소
— 사회성의 정의
— 사회성의 구성요소
— 사회성 결함의 원인에 대한 관점

03 상황 맥락적 사회적 기술 프로그램
— FAST 전략
— SLAM 전략

02 사회적 기술의 평가(사회적 타당도에 따른 사회적 기술 평가 방법의 분류)
— Type Ⅰ — 지명도 측정법(교우관계도)
            — 사회적 거리 추정법
— Type Ⅱ — 직접 관찰법
            — 행동 간 기능적 연쇄성 분석법
— Type Ⅲ — 자기보고법(서술형)
            — 행동평정척도

01 사회성의 정의 및 구성요소

1. 사회성(사회적 능력)의 정의

사회성은 주어진 상황에서 특정인이 사회적 과제를 얼마나 성공적으로 해결할 수 있는지에 대한 종합적이고 전반적인 평가이며, 적절한 대인관계를 형성하는 능력 전반을 지칭한다. **❶ 19중등A12**

2. 사회성의 구성요소

사회성은 다요인 구인으로, 긍정적 대인관계, 연령에 적합한 사회인지, 문제행동의 부재, 효과적인 사회적 기술을 구성요소로 포함한다.

① 긍정적 대인관계는 친구 및 성인과 얼마나 잘 지내는지에 대한 개념으로, 이는 학생이 사회적으로 얼마나 잘 수용되는지를 판단하는 중요한 기준이다.

② 사회인지는 자아에 대한 인식(자아 개념)과 사회적 상황에 대한 인식 및 사회적 정보 파악 등을 포함하는 개념이다.

기출 POINT 1

❶ 19중등A12
다음은 손 교사가 경도장애 학생 N의 사회성 기술을 지도하기 위해 작성한 계획의 일부이다. ㉠에 해당하는 내용을 쓰시오.
■ 학생 N의 사회성 기술 지도 계획

• 목적: 사회성 기술(social skills)을 바탕으로, (㉠)을/를 기르고, 사회성(sociality)을 형성하고자 함
* (㉠)은/는 사회성 기술을 사용하여 사회적 과제를 성공적으로 해결하고 유지할 수 있는 종합적인 역량임

③ 문제행동은 사회 적응을 방해하는 부적절한 문제행동을 의미하며, 사회성 측면에서 긍정적인 평가를 받기 위해서는 이러한 부적절한 문제행동을 보이지 않아야 한다.

④ 사회적 기술은 사회적 과제를 성공적으로 수행하기 위해 사용하는 구체적이고 관찰 가능한 행동이다.

3. 학습장애 학생의 사회성 결함의 원인에 대한 관점

① 기능 결함의 관점에서는 또래와 적절하게 상호작용하는 데 필요한 사회성 기술을 가지지 않았다고 본다.

② 수행 결함의 관점에서는 효과적인 사회적 상호작용을 위한 사회성 기술을 가지고 있지만, 이러한 기능을 적절한 수준에서 수행하지 못한다고 본다. 이 경우 아동들은 환경이 이러한 행동을 촉진하거나 강화하지 못하기 때문에 낮은 수행률을 나타낸다.

③ 자기통제 결함의 관점에서는 충동적이거나 공격적인 사회적 행동을 억제하는 적당한 행동 통제가 부족한 것으로 보는 견해로, 사회적 상황에 대한 충동적 반응이 효과적인 상호작용과 또래 수용을 방해한다.

---

02 사회적 기술의 평가: 사회적 타당도에 따른 사회적 기술 평가 방법의 분류

Gresham은 사회적 기술 측정 방법을 사회적 타당도의 정도에 따라 Type Ⅰ, Ⅱ, Ⅲ으로 구분하였다.

1. Type Ⅰ

- Type Ⅰ은 사회기관(학교, 법정, 정신건강 기관 등)이나 중요한 타인들(부모, 교사, 또래)이 중요하게 생각하는 사회적 행위를 중심으로 측정한다.
- 또래의 수용 정도, 교우관계 정도, 교사나 학부모 판단 그리고 학교 출석기록이나 훈육조치 사항, 학교 정학 등과 같은 실제적인 자료를 포함한다.
- Type Ⅰ의 가장 큰 장점은 높은 사회적 타당도이다. 반면에 단기간의 중재효과를 검증하기에는 너무 둔감하다는 단점을 가진다.
- 중요한 타인들로부터 정보를 활용하는 경우, 다음의 방법을 활용할 수 있다.
  - 부모나 교사들에게서는 구조화된 면접이나 비형식적 면접을 통해 아동의 사회성에 관한 정보를 다양하게 입수할 수 있다.
  - 또래들로부터 가장 좋아하거나 싫어하는 친구를 적어서 내도록 하는 교우관계도 (sociogram)를 통해 아동의 사회성 관련 정보를 입수할 수 있다.

(1) 지명도 측정법(교우관계도) ❶ 22중등B1, ❷ 21유아A5, ❸ 15중등A8

① 대상 아동이 또래에게 어떻게 인지되고 있는지를 알아보는 데 유용하다. 예를 들어, 피험자들은 특정 집단에서 가장 좋아하는 친구 몇 명과 가장 싫어하는 친구 몇 명을 우선순위에 따라 지목하고, 그 결과에 따라 교우도를 작성할 수 있다. 측정 결과에 따라 아동들은 인기아동, 거부되는 아동, 논란의 여지가 있는 아동, 그리고 무관심한 아동으로 구별할 수 있다.

② 지명도 측정법은 신뢰롭고 타당하다. 그러나 주의할 점은 학령기 아동의 경우, 발달 단계의 특징상 변화가 많고 역동적인 교우관계를 보이므로 일시적인 사회적 수용 정도로 이해해야 한다.

③ 지명도 측정법의 단점은 다음과 같다

ⓐ 사회적으로 무관심한 아동과 적극적으로 배척당하는 아동을 구별하지 못한다.

ⓑ 신뢰도 높게 문제행동을 보이는 아동을 추출해 낼 수는 있지만, 교사로 하여금 훈련을 시킬 구체적인 문제행동이나 사회적 기술에 대한 정보는 제공하지 못한다.

ⓒ 지명도 측정법은 사회성 훈련 프로그램의 효과를 측정하는 도구로서는 한계가 있다. 왜냐하면 훈련의 결과로 사회성이 향상되거나 사회적 기술을 갖게 되었다고 해도 실제로 또래들에게 그러한 변화가 감지되기까지는 일정한 시간이 걸리기 때문이다.

(2) 사회적 거리 추정법(social distance scale) ❶ 09중등34

① 사회적 거리 추정법은 한 학생이 주어진 집단을 어떻게 받아들이고 있느냐 하는 것뿐만 아니라 그 집단이 해당 학생을 어떻게 인정하는지 혹은 배척하는지의 정도를 분석할 수 있다. 따라서 사회적 역동성을 파악하는 데 중요한 정보를 제공한다.

② 이 방법은 한 학생이 모든 학생에게 반응할 수 있도록 하는 방법이다.

🚩 사회적 거리 추정법에 의한 두 학생에 대한 N=32명의 반응 예

척도 문항	가장 인기 있는 A	가장 인기 없는 B
1. 그를 나의 가장 친한 친구로 갖고 싶다.	20	2
2. 가장 친한 친구는 아니지만 우리 그룹에 넣어주고 싶다.	7	15
3. 가끔 친하고 싶은 친구이다.	3	4
4. 그가 우리 반에 있는 것은 상관없지만 친하고 싶지는 않다.	1	3
5. 그가 우리 반에 없었으면 한다.	1	8

2. Type Ⅱ

- Type Ⅱ에서는 교실, 운동장, 그리고 가정 같은 자연적인 상황에서 사회적 행위를 관찰하여 사회적 기술을 측정한다.
- 자체로는 사회적인 타당성을 가지고 있지 않지만, Type Ⅰ의 측정과 경험적인 관계가 있다.

(1) 직접 관찰법

① 직접 관찰법은 관찰 상황을 어떻게 구성하느냐에 따라 구조화된 환경에서의 관찰과 비구조화된 환경에서의 관찰로 나눌 수 있다.

② 관찰 내용으로는 수량화하거나 유목화할 수 있는 것뿐만 아니라 질적인 사항까지 포함해야 한다.

(2) 행동 간 기능적 연쇄성 분석법

① 행동 간 기능적 연쇄성 분석법은 전형적으로 사회적 기술 문제 진단에서부터 문제해결에 이르도록 해주는 진단 및 처방을 위한 방법이다.

② 행동 간 기능적 연쇄성 분석은 사회적 기술이나 사회성이 문제가 되는 상황의 전후 맥락과 사회적 기술이나 사회성 문제를 구체적으로 파악한 다음, 해당 사회적 기술이나 사회성 문제의 원인을 규명하여, 해당 문제를 일으키거나 유지하는 자극과 반응 사태를 변화시킴으로써 해당 문제를 해소하는 것이다.

③ 평가 자료에 근거하여 문제의 지도방법을 결정한다.

3. Type Ⅲ

- Type Ⅲ은 사회적 타당도가 가장 낮지만 현실적으로 가장 많이 활용된다.
- 이 방법에는 행동적 역할수행 검사, 사회적 문제해결 측정, 사회인지 측정 등이 포함되는데, 구체적인 방법으로는 자기평가, 자기보고 혹은 자기성찰에 근거한 질문지법 등이 있다.

(1) 자기보고법

① 자기보고법(서술형)은 서면이나 면대면 인터뷰를 통해 사회적 기술과 관련한 자기 상태를 표현하는 방식으로, 여기에서는 비구조화된 방식으로 자신의 견해나 상태를 표현하는 방식을 의미하는 것으로 한정한다.

② 교우도검사나 평정척도 검사 등도 넓은 의미로는 자기보고에 의존하지만 매우 구조화되어 있다는 점에서 자유서술식의 자기보고나 인터뷰와는 차이가 있다.

③ 서술형 자기보고법은 다음과 같은 장점이 있다.

    ㉠ 시행이 간편하고 짧은 시간에 많은 사람을 대상으로 많은 문항을 물어볼 수 있다는 점에서 편리하고 간편하다.

    ㉡ 자료를 수량화하여 통계 처리하고 이를 수나 표로 제시할 수 있다.

    ㉢ 서술형 자기보고법은 구체적인 예나 상황을 들어 아동의 반응을 이끌어 낼 수 있기 때문에 아동의 사회적 기술에 관해 좀 더 자세히 알 수 있는 방법이다.

④ 서술형 자기보고법은 다음과 같은 단점이 있다.

    ㉠ 사회적 타당도를 보장할 수 없다.

    ㉡ 행동과 생각의 괴리도 문제이다. 즉, 특정 상황에서 특정 사회적 기술을 구사해야 한다는 것을 이야기할 수 있다는 것과 실제로 그렇게 하는 것과는 관련이 없기 때문이다.

(2) 행동평정척도 ❶ 11초등24

① 아동 자신, 또래, 부모 혹은 교사가 사회적 기술의 정도를 3점, 5점, 7점 등의 행동평정 척도로 평정한다.

② 행동평정척도를 활용한 사회적 기술 측정은 다음과 같은 장점이 있다.

    ㉠ 짧은 시간에 많은 항목을 조사할 수 있다.

    ㉡ 결과를 분석하고 수량화하는 것이 용이하다.

    ㉢ 서로 다른 상황(가정, 학교, 지역사회 등)이나 집단 내에서 아동의 사회성이나 사회적 기술 상태를 상대적으로 비교해 볼 수 있다.

③ 행동평정척도를 활용한 사회적 기술 측정은 다음과 같은 단점이 있다.

    ㉠ 실제 특정 환경에서 특정 시간에 피험자가 특정 사회적 기술을 구사할 것인가에 대한 정보는 제공하지 못한다.

    ㉡ 검사의 결과는 아동의 반응에 전적으로 의존하기 때문에 피험자의 실제 사회적 기술 구사 능력보다는 피험자의 주관과 감정, 그리고 의도에 따라 달라질 수 있다.

    ㉢ 평정척도 자체의 타당성의 문제가 있다.

기출 POINT 4

❶ 11초등24

다음은 2008년 개정 특수학교 기본 교육과정에 근거한 사회과 지도 계획이다. 지도 계획에 따라 평가하고자 할 때, Gresham(1998)의 제안을 근거로 사회적 타당도가 가장 높은 방법은?

단원	생활 속의 예절		
단원목표	생활 속에서 주위 사람에 대한 바른 예절을 알고 지킨다.		
학습 과제 및 활동	〈예의 바른 행동하기〉 • 여러 사람이 어울려 살면서 생활 속에서 지켜야 할 예절에 대해 알아본다. • 대화를 할 때와 전화를 걸거나 받을 때의 예절에 대해 알아본다.		
	인사할 때	물건을 주고받을 때	대화할 때
평가	• 생활 속에서 지켜야 할 예절을 알고 지키는가? • 대화와 전화 예절을 알고 지키는가?		

① 사회적 상호작용 및 대인관계 기술을 측정하는 표준화된 사회성 기술 검사를 실시하여 평가한다.

② 수업시간에 배운 대로 어른들을 대하는 태도나 대화예절을 지키고 있는지 자기보고서를 작성하게 하여 평가한다.

③ '인사하기', '물건 주고받기', '대화하기' 등의 역할놀이를 하게 하여 예의바른 행동을 할 수 있는지 관찰하여 평가한다.

④ 수업시간이나 쉬는 시간, 놀이 활동 시간에 어른을 대하는 태도나 친구들과의 대화 예절이 적절한지 관찰하여 평가한다.

⑤ 학교 및 가정생활에서 어른들을 대하는 태도나 대화예절이 적절한지 교장 선생님, 부모님, 또래 친구에게 의견을 물어 평가한다.

03 상황 맥락적 사회적 기술 프로그램

상황 맥락 중재는 학교, 가정, 또래관계 등의 상황 맥락 안에서 필요한 사회적 기술을 선택하고, 선택된 상황 맥락에서 사회적 기술을 가르칠 것을 강조한다.

1. FAST 전략 ❷ 19중등A12, ❸ 15중등A8

기출 POINT 5

❶ 22중등B1

(나)의 ㉠~㉣을 SLAM 전략 단계에 맞게 기호를 순서대로 쓰시오.

(나) SLAM 전략의 단계별 활동

㉠ 상대방의 말이 무엇을 의미하는지, 왜 부정적인 말을 하는지 질문하기
㉡ 지금 하고 있는 일을 멈추고, 심호흡하기
㉢ 상대방의 눈을 쳐다보고 외면하지 않기
㉣ 상대방에게 적절하게 반응하기

❸ 15중등A8

아래에서 김 교사가 사용한 전략을 쓰시오.

김 교사가 학생 A의 지명도 측정법 결과와 학생들과의 면담을 통해 학생 A의 충동적 행동을 중재할 필요성을 확인하였다. 김 교사가 사회성 기술을 가르치는 인지 전략 중 상황맥락 중재를 활용하기로 하였다. 문제가 생기면 충동적으로 반응하지 말고 일단 행동을 멈추고 생각하고, 문제해결을 위해 무엇을 할 수 있는지 다양한 대안을 모색하고, 어떤 것이 최적으로 해결 방안일지 선택을 한 후, 수행해 보도록 하는 4단계 방법으로 지도하였다.

	단계	내용	실행을 위한 질문
1	Freeze & think	멈추고 생각하라	문제가 무엇인가? 행동적 용어로 문제를 진술할 수 있는가?
2	Alternatives	대안을 생각하라	문제해결을 위해 내가 무엇을 할 수 있는가? 가능한 해결방안은 무엇인가?
3	Solutions	해결방안을 탐색하라	어떤 해결방안이 문제를 해결할 수 있는가? 어떤 것이 안전하고 적절한가? 가장 지속적이고 효과적인 해결책을 선택한다.
4	Try it	시도하라	해결방안을 어떻게 실행에 옮길 것인가? 만약 이 방안이 실패하면 다른 방안을 시도한다.

2. SLAM 전략 ❶ 22중등B1

SLAM 전략은 타인에게 부정적인 피드백을 받았을 때 적절하게 반응하는 방법을 가르치는 전략이다.

	단계	내용	실행을 위한 질문
1	Stop	멈추라	무슨 활동을 하고 있는지 부정적이거나 기분 나쁜 말을 들었을 때는 멈추고, 호흡을 길게 한 다음, 그저 담담하게 듣는다.
2	Look	보라	상대방(문제)을 똑바로 직면하도록 가르친다. 가끔 일부 학생은 부정적인 말을 들으면 외면하는 경우가 많다.
3	Ask	질문하라	상대방이 의미하는 바가 무엇인지 분명히 하도록 질문한다. 학생으로 하여금 자신이 왜 부정적인 말을 듣는지 분명히 알고 넘어가도록 한다.
4	Make	적절히 반응하라	적절히 행동하도록 가르친다. 이를 위해서는 역할극 등을 통해 공감을 표현하거나 반대 의사를 표명하거나 혹은 자신을 변명하도록 한다.

기출 POINT 5

❷ 19중등A12

괄호 안의 ⓒ에 해당하는 단계의 구체적인 활동 내용을 서술하고, 괄호 안의 ©에 들어갈 사회적 타당도를 높일 수 있는 평가 방법 2가지를 서술하시오. (단, 2가지의 평가 방법은 각각 다른 정보 제공자와 평가 형태를 포함하여 서술할 것)

> ○ 목표행동: 공공장소에서 질서 지키기
> - 이해: 수업 시간에 관련 상황 제시 및 지도
> - 적용: 실제 상황에 적용
> - 평가: 학생 N의 (㉠)이/가 타인(들)에 의해 적절하다고 판단되는지에 초점을 둠
>
> ○ 중재 및 평가
>
> > - 상황 맥락 중재 적용: 'FAST 전략'을 적용하여 단계별로 지도함
> >
> > 〈상황 맥락 1〉
> > 체육 시간에 강당에 모여 매트 위에서 구르기 활동을 하기 위해 줄을 서야 하는데, 상황 속 등장인물이 순서대로 줄을 서지 않고 화를 내고 있음
> >
> > | 단계 | 지도할 활동 내용 |
> > |---|---|
> > | 1 | 무엇이 문제인지 생각해 보기 |
> > | 2 | 화내는 것 외에 할 수 있는 여러 가지 대안들 말하기 |
> > | 3 | (ⓒ) |
> > | 4 | 직접 수행해 보기 |
> >
> > …(중략)…
> >
> > - 상황 맥락 중재의 효과 평가
> >   - 표준화 검사: 한국판 적응행동검사(K-SIB-R) 실시
> >   - (©)

김은진
스페듀
기본이론서

Vol. 2

Special education

Chapter 01. 전환교육의 이해

Chapter 02. 전환교육 모형

Chapter 03. 전환평가

Chapter 04. 전환의 결과 : 고용

Chapter 05. 전환의 결과 : 주거

PART

04

전환교육

전환교육의 이해

01 전환교육의 이해
- 전환교육 모형
- 전환평가
- 개별화전환계획
- 교육과정 편성 · 운영
- 지원

03 개별화 전환교육계획(ITP)
- ITP의 정의 및 역할
- 개인중심계획
  - 개념
  - 모델 ─ MAPS
  - ─ PATH

02 전환교육의 정의와 근거
- 전환교육의 정의
- 「장애인 등에 대한 특수교육법」
- 전환교육과 특수교육 교육과정(2022)

01 전환교육의 이해

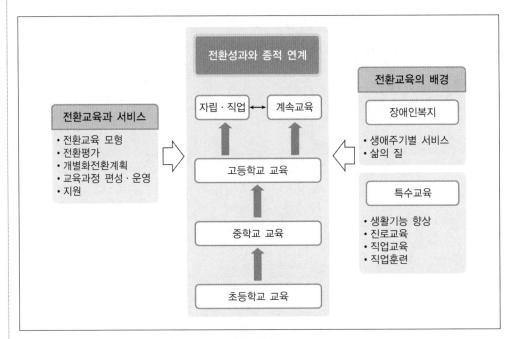

🚩 **전환교육의 체계**

1. 전환교육 모형

① 전환교육의 배경이나 개념을 설명하고 효과적으로 전환교육을 실시하기 위한 방안들을 마련하기 위하여 국내외에서 다양한 전환교육 모형이 개발되었다.

② 전환교육 모형들은 각 모형에서 중점을 두는 내용과 특성을 포함하고 있으므로 이러한 특성이나 중점 내용을 고려하여 학교 현장에서 전환교육을 이해하고 적용하는 데 활용할 수 있다.

2. 전환평가

① 전환교육의 과정에서 학생의 현재 수준을 파악하여 교육계획을 작성하며, 교육을 실시한 후 그 성과를 측정하기 위하여 전환평가를 실시한다.

② 전환평가에는 특수교육에서 전반적으로 활용되고 있는 형식적·비형식적 검사나 방법들, 또는 전환교육에서 중점을 두고 있는 검사나 방법이 모두 활용될 수 있다.

3. 개별화전환계획

① 전환평가를 통하여 수집한 자료들을 기반으로 하여 학생의 전환교육에 대한 개별화계획에 해당하는 전환계획을 작성한다.

② 개별화전환계획(ITP)은 구성요소 측면에서 개별화교육계획과 유사하게 교육의 목표, 내용, 방법 등이 포함될 수 있으나, 학생의 미래 삶의 계획을 포함하여 작성함으로써 특수교육의 최종 성과인 자립과 직업에 종적으로 연계될 수 있어야 한다.

4. 교육과정 편성·운영

① 전환교육과 서비스는 학령기 동안 체계적·종적 연계를 가지고 제공되어야 한다. 이를 위한 방안의 하나는 학교 교육과정을 기반으로 가르칠 내용을 선정하고 적합한 교수·학습의 방법을 통하여 지도하는 것이다. 전환성과(자립과 직업)와 초·중·고등학교의 교육 목표가 서로 종적 연계성을 갖는 장기적인 계획 속에서 편성·운영되는 교육과정은 특수교육의 효과성과 효율성을 제고하는 데 크게 기여할 것이다.

② 특수교육대상자의 장애 정도가 심할수록 가르쳐야 할 교육과정의 편성·운영에서 우선순위를 중요하게 고려해야 하고, 교과목 간의 연계를 통하여 지도하는 것이 효과적이다.

더 알아보기

전환성과

1. 자립

가정, 학교, 직장 등 지역사회 구성원으로서 독립적이고 주도적으로 살아가는 데 필요한 역량으로서, 실제로 가정, 학교, 지역사회 등에서 자립생활을 할 수 있도록 하는 것이다. 이를 위해 갖추어야 할 역량은 자기관리, 가정생활, 건강, 돈 관리, 지역사회생활, 여가생활의 6개 하위 영역으로 구성된다(국립특수교육원, 2021).

2. 직업

자신에 대한 이해와 직업세계에 대한 탐색을 바탕으로 자신에게 적합한 직업을 선택하고 직업인으로서의 생활을 유지하는 데 필요한 역량으로서 실제로 직업생활을 할 수 있게 하는 것이다.

더알아보기

국립특수교육원에서 개발한 전환능력
검사(NISE-TEEMH)는 전환평가에서
보다 자세히 다루었다.

5. 지원

① 특수교육대상자는 학령기 혹은 학교를 졸업한 이후의 삶에서 다양한 지원이 필요하다.

② 전환능력검사에서는 지원의 정도를 전반적 지원, 확장적 지원, 제한적 지원, 간헐적 지원, 독립 수행으로 구분하고 있다. 이 검사 결과를 바탕으로 특수교육대상자의 전환능력에 대한 현재 수준을 측정하면서 동시에 지원의 정도를 파악할 수 있다(국립특수교육원, 2022).

---

02 전환교육의 정의와 근거

1. 전환교육의 정의

① 전환이란 한 가지 상태 혹은 조건에서 다른 상태나 조건으로 옮겨감을 의미한다.

　㉠ **수직적 전환**: 유아기에서 초등학교 시기로 성장하는 것과 같이 생활연령과 관련하여 다음 연령 시기로 이동하는 것을 의미한다.

　㉡ **수평적 전환**: 분리교육 상태에서 일반학교의 통합교육 장면으로 옮겨가거나 독신 상태에서 결혼 상태로 바뀌는 등 지금까지와는 다른 상황으로 이동하는 것을 의미한다.

② 전환교육은 직업교육과 진로교육의 개념을 모두 포괄하는 것으로, 학교에서의 교육과정뿐 아니라 학교 이후의 원활한 이동을 돕는 성과 중심의 일련의 지원 활동이다.

17중등A14

2. 「장애인 등에 대한 특수교육법」

(1) 정의(제2조)

> 진로 및 직업교육이란 "특수교육대상자의 학교에서 사회 등으로의 원활한 이동을 위하여 관련 기관의 협력을 통하여 직업재활훈련·자립생활훈련 등을 실시하는 것"으로 정의하고 있다.

이 정의는 몇 가지 중요한 내용을 포함하고 있는데, '학교에서 사회 등으로의 원활한 이동, 관련 기관의 협력, 직업재활훈련, 자립생활훈련' 등이다.

학교에서 사회로의 원활한 이동	특수교육대상자가 학교교육을 마친 후 사회에서 주거 생활, 지역사회 생활, 직업 생활 등을 원활하게 할 수 있도록 하는 전환이 중요하다는 점을 부각하고 있다.
관련 기관의 협력	진로와 직업교육을 실시하는 과정에서 교내의 다양한 행정 부서나 과목을 가르치는 교사들 간의 협력, 학교와 지역사회 내 진로와 직업교육 관련 장애인 시설이나 단체 등과의 협력, 학교와 지역사회 내 사업체 간의 협력, 학교와 부모나 보호자 등과의 협력, 정부의 관련 부처인 교육부, 고용노동부, 보건복지부 등의 협력이 중요하다는 점을 제시하고 있다.
직업재활훈련	진로와 직업교육은 직업상담, 직업평가, 직업교육, 직업적응훈련, 고용지원, 사후관리 등 직업재활 프로그램이나 서비스를 통한 취업알선과 고용유지를 목표로 한다.
자립생활훈련	진로와 직업교육은 개인의 신변처리, 일상생활훈련, 사회적응훈련 등 자립생활 프로그램이나 서비스를 통하여 지역사회 내에서 가능한 한 자립하여 살아갈 수 있도록 하는 것을 목표로 한다.

(2) 진로 및 직업교육의 지원(제23조)

① 중학교 과정 이상의 각급 학교의 장은 특수교육대상자의 특성 및 요구에 따른 진로 및 직업교육을 지원하기 위하여 직업평가·직업교육·고용지원·사후관리 등의 직업재활훈련 및 일상생활적응훈련·사회적응훈련 등의 자립생활훈련을 실시하고, 대통령령으로 정하는 자격이 있는 진로 및 직업교육을 담당하는 전문인력을 두어야 한다.
❷ 21중등A4

② 중학교 과정 이상의 각급 학교의 장은 대통령령으로 정하는 기준에 따라 진로 및 직업교육의 실시에 필요한 시설·설비를 마련하여야 한다.

③ 특수교육지원센터는 특수교육대상자에게 효과적인 진로 및 직업교육을 지원하기 위하여 대통령령으로 정하는 바에 따라 관련 기관과의 협의체를 구성하여야 한다.

더알아보기 진로 및 직업교육을 위한 시설 등(시행령 제18조)

① 중학교 과정 이상 각급 학교의 장은 법 제23조 제2항에 따라 진로 및 직업교육을 위하여 66제곱미터 이상의 교실을 1개 이상 설치하여야 한다. 다만, 중학교 과정 이상 특수학교의 장은 「특수학교시설·설비기준령」 제4조에서 정하는 기준에 따라 설치하여야 한다.

② 특수교육지원센터는 특수교육기관, 한국장애인고용공단지부 등 해당 지역의 장애인 고용 관련 기관, 직업재활시설, 장애인복지관, 산업체 등 관련 기관과 협의체를 구성하여야 한다. ❶ 24중등A5

③ 교육감은 제1항에 따른 진로 및 직업교육을 위한 교실의 설치비용을 지원하는 등 특수교육대상자의 진로 및 직업교육에 필요한 인력과 경비를 지원하도록 노력하여야 한다.

기출 POINT 1

❶ 24중등A5
밑줄 친 ⓒ을 구성하는 주체의 명칭을 쓰시오. [단, 「장애인 등에 대한 특수교육법 시행령」(대통령령 제33406호, 2023. 4. 18, 일부개정)에 근거할 것]

특수교사: 「장애인 등에 대한 특수교육법 시행령」에 의하면, 효과적인 진로 및 직업교육 지원을 위해 ⓒ 특수학교, 장애인 고용 관련 기관, 장애인복지관, 직업재활시설, 산업체 등 관련 기관과의 협의체를 구성하도록 되어 있습니다.

❷ 21중등A4
다음은 ○○특수학교에서 마련한 진로 및 직업교육 지원 계획의 일부이다. 괄호 안의 ㉠, ㉡에 들어갈 용어를 「장애인 등에 대한 특수교육법」(법률 제16746호, 2019. 12. 10. 일부개정)에 근거하여 순서대로 쓰시오.

■ 진로 및 직업교육 지원 계획

• (㉠): 일상생활 적응기술 훈련과 대안적 사회적응훈련 구안 및 적용
• (㉡): 학생의 잠재 능력을 고려한 직업평가, 실제적이고 내실 있는 직업교육, 지역사회 유관기관과 연계한 고용지원, 사후관리 체계 확립

(3) 전공과의 설치·운영(제24조) ❶ 24중등A5

① 특수교육기관에는 고등학교 과정을 졸업한 특수교육대상자에게 진로 및 직업교육을 제공하기 위하여 수업연한 1년 이상의 전공과를 설치·운영할 수 있다.

② 교육부장관 및 교육감은 지역별 또는 장애유형별로 전공과를 설치할 교육기관을 지정할 수 있다.

③ 전공과를 설치한 각급 학교는 「학점인정 등에 관한 법률」 제7조에 따라 학점인정을 받을 수 있다.

④ 제1항 및 제2항에 따른 전공과의 시설·설비 기준, 전공과의 운영 및 담당 인력의 배치 기준 등에 관하여 필요한 사항은 대통령령으로 정한다.

> **더알아보기** 전공과의 설치·운영(시행령 제19조)
>
> ① 법 제24조 제1항에 따른 전공과를 설치·운영하는 특수교육기관의 장은 66제곱미터 이상의 전공과 전용교실을 1개 이상 설치하여야 하며, 세부적인 시설·설비의 기준은 교육감이 정한다.
>
> ② 전공과를 설치한 교육기관의 장은 그 설치 목적을 달성하기 위하여 현장실습이 포함된 직업교육계획을 수립하여야 한다.
>
> ③ 전공과의 수업 연한과 학생의 선발 방법은 교육감의 승인을 받아 전공과를 설치한 교육기관의 장이 정한다.
>
> ④ 전공과를 전담할 인력은 전공과를 설치한 특수교육기관의 고등학교 과정과 같은 수준으로 배치한다.

기출 POINT 2

❶ 24중등A5
ⓒ~ⓢ 중 법령의 내용과 다른 것을 2가지 찾아 기호를 쓰고, 법령의 내용에 맞게 고쳐 서술하시오. (단, 「장애인 등에 대한 특수교육법」, 「장애인 등에 대한 특수교육법 시행령」에 근거할 것)

ⓒ 특수학교에는 수업 연한 1년 이상의 전공과를 설치할 수 있음
ⓔ 전공과 전용 교실의 세부적인 시설과 설비 기준은 학교장이 정함
ⓜ 전공과의 학생 선발 방법은 교육감의 승인을 받아 학교장이 정함
ⓗ 전공과를 설치한 특수학교장은 현장실습이 포함된 직업교육계획을 수립해야 함
ⓢ 전공과 교육과정은 교육감의 승인을 받아 국가교육위원회가 정함

3. 전환교육과 특수교육 교육과정(2022)

(1) 기본 교육과정 '실과'

① 실과는 개인이 일상에서 자립적으로 살아가는 데 필요한 지식과 기능을 습득하도록 하여, 일상생활을 충실하게 수행하고, 미래 사회 변화에 유연하게 대처할 수 있는 능력과 태도를 기르는 데 목적이 있는 기능 교과인 동시에 교양 교과의 성격을 지닌다.

② 실과는 실천 교과의 성격을 가진 교과로서, 초등학교 5~6학년에 편제·운영되고 중학교 진로와 직업, 기본 교육과정 초등학교 5~6학년의 각 교과, 공통 교육과정 실과, 선택 교과 중 정보통신활용, 일상생활 활동과 연계되어 운영되며, 생활 중심, 실습 및 실천 중심 접근을 통해 일상생활에서 요구되는 기초적인 능력을 함양하는 데 중요한 역할을 담당하는 교과이다.

③ 이를 위해 실과는 학생의 실제 삶과 직접적으로 연관되는 영역과 내용으로 구성하고, 학생이 자립적으로 살아가는 데 핵심적으로 요구되는 기능적 생활 중심 교육 내용으로 구성한다. 또한 실과에서는 학생이 서로 협동하고 배려하는 가운데 이루어지는 실생활 중심의 실천적 체험 활동을 중시하며, 이러한 교육적 경험이 학생 개개인의 소질을 계발하고 문제 해결력, 창의성, 협동성을 증진하는 데 기여할 수 있도록 한다.

(2) 기본 교육과정 '진로와 직업' ❹ 21중등B1, ❶ 17중등A14, ❷ 15중등A1, ❸ 15초등B5

① 진로와 직업에서의 교육적 결과를 단순히 취업으로 한정하는 것이 아닌 학생이 지역 사회 안에서 '자립생활', '직업생활', '계속교육'을 실천할 수 있도록 맞춤형 교육과정 을 지향하였다.

자립생활	지역사회에서 독립적으로 살아가는 데 필요한 자기관리, 대인 관계, 규칙, 안전 등의 내용을 기능적 생활 중심으로 구성함
직업생활	특수교육 대상 학생이 주로 취업되었던 전통적인 직군이나 직종으로 직업 생활을 제한하는 것이 아닌 학생의 흥미, 강점, 특성 등에 기반하여 직업을 탐색하고 체험, 현장실습 등과 같은 직접적인 경험을 통해 직업생활을 준비하도록 구성함
계속교육	진로와 직업과를 통해 고등교육 기관 진학, 평생교육, 전공과 등을 준비할 수 있도록 내용을 구성함

② 진로와 직업과는 학생이 지역사회에서 독립적인 삶을 준비하는 포괄적 전환교육으로 수직적 전환과 수평적 전환을 포함하고 있다. 즉, 진로와 직업과는 기본 교육과정의 실과와 종적 연계성을, 선택 중심 교육과정의 전문 교과인 직업·생활과 횡적 연계성 을 갖는 교과이다.

ㄱ 수직적 전환은 기본 교육과정의 실과, 진로와 직업, 선택 중심 교육과정의 전문 교과인 직업·생활 과목 간의 위계성과 연계성을 고려한 체계적 접근을 통해 실 천할 수 있도록 하였다.

ㄴ 수평적 전환은 학생의 장애 유형과 장애 정도, 배치 유형 등을 고려하여 진로와 직업과를 중심으로 교육과정을 연계하거나 재구성함으로써 실천할 수 있도록 하 였으며, 이를 위해 기본 교육과정의 각 교과와 연계성을 높이되 중복성을 피하도 록 구성하였다.

③ 생애주기별 진로 발달 단계인 진로 인식, 진로 탐색, 진로 준비에 이르는 일련의 경험 과정에 기초하여 학생이 학교교육을 마친 후 지역사회에서의 자립생활 및 직업생활 로 나아갈 수 있도록 하는 전환교육의 관점에 중점을 두었다. 이러한 진로 발달 단계 를 기반으로 졸업 후 자신의 진로와 직업을 준비할 수 있도록 '자기인식', '직업의 세 계', '작업 기초 능력', '직업 태도', '진로 설계', '진로 준비'의 6개 영역으로 교육과정을 구성하였다.

기출 POINT 3

❶ 17중등A14
전환교육의 개념과 「2015 개정 교육과 정에 따른 특수교육 교육과정(교육부 고시 제2015-81호)」의 기본 교육과정 에 비추어 학부모의 글에서 틀린 내용을 3가지 찾아 바르게 고쳐 서술하시오.

전환교육은 고등학교 졸업 후에 직 업을 갖게 하는 것을 궁극적인 목표 로 하는 직업교육이라고 들었습니 다. 그래서 전환교육은 고등학교부 터 시작하는 것이 적기라고 하더군 요. 그런데 우리 아이가 다니는 학 교에서 운영하는 기본 교육과정에 는 이런 전환교육의 관점을 강조하 는 교과목이 없는 것 같은데 어떻게 직업교육을 하는지 궁금합니다.

❷ 15중등A1
괄호 안의 ㉠, ㉡에 들어갈 말을 순서 대로 쓰시오.

'진로와 직업' 교과는 학생의 생애 주기별 진로 발달 단계인 진로 인 식, 진로 탐색, 진로 준비 등에 이르 는 일련의 경험과정에 기초하여 학 생이 학교교육을 마친 후 지역사회 생활 및 직업 생활로 나아갈 수 있 도록 연결하는 (㉠)의 관점에서 실시된다.
그리고 기본 교육과정의 실과 교과 와 연계되고, 선택 교육과정 (㉡) 와/과 관련성을 가진다.

❸ 15초등B5
㉠에 들어갈 교과명을 쓰시오.

김 교사: 연우와 같은 정신지체 학 생에게 실과 교과는 조기 전환교 육의 필요성에 부응하기 위한 과 목이고, 특수교육 기본 교육과정 에서는 중학교의 (㉠) 교과와 도 연계되어 있는 과목이라는 점 을 염두에 두시면 좋겠네요.

기출 POINT 3

④ 21중등B1

①에 공통으로 들어갈 영역명을 쓰시오.

■ 성취기준
- [12진로02-05] 지역사회에서 접할 수 있는 제조업 직종을 탐색하고 체험한다.
- [12진로02-06] 지역사회에서 접할 수 있는 서비스업 직종을 탐색하고 체험한다.

학교(급)	교과	영역	핵심 개념	내용 요소	제재
고등학교	진로와 직업	①	직업 탐색	제조업 직종 탐색과 체험	공예 · 조립
					포장 · 운반
				서비스업 직종 탐색과 체험	청소 · 세탁 · 세차
					조리
					사무지원
					대인서비스

(3) 선택 중심 교육과정 '특수교육 전문 교과(직업 · 생활)'

① 선택 중심 교육과정 특수교육 전문 교과 직업 · 생활은 학생의 교육적 요구와 희망 직업, 미래 사회에 전개될 산업 구조와 노동 시장의 변화, 산업체의 요구 등을 고려하여 고등학교에 재학 중인 특수교육 대상 학생의 진로 준비와 직업 기능, 졸업 후 생활을 지원하는 데 목적을 둔다.

② 이에 개정된 교육과정(2022)에서는 기존 교육과정에서 '직업'이라는 교과명으로 11개 과목으로 편제되었던 것에서 '직업 · 생활'이라는 새로운 교과명을 부여하면서, '사회적응', '시각장애인 자립생활', '농인의 생활과 문화' 3개 과목을 신설하여 14개 과목으로 확대하였다. 시각 · 청각장애가 있는 특수교육 대상 학생의 생활을 지원하고, 전체 특수교육 대상 학생의 사회 적응 기능을 강화하여 미래 직업인으로서 갖추어야 할 역량 함양에 중점을 두었다. **❶ 24중등A5**

③ 직업 · 생활 교과는 진로 준비, 직업 기능, 직업 사회생활의 세 가지 축을 중심으로 성립되며, 특수교육 대상 학생의 필요와 요구의 우선순위에 따라 선택하여 적용할 수 있다.

기출 POINT 4

❶ 24중등A5
밑줄 친 ① 과목이 포함되어 있는 교과(군)의 명칭을 쓰시오. [단, 2022 개정 특수교육 교육과정 총론(교육부 고시 제2022-34호)에 근거할 것]

특수교사: 전공과의 교과(군)는 특수교육 전문교과의 ① 직업준비, 사회적응, 농생명, 사무지원, 직업현장실습, 대인서비스 과목으로 운영할 계획입니다.

진로 준비	진로 준비 중심의 과목은 '직업준비', '안정된 직업생활'이며 고등학교에 재학 중인 특수교육 대상 학생이 취업을 준비하고 직장과 사회에 적응하는 데 필요한 능력을 중점적으로 다룬다.
직업 기능	직업 기능 중심의 과목은 '기초작업기술Ⅰ', '기초작업기술Ⅱ', '정보처리', '농생명', '사무지원', '대인서비스', '외식서비스', '직업현장실습'을 포함하며, 대부분 직업 현장에서 공통적으로 수행하게 되는 기초 직무와 특정 직종에 적용되는 구체적이며 특성화된 직무를 익히는 내용을 중점적으로 다룬다.
직업 사회생활	직업 사회생활 과목은 '직업과 자립', '시각장애인 자립생활', '농인의 생활과 문화', '사회적응'이며, 시각장애나 청각장애가 있는 특수교육 대상 학생의 생활에 대한 적응과 전체 특수교육 대상 학생의 지역사회 전환을 위한 내용을 중점적으로 다룬다.

🚩 특수교육 전문교과의 직업 · 생활 과목

직업준비	고등학교에 재학 중인 특수교육 대상 학생이 진로를 개발하여 자신에게 적합한 직업을 찾고, 독립된 성인으로서 직업생활에 성공적으로 진입하도록 돕는 과목이다.
안정된 직업생활	특수교육 대상 학생이 취업한 후 직업을 안정적으로 유지하는 데 필요한 지식, 기능, 태도 등을 함양하여 주도적인 삶을 영위하도록 돕는 과목이다.
기초작업기술 I	기초작업기술Ⅰ, 기초작업기술Ⅱ 과목에서는 특수교육 대상 학생이 산업 현장에서 두루 사용할 수 있는 직무에 대한 지식, 기능, 태도를 함양하도록 돕는 과목이다. 이 과목은 직업 현장에서 요구되는 기능적 기술 교과의 특징을 지닌다. 구체적으로는 학생이 기초 작업 기술을 익혀 직장에서 맡은 역할을 완수하고 동료와 협업하는 태도와 기능을 갖추어 직업생활을 안정적으로 영위하도록 돕는다.
기초작업기술 II	
정보처리	지식 정보화 사회에서 정보를 선별하고 효율적으로 활용하는 능력, 수집된 정보의 가치를 판단하는 능력, 정보를 활용하는 능력을 습득함으로써 직업생활에서 발생할 수 있는 다양한 문제를 원만하게 해결하는 데 도움이 되며 시각, 영상 디자인에 대한 역량을 길러 미래 직업생활을 대비하는 능력을 기르는 과목이다.
농생명	특수교육 대상 학생이 동식물과 산림 자원을 활용하는 농업 활동의 생산 구조를 이해하고, 작물 재배, 동물 사육, 산림 자원 관리와 같은 실제적인 농생명 관련 기술 습득에 중점을 둔다. 이 과목은 특수교육 대상 학생이 졸업 후 농생명 직업 분야로 진로를 선택하는 데 필요한 기초 정보를 제공하며, 전문적인 농업인으로서 성장하는 데 필요한 직무 능력을 기르는 데 주된 목적이 있다.
사무지원 ❶ 22중등A8	특수교육 대상 학생이 사무지원 관련 직종에 취업하였을 때 요구되는 지식, 기능, 태도를 익혀 능숙하게 업무를 수행하고, 직장에서 적응하도록 돕는 과목이다. 이를 위해 '사무지원'은 도서관, 우체국, 공공기관 등에서 사무를 지원하는 사무 보조원의 직무를 익히도록 하는 내용을 포함한다.

기출 POINT 5

❶ 22중등A8
밑줄 친 ⓒ을 읽고 괄호 안의 ⓔ에 해당하는 과목명을 기호와 함께 쓰시오.
[단, 2015 개정 특수교육 교육과정(교육부 고시 제2020-249호)에 근거할 것]

> 홍 교사: 학생들의 진로 · 직업 교육을 위한 의견을 묻고자 합니다. 진로 · 직업 교육을 위한 전문 교과 Ⅲ 과목을 추천해 주시기 바랍니다.
> 최 교사: 현재 운영 중인 '농생명' 과목 대신 지역의 특성과 학생들의 요구를 고려하여 2022학년도 신입생부터 다른 과목으로 변경할 것을 제안합니다.
> 이 교사: ⓒ 사무 장비 사용, 우편물 관리, 문서 관리, 도서 관리, 사무실 관리, 고객 응대 업무를 배울 수 있는 (ⓔ) 과목 선호도가 높으니 검토해 볼 필요가 있다고 생각합니다.

대인서비스	고객과 직간접적으로 만나는 과정에서 고객의 편의 증진을 위한 서비스와 관련한 직무를 익히는 과목이다. 대인서비스는 직접적으로 대면하여 서비스를 제공하거나 고객의 공간과 환경을 관리하는 간접적인 서비스와 서비스의 질 관리를 포함한다.
외식서비스	외식 산업에 대한 이해를 바탕으로 외식서비스 종사자로서 필요한 지식과 기능, 태도를 익히는 과목이다. 이 과목은 학생이 외식서비스의 개념과 특성을 이해하고, 영업장과 주방 실무의 영역에서 서비스 전반에 대한 지식과 기능을 익히며, 음식과 음료 서비스 분야와 관련해 취업 후 적용할 수 있는 실무 능력을 기르는 데 중점을 둔다.
직업현장실습	진로 인식, 진로 탐색, 진로 준비 과정을 거쳐 취업이라는 결과를 좀 더 공고히 하는 단계로 현장 실습에 관한 내용을 다룬다. 이 과목은 기본 교육과정 '실과', '진로와 직업'과와 이 교육과정 '직업준비', '안정된 직업생활' 과목과 실기 위주의 직업 기능 과목에서 배운 내용을 바탕으로 취업과 직무 수행에 필요한 능력을 최대한 실제와 가까운 조건에서 학습하도록 한다. 현장 실습을 바탕으로 학생은 예비 직장인으로 성장하는 데 필요한 지식, 기능, 태도를 기를 수 있다.
직업과 자립	시각중복장애 학생이 학교를 졸업한 후 직업생활을 독립적으로 영위해 나가는 데 필요한 지식, 기술, 태도 등을 습득하여 미래 사회 변화에 대응하는 직업인으로 살아가도록 돕는 과목이다. 이 과목의 대상은 시각장애를 주 장애로 가지고 있으면서 지적장애, 정서·행동장애, 발달장애 등 다른 장애를 함께 가지고 있는 시각중복장애 학생이다.
사회적응	학생이 고등학교에 재학하는 동안 장차 지역사회에 적응하며 살아가는 데 꼭 필요한 기술을 습득하고, 궁극적으로 한 시민으로서 생활과 일에 적응하면서 지역사회에 통합하여 살아가도록 교육하는 과목이다. 이 과목은 학생이 고등학교 졸업 이후 지역사회에 적응하도록 준비하고자 고등학교에서 전환교육과 서비스를 제공하는 교과의 성격을 띤다.
시각장애인 자립생활	시각장애인 자립생활 교육과정은 시각장애 학생이 가정, 학교, 지역사회에서 자립적인 삶을 준비하고 실천하는 능력을 기르는 교육 활동이다. 시각장애인 자립생활 교육과정에서 시각장애로 개인생활과 사회생활에서 겪을 수 있는 장벽과 문제들을 이해하고, 이를 효과적으로 대처하고 해결하는 과정을 통해 자기주도적인 삶을 설계하고 영위할 수 있다.
농인의 생활과 문화	'농인의 생활과 문화'는 수어를 주요 의사소통 수단으로 사용하는 농인의 삶과 농인으로 살아가면서 필요한 기본 개념, 원리를 이해하며, 농인의 문화와 정체성을 확립함으로써 독립된 주체의 사회 구성원으로 살아갈 수 있는 능력을 기르는 과목이다.

03 개별화 전환교육계획(ITP)

1. ITP의 정의 및 역할

① 개별화 전환교육계획은 장애학생의 학교에서 지역사회의 주거생활, 직업생활, 사회생활, 여가생활로의 전환을 지원할 수 있도록 학교 안에서 이루어지는 일련의 교육과 서비스의 내용 및 방법을 계획하는 것이다.

② 개별화 전환교육계획은 학생의 교육 프로그램과 학교 이후의 목표가 일치되도록 만드는 도구의 역할을 한다.

③ 미국 '장애인교육법(IDEA)'에서는 16세부터는 반드시 개별화교육계획에 전환교육계획을 포함시켜야 한다는 조항에 따라 전환교육을 고등학생을 대상으로 실시하는 좁은 의미로 한정할 수 있다. 그러나 장애학생의 경우 성인으로의 삶을 준비하는 데 오랜 시간이 걸리므로 어려서부터 교육하고 훈련해야 한다.

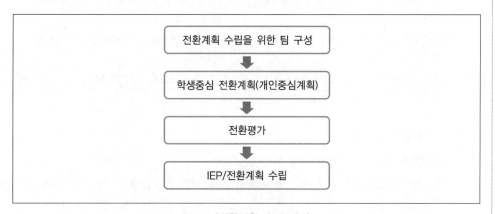

⚑ IEP/전환계획 수립 단계

2. 개인중심계획(person-centered planning ; PCP)

(1) 개인중심계획의 개념 ❶ 16중등B7, ❷ 11중등38

① 개인중심계획은 학생중심 전환계획 과정을 촉진하는 한 방법으로 한 개인이 희망하는 삶에 대해 팀 중심으로 탐색하고 그 삶을 살기 위해 필요한 지원을 찾아가는 일련의 과정이다.

② 한 개인이 자신에게 중요하다고 생각하는 것이 무엇인가를 찾아내는 것으로, 장애학생의 적극적인 참여를 유도하고 학생, 가족, 전문가가 협력하여 장애학생의 교육적 요구를 파악한다.

③ 개인중심계획은 장애학생이 희망하는 삶을 살기 위해 필요한 지원들을 탐색하고 판별하기 위해 학생에 대해 같이 생각해 보고, 학생과 함께 의사소통하며, 학생의 가치를 검토하고, 학생을 위한 계획을 수립하여 지원하는 가치중심적 접근이다.

기출 POINT 6

❶ 16중등B7
밑줄 친 ㉠의 특징 2가지를 쓰시오.

> 특수교사 : 장애학생의 진로를 결정하는 데 효과적인 방법의 하나로 ㉠ 개인중심계획(peer-centered planning)을 적용하여 전환계획을 수립하는 것이 강조되고 있어요. 이제 준하의 진로를 위해 우리도 전환계획을 구체화할 필요가 있겠네요.

❷ 11중등38
장애학생의 전환교육 및 전환계획과 관련된 내용 중 옳은 것만을 모두 고른 것은?

> ㉤ 중등교육 이후의 전환을 효과적으로 준비하기 위하여 개인중심계획을 통해 장애학생의 적극적인 참여를 유도하고 학생과 가족, 전문가가 서로 협력하여 장애학생의 교육적 요구를 파악하는 것이 중요하다.

더알아보기 기관중심계획과 개인중심계획의 비교

기관중심계획	개인중심계획
전문가 주도	1~2명의 회의촉진자가 주도
참가자는 일반적으로 모두 성인	참가자 다양; 개인과 가족
목표 지향적이며 서류 요구 사항을 충족하도록 설계된 과정	정보를 얻기 위해 설계된 창의적이고 성찰적인 과정
주어진 정보, 보고서, 공식적으로 평가된 데이터에 가치를 둠	정보가 공유됨; 보고서를 읽지 않음; 비공식적인 평가에 가치를 둠
학교에서 열린 회의, 전형적인 교실 배치, 스태프의 편의	협의하에 장소 결정; 편안함이 핵심이며 좌석 배치는 반원으로 함
결과와 관련된 전문가들 사이에서 로비활동이 있음	회의에서 모든 참여자들이 브레인스토밍하는 것을 중요한 가치로 여김
약점 기반의 관점, 요구들과 이용 가능성들을 우선시함	강점 기반의 접근; 개인과 요구가 먼저이며, 이용 가능성은 후순위
유급 전문가는 일반적으로 개별화교육계획 목표를 개발하기 위해 정보를 수집	개인의 지원동아리 구성원들이 함께 개별화교육계획 목표 개발
자기옹호, 가족/동료 옹호 기술에 중점을 두지 않음	개인, 가족 그리고 친구들은 미팅에서 옹호를 배움

(2) 개인중심계획의 모델

① MAPS(Mcgill action planning system)

㉠ 전환을 위한 직업 관련 활동을 전개하는 데 있어 학생들이 추구하고자 하는 진로 방향을 파악하는 것이 중요하며, 이를 위해서는 '학생중심계획' 전략을 사용하는 것이 좋다. MAPS는 학생들의 미래를 계획할 때 학생들을 돕기 위해 사용되는 개인중심계획의 한 방법으로 널리 사용된다. 이 체계는 본래 중도장애 학생들을 일반학급에 완전 통합하기 위해 개발된 도구이며, 학생의 현재와 미래의 꿈, 강점, 흥미, 요구를 평가하는 과정으로 사용되고 있다.

㉡ MAPS에서는 학생과 관련된 이해 당사자들(예 부모, 형제, 서비스 제공자, 또래, 교사 등)이 모여 협력적 브레인스토밍을 통해 학생의 흥미, 선호, 기술 수준에 대한 내용을 파악하고자 한다. 이 과정은 상당한 개입을 필요로 하며 운영과정에서 광범위한 인사들을 포함해야 하기 때문에, 경도장애 학생보다는 중도장애 학생을 위한 학생중심 미래계획 수립 시에 보다 적절한 방법으로 추천되고 있다.

② PATH(planning alternative tomorrows with hope)

　㉠ PATH는 직업과 관련된 학생의 꿈과 목표를 확인하는 데 사용되는 또 다른 방법으로서, MAPS로부터 발달하여 대상 학생을 위한 직업계획을 실행하기 위해 고안된 것이다. 문자 그대로 이 과정은 학생이 추구하고자 하는 직업 진로(path)를 확인할 수 있게 한다.

　㉡ PATH에서는 집단의 촉진자가 이끌어 가는 회의에서 다음 여덟 가지 일련의 질문들에 대해 각자 의견을 나누며 결론을 이끌어야 한다. 그 단계는 ⓐ 장래희망에 대해 말하기, ⓑ 장래희망을 긍정적이고 실현 가능한 것으로 이해하기, ⓒ 현재에 기초 두기, ⓓ 대상 학생에 대해 알기, ⓔ 강점을 증진할 방법 파악하기, ⓕ 향후 3개월간 수행할 활동들 정하기, ⓖ 다음 달에 수행할 작업 계획하기, ⓗ 다음 단계 활동 결정하기이다.

　㉢ 이들 PATH 단계에 대한 토론은 다음 해에 시도될 학생들의 전환활동을 이끌 수 있으며, 팀은 이 계획을 따르도록 하여야 한다. 그렇지 않을 경우 PATH의 전개과정을 통한 결실을 기대하기가 어렵다. MAPS와 PATH는 전환계획이나 IEP를 대신하는 것이 아니라 전환계획을 강화하기 위해 함께 사용할 수 있는 도구들이다. 개별 지적장애 학생들을 위한 전환계획에서 이러한 학생중심 계획 도구 및 방법을 적용하는 것은 그들에 대한 긍정적 견해와 청사진을 제공할 수 있도록 한다.

01 Will의 가교 모형

04 Brolin의 생활중심 진로교육 모형

02 Halpern의 지역사회 적응 모형

05 Clark의 포괄적(종합적) 전환서비스 모형

03 장애학생을 위한 세 단계의 직업전환 모형

06 Kohler의 혼합형 진로교육 모형

1990년대 전환교육 모형은 고용이나 취업에 초점을 둔 협의의 모형과 결과보다는 과정에 초점을 둔 포괄적인 모형으로 크게 나누어진다. Will과 Wehman이 제시하는 모형은 고용에 중점을 둔 협의의 모형이고, Clark, Brolin, Halpern의 모형 등은 포괄적 의미의 모형에 속한다.

협의의 의미에서 포괄적 의미로의 모형 변화는 전환의 범위를 직업 중심에서 주거, 사회성, 여가 그리고 지역사회 참여 등으로 확대시키는 계기가 되었다.

01 Will의 가교 모형

1. Will의 가교 모형의 개념 ❶ 12중등9

① Will은 전환을 '학교에서 직업생활로의 다리 모델'로 표현하며, 중등학교에서 직업준비 과정으로 가교역할을 하는 세 가지 다른 수준의 교육과정을 준비해야 한다고 주장하였다.

② 이 모형의 기본 목표는 장애학생이 학교를 졸업한 후 지역사회에 적응하는 데 필요한 직업기술을 갖출 수 있도록 학교 교육과정에서 특수교육과 직업교육을 확고하게 설정하는 것이다.

③ 전환의 목적은 지역사회에서 중도장애 학생들의 전환을 돕기 위해 지원서비스를 다양하게 하고, 궁극적으로는 장애학생의 고용에 초점을 둔 것이다.

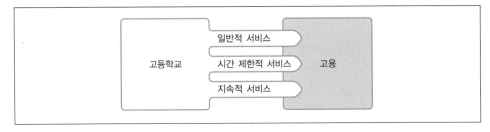

2. 세 가지 다른 수준의 교육과정

일반적인 서비스	학생들이 고등학교 때까지 교육받아 자신이 습득한 자원을 활용하여 졸업 후 외부의 지원 없이 성인의 세계로 나아가는 방법을 스스로 찾는 서비스이다. 예 고등교육
시간 제한적 서비스	취업을 위해 직업재활이나 전문 직업 훈련 등의 단기간의 서비스를 받는 것이다.
지속적 서비스	고용인과 피고용인에게 지속적인 서비스를 제공하는 취업의 유형이다. 예 지원고용

02 Halpern 지역사회 적응 모형

1. Halpern 지역사회 적용 모형의 개념

① Will 등이 제시한 전환교육 모형이 전환의 최종 목적인 고용만을 강조하는 데에 이의를 제기하고 '성인생활에 원만하게 적응하기 위해선 비직업적 차원도 고용이라는 궁극적 목적에 의미 있게 기여한다.'고 주장하면서 전환의 비직업적 측면을 강조함으로써 전환의 목적과 범위를 확대하였다.

② Halpern(1985)은 성공적인 지역사회 적응을 위해 의미 있게 작용하는 비직업적 차원으로, 주거환경의 질과 적절한 사회·대인관계를 제안하였다.

③ Halpern은 성공적인 전환의 목적을 독립생활과 지역사회 적응에 두고, 고용뿐만 아니라 주거환경, 사회·대인관계를 중요하게 다루었다. 고용에 성공했다고 해서 나머지 인생도 성공한 것으로 보지 않기 때문에 그는 서비스를 결정할 때 개인의 모든 삶의 질 차원에서 프로그램을 개발해야 한다고 주장하였다.

고용 및 직업적응 영역	직업훈련뿐만 아니라 직업조사기술, 직무분석, 최저임금 수준, 고용주에 대한 지원책 등 다양한 요소를 포함함
주거환경 영역	장애인들이 최대한 자립하여 생활할 수 있도록 여러 주거 유형 중 적합한 환경을 제공하는 것으로 여가활동, 이웃과의 관계 및 안전 등을 포함함
사회 및 대인관계 영역	지역사회 내 의미 있는 구성원으로 다른 이들과 상호작용하며 살아가는 데 필요한 사회행동훈련 프로그램, 의사소통 기술, 자아존중, 가족지원, 인간관계기술 등과 같은 관련 서비스를 제공하는 것을 포함함

2. Halpern의 3차원 모델

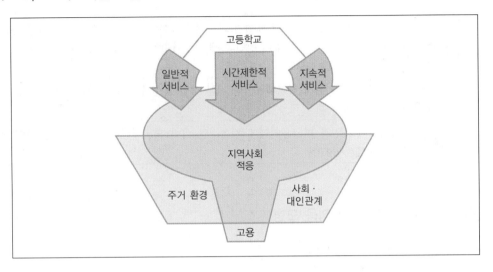

03 장애학생을 위한 세 단계의 직업전환 모형
(Wehman 등의 전환지향 모델, Wehman 등의 지역사회 중심 직업훈련 모형)

1. 장애학생을 위한 세 단계의 직업전환 모형의 개념

① Wehman 등은 Will의 교량 모형을 기반으로 학교중심의 3단계 직업 전한 모형을 제시하였다. 이 모형은 기존 Will의 교량 모형과 유사하게 고용중심의 결과에 초점을 맞추었지만 Will의 교량 모형과 달리 전환교육과정을 고등학교와 고용을 연결하는 하나의 지원 과정으로 보지 않고 이를 세 단계에 걸쳐 이루어지는 복합적인 과정으로 제시하였다.

② 이 모형은 최초로 학령기 시기 전환교육, 즉 중등특수교육 프로그램의 구성요소와 체계를 제시하였다는 데 의의가 있다. 특히 이러한 프로그램이 실제 사회와 같은 통합된 학교 환경이어야 하며 현장중심의 직업훈련 기회 역시 제공해야 한다는 것이 강조되었다.

③ 전환교육의 실시를 위해서는 교사, 학생, 부모에서부터 관련기관까지 모든 사람이 참여해야 하며, 고등학교 졸업 이전에 전환교육 프로그램계획이 수립되어야 한다고 주장한다.

2. 장애학생을 위한 세 단계의 직업전환 모형의 단계 ❶ 13추가중등A7

① 투입과 기초 단계에서는 통합된 학교, 지역사회에서의 기능적 교육과정을 통한 교수가
제공된다.

② 과정 단계에서는 학생과 그 가족들이 전환 과정의 공동협력자라는 점과, 전환계획 과
정에서의 상호 연계성이 강조된다.

③ 취업 결과 단계에서는 경쟁고용, 지원고용, 보호작업장으로 구분되는 직업적 결과로
이어진다.

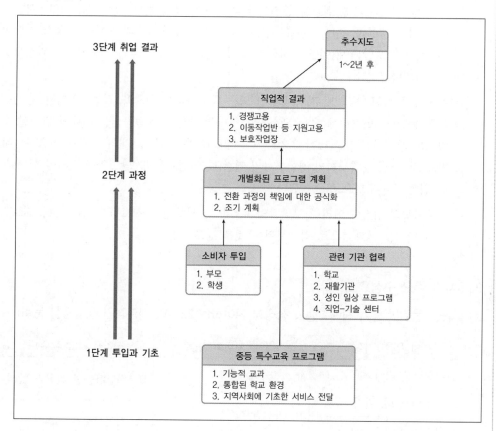

기출 POINT 2

❶ 13추가중등A7

㉠을 위해 전환 과정을 '투입과 기초', '과정', '취업의 결과' 3단계로 구분하여 중등학교 직업교육 프로그램을 강조한 전환 모형 1가지를 쓰시오.

김 교사는 경아 부모님과의 진로 상담을 통해, 경아가 ㉠ 고등학교를 졸업하고 취업하기를 원하는 것을 알게 됨

04 Brolin의 생활중심 진로교육 모형

1. Brolin의 생활중심 진로교육 모형의 개념

① Brolin은 장애학생이 보다 성공적으로 성인생활에 적응하는 데 필요한 기능적 교육과정을 제공하기 위하여 생활중심 진로교육 모형 및 이와 관련한 교육과정을 개발하였다. 생활중심 진로교육 모형은 직업교육과 관련하여 전환교육, 기능적 기술, 성과기반교육 및 자기결정 운동이 등장함에 따라 이러한 원리에 기반하여 등장하였다.

② 이 모형은 능력 기반 접근을 통해 고안되었는데, 크게 일상생활 기능, 개인−사회적 기능, 직업 안내 및 준비로 분류된다. 각 능력마다 능력 요소와 하위능력 요소, 간단한 훈련과제가 포함되며, 이를 정리하여 22개의 주요 기능을 담은 기능적 교육과정으로 제안하였다.

③ 이 모형은 학교, 가정 및 지역사회 간 또는 특수교육, 직업교육, 직업재활기관 및 관련 기관 등 상호 협력하에 모든 요소를 조정하여 개인적 직업능력을 최대한 발전할 수 있도록 준비시킨다. 이러한 일차원적 능력/기능은 다른 두 개의 차원과 연결되는데, 학교 및 가정, 지역사회의 경험으로의 연결 및 직업교육의 4단계와 연결되어 3차원적인 직업교육 모형으로 구성된다.

④ 장애아동의 성장에 따라 진로발달의 4단계, 즉 진로인식, 진로탐색, 진로준비, 진로적응의 단계를 체계적으로 적용시키는 것을 강조하였다.

2. 3차원 주요 구성요소

(1) **1차원**: 능력(학령기 장애학생의 성장에 기여하는 22개의 기본적인 생활중심 능력)

일상생활 기술	대인·사회적 기술	직업적 지도 및 준비
1. 가정경제 관리	10. 자기인식	17. 직업가능성 인식과 탐색
2. 가정의 선택, 관리, 유지	11. 자신감 획득	18. 직업선택과 계획
3. 개인적 욕구를 돌보기		
4. 자녀양육, 가정생활 향상	12. 사회적 책임 기능 수행	19. 적합한 작업 습관과 행동 보이기
5. 음식 구입 및 관리	13. 좋은 인간관계 유지 기능	20. 숙달된 신체적−손의 기술을 보이기
6. 의복 구입 및 관리	14. 독립적 행동	
7. 시민활동 참여	15. 문제해결 기능	21. 구체적 직업기능 습득
8. 오락과 여가활동		22. 직장 발견 및 지속
9. 지역에서의 이동	16. 타인과의 적절한 의사소통	

(2) **2차원**: 경험(학교, 가정 및 지역사회 경험)

(3) 3차원 : 단계(진로개발의 단계)

1. 진로 인식 단계	• 초등학교 저학년에서 시작하여 전 생애에 걸쳐 계속된다. • 할 수 있는 일의 종류와 다양한 직업에 필요한 작업 습관과 기술은 물론 직업의 긍정적인 면과 성공적인 직업인이 되는 방법을 알기 시작한다.

2. 진로 탐색 단계	• 초등학교 고학년부터 중학교까지의 시기이다. • 직업, 자원봉사, 다른 생산적 활동을 탐색하게 한다. • 가정과 가족생활의 책임을 부여하는 간섭 단계이다. • 실세계의 요구가 탐색될 수 있고, 학습에 통합될 수 있도록 지역사회의 자원이 이용된다. • 성인이 되었을 때 필요한 능력을 기를 수 있는 방법과 기술을 습득한다.

3. 진로 준비 단계	• 고등학교부터 시작하여 성인기까지 계속되는 시기이다. • 진로 탐색의 기회를 기초로 한다. • 자신의 흥미, 능력, 요구에 적절한 과정(대학진학 또는 취업준비)에 관한 논리적이고 잠정적인 진로 의사결정에 참여한다. • 학생이 잠정적으로 선택한 직업군을 통하여 취업하는 데 필요한 능력을 기를 수 있는 방법과 기술을 습득한다.

4. 진로 배치와 추후지도 단계	• 학교 졸업, 직업을 얻은 후 시기이다. • 개인에게 직장은 물론 가족생활, 시민생활, 생산적인 여가 활동 등에서 성공적인 사회적응을 위한 평가교육의 기회가 주어져야 한다. • 이 단계에서는 교육자, 지역사회, 공무원, 가족들이 협력하여야 한다.

단계		초등학교	중학교	고등학교	고등학교 이후	성인기
교육 과정	100% 50% 0%	기본적 학업기술 교육 진로 인식	진로 탐색	진로 준비	진로적응	배치, 추후지도 계속교육
		생활중심 진로교육				
직업교육의 책임 소재		• 특수교육(1차 책임) • 상담/일반교육(2차 책임) • 부모 • 기업/산업체 • 지역사회기관	• 특수교육 (1차 책임) • 직업교육 • 상담/일반교육 • 부모 • 기업/산업체 • 지역사회기관	• 특수교육 • 직업교육/직업 재활 • 재활기관 • 부모 • 기업/산업체 • 지역사회기관		• 직업재활원 (1차 책임) • 독립생활 프로 그램 • 재활기관 • 발달장애/기타 기관 • 부모 • 기업/산업체

05 ## Clark의 포괄적(종합적) 전환서비스 모형

1. Clark의 종합적인 전환서비스 모형의 가정 ❶ 15초등B5

① 교육과정 내용 영역은 학교가 제공해야 하는 특별히 지정된 교육 영역보다는 학생들을 위한 전환계획 영역(9가지 지식과 기술 영역)으로써 결과 지향적인 일련의 수행 영역을 반영해야 한다.

② 전환은 한 번 있는 것이 아니라 학령기 동안 여러 번 발생한다. 각 전환 시점에서 성공적인 전환은 이후 전환 단계에서의 성공 가능성을 증가시킨다. 따라서 이 모형에서는 생애 전환에 필요한 교육과 지원은 가능한 일찍(영·유아기 발달단계) 시작해야 한다.

③ 학교만이 전환 과정을 계획하고 서비스를 제공하는 유일한 서비스 전달체계가 아니다. 이는 전환과 관련된 관계 기관의 협력적, 상호의존적 노력이 학교의 단일화되어 있는 전환서비스 제공보다 더 효과적일 수 있다.

2. Clark의 종합적인 전환서비스 모형의 강조점

① 전환 서비스의 기본이 되는 주요 지식과 기술 영역을 강조한다.

② 생애 전반에 걸친 전환에 대한 개념과 다양한 전환 진출 시점에 대한 개별적인 기대를 강조한다.

③ 다양한 전환교육과 서비스 제공 체계에 대한 공유된 책임과 잠재력을 강조한다.

3. 주요 구성요소

지식과 기술 영역	생애발달 단계	진출 시점	서비스 전달 체계와 지원
• 의사소통 • 학업적 수행 • 자기결정 • 대인관계 • 통합된 지역사회 참여 • 건강과 체력관리 • 테크놀로지 및 보조공학 • 여가 및 레크리에이션 • 이동성(교통수단) • 독립적/상호의존적 생활 • 직업 준비성 • 대학 준비성	영·유아기 (0~3세)	학령전 프로그램, 통합된 지역사회 참여	• 가정과 이웃 • 가족과 친구 • 공립·사립 영유아 프로그램 • 관련·지원 서비스를 동반한 특수교육 • 관련·지원서비스를 동반한 일반교육 • 일반적인 지역사회 조직과 기관(위기관리 서비스, 시간 제한적 서비스, 지속적 서비스) • 도제 프로그램 • 학교와 지역사회 직업 중심 프로그램 • 중등 이후 직업 프로그램 • 전문대학 • 4년제 대학 • 대학원 또는 전문학교 • 성인·평생교육
	학령전기 (3~5세)	초등학교 프로그램, 통합된 지역사회 참여	
	초등학교 (5~10세)	중학교 프로그램, 연령에 적합한 자기결정, 통합된 지역사회 참여	
	중학교 (11~14세)	고등학교 프로그램, 초보(단순직) 고용, 연령에 적합한 자기결정, 통합된 지역사회 참여	
	고등학교 (15~21세)	중등교육 이후의 교육, 초보(단순직) 고용, 평생교육, 전업주부, 자기결정을 통합, 삶의 질 증진과 통합된 지역사회 참여	
	성인 초기 및 성인기 (18~25세)	특수분야, 기술직, 전문직, 관리직 고용, 대학원이나 전문학교 프로그램, 성인·평생교육, 전업주부, 자기결정을 통합, 삶의 질 증진과 통합된 지역사회 참여	

(1) 지식과 기술 영역 ❶ 21중등A6, ❷ 12중등9

① 다양한 발달 수준에 걸쳐 삶의 요구에 성공적으로 대처하는 데 중요하다고 생각되는 12가지 기술 또는 수행 영역을 포함한다.

② 구체적으로 의사소통, 학업수행, 자기결정, 대인관계, 통합된 지역사회 참여, 건강과 체력, 공학과 보조공학, 여가와 레크리에이션, 이동성(교통), 독립적/상호의존적 생활, 직업 준비, 대학준비를 포함한다.

기출 POINT 4

❶ 21중등A6

㉠에 해당하는 '지식과 기술 영역'의 명칭을 쓰시오. (단, 클라크의 종합적 전환교육 모델에 근거할 것)

단원명	5. 효율적인 작업	제재	지속적인 작업
학습 목표	지속적인 작업을 위한 신체를 준비할 수 있다.		
단계	교수·학습 활동		지도중점사항
	…(중략)…		
전개	〈활동 1〉 튼튼한 몸 만들기 • 올바른 식습관 알아보기 • 나의 몸무게 알고 관리하기 〈활동 2〉 간단한 운동 따라하기 • 작업을 오래 지속하기 위해 필요한 내용 알기 • 교사의 시범을 보면서 운동 동작 따라하기	㉠	• 음식과 비만, 신체적 영향의 관계성 알기 • 운동을 통해 건강한 신체 단련하기

(2) 전환 진출 시점과 성과

전환교육 서비스 안에서 유아기부터 성인기까지 모두 각각의 중요한 진출 시점들이 있으며, 각 주요 교육적 수준에서 연령에 적합하고 환경 특정적인 기대를 지닌 수직적(발달적 혹은 생애 단계의 연속체) 혹은 수평적(교육적 기준이나 생애 성과와 연결된 발달적 혹은 생애 단계와 관련된) 전환과정이 존재한다.

(3) 교육 및 서비스 전달체계

일생을 살아가면서 장애인이 직면하게 될 여러 전환 과정을 위한 지식과 기술을 개발하는 데 포함되어야 할 일련의 공식적 혹은 비공식적 체계를 뜻한다.

기출 POINT 4

❷ 12중등9

다음은 두 가지 전환 모형의 특성을 설명한 것이다. 각 모형의 특성에 대한 설명으로 옳은 것만을 있는 대로 고른 것은?

모형	특성
Clark의 모형	(라) 전환 프로그램의 지식과 기능 영역에는 의사소통, 자기결정, 여가와 레크레이션이 포함된다. (마) 전환 과정을 투입과 기초, 과정, 취업 결과의 3단계로 구분하고, 중등학교 특수교육의 직업교육 프로그램을 강조한다. (바) 생애의 각 단계마다 수료점과 결과가 있어, 전환은 생애에 걸쳐서 한 번이 아니라 여러 번 나타난다.

PART
04

06 **Kohler의 혼합형 진로교육 모형**

1. Kohler의 혼합형 진로교육 모형의 개념

① Kohler의 혼합형 진로교육 모형은 학교에서의 교육내용에 중점을 둔 모형으로 전환교육에서 제공하여야 할 교육내용을 강조하는데, 그 영역으로는 학생중심계획, 가족 참여, 프로그램의 구조와 속성, 기관 간 협력 그리고 학생 개발이다.

② 이 모형의 핵심은 전환도 교육의 한 측면으로 강조되어야 한다는 것이다.

③ 이 모형은 결과 중심 계획 과정과 교과 내용을 개인의 요구에 연관시킨다는 특징이 있다.

④ Kohler의 모형은 포괄적인 맥락에서의 전환계획을 고려한 교육 그리고 결과 지향 계획 및 개별화를 강조한다.

2. Kohler의 혼합형 진로교육 모형의 주요 활동

① 졸업 이후 목적은 학생의 능력, 흥미, 관심 그리고 선호도에 따라 정해져야 한다.

② 교수활동과 교육경험은 학생들의 졸업 이후 목적을 달성하기 위해 개발되어야 한다.

③ 학생들을 포함한 다양한 인사들이 목적을 정하고 목적을 개발하는 데 함께 참여해야 한다.

3. Kohler의 혼합형 진로교육 영역 ❶ 23중등B2

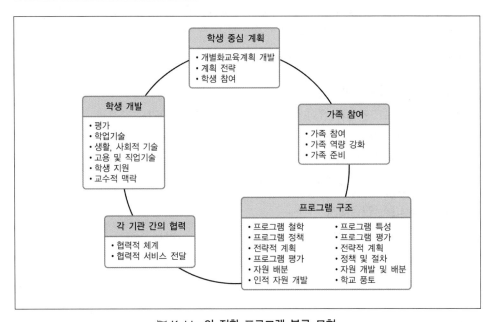

🚩 **Kohler의 전환 프로그램 분류 모형**

기출 POINT 5

❶ 23중등B2
괄호 안의 ㉠에 공통으로 해당하는 명칭을 쓰고, ㉡을 참고하여 괄호 안의 ㉢에 해당하는 내용을 쓰시오.

교사 A: 학교에서 실제적 지원을 위한 교육을 실시하기 위해 추천할 만한 모형이 있나요?
교사 B: 저는 쾰러의 (㉠) 모형을 추천합니다.
교사 A: 그 이유는 무엇인가요?
교사 B: 쾰러의 (㉠) 모형은 실제적 지원을 중심으로 유목화가 되어 있기 때문입니다.
　　　　…(중략)…
교사 B: 행사에 어떤 분들이 참석하였나요?
교사 A: ○○지역 장애인협의회 단체장과 장애인부모회 대표 및 교육지원청 특수교육 담당 장학사가 참석하였습니다. ㉡
교사 B: ○○지역 장애인 고용 비전 선포식에 관련된 인사들이 참석하였군요.

쾰러의 (㉠) 모형

구성요소	내용
학생 중심 계획	기본적으로 전환교육을 위해서는 개별화교육계획을 통해 장단기 목표를 개발하고 이에 있어 학생의 참여를 이끌어 내는 것이 기본이 된다.
학생 개발	학생 개발은 학교중심의 직업교육 경험과 현장중심의 직업교육 경험 모두를 통한 생활 및 직업 관련 기술 향상을 도모해야 한다. 이 과정에서는 여러 영역에 있어서의 학생평가 및 지원서비스가 포함된다.
가족 참여	개별화교육계획에 가족을 참여시키고 옹호 역할을 수행할 수 있도록 하는 것뿐만 아니라 그들의 역량 강화를 위한 훈련에의 참여도 강조한다.
각 기관 간의 협력	이 모형에서는 학생, 부모, 고용인 및 기관 관계자 등이 포함된 기관 간의 전환교육 협의체를 만들어서 운영하도록 제안하고 있다. 특히 서비스 전달에 있어 협력에 중점을 두고 있다.
프로그램 구조	학교에서 다양한 프로그램 및 교육과정을 마련해야 한다. 이를 위해서는 지역사회 참여를 유도하여 학습 기회를 제공하고, 체계적이며 사회적인 통합 그리고 모든 학생의 기술, 가치, 결과를 기대해야 한다고 하였다.

PART

04

⚑ **전환교육 모형의 특징 및 교육적 시사점(박희찬 외, 2023)**

구성요소	내용	교육적 시사점
교량 모형 (Will)	• 전환성과를 '고용'으로 봄 • 전환의 초점은 과정이 아닌 결과 • 고용으로의 전환을 지원하는 서비스 세 가지를 연결 다리로 표현함	성인기 전환성과로 고용의 중요성을 강조함
지역사회 적응 모형 (Harpern)	• 전환의 성과를 '지역사회 적응'으로 봄 • 고용뿐만 아니라, 주거환경, 사회 · 대인관계 기술에 의해 성과가 결정됨	성인기 전환성과로 고용보다는 지역사회 적응을 위한 전반적인 접근을 강조하며 전환교육의 범위를 확장함
장애학생을 위한 3단계 직업 전환 모형 (Wehman)	• 학교중심의 전환교육 모형으로 전환교육 개념에 중등 특수교육 프로그램을 최초로 포함함 • 투입과 기초, 과정, 취업 결과의 3단계로 구분하여 중등학교 직업교육 프로그램을 강조함	• 학교중심의 전환교육 모형 • 개별화전환교육 계획(전환교육의 책임에 대한 공식화, 조기계획) • 학생 및 부모의 참여, 관련 기관과의 협력을 강조함
생활중심 진로교육 모형 (Brolin)	• 세 가지 목표 영역 내 22개의 주요한 기술을 제시함	• 직업 안내 및 준비 이전에 일상생활 및 개인적, 사회적 기능을 강조함 • 진로발달 단계를 강조함
포괄적 전환교육 서비스 모형 (Sitlington & Clark)	• 전환계획은 전생애에 걸쳐 영유아 교육시기로부터 성인기까지 종합적이고 체계적으로 계획되고 실행되어야 함 • 삶의 요구에 성공적으로 대처하기 위해 열두 가지 지식과 기술 영역을 다뤄야 함	• 생애주기에 따른 단기 목표를 제시함(모든 발달단계에서 전환계획이 이루어짐) • 전환은 조기에 시작할 필요가 있음 • 의사결정 시 상호보완의 협력적 체계가 필수적임
전환 프로그램 분류 모형	• 효과적인 전환교육의 실제를 학생중심 계획, 학생 개발, 기관 간 협력, 가족참여, 프로그램 구조의 다섯 가지 범주로 분류함	• 학령기 이전, 학령기, 학령기 이후 연결의 중요성을 강조함 • 포괄적인 전환교육 계획 및 평가의 틀 제시

CHAPTER 03

전환평가(transition assessment)

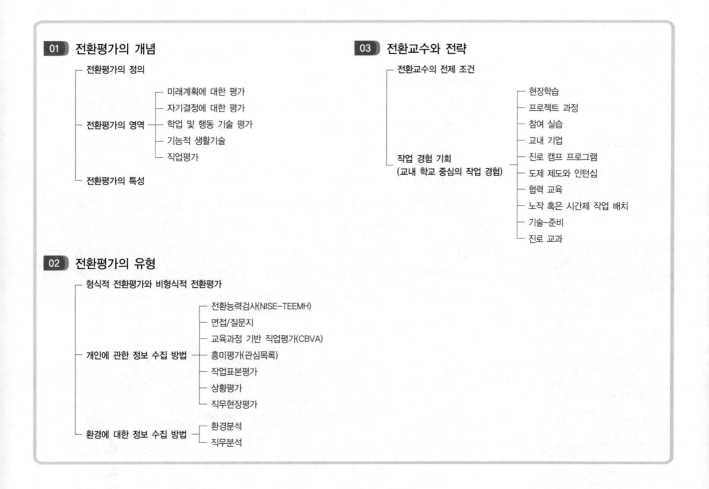

01 전환평가의 개념

- 전환평가의 정의
- 전환평가의 영역
  - 미래계획에 대한 평가
  - 자기결정에 대한 평가
  - 학업 및 행동 기술 평가
  - 기능적 생활기술
  - 직업평가
- 전환평가의 특성

03 전환교수와 전략

- 전환교수의 전제 조건
- 작업 경험 기회
  (교내 학교 중심의 작업 경험)
  - 현장학습
  - 프로젝트 과정
  - 참여 실습
  - 교내 기업
  - 진로 캠프 프로그램
  - 도제 제도와 인턴십
  - 협력 교육
  - 노작 혹은 시간제 작업 배치
  - 기술-준비
  - 진로 교과

02 전환평가의 유형

- 형식적 전환평가와 비형식적 전환평가
- 개인에 관한 정보 수집 방법
  - 전환능력검사(NISE-TEEMH)
  - 면접/질문지
  - 교육과정 기반 직업평가(CBVA)
  - 흥미평가(관심목록)
  - 작업표본평가
  - 상황평가
  - 직무현장평가
- 환경에 대한 정보 수집 방법
  - 환경분석
  - 직무분석

01 전환평가의 개념

1. 전환평가의 정의 ❷ 13중등9

① 전환평가는 현재와 미래의 일과 교육, 생활, 개인적이고 사회적 환경과 관련 있는 개인의 요구, 선호도, 관심 등에 대한 자료 수집 과정이다.

② 따라서 전환평가를 통해 학생, 부모, 교사 그리고 관련 인사들에게 졸업 이후 미래를 계획하는 데 필요한 정보를 제공할 수 있다.

③ 이러한 평가 자료는 전환과정에서 기본적 자료뿐만 아니라 개별화교육계획에 포함되어야 할 목적과 서비스를 정하는 기초 자료로 활용된다.

2. 전환평가의 영역(Miller, 2007) ❶ 24중등A11, ❸ 11중등38

- 전환평가 영역은 크게 미래 계획 요구와 목적의 평가, 자기결정과 자기옹호 기술의 평가, 전체 관련 영역에서의 교과와 행동 평가, 삶의 기술 평가 그리고 직업평가이다.

- 화살표 모양으로 나누어진 양 하위 영역의 기술이 상위 영역에 영향을 미치고 최종적으로 직업평가를 통해 효과적인 전환계획을 설정할 수 있다.

(1) 미래계획에 대한 평가

미래계획 평가는 학생, 가족, 교사가 고등학교 이후 삶의 방식에 관한 목표를 포함하여 진로목표에 도달하기 위한 장기적인 계획을 개발하는 데 도움이 된다.

(2) 자기결정에 대한 평가

자기결정에 대한 평가는 미래계획과 함께 효과적인 전환계획의 토대가 된다. 학생의 동기를 존중하고 교육과정의 주도권을 학생과 가족에게 양도하고자 하는 과정이기 때문이다. 즉, 이들 두 영역 평가의 기본 전제는 교육이 효과적이고 의미 있기 위해서는 학생 중심적이고 소비자 주도적이어야 함을 의미한다.

(3) 학업 및 행동 기술 평가

① 학업기술의 문제가 고등학교 이후 진로 선택에 반드시 어려움을 유발하는 것은 아니지만, 향후 전환계획을 위해 학업기술 수준에 대한 언급은 꼭 필요하다.

② 행동상의 문제는 모든 학생이 일반교육과정에 성공적으로 참여하는 데 결정적으로 중요하므로, 고등학교 생활과 졸업 이후 삶이 성공적이기 위해 학생 능력에 영향을 줄 수 있는 사회적·행동적 측면에 관한 정보를 수집하여야 한다.

(4) 기능적 생활기술

중등 특수교육과정은 일반적으로 학업기술, 직업기술, 사회적 기술, 자립생활 기술의 네 가지 영역으로 구성되어 있다.

(5) 직업평가

직업평가의 기본적 기능은 장래 직업훈련 및 고용을 준비하기 위해 직업 프로그램에 장애학생을 배치하는 데 있다.

3. 전환평가의 특성

(1) 전환평가는 장애학생의 선호, 흥미, 강점 등에 관한 정보를 포함하는 종합적인 전환 요구를 파악한다. 13중등9

① 종합적인 전환 요구는 장애학생이 성인이 되었을 때의 다양한 삶의 영역에서 필요하거나 희망하는 것과 관련된 것이고, 장애학생뿐만 아니라 학교나 가정에서도 정보를 획득할 수 있다.

② 장애학생의 직업뿐만 아니라 중등 이후 교육, 지역사회 참여, 여가, 일상생활 등 모두 혹은 일부에 초점을 두고 전환평가를 실시하고, 장애학생과 가족의 개별적인 요구나 환경에 근거하여 실행하는 것이 중요하다.

❸ 11중등38
장애학생의 전환교육 및 전환계획과 관련된 내용 중 옳은 것만을 〈보기〉에서 모두 고른 것은?

─〈보기〉─
㉠ 전환계획 수립 시 장애학생이 원하는 진로와 성인기 전환영역을 고려하여 학생과 학생의 현재 및 미래 환경에 대한 포괄적인 전환평가가 선행되어야 한다.
㉡ 장애학생의 전환교육과 관련하여 「장애인 등에 대한 특수교육법」에서는 관련 기관과의 협력을 통해 직업재활훈련 및 자립생활훈련을 실시하는 지원고용을 강조하고 있다.
㉢ 개별화전환계획은 개별화교육계획의 한 과정으로, 성공적인 성인기 전환을 준비하기 위하여 학령 초기에는 학업기술에 집중하고 청소년기부터 체계적인 전환교육을 실시하는 것이 중요하다.
㉣ 장애학생의 전환교육과 관련하여 '2008년 개정 특수학교 기본 교육과정' 직업교과의 직업기능 영역에서는 사회생활과 작업을 통하여 일과 직업에 대한 이해, 감각 및 신체적 기능 향상, 기초 학습 기능 향상 등에 중점을 두고 있다.
㉤ 중등교육 이후의 전환을 효과적으로 준비하기 위하여 개인중심계획(PCP)을 통해 장애학생의 적극적인 참여를 유도하고 학생과 가족, 전문가가 서로 협력하여 장애학생의 교육적 요구를 파악하는 것이 중요하다.

③ 전환평가 영역의 예

직업	직업흥미, 직업능력, 적성, 직업 가치, 직업태도, 진로성숙도, 직업준비기술, 손기능, 작업환경, 직업훈련 등
중등 이후 교육	기초학습능력, 학습 스타일, 조정 전략, 평생학습 등
자립	자기인식, 자기결정, 자기옹호, 가정생활, 일상생활기술, 사회적 기술, 여가생활, 이동능력, 안전, 건강, 의사소통, 재정 및 돈 관리, 주거, 적응행동, 지역사회 참여 등

⑵ **전환평가는 전환계획 수립과정에 지속적으로 삽입되어 영향력을 미친다.**

전환평가는 일회성에 그치는 것이 아니라 연간 학교교육과정 안에서 지속적으로 이루어져야 한다.

⑶ **전환평가의 결과는 전환 목표, 중등 이후 목표의 작성과 직접적으로 연관된다.**

⑷ **전환평가는 장애학생에게 개별 접근해야 한다.**

장애학생마다 능력, 특성, 요구 등에 따라 필요한 전환평가의 유형이 다르기 때문에 전환평가 실시 전에 장애학생의 꿈, 선호, 강점, 관심사가 무엇인지를 파악하는 단계가 선행되어야 한다.

⑸ **장애학생과 가족 중심으로 전환평가를 실행해야 한다.**

장애학생과 가족이 전환평가 과정에 적극적으로 참여하는 것은 중요하므로, 장애학생은 자기이해, 자기표현, 의사결정과 같은 기술의 향상이 필요하고, 전환교육 교육과정에서는 관련 기술 증진 교육을 중시해야 한다.

02 전환평가의 유형

1. 형식적 전환평가와 비형식적 전환평가

⑴ **형식적 전환평가**(formal transition assessment)

① 장애학생의 성인기 전환에 관하여 객관적이고 표준화된 자료를 수집하는 것이다.

② 형식적 전환평가 도구들은 집단을 대상으로 하며 표준화 절차를 거쳤으므로, 개별 장애학생의 능력을 규준 참조 혹은 준거 참조의 자료와 비교할 수 있고 충분한 타당도 및 신뢰도를 보장한다.

③ 형식적 전환평가 도구에는 전환능력검사, 직업흥미검사, 적성검사, 작업표본검사 등이 있다.

더 알아보기

종합적인 전환평가도구
• 전환계획척도-3(TPI-3)
• 지역사회적응검사-2(CISA-2)
• 장애학생 진로·직업교육 성과지표검사
• 전환능력검사

진로탐색 관련 전환평가도구
• 국립특수교육원 발달장애인용 직업흥미검사(NISE-VISIT)
• 장애청소년 진로성숙도검사
• PVIT 그림직업흥미검사

직업준비에 관한 전환평가도구
• 직업기능스크리닝검사
• 직업기능탐색검사
• 취업준비체크리스트
• 직업준비검사 개정판

작업기능에 관한 전환평가도구
• KEAD 손기능작업표본검사
• KEAD 다차원 양손협응 작업표본검사

(2) 비형식적 전환평가(informal transition assessment)

① 장애학생의 전환 능력에 관한 세부적인 사항들을 세심하게 파악하는 데 도움이 된다.

② 비형식적 전환평가의 방법으로는 기록물, 면담, 관찰, 조사, 상황평가, 현장평가 등이 있다. 예 상황평가는 근무하게 될 직장과 유사한 장소에서 관찰을 통해 직무수행 태도, 능력, 행동뿐만 아니라 일상생활기능, 규칙준수, 직무관련 사회적 행동 등을 기록하는 과정이다. 현장평가는 실제 작업환경에서 직무능력을 평가하여 현장에서의 직무능력과 적응능력을 측정하여 직무배치 적합성을 파악하는 데 초점을 두는 과정이다.

③ 주로 학교에서 교사에 의해 활용되며, 부모나 관련 전문가에 의해 실행되기도 한다.

④ 비형식적 전환평가는 비용 측면에서 효과적인 편이고, 유동적으로 양식의 변경이 가능하다는 장점이 있다.

2. 개인에 관한 정보 수집 방법

(1) 전환능력검사(NISE-TEEMH)

① 전환능력검사는 장애학생의 성인기 전환에 관한 역량을 종합적으로 평가하는 표준화 검사도구이다.

② 이 검사는 장애학생의 현재 전환역량 수준을 파악하고, 이를 기반으로 전환 목표를 설정할 수 있도록 정보를 제공하며, 전환교육 교육과정의 계획 및 운영에도 유용한 정보를 제공한다. 또한 장애학생의 전환역량 향상 정도를 진단하고 점검하는 지표로 활용할 수 있고, 가족 등과의 상담을 위한 기초자료로 활용 가능하다.

③ 전환능력검사의 구성

㉠ 자립 : 가정, 학교, 직장 등 지역사회 구성원으로서 독립적이고 주도적으로 살아가는 데 필요한 역량이다.

㉡ 직업 : 자신에 대한 이해와 직업 세계에 대한 탐색을 바탕으로 자신에게 적합한 직업을 선택하고 직업인으로서의 생활을 유지하는 데 필요한 역량이다.

㉢ 계속교육 : 특수교육대상학생을 위한 교육으로 생애 전반에 걸쳐 원하는 교육을 받아 개인의 삶의 질을 향상할 수 있는 역량이다.

㉣ 공통 : 학교에서 지역사회로의 전환을 위하여 필요한 기본적인 역량이며 자립, 직업, 계속교육에서도 공통적으로 요구되는 역량이다.

영역		하위 영역	문항 수
Ⅰ. 자립	초등학교	자기관리, 가정생활, 건강, 돈 관리, 지역사회생활, 여가생활	34개
	중학교		39개
	고등학교		42개
Ⅱ. 직업	초등학교	직업인식, 직업기능, 직업생활	21개
	중학교	직업탐색, 직업기능, 직업생활	23개
	고등학교	직업준비, 직업기능, 직업생활	31개
Ⅲ. 계속교육	초등학교	기초교육, 중학교 준비교육	9개
	중학교	기초교육, 고등학교 준비교육	11개
	고등학교	기초교육, 평생교육, 대학 준비교육	17개
Ⅳ. 공통	초등학교	의사소통, 대인관계, 자기결정	21개
	중학교		25개
	고등학교		24개
계		초등학교 : 85개 문항, 중학교 : 98개 문항, 고등학교 : 114개 문항	

④ 검사실시

　　㉠ **검사자** : 학생의 특성에 대해 잘 알고 있는 특수교사가 직접 실시할 수도 있고, 관련 전문성을 가진 검사자가 교사가 부모를 면담하여 검사를 실시할 수도 있다.

　　㉡ **실시방법** : 검사자는 피검사자가 각 문항을 수행하는 비율, 제공해야 할 지원의 강도나 기간, 지원 방법 등을 종합적으로 고려하여 1~5의 척도 중에서 하나를 선택하여 표시한다.

척도	1. 전반적 지원	2. 확장적 지원	3. 제한적 지원	4. 간헐적 지원	5. 독립 수행
척도	양치를 하기 위해 고강도의 지원이 항상 필요함	양치를 하기 위해 중강도의 지원이 대부분의 기간 필요함	양치를 하기 위해 저강도의 지원이 일정 기간 필요함	스스로 양치를 할 수 있으나, 특정 상황이나 조건(예 칫솔이나 치약 교체)에서 모니터링이 필요함	스스로 양치를 함
척도 판단 기준					
수행 비율	15% 이하 수행	16~50% 수행	51~84% 수행	85~99% 수행	100% 수행
지원 강도	고강도	중강도	저강도	모니터링	지원 없음
지원 기간	연중 항상	6개월 이상 이지만 연중 항상은 아님	1주일 이상 이지만 6개월 이내	1주 이내	지원 없음
지원 방법	전반적인 신체적 지원	부분적인 신체적 지원	언어 혹은 그림 단서 제공	확인 절차 제공	지원 없음

⑤ **결과 해석**: 전환능력검사는 2024년부터 검사의 편의성과 효율성을 위해 국립특수교육원의 전환능력검사 웹사이트를 이용할 수 있으며, 웹 기반 형태로 전환능력검사를 실시한 후 자동으로 계산되어 작성된 결과보고서를 PDF 형태의 파일로 확인할 수 있다.

(2) 면접/질문지

① 학생, 가족 구성원, 이전 담임교사, 친구, 상담자 등 학생의 실제 생활에 밀접하게 관련되어 있는 사람들과의 면접이나 질문지를 통해 학생의 실제적인 정보를 파악할 수 있다.

② 질문지를 사용할 때는 작성하는 사람들이 내용을 잘 이해하고 답할 수 있도록 주의해야 한다.

(3) 교육과정 기반 직업평가(CBVA)

① 장애학생의 요구가 일반교육과정에 실질적으로 잘 맞지 않을 경우 CBVA로 전환한다. 즉, 현재 교과에서 학생들의 수행과정에 근거한 진로개발과 직업적 요구를 결정하기 위한 과정이다.

② 교사가 자신의 교육과정에 따라 개발하여 실시하는 수행 중심 절차이다.

(4) 흥미평가(관심목록) ❶ 13중등9

① 직업 흥미는 일반적인 흥미와 달리 여러 가지 직업 가운데 특정한 직장에 대해 호의적이고 수용적인 관심과 태도를 갖는 것을 말한다.

② 직업 흥미는 직업의 선택, 직업의 지속, 직업에서의 만족감, 직업에서의 성공 등과 관련이 있으며, 직장생활에서의 능률 및 직무 만족 등과 밀접하게 관련되어 있다.

더 알아보기 국립특수교육원 발달장애인용 직업흥미검사(NISE-VISIT, 2016)

• NISE-VISIT은 발달장애인의 직업흥미를 탐색할 수 있도록 그림으로 구성한 표준화된 검사이다.
• 검사 대상은 중학교 연령 이상의 발달장애인이며, 발달장애인의 진로탐색뿐만 아니라 전환계획의 수립 및 운영에도 유용한 정보를 제공한다.
• 이 검사는 4가지 유형으로 구성되어 있다.

도구 유형	문항 수	문항 내용
학생용 종합형	118	7개 직군, 21개 직종, 포장·운반·정리에 대한 흥미 정도와 직군과 직종에 대한 정보 제시
학생용 간편형	27	7개 직군에 대한 흥미 정도와 관련된 직군의 정보 제시
교사부모용 A형	105	7개 직군, 21개 직종, 포장·운반·정리에 대한 흥미 정도와 직군과 직종에 대한 정보 제시
교사부모용 B형	21	7개 직군에 대한 흥미 정도와 관련된 직군의 정보 제시

주: 1. *7개 직군: 제조, 청소, 음식, 농수산업, 사무 지원, 대인서비스, 예술 스포츠
    2. *21개 직종: 조립, 생산, 운송 판매, 실내외 청소, 세차, 세탁, 패스트푸드, 조리, 음료, 재배, 사육, 수산업, 사무 보조, 사서 보조, 우체국 보조, 유아 보조, 노인장애인 보조, 미용, 음악, 미술, 스포츠

─ 학생용 종합형: 직업흥미에 대한 전반적인 정보를 파악하기 위해 실시함
─ 학생용 간편형: 직업흥미에 대한 기본적인 정보를 파악하거나 종합형을 실시하기 어려운 경우에 실시함
─ 교사부모용 A형: 교사나 부모가 발달장애인의 직업흥미에 대한 전반적인 정보를 간접적으로 파악하고자 실시함
─ 교사부모용 B형: 교사나 부모가 발달장애인의 직업흥미에 대한 기본적인 정보를 간접적으로 파악하고자 실시함

(5) **작업표본평가**(work sample assessment) ❷ 18중등A13

① 작업표본평가는 실제 직무나 모의된 직무를 평가실에서 검사하는 것으로, 검사를 하기 위한 목적으로 실제 작업활동을 생산활동으로부터 분리해서 실시하는 것이다.

② 작업표본평가의 가치는 실제 상황에 최대한 맞추려 하고, 구체적인 작업활동을 포함하려고 한다는 점이다. 그리고 작업행동을 가능한 한 표준화된 형태로 표집한다.

③ 작업표본은 크게 4가지 유형으로 나눌 수 있다.

실제 직무표본	산업체에 있는 직무를 그대로 사용한다. **예** 산업현장의 장비, 과제, 원료, 비품, 절차, 규범 등
모의 작업표본	지역사회에 있는 하나 또는 그 이상의 직무를 모의하는 핵심이 되는 작업 요인 및 과제, 자료, 장비, 비품 등을 사용한다. 실제 직무표본과 모의 작업표본의 차이는 완벽하게 구별되기 어렵다.
단일 특성 표본	고립 특성 작업표본이라고도 하며, 단일 근로자 특성을 평가한다.
군특성 표본 ❶ 21중등A6	학생이 근무할 곳의 근로자 특성을 파악할 수 있도록 설계되어 다양한 직무 수행 잠재력을 평가하는 방법이다.

④ 작업표본의 장단점은 다음과 같다.

장점	단점
• 학생들에게 통제된 상황에서 여러 가지 직업을 탐색하고 시도해 볼 수 있는 기회를 제공한다. • 직업의 일부분을 학교나 교실로 옮겨 올 수 있게 한다. • 흥미나 태도 검사보다 더 실제적인 작업을 경험하게 함으로써 동기를 더 부여한다. • 흥미, 태도, 작업 습관을 포함한 다양한 특성을 평가할 수 있다.	• 인성적인 측면보다는 생산품의 질과 양을 강조한다. • 직무수행과 관련된 조건(환경)이 작업표본에 의해 충분히 나타낼 수 없기 때문에 흥미와 태도의 심층적인 면을 평가하는 데는 한계가 있다. • 작업표본을 활용하는 데 비용과 시간 소비가 많다. • 심리측정적인 면에서 특정한 작업수행을 예측하는 데 있어 확신이 부족하다.

기출 POINT 3

❶ 21중등A6

(나)의 ⓒ이 의미하는 전환평가의 명칭을 쓰고 ⓒ의 한 형태인 ⓒ의 명칭을 쓰시오.

(나) 대화

> 김 교사: 학생들의 세탁 보조에 대한 직무평가를 어떤 방법으로 해야 할지 고민입니다.
> 박 교사: 우리 학교의 직업교육실을 실제 세탁 직무를 수행하는 장소와 유사하게 꾸며서 평가하면 좋을 것 같습니다. 작업 과제나 재료, 도구도 실제 세탁 직무 ⓒ에서 사용하는 것과 유사한 것을 활용한다면, 학생들이 더욱 실제적인 작업을 경험하게 되니 작업 동기도 향상될 수 있습니다.
> 김 교사: 학교에서 활용할 수 있는 전환평가 방법일 것 같군요. 그렇다면 전환평가 방법 중 ⓒ 학생이 근무할 곳의 근로자 특성을 파악하도록 설계되어 다양한 직무수행 잠재력을 평가하는 방법도 있겠군요.

❷ 18중등A13

ⓒ의 내용에 근거하여 ㉠에 들어갈 평가의 명칭을 쓰시오.

> 김 교사: 맞춤형 직업체험 활동을 진행하기 위해서는 먼저 학생 개개인을 대상으로 직업 흥미와 적성 등을 분석해야 하고, 분석을 위한 평가 방법으로는 심리검사 및 (㉠), 상황평가, 현장평가 등이 있습니다.
> 최 교사: 그렇군요. 저도 우리 학생들에게 ⓒ 실제 작업에 쓰이고 있는 재료, 도구, 기계, 공정을 작업 과제로 추출하고, 그 과제에 대한 작업 공정 중 핵심적인 목록을 평가도구로 하여 작업 결과를 질적, 양적으로 평가하고 있습니다. 이때 평가실에서 실제 직무나 모의 직무를 평가한답니다.

(6) **상황평가**(situational assessment)

① 상황평가는 근무하게 될 직장과 유사한 장소에서 관찰을 통해 직무수행 태도, 능력, 행동뿐만 아니라 일상생활기능, 규칙 준수, 직무 관련 사회적 행동 등을 기록하는 평가이다.

> 예 교내 취업이나 졸업 이후, 지역사회에서 학생을 전문가가 직접 보고 평가하는 것

② 상황평가의 목적은 주로 학생의 특정한 일이나 지역사회 상황에서의 일반적인 작업 행동과 적응에 대한 관찰과 기록 그리고 해석을 하기 위함이다.

③ 상황평가는 작업표본 평가와 전통적인 심리검사의 결과를 검증하는 기능을 갖는다.

④ 상황평가의 장단점은 다음과 같다.

장점	단점
• 작업표본에 비해 평가환경이 실제 산업현장과 유사하다. 생산성이 기준에 합당한 내담자에게 임금이 지급되며, 정규 근로시간을 지키며, 실제 작업현장에서 나타나는 것과 유사한 대인관계를 경험할 수 있다. • 내담자가 인간관계나 과업에 적응해 나가는 방식을 관찰함으로써 직업과 사회성 기술 문제를 발견하고 수정할 수 있다. • 내담자가 근로자로서의 역할을 학습할 수 있다. • 표준화된 심리검사나 작업표본평가에서 보다 다양한 직업행동을 평가할 수 있다. • 현장평가에 비해 비용이 적게 들며 많은 장비가 필요하지 않다.	• 평가 장소를 찾기 어려우며, 조립, 포장과 같은 보호작업장의 단순한 비숙련 직무는 실제 산업현장 직무와 차이가 있어 지역사회 배치 가능성을 알기 어렵다. • 보호작업장 교사의 관대한 평가로 인해 내담자에게 실제 산업현장 근로자 기준을 적용시키지 않음으로써 개인차를 판별하기 어려울 수 있다. • 평가결과가 객관화된 수치로 표현되기 어려운 행동관찰에 기초하기 때문에 평가자의 주관과 편견이 개입되어 신뢰도의 문제가 제기될 수 있다. • 평가자의 관찰에만 의존하기 때문에 고도의 훈련과 경험을 가진 평가자가 필요하다. • 많은 시간이 소요된다.

기출 POINT 4

❶ 25중등A3
[A]가 의미하는 직업평가의 유형을 쓰시오.

> 특수 교사 A: 다음 주에 학생 K를 위해 직업 평가를 실시한다고 들었는데, 구체적으로 어떻게 하나요?
> 특수 교사 B: 실제 작업장에서 학생 K가 직무를 수행하는 동안 고용자 혹은 감독자가 평가를 진행한다고 해요. 이렇게 하면, 학생 K는 작업장을 [A] 직접 경험할 수 있고, 작업장에서 발생할 수 있는 문제점도 찾아서 미리 개선할 수 있을 거예요.

❷ 21중등A6
작업표본평가와 직무현장평가의 차이점 1가지를 장소 측면에서 비교하여 서술하시오.

(7) **직무현장평가**(on the job evaluation)

① 직무현장평가는 실제 직무현장에서 평가 대상 장애인이 직무를 수행하는 동안 고용자나 직무감독자가 수행하는 평가 방법이다. ❶ 25중등A3, ❷ 21중등A6

② 직무현장평가는 실제 작업환경에서 직무능력을 평가하여 현장에서의 직무능력과 적응력을 측정해 직무배치 적합성을 파악하는 데 초점을 두는 과정이다.

③ 직무현장평가는 평가자가 현장에서 직접 평가한다는 점에서 상황평가와 유사하다. 그러나 상황평가는 평가자가 작업영역에서 개인의 시간, 의무, 책임뿐만 아니라 물리적 요구 및 환경 특성까지도 조절할 수 있는 융통성을 가지고 있다. 이에 비해 직무현장평가는 개인을 경쟁적인 작업환경에 배치하고 작업환경이나 유형을 거의 바꾸지 않은 상태에서 개인의 성공적인 작업 수행과 유지를 평가하며, 그 업체의 생산 요구를 충족시킬 수 있길 원한다.

④ 현장평가는 이전의 평가결과를 토대로 평가의 마지막 단계에서 실행되는 것이 적합하며, 현장평가만을 계획하는 것은 내담자, 고용주, 평가자 모두에게 시간 낭비이며 부정적 경험을 제공할 가능성이 있다. 따라서 내담자의 적성, 흥미 영역을 심리검사나 상황평가를 통해 파악하여 고용 가능성이 높은 특정 직업분야에 배치하여 현장평가를 하는 것이 효율적이다.

⑤ 직무현장평가의 장단점은 다음과 같다.

장점	단점
• 정규 근로자와 비교할 수 있는 실제 작업환경에서 평가한다. • 정규 근로시간, 정규 근로자, 자신의 흥미 분야의 직무과업이 제공되는 경쟁고용 형태의 작업장에서의 직무수행을 통해 자신을 평가할 기회를 갖는다. • 해당 직종이 요구하는 능력의 정확한 평가와 관찰이 가능하다. • 훈련과 평가가 동시에 이루어지므로 기능 일반화가 어려운 내담자도 평가를 통해 훈련될 수 있다. • 내담자의 실제 작업능력에 대한 감독자의 긍정적 평가는 유사한 직무에의 직업배치 가능성을 제시한다.	• 어떤 현장평가 장소의 경우, 임금이 지불되지 않기 때문에 실제 작업환경과 차이가 있다. • 실제 현장을 현장평가의 장소로 이용하기 때문에 장소 선정이 어렵다. • 작업상황이 복잡할 경우 능력과 적성에 대한 효과적인 구분이 어렵다. • 평가할 수 있는 인원이 제한적이며 평가에 많은 시간이 소요되어 경제적 측면에서 비효율적이다.

3. 환경에 대한 정보 수집 방법

(1) 환경분석(environmental analysis)

① 환경분석을 위해 담당자가 직무현장을 방문하여 작업현장의 환경적 특성에 대한 정보를 얻을 수 있다. 예를 들어, 주변의 교통 상황, 주차 조건, 조명, 소음 수준, 기온, 냄새, 안정성 문제, 직원들의 상호 관계와 정도 그리고 분위기, 과제분석이 필요한 중요 기술 등이다. 또한 환경분석을 통해 적절한 훈련 목적과 교수전략을 설정할 수 있게 해준다.

② 환경분석은 작업환경 내에서 학생을 자연스럽게 지원할 수 있는 방법의 유무를 확인할 수 있다. 예를 들면, 작업장 내의 동료가 도와줄 수도 있고, 다른 관련 직원이 학생의 훈련에 도움을 줄 수도 있다.

(2) **직무분석**(job analysis)

① 직무분석은 어떤 직무의 특성을 과학적이고 체계적으로 분석하는 활동으로, 학생이 참여하게 될 각 작업현장에서 어떤 고용 준비활동을 해야 하는지를 알 수 있게 한다.
❶ 13중등9

② 직무분석은 직무를 구성하고 있는 일의 전체와 그 직무를 수행하기 위해 요구되는 경험, 기능, 지식, 능력, 책임 및 그 직무와 구별되는 요인을 각각 명확하게 밝혀 기술하는 수단이다.

③ 직무분석 시 적합성 분석(compatibility analysis)을 통해 개인 작업자와 특정 직무 관계(좋아하고 싫어하는 일/일정/장점)에서 잘 어울리는 부분과 잘 어울리지 않는 부분들에 대해 분석하여 개인에게 잘 어울리는 직무를 하게 되면 적응 가능성이 높아진다.
❷ 10중등22

④ 직무 과제분석(job task analysis)은 교수계획을 보다 적절하게 하기 위해 큰 과제를 일련의 작은 단계로 나누는 것으로, 특정한 과제나 직무를 성공적으로 완성하기 위한 개별 내용, 행동 혹은 필요한 단계를 문서로 작성하는 것이다.

⑤ 직무분석의 단계는 다음과 같다.

1. 개인의 반응 확인	• 주어진 각 작업을 완수하기 위해 개인이 어떻게 반응해야 할지 확인한다. • 이 반응들은 관찰 가능하고 측정 가능해야 한다.
2. 환경적 단서 확인	• 과제의 완성에 영향을 미치는 환경적 단서들을 확인한다. • 이 단서들은 개인이 특정 과제를 수행하도록 하거나 수행할 과제의 특정 부분을 수행하도록 알려준다.
3. 작업의 속도 확인	• 작업의 속도에 관한 사항으로, 어떤 과제를 완성하는 데 요구되는 평균 시간이나 주어진 시간 동안 수행하는 과제의 수를 확인한다. • 작업 속도가 얼마나 중요한 요구사항인지 사업주에게 확인한다.
4. 작업의 질적 요구조건 확인	• 각 작업에 대한 질적인 요구조건을 확인한다. • 같은 일을 하는 동료 작업자들과 이야기해 봄으로써 감독자가 기대하는 정확도를 비교 검토한다.
5. 예외사항 확인	• 일상적인 일과가 아닌 예외사항을 확인한다. • 이러한 예외사항에는 일상적인 작업 공정에서 변화가 있거나 일과 도중에 발생하는 예기치 않은 상황들이 포함된다.

03 전환교수와 전략

1. 전환교수의 전제 조건

(1) 전환 목표의 IEP 통합

① 전환계획의 목표는 궁극적으로 학교 이후 성과에 관한 것이면서 장애학생 개인을 위해 설계된 개별화교육계획의 주요 구성요소와 내용들을 반영하는 것이어야 한다.

② 즉, 전환의 교수 목적은 개별화교육 목적에 서술된 지식과 기술이 연관되어야 한다. 졸업 이후 상황에서 필요로 하는 지원과 서비스에서도 이들 목적들의 연관성이 강조되어야 한다.

(2) 통합 환경 교수

장애학생 전환교육은 교육을 통해 장애학생이 사회의 한 구성원으로서 역할을 하도록 준비하는 과정이다. 따라서 현재와 졸업 이후 통합된 사회의 구성원으로서 역할을 하게 하는 교육으로 이루어져야 한다.

(3) 결과-중심 과정

장애학생이 학교 졸업 이후 상황에 적응하게 될 활동들을 지원하는 교수 내용이어야 한다. 이를 통해 학생이 책임 있는 성인으로서 성장하게 될 지식과 기술을 개발할 수 있게 학교 수업의 주된 내용이 될 수 있도록 해야 한다.

(4) 협력적 활동

전환교수는 관련 인사들의 협력적 활동으로 수행되어야 한다. 이를 위해 전환의 교수내용을 계열성과 위계성 있게 잘 조직해야 한다.

(5) 학생의 요구와 선호, 흥미

전환교수에서 학습 주제나 활동들은 학생 중심적이어야 한다. 이러한 주제나 활동들이 학생과 관련이 깊고, 실제적인 내용이라면 동기를 유발할 뿐만 아니라, 성공적인 성인생활을 기대할 수 있기 때문이다.

2. 작업 경험 기회(교내 학교 중심의 작업 경험)

현장학습	• 가장 단기간에 이루어지며 작업 경험 정도가 약한 것으로 현장 견학이나 산업체를 관찰 방문하는 작업 경험 유형이다. • 교사가 주로 학급 학생을 인솔하여 수행하며 학급 단위 혹은 학년이나 전교생이 교육과정과 연계하여 수행하기도 한다.
프로젝트 과정	• 작업장에서 학생으로 하여금 작업 경험을 하게 하는 유형이다. 특정 과목과 관련하여 직업현장과 연계하여 직접 참여하게 한다. • 프로젝트 과정은 지역사회의 필요, 봉사와 훌륭한 시민정신을 가르친다는 의미에서 서비스 학습이라는 용어로도 사용된다. 예 관심 영역의 현장에서 면접을 실시하거나 졸업이 가까운 학생이라면 실제로 업체에 출근하여 감독이나 멘토의 도움으로 작업 경험을 하고 이를 학점과 연계할 수 있다.
참여 실습	• 참여 실습은 작업 과제, 작업 과정, 특정 직장인의 작업장 등을 학습하기 위해 업체를 방문하는 과정으로, 보통 1~2일 과정으로 5일을 넘지 않게 구성한다. • 주된 목적은 고용인 가까이에서 작업 과제를 수행하고 도와주면서 작업 과정을 관찰하는 것이다.
교내 기업 ❶ 24중등B1	• 교내 기업은 학교 내 제품 생산이나 판매를 위한 서비스 시설을 갖추고 학생 및 교직원들이 이용하는 활동이다. • 교내 기업을 통해 일, 소비자와의 상호작용 경험을 갖게 한다. 또한 교내 기업을 통해 교과 수업과 별도로 혹은 연계하여 직업 교육과 직업 준비를 강조할 수 있다. • 운영 유형은 지역 업체 연계 사업, 서비스 분야, 공장 제품 등에 따라 다양하게 운영되지만 교내 식당, 교내 매점, 우체국, 은행, 방송국, 출판 편집사, 건강 센터 등이 운영된다.
진로 캠프 프로그램	• 진로 캠프 프로그램은 단기간의 집단 프로젝트로 구성된다. • 방학을 활용하여 진로 캠프, 문제해결 경험 캠프 등 장애 특성과 연령에 맞게 수정된 프로그램이 적용된다.
도제 제도와 인턴십	• 특정 직업에 관심을 가진 학생을 한 학기 방과 후에 지정된 지역 업체에 등록하여 일할 기회를 제공한다. • 도제 제도는 기본적으로 학교에서 배우는 수업과 직업과의 연계를 중시하고, 자격증을 받을 수 있도록 하는 반면, 인턴십 과정은 특정 고용주와 연계를 강조한다. 또한 도제 제도는 5년 이상 장기간의 배치와 급여를 받는 반면, 인턴십 제도는 제한된 기간인 한두 학기에 이루어지고 무보수로 근무하게 된다. • 도제 제도와 인턴십은 재학 중 작업 경험을 할 수 있는 대안적 제도이다. 가장 일반적으로 오전 수업을 하고 오후에 이들 프로그램을 적용하는 교과와 통합한 운영방법을 선호한다.

기출 POINT 6

❶ 24중등B1

괄호 안의 ㉠에 해당하는 명칭을 쓰시오.

특수교사: 안녕하세요? 학생 A에게 적절한 현장 실습 장소가 있어서 연락드렸습니다. 운동화 세탁을 주로 하는 특수학교 (㉠) '☆☆클리닝'입니다. (㉠)은/는 교육과정과 연계하여 학생들의 현장 실습에 활용되고, 일반 사업장과 유사한 형태의 매장을 운영하기도 합니다.

협력 교육	• 협력 교육은 교육과정 범위 내에서 교과 수업 중에 그리고 작업 경험을 대안적으로 제공한다는 점에서 인턴십 제도와 비슷하다. • 그러나 협력 교수는 일정한 연구 기간을 거쳐 전 학기 동안, 전일제로 완전 고용 형태로 운영된다는 점에서 구별된다. • 또한 협력 교육의 성공은 학생을 가르치고 자문하는 멘토, 기술자, 교사, 안내자와 학생과의 개인적인 협력에 달려 있다.
노작 혹은 시간제 직업 배치	• 이 단계에서는 방과 후, 주말, 하계 취업, 졸업 후 완전 취업 등의 계획이 이루어진다. • 학교에서는 전문 직무 개발을 위한 직무 배치 직원이 이 역할을 담당하고, 상담 관련 인사가 학교와 직업현장 간의 교육 일정을 조정한다.
기술-준비	• 기술-준비 학습은 교과와 직업 기술을 개발하고, 학교와 졸업 이후 훈련과의 연계를 원활하게 하기 위해 마련되었다. • 중등학교 졸업을 2년 정도 남겨두고 구체적인 직업 분야에 자격증 과정을 이수할 수 있도록 수학, 과학, 의사소통, 기술 교과를 도제 프로그램 중심으로 구성하여 운영한다. • 기술-준비 학습은 학생들로 하여금 재학 중에 직업 훈련 기회를 갖게 하고, 교과와 직업에 대한 일련의 과정을 자연스럽게 연계할 수 있다.
진로 교과 (career academy)	• 진로 교과는 특정 직업현장과 연계되고 졸업자격이나 졸업 후 진학교육과 연계된 직업과 교과 수업에 대한 포괄적인 교육과정을 의미한다. • 전체 프로그램이 특정한 진로를 강조하는 내용으로 구성되기 때문에 교과 내용이 학생의 작업 경험과 매우 밀접하다.

전환의 결과 : 고용

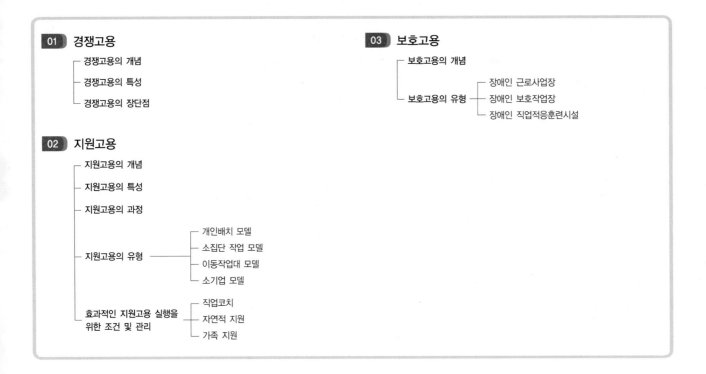

01 경쟁고용
- 경쟁고용의 개념
- 경쟁고용의 특성
- 경쟁고용의 장단점

02 지원고용
- 지원고용의 개념
- 지원고용의 특성
- 지원고용의 과정
- 지원고용의 유형
  - 개인배치 모델
  - 소집단 작업 모델
  - 이동작업대 모델
  - 소기업 모델
- 효과적인 지원고용 실행을 위한 조건 및 관리
  - 직업코치
  - 자연적 지원
  - 가족 지원

03 보호고용
- 보호고용의 개념
- 보호고용의 유형
  - 장애인 근로사업장
  - 장애인 보호작업장
  - 장애인 직업적응훈련시설

01 경쟁고용

1. 경쟁고용의 개념

경쟁고용은 '자율 노동시장에서 일반인과 같은 경쟁을 통해 임금을 받고 부과되는 책임을 지며 전일제 혹은 시간제로 일하는 것'으로 정의된다.

2. 경쟁고용의 특성

① 경쟁고용은 비장애 동료들과 함께 통합된 환경에서 일한다.

② 경쟁고용은 비장애인들이 받는 임금과 같은 혜택을 받으며 최저임금 이상의 보수를 받고 일한다.

③ 경쟁고용은 배치 전이나 초기에만 집중적인 지원 서비스를 받으며, 개인은 작업과 관련하여 생산성을 높이기 위한 기술, 대인관계, 작업 관련 기술을 독립적으로 익히고 수행할 수 있어야 한다. 경쟁고용과 지원고용의 중요한 차이점은 경쟁고용은 지원 기간이 일시적으로 제한되고, 개인이 취업을 하고 나면 서비스가 중지된다는 점이다.

16중등B7

3. 경쟁고용의 장단점

① 경쟁고용은 다른 취업의 유형에 비해 장애인이 사회에 가장 잘 통합될 수 있으며, 보수도 가장 높은 편이다. 또한 보다 안정적인 직업에 종사할 수 있고, 작업 여건이 좋은 직종에 취업할 가능성도 높다.

② 경쟁고용을 위해서는 장애인이 특정한 기능이나 기술을 보유하고 비장애 근로자와 경쟁할 수 있는 능력을 갖추어야 하며, 장애인의 취업 가능성과 작업 능력에 대한 고용주나 직장동료들의 인식도 보다 적극적으로 전환되어야 한다.

02 지원고용

1. 지원고용의 개념

지원고용이란 '경쟁적 고용이 불가능한 상태에 있거나, 혹은 심한 장애로 인하여 고용이 때때로 중단되거나 방해를 받게 되는 중증장애인을 대상으로, 통합된 작업장에서 계속적인 지원 서비스를 제공함으로써 이루어지는 경쟁적 작업'으로 정의하고 있다.

2. 지원고용의 특성 ❶ 16중등B7, ❷ 10중등22

① 대부분의 직업동료가 비장애인으로 구성된 통합된 작업장에서 일한다.

② 지원고용 대상자가 고용을 성공적으로 지속할 수 있도록 하는 데 필요한 작업장 내혹은 작업장 바깥에서의 지속적인 지원 서비스가 제공된다.

③ 최저임금에 기준하여 급여나 기타 보상을 받을 수 있는 경쟁적 작업에 참여한다.

기출 POINT 1

❶ 16중등B7

ⓛ과 ⓒ이 갖는 공통점 2가지와 차이점 1가지를 설명하시오.

> 특수교사 : 여러분의 의견을 들어보니 준하는 졸업 후 ⓛ 지원고용이나 ⓒ 경쟁고용을 고려해 보는 것이 더 좋겠네요.

❷ 10중등22

장애학생의 졸업 후 취업 방안으로 '지원고용'을 고려할 때, 이를 실시하는 방법에 대한 설명으로 옳은 것을 〈보기〉에서 모두 고른 것은?

> 〈보기〉
> ⓛ 직업 현장에 배치되기 전에 그 직업에 대한 기술 훈련을 집중적으로 실시한다.
> ⓒ 직업적응을 위해 직업 현장에서의 조정은 최소로 이루어지게 한다.

3. 지원고용의 과정

1. 작업 배치	• 직업에서 요구되는 조건과 작업자의 능력 간의 대응 • 교통수단 이용능력, 사회적 보호능력 및 대인관계 기술 등 • 지역사회 내의 직업조사 • 작업환경과 사회적 환경 모두에 관한 직업적 분석 • 직업영역에서 요구되는 작업자의 적응행동 및 직업적 기술 수행 능력 평가 • 작업자가 표현하는 직업적 흥미 고려 • 작업자의 교통수단의 필요성 및 생활환경 조성 등에 대한 고려

⬇

2. 직업현장훈련 및 옹호	작업자에게 그 작업을 수행하는 데 필요한 기술을 작업현장에서 가르치고 그들의 이익을 위해 교수하는 것이다.

⬇

3. 지속적 평가	직업코치와 배치기관은 직업상 혹은 지역사회 내에서의 작업자의 수행 정도를 계속 관찰할 필요가 있다. 지속적인 평가는 고용주, 작업동료, 부모나 보호자로부터 정보의 수집 및 분석, 작업과 행동의 직접적인 측정을 통해 이루어진다.

⬇

4. 사후지도	지속적인 사후지도 서비스를 제공하는 목적은 잠재되어 있는 문제들을 초기에 예견 및 진단하고 그것이 심각해지기 전에 중재하는 데 있다.

더알아보기 전통적 접근 vs 지원고용 접근

기준	전통적 접근	지원고용 접근
기본 접근	선훈련 후배치	선배치 후훈련
과정	전이나 일반화가 어려움	직무를 수행해야 할 특정 상황에서 학습된 행동은 다른 상황으로 전이됨
중재 유형	치료활동, 일상활동, 작업활동	과제분석, 실제 작업환경 내에서 개인별, 작업별 특수훈련을 함
지원·지도·감독	개인의 필요와 욕구보다는 프로그램의 규모나 규정의 정도에 따라 결정됨	훈련 초기에는 집중적인 훈련을 하고 시간이 경과함에 따라 지원의 양을 줄여 나감. 훈련의 양은 개인의 필요에 따라 정해짐
진단 및 평가	학습이나 훈련이 이루어지기 전에 개인에 대한 평가가 일반적으로 실시됨	훈련 시작 전과 훈련 과정에서 구체적인 직무 수행 가능성이 개인과 환경 차원에서 진단 및 평가됨
프로그램 유형	일상활동, 작업활동, 보호고용	개별배치, 이동작업대, 전환작업, 소기업
비장애인과 통합 기회	통합이 제한적이거나 주류사회와 분리	통합이 강조되며 지역사회에 중심을 둔 프로그램에 많이 참가함
작업과 관련된 기능	전제조건으로, 작업 과정에서 크게 강조되지 않음	작업환경에서 작업기능이 지도되고 강조됨
임금	임금 수준이 낮고 임금 인상의 기회가 제한됨	경쟁적 임금 체제 또는 작업 결과에 따라 비교적 높은 수준의 임금을 받음

4. 지원고용의 유형

(1) 개인배치 모델(individual placement model)

① 개인배치 모델의 가장 큰 특징은 직업코치가 하나의 작업장에 장애인과 일대일로 배치되어 전반적인 훈련을 실시한다는 점이다. 즉, 직업코치가 지역사회의 작업장에 한 명 단위로 작업자를 배치하고 훈련을 시키며, 그 사람이 그 직업을 계속 유지하기 위해 필요한 훈련과 사후지도 서비스를 제공한다.

② 직업코치는 배치와 훈련 및 추수지도 등 작업 전반에 대해 관리하고 지원을 하면서 지원의 강도와 횟수 등을 점차 줄여나간다.

③ 개인배치 모델의 장단점은 다음과 같다. ❶ 22중등A8, ❷ 13추가중등A7

장점	단점
한 명의 직업코치가 한 명의 작업자에게 집중적인 개별 서비스를 제공한다.	• 전적으로 직업코치에게만 의존하기 때문에 프로그램의 효율성이 한 사람의 역량에 의해 좌우될 수 있다. • 시간과 경비에서 비경제적 측면이 있다.

기출 POINT 2

❶ 22중등A8
밑줄 친 ⓐ의 지원고용 유형을 쓰고, 이 유형의 단점을 1가지 서술하시오.

> 인근 도서관에서 내년에 졸업할 우리 학교 학생 중 1명을 고용하고, ⓐ 직무지도원 1명이 그 학생을 전담하여 전반적인 훈련과 직업 적응을 지원하기로 했습니다.

❷ 13추가중등A7
ⓒ에 해당하는 지원고용의 유형을 쓰고, 그 유형의 장점을 1가지만 쓰시오

> ⓒ 영수의 직업담당교사는 인근 복지관의 직원과 협력하여 영수가 개별적으로 지역사회 사업체에 배치되도록 지도하였음. 배치 후에도 계속적인 훈련과 지원을 하여 현재까지 고용상태를 유지하고 있음

(2) 소집단 작업 모델(work enclave model)

① 소집단 작업 모델은 지역에 있는 기업 내에서 일하는 특별한 작업 집단으로, 보통 3~8명의 장애인을 집단으로 배치한다. ❶ 25중등A3

② 이 모델은 최상의 작업라인에서 바로 작업하기에 어려움이 있어 지원을 더 필요로 하는 중증장애인을 대상으로 실시한다.

③ 소집단 내의 작업자들은 회사의 다른 작업자들과 동일한 임금, 근로 시간, 휴가, 상여금 등을 받게 된다.

④ 소집단 작업 모델의 장단점은 다음과 같다.

장점	단점
• 개별배치 모델보다 더 장기적인 지원을 제공할 수 있고, 지역사회 내의 특정 직업에 적응하지 못하는 사람에게도 고용 기회를 줄 수 있다. • 감독자 한 사람이 여러 장애인을 동시에 취업시킬 수 있다.	소집단의 형태로 구성되므로 개별배치의 경우보다 통합의 질이 떨어진다.

(3) 이동작업대 모델(mobile work crew model)

① 이동작업대 모델은 취업을 원하는 장애인들에게 소집단으로 고용될 수 있는 기회를 제공한다는 점에서는 소집단 작업 모델과 유사하지만, 구체적인 계약 내용에 따라 사업장을 이동하면서 일을 해야 한다는 점에서 차이가 있다.

② 이동작업대 모델은 기업체가 적은 중소도시나 농어촌에 적합한 형태로서 감독 1명이 3~8명의 근로자를 담당하는 집단 지원고용 형태로, 청소, 집 관리, 농장일 등의 업무를 장·단기 계약에 따라 수행하는 방식이다.

③ 이동작업대 모델의 장단점은 다음과 같다.

장점	단점
• 지역의 여러 곳을 이동해 다니기 때문에 자연스럽게 통합의 기회가 주어진다. • 지역주민에게 장애인들의 직업적 잠재능력을 보여줄 수 있다.	• 통합의 가치에 주의를 기울이지 않는 경향이 있고, 일반 근로자와 접촉의 기회가 거의 없다. • 일반적으로 이동작업단의 모든 근로자의 생산성이 총생산성의 수준에 이르지 못하기 때문에 초과 비용이 들고, 많은 감독이 필요하며, 공공기금을 사용해야 한다는 단점이 있다.

(4) 소기업 모델(small business model)

① 이 모델은 비장애인과 장애인이 함께 고용되어 영리를 목적으로 운영되는 방식이다.

② 사업을 통해 수익을 창출하고 직원들에게 임금을 지급하는 일반기업과 같이 운영된다.

③ 소기업 모델의 장단점은 다음과 같다.

장점	단점
소기업 모델은 심한 장애를 가진 중증장애인들도 생산적인 활동을 할 수 있고, 사회에 기여할 수 있다는 것을 지역사회에 보여줌으로써 장애에 대한 편견을 완화하는 데 기여할 수 있다.	작은 규모의 보호작업장과 같은 방식이 될 수 있어서 사회적 통합의 기회가 줄어들 수 있다.

5. 효과적인 지원고용 실행을 위한 조건 및 관리

(1) 직업코치(job coach)

① 실제 작업현장에서 지원고용 장애인에게 직업훈련을 직접 제공할 뿐만 아니라, 가장 먼저 지원고용 장애인에게 지원과 도움을 제공하는 역할을 한다.

② 직업코치의 문제점은 다음과 같다.

ㄱ 직업코치가 있다는 것은 자연적인 작업환경에 방해가 될 수 있다.

ㄴ 지원고용 장애인은 직업코치가 있을 때에는 일상과 다르게 일할 수 있다.

ㄷ 직업코치가 있다는 것은 같은 지원고용 동료나 비장애 동료들과의 상호작용을 감소시킬 수 있다.

ㄹ 직업코치가 변화하는 작업환경의 요구에 항상 민감하기는 어려우며, 또한 이러한 변화에 부합되는 지원과 훈련을 지속적으로 제공하기 어렵다.

ㅁ 직업코치가 작업현장에 와서 지원과 훈련을 제공하는 데 드는 비용이 비싸고, 또한 작업현장에 있는 동료직원을 통해 일상적인 상황에서 자연적으로 하는 것보다 그 효율성이 낮을 수 있다.

ㅂ 직업코치가 있음으로써 장애 고용인으로 인해 발생하는 문제에 대해 고용주나 동료직원들이 자연적인 방안으로 해결하려는 시도를 하지 않게 될 수 있다.

ㅅ 지원고용 방안을 직업코치에게 너무 의존하게 되어, 지원고용 장애인이 직장에서 문제를 해결하는 방안을 배우거나 자기 자신이 책임지는 것을 방해할 수 있다.

(2) 자연적 지원(natural support) ❷ 19중등A5, ❸ 10중등22

① 자연적 지원이란 작업장에서 어떤 사람에게나 제공될 수 있는 작업장 내의 지원을 의미한다. 반면 인위적 지원은 기술적인 접근일 뿐만 아니라 탈맥락적이어서 작업장에서 발생하는 상황에 대한 실제적인 문제해결력을 길러주지 못한다.

② 장애인이 통합고용 환경에서 근무할 경우, 직업 코치에게서 인위적인(비자연적인) 지원을 받는 것이 아니라 작업 중에 동료 근로자에게서 자연스럽게 받게 되는 개인적 지원, 직업적 지원, 사회적 지원 등을 의미한다.

③ 자연적 지원을 적절히 활용하기 위해 다음과 같은 점을 고려해야 한다.
  ㉠ 자연적 네트워크와 자원이 제공되는 주요 목적은 지역사회 통합과 개인의 삶의 질 향상에 있다.
  ㉡ 지원은 평생 필요할 수도 있고, 삶의 과정에서 지원이 필요한 정도에서 차이가 날 수 있다.
  ㉢ 어떤 전제나 요구 조건 없이 최적의 자연적 지원을 최대로 제공하는 데 목표를 둘 필요가 있다.

④ 고용 환경뿐만 아니라 지역사회를 통합하기 위해 자연적 지원이 중요하나 장애인의 개별적 요구에 따라 외부의 구조화된 지원 또한 함께 고려할 필요가 있다.

⑤ 자연적 지원의 활용은 다음과 같다.
  ㉠ 고용주나 감독자는 현장에서 직접 장애인들에게 훈련을 할 수 있는 가장 훌륭한 지원자들이다. 직업이 너무 다양하고 세분화되었기 때문에 확장된 직업훈련이 요구되는 상황에서 이들 고용주나 감독자들의 활용은 매우 적절하다. 이들은 직장에서 장애인들에게 발생하는 어려움을 조정해 주는 자원으로 볼 수 있다.
  ㉡ 직장동료의 활용이다. 직장동료는 작업장에서 장애인들을 위한 관찰과 옹호, 다른 직원에 대한 교육 역할을 할 수 있다. 또한 직업코치의 전략을 촉진하거나 직업코치와 공동으로 전략을 수행하는 역할을 할 수 있을 것이다.

🏳 **동료 근로자가 제공할 수 있는 자연적 지원의 내용(박희찬, 2016)** ❶ 25중등A10

지원	내용
조직적 지원	• 필요한 재료들을 찾기 쉬운 장소에서 제공하기(직무 순서 조정하기) • 이동을 고려하여 직무 배치하기(필요할 때 적절한 업무 찾아 주기) • 필요한 장비 제공하기(위험요인에 대해 미리 설명하기) • 훈련 일정에 대해 안내하기
물리적 지원	• 사용하는 도구 수정하기(일이 없을 때 쉴 수 있는 공간 제공하기) • 보조공학 도구 사용하기
사회적 지원	• 쉬는 시간에 이야기 나누기(간식 함께 먹기) • 실수를 했을 때 위로해 주기(작업장에서 지켜야 할 규칙 설명하기) • 같이 일하는 직원 소개해 주기(의사소통 시작행동 먼저하기)
훈련적 지원	수행방법에 대한 모델 제공하기(이해하지 못하는 것에 대해 설명하기)

(3) 가족 지원(assisting families)

① 가족은 작업자에 대해 기본적인 많은 정보를 가지고 있고, 작업자와 관련된 요구를 누구보다도 잘 알고 있다. 가족 지원의 활용은 지원고용 서비스를 보다 더 효율적으로 제공하는 수단이 된다.

② 가족 지원의 활용은 다음과 같다.

  ㉠ 부모, 형제, 기타 가족 구성원들이 지원고용의 진행 절차에 중요한 참여자로 역할을 해야 한다.

  ㉡ 가족과 전문가로 이루어진 팀으로 협력적 작업을 수행할 수 있다.

03 보호고용

1. 보호고용의 개념 ❶ 24중등B1, ❷ 19중등A5

① 보호고용은 일반 직장의 작업조건하에서 일하기 어려운 사람에게 특별한 작업환경을 마련해 주고 그 환경에서 근무하면서 보수를 받을 수 있도록 배려한 고용의 형태이다 (특수교육학 용어사전, 2018).

② 보호고용에는 장애인이 작업할 수 있는 시설이나 장비, 환경에 대한 배려가 있다.

③ 보호고용의 목적은 장애인을 직업과 관련된 구체적인 기술을 훈련시켜서 지역사회 안의 지원고용으로 나아가게 하는 것이다.

④ 보호고용은 근로사업장, 보호작업장, 작업활동센터 등 3개의 범주로 분류된다. 우리 나라에서는 주로 근로사업장과 보호작업장에서 보호고용이 이루어진다.

⑤ 보호고용은 보호된 환경에서 주로 장애인들 중심으로 고용이 이루어지므로 사회통합 의 제한이라는 한계가 있으며, 임금의 수준이 낮고, 직종의 다양성도 떨어진다는 단 점이 있다.

기출 POINT 5

❶ 24중등B1
괄호 안의 ㉡에 해당하는 명칭을 쓰시오.

특수교사: 안녕하세요? 이번에 '△△' 에서 현장 실습생을 모집합니다. 현장실습 후 고용으로 이어질 수 있다고 합니다.
보호자: '△△'에서는 무슨 일을 하 나요? 우리 아이는 또래 학생들에 비해 직업 능력이 높지 않고 주로 활동 보조인을 통해 이동을 하는데, 현장실습이 가능할까요?
특수교사: 네, '△△'는 주로 화장지를 생산하고, 제품을 하청 받아 생산 하는 (㉡)입니다. 그리고 (㉡) 은/는 중증장애인에게 고용 기회를 제공하는 직업재활시설의 일종이 며, 다양한 프로그램을 통해 사회 적응 능력도 기를 수 있습니다. 다 만 분리된 작업 환경이고 보수가 일반적으로 적습니다.

❷ 19중등A5
㉠에 해당하는 고용 모형의 명칭을 쓰 시오.

홍 교사: 통합된 환경에서 실습이 어 려운 중도 장애학생들을 위해 교 내에서는 특수학급에서 워크 액티 비티를 실시하고, 외부 실습은 ㉠ 장 애인 직업재활시설 작업장에서 인 근 사업체 하청 작업(볼펜 조립) 을 반복적으로 수행하여 작업 기 능을 높일 수 있도록 합시다.
민 교사: 분리된 환경에서의 실습 은 사회 통합의 기회를 제한할 수 있습니다.

2. 보호고용의 유형(장애인 직업재활시설 유형 및 기능)

유형	내용(특징 및 기능)
장애인 근로사업장	• 최저임금의 지급과 종합적인 재활서비스의 제공을 강화하여 장애인들의 경제적 기반을 강화하고 지역사회로의 통합을 촉진하며, 장애의 유형, 연령별 특성과 사업장에서 수행 중인 일의 특성에 따라 재활계획을 수립한다. • 근로사업장에서는 보호고용과 함께 적응 훈련, 직업 평가, 취업 및 사후 지도, 전환 고용 및 지원 고용 등 재활서비스도 제공한다. • 직업능력은 있으나 이동 및 접근성이나 사회적 제약 등으로 취업이 어려운 장애인에게 근로의 기회를 제공하고, 최저임금 이상의 임금을 지급하며 경쟁적인 고용시장으로 옮겨 갈 수 있도록 돕는 역할을 하는 시설이다.
장애인 보호작업장 ❶ 24중등B1	• 보호작업장은 근로사업장에 비하여 장애의 정도가 더 심한 장애인을 대상으로 고용이 이루어진다. • 직업능력이 낮은 장애인에게 직업적응능력과 직무기능 향상훈련 등 직업재활훈련 프로그램을 제공하고, 보호가 가능한 조건에서 근로의 기회를 제공하며, 이에 상응하는 노동의 대가로 임금을 지급한다. • 보호작업장의 일반적인 작업은 포장, 조립과 같은 하청업, 생산업, 재활용사업 등이다. • 장애인 근로사업장이나 그 밖의 경쟁적인 고용시장으로 옮겨 갈 수 있도록 돕는 역할을 한다.
장애인 직업적응 훈련시설	• 작업능력이 극히 낮은 장애인에게 작업활동, 일상생활훈련 등을 제공하여 기초작업능력을 습득시키고, 작업평가 및 사회적응훈련 등을 실시하여 장애인 보호작업장 또는 장애인 근로사업장이나 그 밖의 경쟁적인 고용시장으로 옮겨갈 수 있도록 돕는 역할을 한다. • **작업활동센터**(work activity center) ① 작업활동센터는 장애 정도가 심해서 생산적인 작업을 할 수 없는 장애인들에게 여러 가지 활동 프로그램을 제공한다. 이 프로그램은 보통 작업에 대한 집중력과 지구력을 높이는 재활훈련으로 구성되어 있다. ② 작업활동센터에서 훈련을 받는 장애인들은 무보수로 일하며, 다양한 프로그램에 참여한다.

CHAPTER 05 전환의 결과 : 주거

01 독립생활

02 보호생활

03 공동생활 가정(그룹홈)

04 포스터 홈

1. 독립생활(independent living)

다른 사람의 도움 없이 혼자서 생활할 수 있거나 만약 도움이 필요하다고 해도 가족, 친구 혹은 지역사회 기관을 방문하거나 전화하여 문제를 해결할 수 있는 정도를 말한다.

2. 보호생활(protected settings)

다양한 형태의 지원과 감독이 이루어지지만 가능하면 장애인으로 하여금 가정과 같은 상황에서 독립적이고 완전하게 살 수 있도록 하는 것이다.

3. 공동생활 가정(그룹홈, group home)

공동생활 가정은 일반적으로 소그룹의 장애인에게 가족 형태의 생활을 경험할 수 있도록 생활지도사의 지원을 통해 운영된다. 공동생활 가정은 시설 기관보다 인원수가 적으며, 지역사회 안의 주거 지역에 위치한다는 차이가 있다.

4. 포스터 홈(foster home)

포스터 홈은 한 가정이 자신들과 전혀 연관이 없는 장애인에게 일정 기간 동안 가정을 개방하고 같이 사는 것이다. 이를 통해 장애인은 매일 일상적인 가족활동에 함께 참여할 수 있으며, 긴밀한 인간관계를 발전시킬 수도 있다.

2026 특수교사임용시험 대비

김은진
스페듀
기본이론서

Vol. 2   지적장애   통합교육   학습장애   전환교육

초판발행 | 2025. 1. 20.   **2쇄발행** | 2025. 3. 20.   **편저자** | 김은진

발행인 | 박 용   **발행처** | (주)박문각출판   **표지디자인** | 박문각 디자인팀

등록 | 2015년 4월 29일 제2019-000137호   **주소** | 06654 서울시 서초구 효령로 283 서경빌딩

팩스 | (02)584-2927   **전화** | 교재문의 (02)6466-7202

저자와의
협의하에
인지생략

정가 27,000원
ISBN 979-11-7262-468-2   ISBN 979-11-7262-466-8(세트)